Smart

JAVA Programming

스마트 자바 프로그래밍

| 김성기 지음 |

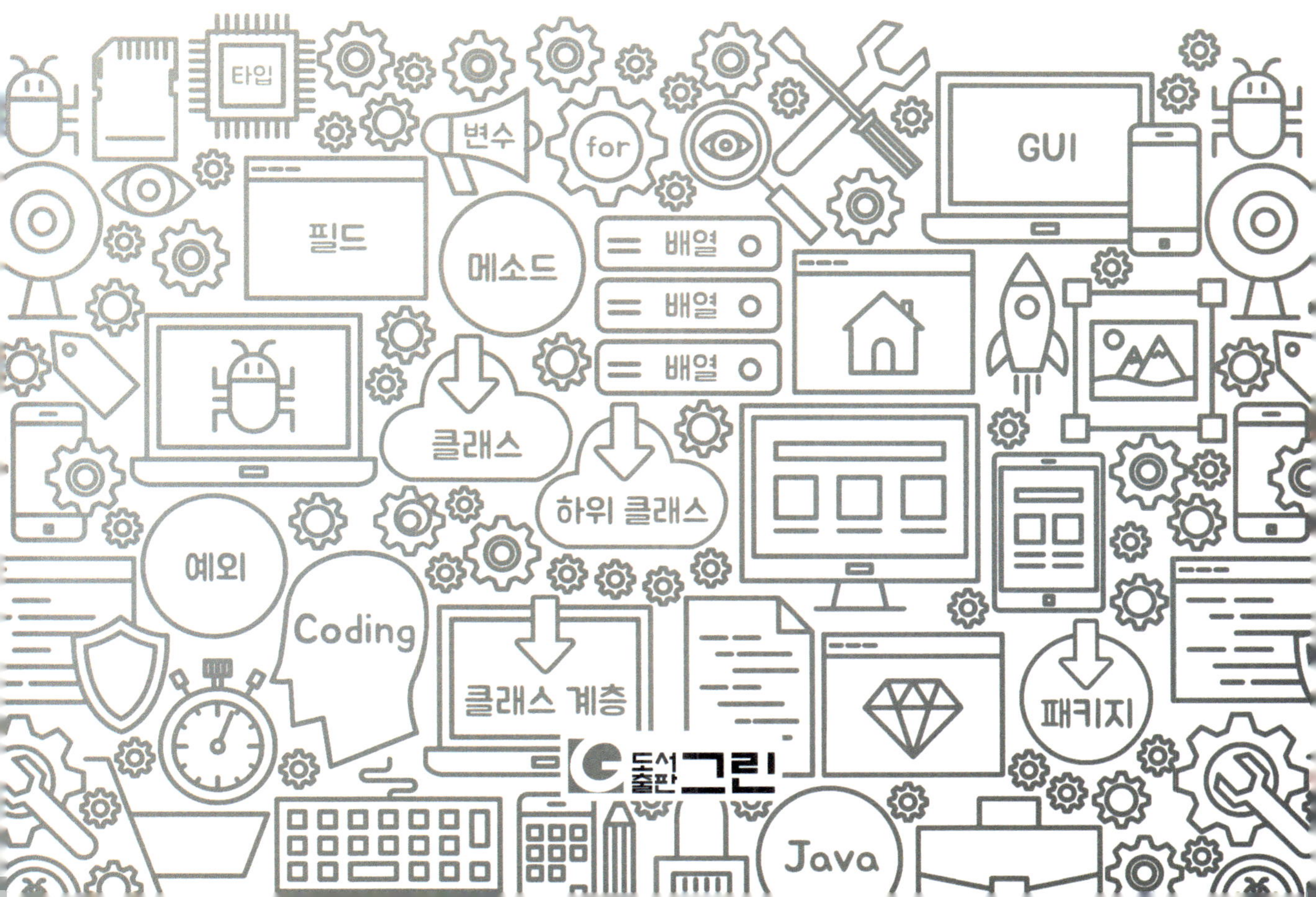

도서출판 그린

컴퓨터/정보공학

스마트 자바 프로그래밍

김성기

발행일 :	2020년 1월 10일
페이지수 :	778쪽
ISBN :	978-89-5727-297-8
판형 :	4X6 배판
색상 :	2도
부록소스 :	클릭하세요!
도서상태 :	판매가능
정가 :	₩33,000원

본 도서의 실습자료는 여기에서 다운로드 받으세요

- 도서출판 그린(http://www.greenpress.co.kr)에 접속
  ⇒ 도서명 또는 저자명으로 검색
  ⇒ 부록소스 다운로드
  ⇒ 압축을 풀고 작업안내 파일의 지시대로 실습자료 실행

Preface

Java의 이론과 실제에 대해 어느 정도 자신감이 있었기 때문에 처음에 학생들에게 Java를 가르치는 일이 쉬울 것으로 생각되었다. 그러나 Java의 기본적인 문법, 기능, 용례, 관례뿐 아니라 객체 지향 개념과 이론 그리고 프로그램 작성 기법 등을 학생들이 제대로 이해하고 응용할 수 있도록 가르치기는 쉽지 않았다. 그뿐 아니라 새로운 버전의 Java가 발표되면 이를 이해하고 가르치기도 쉽지 않았다. 이러한 어려움은 모든 Java를 가르치는 이들이 공통으로 느끼는 어려움일 것이다.

Java를 배우는 학생의 관점에서 어떠한 내용과 예제가 가장 좋을 것인가를 고민하였다. 그 결과 여러 예제 프로그램들을 고안하여 학생들에게 가르치면서 나름대로 더 좋다고 느끼는 예제들이 하나둘씩 만들어졌고, 이를 정리하여 책으로 만들고 싶은 마음이 생겼다.

이 책은 Java의 이론과 실제에 관해 설명하는 책이지만, 그에 앞서 프로그래밍 언어와 프로그래밍 기법에 관해 설명하고자 하는 의도가 저변에 깔려 있다. 그러므로 다소 이론적인 부분도 많으며, 일반적인 Java 관련 서적에서 다루지 않는 생소한 용어와 내용도 포함한다. 또한, 주어진 기능을 수행하는 프로그램을 점증적으로 개선하여 완전 학습과 체계적인 이해를 도모하고 있으며, 메소드와 클래스에서 단계별 접근을 통해 메소드와 클래스를 원리적으로 이해할 수 있도록 시도하였다.

현재 Java의 최신 버전은 Java SE 13까지 발표되었지만, 최신 버전에는 Java 초보자가 이해하기 어려운 내용이 많이 포함되어 있으므로 최신 버전을 사용하지 않고 JDK SE 8.231 버전을 기준으로 설명한다.

책을 쓰고 교정하고 최종적으로 탈고하는 작업이 결코 쉬운 일이 아님을 알고 있기에 많은 오류가 있을 것이라 짐작된다. Java를 배우고자 하는 학생이나 일반인에게 조금이나마 도움이 되기를 바라는 마음으로 이 책을 위해 하루하루 최선을 다해 쓰고 수정하고 또 수정하였다. 이 책이 Java 프로그래밍 언어 교육과 프로그래밍 교육에 기여할 수 있기를 기대한다.

2019년 10월

김 성기

책의 구성과 활용방안

이 책은 Java의 기초 능력과 응용 능력을 배양할 수 있도록 구성되어 있다.

- Java 기초 부분
  - 0장에서 7장까지 8개 장
  - Java의 기초에서부터 클래스와 하위 클래스까지 기본적인 이론과 실습 포함

- Java 응용 부분
  - 8장에서 12장까지 5개 장
  - 인터페이스, 예외 처리, 패키지, 컬렉션과 제네릭, GUI 등 Java 응용 이론과 실습 포함

이 척으로 스스로 Java를 공부하려는 학생은 다음을 참고하여 공부하기 바란다.

1) 책 가볍게 읽기: 책의 내용 가벼운 마음으로 읽으면서 용어와 개념 개략적으로 파악
2) 예제 프로그램 실행 및 실습과제 수행: 예제 프로그램 반드시 이해하도록 노력
3) 책 정독하기: 책의 내용 꼼꼼히 읽으면서 용어, 개념, 원리, 프로그래밍 방법 이해

이 책은 두 학기용 Java 강의 교재로 사용할 수 있도록 집필되었으며, 한 학기가 총 15주로 구성되는 강의에서 강의일정을 다음과 같이 추천한다.

- 첫 번째 학기 강의일정
  - 0장에서 7장까지 Java 기초 부분 강의
  - 장별 강의 주 수(총 13주 강의 및 실습)
    0장: 1주, 1장: 1주, 2장: 1주, 3장: 1.5주, 4장: 1.5주, 5장: 2.5주, 6장: 2.5주, 7장: 2주

- 두 번째 학기 강의일정
  - 첫 번째 학기 강의내용 리뷰(3주 또는 4주)
  - 8장에서 12장까지 응용 부분 강의
  - 장별 강의 주 수(총 9주 강의 및 실습)
    8장: 1주, 9장: 1주, 10장: 2주, 11장: 2주, 12장: 3주
  - 기말에 GUI 이용한 프로젝트 과제 개인별 또는 팀별 수행 추천(1주 발표)

이 책을 한 학기용 교재로도 사용할 수 있으며, 학생들의 수준에 따라 강의자가 강의일정을 취사선택할 수 있다.

- C 언어 또는 파이선 등 프로그래밍 미리 배운 학생들 대상 강의일정
  - 5주 이내로 0장부터 5장까지 내용 빠르게 진행
  - 6장 클래스부터 12장 패키지까지 내용 중에서 강의자가 선택
  - 6장 클래스, 7장 하위 클래스, 9장 예외 처리, 10장 패키지, 12장 GUI 추천

- 프로그래밍 미리 배우지 않은 학생들 대상 강의일정
  - 0장에서 7장까지 Java 기초 집중적으로 강의
  - 0장에서 7장까지 빠르게 진행하면 9장 예외 처리와 10장 패키지 추가 가능

Contents

제3장 연산과 수식, 새로운 값을 위하여 / 91

제4장 문장, 본격적인 프로그래밍 / 155

제5장 메소드, 더 높이 비상하기 위하여 / 223

제6장 객체와 클래스 / 293

제7장 하위 클래스 / 389

제8장 인터페이스 / 457

제12장 Java GUI 프로그래밍 / 663

제0장

시작하기 전에

제 0 장 시작하기 전에

1. Java 소개

프로그램은 프로그래머가 프로그래밍 언어로 작성한 명령들이며, 프로그래밍 언어에 따라 프로그램 작성방법이 달라진다. 다음은 프로그래밍 언어에 따라 프로그램 작성방법이 변화한 것을 보여준다.

- 기계어, 어셈블리어 등 초기 프로그래밍 언어: 수행될 명령 하나하나 직접 기술
- 고급 프로그래밍 언어: 여러 명령을 수식으로 간결하게 작성하고, 복잡한 처리 과정을 추상화한 함수로 표현
- 객체 지향 프로그래밍 언어: 처리할 데이터와 행동을 추상화하고 캡슐화한 객체로 표현하고 클래스 이용하여 객체를 통합적으로 관리

Java는 1995년 Sun Microsystems[1]라는 회사에서 James Gosling을 중심으로 개발된 프로그래밍 언어로서, 가장 대표적인 객체 지향 프로그래밍 언어이다.

처음에 Java는 가전제품을 제어할 수 있는 내장 프로그램(embedded program)을 만들기 위한 목적에서 출발했다. 그래서 강건성, 안전성, 이식성 등이 강조된 언어로 설계되었다. Java가 개발된 그즈음에 인터넷에서 플랫폼에 구애됨이 없이 응용 프로그램을 개발할 수 있는 장점으로 인하여 Java는 일반적인 프로그래밍 언어로 사용이 급속도로 확대되었고, 지금은 가장 대표적인 프로그래밍 언어로 많은 소프트웨어 개발에 활용되고 있다.

객체 지향 프로그래밍 언어는 객체와 클래스, 클래스의 확장 및 특성 상속, 추상화(abstraction), 캡슐화(encapsulation), 다형성(polymorphism) 등 객체 지향 개념이 프로그래밍 언어 자체에 녹아 있는 프로그래밍 언어이다. 그러므로 Java는 객체를 표현하기 위한 추상화되고 캡슐화된 클래스(class)를 작성할 수 있게 하

1) Sun Microsystems는 데이터베이스 분야의 최대 업체인 Oracle에게 2009년 인수되었고, 현재 Java 소유권은 Oracle에서 가지고 있다.

며, 여러 형태의 다형성을 지원한다.

❏ Java의 특징

다음과 같은 Java의 중요한 특징은 Java를 제대로 이해하고 Java 프로그램을 작성하기 위해서 반드시 알아야 할 사항이다.

첫째, Java는 객체 지향 언어이다. Java는 모든 것을 객체로 표현하며 클래스를 이용하여 객체를 정의하고 관리한다. 또한, 상속, 추상화, 캡슐화, 다형성 등 객체 지향 패러다임의 중요한 개념을 모두 지원한다.

둘째, Java는 C/C++ 언어와 유사한 면을 가진 언어이다. Java는 C/C++ 언어의 구문을 대부분 사용하므로 C/C++에 익숙한 프로그래머는 Java 구문을 쉽게 이해할 수 있다. 그러나 C/C++에서 문제성이 있는 포인터를 Java는 지원하지 않으면서 객체 참조를 지원하는 것이 큰 차이이다.

셋째, Java는 정적 타입 검사(static type checking)와 실행시간 타입 검사(runtime type checking)를 동시에 수행한다. Java는 컴파일 동안에도 타입 검사를 수행하며, 실행 시에도 객체에 대한 타입을 추적한다.

넷째, Java는 실행시간 바인딩(runtime binding)을 지원한다. 실행시간 바인딩은 객체 지향 언어에서 필수적인 특징이다. 하위 클래스는 상위 클래스의 메소드를 오버라이딩(overriding)할 수 있으므로 수행할 메소드의 결정은 실행하는 도중에도 이루어진다. 이로 인하여 오버라이딩 메소드 호출은 실행시간 바인딩을 통해 처리된다.

다섯째, Java는 메모리 관리에서 배열과 객체에 대한 동적 할당을 지원한다. 또한, Java에서 사용되지 않는 메모리에 대하여 자동적 쓰레기 수집(garbage collection)을 제공한다. 그러므로 메모리 관리에 대한 프로그래머의 부담을 줄이고, 허상 참조(dangling reference)를 방지하여 프로그램의 안정성을 높인다.

여섯째, Java는 생성된 객체를 참조할 수 있는 특별한 값인 객체 참조값을 제공한다. 객체 참조값은 객체 자체를 참조하는 값으로, 객체 필드와 메소드를 접근할 수 있게 한다. 객체 참조값은 C/C++의 포인터와 유사하지만, 내부에서만 다룰 수 있으며 프로그래머가 객체 참조값을 직접 다루는 방법을 제공하지 않는다. 객체 참조값을 저장할 수 있는 변수가 객체 참조변수이다.

일곱째, Java의 클래스는 객체의 필드와 메소드를 정의하는 기능 외에도 타입 기능, 객체 생성 기능, 클래스 변수와 클래스 메소드를 가지는 객체 기능 등 다양한 기능을 가지는 아주 중요한 구성요소이다.

여덟째, Java는 하나의 클래스만 확장할 수 있으므로 다중 상속을 지원하지 않고

단일 상속만을 지원한다. 다중 상속은 인터페이스라는 특별한 클래스를 통하여 간접적으로 지원된다.

그 외에도 스레드(thread) 지원, 예외 처리, 견고성, 안전성 등을 Java의 특징에 포함하기도 한다.

이렇게 생소하며 이해할 수 없는 생소한 용어로 가득한 특징을 갖는 Java를 한꺼번에 이해하기는 어렵고, 지금은 이해할 필요도 없다. Java를 제대로 배우기 위해 반드시 이해해야 할 것은 클래스이다.

- Java 프로그램은 여러 클래스(class)로 구성
- 클래스: 객체의 필드(field)[2]와 메소드(method) 정의
- 필드: 객체의 상태(state) 나타내는 변수
- 메소드: 객체의 행동(behavior) 나타내는 문장들을 메소드 이름으로 추상화

2. Java 프로그램의 작성 환경 및 실행 환경 구축

Java 프로그램을 작성하여 실행시키기 위해 Java 프로그램 작성과 실행을 위한 환경을 다음과 같이 구축해야 한다.

- 프로그램 작성 환경: 문서 편집, 변경 및 저장을 위한 문서 편집 환경
- 프로그램 실행 환경: 작성한 Java 프로그램의 컴파일, 실행, 결과 확인 할 수 있는 환경

❑ Java 프로그램 작성 환경

Java 프로그램 작성 환경은 Java 프로그램을 작성하여 이를 파일에 저장할 수 있도록 한다. 실행하기 위해 작성한 Java 프로그램을 소스 프로그램(source program)이라 하며, Java 소스 프로그램은 파일 확장자가 .java인 파일에 저장되며, 파일이름은 클래스 이름과 같다.

Java 소스 프로그램은 마이크로소프트 Windows의 메모장 또는 훈글 등 문서 편집기를 사용하여 작성할 수 있다. 또한, Java 통합 개발환경(Integrated Development Environment: IDE)을 사용하여 작성할 수도 있다. Java 통합 개발환경은 Java 프

2) 필드는 멤버변수라고도 한다.

로그램의 편집, 컴파일, 실행 및 프로그램 관리 등 Java 프로그램 개발을 도와주는 소프트웨어인데, 이것을 사용하면 프로그램 작성과 실행이 훨씬 쉽다.

❑ Java 프로그램 실행 환경

문서 편집기 또는 개발 도구를 이용하여 작성한 Java 프로그램을 실행하기 위해 Java 프로그램을 컴파일하고 실행할 수 있는 환경을 구축해야 한다.

Java 프로그램을 컴파일하는 컴파일러인 javac.exe와 Java 가상기계(Java Virtual Machine: JVM)라 불리는 Java 프로그램을 실행시키는 소프트웨어인 java.exe는 Java 개발도구(Java Development Toolkit: JDK)라는 소프트웨어 패키지에 제공된다. 이 패키지에 Java 컴파일러와 Java 가상기계 외에도 여러 유용한 프로그램들이 들어있으며, Java 프로그래밍에 필수적인 클래스 라이브러리와 Java 소스 프로그램도 들어있다.

❑ JDK 설치

JDK는 JDK 소유권을 가지고 있는 Oracle 사에서 제공하는 다운로드 홈페이지인 https://www.oracle.com/technetwork/java/javase/downloads/index.html에서 최신 버전을 내려받아 설치할 수 있다[3]. 처음 Java를 배울 때는 최신 버전보다 JDK SE 8.231 버전을 추천한다.

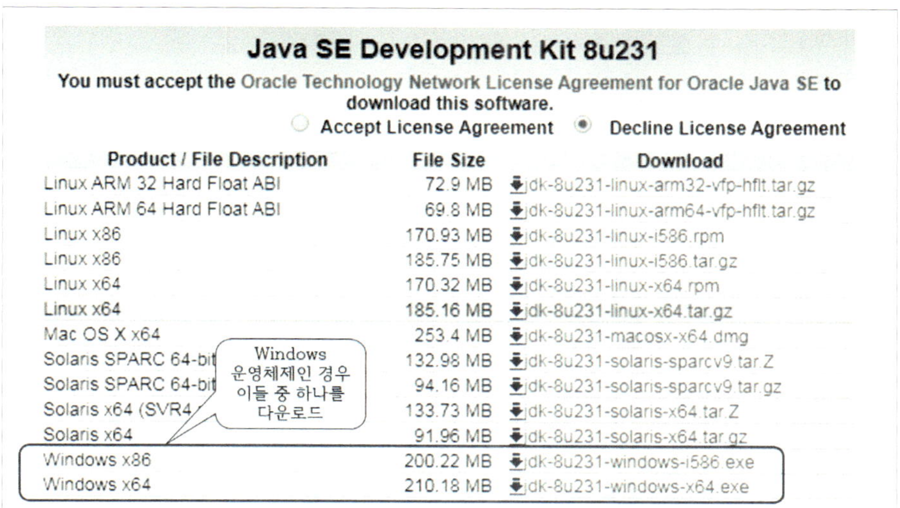

Java SE Development Kit 8u231

You must accept the Oracle Technology Network License Agreement for Oracle Java SE to download this software.

○ Accept License Agreement ◉ Decline License Agreement

Product / File Description	File Size	Download
Linux ARM 32 Hard Float ABI	72.9 MB	jdk-8u231-linux-arm32-vfp-hflt.tar.gz
Linux ARM 64 Hard Float ABI	69.8 MB	jdk-8u231-linux-arm64-vfp-hflt.tar.gz
Linux x86	170.93 MB	jdk-8u231-linux-i586.rpm
Linux x86	185.75 MB	jdk-8u231-linux-i586.tar.gz
Linux x64	170.32 MB	jdk-8u231-linux-x64.rpm
Linux x64	185.16 MB	jdk-8u231-linux-x64.tar.gz
Mac OS X x64	253.4 MB	jdk-8u231-macosx-x64.dmg
Solaris SPARC 64-bit	132.98 MB	jdk-8u231-solaris-sparcv9.tar.Z
Solaris SPARC 64-bit	94.16 MB	jdk-8u231-solaris-sparcv9.tar.gz
Solaris x64 (SVR4	133.73 MB	jdk-8u231-solaris-x64.tar.Z
Solaris x64	91.96 MB	jdk-8u231-solaris-x64.tar.gz
Windows x86	200.22 MB	jdk-8u231-windows-i586.exe
Windows x64	210.18 MB	jdk-8u231-windows-x64.exe

3) 본서에서 Java 최신 버전을 사용하지 않고서 JDK SE 8.231 버전을 설치하여 사용한다. 또한, 람다 수식, 스트림, 모듈 등의 최신 자바 기능에 대해 설명하지 않는다.

라이선스에 동의한 후 설치할 컴퓨터에 적합한 JDK 설치 파일을 선택하면 설치 exe 파일을 내려받을 수 있다. 내려받은 설치파일을 실행하여 JDK를 설치하는 과정은 다음과 같이 매우 간단하다.

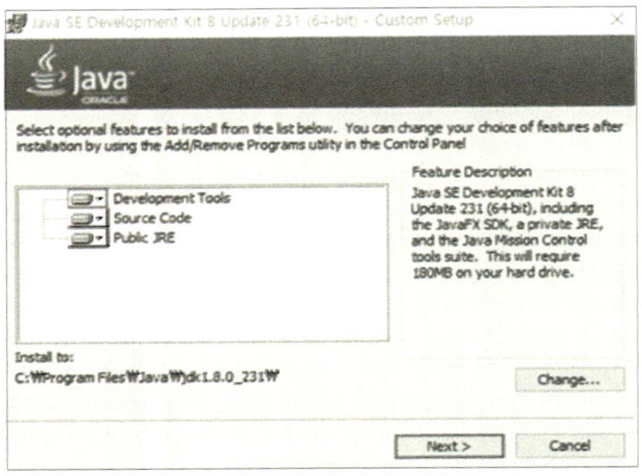

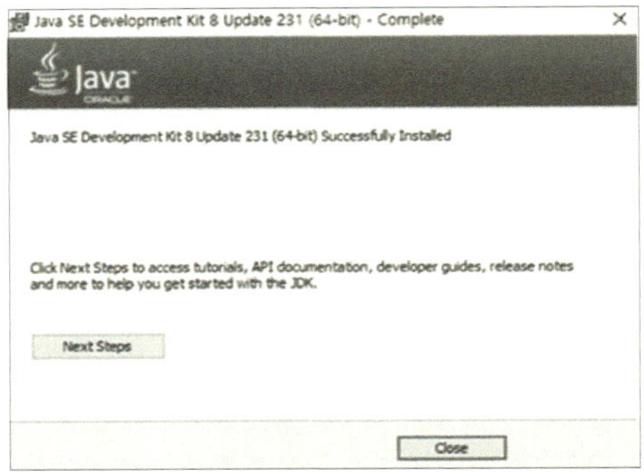

JDK의 설치과정에서 중요한 것은 JDK가 설치되는 폴더이다. 기본적으로 JDK는 "C:\Program Files\Java" 폴더 아래에 설치되며 JDK 폴더와 JRE(Java Runtime Environment) 폴더가 생성되며, 이 폴더들의 경로는 정확히 알고 있어야 한다.[4] JDK 8.231 버전의 경우 JDK 폴더는 "C:\Program Files\Java\jdk1.8.0_231"이며, JRE 폴더는 "C:\Program Files\Java\jre1.8.0_231"이다.

❑ Java를 위한 실행파일들의 경로 설정

JDK를 설치해도 javac.exe, java.exe 등 Java를 위한 실행파일들이 저장된 폴더의 경로가 Windows의 환경변수 Path에 자동으로 설정되지 않는다. 그러므로 이들 실행파일들을 Windows의 명령 프롬프트에서 실행하면 실행되지 않고 오류 메시지가 출력된다. 이 문제를 해결하려면 환경변수 Path에 Java 관련 실행파일들이 저장된 bin 폴더의 경로인 "C:\Program Files\Java\jdk1.8.0_231\bin"을 환경변수 Path에 추가하는 작업을 다음과 같이 수행해야 한다.

- 제어판 ⇒ 시스템 ⇒ 고급 시스템 설정 ⇒ 환경변수(N)... 클릭[5]
- 환경변수 창의 시스템 변수(S)에서 Path 변수 선택 후 아래 편집 버튼 클릭
- 환경변수 편집 창에서 새로 만들기(N) 버튼 클릭
- 새로운 경로 입력 부분에 JDK 설치된 bin 폴더까지 경로를 입력
- 확인 버튼 클릭

4) JDK 1.9부터 JDK 폴더만 생성되며, 나중에 설치할 Eclipse는 최신의 JDK 폴더를 찾아 자신이 사용하는 JDK로 설정한다.

5) 여기에서 환경변수 설정은 마이크로소프트사의 Windows 10을 기준으로 설명한다.

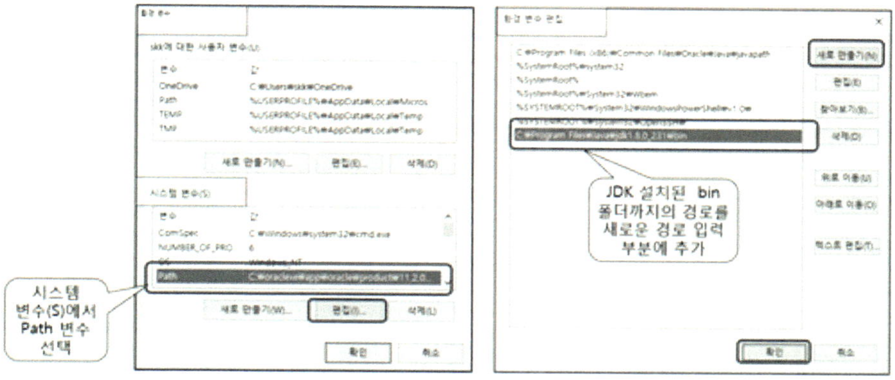

Java 실행파일들의 경로를 설정한 후 Java 프로그램을 컴파일하면 오류 없이 컴파일되고 그 결과 컴파일된 파일인 .class 파일이 생성된다.

3. Java 프로그램의 작성, 컴파일, 실행

다음 그림은 문서 편집기인 메모장을 이용하여 Java 소스 프로그램을 작성한 후 Message_Out.java 파일에 저장한 후 컴파일하고 실행하는 과정을 보여준다.

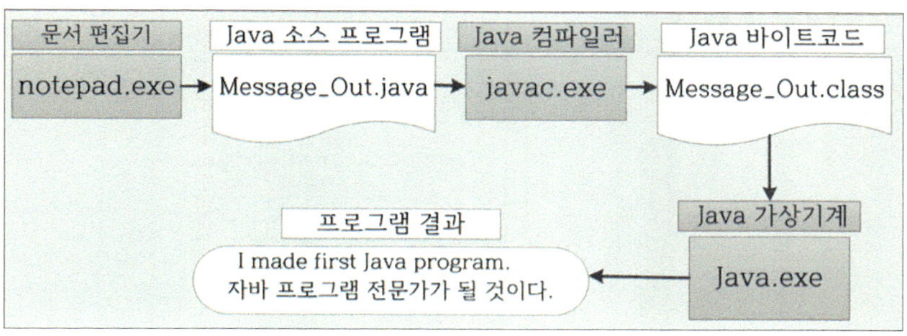

다음은 Java 프로그램 작성, 컴파일, 실행과 관련된 중요 사항이다.

- Java 소스 프로그램 작성: 문서 편집기로 작성한 Java 프로그램이 Java 소스 프로그램이며, 소스 프로그램은 확장자 .java인 파일에 저장
- 컴파일된 Java 바이트 코드 생성: 소스 프로그램을 Java 컴파일러인 javac.exe 이용하여 컴파일하면 컴파일된 Java 바이트 코드(byte code) 생성되고, 바이트 코드는 확장자 .class인 파일에 저장
- Java 바이트 코드의 실행: Java의 컴파일된 바이트 코드는 Java 가상기계에 의해 실행되며, 바이트 코드가 가상기계에 의해 실행되면 프로그램 결과 출력

❑ Java 프로그램 작성

다음과 같은 최초의 Java 프로그램을 Windows의 메모장을 이용하여 작성하고 Message_Out.java 파일로 저장해보자.

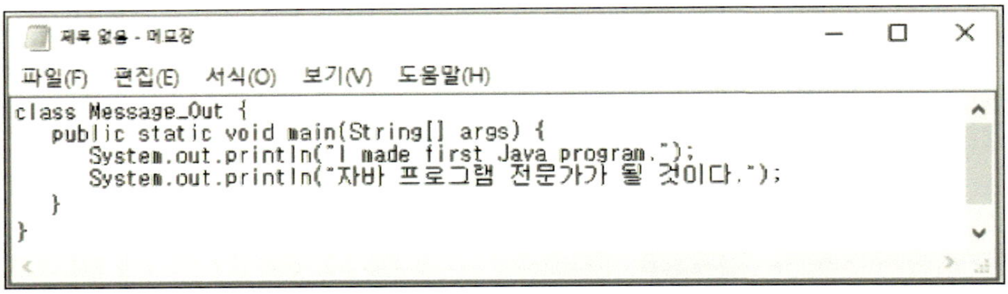

이때 파일을 저장하기 위한 폴더로 C:\Java 폴더를 생성하고, Message_Out. java 파일을 C:\Java 폴더에 저장한다. 파일을 저장한 후 Windows의 명령 프롬프트에서 dir 명령을 실행하여 C:\Java 폴더를 보면 다음과 같이 Message_Out. java 파일이 저장되어 있음을 확인할 수 있다.

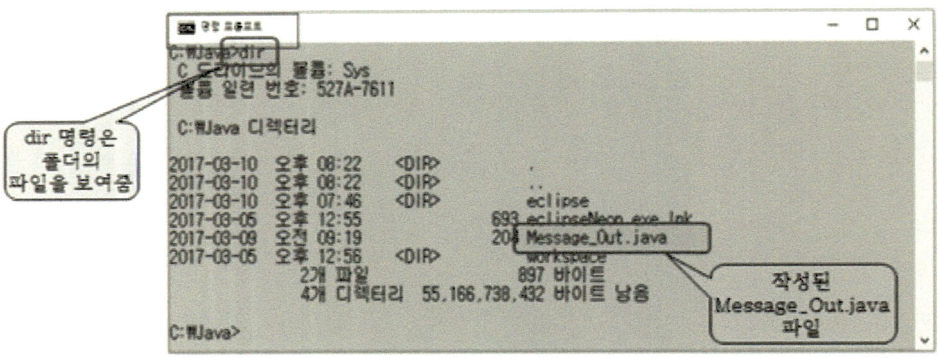

❑ Java 프로그램의 컴파일

작성된 Message_Out.java 프로그램을 실행하기 전 컴파일 과정이 필요하다. 컴파일하기 위해 다음과 같이 명령 프롬프트에서 Java 컴파일러인 javac.exe를 실행시키고 이때 실행할 Java 프로그램의 파일명을 알려준다.

```
C:〉 javac Message_Out.java
```

그런데, JDK를 설치한 후 javac.exe, java.exe 등 Java를 위한 실행파일들의 경로를 Path 환경변수에 설정하지 않으면 명령 프롬프트에서 오류 메시지를 출력하고 실행되지 않는다. 반드시 Path 환경변수에 JDK 폴더 아래의 bin 폴더까지 경로를 추가해야 한다.

Message_Out.java 프로그램이 오류 없이 컴파일되면 다음과 같이 컴파일된 파일인 Message_Out.class 파일이 생성됨을 확인할 수 있다.

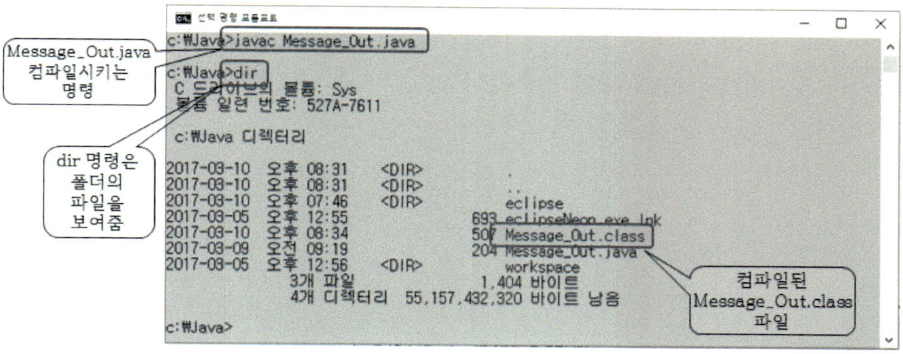

❑ Java 프로그램의 실행

컴파일된 Java 프로그램인 바이트 코드 Message_Out.class를 실행하기 위해 다음과 같이 Java 가상기계인 java.exe를 실행시키면서 Message_Out을 덧붙여 타이핑한다. 이때 .class는 생략해야 한다.

```
C:〉 Java Message_Out
```

컴파일된 Message_Out.class를 실행시키면 프로그램의 실행결과가 다음과 같이 출력된다.

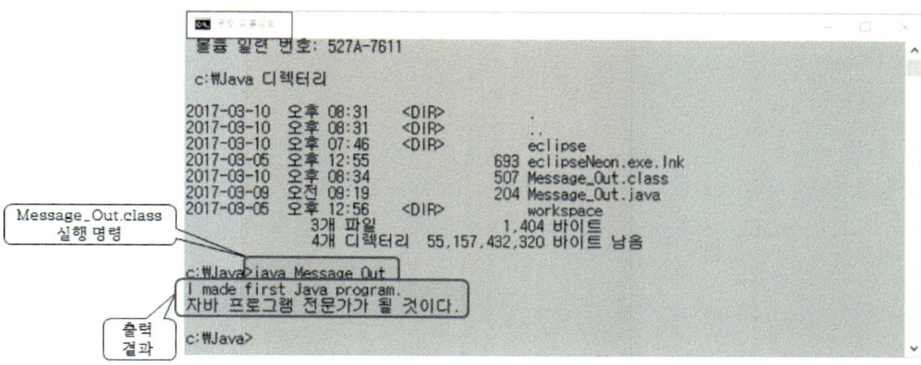

❑ Java 통합 개발환경의 활용

명령어를 한 줄씩 직접 타이핑해야 하는 명령 프롬프트에서 javac.exe와 java.exe를 이용하여 Java 프로그램을 컴파일하고 실행하는 것은 윈도 환경에 익숙한 개발자들에게 아주 불편하다. 그러므로 대부분의 Java 개발자들은 Java 통합 개발환경을 사용한다. 통합 개발환경을 활용하면 프로그램의 작성, 컴파일, 실행이 훨씬 쉬워지고 여러 Java 프로그램들의 관리도 쉽다.

현재 많이 사용되는 Java 통합 개발환경으로는 Eclipse, NetBeans, IntelliJ IDEA 등이다. 본서에서는 Eclipse를 사용하여 Java 예제 프로그램들을 작성하여 실행하고 관리한다. Eclipse는 핵심적인 사용법만 익히면 아주 쉽게 Java 프로그램을 작성하고 실행할 수 있는 편리한 개발 도구이므로 사용법을 배워 이용할 것을 권장한다.

4. Java 통합 개발환경 Eclipse 소개 및 사용법

Eclipse는 IBM을 중심으로 개발한 Java 통합 개발환경으로, Java 프로그램 작성, 컴파일, 실행, 디버깅 등을 편리하게 하는 개발 도구이다. Eclipse는 매우 많은 기능이 있으므로 모든 기능을 사용하기 위해 많은 사용법을 익혀야 한다. 그러나 Java 프로그램 학습 초기에는 기본적인 사용법만 익혀도 편리하게 Java 프로그램을 작성하고 실행할 수 있다.

❑ Eclipse 설치

Eclipse는 다운로드 홈페이지인 https://www.eclipse.org/downloads/에서 최선 버전의 Eclipse를 무료로 내려받을 수 있다. Eclipse 배포판 중에서 자신의 컴퓨터에 적합한 것을 선택하여 zip 파일을 내려받으면 된다. 다른 소프트웨어와 달리 Eclipse는 내려받은 zip 파일의 압축을 풀기만 하면 설치되므로 별다른 설치과정이 없다.

압축을 풀면 eclipse 폴더 아래에 있는 eclipse.exe 파일이 Eclipse 실행 파일이며, 이를 더블 클릭하면 Eclipse가 실행되면서 초기화가 이루어진다.

매번 Eclipse가 설치된 폴더로 이동하여 Eclipse를 실행하는 것은 불편하다. eclipse.exe를 클릭하고 마우스 오른쪽 버튼을 클릭한 후 보내기 ⇒ 바탕화면에 바로 가기 만들기를 차례로 선택하면 바탕화면에 바로 가기 아이콘이 생성되므로 편리하게 Eclipse를 실행할 수 있다.

❑ Eclipse의 처음 실행

설치된 Eclipse를 처음으로 실행하면 작업공간(workspace)을 선택하는 화면이 나타난다.

Eclipse의 작업공간은 Java 소스 프로그램, 컴파일된 바이트 코드 등 제반 파일들이 저장되는 폴더이다. 작업공간은 프로그래머가 적절한 폴더를 지정하면 된다. 본서에서 C:\Java\workspace 폴더를 Eclipse의 작업공간으로 지정한다.[6)]

작업공간 선택 화면에서 화면 오른쪽의 Browse... 버튼을 클릭한 후 작업공간으로 사용될 폴더를 탐색기에서 탐색하여 선택하면 그 폴더가 작업공간으로 지정된다.

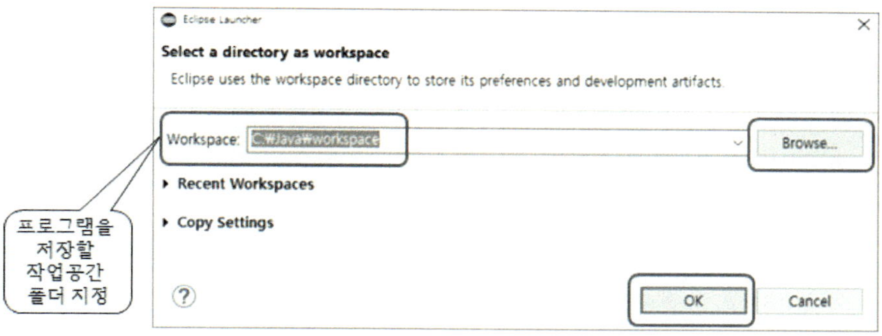

작업공간 지정 후 OK 버튼을 클릭하면 다음과 같은 초기 화면이 나타난다.

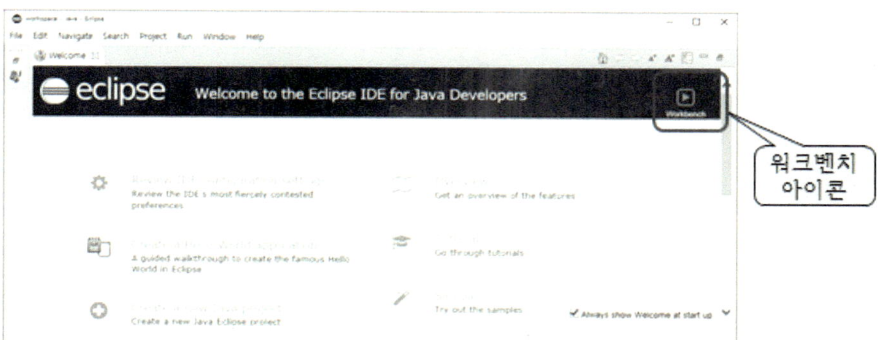

6) C:\Java 폴더 아래의 workspace 폴더를 작업공간으로 지정하기 위해 C:\Java 폴더 아래에 workspace 폴더를 생성해야 한다.

초기 화면의 오른쪽 위쪽의 workbench 아이콘을 클릭하면 Eclipse 워크벤치가 나타나며 본격적으로 Java 프로그램을 작성하고 실행할 수 있다.

❑ Eclipse의 워크벤치

Eclipse의 워크벤치는 Java 프로젝트[7)]를 수행하기 위한 개발환경을 제공하며, 많은 메뉴 바와 툴바들을 가지며, 전체 화면이 여러 개 뷰(view)로 나누어진다.

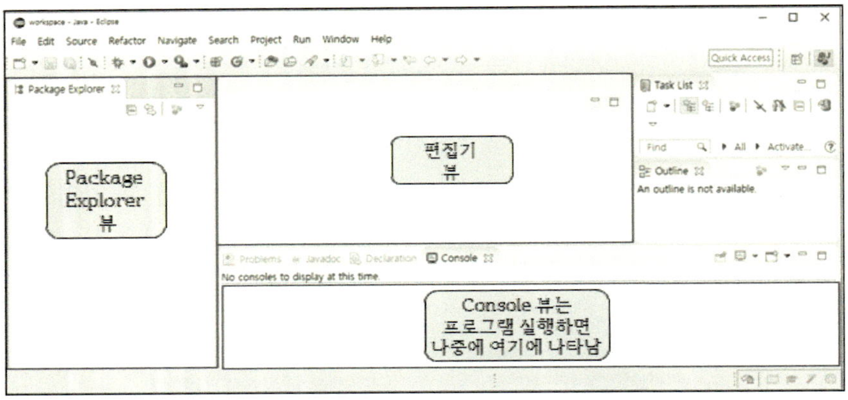

다음은 처음에 사용하게 되는 중요한 뷰들이다.

- Package Explorer 뷰: 여러 Java 프로젝트를 생성하여 프로젝트별로 Java 클래스 생성하고 보여줌
- 편집기 뷰: 특정 클래스의 소스 코드를 편집, 변경, 저장할 수 있게 함
- Console 뷰: 프로그램을 실행하면 프로그램의 입출력을 나타내는 화면 제공

Eclipse의 필수적인 조작방법을 배우는 것은 어렵지 않다. 점차 Eclipse의 다양한 기능을 사용하는 조작방법을 배우면 훌륭한 Java 프로그래머가 될 수 있다.

❑ Eclipse에서 Java 프로젝트 생성

Eclipse에서 Java 프로그램을 작성하여 실행하려면 먼저 Package Explorer 뷰에 새로운 Java 프로젝트를 생성해야 한다.

첫 프로젝트로 ch0 프로젝트를 생성해 보자. 새로운 Java 프로젝트 ch0을 생성하

7) Java 프로젝트는 관련된 여러 Java 프로그램과 파일들을 저장하고 관리하는 하나의 가상적 공간이다.

는 과정은 다음과 같다.

① 메뉴 바에서 File ⇒ New ⇒ Java Project 차례로 선택[8)]
② New Java Project 창 뜨면 Project name:에 ch0 입력
③ 아래쪽의 Finish 버튼을 클릭

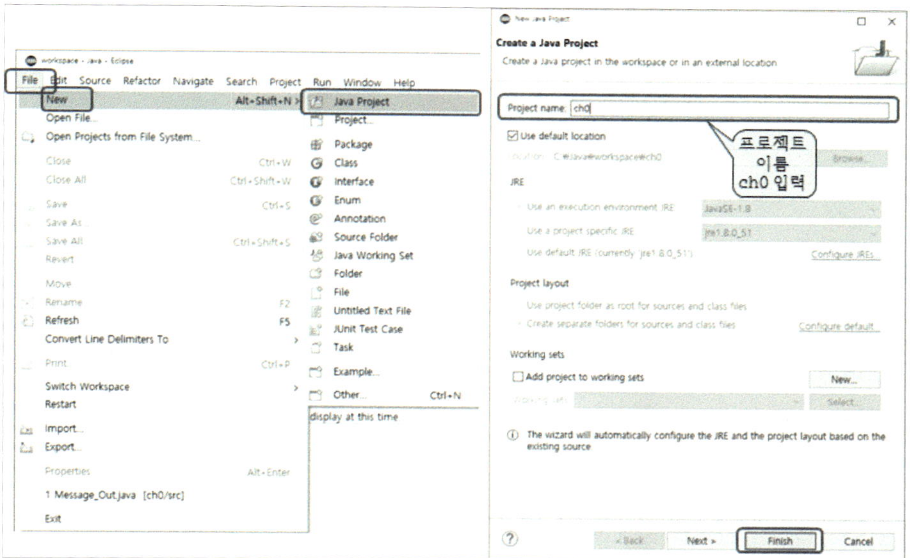

새로운 프로젝트가 생성되면 Package Explorer 뷰에 ch0 프로젝트가 표시되고 ch0 프로젝트를 더블 클릭하여 확장하면 src 폴더가 나타나며, 이곳에 Java 소스 프로그램을 작성한다.

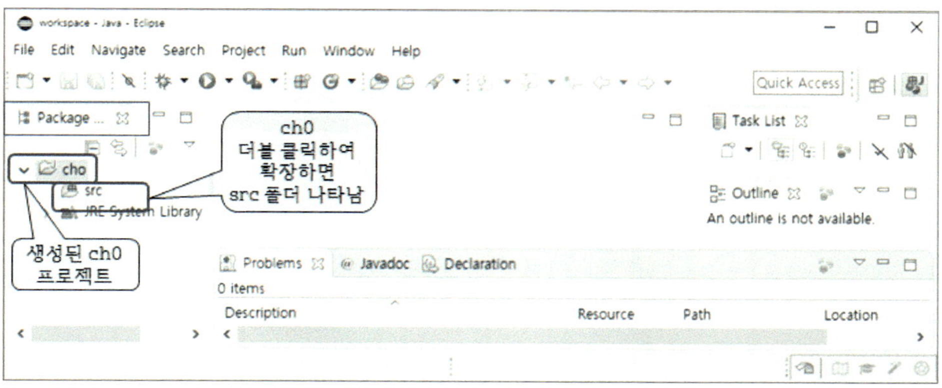

8) Package Explorer의 아무 곳에서 마우스 오른쪽 버튼을 클릭하여 New ⇒ Java Project를 차례로 선택해도 되며, 이 방법이 더 편리하다.

❑ ch0 프로젝트에서 Message_Out 클래스 생성하기

Eclipse의 사용법을 익히기 위해 이미 작성해본 다음의 소스 프로그램을 ch0 프로젝트의 Message_Out.java 파일로 다시 작성해보자.

```
public class Message_Out {
    public static void main(String[] args) {
        System.out.println("I made first Java program.");
        System.out.println("자바 프로그램 전문가가 될 것이다.");
    }
}
```

ch0 프로젝트에 Message_Out.java를 생성하는 과정은 다음과 같다.

① Package Explorer 뷰에서 ch0 프로젝트 클릭
② 메뉴 바에서 File ⇒ New ⇒ Class 차례로 선택[9]
③ New Java Class 창 뜨면 중간의 Package: ch0의 ch0 삭제(삭제하면 뒷부분에 (default) 나타남)
④ ≪ name: ≫에 Message_Out 입력
⑤ 중간의 ≪ modifiers: ≫에서 ≪ ◎ public ≫의 체크박스 체크
⑥ ≪ □ public static void main(String[] args) ≫의 체크박스 체크
⑦ 아래쪽의 ≪ Finish ≫ 버튼 클릭

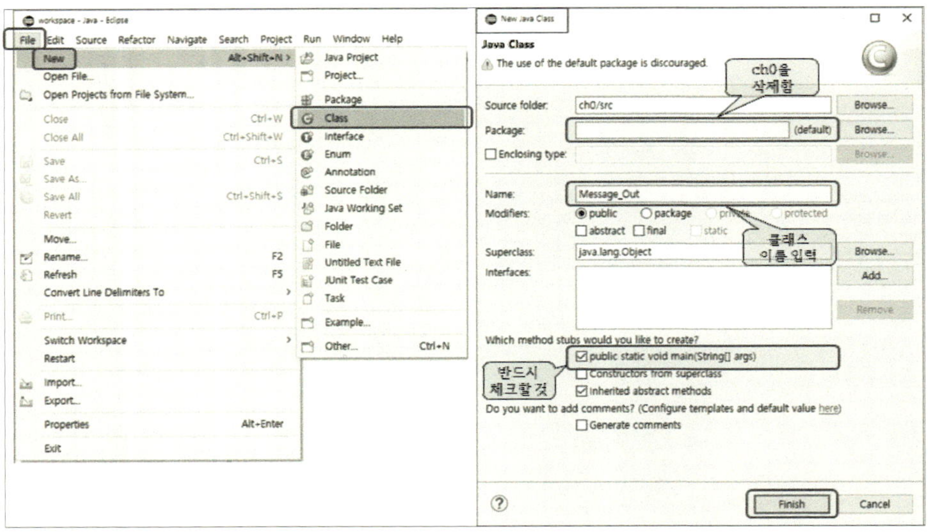

9) Package Explorer의 아무 곳에서 마우스 오른쪽 버튼을 클릭하여 ≪ New ≫ ⇒ ≪ Java Project ≫를 차례로 선택해도 되며, 이 방법이 더 편리하다.

Message_Out 클래스가 ch0 프로젝트에 생성되면 다음과 같이 생성된 클래스가 Eclipse에 표시된다.

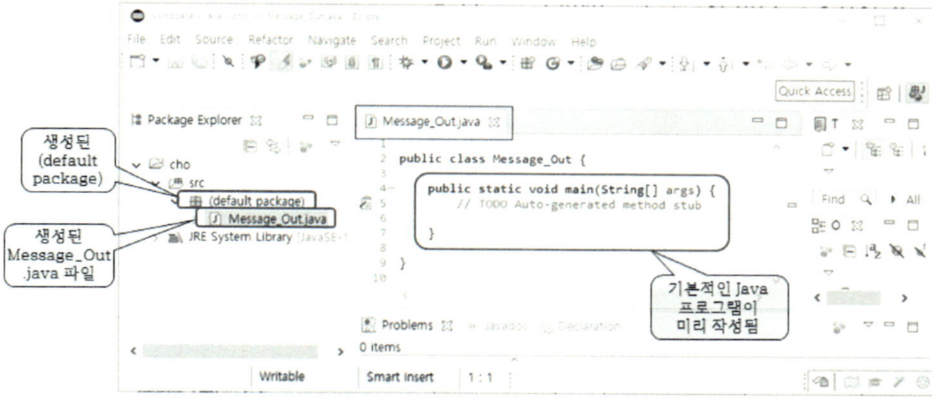

ch0 프로젝트 아래의 src 폴더 아래 (default package)라는 패키지(package)가 자동으로 생성되고 (default package) 아래에 Message_Out.java 파일이 나타난다.

한편, Eclipse 중앙의 편집기 뷰에는 Message_Out.java 클래스를 편집할 수 있는 편집 창이 나타나며, 기본적인 Java 프로그램이 미리 작성되어 있다.

❑ Message_Out 클래스 작성하기

편집 창의 ≪ public static void main(String[] args) { ≫ 다음 라인에 주석[10]으로 작성된 ≪ // TODO Auto-generated method stub ≫을 제거하고 다음의 2문장을 입력한다.

```
System.out.println("I made first Java program.");
System.out.println("자바 프로그램 전문가가 될 것이다.");
```

이 문장들은 이중 따옴표(") 사이의 문자열을 출력하는 문장들이며, 나중에 자세히 배운다.

Message_Out.java 프로그램의 작성이 완료된 후의 Eclipse는 다음과 같다.

10) 주석은 //로 시작하며, 프로그램을 설명하기 위해 작성하는 것이다.

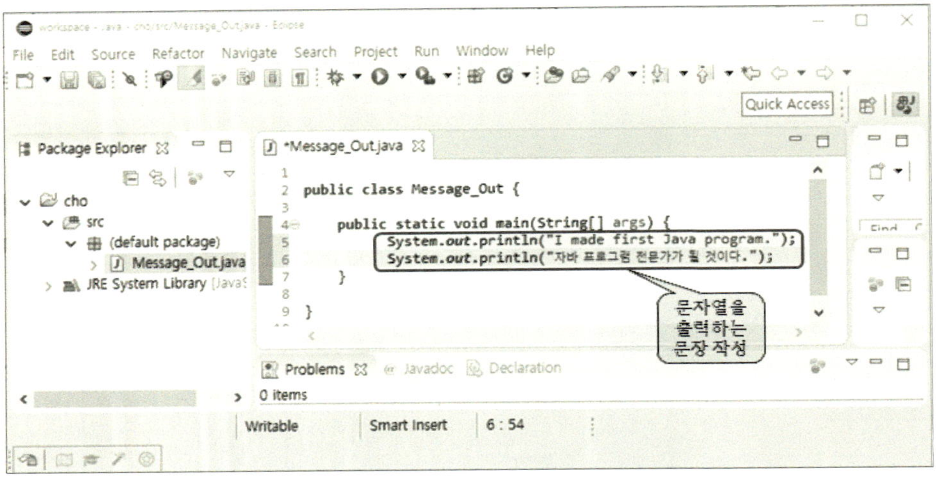

프로그램 작성이 완료되면 반드시 이를 파일에 저장해야 한다. 파일에 저장하기 위해 다음의 3가지 방법이 가능하다.

- 메뉴 바에서 File ⇒ Save 차례로 선택
- 툴바의 저장 아이콘( ) 클릭
- 저장 단축키인 Ctrl + S 동시에 누름

❑ Message_Out 클래스 컴파일하고 실행하기

명령 프롬프트에서 Java 소스 프로그램을 컴파일하고 실행하는 작업이 2개 작업으로 나누어졌다. 그러나 대부분의 통합 개발환경에서 컴파일과 실행을 하나의 작업으로 간단하게 실행할 수 있다.

Eclipse에서도 컴파일과 실행은 하나의 작업으로 이루어진다. 프로그램을 실행하기 위해 먼저 Package Explorer에서 실행할 프로그램인 Message_Out.java를 클릭한 후 다음 방법 중 하나로 실행한다.

- 메뉴 바에서 Run ⇒ Run 차례로 선택
- 툴바의 실행 아이콘( ) 클릭
- Message_Out.java를 클릭한 상태에서 마우스 오른쪽 버튼 클릭 ⇒ Run As ⇒ Java Application 차례로 선택
- 실행 단축키인 Ctrl + F11 동시에 누름

Message_Out.java가 실행되면 Eclipse의 아래쪽에 새로운 Console 뷰가 나타나고, 프로그램의 결과가 다음과 같이 출력된다.

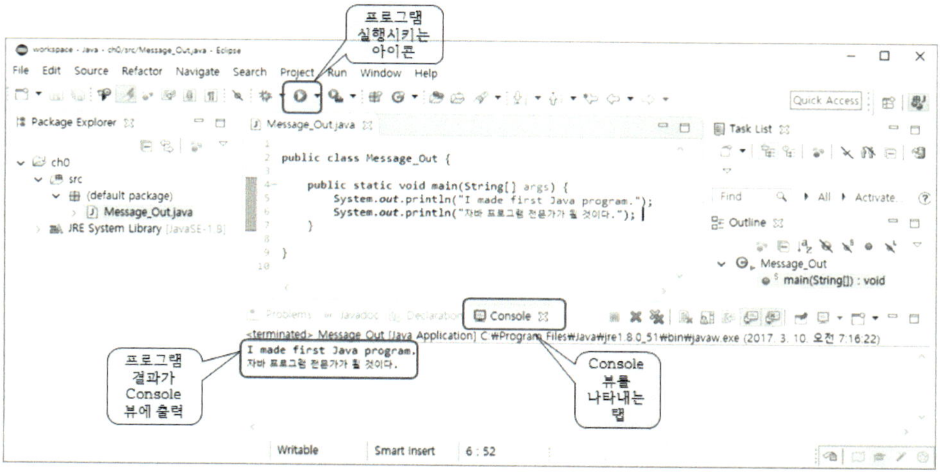

❑ 그 외의 Eclipse 기능

Eclipse는 Java 프로그램 개발을 위한 클래스 생성과 작성, 실행 등의 핵심적인 기능 외에도 수많은 기능이 있다.

프로그램 작성과 실행에 도움이 되는 대표적인 기능으로 작업공간의 변경, 프로젝트 이름 또는 클래스 이름의 변경, 다양한 편집 기능, 자동적 들여쓰기(indentation), 파일 복사 기능, 디버깅 기능 등이 있다. 또한, 사용자에 적합하도록 시스템을 설정할 수 있는 기능도 다양하게 제공한다. Java를 배우면서 Eclipse의 사용법을 함께 배워야 한다.

제1장

Java 프로그램의 구성

제 1 장 Java 프로그램의 구성

학습 목표

- Java 프로그램은 클래스로 구성됨을 이해한다.
- main() 메소드는 자동적으로 호출되는 시작 메소드이며, 여러 문장으로 작성됨을 파악한다.
- 문자열 출력 메소드 System.out.println()을 이용하여 문자열을 출력하는 능력을 배양한다.
- 변수 선언, 변수에 값 저장, 변수 값 출력 프로그램을 작성할 수 있다.
- Java 프로그램의 구조를 이해한다.

Java는 가장 대표적인 객체 지향 프로그래밍 언어이며, Java 프로그램은 객체를 표현하기 위한 클래스들을 작성한 것이다. 가장 간단한 Java 프로그램은 main() 메소드 하나로만 구성되는 클래스이다. Java 프로그램의 초기 학습단계에서 main() 메소드로만 구성되는 클래스를 작성하면서 상수, 변수, 연산, 수식, 문장, 복합문 등 Java 프로그램의 기본적인 구성요소에 대해 배우게 될 것이다.

Java의 메소드를 이해하면 여러 메소드를 갖는 클래스도 작성한다. 최종적으로 여러 필드와 여러 메소드를 가지는 객체를 정의하는, 자바다운 클래스들을 작성하고, 이미 작성한 클래스를 확장한 하위 클래스(subclass)도 작성하게 될 것이다.

1.1 문자열 메시지 출력 프로그램

첫 Java 프로그램으로 소개되는 프로그램은 예제 1-1의 Message_Out 클래스이다.

예제 1-1 문자열 출력하기

```
// [ Message_Out ]: 첫 번째 Java 프로그램 - 문자열 메시지 출력        주석

class Message_Out {                                     Message_Out 클래스 정의

    // main() 메소드는 시작 메소드
    public static void main(String[] args) {            main() 메소드
        System.out.println("I made first Java program.");
        System.out.println("자바 프로그램 전문가가 될 것이다.");
    }

}
```

실행결과

```
I made first Java program.
자바 프로그램 전문가가 될 것이다.
```

프로그램 설명

- 주석
  - //로 시작하여 그 라인에서 끝남
  - 프로그램에 대해 설명하는 부분
- Message_Out 클래스
  - Message_Out.java 파일에 저장
  - 클래스 선언: class Message_Out으로 시작하여 마지막의 닫는 중괄호(})로 끝남
  - 내부에 main() 메소드 작성
- main() 메소드
  - Java 프로그램 실행하면 자동적으로 호출되어 수행되는 시작 메소드
  - Message_Out 클래스 실행하면 Message_Out 클래스의 main() 메소드 수행
  - System.out.println() 메소드 수행되어 문자열 출력되고 프로그램 종료

❑ 주석

주석(comment)은 실행에 영향을 미치지 않으면서 프로그램의 기능, 중요 사항, 의미 등을 설명하는 부분이다. Java의 주석은 C[11] 형태의 표준 주석, 문서 주석,

11) C는 Java 이전부터 사용된 프로그래밍 언어이며, Java의 많은 부분이 C와 유사하다.

단일 라인 주석 등 다음의 3가지 종류가 있다.

- **C 형태의 표준 주석**(standard C-style comment)
  - /*로 시작하여 */로 끝나는 주석
  - /*와 */ 사이의 모든 문자는 무시
- **단일 라인 주석**(single line comment)
  - //로 시작하여 라인 끝에서 끝나는 주석
  - // 뒤에 나타나는 모든 문자는 무시
- **문서 주석**(documentation comment)
  - /**로 시작하여 */로 끝나는 주석
  - 클래스 선언, 메소드 선언 등에 대하여 설명하는 주석
  - Java 프로그램의 문서 주석 내용 추출하여 HTML 문서 생성할 수 있음

주석에 대해 강조할 것은 "프로그램 작성 시 주석을 붙이는 데 인색하지 마라. 열심히 주석을 붙여라."이다. 크고 복잡한 프로그램을 작성할 때에는 주석을 잘 붙여야 한다. 그래야 나중에 프로그램을 쉽게 이해하고 변경할 수 있다.

❑ 클래스 선언

클래스 선언은 다음과 같이 클래스 이름, 클래스에 포함될 필드와 메소드를 명시하는 부분으로, Java 프로그램은 최소한 하나의 클래스를 작성해야 한다.

```
class 클래스이름 {
   《 여기에 필드와 메소드 작성 》    // 처음에는 main() 메소드만 작성함
}
```

Java의 클래스 이름은 다음과 같이 명명한다.

- Person, Student 등 객체 종류를 나타내는 이름으로 명명
  - main() 메소드만 작성하는 초기 단계에서 전체 프로그램의 기능을 나타내도록 명명할 것임
  - 예를 들어, Message_Out 클래스의 이름인 Message_Out은 "메시지 출력"이라는 프로그램 기능을 나타냄
- 클래스 이름의 첫 글자는 영문 대문자이며, 두 번째 글자부터 영문자, 숫자, _ 또는 $ 사용 가능
- 여러 단어 결합하여 클래스 이름 명명할 경우 UniversityStudent, Data Format 등과 같이 각 단어의 첫 글자를 대문자로 시작하는 것이 원칙

❑ main() 메소드

main() 메소드는 Java 프로그램을 실행하면 자동적으로 호출되어 수행되는 시작 메소드이며, main() 메소드는 다음과 같이 작성한다.

```
public static void main(String[] args) {
    《 여기에 수행할 문장들 작성 》
}
```

main() 메소드 앞에는 public, static, void 등의 단어를 나열하고, 괄호 속에 String[] args를 반드시 표시해야 한다.[12] 이들의 의미와 기능은 나중에 배울 것이며, 생략할 수 없는 매우 중요한 사항들이다.

main() 메소드 내부에는 수행할 문장들을 작성한다. Message_Out 클래스의 main() 메소드에는 문자열을 출력하는 2개 문장이 있다.

```
public static void main(String[] args) {
    System.out.println("I made first Java program.");        // 수행할 첫 번째 문장
    System.out.println("자바 프로그램 전문가가 될 것이다.");   // 수행할 두 번째 문장
}
```

❑ 문장

메소드를 구성하는 핵심적인 요소인 문장(statement)은 수행할 작업을 명시하며, 세미콜론(;)으로 끝난다.

main() 메소드의 2문장은 문자열을 출력하는 작업을 수행한다.

① System.out.println("I made first Java program.");
  ⇒ 문자열 "I made first Java program."을 화면에 출력
② System.out.println("자바 프로그램 전문가가 될 것이다.");
  ⇒ 문자열 "자바 프로그램 전문가가 될 것이다."를 화면에 출력

보통 한 문장을 한 라인에 작성한다. 그러나 다음과 같이 여러 문장을 한 라인에 작성해도 되며, 한 문장의 길이가 긴 경우 여러 라인에 걸쳐 작성할 수도 있다.

12) main() 메소드를 주어진 양식대로 작성하지 않으면 프로그램이 실행되지 않는다. 단 args는 ar, arg 등 다른 명칭을 사용할 수 있지만 모든 프로그래머가 args를 사용한다.

```
// 3문장을 한 라인에 작성한 예
name = "홍길동";    age = 18;    currentLocation = "금강산";

// 한 문장을 2라인에 걸쳐 작성한 예
System.out.println("이름이 " + name + "인 사람의 나이는 " + age + "세이고 현재 "
                                                + currentLocation + "에 있음");
```

Java에는 수행하는 작업에 따라 여러 종류의 문장이 있다. 초기 학습과정에서 필요한 문장은 다음과 같다.

- 변수 선언문: 변수 이름과 타입 명시하는 문장
- 대입문: 변수에 값 저장하는 문장
- 메소드 호출문: 메소드 호출하여 수행하게 하는 문장

더욱 복잡한 작업을 수행하기 위해 if 문, for 문, while 문, 복귀문, 공백문 등의 문장들을 사용하며, 이들도 자세히 배울 것이다.

❑ System.out.println() 메소드

System.out.println() 메소드는 출력 작업을 수행하는 메소드이며, 괄호 속에 주어지는 문자열을 화면에 출력한 후 다음 입출력이 다음 라인에서 시작하게 한다.[13)]

이 메소드는 모든 프로그램마다 사용되는 중요한 메소드이므로 계속 설명된다.

❑ 문자열

문자열은 이중 따옴표(") 사이에 나열된 문자들이다. 다음은 문자열의 예를 보여준다.

```
"I made first Java program."
"자바 프로그램 전문가가 될 것이다."
```

13) 한편, System.out.print() 메소드는 출력된 끝 위치에서 다음 입출력이 시작되게 한다.

1.2 변수 값 출력 프로그램

첫 프로그램인 Message_Out 클래스는 문자열을 화면에 출력하는데, 프로그램의 기능이 아주 단순하며, 이후에 작성할 일은 거의 없다. Java 프로그램에서 문자열을 다루는 것이 중요하므로 문자열 출력 연습을 Java 프로그래밍의 첫 출발점으로 많이 시도한다.

두 번째 Java 프로그램인 예제 1-2의 Person_Out 클래스는 main() 메소드로만 구성되는 클래스로, 홍길동의 신상정보를 변수에 저장하고 출력한다.

예제 1-2　　홍길동 신상정보 저장 및 출력

```
// [ Person_Out ]: "홍길동은 18살로 금강산에 있다."라는 상황을 나타내는 프로그램
class Person_Out {
  public static void main(String[] args) {

     // 이름, 나이, 현위치를 저장하기 위한 변수 선언
     String name;              // 문자열 변수, name
     int age;                  // 정수 변수, age
     String currentLocation;   // 문자열 변수 currentLocation

     // 홍길동은 18살로 금강산에 있음을 나타내도록 변수들에 값 저장
     name = "홍길동";                // 문자열 "홍길동"을 name 변수에 저장
     age = 18;                       // 정수값 18을 age 변수에 저장
     currentLocation = "금강산";     // 문자열 "금강산"을 currentLocation 변수에 저장

     // 변수들의 값을 한 라인에 하나씩 결과로 출력
     System.out.println("** 변수에 저장한 결과 **");     // 출력 요약 정보 출력
     System.out.println(name);                          // 이름 문자열 변수 값 출력
     System.out.println(age);                           // 나이 정수 변수 값 출력
     System.out.println(currentLocation);               // 현위치 문자열 변수 값 출력
  } // main() 메소드의 끝을 나타내는 중괄호
}   // Person_Out 클래스의 끝을 나타내는 중괄호
```

실행결과

```
** 변수에 저장한 결과 **
홍길동
18
금강산
```

프로그램 설명

- Person_Out 클래스는 Person_Out.java 파일에 저장
- Person_Out 클래스는 변수 선언, 변수에 값 저장, 결과 출력 등 3가지 작업 수행

1.3 변수, 값, 타입

프로그램이 실제적 작업을 수행하기 위해서는 변수를 활용해야 한다. 변수는 값을 저장할 기억공간에 대해 이름을 부여한 것으로, 다음은 변수에 대한 중요 사항이다.

- 값 저장 가능: 변수에 값 저장하고 다른 값으로 변경할 수 있음
- 저장 값 제한: 변수는 같은 종류의 값만 저장할 수 있음
- 저장한 값과 동등: 변수에 저장한 값과 변수는 동일하게 취급
- 높은 중요성: 변수는 프로그램에서 가장 중요한 요소 중 하나

변수의 중요 사항은 점차 이해하게 될 것이며, 프로그램에서 가장 중요한 요소 중의 하나인 이유는 다음과 같다.

낮은 수준에서 Java 프로그램의 실행을 관찰하면 변수에 계산된 값을 저장하고 변경하면서 원하는 결과 값을 변수에 저장하면 그 결과 값을 출력하고 프로그램은 종료하는 것으로 파악된다.[14)]

변수는 값을 저장하는 것이 목적이므로 값이 무엇이고, 값에는 어떤 것이 있는가를 먼저 살펴볼 필요가 있다. 다음은 값에 대한 필자의 단상(斷想)이다.

값(value)이란 무엇인가?

우리의 현실 세계에는 다양한 값들이 존재하며 값을 사용하며, 새로운 값을 만든다. 나이를 나타낼 때 2, 30, 60 등의 정수값을 사용하고, 키를 나타낼 때 162, 177 등의 정수값을 사용하기도 하며 162.1, 177.7 등의 실수값도 사용한다. 대학생의 학년을 나타내고자 할 때 1, 2, 3, 4 중의 한 값을 사용한다. 사람 이름을 나타낼 때 홍길동, 박문수, Romio 등의 인명 값[15)]을 사용하고, 필요하면 새로운 이름을 만들어 사용한다. 그 외에도 국가명, 꽃 이름 등에서 많은 값을 사용하며, 끊임없이 새로운 값들이 만들어진다.

한편, Java 프로그램에서도 현실 세계에서 사용되는 모든 값을 표현하고 사용하기 위해 몇 가지 종류의 값들이 제공된다. Java에서 제공하는 값의 종류는 정수, 실수, 문자, 문

---

14) 한편, 가장 낮은 수준에서 Java 프로그램은 문자들을 나열한 것이며, 다음은 토큰들을 나열한 것이다. 높은 수준에서 Java 프로그램을 관찰하면 객체가 생성되고 객체가 활동하는 것으로 파악된다.

15) 우리는 홍길동이 이름이며 값이라 생각하지 않지만, 엄밀한 의미에서 홍길동은 이름을 나타내는 하나의 값이다.

자열, boolean 등이며, 이들은 다시 더욱 세부적인 종류인 int, long, byte, short, double, float, char, String, boolean으로 나누어진다.

현실 세계에서 《 J는 Java의 첫 글자이다. 》, 《 이름이 홍길동이다. 》, 《 이몽룡은 키가 170보다 크다. 》, 《 비가 오면 경기는 취소된다. 》 등과 같이 값 자체, 값의 역할, 값의 종류를 구분하여 표시하지 않으며, 참과 거짓을 나타내는 값이 없다. 인간은 무의식적으로 값 그 자체, 그 값의 역할, 그 값의 종류를 인지하므로 구태여 구분할 필요도 없으며, 참과 거짓을 나타내는 값이 없어도 논리적인 사고를 할 수 있다.

인공 언어이며 문법이 100% 정확한 Java에서 모든 것이 정확히 표현되고 구별돼야 한다. 그러므로 Java에서 값을 보면 값의 종류를 바로 알 수 있다. 예를 들어, 숫자로 시작하는 값의 경우, 60은 정수값, 67.5는 실수값임을 알 수 있다. 문자 값 또는 문자열 값을 쉽게 구분하기 위해 별도의 표기법이 고안되었다. 문자는 단순 따옴표('), 문자열은 이중 따옴표(")를 이용하여 표기하며, 'J'는 문자 값, "Java"는 문자열 값을 나타낸다. 한편 참과 거짓을 나타내기 위해 true와 false를 값으로 사용하기로 결정하였고, 이들 값의 종류는 boolean으로 결정하였다. 처음에 true와 false를 Java의 값으로 이해하여 자유롭게 사용하기는 다소 어려운 면이 있다.

값과 관련되어 사용되는 중요한 용어로 상수와 변수가 있다. 상수(constant, 常數: 일정한 수치)는 변하지 않는 일정한 값이라는 의미를 나타내는 용어로, 값 하나하나를 지칭하고, 리터럴(literal)이라고도 한다. 프로그램에서 가장 중요한 요소인 변수(variable, 變數: 변하는 수치)는 값을 저장하고 값을 변경할 수 있는 요소라는 의미를 나타내는 용어이다.

❑ 타입과 값

Java에서 변수를 사용하기 위해 미리 변수를 선언해야 한다. 변수 선언에서 변수의 이름과 그 변수에 저장될 값의 종류가 무엇인가를 표시한다.

값들의 종류를 타입(type)이라 하며, Java의 중요한 타입은 다음과 같다.

- int: 정수를 나타내는 타입
- double: 실수를 나타내는 타입
- String: 문자열을 나타내는 타입
- char: 문자를 나타내는 타입
- boolean: 참과 거짓을 나타내는 타입

int, double, String, char, boolean 등의 타입 이름, 표현 대상, 상수 표기법, 변수

선언 방법 등을 이해하는 것은 초기 Java 프로그래밍에서 아주 중요하며, [표 1-1]은 중요한 타입의 표현 대상, 상수, 변수 선언 등을 보여준다.

타입	표현 대상	상수	변수 선언
int	정수	... -4 -3 -2 -1 0 1 2 3 4 ...	int age; int count;
double	실수	소수형: -1.0 0. 177.7 3.141592 지수형: 1.34e55 -5.123e-42	double height; double degree;
String	문자열	"Java" "1234" "I am Sam" "홍길동" "나는 " "gjb@hsc.com"	String name; String email;
char	문자	'A' 'a' '0' '*' '가' '\u12EF' '\n'	char c; char ch;
boolean	참, 거짓	true, false	boolean isKorean; boolean flag;

[표 1-1] Java의 중요 타입

우리가 알고 있는 정수와 실수는 int 타입과 double 타입의 값이다. 이중 따옴표 사이에 나열되는 문자들을 나타내는 문자열은 String 타입의 값이며, 따옴표 사이에 표시되는 문자는 char 타입의 값이다. true와 false는 boolean 타입의 값이다.

이 외에도 byte, short, long, float 등의 타입도 있지만, 많이 사용되지 않는다. 당분간 int, double, String, char, boolean 등 자주 사용되는 5개 타입만 사용해도 충분하며, 다른 타입은 없다고 생각해도 문제가 없다.

❑ 변수 선언

변수 선언은 변수 이름과 변수에 저장될 값의 타입을 명시하는 것이다. 변수를 선언하면 값을 저장할 기억장소가 할당되어 변수에 값을 저장할 수 있다.

다음은 타입별 변수 선언을 보여준다.

```
// 타입별 변수 선언하는 예

String name;            // name은 문자열 저장하는 변수
int age;                // age는 정수값 저장하는 변수
double height;          // height는 실수값 저장하는 변수
char initialOfName;     // initialOfName은 문자 저장하는 변수
boolean isKorean;       // isKorean은 boolean 값(true 또는 false) 저장하는 변수
```

[그림 1-1]은 선언된 변수에 대해 기억장소가 할당된 모습을 보여준다.

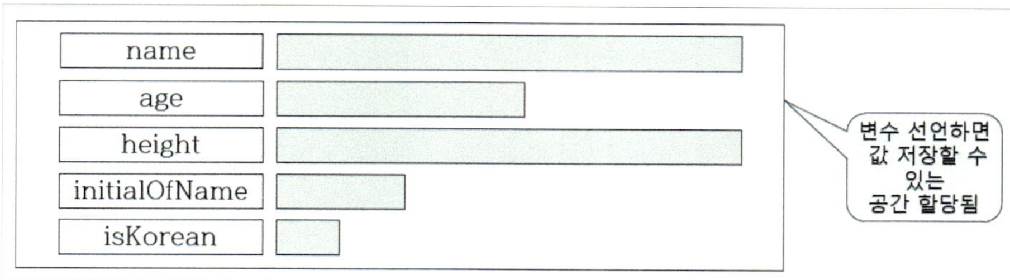

[그림 1-1] 선언된 변수에 대해 기억장소가 할당된 모습

변수를 선언할 때 타입을 함께 명시하는 이유는 그 변수에 저장할 값의 종류가 무엇인가를 알려주기 위함인데, 이는 그 변수에 저장하지 못하는 값이 무엇인가를 알려주는 효과도 있다.

❑ 변수에 값 저장

변수를 선언하여 기억장소가 할당되면 선언 시 명시한 타입의 값 중의 하나를 변수에 저장하거나 다른 값으로 변경할 수 있다.

name 변수를 String 타입 변수로 선언하면 name 변수는 String 타입의 값 중의 하나만을 저장할 수 있고, 정수값이나 실수값을 저장할 수 없다. 마찬가지로 age 변수를 int 타입 변수로 선언하면 age 변수에는 정수값 중의 하나만 저장할 수 있으며, 문자열이나 실수값을 저장할 수 없다.

다음은 선언된 변수에 값을 저장하는 예를 보여준다.

```
// 선언된 변수에 타입에 맞는 값 저장

name = "홍길동";             // String 타입 변수는 문자열 저장 가능
age = 18;                   // int 타입 변수는 정수값 저장 가능
height = 177.7              // double 타입 변수는 실수값 저장 가능
initialOfName = 'H';        // char 타입 변수는 문자 저장 가능
isKorean = true;            // boolean 타입 변수는 true 또는 false만 저장 가능
```

[그림 1-2]는 값 저장한 변수의 저장 결과를 보여준다.[16)]

16) name 변수에 문자열 "홍길동"을 저장하면 실제로 name 변수에 문자열 "홍길동"의 참조값이 저장되는데, 여기에서 name에 "홍길동"이 저장되었다고 표시하였다.

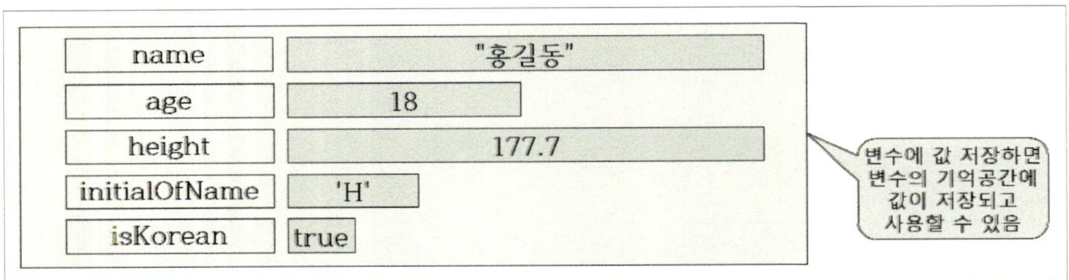

[그림 1-2] 값 저장한 변수의 저장 결과

변수에 값을 저장하면 그 변수는 저장한 값과 동일한 것으로 간주하므로 값처럼 사용될 수 있다. 즉, 그 변수의 값을 다른 변수에 저장할 수도 있고, 출력할 수도 있으며, 또 값이 사용되는 곳에 변수를 사용할 수 있다.

❑ 결과 출력 메소드

결과 값을 출력하기 위해 System.out.println() 메소드와 System.out.print() 메소드가 사용된다. 이들 메소드는 괄호 속에 주어지는 여러 종류의 값을 화면에 출력한다. 또한, +로 연결되는 여러 값을 한꺼번에 출력할 수도 있다.

- System.out.println() 메소드
  - 출력 후 줄 바꾸어 새로운 줄에서 다음 입출력되게 함
  - 메소드 이름 println에서 ln은 줄 바꾼다는 의미
- System.out.print() 메소드
  - 출력 후 줄 바꾸지 않으므로 출력 끝난 곳에서 다음 입출력 계속되게 함

다음은 System.out.println() 메소드와 System.out.print() 메소드를 사용하여 출력하는 예를 보여준다.

```
String name;
name = "홍길동";
// System.out.println() 이용하여 출력하는 예: 줄 바뀜
System.out.println("홍길동");          // 문자열 출력해도 됨, 출력결과: 홍길동
System.out.println(name);              // 문자열 변수 출력해도 됨, 출력결과: 홍길동
System.out.println("이름=" + name);    // 문자열과 문자열 변수를 +로 연결하여
                                       //    출력해도 됨, 출력결과: 이름=홍길동
int age;
age = 18;
// System.out.print() 이용하여 출력하는 예: 줄 안 바뀌므로 계속 같은 줄에 출력
System.out.print(18);                     // 정수값 출력해도 됨, 출력결과: 18
System.out.print(age);                    // 정수 변수 출력해도 됨, 출력결과: 1818
System.out.print("나이 " + age + "세");   // 문자열과 정수 변수를 +로 연결하여
                                          //     출력. 출력결과: 1818나이 18세
```

1.4 객체가 활동하는 프로그램

두 번째 제시된 프로그램은 첫 번째보다 많은 작업을 수행하지만, 여전히 초보적인 Java 프로그램이며, 정상적인 Java 프로그램으로는 부족하다. 정상적인 Java 프로그램은 앞에서 살펴본 초보적 수준의 Java 프로그램과 전혀 다르며, 객체를 생성하고 생성된 객체가 활동하는 프로그램이다.

예제 1-3은 Person 클래스를 선언하고 객체를 생성하여 활동하게 하는 프로그램으로, Person 클래스와 PersonMgmt 클래스로 구성된다.

예제 1-3 Person 클래스 선언, 객체 생성 및 활동

```
// [ Person, PersonMgmt ]: "홍길동은 18살에 금강산으로 갔다."라는
//                          상황을 나타내는 클래스들 작성하기
class Person {
   String name;              // 이름 필드
   int    age;               // 나이 필드
   String currentLocation;   // 현위치 필드

   // 매개변수 name이 주어지면 필드 name을 초기화하는 생성자
   Person(String name) {
       this.name = name;
   }

   // 매개변수 age 주어지면 필드 age에 저장하는 메소드
   void setAge(int age) {
       this.age = age;
   }

   // goTo(): 수신자 객체가 특정 위치로 이동하는 것을 구현하는 메소드
   //    주어진 위치로 수신자의 currentLocation 필드값 변경
   void goTo(String location) {
       this.currentLocation = location;   // 장소로 이동하면 현위치 변경
   }

   // toString(): 객체의 필드들을 문자열로 구성하여 반환하는 메소드
   public String toString() {
      return "이름: " + this.name + ", 나이: " + this.age + ", 현위치: "
                       + this.currentLocation;
   }

   // 주어진 objectMessage를 출력하고 객체의 필드들을 출력하는 메소드
   void output(String objectMessage) {
```

```
        System.out.println(objectMessage + this.toString());
    }
}

class PersonMgmt {
    public static void main(String[] args) {
        // "이름이 홍길동인 사람이 18세에 금강산으로 갔다"를 나타내는 코드
        Person hgd;                         // 홍길동 객체 저장할 hgd 참조변수 선언
        hgd = new Person("홍길동");         // 이름이 홍길동인 사람이 있음

        hgd.setAge(18);                     // 홍길동의 age를 18로 지정
        hgd.goTo("금강산");                 // 홍길동이 금강산으로 감

        hgd.output("  * 홍길동 객체 - ");   // 홍길동 객체의 정보 출력
    }
}
```

실행결과	* 홍길동 객체 - 이름: 홍길동, 나이: 18, 현위치: 금강산

프로그램 설명

- 이 프로그램은 PersonMgmt.java 파일에 저장
- 이 프로그램은 Person 클래스와 PersonMgmt 클래스 등 2개 클래스로 구성
  - Person 클래스에는 name, age, currentLocation 등 3개 필드 선언하고, 5개 메소드 선언
  - PersonMgmt에 main() 메소드 작성하며, main() 메소드에서 Person 객체 생성하고 생성된 객체의 메소드 호출

[그림 1-3]은 예제 1-3의 클래스 구조도를 보여준다.

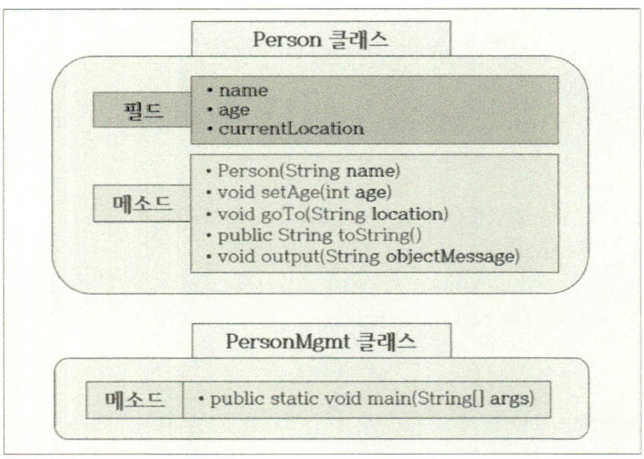

[그림 1-3] 예제 1-3의 클래스 구조도

지금은 이 수준의 프로그램을 이해할 수도 없고 이해할 필요도 없다. 클래스의 필드는 객체의 상태를 나타내는 것, 메소드는 객체의 행동을 나타내는 것, 객체를 생성하는 것, 생성된 객체가 활동하는 것 등을 보여주기 위해 제시하였다.

차근차근 노력하면서 열심히 배우고 익히면 어느 순간 이 수준의 프로그램도 확실히 이해하고 이 수준을 능가하는 프로그램도 작성할 수 있는 훌륭한 Java 프로그래머로 성장할 것이다.

❏ 맺으면서

1장에서 Java 프로그램을 살펴보면서 문자열 출력, 변수 선언 및 변수 값 저장, 변수 출력 등에 대해 배웠다. 필드와 메소드를 가지는 객체를 정의하는 클래스 예제도 살펴보았다.

더 높은 수준의 Java 프로그램을 작성하려면 한 단계씩 수준을 높이기 위한 많은 노력이 필요하다.

연습문제

1. **다음 문장의 옳고 그름을 판단하라. 또한, 잘못되었으면 올바르게 고쳐라.**

1) Java 프로그램은 클래스로 구성되며, 클래스는 필드와 메소드로 구성된다.
2) 필드가 없는 클래스를 작성할 수 없다.
3) public static void main(String[] args) 메소드는 Java 프로그램을 실행하면 자동적으로 수행되는 시작 메소드이다.
4) Java의 문자열은 " 사이에 나열되는 문자들이다.
5) Java에서 변수를 선언하지 않고서 사용할 수 있다.
6) Java 변수를 선언하면 그 변수는 여러 타입의 값을 저장할 수 있다.
7) System.out.println() 메소드는 문자열만 출력할 수 있다.

2. **다음을 간단히 설명하라.**

1) 클래스　　2) main() 메소드　　3) 변수　　4) 문장

3. **Java에서 중요한 타입은 int, double, String, char, boolean이다. 이들 타입의 변수를 하나씩 선언하고 변수에 값을 저장하라.**

4. **다음의 프로그램에서 잘못된 부분을 찾아 잘못된 이유를 설명하고 올바르게 수정하라.**

```
class 2C {
    public static void main(String args) {
        int n:
        n = "12345";

        System.out.println(n)

        price = 25000;
        System.out.println("price = ", price);
}
```

(연습문제 1번 답) 1:O 2:X(필드가 없는 클래스도 작성 가능) 3:O 4:O 5:X(변수는 타입과 변수명 선언해야 함) 6:(변수에는 선언된 타입의 값만 저장 가능) 7:X(System. out.println() 메소드는 문자열 외에 정수, 실수 등도 출력 가능)

실습과제

1. 자연스러운 문자열 구성하여 출력하기

1) 예를 참고하여 주어진 정형적 정보를 자연스럽고 일상적인 표현의 문자열로 구성하라.

[정형적 정보] 이름: 홍길동, 나이: 18세, 현위치: 금강산
[일상적 표현의 문자열] "홍길동은 18세이며 금강산에 있다."

(1) 과자명: 새우깡, 출시연도: 1971년, 제조사: 농심
(2) 영화 제목: 매트릭스, 장르: SF, 액션, 감독: 릴리 워쇼스키, 라나 워쇼스키, 주연배우: 키아누 리브스, 로렌스 피시번, 캐리 앤 모스, 휴고 위빙
(3) S/W 제품명: 포토샵, 제조사: 어도비 시스템, S/W 종류: 그래픽 프로그램
(4) 언어명: Java, 발표연도: 1995년, 제작자: James Gosling, 용도: 프로그래밍

2) 이들 문자열을 출력하는 프로그램을 String_Out 클래스로 작성하라.

※ 참고사항 : String_Out.java 파일에 String_Out 클래스 작성하고, String_Out 클래스에 main() 메소드 작성할 것

2. 영화 정보 및 책 정보 문자열을 스스로 구성하여 출력하기

1) 본인이 좋아하는 영화의 제목, 장르, 감독, 주연배우, 제작연도, 줄거리 등의 정보 전체를 하나의 문자열로 구성하고 이를 출력하는 프로그램을 MovieInfo_Out 클래스로 작성하라. (출력할 영화 정보는 정확히 결정할 것)

2) 본인이 좋아하는 책의 제목, 저자, 출판사, 가격, 페이지 수 등의 책 정보 전체를 하나의 문자열로 구성하고 이를 출력하는 프로그램을 BookInfo_Out 클래스로 작성하라. (책 정보는 인터넷 서점에서 찾아 정확히 결정할 것)

3. 신상 관련 정보들을 변수에 저장하고 출력하기

1) 이몽룡의 상황에 대해 예제 1-2의 Person_Out 클래스의 변수 값을 변경하

고 실행하여 결과를 확인하라. 또한, 성춘향에 대해서도 변수 값을 변경하고 실행하라(이몽룡과 춘향의 상황은 춘향전을 최대한 참고하여 적절히 설정할 것)

2) 김철수의 키, 이름 첫 글자, 한국인 여부를 저장할 변수인 double height, char initialOfName, boolean isKorean을 Person_Out 클래스에 추가로 선언하고, 키 177.7cm, 이름 첫 글자 'H', 한국인 여부 true를 저장한 후 이를 출력하도록 예제 1-2의 Person_Out 클래스를 변경하라.

3) 본인의 이름, 나이, 키, 이름 첫 글자, 한국인 여부, 현 위치를 저장할 변수를 추가로 선언하고 자신의 상황에 맞는 값을 저장한 후 출력하도록 예제 1-2의 Person_Out 클래스를 변경하라. (필요한 변수를 기존의 변수 이름 앞에 my를 붙인 변수로 선언하고, 추가 부분은 main() 메소드의 끝부분에 작성할 것)

4) 외국인 한 사람을 설정하여 이름, 나이, 키, 이름 첫 글자, 한국인 여부, 현 위치를 저장할 변수를 추가로 선언하고 변수에 값을 저장한 후 출력하도록 예제 1-2의 Person_Out 클래스를 변경하라. (필요한 변수를 이미 선언한 변수 이름과 다르게 결정하고, 추가 부분은 main() 메소드 끝부분에 작성할 것)

4. 변수 선언 및 값 저장하고 출력하기

1) 다음의 밑줄 친 값들을 저장하기 위한 변수 타입과 이름을 결정하여 선언하고 값을 저장하라.
   (1) 단위가 km인 서울에서 강릉까지 거리 <u>228.7</u>
   (2) 단위가 원인 농심 안성탕면의 가격 <u>520</u>
   (3) 한국의 수도인 <u>서울</u>
   (4) 숭례문의 주소인 <u>서울특별시 중구 세종대로 40 숭례문</u>
   (5) 1988년 서울 올림픽의 참가 국가 수인 <u>160</u>
   (6) <u>이순신</u> 장군은 <u>1597년 노량해전</u>에서 승리했다.
   (7) <u>한국자동차</u>는 종업원 수가 <u>15000</u>명, 하루 자동차 생산 능력이 <u>1100</u>대, 사장 이름이 <u>김한국</u>인 <u>경기도 안성시</u>에 위치한 자동차회사이다

2) 이들 변수 값을 출력하는 프로그램을 Var_Out 클래스로 작성하라.

5. 변수 선언하여 값 저장하고 출력하기

1) 예를 참고하여 주어진 정형적 정보를 저장할 변수를 선언하고 값을 저장하라.

[정형적 정보] 이름: 홍길동, 나이: 18세, 몸무게: 78.2
[변수 선언] String name; int age; double weight;
[값 저장] name = "홍길동"; age = 18; weight = 78.2;

(1) 과자명: 새우깡, 출시연도: 1971년, 제조사: 농심
(2) 영화 제목: 매트릭스, 장르: SF, 액션, 감독: 릴리 워쇼스키, 라나 워쇼스키, 주연배우: 키아누 리브스, 로렌스 피시번, 캐리 앤 모스, 휴고 위빙
(3) S/W 제품명: 포토샵, 제조사: 어도비 시스템, S/W 종류: 그래픽 프로그램
(4) 언어명: Java, 발표연도: 1995년, 제작자: James Gosling, 용도: 프로그래밍

2) 이들 변수를 선언하고 값을 저장한 후 변수 값을 출력하는 프로그램을 Variables_Out 클래스로 작성하라. (출력결과는 자연스러운 일상적 표현으로 출력하라)

※ 참고사항 : Variables_Out.java 파일에 Variables_Out 클래스 작성하고, Variables_Out 클래스에 main() 메소드 작성할 것

6. 책 관련 정보들을 변수에 저장하고 출력하기

본인이 좋아하는 책의 제목, 저자, 출판사, 가격, 페이지 수 등의 책 정보 저장을 위한 변수를 각각 선언하고 각 변수에 값을 저장한 후 출력하는 프로그램을 Book_Out 클래스로 작성하라. (변수 이름은 영어 단어로 작성할 것이며, 영어 단어를 모르면 인터넷 한영사전을 참조할 것. 책 정보는 인터넷 서점에서 정확한 정보를 구해 변수에 저장할 것)

7. 이몽룡 객체와 춘향 객체 생성 후 활동하기

다음의 스토리에 대해 필요한 작업을 수행하는 문장들을 예제 1-3의 PersonMgmt 클래스의 main() 메소드 아래에 추가로 작성하고 각 객체를 출력하라.

※ 참고사항 : 괄호 부분은 작성할 수 없으므로 문장으로 작성하지 않으며, 예제 프로그램을 살펴보고 유추하여 작성할 수 있으면 시도해 볼 것

이름이 이몽룡인 사람이 있다. 이몽룡은 서울로 갔다. 20세가 되어 이몽룡은 (장원급제하여 암행어사가 되어 춘향을 만나러) 남원 춘향 집으로 갔다. (춘향이가 집에 없으니) 이몽룡은 남원 감옥으로 가서 (춘향을 만났다.)

이름이 성춘향인 사람이 있다. 성춘향은 16세가 되어 광한루로 놀러 가서 (이몽룡을 만났다. 서울로 가는 이몽룡을 눈물로 배웅하고) 남원 춘향 집으로 돌아가서 (지내는 중 변학도의 수청을 거부하여) 남원 감옥에 가게 되었다. 춘향은 18세에 (이몽룡을 다시 만나) 서울로 가서 (어떻게 되었을까?)

안중근 의사는 (1909년 10월 21일) 30세에 하얼빈으로 갔다. (거사 당일인 1909년 12월 26일) 안중근 의사는 하얼빈역으로 가서 (이토 히루부미를 사살하였다). (그 후 체포되어) 뤼순 감옥으로 이송되었으며, 31세 때 (재판을 받았다.)

실습을 위한 참고사항

1. Eclipse에서 새로운 클래스 작성방법

Eclipse에서 String_Out 클래스를 작성하기 위한 과정은 다음과 같다.

- Eclipse의 File ⇒ New ⇒ Class ⇒ 클래스 생성 창에서
  1) name 입력 부분에 String_Out 입력
  2) 《 □ public static void main(String[] args) 》의 체크박스 체크
     ⇒ Finish 버튼 클릭
     ⇒ 새로운 클래스 생성 확인
     ⇒ 생성된 클래스 클릭한 후 클래스 작성 시작

2. 동일한 프로그래밍 스타일 사용

실습과제를 할 때는 주어진 클래스의 프로그래밍 스타일과 동일한 스타일을 사용하여 프로그램을 작성해야 한다. 예를 들어, 실습과제 1-2)의 BookInfo_Out 클래스에서 책 정보를 출력할 때 Message_Out 클래스와 동일하게 main() 메소드로만 클래스 구성하고, 책 정보를 나타내는 문자열을 직접 출력해야 한다.

다른 스타일을 사용하여 작성할 수 있지만, 본서에서 다양한 스타일을 차례대로 익히면서 Java 프로그래밍에 대한 체계적이며 깊이 있는 이해를 목표로 하므로 반드시 따르기를 권장한다.

스스로 생각하고 고민할 과제

1. 영어 수준 확인

클래스 이름과 변수 이름은 대부분 영어 단어를 사용한다. 본인의 영어 능력이 클래스 이름이나 변수 이름을 마음대로 결정할 수 있는 수준인지를 판단해 보라. 부족하다고 판단될 경우 이를 해결하는 방안을 찾아보라.

2. 좋은 변수 이름의 선택

실습과제 5에서 책 제목을 저장할 변수의 경우 title, titleBook, bookTitle 등 여러 가능한 변수 이름 중에서 하나를 결정해야 한다. 어떠한 이름이 가장 좋은 변수 이름인지 생각해보라.

제2장

문자와 토큰, 최하위 구성요소

제 2 장 문자와 토큰, 최하위 구성요소

학습 목표

- Java의 문자코드로 유니코드를 사용함을 확인한다.
- Java 토큰의 종류를 파악하고 구분한다.
- 앞으로 배워야 할 중요한 키워드가 무엇인지 알아본다.
- 클래스 이름, 메소드 이름, 변수 이름을 붙이는 명명 원칙을 파악한다.
- 중요 타입의 상수 표기법을 이해하고 상수를 표기할 수 있다.
- 변수 선언, 변수에 값 저장, 변수 값 출력을 할 수 있는 능력을 갖춘다.
- 값을 입력하여 변수에 저장하는 방법을 익힌다.

1장에서 Java 프로그램은 여러 클래스로 구성되며, 클래스는 필드들과 메소드들로 구성됨을 살펴보았다.

기본적으로 언어는 낮은 수준의 구성요소들을 결합하여 다음 수준의 구성요소를 형성하고, 이러한 과정을 반복한다. 한국어의 경우 음소가 모여 음절을 이루고, 음절이 모여 단어를 형성하며, 단어가 어구 및 어절을 이루고, 다시 문장을 형성한다.

마찬가지로, Java 프로그래밍 언어도 최하위 구성요소인 문자로부터 시작하여 토큰, 연산, 수식, 문장, 메소드 등의 상위 구성요소를 차례로 형성하고, 최상위 구성요소인 클래스와 클래스 계층을 형성한다.

이 장에서 Java 프로그램의 구성요소 중 최하위 구성요소인 문자와 토큰에 대해 살펴본다. 또한, 기초적 프로그래밍을 위해 필요한 타입과 상수, 변수 선언, 값 입력하여 변수에 저장, 변수의 값 출력에 대해 더욱 자세히 배운다.

예제 2-1-1은 Java 프로그램의 최하위 구성요소인 문자와 토큰에 대해 살펴보기 위한 클래스이다.

예제 2-1-1 문자와 토큰을 파악할 클래스

```
class Person {
    public static void main(String[] args) {
        // 이름, 나이, 현위치 저장을 위한 변수 선언 및 값 저장
        String name = "홍길동";
        int age = 18;
        String currentLocation = "금강산";

        // 변수들의 값을 결과로 출력
        System.out.println(name + "의 나이는 " + age + "세이고 "
                                          + currentLocation + "에 있음");
    }
}
```

실행결과	홍길동의 나이는 18세이고 금강산에 있음

프로그램 설명

- Person 클래스는 최하위 구성요소인 문자들과 토큰들로 구성
  - 문자들로 구성: c, l, a, s, s부터 시작하여 최종적으로 }, \n[17], }, \n으로 끝나는 2바이트 유니코드 문자들로 구성
  - 토큰들로 구성: class, Person, {, public, static 등 문자 또는 문자들이 모여 이루어진 토큰들로 구성

2.1 문자, Java 프로그램의 최하위 구성요소

하나의 Java 프로그램은 영문자, 숫자, 특수문자, 한글 문자 등 여러 문자의 나열[18]이다. Person 클래스를 저장한 Person.java 파일의 문자들은 문자 c, l, a, s, s부터 시작하여 최종적으로 }, \n, }, \n으로 끝난다.

보통 컴퓨터에서 사용되는 문자는 1바이트 ASCII[19] 코드로 표현되며, ASCII 코드는 영문자, 숫자, 특수문자 등 2^8 = 256개 문자를 표현할 수 있다. 그런데, Java에서 문자는 유니코드(Unicode)로 표현된다. 유니코드는 전 세계의 모든 문자를 표현하고 다루기 위해 설계된 2바이트 16비트 문자코드로, 2^{16}인 65,536개 문자를 표현

17) '\n'은 줄바꿈 문자로서 눈에 보이지는 않지만, 라인의 마지막에 부가되는 문자이다.
18) 가장 낮은 수준의 프로그램은 문자들의 나열이다. 이는 문자들을 파일에 저장하는 관점이며, 프로그램을 문자들의 나열로 보는 프로그래머는 없다.
19) 아스키로 발음하며, American Standard Code for Information Interchange의 두문자어이다.

할 수 있다. 유니코드에는 한국어의 한글 11,172자가 배정되어 있다.

유니코드의 특징은 다음과 같다.

- 2바이트 문자코드로, 총 2^{16} = 65536개 서로 다른 문자 나타냄
- 다양한 문자 표현: 영문자, 숫자, 특수문자 등 ASCII 문자 외에 수학기호, 한글, 중국 한자, 일본 문자 등 많은 문자 표현
- 한글 명칭 사용 가능: 프로그램의 변수나 메소드 이름에 한글로 된 명칭 사용할 수도 있으나, 한글 명칭 사용하는 경우는 많지 않음

2.2 토큰, 최소의 기능적 요소

문법적으로 오류가 없는 Java 프로그램은 여러 토큰(token)들이 문법에 맞게 나열된 것[20]이다. 토큰은 프로그램에서 하나 또는 몇 개의 문자가 모여 최소한의 기능을 제공하는 구성요소이다.

Java의 토큰 종류는 다음과 같다.

- 키워드(keyword)[21]
- 변수
- 주석
- 클래스 이름
- 상수
- 분리자(delimiter)
- 메소드 이름
- 연산자(operator)
- 레이블(label)

[표 2-1]은 토큰의 기능과 Person 클래스에서 나타난 토큰의 예들을 보여준다.

토큰	기능	Person 클래스의 토큰
키워드	문법적인 또는 의미적인 기능 제공하는 영어 단어	class public static void int
클래스 이름	클래스 선언 또는 클래스 참조	Person String System
메소드 이름	메소드 선언 또는 메소드 호출	main println
변수	값 저장하고 변경하게 함	args name age currentLocation out
상수	변하지 않는 값을 나타냄	"홍길동" 18 "금강산" "의 나이는 " "세이고 " "에 있음"
연산자	연산 수행하여 결과 값 생성	= . +

20) 프로그램은 토큰의 나열이라는 관점도 아주 낮은 수준의 관점이다.
21) 키워드는 예약어(reserved word)라고도 한다.

주석	프로그램에 대한 설명	// 이름, ... // 변수들의 ...
분리자	구성요소들 분리	{ ([ ]) ; }
레이블	블록 또는 복합문 참조	없음

[표 2-1] 토큰의 기능과 Person 클래스에서 나타난 토큰들

2.2.1 키워드

키워드는 프로그램 작성에 필요한 특수한 영어 단어로, 키워드마다 문법적 또는 의미적 기능을 제공한다. 키워드 중 중요한 키워드가 무엇이며, 어디에서 어떤 기능으로 사용되는가를 정확히 익혀야 한다. [표 2-2]는 Java 키워드를 유형별로 나타낸다.

키워드 유형	키워드	개수
타입 이름	int, double, char, boolean, void, byte, short, long, float	9
값을 나타내는 키워드	true, false, null	3
선택문을 위한 키워드	if, else, switch, case, break, default	6
반복문을 위한 키워드	for, while, do, break, continue	4
메소드 복귀를 위한 키워드	return	1
클래스 선언을 위한 키워드	class, interface	2
객체 생성 특별 연산자	new	1
객체 참조용 키워드	this, super	2
접근범위 수식어	public, private, protected	3
기타 수식어	static, final, abstract, native, synchronized	5
타입 검사 특별 연산자	instanceof	1
클래스 확장을 위한 키워드	extends, implements	2
클래스 관리용 키워드	import, package	2
예외 처리를 위한 키워드	throw, throws, try, catch, finally	5
기타 키워드	assert, enum, transient, volatile, strictfp, goto, const	7

[표 2-2] 유형별 Java 키워드

이들 키워드를 순서 없이 나열한 것이 아니다. 차근차근 익혀 나가야 할 순서대로 키워드를 나열한 것이다[22]. 위쪽에서부터 시작하여 왼쪽의 강조된 키워드부터 차례대로 이해하고 익히는 과정이 본서에서 Java 프로그래밍을 배우는 과정이다.

22) 본서의 목차도 배워야 할 키워드의 순서대로 되어 있다.

키워드 중에서 핵심적인 키워드는 다음과 같으며, 이들 키워드는 반드시 확실하게 이해해야 한다.

- int, double, char, boolean: 기본 타입의 이름을 나타내는 키워드
- if: 조건에 따라 선택적으로 문장 수행하는 키워드
- for: 문장들을 반복하여 수행하는 키워드
- return: 메소드 수행 종료하고 호출한 메소드로 복귀시키는 키워드
- class: 클래스 선언할 때 클래스 이름 앞에 위치하는 키워드
- new: 객체 생성하고 객체 생성자 호출하는 연산자
- this: 메소드 선언에서 수신자 객체를 나타내는 키워드
- static: 필드와 메소드가 클래스 멤버임을 나타내는 키워드
- extends: 상위 클래스 확장한 하위 클래스 선언할 때 사용되는 키워드
- throw: 메소드 수행 중 비정상적인 상황에서 예외객체 생성하여 호출한 메소드로 던지는 키워드

2.2.2 클래스 이름

클래스 이름은 클래스를 선언하거나 클래스를 참조할 때 사용되는 토큰이다.

```
class Person { ... }
System.out.println(name + ... );
```

Person 클래스에서 나타난 클래스 이름은 Person과 System이다. Person은 클래스를 선언할 때 사용된 클래스 이름이며, System은 참조된 클래스 이름이다.

클래스 이름의 문자 구성과 명명 원칙은 다음과 같다.

- 첫 문자는 영대문자로 시작하고, 두 번째 문자부터 영문자, 숫자, _ 또는 $ 사용
- 한 단어 또는 여러 단어로 구성
  - 한 단어 이상의 영문 단어로 구성
  - 첫 문자를 대문자로 시작: System, String, Person, Student
  - 여러 단어 결합할 경우 각 단어의 첫 문자는 대문자
    : ResultSet, UniversityStudent, DataFormat
  - 두문자어의 첫 문자만 대문자: 여러 단어에 두문자어[23] 포함하는 경우 HttpConnection과 같이 두문자어의 첫 문자만 대문자로 하고 나머지는 소문자로 하는 것이 최근의 추세

23) 두문자어는 DNA, CPU, HTTP 등 여러 단어의 머리문자를 모아 만든 단어이다.

2.2.3 메소드 이름

메소드 이름은 메소드를 선언하거나 메소드를 호출할 때 사용되는 토큰이다.

```
public static void main(String[] args) { ... }
System.out.println(name + ... );
```

Person 클래스에 나타난 메소드 이름은 main과 println이다. main은 메소드를 선언할 때 사용된 메소드 이름이며, println은 호출된 메소드 이름이다. 메소드 이름 다음에 반드시 여는 소괄호가 나타난다.

메소드 이름의 구성과 명명 원칙은 다음과 같다.

- 영소문자로 시작
  - 첫 문자는 영소문자로 시작
  - 두 번째 문자부터 영문자, 숫자, _ 또는 $ 사용
- 영어의 동사 또는 명사 사용
  - 동작 나타내는 동사 주로 사용: print, evaluate, getSize, setLength
  - 동사 생략하기도 함: getSize ⇒ size, convertToString ⇒ toString
- 한 단어 또는 여러 단어로 구성
  - 한 단어 이상의 영문 단어로 구성
  - 두 번째 단어부터 첫 문자는 대문자: getString, compareTo, toLowerCase, getColorSpace

2.2.4 변수

변수는 값을 저장할 기억공간에 대해 이름을 부여한 것으로, 값을 저장하고 저장한 값을 접근하기 위한 토큰이다. 변수에는 변수 선언에서 명시된 타입의 값만 저장할 수 있다.

변수 이름의 문자 구성과 명명 원칙은 다음과 같다.

- 영소문자로 시작
  - 첫 문자는 영소문자로 시작
  - 두 번째 문자부터 영문자, 숫자, _ 또는 $ 사용
  - 단, final 변수의 경우 모두 영대문자로 구성하는 것이 원칙
- 값의 기능 또는 역할을 나타내므로 명사를 주로 사용: name, age, names

- 한 단어 또는 여러 단어로 구성
  - 한 단어 이상의 영문 단어로 구성
  - 두 번째 단어부터 첫 문자는 대문자: countStudent, employeeNo, endIndex

2.2.5 상수

상수는 한 타입의 여러 값 중 특정 값 하나이며, 리터럴(literal)이라고도 한다. 상수는 변수에 값 저장, 연산의 피연산자, 메소드 매개변수로 사용된다.

상수는 타입별로 고유한 표현방법으로 표기되므로, 상수를 보면 다음과 같이 타입을 바로 파악할 수 있다. 타입별 상수 표현방법은 뒤에서 자세히 배운다.

- –128: int
- –128L: long
- 177.7: double
- 177.7F: float
- 'A': char
- "홍길동": String

2.2.6 연산자

연산자는 주어진 피연산자에 대해 연산을 수행하여 연산 결과를 산출하는 연산기호이며, Java에서 연산자는 주로 특수문자들을 사용한다. [표 2-3]은 종류별 연산자를 보여준다.

<table>
<tr><th>종류</th><th>연산자</th></tr>
<tr><td>산술 연산</td><td>+ – * / %</td></tr>
<tr><td>비교 연산</td><td>〉 〉= 〈 〈= == !=</td></tr>
<tr><td>논리 연산</td><td>&& || !</td></tr>
<tr><td>비트별 논리 연산</td><td>& | ^ ~</td></tr>
<tr><td>증감 연산</td><td>++ ––</td></tr>
<tr><td>쉬프트 연산</td><td>〈〈 〉〉 〉〉〉</td></tr>
<tr><td>대입 연산</td><td>= += –= *= /= %= 〉〉= 〈〈= 〉〉〉= &= != ^=</td></tr>
<tr><td>문자열 접속 연산</td><td>+</td></tr>
</table>

[표 2-3] 종류별 연산자

특히, Java에서 + 연산자는 숫자에 대한 덧셈뿐 아니라 문자열과 문자열 또는 문자열과 다른 값을 접속하는 문자열 접속 연산자이다. 이들 외에도 몇 가지 특수한 형태의 연산자가 있다. 연산자는 3장에서 보다 자세히 설명한다.

2.2.7 주석

주석은 프로그램의 수행에 영향을 미치지 않으면서 프로그램을 설명하기 위한 특수한 토큰이다. Java의 주석은 1장에서 설명한 바와 같이 C 형태의 표준 주석, 문서 주석, 단일 라인 주석 등 3가지 종류가 있다.

C 형태의 표준 주석과 문서 주석 내에는 //가 올 수 있으며 특별한 의미는 없다. 단일 라인 주석 내에는 /*, /**. */, // 등이 포함될 수 있으며 이들도 역시 특별한 의미는 없다. 그러므로 다음은 오류가 없는 주석이다.

```
/* C 형태의 표준 주석 안에 //은 올 수 있으며
                                        //는 단순히 무시된다. */
/** 문서 주석 안에도 //가 올 수 있으며 단순히 무시된다  */
// 단일 라인 주석 안에 /*, /**, */, // 등이 와도 이들은 단순히 무시된다.
```

C 형태의 표준 주석과 문서 주석 내에는 이들 주석이 올 수는 없다. 그러므로 다음의 주석은 첫 번째 */에서 끝나게 되어 구문 오류가 발생한다.

```
/* 표준 주석 또는 문서 주석 내에 이들 주석이 오면
                /* 주석은 다음에서 끝난다 */ 이것은 주석 밖이다 */
```

2.2.8 분리자

분리자는 Java의 여러 구성요소를 서로 분리시키는 역할을 하는 토큰으로, ;, {, }, (,), 컴마(,), 공백문자(' ': blank), 탭(tab) 문자, 줄바꿈 문자(newline) 등의 특수 문자들이다.

다음은 분리자들의 중요 기능들이다.

- 세미콜론(;): 문장들을 분리시킴
- 여는 브레이스({), 닫는 브레이스(}): 클래스, 메소드, 블록, 배열 초기화 등의 시작과 끝을 나타냄
- 여는 괄호(( ), 닫는 괄호( )): 메소드 매개변수의 시작과 끝, 수식의 우선순위 변경 등을 나타냄
- 콤마(,): 동일한 여러 요소가 나열될 때 이를 분리시킴
- 공백문자, 탭 문자, 줄바꿈 문자: 모든 토큰을 분리시킴

2.2.9 레이블

레이블은 블록 또는 복합문에 부여한 이름으로, 반복문의 break 문이나 continue 문에서 사용한다. 이에 대한 자세한 설명은 반복문에서 다룬다.

2.2.10 식별자

토큰 중에서 이름을 부여한 토큰을 특별히 식별자라 하며, 키워드, 클래스 이름, 메소드 이름, 변수, 레이블 등이 식별자에 포함된다. Java 식별자의 문자 구성과 특징은 다음과 같다.

- 식별자 첫 문자: 유니코드 문자 65536개 중에서 글자[24], 달러 기호($), 언더스코어(underscore: _)만 가능
- 식별자 두 번째 이후 문자: 유니코드의 글자, $, _, 0부터 9까지 숫자
- 식별자 길이 제한: 없음
- 식별자인 토큰: 키워드, 클래스 이름, 메소드 이름, 변수, 레이블
  - 프로그래머가 이름 붙일 수 있는 식별자: 클래스 이름, 메소드 이름, 변수, 레이블
  - 이름이 결정된 식별자: 키워드
- 좋은 이름의 식별자: 간결하며 의미를 잘 나타내는 이름의 식별자

[표 2-4]는 식별자의 종류별 용도와 명명 원칙을 보여준다.

식별자	용도	명명 원칙	예
키워드	의미적 기능의 영어 단어	이미 결정됨, 소문자로 구성	if for while class static extends
클래스 이름	클래스 선언 또는 클래스 참조	첫 문자 대문자, 단어 첫 문자 대문자, 명사 많이 사용	System Person Message_Out
메소드 이름	메소드 선언 또는 메소드 호출	첫 문자 소문자, 두 번째 이후 단어 첫 문자 대문자, 동사 많이 사용	print showMenu getInt goTo
변수	값 저장하고 변경	첫 문자 소문자, 두 번째 이후 단어 첫 문자 대문자, 명사 많이 사용	name age height names ages heights
레이블	블록 또는 복합문 참조	첫 문자 소문자, 두 번째 이후 단어 첫 문자 대문자	innerLoop outerLoop

[표 2-4] 식별자 종류별 용도와 명명 원칙

24) 여기에서 글자는 영문자, 라틴 문자, 한글, 한자 등 여러 언어의 글자를 말한다.

식별자의 이름을 붙이는 것은 바로 작명이다. 사람의 이름을 작명할 때 좋은 이름을 붙이려고 노력한다. 마찬가지로 Java의 식별자를 정할 때도 좋은 이름을 붙여야 한다. 좋은 이름이란 간결하며 의미를 잘 나타내는 이름이다.

aaa, b1, is 등 의미와 기능을 알 수 없는 식별자는 나쁜 식별자이다. 이에 반하여 age, score, names, cnt, total, push, getLength 등 의미를 많이 나타낼 수 있는 식별자가 좋은 식별자이다.

2.3 타입과 상수, 데이터 표현의 기본 요소

대부분의 고급 프로그래밍 언어는 기본 타입(primitive type)을 제공한다. 기본 타입은 문자, 정수, 실수 등 기본적 데이터를 표현하고 이에 대한 연산을 위해 제공되는 타입이다. Java의 기본 타입은 다음과 같다.

- byte: 1 바이트 정수 타입
- short: 2 바이트 정수 타입
- int: 4 바이트 정수 타입
- long: 8 바이트 정수 타입
- float: 4 바이트 실수 타입
- double: 8 바이트 실수 타입
- boolean: 참과 거짓을 나타내는 1바이트 타입
- char: 2 바이트 유니코드 문자 타입

이들 기본 타입 중 중요한 타입은 int, double, char, boolean이며, 기본 타입은 아니지만, String도 중요한 타입이라고 1장에서 강조했었다. 한편, char 타입은 문자 타입이지만 정수 타입처럼 사용하는 특별한 타입[25]이다.

하나의 기본 타입은 여러 값을 가진다. 예를 들어, int 타입은 −2,147,483,648부터 2,147,483,647까지 2^{32}개 정수값을 가진다. double 타입은 2^{64}개 실수값을 가진다.

타입의 여러 값 중 특정 값 하나를 그 타입의 상수 또는 리터럴이라 하며, 상수는 고유한 표현방법으로 표기되므로 상수를 보면 상수의 타입을 알 수 있다.

25) char 타입을 정수 타입처럼 사용한다는 것은 char 타입의 값을 정수 연산에 적용하고, 정수 변수에 저장하고, 정수값을 char 타입의 변수에 저장할 수 있다는 뜻이다.

[표 2-5]는 기본 타입에 대한 중요 사항과 상수의 예를 보여준다.

타입		값 길이 (byte)	값 개수	최소값	최대값	상수 예
정수	byte	1	2^8	−128	127	−128 −2 −1 0 1 2 127
	short	2	2^{16}	−32768	32767	27 0b11101 −035 0x1B
	int	4	2^{32}	-2^{31}	$2^{31}-1$	−2147483648 −1 1 483647
	long	8	2^{64}	-2^{63}	$2^{63}-1$	27L −035L 2036854775808L
실수	float	4	2^{32}	$\pm 1.4 \cdot 10^{-45}$	$\pm 3.4 \cdot 10^{38}$	−1.5F 177.7f −1.3e5F
	double	8	2^{64}	$\pm 4.9 \cdot 10^{-308}$	$\pm 1.8 \cdot 10^{308}$	−1.5D 177.7 −1.3e155
boolean		1	2	없음	없음	true false
문자	char	2	2^{16}	'\u0000'	'\uFFFF'	'A' '*' ' \n' '\\' '\011' '\u12EF'

[표 2-5] Java의 기본 타입

2.3.1 정수 상수

정수 타입에는 byte, short, int, long 등의 4가지 타입이 있으며, char 타입도 정수 타입처럼 사용된다. 정수 타입 중에서 int 타입을 가장 빈번하게 사용한다. 특별히 10자리 이상 자리수가 많은 정수는 long 타입의 정수를 사용한다.

정수 상수는 대부분 10진수 정수를 사용하지만, 때에 따라 16진수 또는 8진수 정수를 사용하며, JDK 1.7 버전부터 2진수 정수도 추가되어 사용할 수 있다. 정수 상수의 중요 특징은 다음과 같다.

- 진수별 구분: 2진수는 0b 또는 0B로 시작, 8진수는 0으로 시작, 16진수는 0x 또는 0X로 시작, 그 외는 10진수
- 진수별 사용 디지트[26)]
  - 2진수 정수: 0과 1의 2개 디지트 사용
  - 8진수 정수: 0부터 7까지 8개 디지트 사용
  - 십진수 정수: 0부터 9까지 10개 디지트 사용
  - 16진수 정수: 0부터 9까지 10개 숫자 디지트와 A, B, C, D, E, F 또는 a, b, c, d, e, f의 6개 디지트[27)] 등 16개 디지트 사용
- 정수 중간에 _(언더스코어) 사용 가능: 자리수가 많은 정수를 표현할 때 몇 자

26) 숫자의 한 자리수를 구성하는 요소를 디지트라 하며, 10진수의 디지트는 0, 1, 2, 3, 4, 5, 6, 7, 8, 9 등 10개이다.

27) 16진수에서 A는 10, B는 11, C는 12, D는 13, E는 14, F는 15를 나타내는 디지트이다.

리씩을 묶어 구분하기 위해 0b11_1111, 0xFFFF_FFFF 등과 같이 _(언더스코어)를 이용하면 편리함. _는 반드시 정수의 중간에 나타나야 함

- 영대문자 L 또는 영소문자 l로 끝나면 long 정수: L 또는 l로 끝나면 long 타입 상수. 영소문자 l은 숫자 디지트 1과 구별이 잘 안되므로 대부분 L을 사용

[표 2-6]은 정수 상수의 진수별 표현방법, 특징, 예 등을 보여준다.

진수	사용 가능 디지트	표현 양식	특징	예
10 진수	0 1 2 3 4 5 6 7 8 9 (_)	$\pm d^+$[28]	대표적 정수 표현이며, 시작은 0이 아님	−255 27
2 진수	0 1 (_)	$\pm$0bd^+	비트 패턴을 알 수 있는 표현	−0b11_1111 0b10_1101
8 진수	0 1 2 3 4 5 6 7 (_)	$\pm$0d^+	3비트를 한 디지트로 표현, 시작은 0임	−0377 035
16 진수	0 1 2 3 4 5 6 7 8 9 A B C D E F (_)	$\pm$0xd^+	4비트를 한 디지트로 표현, 1바이트 값을 2개 디지트로 쉽게 표현	−0xFF 0x1B

[표 2-6] Java에서 정수의 진수별 표현방법

다음은 long 타입의 상수 예이다.

```
27L    0b1_1101L    -035L    0x1BL    223_372_036_854_775_808L
```

2.3.2 실수 상수

실수 타입에는 double 타입과 float 타입이 있다. double 타입의 상수는 길이가 8바이트이며, 소수형 상수와 지수형 상수로 표현될 수 있다. [표 2-7]은 double 상수의 표현방법을 보여준다.

double 상수	용도	표현 양식	예
소수형 상수	소수점 이하 자리수 표현	$\pm d^*.d^*$[29]	−1.5 177.7
지수형 상수	아주 큰 또는 아주 작은 실수 표현	$\pm d^*.d^*$e$\pm d^+$ $\pm d^*.d^*$E$\pm d^+$	−1.3e5F 1.34E155

[표 2-7] double 상수의 표현방법

28) d^+는 디지트가 1개 이상 나열되는 것을 의미한다.
29) d^*는 디지트가 0개 이상 나열되는 것을 의미하며, $d^*.d^*$는 3., .3, 0.3, 0.33 등도 실수 상

지수형 상수 *aeb* 또는 *aEb*는 $a \times 10^b$를 나타내며, 1.234E2는 1.234×10^2이므로 123.4이다. 지수형 상수는 한 값이 여러 형태로 표현되며, 다음은 123.4의 지수형 표현이다.

```
123.4   12340e-2   1234e-1   123.4e0   12.34e1   1.234E2   0.1234E3   0.01234E4
```

float 타입의 상수는 값의 길이가 4바이트이며, 소수형과 지수형으로 표현되며, 끝에 F 또는 f가 반드시 첨가되어야 한다. 다음은 float 타입의 상수들이다.

```
123.4F   12.34e1f   1234e-1f   -177.5F   -177.5E-1F   1.2E35F   3.4e-40f
```

2.3.3 boolean 타입 상수

boolean 타입의 상수로는 참과 거짓을 나타내는 값인 true와 false 2개가 있다.

2.3.4 char 타입의 문자 상수

2바이트로 구성되는 char 타입의 문자 상수는 따옴표(') 사이에 문자 하나를 나타낸다. 'A', 'a', '0', '*', '가', '\u12EF' 등이 그 예이다. 유니코드 문자를 표현하고자 할 때는 'uxxxx'로 표현한다. 여기에서 x는 0에서 9까지 디지트 그리고 A, B, C, D, E, F 또는 a, b, c, d, e, f 등의 영문자이다.

인쇄되지 않거나 특별한 문자들은 표현하는 방법으로 \를 이용한 이스케이프 시퀀스(escape sequence)를 사용하며, [표 2-8]은 이스케이프 시퀀스를 보여준다.

이스케이프 시퀀스	유니코드 표현	의미
'\n'	'\u000A'	줄바꿈(newline)
'\t'	'\u0009'	탭(tab)
'\b'	'\u0008'	백스페이스(backspace)
'\f'	'\u000C'	폼피드(form feed)
'\r'	'\u000D'	캐리지 리턴(carriage return)
'\"'	'\u0022'	이중 따옴표(double quote)
'\''	'\u0027'	따옴표(single quote)
'\\'	'\u005C'	백슬래시(backslash)
'\xxx'	'\u0000'에서 '\u00FF'	255 이하 8진수 xxx에 해당되는 문자

[표 2-8] Java의 이스케이프 시퀀스

수가 될 수 있음을 나타낸다.

이들 중 '\n'을 가장 많이 사용하며, '\n', '\"', '\\'은 System.out.println()의 문자열 속에서도 많이 사용하므로 잘 알아두어야 한다.

char 타입은 정수 타입처럼 사용될 수 있으므로 문자 상수를 정수 상수처럼 사용할 수 있다. 그러므로 문자 상수를 정수 변수에 저장하거나 정수 상수를 문자 변수에 저장할 수 있으며, 문자 상수와 정수 상수는 구별 없이 연산이나 수식에서 함께 사용된다.

2.3.5 String 타입의 문자열 상수

문자열 상수는 여러 문자를 이중 따옴표(") 사이에 나열한 것으로, Java에서 문자열 상수는 String 클래스의 객체[30)]이지만 생성하지 않고서 편리하게 사용할 수 있는 특별한 상수이다.

다음은 문자열 상수의 예이다.

```
""                                              // 내용이 없는 공백 문자열
"홍길동"     "의 나이는 "     "I like Java!"      // 문자열
"이 문자열 상수는 \" (double quote)를 포함한다"    // "를 포함하는 문자열
```

다음은 문자열 속에서 이스케이프 시퀀스를 사용한 예를 보여준다.

```
System.out.println("\n홍\n길\n동");     // 출력결과: 홍, 길, 동이 다른 줄에 출력
System.out.println("\"홍길동\"");       // 출력결과: "홍길동"
System.out.println("\\홍길동\\");       // 출력결과: \홍길동\
```

2.3.6 null 상수

Java의 타입으로 기본 타입 외에도 배열 타입과 클래스 타입(class type)을 포함하는 참조 타입(reference type)이 있으며, 참조 타입의 특별한 상수로 null이라는 상수가 있다.

null 상수는 참조되는 것이 없다는 의미로 사용되며, 모든 참조타입의 값이 되는 아주 특별한 상수이다. 모든 참조 타입의 값이라는 것은 모든 참조타입의 변수에 null 상수가 대입되거나 비교될 수 있다는 뜻이다.

30) Java의 객체는 new 연산자를 통해 생성되는 것이 원칙이다. 그런데 문자열 상수는 객체이면서 생성과정을 거치지 않는 특수한 객체이다. 문자열도 객체이므로 String 클래스의 객체 참조변수에 의해 참조될 수 있다.

2.4 변수, 데이터 저장의 기본 요소

1장에서 간단하게 소개한 변수는 기억장소에 이름을 부여한 것으로, 값을 저장하고 변경할 수 있으며 저장한 값을 참조할 수 있다.

변수에 값을 저장하고 저장한 값을 접근하기 위해 반드시 변수를 미리 선언해야 하며, 변수 선언과 관련된 중요 사항은 다음과 같다.

- 변수 선언
  - 변수의 이름과 그 변수에 저장할 값의 타입 명시
  - 변수는 선언된 타입에 따라 값 저장할 기억장소가 할당
  - 변수 선언에서 명시된 타입의 값만 변수에 저장할 수 있음
  - 변수 선언 후 변수에 새로운 값 저장하고 저장한 값 접근할 수 있음
- 변수 분류
  - 저장되는 값의 종류인 타입에 따라 단순변수, 배열변수, 객체 참조변수로 나누어짐
  - 문자열 변수는 객체 참조변수에 포함

[표 2-9]는 변수 종류별 선언 및 값 저장방법을 보여준다.

변수	저장 값	선언 및 값 저장 양식	선언 및 값 저장 예

단순 변수	기본 타입 값	*기본 타입 변수;*
		변수 = 기본 타입값;
			int age; age = 18;
			double height; height = 177.7;
			boolean isKorean; isKorean = true;

배열 변수	배열 객체 참조값	*타입[] 배열변수;*
		배열변수 = new 타입[원소개수];
		배열변수[인덱스] = 타입의값;
			int[] ages;
			ages = new int[3];
			ages[0] = 18; ages[1] = 20;
			
			String[] names;
			names = new String[3];
			names[2] = "감자바";

객체 참조변수	객체 참조값	*클래스이름 참조변수;* *참조변수 = new 클래스이름();*	Person hgd; hgd = new Person("홍길동");
문자열 변수	문자열	*String 문자열변수;* *문자열변수 = 문자열상수;*	String name; name = "홍길동";

[표 2-9] Java의 변수 종류별 선언 및 값 저장방법

2.4.1 단순변수

단순변수는 기본 타입의 값을 저장하는 변수이며, int, double, char, boolean 타입의 변수가 많이 사용된다.

다음은 기본 타입의 변수를 선언하고 값을 저장한 후 변수의 기억장소에 값을 저장한 모습을 보여준다.

```
// 선언된 변수에 타입에 맞는 값을 저장
int age;                age = 18;               // int 변수는 정수값 저장
double height;          height  = 177.7;        // double 변수는 실수값 저장
char initialOfName;     initialOfName = 'H';    // char 변수는 문자 저장
boolean isKorean;       isKorean = true;        // boolean 변수는 true 또는 false 저장
```

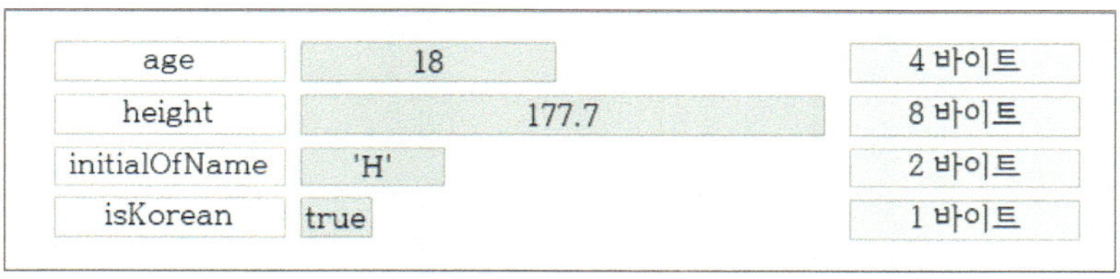

변수에는 타입에 따라 주어진 범위의 상수 값만 저장될 수 있다. 다음의 변수에 정수값을 저장할 때 정수 타입의 최소값 또는 최대값의 범위를 벗어나므로 오류가 발생한다.

```
byte b = -259;          // 오류: 1바이트 길이의 byte 타입 최소값은 -128
short s = 40000;        // 오류: 2바이트 길이의 short 타입 최대값은 32767
int n = 123456789012;   // 오류: 4바이트 길이의 int 타입 최대값은 2,147,483,647(2^31-1)
```

같은 타입의 여러 변수를 선언할 때 다음과 같이 간단하게 선언할 수 있다.

```
// 같은 타입의 여러 변수를 동시에 선언하는 예

int age, score;              // age와 score는 정수값 저장하는 변수
double height, weight;       // height와 weight는 실수값 저장하는 변수
boolean isKorean, isMale;    // isKorean, isMale은 boolean 값(true 또는 false)
                             //   저장하는 변수
```

2.4.2 배열변수

배열변수는 이름이 하나이지만 여러 값을 저장할 수 있는 변수[31]를 말하며, 배열변수에 저장한 값 하나하나를 원소(element)라 한다. 배열변수의 특정 원소는 인덱스(index)를 통하여 저장되고 접근된다.

배열변수를 선언할 때 원소의 타입, [], 배열변수 이름을 명시한다. 특히 C의 배열변수 선언과 달리 Java 배열변수 선언에서 원소 개수를 명시하지 않는다. 이는 꼭 기억해야 한다. 배열변수를 선언한 후 배열객체를 배열변수에 저장하면 원소 접근이 가능하다.

다음은 배열변수들을 선언하고 원소에 값을 저장한 예이다.

```
String[] names;
names = new String[3];
names[0] = "홍길동";      names[1] = "감자바";    names[2] = "로미오"; // 원소 저장

int[] ages;
ages = new int[3];
ages[0] = 18;            ages[1] = 20;          ages[2] = 17;

double[] heights;
heights = new double[3];
heights[0] = 177.7;      heights[1] = 172.4;    heights[2] = 170.5;
```

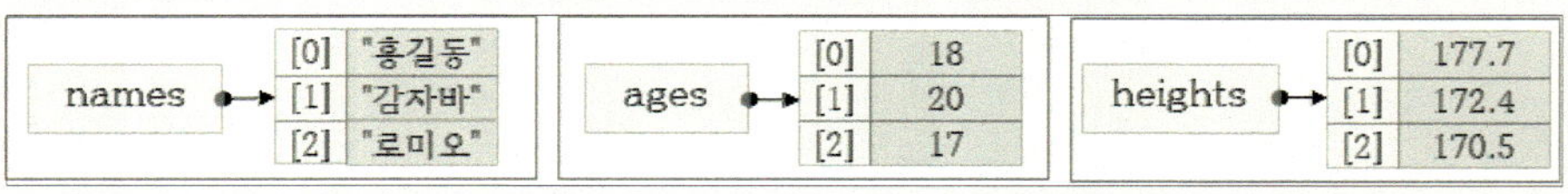

배열변수에 대해서 3.5절과 4.4절에서 보다 자세히 설명한다. 배열변수는 많은 데이터를 저장하고 처리할 때의 필수적인 요소이므로 많은 연습을 통해 확실히 이해하고 활용능력을 갖추어야 한다.

2.4.3 객체 참조변수

객체 참조변수는 객체를 참조하는 값인 객체 참조값(object reference)을 저장하는 변수이며, 클래스가 객체 참조변수의 타입이다[32]. 지금은 객체가 생성되면 객체를

31) Java에서 배열변수도 객체 참조변수의 일종으로 배열변수는 배열객체를 참조한다. 즉, 배열변수에 실제로 저장하는 값은 참조되는 배열객체이다. 그렇지만 배열변수에 여러 배열 원소를 저장한다고 생각해도 큰 문제는 없다.

참조하는 객체 참조값이 구해지며, 이 참조값을 저장하는 변수가 객체 참조변수라고 기억하면 된다. 이에 대해서는 클래스와 객체에서 자세히 배울 것이다.

객체 참조변수 중에서 클래스 이름이 String인 변수는 문자열을 저장하는 변수이며, 문자열은 Java에서 특수하게 다루어진다.

2.4.4 변수 선언하고 값 저장하는 프로그램

예제 2-2-1은 이미 살펴본 홍길동 신상정보를 변수에 저장하고 출력하는 프로그램이다. 이 프로그램을 다시 살펴보면서 변수 선언, 변수에 값 저장, 변수 값 출력 등을 확실히 이해하기 바란다.

예제 2-2-1　홍길동 신상정보 저장 및 출력

```
class Person_Out {
  // main() 메소드는 시작 메소드로 자동적으로 호출
  public static void main(String[] args) {
     String name;                 // 문자열 변수, name
     int age;                     // 정수 변수, age
     String currentLocation;      // 문자열 변수 currentLocation

     // 18세의 홍길동이 금강산에 있음을 나타내도록 변수들의 값 저장
     name = "홍길동";               // 문자열 "홍길동"을 name 변수에 저장
     age = 18;                    // 정수값 18을 age 변수에 저장
     currentLocation = "금강산";    // 문자열 "금강산"을 currentLocation 변수에 저장

     // 변수들의 값을 한 라인에 하나씩 결과로 출력
     System.out.println("** 변수에 저장한 결과 **");    // 출력 요약 정보 출력
     System.out.println(name);                      // 이름 문자열 변수 값 출력
     System.out.println(age);                       // 나이 정수 변수 값 출력
     System.out.println(currentLocation);           // 현위치 문자열 변수 값 출력
  }
}
```

실행결과

```
** 변수에 저장한 결과 **
홍길동
18
금강산
```

32) 클래스가 객체 참조변수의 타입이 되므로 Java에서 클래스는 타입의 역할도 하게 됨을 나중에 알게 된다.

2.4.5 변수 초기화

변수를 선언하며 바로 변수에 값을 저장할 수 있는데, 이를 변수 초기화라고 한다. 변수 초기화는 변수 선언과 변수에 값 저장하는 작업을 하나의 문장으로 수행하므로 프로그램이 간단해진다.

❏ 변수 종류별 초기화

변수 초기화는 변수 종류에 따라 다음과 같이 달라진다.

- 단순변수 초기화: 상수 또는 수식의 값으로 초기화시킴
- 배열변수 초기화: 원소 공간 할당 초기화와 원소 나열 초기화가 있음
  ① 원소 공간 할당 초기화: 배열객체를 생성하여 배열변수에 저장
  ② 원소 나열 초기화: 배열 원소들을 차례로 나열하는 초기화로, 자동적으로 배열객체를 생성하고 나열된 원소를 저장
- 객체 참조변수 초기화: 객체를 생성하여 참조하거나 null로 초기화

변수 초기화는 변수 선언문과 변수 값을 저장하는 대입문을 하나로 묶은 것이다. [표 2-10]은 변수의 종류별 초기화를 보여주며, 변수 선언문과 대입문으로 분리한 것도 보여준다.

변수 종류	변수 초기화 갖는 변수 선언	변수 선언과 대입문으로 분리	
		변수 선언문	대입문

단순 변수	int age = 18;
	double height = 177.7;
	boolean isKorean = true;
		int age;
		double height;
		boolean isKorean;
			age = 18;
			height = 177.7;
			isKorean = true;

배열 변수	[원소 공간 할당 초기화] int[] ages = new int[3]; String[] names = new String[3];	int[] ages; String[] names;	ages = new int[3]; names = new String[3];

	[원소 나열 초기화]
	int[] scores
	= { 90, 95, 79, 83, 88 };
		int[] scores;	scores = new int[5];
			scores[0] = 90;
			scores[1] = 95;
			scores[2] = 79;
			scores[3] = 83;
			scores[4] = 88;

객체 참조 변수	String name = "홍길동"; Person hgd = new Person("홍길동");	String name; Person hgd;	name = "홍길동"; hgd = new Person("홍길동");

[표 2-10] 변수 초기화를 갖는 변수 선언

특히 배열변수의 원소 나열 초기화에서 {와 } 사이에 원소를 나열하면 배열객체 생성 및 원소의 값 저장이 자동적으로 이루어지므로 편리하다.

변수의 초기화는 항상 필요한 것이 아니며, 배열변수의 원소 나열 초기화가 가능한 경우도 많지 않다. 그러나 변수 초기화가 필요한 경우도 있으므로 변수 초기화도 명확히 이해하여 활용할 수 있어야 한다.

다음은 변수 초기화가 필요한 몇 가지를 보여준다.

```
final double PI = 3.141592;      // 변수의 값이 변하지 않으면 초기화 반드시 필요
int sumOfScores = 0;             // 값을 누적할 변수면 반드시 0으로 초기화시킴
int factorial = 1;               // 값을 계속 곱할 변수면 1로 초기화시킴
int[] scores = new int[50];      // 배열변수는 배열객체 생성하여 반드시 초기화시킴

// 여러 작업명들을 배열에 저장하려면 원소 나열 초기화가 편리
String[] menus = { "고객 등록", "계좌 개설", "입금", "출금", "계좌 이체" };
```

❏ 변수 초기화를 활용하는 예제 프로그램

예제 2-2-2는 예제 2-2-1 프로그램에서 사용된 변수를 초기화하도록 변경한 것이다. 초기화를 하면 선언과 값 저장이 하나의 문장으로 작성되므로 프로그램이 간결해진다.

예제 2-2-2 홍길동 신상정보를 저장하는 변수 초기화 및 출력

```
class Person_Initialization_Out {
   // main() 메소드는 시작 메소드로 자동적으로 호출
   public static void main(String[] args) {
      String name = "홍길동";
      int age = 18;
      String currentLocation = "금강산";

      // 변수들의 값을 한 라인에 하나씩 결과로 출력
      System.out.println("**  변수에 저장한 결과 **");
      System.out.println(name);
      System.out.println(age);
      System.out.println(currentLocation);
   }
}
```

2.5 값 입력하여 변수에 저장하기

2.5.1 데이터 입력의 필요성

지금까지 프로그래밍 초기 단계에서 변수를 선언하고 선언된 변수에 상수 값을 저장하여 출력하는 단순한 프로그램을 작성하였다. 이들 프로그램은 실행할 때마다 항상 동일한 결과를 출력한다. 다른 결과를 출력하려면 그때마다 프로그램을 변경하고 다시 컴파일한 후 실행해야 한다.[33] 이러한 프로그램은 효용성과 활용성이 낮은 프로그램이다.

보다 효용성과 활용성이 높은 프로그램은 키보드에서 값을 입력하고 입력한 값을 처리하여 출력하는 프로그램이다. 데이터를 입력받아 입력 데이터가 달라지면 출력결과도 달라지므로 다양한 입력에 대한 다양한 결과를 구할 수 있으며 효용성과 활용성이 증대된다.

2.5.2 Java에서 제공하는 데이터 입력 수단인 java.util.Scanner 클래스

❑ java.util.Scanner 클래스

키보드에서 타이핑한 데이터를 Java 프로그램으로 입력하는 것은 하드웨어가 관련된 매우 복잡한 작업이므로 초보자가 입력 과정을 직접 프로그래밍하기는 불가능하다. 그러므로 Java는 입력을 위한 편리한 수단을 제공한다.[34]

초기 Java에서 제공된 입력 수단은 Java 초보자가 이해하기 어려웠고 사용하기도 어려웠다. 이러한 문제점을 해결하기 위하여 입력을 위한 새로운 클래스인 java.util.Scanner 클래스가 JDK 1.5 버전부터 제공되었다. java.util.Scanner 클래스의 nextLine(), nextInt(), nextDouble() 메소드는 이전보다 훨씬 쉽게 문자열, 정수, 실수를 입력할 수 있게 한다.

java.util.Scanner 클래스를 이용한 입력 과정은 다음과 같이 Scanner 객체 생성 작업, 값 입력 및 저장 작업 등 2 과정[35]으로 구성된다.

---

33) Eclipse에서 프로그램을 변경하여 실행할 경우 Run 버튼을 누르면 자동적으로 컴파일된 후 실행되지만, 실제 상황에서 소스 코드가 주어지지 않을 경우가 많으며, 이때는 프로그램의 변경이 불가능하다.

34) 이는 Java 프로그램에서 결과를 출력하는 과정도 복잡하므로 Java 자체에서 출력 수단으로 System.out.println() 메소드를 제공하는 것과 같은 맥락이다.

```
java.util.Scanner scanner = new java.util.Scanner(System.in); // 객체 생성 작업
```

```
String name = scanner.nextLine();        // 엔터키 전까지 입력된 문자열을 name 변수에 저장36)
int age = scanner.nextInt();             // 정수 입력하여 age 변수에 저장
double height = scanner.nextDouble();    // 실수 입력하여 height 변수에 저장
```

❑ Java 자체에서 제공하는 데이터 입력 수단 이용하는 프로그램

예제 2-3-1의 Message_InOut_UsingJavaScanner 클래스는 Java에서 제공되는 입력수단을 이용하여 문자열을 입력하여 변수에 저장하는 프로그램이다.

예제 2-3-1 Java 자체의 수단으로 문자열 입력하여 출력

```
class Message_InOut_UsingJavaScanner {
    public static void main(String[] args) {
        // java.util.Scanner 클래스의 객체 생성하여 scanner 변수에 저장: 사전 작업
        java.util.Scanner scanner = new java.util.Scanner(System.in);

        String firstMessage;
        System.out.print("\n  o 첫 입력 메시지 입력하시오 > "); // 프롬프트 메시지 출력
        firstMessage = scanner.nextLine();     // scanner.next() 메소드로 문자열 입력
        System.out.println("  * 첫 입력 메시지: " + firstMessage);

        String goalMessage;
        System.out.print("\n  o 목표 메시지 입력하시오 > ");   // 프롬프트 메시지 출력
        goalMessage = scanner.nextLine();     // 문자열 입력하여 변수에 저장
        System.out.println("  * 입력된 목표 메시지: " + goalMessage);
    }
}
```

실행결과

```
o 첫 입력 메시지 입력하시오 > This is my first input.
* 첫 입력 메시지: This is my first input.

o 목표 메시지 입력하시오 > 자바 전문가가 될거야!
* 입력된 목표 메시지: 자바 전문가가 될거야!
```

여기에서 프롬프트 메시지를 출력하기 위해 System.out.print() 메소드가 사용되었다. System.out.print()는 System.out.println()와 유사하지만, 출력이 끝난 후 줄바꿈 문자 '\n'을 출력하지 않으므로 출력이 끝난 위치에서 다음 입출력이 된다.

---

35) 지금 이들 코드를 이해하는 것은 어려우므로 처음에는 따라하기로 프로그래밍해야 한다.
36) java.util.Scanner 클래스에는 문자열 입력을 위한 next() 메소드도 있지만, 지금 단계에서 nextLine() 메소드를 사용하는 것이 편리하다.

2.5.3 필자가 제공하는 입력 수단인 SkScanner 클래스

Java 자체적으로 제공하는 입력 수단인 java.util.Scanner 클래스는 초보자가 이해하여 사용하기 어렵고 불편하며, 숫자를 입력해야 할 때 영문자나 특수문자를 입력하면 오류가 발생한다. 이러한 어려움을 해소하기 위해 본서에서 필자가 작성한 SkScanner 클래스를 제공하며, 이를 사용하면 초보자도 쉽게 데이터 입력 작업을 수행할 수 있다.

SkScanner 클래스는 쉽게 문자열, 정수, 실수, boolean 값을 오류 없이 입력할 수 있는 메소드를 제공하며, 앞으로 예제 프로그램에서 입력이 필요한 경우 본서에서 제공하는 입력 수단을 주로 이용하여 작성한다.[37)]

SkScanner 클래스는 문자열, 정수, 실수, 문자, boolean 값을 입력하는 메소드를 제공한다. 종류별로 값을 입력하는 메소드인 SkScanner.getXxx() 메소드의 기능과 사용법은 다음과 같다.

- SkScanner.getString(): 엔터키 입력될 때까지 문자열 입력
  - String name = SkScanner.getString(); // 문자열 입력하여 저장
- SkScanner.getInt(): 정수값을 입력, 정수가 아닌 것은 모두 무시
  - int age = SkScanner.getInt(); // 정수 입력하여 저장
- SkScanner.getDouble(): 실수값을 입력, 실수가 아닌 것은 모두 무시
  - double height = SkScanner.getDouble(); // 실수 입력하여 저장
- SkScanner.getChar(): 문자 하나를 입력
  - char initialOfName = SkScanner.getChar(); // 문자 입력하여 저장
- SkScanner.getBoolean(): true 또는 false를 boolean 값으로 입력, true 또는 false가 아닌 것은 모두 무시
  - boolean isKorean = SkScanner.getBoolean(); // boolean 입력하여 저장

SkScanner의 메소드를 사용하기 위해 반드시 다음의 작업을 수행해야 한다.

SkScanner.java 파일을 Eclipse 프로젝트의 (default package)에 복사하기
▪ SkScanner.java 파일은 편리한 입력을 위해 필자가 작성한 클래스 파일 ▪ SkScanner.java 파일을 Eclipse 프로젝트의 (default package)에 복사하면 자유롭게 SkScanner 클래스의 여러 입력 메소드 사용 가능

37) Java 자체적으로 제공되는 java.util.Scanner 클래스는 나중에 클래스와 객체를 배우면 어렵지 않게 알게 되므로 그때 자연스럽게 활용할 수 있다.

❑ SkScanner 클래스 이용한 문자열 데이터 입력 프로그램

예제 2-3-2의 Message_InOut_UsingSkScanner 클래스는 SkScanner 클래스에서 제공되는 입력수단을 이용하여 문자열을 입력하고 변수에 저장하는 프로그램이다.

예제 2-3-2　SkScanner 클래스로 문자열 입력하여 출력

```
/*
 * [ Message_InOut_UsingSkScanner ]: SkScanner.getString()로 문자열 입력 및 출력
 *   o 문자열 입력 메소드
 *      SkScanner.getString(): 엔터키 입력될 때까지 문자들을 읽어 문자열 반환
 *
 *   o 입력된 문자열을 문자열 변수에 저장
 *       String name = SkScanner.getString();  // 문자열 입력하여 name에 저장
 */
class Message_InOut_UsingSkScanner {
    public static void main(String[] args) {
        String firstMessage;

        System.out.print("\n  o 첫 입력 메시지 입력하시오 > ");  // 프롬프트 메시지 출력
        firstMessage = SkScanner.getString();                 // 문자열 입력하여 저장
        System.out.println("    * 첫 입력 메시지: " + firstMessage);

        String goalMessage;
        System.out.print("\n  o 목표 메시지 입력하시오 > ");    // 프롬프트 메시지 출력
        goalMessage = SkScanner.getString();                  // 문자열 입력하여 저장
        System.out.println("   * 입력한 목표 메시지: " + goalMessage);
    }
}
```

실행결과	o 첫 입력 메시지 입력하시오 > This is my first input. * 첫 입력 메시지: This is my first input. o 목표 메시지 입력하시오 > 자바 전문가가 될거야! * 입력한 목표 메시지: 자바 전문가가 될거야!

앞으로 Java를 배우면서 많은 메소드를 배워 사용할 것이다. Java 프로그래밍에서 미리 작성되어 제공되는 유용한 메소드를 활용하는 능력도 매우 중요하다.

지금까지 배운 출력 메소드와 입력 메소드뿐 아니라 앞으로 소개될 유용한 메소드 사용법을 익히면 프로그래밍 능력이 크게 증대된다.

입력 메소드와 출력 메소드에 대한 단상

SkScanner.getString() 메소드는 키보드에서 타이핑한 문자들을 입력하여 문자열 변수에 저장한다. 이와 반대로 System.out.println() 메소드는 괄호 속에 출력할 값을 화면에 출력한다. 그러므로 이들은 서로 반대 기능을 가지는 메소드이다.

한편, SkScanner.getString() 메소드는 문자열만을 입력하며 정수나 실수 등은 입력할 수 없다. 이에 반하여 System.out.println() 메소드는 문자열, 정수, 실수, boolean 값 등을 모두 출력할 수 있으며, +를 통해 여러 종류의 값을 접속하면 한꺼번에 출력할 수도 있다.

어떠한 종류의 값이라도 System.out.println() 메소드로 출력할 수 있지만, 입력에서는 한 종류의 값만 입력할 수 있으며, 종류별로 입력 메소드가 필요하다. 정수값을 입력하기 위한 메소드는 SkScanner.getInt()이며, 실수값을 입력하기 위한 메소드는 SkScanner.getDouble()이다. true 또는 false가 타이핑되면 이를 boolean 값으로 입력하는 메소드가 SkScanner.getBoolean()이다.

입출력을 위한 메소드를 이용하여 원하는 값을 입출력하는 방법을 익히는 것도 초기 단계 프로그래밍에서 매우 중요하다.

❑ SkScanner 클래스 이용한 신상정보 입력 및 출력

예제 2-3-3의 Person_InOut 클래스는 SkScanner 클래스의 입력 메소드를 이용하여 신상정보를 입력하고 출력하는 프로그램이다.

예제 2-3-3 신상정보 입력하여 출력

```
class Person_InOut {
    public static void main(String[] args) {
        // 신상정보 항목인 이름, 나이, 현위치 저장을 위한 변수 선언
        String name;
        int age;
        String currentLocation;

        // 신상정보를 입력하여 변수들의 값으로 저장
        System.out.println();                           // 공백 라인 출력하여 줄 바꿈
        System.out.println("   ** 신상정보 입력 **");

        System.out.print("   o 이름 > ");               // 프롬프트 메시지 출력
        name = SkScanner.getString();                   // 문자열 입력하여 name에 저장
```

```
        System.out.print("   o 나이 > ");                // 프롬프트 메시지 출력
        age = SkScanner.getInt();                        // 정수 입력하여 age에 저장

        System.out.print("   o 현위치 > ");              // 프롬프트 메시지 출력
        currentLocation = SkScanner.getString();         // 문자열 입력하여 저장

        // 여러 값을 한 라인에 출력하기 위해 출력할 값들을 + 로 접속하여 출력
        System.out.println();                            // 공백 라인 출력하여 줄 바꿈
        System.out.println("   ** " + name + "의 신상정보 **");
        System.out.println("   * " + name + "의 나이는 " + age + "세이고 "
                                    + currentLocation   + "에 있음");
    }
}
```

실행결과	** 신상정보 입력 ** o 이름 > 홍길동 o 나이 > 18 o 현위치 > 금강산 ** 홍길동의 신상정보 ** * 홍길동의 나이는 18세이고 금강산에 있음

프로그램 설명

- 이 프로그램은 이름, 나이, 현위치 등의 신상정보 항목 값을 SkScanner 클래스의 입력 메소드 이용하여 입력하고 그 결과 출력
  - 결과 출력에서 여러 값을 한 라인에 출력하기 위해 출력할 값들을 +로 접속하여 출력하는 것을 유심히 살펴보고, 이에 대한 원리 이해해야 함
  - Java에서 문자열 다루는 것은 매우 중요한 작업

2.5.4 입출력 디자인

예제 2-2-1의 Person_Out 클래스와 예제 2-3-3의 Person_InOut 클래스는 모두 홍길동의 신상정보를 출력하므로 유사한 기능을 갖는다. 그러나 이들의 출력결과를 다음에서 비교해 보면 차이가 있다.

예제 2-2-1 Person_Out 클래스	예제 2-3-3 Person_InOut 클래스
** 변수에 저장한 결과 ** 홍길동 18 금강산	** 신상정보 입력 ** o 이름 > 홍길동 o 나이 > 18 o 현위치 > 금강산

	** 홍길동의 신상정보 ** * 홍길동의 나이는 18세이고 금강산에 있음
■ 변수의 값만 출력하므로 출력에 대한 의미를 스스로 파악해야 함	■ 입출력에 대한 전체적 설명, 입출력되는 값에 대한 의미 등을 자세히 나타냄

Person_InOut 클래스에서 이름, 나이, 현위치 등 신상정보를 설명하는 내용과 함께 한 라인에 깔끔하게 출력하여 프로그램의 출력결과를 훨씬 쉽게 이해할 수 있다. 그러므로 Person_InOut 클래스의 출력결과가 더 좋다.

데이터를 입력하고 출력할 때의 화면 양식을 결정하는 작업을 입출력 디자인이라 하며, 전문적인 용어로는 사용자 인터페이스(user Interface: UI) 디자인이라 한다. 입출력 디자인에서 보기가 좋고 작업에 대한 이해가 쉽도록 입출력 화면이 구성되어야 한다.

지금까지의 예제 프로그램들은 간단하고 입출력이 Eclipse의 콘솔 뷰(화면 입출력이 보이는 아래쪽의 조그만 창)에서 텍스트 모드로 이루어지기 때문에 입출력 디자인이 단순하고 어렵지 않다. 그러나 프로그램의 기능이 복잡해지고 입출력 데이터가 많아지면 좋은 입출력 화면이 디자인되도록 노력해야 한다.

요즘 프로그램의 입출력이 윈도 기반의 GUI(graphical user interface)를 통해 이루어지므로 입출력 화면이 훨씬 정교하게 디자인되며, 색상, 배치, 조화 등의 미적인 기준도 중요하다. 나중에 GUI를 배우게 되면 사용자 중심의 편리하고 기능적인 입출력 화면을 가지는 프로그램을 작성하게 된다.

Person_InOut 클래스의 입출력 디자인은 텍스트 기반으로 나쁘지는 않다. 물론 아주 좋다고 할 수도 없다. 디자인 감각이 뛰어난 프로그래머의 경우 더 좋은 입출력 디자인이 가능할 것이다. 한번 시도해보기 바란다.

2.5.5 한글 데이터 입력 시의 주의사항

입력에서 영문자나 숫자뿐 아니라 한글 데이터를 입력할 때도 있다. Eclipse에서도 한글 데이터 입력이 가능하며, java.util.Scanner 클래스의 nextLine() 메소드와 SkScanner 클래스의 getString() 메소드로 한글 문자열을 입력할 수 있고, SkScanner 클래스의 getChar() 메소드로 한글 문자를 입력할 수 있다.

그런데 주의해야 할 것이 있다. 2019년 이전 Eclipse 버전에서 한글 데이터를 입력할 때 Eclipse 콘솔 뷰의 데이터 입력 위치에 항상 마우스를 클릭하여 커서를 그 위치로 이동시켜야 한다. 그렇지 않으면 프로그램 실행이 중단되거나 잘못된 값이 입력된다. 영문 데이터나 숫자 데이터를 입력할 때는 그럴 필요가 없다. 2019년부터의 Eclipse 버전에서 이 문제를 해결하였기 때문에 커서를 이동시키지 않고서 입력해도 된다.

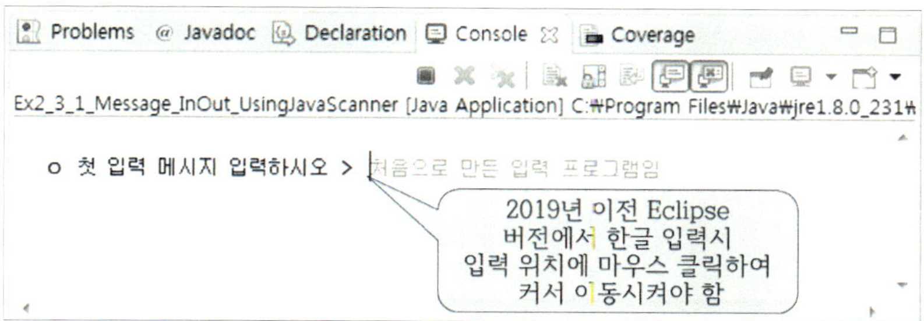

2.6 여러 데이터 다루는 프로그램 작성하기

지금까지 간단한 데이터를 다루는 프로그램을 살펴보았다. 그런데, 실제로 많은 데이터를 다루는 프로그램을 작성해야할 경우가 많다. 예를 들어, 10명의 신상정보를 처리하거나 100명의 학생 점수를 입력하여 성적을 처리할 때 변수가 많이 필요하다.

배열변수를 이용할 경우 많은 데이터의 처리를 간단하게 할 수 있으나, 여기에서 배열변수를 이용하지 않고서 여러 데이터를 처리하는 것을 살펴본다.

2.6.1 3명의 신상정보 저장하고 출력하는 프로그램

예제 2-4-1은 3명의 신상정보를 입력하여 저장하고 출력하는 프로그램이다. 이 프로그램은 배열변수를 사용하지 않는 프로그램인데, 배열변수를 이용하면 더 좋은 프로그램이 된다. 배열변수에 대해서는 3장에서 보다 자세히 다룬다.

예제 2-4-1 3명의 신상정보 저장 및 출력

```
/*
 * [ Persons_Out ]: 3명의 신상정보 저장 및 출력
 *   o 3명의 신상정보 저장을 위한 변수 선언, 값 저장, 저장한 변수 값 출력
 */
```

```
class Persons_Out {
    public static void main(String[] args) {

        // 3명의 이름, 나이, 현위치 저장을 위한 단순변수 선언
        String name1, name2, name3;            // 3명의 이름 저장할 문자열 변수
        int age1, age2, age3;                  // 3명의 나이 저장할 정수 변수
        String currentLocation1, currentLocation2, currentLocation3;

        // 18세 홍길동이 금강산에 있음을 나타내도록 저장
        name1 = "홍길동";    age1 = 18;    currentLocation1 = "금강산";

        // 20세 이몽룡이 남원에 있음을 나타내도록 저장
        name2 = "이몽룡";    age2 = 20;    currentLocation2 = "남원";

        // 20세 감자바가 학교 도서관에 있음을 나타내도록 저장
        name3 = "감자바";    age3 = 20;    currentLocation3 = "학교 도서관";

        // 3명의 신상정보(이름, 나이, 현위치) 출력,
        System.out.println("\n  **  3명의 신상정보  **\n");
        System.out.println("  * 첫 번째 신상정보: " + name1 + "의 나이는 " + age1
                                + "세이고 " + currentLocation1  + "에 있음");
        System.out.println("  * 두 번째 신상정보: " + name2 + "의 나이는 " + age2
                                + "세이고 "  + currentLocation2  + "에 있음");
        System.out.println("  * 세 번째 신상정보: " + name3 + "의 나이는 " + age3
                                + "세이고 " + currentLocation3  + "에 있음");
    }
}
```

실행결과	** 3명의 신상정보 ** * 첫 번째 신상정보: 홍길동의 나이는 18세이고 금강산에 있음 * 두 번째 신상정보: 이몽룡의 나이는 20세이고 남원에 있음 * 세 번째 신상정보: 감자바의 나이는 20세이고 학교 도서관에 있음

5명 또는 10명까지 신상정보를 저장하고 출력하도록 Persons_Out 클래스를 변경하는 것은 가능할 것이다. 그러나 100명 이상의 신상정보를 저장하고 출력하도록 Persons_Out 클래스를 변경하기는 쉽지 않다.

System.out.println() 메소드에서 줄바꿈 문자 ('\n') 활용

System.out.println() 메소드에서 줄바꿈 문자 '\n'을 출력하면 다음 입출력이 새로운 라인에 이루어지도록 줄바꿈이 된다. 이를 잘 활용하면 여러 라인에 걸친 출력을 하나의 System.out.println() 메소드로 제어할 수 있다.

```
System.out.println("\n      **  3명의 신상정보  **\n");
```

이 문장에는 문자열 속에 줄바꿈 문자 '\n'이 포함되어 있다. 그러므로 문자열 "   ** 3명의 신상정보 **"를 출력하기 전에 줄을 바꾸고 출력한 후에 줄을 바꾼다. 그러므로 다음의 코드와 결과가 동일하다

```
System.out.println();
System.out.println("      **  3명의 신상정보  **");
System.out.println();
```

2.6.2 점수 10개 입력하고 출력하는 프로그램

예제 2-4-2는 점수 10개를 저장하는 변수들을 선언하고 점수를 입력하여 출력하는 프로그램이다.

예제 2-4-2 점수 10개 입력하여 출력(Java에서 제공하는 Scanner 사용)

```
class Scores_InOut {
   public static void main(String[] args) {

      // nextInt() 메소드 사용하여 정수 입력하기 위해 Scanner 객체 생성하여 저장
      java.util.Scanner scanner = new java.util.Scanner(System.in);

      // 점수 10개 저장할 단순변수 10개 선언
      int score1, score2, score3, score4, score5, score6, score7, score8, score9, score10;

      // 점수 10개 입력하여 score1부터 score10까지 변수에 저장
      System.out.println("\n   **  점수 10개 입력 **");  // 입력을 위한 타이틀 출력

      System.out.print("  o 점수 10개 입력하시오 > ");
      score1 = scanner.nextInt();   // 정수값 입력하여 각 변수에 차례로 저장
      score2 = scanner.nextInt();
      score3 = scanner.nextInt();
      score4 = scanner.nextInt();
      score5 = scanner.nextInt();
      score6 = scanner.nextInt();
      score7 = scanner.nextInt();
      score8 = scanner.nextInt();
      score9 = scanner.nextInt();
      score10 = scanner.nextInt();
```

```
        // 입력된 점수 10개 모두 출력
        System.out.println("\n  **  입력된 점수 10개 **");  // 타이틀 출력
        System.out.println("  * " + score1 + "   " + score2 + "   " + score3 + "   "
                + score4 + "   " + score5 + "   " + score6 + "   " + score7 + "   "
                + score8 + "   " + score9 + "   " + score10 );
    }
}
```

실행결과	** 점수 10개 입력 ** o 점수 10개 입력하시오 〉 90 95 79 83 88 65 72 83 81 96 ** 입력된 점수 10개 ** * 90 95 79 83 88 65 72 83 81 96

여기에서 점수 10개를 입력하여 저장하기 위해 변수 10개를 선언하였다. 만약 100명 또는 1000명의 점수를 저장하려면 변수 100개 또는 1000개를 선언해야 하는데, 변수 1000개를 선언하기는 쉽지 않다.

이 스타일대로 몇 명까지 점수를 입력하고 저장하여 출력하는 프로그램을 작성할 수 있는지에 대해 실습과제로 도전해보기 바란다.[38]

❑ 맺으면서

2장에서 Java 프로그래밍에서 필수적인 기본 요소들을 살펴보았다. 그중에서 가장 중요한 것은 상수 값을 포함하는 타입 개념, 변수 선언, 변수에 값 입력과 저장, 변수 값 출력 등 변수의 사용방법 숙지이다.

이들을 잘 이해해야 다음에 배울 연산과 수식을 이용하여 더 효용성 있는 프로그램을 작성할 수 있으며, 프로그래밍의 기초가 다져진다.

38) 2장 실습과제에 이에 대한 과제가 있다.

연습문제

1. **다음 문장의 옳고 그름을 판단하라. 또한, 잘못되었으면 올바르게 고쳐라.**

1) Java의 문자코드는 1바이트 유니코드이다.
2) 주석은 토큰이 아니다.
3) 키워드는 프로그래머가 새로운 이름을 부여할 수 있다.
4) 클래스 이름은 소문자로 시작하는 것이 관례이다.
5) 3.14는 float 타입의 상수이다.
6) Java의 배열변수를 선언할 때 원소의 개수를 함께 명시해야 한다.
7) 타입, 상수, 변수, 연산자는 함께 전체적으로 이해할 필요가 없다.
8) System.out.println() 메소드를 이용하여 여러 값을 한꺼번에 출력할 수 있으며, 이때 여러 값을 +를 이용하여 접속시킨다.
9) 키워드, 변수, 상수, 연산자는 식별자(identifier)라는 토큰이다.

2. **예제 2-1-1 Person_Out 클래스의 main() 메소드를 구성하는 문자와 토큰에 대해 답하라.**

1) Person_Out 클래스의 main() 메소드를 선언하는 부분의 문자들을 차례로 나열하고 문자의 개수가 몇 개인지를 세어보라. (각 라인의 끝에는 보이지는 않지만 '\n' 문자가 있음)
2) Person_Out 클래스의 main() 메소드를 선언하는 부분의 토큰과 토큰의 종류를 차례로 나열하라.

3. **다음을 간단히 설명하라.**

1) 키워드
2) 상수
3) 변수
4) '\n'
5) System.out.println()
6) SkScanner.getInt()

4. **Java에서 중요하게 사용되는 타입은 int, double, String, char, boolean이다. 이들 타입의 배열변수를 하나씩 선언하고 배열객체를 생성하여 저장한 후 원소에 값을 저장하라. (변수 이름과 값은 본서에서 제시되지 않은 것으로 결정할 것)**

5. **다음의 문자열이 화면에 출력되도록 System.out.println()을 이용한 문장을 작성하라.**

1) Java is an object-oriented programming language.
2) "와 " 사이의 문자들을 문자열이라 한다.
3) 주석은 /*로 시작하여 */로 끝나거나 //로 시작한다.
4) 하나의 System.out.println()을 이용하여
   2라인에 출력할 수 있다. 그때는 \n을 문자열에 포함시킨다.
   (참고: 2라인에 걸쳐 출력해도 System.out.println() 한 번만 이용할 것)

6. **변수는 정보 또는 데이터를 저장할 수 있는 기억장소이다. 다음에 대해 답하라.**

1) "인공지능 바둑 프로그램인 알파고는 프로기사 이세돌과 겨루어 0.8의 승률을 기록했다."에서 밑줄 친 정보 항목을 저장하기 위한 변수를 선언하고 변수에 값을 저장하라.

2) 국가명, 국민소득(단위 달러인 정수), 행복지수(단위 %인 소수 1자리 실수)를 입력하여 변수에 저장하려 한다. 변수들을 선언하며 값을 입력하여 저장하는 문장을 작성하라.

7. **다음의 항목을 변수에 저장하려 한다. 이에 적합한 변수들을 선언하고 값을 하나 저장하라.**

1) 은행 고객의 이름, 전화번호, 생년월일, 주소, 연소득, 결혼여부, 계좌번호
2) 대형마트에서 판매하는 물품의 이름, 종류, 가격, 개수
3) 대학생의 학번, 이름, 학과, 학년, 주소, 전화번호
4) 자동차의 차종, 제조사, 제작연도, 차량번호, 구입날짜, 구입가격
5) 프로 야구팀의 팀명, 연고지, 감독, 선수 인원수, 올해 경기수, 승리한 경기수, 패배한 경기수, 승률

8. **다음의 유사한 정보들을 변수에 저장하려 한다. 이에 적합한 변수들을 선언하고 값을 저장하라. (빵 무게, 학생의 몸무게, 자동차가 1분간 달린 거리, 자동차가 1시간 달린 거리 등은 g, kg, m, km 등의 도량형 단위를 먼저 결정한 후 변수의 타입을 결정해야 한다.)**

1) 원주율, 은행 예금 연 이자율, 한국 경제 성장률, 보너스 지급률, 여학생 비율
2) 상품 개수, MT 참가 인원수, 직업종류 개수, 상영관 개수, 학생수, 한국 인

구, 전 세계 인구

3) 분자 무게, 빵 무게, 학생 몸무게, 코끼리 무게, 자동차 무게, 지구 질량, 태양 질량
4) 사람이 1시간 동안 걸은 거리, 자동차가 1분간 달린 거리, 자동차가 1시간 동안 달린 거리, 빛이 1초간 진행한 거리, 빛이 1년간 진행한 거리
5) 원의 면적, 아파트 면적, 서울 면적, 한국 면적, 아시아 면적, 태평양의 표면적

9. **다음의 프로그램에서 잘못된 부분을 찾아 수정하라.**

```
class C1 {
  public static void main(String[] args) {
        int n;
        n = 1.5;
        price = 25000;
        System.out.println("price = %d", price);

        int amount = SkScanner.getString();
        double rate = "3.4";
        System.out.println(n, d);
  }
}
```

(연습문제 1번 답) 1:X(Java의 문자코드는 2바이트 유니코드) 2:X(주석도 토큰) 3:X(키워드는 이미 이름이 결정되었으며, 프로그래머가 새로운 이름 부여할 수 없음) 4:X(클래스 이름은 대문자로 시작하는 것이 관례) 5:X(3.14는 double 타입의 상수) 6:X(Java의 배열변수 선언할 때 원소의 개수 명시하지 않고, 배열객체 생성할 때 원소 개수 명시) 7:X(타입, 상수, 변수, 연산자는 함께 전체적으로 이해해야 함) 8:O 9:X (연산자는 식별자가 아님)

실습과제

1. 변수 구성하여 출력하기

다음 정보들을 저장하기 위한 변수들을 선언하여 값을 저장하고 출력하는 프로그램을 Info_Out 클래스로 작성하라.

1) 과자명: 새우깡, 출시연도: 1971년, 제조사: 농심
2) 영화 제목: 매트릭스, 장르: SF, 액션, 감독: 릴리 워쇼스키, 라나 워쇼스키, 주연배우: 키아누 리브스, 로렌스 피시번, 캐리 앤 모스, 휴고 위빙
3) 제품명: Photoshop, 제조사: Adobe System, 종류:graphic S/W
4) 언어명: Java, 발표연도: 1995년, 제작자: James Gosling, 용도: 프로그래밍

2. 변수 초기화하여 출력하기

본인이 좋아하는 책의 제목, 저자, 출판사, 가격, 페이지수 등의 책 정보 저장을 위한 변수들을 각각 선언하며 각 변수를 초기화한 후 출력하는 프로그램을 Book_initialization_Out 클래스로 작성하라.

3. 영화 정보 및 책 정보 입력하고 출력하기

1) 본인이 좋아하는 영화 정보 전체를 하나의 문자열로 구성하라. 또한, 이를 위한 변수를 하나 선언하고 영화 정보 전체를 입력하여 저장한 후 출력하는 프로그램을 MovieInfo_InOut 클래스로 작성하라. (입력하고 출력할 영화 정보는 본인이 결정할 것)

2) 본인이 좋아하는 책의 제목, 저자, 출판사, 가격, 페이지수 등의 책 정보 항목 전체 저장을 위한 변수를 하나 선언하고 책 정보 전체를 입력하여 저장한 후 출력하는 프로그램을 BookInfo_InOut 클래스로 작성하라. (책 정보는 인터넷 서점에서 찾아 결정할 것)

4. 신상 관련 정보 항목들을 입력하고 출력하기

1) 홍길동의 키, 이름 첫 문자, 한국인 여부를 저장할 변수인 double height, char initialOfName, boolean isKorean을 추가로 선언하고, 키 177.7cm, 이름

첫 문자 'H', 한국인 여부 true를 입력하여 저장한 후 이를 출력하도록 예제 2-3-3 Person_InOut 클래스를 변경하라.

2) 본인의 이름, 나이, 키, 이름 첫 문자, 한국인 여부, 현위치를 저장할 변수를 추가로 선언하고 자신의 상황에 맞는 값을 입력하여 저장한 후 출력하도록 예제 2-3-3 Person_InOut 클래스를 변경하라. (필요한 변수를 이미 선언된 변수 이름과 다르게 결정하고, 추가되는 부분은 main() 메소드의 끝 부부분에 작성할 것)

3) 외국인 한 사람을 설정하여 이름, 나이, 키, 이름 첫 문자, 한국인 여부, 현위치를 저장할 변수를 추가로 선언하고 변수에 값을 입력하여 저장한 후 출력하도록 예제 2-3-3 Person_InOut 클래스를 변경하라. (필요한 변수를 이미 선언된 변수 이름과 다르게 결정하고, 추가되는 부분은 main() 메소드의 끝 부부분에 작성할 것)

5. 영화 및 책 관련 정보들을 입력하고 출력하기

1) 본인이 좋아하는 영화 정보 항목들을 입력하기 위한 변수들을 구성하라. 또한, 이를 저장하기 위한 변수들을 선언하고 값을 입력하여 저장한 후 출력하는 프로그램을 Movie_InOut 클래스로 작성하라. (입력하고 출력할 영화 정보 항목은 본인이 결정할 것)

2) 본인이 좋아하는 책의 제목, 저자, 출판사, 가격, 페이지수 등의 책 정보 항목들을 저장하기 위한 변수들을 선언하고 각각의 변수에 값을 입력하여 저장한 후 출력하는 프로그램을 Book_InOut 클래스로 작성하라.

6. 점수들을 단순변수들에 입력하고 출력하기

1) 예제 2-4-2 Scores_InOut 클래스의 스타일대로 점수 50개를 입력하여 변수 50개에 저장하고 출력하는 프로그램을 Scores50_InOut 클래스로 작성하라.

2) 예제 2-4-2 Scores_InOut 클래스의 스타일대로 점수 100개를 입력하여 원소에 저장하고 출력하는 프로그램을 작성할 수 있겠는가? 본인이 작성할 수 있는 최대의 점수 개수는 몇 개인가?

최대 개수까지 점수를 입력하여 여러 변수에 저장하고 출력하는 프로그램을 ScoresMax_InOut 클래스로 작성하라.

이 프로그래밍 작업은 단순하지만, 배열의 필요성을 이해하게 할 것이다.

7. 5권의 책 정보를 입력하고 출력하기

1) 본인이 좋아하는 책 5권의 제목, 저자, 출판사, 가격, 페이지수 등의 책 정보 항목을 저장하기 위한 변수를 각각 선언하고 각각의 변수에 값을 저장한 후 출력하는 프로그램을 Books5_Out 클래스로 작성하라. (이 경우 저장하는 책 정보 항목은 서로 다른 변수에 저장해야 하므로 다른 이름의 변수들을 선언해야 함)
2) 책 20권에 대해 제목, 저자, 출판사, 가격, 페이지수 등의 책 정보를 입력하여 저장하는 데 필요한 변수가 모두 몇 개인지 계산해보라.

실습을 위한 참고사항

1. Eclipse에서도 파일 복사 및 붙여넣기 기능을 제공하며, 붙여넣기한 클래스를 새로운 클래스 이름으로 저장하면 된다. 클래스 복사 및 붙여넣기 과정은 다음과 같다.

- 복사할 프로젝트의 (default package)에서 복사할 클래스를 클릭
  ⇒ 마우스 오른쪽 버튼 클릭
  ⇒ Copy ⇒ 붙여넣기할 프로젝트의 (default package) 클릭
  ⇒ 마우스 오른쪽 버튼 클릭
  ⇒ Paste ⇒ 붙여넣기할 클래스에 대한 새로운 이름 입력 ⇒ OK 버튼 클릭
  ⇒ (default package)에 새로운 붙여넣기한 클래스가 생성
  ⇒ 생성된 클래스 더블 클릭 ⇒ 클래스의 내용 확인 후 변경

2. 실습과제를 할 때 주어진 클래스의 프로그래밍 스타일과 동일한 스타일을 사용하여 프로그램을 작성해야 한다. 예를 들어, 실습과제 5의 2) Book_InOut 클래스에서 책 정보를 입력하고 출력할 때 Person_InOut 클래스와 동일하게 main() 메소드로만 클래스 구성하고, 책 정보 항목을 나타내는 변수들을 선언하고 입력한 후 출력해야 한다.

다른 스타일을 사용하여 작성할 수 있지만 본 교재에서 다양한 스타일을 익히면서 Java 프로그래밍에 대한 깊이 있는 이해를 하고자 하므로 반드시 이에 따르도록 권장한다.

스스로 생각하고 고민할 과제

1. 변수 초기화를 하지 않는 프로그램과 변수 초기화를 하는 프로그램을 비교하고, 프로그램의 장단점이 무엇인지 생각해보라.

2. 아직 유용한 Java 프로그래밍 기법을 배우지 않았기 때문에 데이터의 개수가 늘어나면 이에 따라 변수의 개수나 문장의 개수가 비례하여 늘어나게 되는 경우가 많다. 나중에 배열, while 문, for 등의 복합문을 배우게 되면 지금의 단순하며 다소 지겨운 작업이 스마트한 작업으로 바뀌어 프로그래밍 작업이 한층 쉬워진다.

제3장

연산과 수식,
새로운 값을 위하여

제 3 장 연산과 수식, 새로운 값을 위하여

학습 목표

- o 연산의 종류, 연산자, 기능을 이해한다.
- o 정수 나누기와 실수 나누기의 차이를 이해한다.
- o 연산에서 자동적 타입변환이 이루어지는 경우를 파악한다.
- o 강제적 타입변환인 캐스트의 필요성, 과정, 결과를 이해한다.
- o 수식의 구성 규칙과 계산되는 순서를 안다.
- o 프로그램에서 자주 사용되는 수식들의 읽기 능력과 작성 능력을 배양한다.
- o 배열변수 선언, 배열객체의 저장, 원소에 값 저장 등을 이해하여 배열변수를 다룰 수 있다.
- o 효용성이 있는 프로그램을 작성하기 위한 기반을 갖춘다.

2장에서 Java는 2바이트 유니코드 문자를 사용하며, 여러 종류의 토큰 중 타입을 나타내는 키워드, 상수, 그리고 변수가 중요함을 알아보았다. 또한, 변수 선언, 입력한 값의 저장, 출력 등을 수행하는 기본적인 프로그램도 살펴보고 작성해보았다.

본격적으로 Java 프로그래밍을 하려면 변수 선언 및 변수에 값 입력 및 저장만으로는 부족하다. 단순히 점수, 이름, 나이를 입력하여 저장하고 출력하는 프로그램은 효용성이 거의 없기 때문이다.

일련의 계산과정을 통하여 유용한 결과를 구한 후 이를 출력하면 효용성이 더 높아진다. 예를 들어, 입력한 섭씨온도를 화씨온도로 바꾸어 출력하기, 점수들을 입력하여 평균을 구해 출력하기, 원금과 이자율이 주어질 때 원리합계 구해 출력하기, 날짜를 입력하여 100일 후 또는 1000일 후 날짜를 출력하기 등의 작업을 수행하는 프로그램은 효용성이 훨씬 높다.

효용성이 있는 프로그램을 작성하기 위해 필수적인 구성요소가 계산을 수행하여 새로운 결과를 생성하는 연산(operation)과 수식(expression)이다.

3.1 연산

연산(operation)은 피연산자에 대해 연산자를 적용하여 연산의 결과 값을 생성하는 과정[39]이다. 예를 들어, 덧셈 연산 4 + 7은 피연산자 4와 7에 대해 연산자 +를 적용하여 11을 연산 결과 값으로 생성한다.

연산 하나하나의 기능은 복잡하지도 않고 그다지 어렵지도 않다. 그러나 Java에는 연산의 종류와 개수가 많으며, 이들을 모두 알아야 하고, 특히 연산의 결과가 다른 연산에서 사용되어 수식을 형성할 때 복잡한 양상을 띠게 되므로 세심한 주의가 필요하다.

Java는 수학에서 제공되는 산술 연산, 비교 연산, 논리 연산을 제공하며, 그 외에도 증감 연산, 비트 연산, 쉬프트 연산, 문자열 접속, 대입 연산 등 프로그래밍에 필요한 많은 연산을 제공한다.

"프로그램은 입력 값을 이용하여 일련의 연산 과정을 거쳐 최종 결과 값을 구한 후 출력하는 것이다"라는 관점에서 보면 연산은 실제적인 프로그램 작성의 출발점이다. 타입, 상수, 변수에 대해 이해함과 동시에 연산을 사용하여 복잡한 처리 작업을 나타내는 수식을 구성하는 능력을 갖추는 것이 실제적인 프로그래밍 학습의 첫 번째 목표이다.

[표 3-1]은 연산의 종류, 연산자, 연산의 기능, 형식 및 예, 결과 타입을 보여준다.

종류	연산자	연산 기능	형식 (예)	결과 타입
산술 연산	+ - * / %	사칙 연산 나머지 연산	op1 연산자 op2 (age + 1)	정수 또는 실수
비교 연산	> >= < <= == !=	두 값 크기 비교	op1 연산자 op2 (age > 19)	boolean
논리 연산	&& || !	논리적 AND, OR, NOT	op1 연산자 op2 (isKorean && isMale)	boolean
비트별 논리 연산	& | ^ ~	비트별 논리 연산	정수 연산자 정수 (n & 0xFF00)	정수

39) Java의 연산에는 CPU에 의해 하드웨어적으로 수행되는 연산도 있고, 소프트웨어적으로 수행되는 연산도 있다. 프로그래머는 연산이 수행되어 결과가 생성되는 자세한 과정을 알 필요가 없으나, 연산의 결과에 대해서는 정확히 알아야 한다.

증감 연산	++ --	정수값, 실수 값의 1 증가 또는 1 감소	++변수 --변수 변수++ 변수-- (++cnt cnt--)	피연산자의 타입
쉬프트 연산	<< >> >>>	비트들의 좌우 이동	정수 연산자 정수 (n >> 16)	정수
대입 연산	= += -= *= /= ...	변수에 값 저장	변수 연산자 op1 (name = "홍길동")	왼쪽 변수의 타입
문자열 접속 연산	+	문자열과 다른 값을 접속	String+값 값+String ("홍길동"+"은" age+"는")	String
특수 연산	( ) [ ] ? : (타입) . . () new instanceof	우선순위 변경 배열 원소참조 조건 연산 캐스트 필드 참조 메소드 호출 객체 생성 객체 타입 검사	(수식) 배열변수[인덱스] boolean수식 ? 값 : 값 (타입) 값 수신자.필드 수신자.메소드명(매개변수) new 타입() 참조변수 instanceof 타입	수식의 타입 원소 타입 값의 타입 타입 필드의 타입 메소드 반환타입 타입 boolean

[표 3-1] 연산의 종류, 연산자, 연산 기능, 형식, 결과 타입

❏ 산술 연산

산술 연산(arithmetic operation)은 정수나 실수를 피연산자로 사용하는 연산으로, 연산자들로는 사칙 연산자 +, -, *, /, 나머지 연산자 %, 단항 연산자 +, -가 있다. + 연산자는 문자열을 접속하는 데에도 사용되는데, 이를 제외하면 이 연산자들은 정수 및 실수에 대해서만 연산을 수행한다.

[표 3-2]는 산술 연산의 연산자, 형식, 기능을 보여준다.

연산자	형식	기능
+	op1 + op2	op1과 op2를 더한 결과 생성
-	op1 - op2	op1에서 op2를 뺀 결과 생성
*	op1 * op2	op1과 op2를 곱한 결과 생성
/	op1 / op2	op1을 op2로 나눈 결과 생성
%	op1 % op2	op1을 op2로 나누었을 때 나머지를 구한 결과 생성
+	+op	op의 값을 결과 생성
-	-op	op 값이 양수이면 음수로, 음수이면 양수로 변환한 결과 생성

[표 3-2] 산술 연산

산술 연산에서 특히 주목할 것은 정수 나누기의 결과는 항상 정수인 사실이다. 예를 들어 19 / 5의 결과는 3.8이 아니라 3이다.

나머지 연산자 %는 정수뿐 아니라 실수에도 사용될 수 있는 연산자이다. 정수의 경우 a % b는 a - ((a / b) * b)로 계산되며, 결과의 부호는 a의 부호와 같다. 실수의 경우에도 나머지는 정수와 비슷하게 구해진다.

예제 3-1-1은 산술 연산에 대한 예를 보여준다.

예제 3-1-1 산술 연산의 예

- 1.5 + 6.6 ⇒ 8.1
- 3.3F - 3.2F ⇒ 0.1F
- 3L * 2L ⇒ 6L

- 19 / 5 ⇒ 3 // **int 타입의 나누기 결과는 int 값(매우 중요한 사항)**
- 19.0 / 5.0 ⇒ 3.8 // double 타입의 나누기 결과는 double 값
- -19 / 5 ⇒ -3 // 나누기 연산의 결과는 왼쪽 피연산자와 부호가 같음

- 19 % 5 ⇒ 4 // 나머지 연산의 결과는 왼쪽 피연산자와 부호가 같음
- -19 % 5 ⇒ -4 // 나머지 연산의 결과는 왼쪽 피연산자와 부호가 같음

산술 연산에서 피연산자의 타입이 다를 경우 자동적인 타입변환이 발생한다. 이에 대해서는 뒤에서 설명한다.

❑ 비교 연산

비교 연산은 정수나 실수의 두 피연산자에 대해 값을 비교하여 true 또는 false의 boolean 값을 생성하는 연산으로, 연산자들로는 >, <, >=, <=, ==, !=이 있다.

[표 3-3]은 비교 연산의 연산자, 형식, 기능을 보여준다.

연산자	형식	기능
>	op1 > op2	op1이 op2보다 크면 true, 아니면 false를 결과로 생성
<	op1 < op2	op1이 op2보다 작으면 true, 아니면 false를 결과로 생성
>=	op1 >= op2	op1이 op2보다 크거나 같으면 true, 아니면 false를 결과로 생성
<=	op1 <= op2	op1이 op2보다 작거나 같으면 true, 아니면 false를 결과로 생성
==	op1 == op2	op1이 op2와 같으면 true, 아니면 false를 결과로 생성
!=	op1 != op2	op1이 op2와 같지 않으면 true, 아니면 false를 결과로 생성

[표 3-3] 비교 연산

예제 3-1-2는 비교 연산에 대한 예를 보여준다.

예제 3-1-2 비교 연산의 예

- 1.5 〉 6.6 ⇒ false // 1.5는 6.6보다 작으므로 false
- 3.3F 〈 3.2 ⇒ false // 3.3F는 3.2F보다 크므로 false

- 3L 〉= 2L ⇒ true // 3L은 2L보다 크므로 true
- 19 〈= 5 ⇒ false // 19는 5보다 크므로 false

- 19.0 == 5.0 ⇒ false // 19.0은 5.0과 같지 않으므로 false
- 19 != 5 ⇒ true // 9는 5와 같지 않으므로 true

비교 연산에서도 피연산자의 타입이 다를 경우 자동적인 타입변환이 발생한다. 이에 대해서도 뒤에서 설명한다.

❑ 논리 연산

논리 연산은 boolean 타입의 두 피연산자에 대하여 논리적 AND, OR, NOT 연산을 수행하여 true 또는 false의 boolean 값을 생성하는 연산으로, 논리 연산자에는 &&, ||, !이 있다.

[표 3-4]는 논리 연산의 연산자, 형식, 기능을 보여준다.

연산자	형식	기능
&&	op1 && op2	op1과 op2 모두 true이면 true를, 아니면 false를 결과로 생성
||	op1 || op2	op1과 op2 모두 false이면 false를, 아니면 true를 결과로 생성
!	! op	op가 true이면 false를, false이면 true를 결과로 생성

op1의 값	op2의 값	op1 && op2	op1 && op2	! op1
true	true	true	true	false
true	false	false	true	false
false	true	false	true	true
false	false	false	false	true

[표 3-4] 논리 연산의 연산자, 형식, 기능

예제 3-1-3은 논리 연산에 대한 예를 보여준다.

예제 3-1-3 논리 연산의 예

```
boolean isKorean = true;
boolean isMale = false;
```

- isKorean && isMale ⇒ true && false ⇒ false
- isKorean || isMale ⇒ true || false ⇒ true
- ! isKorean ⇒ ! true ⇒ false
- ! isMale ⇒ ! false ⇒ true

❑ 비트별 논리 연산

비트별 논리 연산은 정수인 두 피연산자의 각 비트에 대하여 논리 연산을 각각 수행하여 정수 결과를 생성하며, 비트별 논리 연산자에는 &, |, ^, ~이 있다.

[표 3-5]는 비트별 논리 연산의 연산자, 형식, 기능을 보여준다.

연산자	형식	기능
&	op1 & op2	op1과 op2의 각 대응되는 비트에 대해, 두 비트가 모두 1이면 1로, 아니면 0으로 만든 결과 생성
|	op1 | op2	op1과 op2의 각 대응되는 비트에 대해, 한 비트라도 1이면 1로, 모두 0이면 0으로 만든 결과 생성
^	op1 ^ op2	op1과 op2의 각 대응되는 비트에 대해, 두 비트가 서로 다르면 1로, 서로 같으면 0으로 만든 결과 생성
~	~ op	op의 각 비트에 대해, 비트가 1이면 0으로, 0이면 1로 만든 결과 생성

[표 3-5] 비트별 논리 연산

예제 3-1-4는 비트별 논리 연산에 대한 예를 보여준다.

예제 3-1-4 비트별 연산의 예

```
int bits1 = 0b1111_0000_1100_0011;      // 0xF0C3
int bits2 = 0b1100_0011_0101_1010;      // 0xC35A

■ bits1 & bits2:   0b1111_0000_1100_0011
                 & 0b1100_0011_0101_1010
                   ---------------------
                   0b1100_0000_0100_0010     // 비트별 &는 두 비트 모두 1이면 1
                                             // 0xC042
■ bits1 | bits2:   0b1111_0000_1100_0011
                 | 0b1100_0011_0101_1010
                   ---------------------
                   0b1111_0011_1101_1011     // 비트별 |는 두 비트 모두 0이면 0
                                             // 0xF3DB
```

```
■ bits1 ^ bits2:   0b1111_0000_1100_0011
                 ^ 0b1100_0011_0101_1010
                   ─────────────────────
                   0b0011_0011_1001_1001      // 비트별 ^는 두 비트 모두 같으면 0
                                              // 0x3399

■ ~ bits1:    ~ 0b0000_0000_0000_0000_1111_0000_1100_0011
                ─────────────────────────────────────────
                0b1111_1111_1111_1111_0000_1111_0011_1100
                                              // 비트별 ~는 각 비트를 반대로 만듦
                                              // 0xFFFF_0F3C
```

❑ 증가 및 감소 연산

증가 및 감소 연산은 정수 변수 또는 실수 변수만 피연산자인 연산으로, 변수 값을 1 증가하거나 감소시킨다. 연산자는 ++, --가 있으며, 연산자가 변수 앞에 있거나 뒤에 있을 수 있다.

[표 3-6]은 증가 및 감소 연산의 연산자, 형식, 기능을 보여준다.

연산자	형식	기능
++	++변수	변수 값 1 증가시킨 후 변수 값을 연산 결과로 생성
++	변수++	변수 값을 연산 결과로 생성한 후 변수 값 1 증가
--	--변수	변수 값 1 감소시킨 후 변수 값을 연산 결과로 생성
--	변수--	변수 값을 연산 결과로 생성한 후 변수 값 1 감소

[표 3-6] 증가 및 감소 연산

증가 및 감소 연산을 단독으로 사용할 때 변수 값을 1 증가 또는 감소하므로 아주 쉽다. 그런데, 증감 연산은 연산자의 위치에 따라 연산 결과가 달라지므로 주의해야 하며, 다른 연산과 함께 사용하면 복잡한 양상을 나타낸다.

예제 3-1-5는 증가 및 감소 연산에 대한 예를 보여준다.

예제 3-1-5 증감 및 감소 연산의 예

- count = 1; ++count ⇒ 연산 결과: 2, count 변수: 2
- count = 1; count++ ⇒ 연산 결과: 1, count 변수: 2
- count = 1; --count ⇒ 연산 결과: 0, count 변수: 0
- count = 1; count-- ⇒ 연산 결과: 1, count 변수: 0

```
■ count = 1;
  ++count > 1   ⇒ ++count 후 count > 1 비교      ⇒ > 연산 결과: true, count 변수: 2

■ count = 1;
  count++ > 1   ⇒ count > 1 비교 후 count++      ⇒ > 연산 결과: false, count 변수: 2

■ count = 1;
  --count == 0 ⇒ --count 후 count == 0 비교     ⇒ == 연산 결과: true, count 변수: 0

■ count = 1;
  count-- == 0 ⇒ count == 0 비교 후 count--     ⇒ == 연산 결과: false, count 변수: 0
```

count++와 count-- 연산에서 연산의 결과와 count 변수 값이 다른 것을 유의해야 한다. 증가 및 감소 연산은 나중에 배울 if 문, 반복문 등에서도 많이 사용되므로 정확히 이해해야 할 연산이다.

❑ 쉬프트 연산

쉬프트 연산은 피연산자 모두가 정수이며, 왼쪽 피연산자의 비트들을 오른쪽 피연산자의 값만큼 좌 또는 우로 이동시키는 연산이다. 연산자로는 >>, <<, >>>가 있으며 연산자의 모양이 쉬프트 방향을 지시한다.

[표 3-7]은 쉬프트 연산의 연산자, 형식, 기능을 보여준다.

연산자	형식	기능
<<	op1 << op2	op2 비트만큼 op1을 왼쪽으로 쉬프트, 오른쪽은 0으로 채움
>>	op1 >> op2	op2 비트만큼 op1을 오른쪽으로 쉬프트, 왼쪽은 부호비트로 채움
>>>	op1 >>> op2	op2 비트만큼 op1을 오른쪽으로 쉬프트, 왼쪽은 0으로 채움

[표 3-7] 쉬프트 연산

양의 정수이면 >>와 >>> 연산의 결과는 항상 같으며, 음의 정수에 대해 >>은 항상 음수, >>>는 항상 양수의 결과를 생성한다.

예제 3-1-6은 쉬프트 연산에 대한 예를 보여준다.

예제 3-1-6 쉬프트 연산의 예

```
int bits1 = 0b1111_0000_1100_0011;        // 0xF0C3
int bits2 = 0xFFFF_FFFF;                   // 32비트 모두가 1인 정수로 -1
```

```
■ bits1 << 1    ⇒ 0b1111_0000_1100_0011 << 1          // 1비트 왼쪽으로 이동 후
                ⇒ 0b1111_0000_1100_0011_0             // 오른쪽 1비트 0으로 채움

■ bits1 << 8    ⇒ 0b1111_0000_1100_0011 << 8          // 8비트 왼쪽으로 이동 후
                ⇒ 0b1111_0000_1100_0011_0000_0000     // 오른쪽 8비트 0으로 채움

■ bits2 << 8    ⇒ 0xFFFF_FFFF << 8                    // 8비트 왼쪽으로 이동 후
                ⇒ 0xFFFF_FF00                         // 오른쪽 8비트 0으로 채움

■ bits1 >> 8    ⇒ 0b1111_0000_1100_0011 >> 8          // 8비트 오른쪽으로 이동 후
                ⇒  0b1111_0000                        // 왼쪽 8비트 부호비트 0으로 채움
                                                      // 오른쪽 8비트 없애는 효과

■ bits2 >> 8    ⇒ 0xFFFF_FFFF >> 8                    // 8비트 오른쪽으로 이동 후
                ⇒ 0xFFFF_FFFF                         // 왼쪽 8비트 부호비트 1로 채움

■ bits2 >>> 8   ⇒ 0xFFFF_FFFF >>> 8                   // 8비트 오른쪽으로 이동 후
                ⇒ 0x00FF_FFFF                         // 왼쪽 8비트 무조건 0으로 채움
```

❑ 대입 연산

대입 연산은 이미 2장에서 살펴본 연산이다. 대입 연산은 변수에 값을 저장하는 매우 중요한 연산으로, 변수에 값을 저장할 뿐 아니라 변수의 값을 연산의 결과로 생성한다. 연산자로 기본적 대입 연산자인 =을 비롯하여 +=, -=, *=, /= 등 많은 복합 대입 연산자가 있다.

[표 3-8]은 대입 연산의 연산자, 형식, 기능을 보여준다.

연산자	형식	기능
=	변수 = op1	op1을 변수 값으로 대입하고 변수 값을 연산 결과로 생성
+=	변수 += op1	변수 = 변수 + op1
-=	변수 -= op1	변수 = 변수 - op1
*=	변수 *= op1	변수 = 변수 * op1
/=	변수 /= op1	변수 = 변수 / op1
%=	변수 %= op1	변수 = 변수 % op1
>>=	변수 >>= op1	변수 = 변수 >> op1
<<=	변수 <<= op1	변수 = 변수 << op1
>>>=	변수 >>>= op1	변수 = 변수 >>> op1
&=	변수 &= op1	변수 = 변수 & op1
|=	변수 |= op1	변수 = 변수 | op1
^=	변수 ^= op1	변수 = 변수 ^ op1

[표 3-8] 대입 연산

대입 연산에서 왼쪽 피연산자는 반드시 변수이어야 하며, 오른쪽 피연산자는 상수, 변수 또는 수식, 필드 참조, 메소드 호출 등 값을 나타내는 요소이어야 한다.

대입 연산은 변수에 값을 대입할 뿐만 아니라 대입한 변수의 값을 연산 결과로 생성하는데, 이는 매우 중요하다. 왜냐하면, 대입 연산을 다른 연산의 피연산자로 사용할 수 있으며, 그 결과 간결한 프로그램의 작성이 가능하기 때문이다.

예제 3-1-7은 대입 연산에 대한 예를 보여준다.

예제 3-1-7 대입 연산의 예

```
■ age = 18                  // age에 18을 저장, 연산 결과: 18
■ age = age + 1             // age + 1을 age에 저장, 연산 결과: 19
■ balance -= amount;        // 《 balance = balance - amount; 》를 축약시킨 것
■ n >>= 16;                 // 《 n = n >> 16; 》를 축약시킨 것
```

```
// 다음의 2문장은 아래의 한 문장과 동일
thisYear = 2016;
nextYear = thisYear + 1;

// 다음 문장은 위의 두 문장을 한 문장으로 축약시킨 것
//     대입 연산 《 thisYear = 2016 》이 + 연산자의 피연산자가 됨
nextYear = (thisYear = 2016) + 1;
```

《 nextYear = (thisYear = 2016) + 1; 》은 《 thisYear = 2016; nextYear = thisYear + 1; 》의 2문장을 하나로 축약한 표현이다. 처음에는 이상하게 보이지만 숙달되면 친숙한 표현이 된다.

참고로 Java에는 간결하게 프로그램을 작성하는 기법이 많이 있다. 이미 살펴본 ++, -- 연산자, +=, -= 등의 축약 대입 연산, 다른 연산의 피연산자로 대입 연산 사용 등이다. 간결한 코드 작성기법을 활용하여 간결한 프로그램 작성 능력 배양도 전문 프로그래머가 되기 위해 필요한 과정이다.

❑ 문자열 접속 연산

+ 연산자는 피연산자가 정수 또는 실수이면 덧셈 연산을 수행한다. 그런데 + 연산자는 피연산자 중의 하나라도 문자열이면 문자열을 접속하는 연산자가 된다. 즉, 피연산자가 모두 문자열인 경우뿐 아니라 왼쪽 피연산자만 문자열이거나 오른쪽 피연산자만 문자열인 경우에도 + 연산자는 문자열 접속 연산자로 작동한다.

예제 3-1-8은 두 문자열을 합쳐서 하나의 문자열을 생성하는 문자열 접속 연산의 예를 보여준다.

예제 3-1-8 문자열 접속 연산의 예

```
String name = "홍길동";
int age = 18;
double height = 177.7;
boolean isKorean = true;

// 문자열 상수와 문자열 상수의 접속
■ "홍" + "길동"          ⇒ "홍길동"

// 문자열 상수와 문자열 변수의 접속
■ "이름은 " + name    ⇒ "이름은 " + "홍길동" ⇒ "이름은 홍길동"

//문자열과 정수 접속: 정수를 문자열로 변환한 후 접속
■ "나이는 " + age     ⇒ "나이는 " + 18       ⇒ "나이는 " + "18"     ⇒ "나이는 18"

// 실수와 문자열의 접속: 실수를 문자열로 변환한 후 접속
■ height + "의 키"    ⇒ 177.7 + "의 키"     ⇒ "177.7" + "의 키"    ⇒ "177.7의 키"

// 정수와 실수를 + 하면 문자열 접속이 아닌 덧셈 수행
■ age + height          ⇒ 18 + 177.7 ⇒ 195.7

// 문자열을 먼저 접속하고 정수와 실수를 + 하면 문자열 접속 수행
■ " " + age + height ⇒ " " + 18 + 177.7      ⇒ " " + "18" + 177.7
                     ⇒ " 18" + 177.7         ⇒ " 18" + "177.7"
                     ⇒ " 18177.7"

// 문자열과 boolean 값의 접속: boolean 값을 문자열로 변환한 후 접속
■ "한국인 여부는 " + isKorean    ⇒ "한국인 여부는 " + true
                                ⇒ "한국인 여부는 " + "true"
                                ⇒ "한국인 여부는 true"
```

문자열이 아닌 값들을 문자열처럼 접속하려면 먼저 " " 또는 ""(이는 빈 문자열이라 함)과 접속하고자 하는 값과 접속시키면 된다.

문자열 접속은 프로그램에서 구한 결과를 사용자에게 유용한 정보로 출력하기 위해 사용되는 수단이므로 충분한 연습을 통해 숙달해야 한다.

❑ 문자열 비교

프로그래밍에서 두 문자열이 같은지를 비교하거나 두 문자열 중 큰 문자열을 찾는 등의 문자열 관련 작업이 빈번하게 발생한다. 문자열을 접속하는 아주 편리한 + 연산자 외에 문자열을 다룰 수 있는 연산자로 ==가 있으며, 그 외의 비교는 메소드를 사용한다.

두 문자열이 같은가를 비교하는 위하여 == 연산자 또는 equals() 메소드를 사용하고, 문자열 크기를 비교하는데 compareTo() 메소드를 사용한다. [표 3-9]는 문자열 비교를 위한 연산자와 메소드를 보여준다.

문자열 비교	형식	기능
==	문자열1 == 문자열2	문자열1과 문자열2가 같으면 true, 다르면 false를 결과로 생성
equals()	문자열1.equals(문자열2)	문자열1과 문자열2가 같으면 true, 다르면 false를 결과로 생성
compareTo()	문자열1.compareTo(문자열2)	문자열1이 문자열2보다 사전 순서상 작으면 음수, 같으면 0, 크면 양수를 결과로 생성

[표 3-9] 문자열 비교를 위한 연산자 및 메소드

예제 3-1-9는 문자열 비교에 대한 예를 보여준다.

예제 3-1-9 문자열 비교의 예

```
String name = "홍길동";

// 문자열 상수와 문자열 상수의 비교
■ "홍길동" == "홍길동"            ⇒ true
■ "홍길동".equals("홍길동")       ⇒ true

// 문자열 변수와 문자열 상수의 비교
■ name == "홍길동"               ⇒ "홍길동" == "홍길동"          ⇒ true
■ name.equals("홍길동")          ⇒ "홍길동".equals("홍길동")     ⇒ true

// 문자열 변수와 문자열 상수의 비교
■ name == "홍길서"               ⇒ "홍길동" == "홍길서"          ⇒ false
■ name.equals("홍길서")          ⇒ "홍길동".equals("홍길서")     ⇒ false

// 문자열 변수와 문자열 상수의 비교
■ name == ("홍" + "길동")        ⇒ "홍길동" == "홍길동"          ⇒ true
■ name.equals("홍" + "길동")     ⇒ "홍길동".equals("홍길등")     ⇒ true
```

// 문자열 상수의 크기 비교

- "홍길동".compareTo("홍길동") ⇒ 0 // 크기 같으므로 0
- "홍길동".compareTo("홍길서") ⇒ -3395 // "홍길동"이 "홍길서"보다 작으므로 음수
- "홍길동".compareTo("홍길남") ⇒ 817 // "홍길동"이 "홍길남"보다 크므로 양수

- "Java".compareTo("C") ⇒ 7 // "Java"가 "C"보다 크므로 양수
- "JDK1.7".compareTo("JDK1.8") ⇒ -1 // "JDK1.7"이 "JDK1.8"보다 작으므로 음수

아직 Java에서 문자열에 대해 !=, 〉, 〉=, 〈. 〈= 등의 비교 연산자를 사용할 수 없다. 최근에 Java에 제공되지 않던 여러 기능이 새로이 추가되고 있는데, 새로운 Java 버전에서 문자열에 대한 비교 연산이 제공되기를 희망한다.

❑ 특수 연산

지금까지 살펴본 연산들이 Java의 기본적인 연산들이다. Java는 이들 연산 외에도 특수한 연산 기능을 수행하기 위해 특수 연산들을 다양하게 제공한다. 특수 연산들의 연산자는 지금까지 살펴본 =, ◇, !=, 〉〉〉 등 특수문자로 된 연산자와는 다른 모습을 띠며, 피연산자가 값을 나타내지 않는 경우도 있다.

특수 연산 중에서 중요한 연산은 다음과 같다.

- 우선순위 변경: 수식에서 괄호 속의 부분을 먼저 계산하게 하는 특수 연산으로, (수식) 형식으로 표현되며, 3.3절의 수식에서 설명
- 배열 원소 참조: 배열변수와 인덱스 통해 배열원소 중 하나 접근하여 결과로 생성하는 연산으로, 배열변수[인덱스] 형식으로 표현되며, 2장에서 이미 살펴본 바 있음
- 캐스트(cast: 강제 타입변환) 연산: 한 타입의 값을 다른 타입의 값으로 강제적으로 변환시키는 연산으로, 3.2절의 타입변환에서 자세히 설명
- 조건 연산: 조건에 따라 주어진 2개 값 중 하나의 값 생성하는 연산. 유용하게 사용되는 연산이므로 알아두면 편리함
- new 연산: 객체 생성하고 객체 생성자 수행한 후 객체 참조값 돌려주는 연산으로 6장에서 설명
- instanceof 연산: 객체가 주어진 타입의 객체인가 검사하여 true 또는 false를 결과로 생성하는 연산으로 6장에서 설명

그 외에도 필드 참조, 메소드 호출 등의 특수 연산이 있으며, 이들은 다음에 살펴볼 것이다.

[표 3-10]은 특수 연산의 연산자, 형식, 기능을 보여준다.

연산자	형식	기능
( )	(exp)	**우선순위 변경:** 괄호 속의 수식 exp를 먼저 계산
[ ]	배열변수[인덱스]	**배열원소 참조:** 배열변수의 한 원소 접근하여 결과로 생성, 접근되는 원소는 (인덱스 + 1) 번째 원소
? :	조건 ? exp1 : exp2	**조건 연산:** 조건이 true면 수식 exp1, false이면 수식 exp2를 결과로 생성
( )	(type) exp	**캐스트(강제 타입변환):** 수식 exp의 값을 주어지는 타입 type의 값으로 변환한 결과를 생성
.	op1.op2	**필드 참조:** op1의 필드 op2를 참조하여 결과로 생성
. ()	op1.md(params)	**메소드 호출:** 수신자 op1의 메소드 md을 매개변수 params로 호출
new	new op()	**객체 생성:** 객체 또는 배열객체를 내부적으로 생성하고 이에 대한 참조를 결과로 생성
instanceof	op instanceof type	**타입검사:** op가 타입 type의 인스턴스 객체이면 true, 아니면 false를 결과로 생성

[표 3-10] Java의 특수 연산

특수 연산 중에서 조건 연산은 주어진 조건을 검사하여 true 또는 false에 따라 연산 결과가 달라지는 연산으로, 예제 3-1-10은 조건 연산의 몇 가지 예를 보여준다.

예제 3-1-10 조건 연산의 예

```
int score1 = 94;
int score2 = 89;

■ score1 >= 90 ? "A" : "not A"        ⇒ true ? "A" : "not A"        ⇒ "A"
■ score1 > score2 ? score1 : score2    ⇒ true ? 94 : 89              ⇒ 94
■ score2 < 60 ? "fail" : "not fail"   ⇒ false ? "fail" : "not fail" ⇒ "not fail"
```

타입, 상수, 변수, 연산자의 전체적 이해

타입을 나타내는 키워드, 상수, 변수 그리고 연산자들은 전체적인 맥락에서 이해해야 한다.

예를 들어, int 타입은 어떤 타입인지, 어떠한 상수들이 int 타입의 값으로 포함되는지, int 상수들은 어떠한 형식으로 표현되는지, int 변수는 어떻게 선언되며 초기화는 어떻게 되는지, int 타입에는 어떠한 연산자가 있는지를 전체적으로 파악해야 한다.

이것이 파악되면 타입이란 "나타내고자 하는 값들의 집합과 그 값에 적용될 수 있는 연산들의 집합"을 의미하는 《 타입 = [값들의_집합, 연산들의_집합] 》이라는 것을 어렴풋이 이해한 것이다.

이러한 관점에서 보면, int 타입은 정수값의 집합({..., -3, -2, -1, 0, 1, 2, 3, ...})과 정수에 대한 연산들의 집합({ +, -, /, *, %, >>, <<, >>>, ...})을 함께 내포하는 것이다. 즉, int 타입은 모든 정수값의 집합과 정수에 대한 연산의 집합을 동시에 나타내는 것이다. 또한, int 타입의 변수를 선언하여 변수에 int 타입의 값을 저장할 수 있다.

이것이 int 타입에 대한 전체적인 이해이다. int 타입 뿐 아니라 다른 타입에 대해서도 전체적으로 이해해야 한다.

Java의 타입은 나중에 자세히 설명될 클래스와 일맥상통하는 점이 있다. 클래스에도 그 클래스의 모든 객체와 연산들을 나타내는 의미가 숨어 있다.

물론 타입의 전체적인 의미를 대강 알거나 잘 모르고서도 타입을 이용하여 프로그램을 작성할 수 있다. 그러나 이론적인 사항들도 이해해야 전문가로 발전한다. 무조건 외우고 모방하여 프로그래밍하는 것은 언젠가는 그 한계에 부딪히게 된다.

3.2 타입변환

Java의 모든 값과 변수는 타입을 가지므로 연산의 피연산자도 타입을 갖는다. 그런데 피연산자가 2개인 이항 연산에서 피연산자의 타입이 서로 다를 경우가 있으며, 이때 오류가 없이 수행되기도 하고 오류가 발생하기도 한다.

다음의 경우 자동적 타입변환을 통해 동일한 타입의 값으로 변환한 후 연산을 수행한다.

- 177.7 + 6 : 오류 아님, int 6을 double 6.0으로 변환하여 + 수행

한편 다음의 경우 오류를 발생하며, 프로그래머는 오류를 수정하는 작업을 수행해야 한다.

- int avg;
  avg = 89.4 : 오류, double 89.4를 int 변수에 저장 불가하므로 오류 발생

Java에서 값의 타입을 변화시키는 타입변환은 다음의 2가지가 있다.

- 자동적 타입변환: Java 컴파일러가 피연산자의 타입을 변환시키는 것
- 강제적 타입변환: 프로그래머가 캐스트를 통하여 타입을 변환시키는 것

3.2.1 자동적 타입변환

자동적 타입변환은 Java 컴파일러에 의해 자동적으로 이루어지는 값의 타입변환으로, 다음 3가지 경우에 발생한다.

- 산술 연산과 비교 연산: 피연산자의 타입이 서로 다르면 약한 타입의 값이 강한 타입의 값으로 자동적으로 변환
- 대입 연산: 약한 타입의 값이 강한 타입의 변수에 저장되면 약한 타입의 값이 강한 타입의 값으로 자동적으로 변환
- 문자열 접속 연산: 문자열과 문자열 아닌 값이 접속되면 문자열 아닌 값이 자동적으로 문자열로 변환

❑ 기본 타입의 강약 관계

Java에서 정수, 실수, 문자를 나타내는 기본 타입으로 byte, char, short, int, long, float, double 등이 있고, 이들 사이에는 다음과 같은 약한 타입과 강한 타입의 강약 관계가 설정되어 있다.

[약한 타입] byte 〈 char/short 〈 int 〈 long 〈 float 〈 double [강한 타입]

- byte 타입이 가장 약한 타입
- int 타입은 byte, char, short 타입보다 강한 타입이고 long, float, double 타입보다 약한 타입
- double 타입이 가장 강한 타입
- char 타입과 short 타입 사이에는 강약 관계가 성립하지 않음

❑ 산술 연산과 비교 연산에서 자동적 타입변환

산술 연산과 비교 연산에서 피연산자들의 타입이 서로 다를 경우 타입 간의 강약 관계에 기반하여 다음의 변환 규칙에 따라 타입변환이 자동적으로 이루어진다. 그 결과 약한 타입의 값은 강한 타입의 값으로 변환되고, 변환된 값으로 연산이 수행된다.

산술 연산과 비교 연산에서 자동적 타입변환 규칙

(1) 피연산자 중 하나만 double 타입이면 다른 피연산자를 double 타입으로 변환하며, 산술 연산의 결과는 double 타입

(2) (1)이 아니고 피연산자 중 하나만 float 타입이면 다른 피연산자를 float 타입으로 변환하며, 산술 연산의 결과는 float 타입

(3) (2)도 아니고 피연산자 중 하나만 long 타입이면 다른 피연산자를 long 타입으로 변환하며, 산술 연산의 결과는 long 타입

(4) (3)도 아니고 short, char, byte 타입의 피연산자가 있으면 이 피연산자를 int 타입으로 변환하며, 산술 연산의 결과는 int 타입

산술 연산과 대입 연산의 변환규칙으로 인하여 피연산자 타입이 달라도 산술 연산과 비교 연산은 정상적으로 수행된다. 한편 int 피연산자와 short, char, byte 피연산자 사이의 산술 연산 결과는 항상 int 타입이다.

예제 3-2-1은 산술 연산과 비교 연산에서 자동적 타입변환의 예를 보여준다.

예제 3-2-1 산술 연산과 비교 연산에서 자동적 타입변환

```
byte b = 6;
short s = -8;
float f = 2.5F;
```

■ 177.7 + 8	⇒ 177.7_{double} + 8_{int}	⇒ 177.7_{double} + 8.0_{double}	⇒ 185.7_{double}	= 185.7
■ f - 3	⇒ 2.5_{float} - 3_{int}	⇒ 2.5_{float} - 3.0_{float}	⇒ -0.5_{float}	= -0.5F
■ b * 2L	⇒ 6_{byte} * 2_{long}	⇒ 6_{long} * 2_{long}	⇒ 12_{long}	= 12L
■ 19 / b	⇒ 19_{int} / 6_{byte}	⇒ 19_{int} / 6_{int}	⇒ 3_{int}	= 3
■ s % b	⇒ -8_{short} % 6_{byte}	⇒ -8_{int} % 6_{int}	⇒ -2_{int}	= -2

■ f >= 2.5	⇒ 2.5_{float} >= 2.5_{double}	⇒ 2.5_{double} >= 2.5_{double}	= true
■ f >= 2	⇒ 2.5_{float} >= 2_{int}	⇒ 2.5_{float} >= 2.0_{float}	= true
■ s <= -1	⇒ -8_{short} <= -10_{int}	⇒ -8_{int} <= -10_{int}	= false
■ s != b	⇒ -8_{short} != 6_{byte}	⇒ -8_{int} != 6_{int}	= true

자동적 타입변환 살펴보기

■ **177.7 + 8: double 타입으로의 자동 변환**

- 177.7 + 8에서 피연산자 177.7은 double 타입의 값
- 177.7은 float 타입으로 착각하기 쉽지만, 끝에 F 또는 f가 없으므로 double 타입
- 그러므로 다른 피연산자인 int 타입의 8을 double 타입의 값 8.0으로 변환하여 double 타입의 + 수행
- 결과는 double 타입의 185.7

- **f - 3: float 타입으로의 자동 변환**
  - f에 float 타입의 값 2.5F가 저장되어 있음
  - 다른 피연산자 3을 float 타입의 값 3.0F로 변환하여 - 수행
  - 결과는 float 타입의 값 -0.5F
- **b * 2L: long 타입으로의 자동 변환**
  - byte 타입의 b 변수 값을 long 타입의 값 6L로 변환
  - 결과 값은 long 타입의 값 12L
  - 여기에서 b 변수의 값을 long 타입으로 변환함은 1바이트인 b의 값을 8바이트인 long 타입의 값으로 바꾸는 것
- **19 / b: int 타입으로의 자동 변환**
  - byte 타입의 b 변수 값을 int 타입의 값 6으로 변환
  - 결과는 int 타입의 값 3
- **s % b: int 타입으로의 자동 변환**
  - s와 b 변수 값을 모두 int 타입의 값으로 변환
  - 결과는 int 타입의 값 -2
- **f == 2.5, f >= 2, s <= -10, s != b**
  - 이들 비교 연산에서도 자동적 타입변환이 발생

❑ 대입 연산에서 자동적 타입변환

대입 연산에서 피연산자 타입이 서로 다르면 피연산자 타입에 따라 다음과 같이 처리된다.

(1) 약한 타입의 값을 강한 타입 변수에 저장할 경우: 자동적 타입변환 후 변환된 값 저장
(2) 강한 타입의 값을 약한 타입 변수에 저장할 경우: 저장 불가 오류 발생

대입 연산에서 약한 타입의 값을 강한 타입의 변수에 저장하면 자동적 타입변환이 되어 저장되므로 항상 저장할 수 있다. 예를 들어, 가장 강한 타입인 double 타입의 변수에 boolean 타입을 제외한 모든 기본 타입의 값을 저장할 수 있다. 그러나 가장 약한 타입인 byte 변수에 다른 기본 타입의 값을 저장할 수 없다.

예제 3-2-2는 대입 연산에서 자동적 타입변환의 예를 보여준다.

예제 3-2-2　대입 연산에서 자동적 타입변환

```
double height;
long distanceToSun;
```

- **height = 177** $\Rightarrow$ $\text{height}_{\text{double}} = 177_{\text{int}}$
  $\Rightarrow$ $\text{height}_{\text{double}} = 177.0_{\text{double}}$ // double 값 저장

- **distanceToSun = 149600000** // 지구에서 태양까지 거리(km)
  $\Rightarrow$ $\text{distanceToSun}_{\text{long}} = 149600000_{\text{int}}$
  $\Rightarrow$ $\text{distanceToSun}_{\text{long}} = 149600000_{\text{long}}$ // long 값 저장

대입 연산에서 자동적 타입변환 살펴보기

- **height = 177: double 타입으로의 자동 변환**
  - int 타입의 값 177을 double 타입의 변수 height에 저장하기 위해 먼저 double 타입의 값 177.0으로 변환
  - 이는 자동적 타입변환으로 이루어지며, int는 double보다 약한 타입이므로 가능
  - 그 후 177.0을 double 타입 변수 height에 저장
- **distanceToSun = 149600000: long 타입으로의 자동 변환**
  - int 타입의 값 149600000이 long 타입의 변수 distanceToSun에 저장하기 위해 먼저 149600000을 long 타입의 값 149600000L로 변환
  - 이는 자동적 타입변환으로 이루어지며, int는 long보다 약한 타입이므로 가능
  - 그 후 149600000L을 long 타입 변수 distanceToSun에 저장

그런데, 강한 타입의 값을 약한 타입의 변수에 저장하면 자동적 타입변환이 일어나지 않으며, 이 경우 오류가 발생한다. 이에 대해서는 뒤에서 설명한다.

❑ 문자열 접속 연산에서 자동적 타입변환

또 하나의 자동적 타입변환은 문자열 접속 연산에서 발생한다. 문자열 접속은 문자열과 문자열을 접속하여 긴 문자열을 만드는 연산인데, 문자열과 문자열이 아닌 값을 접속시켜도 오류가 발생하지 않고 접속이 정상적으로 이루어진다. 이는 + 연산에서 하나의 피연산자만 문자열이고 나머지는 문자열이 아닌 경우 문자열이 아닌 값을 문자열로 변환하여 접속하기 때문이다.

- 문자열 + 문자열: 정상적인 문자열 접속 연산 수행
- 문자열 + 문자열_아닌_값: **문자열_아닌_값을 문자열로 변환 후** 문자열 접속 연산 수행
- 문자열_아닌_값 + 문자열 : **문자열_아닌_값을 문자열로 변환 후** 문자열 접속 연산 수행

예제 3-2-3은 문자열 접속에서 자동적 타입변환 예를 보여준다.

예제 3-2-3 문자열 접속에서 자동적 타입변환

```
String name = "홍길동";
int age = 18;
double height = 177.7;
boolean isKorean = true;

// 문자열과 정수 접속: 정수를 문자열로 변환한 후 접속
■ "나이는 " + age    ⇒ "나이는 " + 18    ⇒ "나이는 " + "18"    ⇒ "나이는 18"

// 실수와 문자열 접속: 실수를 문자열로 변환한 후 접속
■ height + "의 키"   ⇒ 177.7 + "의 키"   ⇒ "177.7" + "의 키"   ⇒ "177.7의 키"

// 문자열을 먼저 접속하고 정수와 실수를 차례로 + 하면 문자열 접속을 연속적으로 수행
■ " " + age + height  ⇒ " " + 18 + 177.7    ⇒ " " + "18" + 177.7
                      ⇒ " 18" + 177.7       ⇒ " 18" + "177.7"
                      ⇒ " 18177.7"

// 문자열과 boolean 값 접속: boolean 값을 문자열로 변환한 후 접속
■ "한국인 여부는 " + isKorean   ⇒ "한국인 여부는 " + true
                              ⇒ "한국인 여부는 " + "true"
                              ⇒ "한국인 여부는 true"
```

Java에서 문자열을 다른 값과 자유롭게 접속할 수 있게 한 아이디어는 변수의 값이나 수식의 값을 쉽게 출력할 수 있게 하는 매우 유용한 기능이다. 프로그래밍 언어에서 조그만 개선이 프로그래밍에 큰 긍정적 영향을 끼치게 되는데, 문자열 접속 연산 +가 대표적 기능 중의 하나이다.

3.2.2 대입 연산에서 정보 손실과 오류 발생

❑ 대입 연산에서 정보 손실

대입 연산에서 약한 타입의 값을 강한 타입의 변수에 저장하면 자동적 타입변환 과정을 거친 후 저장됨을 살펴보았다. 이와 반대로, 강한 타입의 값을 약한 타입의 변수에 저장하면 자동적 타입변환이 되지 않으며, 저장도 되지 않는다. 저장하려면 강한 타입의 값을 약한 타입의 값으로 변환한 후 저장해야 하는데, 변환과정에서 정보 손실(information loss)이 발생할 수 있기 때문이다.

정보 손실은 원래 가지고 있던 정보의 전체 또는 일부가 사라지는 현상이다. 정보 손실은 실수의 소수점 이하 부분이 사라지는 다소 미미한 손실에서부터 데이터베이스 전체가 손상되는 심각한 손실까지 다양하다.

다음은 대입 연산에서 정보 손실이 발생하는 사례를 보여준다.

(1) 정수 변수에 실수값 저장
- 정수 변수에 실수값 저장하면 소수점 이하 부분은 저장되지 못하므로 정보 손실 발생
- 예를 들어, 정수 변수에 실수 89.4 저장하면 89만 저장되므로 소수점 이하 0.4는 손실됨

(2) short 타입 변수에 int 값 저장
- Java에서 int 값은 4바이트, short 값은 2바이트
- 2바이트 short 변수에 4바이트 int 값 저장하면 int 값 상위 2바이트 부분은 short 변수에 저장되지 못하므로 정보 손실 발생
- 예를 들어, short 변수에 4바이트 int 0x1234_5678 저장하면 상위 2바이트 0x1234는 저장되지 못하고 하위 2바이트 0x5678만 저장되므로 정보 손실 발생

❑ 정보 손실을 유발하는 대입 연산의 오류 발생

Java에서 정보 손실이 발생 가능한 대입 연산인 강한 타입의 값을 약한 타입의 변수에 대입하면 컴파일 과정에서 오류를 발생하며, 프로그램은 실행되지 않는다. 이는 정보 손실이 발생하는 경우 반드시 프로그래머가 이를 확인하고 직접 대처하도록 강제하기 위함이다.

예제 3-2-4는 대입 연산에서 오류가 발생하는 예를 보여준다.

예제 3-2-4 대입 연산에서 정보 손실로 인한 오류 발생

```
public static void main(String[] args) {
    int avg;
    n = 10;
    short s;
    long distance;

    avg = 89.4;           // 오류: 실수 89.4를 정수 변수에 저장
    avg = 89.0;           // 오류: 실수 89.0을 정수 변수에 저장

    s = 0x1234_5678;      // 오류: int 값 0x1234_5678을 short 변수에 저장
    s = n;                // 오류: int 변수 n의 값을 short 변수에 저장
    s = 10;               // 오류 아님: int 값 10은 short의 범위 내에 값이므로
```

```
    distance = 9.46E12;          // 오류: double 값 9.43E12를 long 변수에 저장
}
```


프로그램 설명

- avg = 89.4;
  - double 값 89.4를 int 변수 avg에 저장하면 정수 부분 89는 저장되고 소수점 이하 부분 0.4는 사라지는 정보 손실이 발생하므로 오류를 발생시킴
- avg = 89.0;
  - double 값 89.0은 소수점 이하 부분 0.0이므로 avg에 저장해도 정보 손실이 없는 것처럼 보임
  - 그러나 Java 컴파일러는 double이 int보다 강한 타입이므로 정보 손실의 가능성이 있는 것으로 판단하여 오류를 발생시킴
- s = 0x1234_5678;
  - 4바이트 int 값 0x1234_5678을 2바이트 short 변수에 저장하면 하위 2바이트 값 0x5678은 저장되고 상위 부분 0x1234가 사라지는 정보 손실이 발생하므로 오류를 발생시킴
- s = n;
  - 4바이트 int 변수 n의 현재 값은 10이어서 2바이트 short 변수에 저장할 수 있는 것처럼 보임
  - 그러나 int 변수 값을 short 변수에 저장하면 정보 손실의 가능성이 있으므로 오류를 발생시킴
- s = 10;
  - 10은 int 값이지만 2바이트 short의 범위 내에 값이므로 short 변수 s에 저장할 수 있으며, 오류를 발생하지 않음
  - 이는 int 변수 n의 값 10은 short 범위 내에 있지만, n을 s에 저장하면 오류를 발생하는 것과 차이가 있음
- distance = 9.46E12;
  - double이 long보다 강한 타입이므로 Java 컴파일러는 double 값을 long 변수에 저장하면 정보 손실의 가능성이 있는 것으로 판단하여 무조건 오류를 발생시킴

대입 연산에서 정보 손실 발생 여부의 판단은 저장되는 값이 아니라 저장되는 값의 타입이다. 그러므로 실수값을 정수 타입의 변수에 저장하면 무조건 오류가 발생한다.

❑ 대입 연산에서 발생한 오류의 해결

정보 손실로 인한 대입 연산에서 오류가 발생하면 오류의 원인을 찾아 오류를 수정해야 한다.

대입 연산에서 발생한 오류를 제거하기 위해 다음의 2가지 방법이 가능하다.

(1) 저장할 변수의 타입 변경하기: 저장할 값의 타입으로 변수 타입을 변경
(2) 저장할 값 변경하기: 저장할 변수의 타입 값으로 저장할 값을 변경

다음은 예제 3-2-4에서 발생한 오류를 해결하는 방법을 보여준다.

예제 3-2-4의 대입 연산에서 발생한 오류 해결방안

- **avg = 89.4; avg = 89.0;**
  - int 변수 avg에 double 값 저장하면 무조건 오류가 발생하므로 avg 변수를 double 타입으로 선언하면 오류가 사라짐
- **s = 0x1234_5678; s = n;**
  - short 타입의 범위를 초과하는 0x1234_5678 또는 int 변수 n을 short 변수에 저장하는 것이 잘못이므로 변수 s를 int 타입으로 선언하면 오류가 사라짐
  - 0x1234_5678과 n을 강제적 타입 변환시켜도 오류가 사라지지만 정보 손실 발생
- **distance = 9.46E12;**
  - long 변수 distance에 double 값 저장하면 무조건 오류가 발생하므로 double 값 9.46E12를 long 값 9460000000000L으로 바꾸어 저장하면 오류가 사라짐
  - double 값 9.46E12를 long 값으로 타입 변환시켜도 오류가 사라짐

예제 3-2-5는 예제 3-2-4에서 발생한 오류를 해결한 프로그램이다.

예제 3-2-5 대입 연산에서 발생한 오류 해결

```
public static void main(String[] args) {
    double avg;                    // 변수 avg를 double 타입으로 선언해 실수값 저장함
    int n = 10;
    int s;                         // 변수 s를 int 타입으로 선언해 4바이트 정수값 저장함
    long distance;

    avg = 89.4;                    // double 변수에 double 값 저장 가능
    avg = 89.0;                    // double 변수에 double 값 저장 가능

    s = 0x1234_5678;               // int 변수에 int 값 저장 가능
    s = n;                         // int 변수에 int 값 저장 가능
    s = 10;

    distance = 9460000000000L;     // double 값 9.46E12를 long 값으로 표시
    distance = (long) 9.46E12;     // 9.46E12를 long 값으로 강제로 변환시킴
}
```

3.2.3 강제적 타입변환, 캐스트

Java에서 정보 손실을 발생시키는 대입 연산의 경우 오류를 발생시킨다. 이때, 프로그래머는 정보 손실이 발생해도 문제가 없다고 판단되면 강제적으로 타입변환을 명시하여 오류를 해결할 수 있다.

프로그래머가 직접 명시하는 타입변환을 강제적 타입변환이라 하며, 캐스트 연산으로 행해진다. 캐스트 연산을 수행하면 변환할 타입의 값이 결과로 생성된다.

캐스트 연산은 다음과 같이 타입변환을 수행할 대상 앞에 변환할 타입을 명시한다.

캐스트 연산의 대상	캐스트 연산 예	결과 값	수행과정
(변환할_타입) 상수	(int) 89.4	89	89.4의 정수 부분 89를 결과로 생성
(변환할_타입) 변수	• height = 177.7; (int) height	177	height 변수의 정수 부분 177을 결과로 생성
(변환할_타입) 연산	• height = 177.7; (int) (height + 0.5)	178	height + 0.5의 결과 178.2에서 정수 부분인 178을 결과로 생성

덧셈 연산 177.7 + 0.5가 실수값 178.2를 결과로 생성하는 것과 마찬가지로 캐스트 연산 (int) (177.7 + 0.5)는 캐스트 연산 (int) 178.2를 수행하여 정수 178을 결과로 생성한다.

프로그래머가 강제적 타입변환을 시키는 이유는 다음의 2가지이다.

① 산술 연산자를 특정 타입에 대한 연산자로 작동시키기
- +, ……, *, / % 등의 산술 연산은 피연산자 타입에 따라 다른 연산으로 작동하여 결과가 달라짐
- 피연산자 타입을 무시하고 특정 타입의 연산으로 작동시키기 위하여 피연산자를 캐스트시킴[40)]

② 의도적인 정보 손실 유발하기
- 대입 연산에서 강한 타입의 값을 약한 타입의 변수에 저장할 때 반드시 강제적 타입변환이 필요하며, 이때 정보 손실 발생
- 정보 손실을 이용한 계산이 필요한 경우 캐스트시킴

40) 특정 타입의 연산을 수행하기 위해 연산자를 다르게 정해도 가능하다. 예를 들어, 정수 나누기는 /, 실수 나누기는 //로 구분하는 것도 한 방법이다. 그러나 Java에서 정수 나누기와 실수 나누기 연산자가 모두 /이며, 덧셈과 문자열 접속 연산자도 모두 +이므로 필요하면 피연산자의 타입을 강제로 바꾸어야 한다.

예제 3-2-6은 여러 종류의 캐스트 예를 보여준다.

예제 3-2-6 강제적 타입변환인 캐스트

// 산술 연산자를 특정 타입에 대한 연산자로 작동시키기 위한 캐스트의 예 보이기
- int sum = 894; int n = 10;
- sum / n ⇒ 894_{int} / 10_{int} ⇒ 89_{int} // 정수 나누기는 정수 결과
- sum / **(double)** n ⇒ 894_{int} / (double) 10_{int}
  ⇒ 894_{int} / 10.0_{double}
  ⇒ 894.0_{double} / 10.0_{double}
  ⇒ 89.4_{double} // 실수 나누기는 실수 결과

// 의도적인 정보 손실을 유발하여 필요한 계산 수행하는 예
- double pi = 3.14;
- **(int) pi;** ⇒ (int) 3.14_{double} ⇒ 3_{int} // 정수 부분 구하기 위한 의도적 정보 손실
- pi - **(int) pi;** // 소수 부분 구하기 위한 의도적 정보 손실
  ⇒ 3.14_{double} - (int) 3.14_{double} ⇒ 3.14_{double} - 3_{int}
  ⇒ 3.14_{double} - 3.0_{double} ⇒ 0.14_{double}

- int amount = 12345; double rate = 0.01; // 원금과 이자율
- **(int) (amount * rate)** // 정수로 이자를 구하기 위한 의도적 정보 손실
  ⇒ (int) (12345_{int} * 0.01_{double}) ⇒ (int) (12345_{double} * 0.01_{double})
  ⇒ (int) (123.45_{double}) ⇒ 123_{int}

특히, int 변수 sum과 n을 나눌 때 sum / n으로 나누는 것과 sum / (double) n으로 나누는 것은 결과가 전혀 다르다는 것을 꼭 기억해야 한다.

3.3 수식

수식은 폐쇄 성질(closure property: 집합 원소의 연산 결과가 같은 집합에 속하는 특성)을 가진 연산들을 연속적으로 수행하여 최종 결과를 생성하는 연산의 반복 수행이다.

예를 들어, 수식 2 + 4 * 7 - 5의 최종 결과 25를 생성하는 과정은 다음과 같다.

2 + 4 * 7 - 5 ⇒ (2 + (4 * 7)) - 5 ⇒ (2 + (28)) - 5 ⇒ (30) - 5 ⇒ 25
- 수식 2 + 4 * 7 - 5는 (2 + (4 * 7)) - 5의 순서대로 연산 수행
- 곱셈 연산 4 * 7 먼저 수행하여 연산 결과 28 생성
- 연산 결과 28로 덧셈 연산 2 + 28 수행하여 연산 결과 30 생성
- 연산 결과 30으로 뺄셈 연산 30 - 5 수행하여 25를 최종 수식 결과로 생성

수식에서 중요한 사항은 다음과 같다.

(1) 수식은 상수, 변수, 연산, 메소드 호출, 배열 원소 등 구성요소가 규칙에 맞게 나열
(2) 수식은 문장 구성하는 중요한 요소
(3) 수식은 연산자 우선순위와 결합성에 의해 계산순서 결정
(4) 수식은 결과 값 가지며, 결과 값 타입은 유추 가능

3.3.1 수식의 구성요소와 구성 규칙

2 + 4 * 7 - 5에서 볼 수 있듯이 여러 연산이 모여 하나의 수식을 구성하며, 하나의 상수, 변수 또는 연산만으로도 수식을 구성할 수 있다. 또한, 이들 구성요소는 수식을 형성하기 위해 문법에 맞도록 나열되어야 한다.

❑ 수식의 구성요소

수식 구성요소는 상수, 변수, 연산, 메소드 호출, 배열 원소 참조, 객체의 필드 참조 등 다양하다. 다음은 여러 요소가 수식을 구성하는 것을 보여준다.

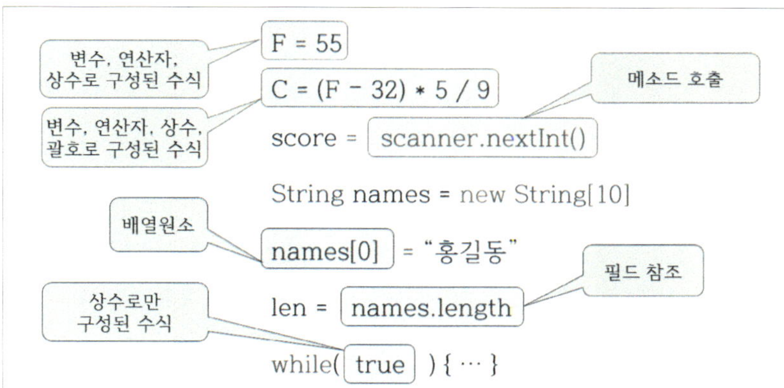

❑ 수식 구성 규칙

문자들을 올바른 순서로 나열하여 토큰을 구성하듯이 수식을 구성하는 여러 요소를 질서정연하게 나열해야 올바른 수식을 구성한다. 올바른 수식의 요건을 규정하는 것이 수식 구성 규칙이며, 전문적인 용어로 수식의 구문(syntax) 또는 문법(grammar)이라고 한다.

수식 구성 규칙을 이론적으로 명확히 설명할 수는 있지만 복잡하므로 생략한다.

그렇지만 우리는 초등학교 때부터 수학에서 수식을 접했기 때문에 무의식적으로 수식 구성 규칙을 잘 알고 있다.

구문적 또는 문법적 오류가 없는 프로그램만이 수행될 수 있으며, 구문적 또는 문법적 오류가 있는 프로그램은 Java 컴파일러가 구문 검사를 하여 오류를 알려준다. 이러한 잘못을 구문 오류(syntax error)라고 한다.

다음은 잘못된 수식의 예이다.

```
F - 32 * 5 / 9 +
```

이 수식은 + 다음에 무엇인가 있어야 하는데 없으므로 잘못된 수식이다. 있어야 하는 이유는 이 수식에서 + 연산자는 이항 연산자, 즉 피연산자가 2개 필요한 연산자인데, 이 수식에는 피연산자가 하나밖에 없기 때문이다. 그래서 이 수식은 구문 오류가 있는 수식이다.

오류를 없애기 위해 수식을 수정해야 한다. + 연산자의 피연산자를 추가하든지 아니면 마지막에 있는 + 연산자를 제거해야 한다. 다음은 마지막에 있는 + 연산자를 제거한 수식이며, 구문적으로 올바른 수식이다.

```
F - 32 * 5 / 9
```

그렇다고 이 수식이 올바른 수식은 아니다. 왜냐하면, 화씨온도를 섭씨온도로 변경하려면 (F - 32) * 5 / 9로 작성되어야 하는데, 잘못 작성되었기 때문이다. 그러므로 올바른 수식은 구문적으로 올바를 뿐 아니라 의미적으로도 올바른 수식이어야 한다.

❑ 구문 오류 없는 수식

수식은 상수, 변수, 연산자 등의 여러 요소가 차례로 나열되는 것인데, 그중에서 가장 중요한 역할을 하는 요소가 바로 연산자이다. 이 연산자에 의해 여러 요소가 긴밀한 관계를 맺으면서 하나의 수식을 형성한다.

수식은 구문 오류가 없으면 수식의 결과를 반드시 생성한다. 다음의 다소 복잡한 수식을 살펴보자.

```
(score = scanner.nextInt() ) >= 0 && score <= 100
```

이 수식은 score 변수에 정수값을 입력하고 그 값이 0과 100 사이이면 true를, 그렇지 않으면 false를 생성하는 수식이며, 여러 요소가 수식 구성 규칙에 벗어나지 않으므로 구문 오류가 없는 수식이다.

❑ 자주 사용되는 수식의 기능 파악

오류가 없는 모든 수식은 기능을 갖는다. 복잡한 수식의 경우 기능도 복잡해지며, 기능 파악이 쉽지 않을 수 있다. 복잡한 수식을 살펴보면서 그 수식의 기능, 용도, 의미를 파악하는 연습을 꾸준히 해야 한다.

예제 3-3-1의 Expressions 클래스는 여러 작업에서 자주 사용되는 수식을 보여준다. 이들 수식은 모두 구문 오류가 없는 수식들이다.

예제 3-3-1 자주 사용되는 수식들의 기능 파악

```
class Expressions {
   public static void main(String[] args) {

      // 합, 최대, 인원수, 평균 등과 관련된 수식
      int sumScores = 894,  maxScore = 99,  noStudents = 10;
      double avgScores;

      System.out.println(  avgScores = sumScores / (double) noStudents  );
      System.out.println(  avgScores + 10 > maxScore - 10  );

      // 판매, 이자 등과 관련된 수식
      int totalPrice = 0, price = 9900, number = 15;
      int amount = 1000000;
      double rate = 0.04;

      System.out.println(  totalPrice += price * number  );
      System.out.println(  amount = (int) (amount * (1 + rate))  );

      // 정수, 실수와 관련된 여러 수식들
      int n = 12345, nDividedBy10;
      double pi = 3.141592;    // 원주율

      System.out.println(  n / 100 * 100  );
      System.out.println(  (int) ((pi + 0.005) * 100) / 100.0  );
```

```
        System.out.println(  n % 2 == 0 || n % 3 == 0 || n % 5 == 0  );
        System.out.println(  n % 10 + n / 10 % 10 + n / 100 % 10 + n / 1000 % 10
                             + n / 10000 % 10  );
        System.out.println(  n % 10 + n % 100 / 10 + n % 1000 / 100 + n % 10000 / 1000
                             + n % 100000 / 10000  );

        System.out.println(  n >> 1 + n << 1  );
        System.out.println(  (n >> 1) + (n << 1)  );

        System.out.println(  n >= 10 && n <=19|| n >= 30 && n <= 39
                                          || n >= 70 && n <= 79  );
        System.out.println(  (nDividedBy10 = n / 10) == 1 || nDividedBy10 == 3
                                                    || nDividedBy10 == 7  );
        // 온도 변환을 위한 수식
        double F = 50.5;

        System.out.println(  F - 32 * 5 / 9  );
        System.out.println(  (F - 32) * 5 / 9  );

        // 점수 및 성적 관련 수식
        int score;
        String grade;

        System.out.print("  o 점수 입력하시오 > ");
        System.out.println(  score = SkScanner.getInt()  );

        System.out.println(  score >= 90 && score <= 100  );
        System.out.println(  grade = score>=95 ? "A+" : score>=90 ? "A0" :
                score>=85 ? "B+" : score>=80 ? "B0" : score>=75 ? "C+" :
                score>=70 ? "C0" : score>=65 ? "D+" : score>=60 ? "D0" : "F"  );

        System.out.println(  grade.equals("A+") || grade=="A0"
                                          || grade.equals("B" + "+")  );

        // 문자열 접속 수식
        String name = "홍길동";
        int age = 18;

        System.out.println(  name + "의 나이: " + age + ", 10년 후 나이: "  + age + 10  );
        System.out.println(  name + "의 나이: " + age + ", 10년 후 나이: "  + (age + 10)  );
    }
}
```

여기에 나타난 수식은 Java 프로그래밍에서 자주 사용되는 수식들이므로 잘 살펴보며 이해해야 한다. 구문 오류가 있는 것처럼 보이는 수식도 있지만, 모두 구문 오류는 없다. 하지만 문제가 없는 것처럼 보이지만 문제가 있는 수식도 있다.

3.3.2 수식의 계산순서

여러 연산자를 포함하는 수식의 경우 왼쪽에서 오른쪽으로 항상 계산되지는 않는다.

앞에서 살펴본 다음 수식이 계산되는 순서를 다시 살펴보자.

```
2 + 4 * 7 - 5
```

이 수식에서 가장 먼저 계산되는 것은 가장 앞에 나타난 2 + 4가 아니라 4 * 7이다. 우리는 수학에서 수식을 많이 사용했기 때문에 웬만한 수식을 보면 계산순서를 파악한다. 가장 먼저 계산되는 것은 4 * 7이며, 2에 4 * 7의 결과가 더해지고 그 결과에 5를 빼면 최종 결과는 25이다.

+, −, *, / 사칙 연산자를 포함하는 수식의 경우 쉽게 계산순서를 알 수 있다. 그러나 &&, ||, &, |, >=, <=, >, <, == 등이 포함된 수식의 계산순서는 다소 복잡하며, 계산순서를 잘못 알고서 작성된 수식은 잘못된 결과를 생성하므로 주의해야 한다.

❑ 수식의 계산순서 결정 요인

이렇듯 수식은 왼쪽에서 오른쪽으로 차례로 계산되는 것이 아니라 다른 요인에 의해 계산순서가 결정된다. 수식의 계산순서를 결정하는 요인은 연산자 우선순위(priority)와 결합성(associativity)이다.

[표 3-11]은 연산자의 우선순위와 결합성을 나타낸다. 수식이 계산될 순서를 알려면 연산자의 우선순위와 결합성을 정확히 알아야 한다.

우선순위	연산자	결합성
1	( ) [ ]	결합 불가
2	new	결합 불가
3	. . ( )	왼쪽 결합성
4	++ −−	결합 불가
5	단항 − 단항 + ! ~ ++ −− (type)	오른쪽 결합성
6	* / %	왼쪽 결합성
7	+ −	왼쪽 결합성
8	>> << >>>	왼쪽 결합성
9	< > <= >= instanceof	결합 불가

10	== !=	왼쪽 결합성
11	&	왼쪽 결합성
12	^	왼쪽 결합성
13	|	왼쪽 결합성
14	&&	왼쪽 결합성
15	||	왼쪽 결합성
16	? :	오른쪽 결합성
17	= += -= *= /= %= >>= <<= >>>= &= ^= !=	오른쪽 결합성

[표 3-11] 연산자의 우선순위와 결합성

❑ 연산자 우선순위

연산자 우선순위는 인접한 연산자들에 대해 수행할 순서를 결정하는 요인으로, 우선순위에 의한 계산순서는 다음과 같다.

- 인접한 연산자의 우선순위가 다를 경우: 우선순위가 높은 연산자부터 연산 수행
- 인접한 연산자의 우선순위가 같을 경우: 두 연산자의 결합성에 의해 계산순서 결정

[표 3-11]에서 우선순위를 나타내는 숫자가 작을수록 우선순위가 높다. *와 / 연산자의 우선순위는 6이며, +, - 연산자의 우선순위는 7이므로 *, /의 우선순위가 높다. 그러므로 곱셈, 뺄셈, 곱셈, 나눗셈이 함께 나타난 수식에서 곱셈과 나눗셈을 덧셈과 뺄셈보다 먼저 수행한다.

한편 수식 F - 32 * 5 / 9에서 인접한 연산자인 *와 /의 경우 우선순위가 모두 6으로 같으므로 연산자 결합성에 의해 계산순서를 결정한다.

❑ 연산자 결합성

동일한 우선순위의 연산자가 인접할 경우 계산순서를 결정하는 규칙이 연산자 결합성으로, 결합성은 왼쪽 결합성, 오른쪽 결합성, 결합 불능이 있으며, 결합성에 의한 계산순서는 다음과 같다.

- 왼쪽 결합성: 왼쪽에서 오른쪽으로 동일한 우선순위 연산들을 차례로 수행
- 오른쪽 결합성: 오른쪽에서 왼쪽으로 동일한 우선순위 연산들을 차례로 수행
- 결합 불능: 다른 연산자와 결합하지 못함

수식 F - 32 * 5 / 9에서 인접한 연산자인 *와 /의 경우 우선순위가 모두 6으로 같다. 이 경우 연산자 결합성에 의해 계산순서를 결정하며, *와 /는 모두 왼쪽 결합성이므로 왼쪽의 *를 먼저 계산하고 /를 나중에 계산한다.

수식 n1 = n2 = n3 = 5인 경우에서 모든 연산자가 대입 연산자인 =로 우선순위는 동일하다. 그런데, = 연산자의 결합성이 오른쪽 결합성이므로 가장 오른쪽의 n3 = 5를 먼저 수행하여 n3에 5를 저장한다. 그다음 n2 = n3을 수행하여 n3의 값 5를 n2에 저장하고, 마지막으로 n1 = n2를 수행하여 n1에도 5를 저장한다.

❑ 연산자 우선순위와 결합성에 의한 계산순서

다음은 연산자 우선순위와 결합성에 의해 수식들이 계산되는 순서를 명확히 보여준다.

■ 수식 F - 32 * 5 / 9의 계산순서

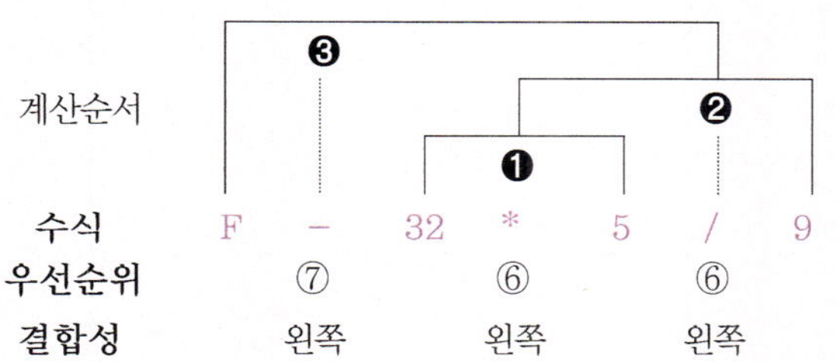

- 인접한 연산자인 -와 *의 경우 *의 우선순위가 6으로 -의 7보다 높으므로 -보다 *를 먼저 계산
- 인접한 연산자인 *와 /의 경우 우선순위가 모두 6으로 같으며, 이때는 결합성에 의해 순서 결정
- *와 /는 모두 왼쪽 결합성이므로 왼쪽의 *를 먼저 계산

■ 수식 score >= 90 && score <= 100의 계산순서

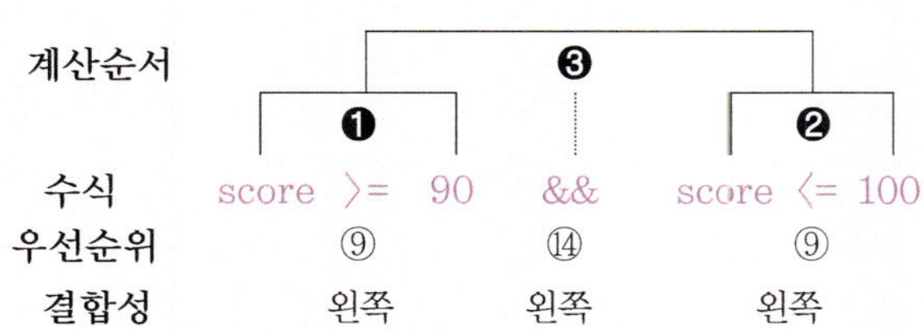

- 인접한 연산자인 >=와 &&의 경우 >=의 우선순위는 9, &&는 14이므로 >=를 먼저 계산

- 인접한 연산자인 &&와 <=의 경우 &&의 우선순위는 14, <=는 9이므로 <= 먼저 계산
- 그러므로 score >= 90 가장 먼저 계산, 그다음 score <= 100 계산한 후 두 결과에 대해 && 계산

■ 수식 n >> 1 + n << 1의 계산순서

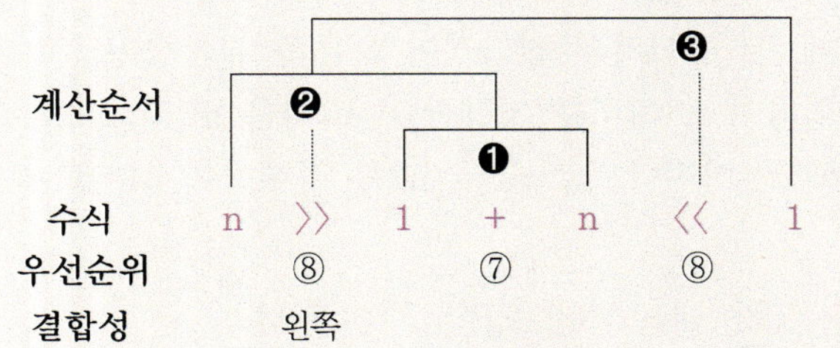

- 인접한 >> 연산자와 + 연산자의 경우 우선순위는 +가 7로 8인 >> 연산자보다 높음
- 인접한 +와 <<의 경우 우선순위는 +가 높음
- 그러므로 1 + n 먼저 계산
- 그다음 n >> (+ 계산 결과) << 1에서 >> 연산자와 << 연산자 우선순위는 모두 8로 동일하므로 이때는 결합성에 의해 계산순서 결정. >>와 <<은 왼쪽 결합성이므로 왼쪽의 >> 먼저 수행

■ 수식 n1 = n2 = n3 = 5의 계산순서

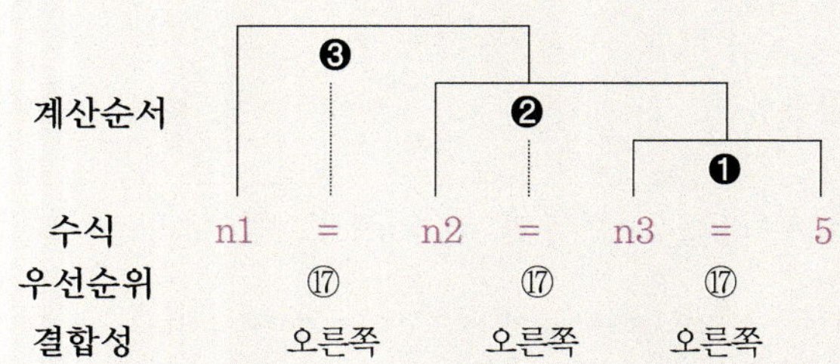

- 인접한 연산자들인 =의 경우 우선순위 17로 모두 같으며, 이때는 결합성에 의해 순서 결정
- =은 오른쪽 결합성이므로 오른쪽의 =부터 차례로 계산

❑ 왼쪽 피연산자의 우선 계산

마지막으로 수식의 계산순서에서 중요한 규칙 하나는 왼쪽 피연산자를 오른쪽 피연산자보다 먼저 계산하는 것이다.

다음은 수식 (i = 5) + i와 (i = 5) + (i = i + 3)의 계산과정을 보여주며, 특히 피연산자에 대입문을 포함하는 경우 변수에 저장된 값도 함께 보여준다.

수식	수식 계산 과정	수식 결과	대입 전 i 변수 값	대입 후 i 변수 값
(i = 5) + i	① (i = 5) ⇒ 5	5	?	5
	② (i = 5) + i ⇒ 5 + i ⇒ 5 + 5 ⇒ 10	10		
(i = 5) + (i = i + 3)	① (i = 5) ⇒ 5	5	?	5
	② (i = i + 3) ⇒ (i = 5 + 3) ⇒ 8	8	5	8
	③ (i = 5) + (i = i + 3) ⇒ 5 + 8 ⇒ 13	13		

수식 (i = 5) + i는 +의 왼쪽 피연산자 (i = 5)를 먼저 계산하여 i에 5를 대입하여 (i = 5) 결과로 5를 생성한다. 그다음 5 + i가 수행되어 5 + 5인 10을 (i = 5) + i의 결과로 생성한다.

한편 수식 (i = 5) + (i = i + 3)의 경우, 우선 +의 왼쪽 피연산자 (i = 5)를 먼저 계산하여 i에 5를 대입하여 5를 결과로 생성한다. 그다음 오른쪽 피연산자인 (i = i + 3)을 계산하여 i에 i + 3의 결과 8을 저장하며 8을 (i = i +3)의 결과로 생성한다. 그 후 왼쪽 피연산자 (i + 5)의 결과 5와 오른쪽 피연산자 (i = i +3)의 결과 8을 더해져 (i = 5) + (i = i +3)의 결과는 13이다.

❑ 괄호 사용한 계산순서 변경

수식에서 연산자의 우선순위나 결합성을 무시한 순서로 계산할 필요가 있다. 그때에는 괄호를 사용하여 수식의 계산순서를 바꿀 수 있다.

다음의 수식을 살펴보자.

```
n >> 1 + n << 1
```

이 수식에서 >> 연산자와 + 연산자의 우선순위를 보면 +가 높다. 그러므로 1 + n을 먼저 계산하고 그다음 첫 번째 >> 연산을 계산한다. 그런데, 이 수식의 원래 의도는 (n >> 1)과 (n << 1)의 결과를 구해 두 값을 더하려고 한 것이었다.

그러나 이 수식이 실제 수행은 n을 오른쪽으로 (1 + n) 비트만큼 이동시킨 값을 다시 왼쪽으로 1비트 이동한다. 즉, ((n >> (1 + n)) << 1)을 수행한다. 이것은 >> 연산자와 + 연산자의 우선순위를 잘못 파악한 결과이다.

원하는 올바른 결과를 얻기 위해서 괄호를 사용하여 다음과 같이 작성해야 한다.

```
( n >> 1) + ( n << 1)
```

연산자의 우선순위와 결합성을 정확히 파악하여 작성한 수식이 의도한 바와 다르게 수행되지 않도록 해야 한다. 연산자 우선순위가 혼란스러울 때는 괄호를 적절히 활용하여 원하는 순서대로 계산되도록 해야 한다.

❑ 논리 오류

논리 오류(logical error)는 구문 오류는 없지만, 프로그래머가 기대하는 결과와 실제 수행 결과가 다른 경우의 오류이며, 의미 오류(semantic error)라고도 한다. 논리 오류는 프로그램을 작성한 프로그래머가 찾아내기가 어려운 경우가 많다[41].

앞에서 살펴본 다음의 수식에 논리 오류가 있는지 살펴보자.

```
F - 32 * 5 / 9
```

이 수식에도 논리 오류가 있다. 이 수식은 화씨온도를 섭씨온도로 바꾸는 수식인데, 이 수식에는 괄호가 빠져 있으므로 원하는 섭씨온도를 구하지 못한다.

올바른 수식으로 고치려면 다음과 같이 괄호를 추가해야 한다.

```
(F - 32) * 5 / 9
```

이렇게 수정하면 F - 32가 먼저 계산되고 그 결과가 5와 곱해지고 다시 그 결과가 9로 나누어진다. F 변수에 화씨온도를 저장하면 수식의 결과로 섭씨온도가 구해진다.

흔히 잘못된 수식을 작성하는 대표적인 또 다른 사례가 다음의 문자열 접속이다.

```
name + "의 나이: "+ age + ", 10년 후 나이: " + age + 10
```

41) 대부분 프로그래머는 자기가 작성한 프로그램은 오류가 없을 것이라고 기대하기 때문에 논리 오류를 발견하고 수정하는 것이 어려운 경우가 많다.

이 수식에서 10년 후 나이를 구하기 위해 age + 10을 사용하였는데, age + 10이 수행되기 전에 age를 앞의 접속 문자열과 접속하고 다시 10을 접속하므로 age 값이 18인 경우 "홍길동의 나이: 18, 10년 후 나이: 1810"의 결과를 생성하므로 명백한 논리 오류이다.

원했던 결과 "홍길동의 나이: 18, 10년 후 나이: 28"을 생성하기 위해 다음과 같이 수정해야 한다.

```
name + "의 나이: "+ age + ", 10년 후 나이: " + (age + 10)
```

age + 10을 괄호로 묶어주면 age + 10을 먼저 수행한 결과 28을 앞에서 접속한 문자열과 접속하여 원했던 결과를 생성한다.

❑ 복잡한 수식에서 괄호 활용

복잡한 수식의 계산순서를 파악하는 것이 어려운 경우가 많다. 그때에는 괄호를 사용하여 계산순서를 명확히 할 필요가 있으며, 괄호를 잘 사용하면 가독성(readability)을 높인다.

다음의 다소 복잡한 수식은 괄호가 없어도 올바른 결과를 생성하는 수식이다.

```
n % 2 == 0 || n % 3 == 0 || n % 5 == 0
n % 10 + n / 10 % 10 + n / 100 % 10 + n / 1000 % 10 + n / 10000 % 10
n >= 10 && n <= 19 || n >= 30 && n <= 39 || n >= 70 && n <= 79
avgScores + 10 > maxScore - 10
```

다음은 이들 수식에 괄호를 적절히 추가한 것이다.

```
(n % 2 == 0) || (n % 3 == 0) || (n % 5 == 0)
(n % 10) + (n / 10 % 10) + (n / 100 % 10) + (n / 1000 % 10) + (n / 10000 % 10)
(n >= 10 && n <= 19) || (n >= 30 && n <= 39 ) || (n >= 70 && n <= 79)
(avgScores + 10) > (maxScore - 10)
```

괄호가 없는 수식과 괄호를 추가한 수식이 동일한 기능을 수행한다. 그러나 괄호를 추가한 수식이 한 눈에 파악되므로 더 좋은 코드라 할 수 있다. 더 좋은 코드를 작성하는 것도 훌륭한 프로그래머의 자질 중 하나임을 꼭 기억해야 한다.

3.3.3 수식에서의 타입변환

마지막으로 수식에 대해 더 알아야 할 것이 수식에서의 타입변환이다. 수식은 여러 연산을 수행하여 하나의 결과를 생성하는데, 이 과정에서 중간 결과 또는 전체 결과가 다른 타입의 값으로 변환될 수 있다.

연산에서의 타입변환은 자동적 타입변환과 강제적 타입변환이 있는 것을 이미 살펴보았다. 수식에서도 자동적 타입변환과 강제적 타입변환이 가능하다.

❑ 수식에서의 자동적 타입변환

연산에서 자동적 타입변환이 발생하는 경우는 다음의 3가지였다.

① 산술 연산과 비교 연산에서 피연산자 타입이 서로 다를 경우
② 대입 연산에서 약한 타입의 값을 강한 타입의 변수에 저장할 경우
③ 문자열 접속 연산에서 문자열과 문자열 아닌 값을 접속할 경우

수식에서의 자동적 타입변환도 연산에서의 자동적 타입변환과 동일하다. 수식이 복잡하면 자동적 타입변환이 여러 번 발생할 수 있다.

예제 3-3-2는 수식에서 이루어지는 자동적 타입변환의 예를 캐스트를 명시하여 보여준다. 여기에서 밑줄이 그어진 캐스트 부분은 자동적 타입변환이 되는 부분이며, 이 캐스트는 Java 컴파일러가 수행한다.

예제 3-3-2　수식에서의 자동적 타입변환 확인하기

■ 산술 연산을 포함한 수식에서의 자동적 타입변환

- int amount = 1000000;
- double rate = 0.04;
- amount * (1 + rate)　⇒ <u>(double)</u> $amount_{int}$ * (<u>(double)</u> 1_{int} + $rate_{double}$)
　⇒ <u>(double)</u> 1000000_{int} * (<u>1.0</u> + 0.04)
　⇒ 1000000.0 * (1.04)
　⇒ 1040000.0

■ 대입 연산과 비교 연산을 포함한 수식에서의 자동적 타입변환

- int sumScores = 894,　maxScore = 99,　noStudents = 10;
- double avgScores;

- avgScores = sumScores / noStudents
　⇒ avgScores = <u>(double)</u> (sumScores / noStudents)
　⇒ avgScores = <u>(double)</u> (894_{int} / 10_{int})　　// 정수 나누기

⇒ avgScores = <u>*(double)*</u> (89_{int}) // 정수를 실수로 캐스트
⇒ avgScores = 89.0_{double}

- avgScores + 10 〉 maxScore − 10
  ⇒ ($avgScores_{double}$ + <u>*(double)*</u> 10_{int}) 〉 <u>*(double)*</u> ($maxScore_{int}$ − 10_{int})
  ⇒ (89.4 + <u>10.0</u>) 〉 <u>*(double)*</u> (99_{int} − 10_{int})
  ⇒ 99.4 〉 <u>*(double)*</u> (89_{int})
  ⇒ 99.4 〉 89.0_{double}
  ⇒ true

■ 문자열 접속 연산을 포함한 수식에서의 자동적 타입변환
- int thisYear = 2016;
- "10년 후의 연도는" + (thisYear + 10)
  ⇒ "10년 후의 연도는 "$_{String}$ + ***(String)***[42] ($thisYear_{int}$ + 10_{int})
  ⇒ "10년 후의 연도는 "$_{String}$ + ***(String)*** (2026_{int})
  ⇒ "10년 후의 연도는 "$_{String}$ + "2026"$_{String}$
  ⇒ "10년 후의 연도는 2026"$_{String}$

❑ 수식에서의 강제적 타입변환

연산에서 강제적 타입변환이 필요한 경우는 다음의 경우였다.

① 연산자를 특정 타입에 대한 연산자로 작동시킬 경우
② 의도적인 정보 손실 유발하는 경우

수식에서도 강제적 타입변환이 필요한 경우가 종종 발생하며, 이 경우 캐스트를 집적 명시하여 타입변환을 한다.

예제 3-3-3은 수식에서의 강제적 타입변환 예를 보여주며, 이 캐스트는 프로그래머에 의해 이루어진다.

예제 3-3-3 수식에서의 강제적 타입변환인 캐스트 이용하기

■ 수식에서의 강제적 타입변환
- int sum = 894, n = 10;
- double avg;
- avg = sum / <u>**(double)**</u> n // int n의 값을 double로 변환하여 실수 나누기 수행

42) 실제 Java 프로그램에서 (String) (thisYear + 10)은 정수를 String으로 캐스트할 수 없다는 오류메시지가 나타난다. 여기에서 thisYear + 10의 수식 결과가 자동적으로 문자열로 변환됨을 나타내기 위해 가상적으로 표시한 것이다.

```
• int amount = 1000000;
• double rate = 0.04;
• amount = (int) ( amount * (1 + rate) )        // 실수값을 정수 변수에 저장하기
• amount = amount + (int) ( amount * rate )     // 위해 의도적 정보 손실 유도

• double pi = 3.141592;
• (int) ( (pi + 0.005) * 100 ) / 100.0           // 반올림을 위해 의도적 정보 손실 유도
```

3.3.4 수식 결과 값의 타입 유추

수식을 살펴보면 결과 값의 타입을 유추할 수 있다. 그러므로 수식의 결과를 이용할 때에는 결과 타입을 파악하여 문제가 생기지 않도록 수식을 작성해야 한다.

다음은 수식 결과 값의 타입을 유추한 예를 보여준다.

- (F - 32) * 5 / 9 ⇒ 결과 타입: F가 정수이면 정수값, F가 실수이면 실수값
- (score >= 0 && score <= 100)
  ⇒ 결과 타입: true 또는 false 값 중 하나(score 변수 타입과 무관)

3.3.5 수식 기능 파악능력 및 작성능력 배양

수식의 구성 규칙과 계산순서를 이해하면 본격적인 Java 프로그래밍에 입문한 것이다. 그다음 단계가 수식 활용능력 배양이다. 이를 위해 2가지 능력을 갖추어야 한다.

- 수식 기능 파악 능력: 수식이 주어지면 그 수식이 어느 분야에서 주로 사용되는 수식이며 기능과 역할이 무엇인가 알아내는 능력
- 수식 작성 능력: 기능 요구가 주어지면 그 기능을 수행하는 수식을 빨리 작성할 수 있는 능력

예제 3-3-1의 여러 수식은 특정 기능을 가지는 수식이므로 기능을 파악하기 위해 잘 살펴봐야 한다.

그뿐만 아니라 많은 수식이 특정한 목적을 위해 사용된다. 예를 들어, 짝수인가를 검사하는 수식, 정수의 100자리 수를 구하는 수식, 이차방정식의 근을 구하는 수식, 특정 연도가 윤년인가를 검사하는 수식 등 프로그램에서 자주 사용되는 수식이 있다. 많은 수식을 읽어보면서 수식의 기능과 역할을 살펴보고 필요한 수식을 작성하는 훈련을 통해 수식 활용능력을 배양해야 한다.[43)]

3.4 연산과 수식 활용 프로그램

3.4.1 온도 변환 프로그램

효용성이 있는 결과를 출력하는 첫 번째 프로그램으로 화씨온도를 입력하여 섭씨온도로 변환하여 출력하는 프로그램을 작성해보자.

화씨온도는 물이 어는 온도가 32도, 물이 끓는 온도가 212도인 온도 단위이다. 이에 반해 섭씨온도는 어는 온도가 0도, 끓는 온도가 100도인 온도 단위이다. 우리나라는 섭씨온도를 사용하지만, 미국이나 영국은 화씨온도를 더 많이 사용한다.

화씨온도와 섭씨온도 외에 물리학에서 사용하는 컬빈온도가 있으며, 캘빈온도는 단위가 K이며 캘빈론도 0K는 섭씨 -273.15도이다.

화씨온도 F를 섭씨온도 C로 바꾸는 공식은 다음과 같이 간단하다.

```
C = (F - 32) * 5 / 9
```

이 공식을 이용하여 변수 F에 화씨온도를 입력하고 섭씨온도로 변환하여 출력하는 프로그램은 예제 3-4-1과 같다.

예제 3-4-1 입력한 화씨온도를 섭씨온도로 변환하여 출력

```
class TemperatureConversion_FtoC {
  public static void main(String[] args) {
    double F, C;                    // 화씨온도와 섭씨온도 저장할 변수

    System.out.print("\n  o Input Fahrenheit temperature > ");
    F = SkScanner.getDouble();

    C = (F - 32) * 5 / 9;         // 화씨를 섭씨로 변환

    System.out.println("  * " + F + "F = " + C + "C");
  }
}
```

실행결과

```
o Input Fahrenheit temperature > 77
* 77.0F = 25.0C
```

43) 연습문제에 수식 기능 파악 능력과 수식 작성 능력 배양을 위한 문제가 있으니 반드시 풀어 보기 바란다.

이 프로그램은 화씨온도를 입력하여 섭씨온도로 변환한 후 출력하는 단순한 프로그램이지만 연산자 우선순위와 결합성을 이해하는 데 도움이 되며, 실생활에서도 도움이 되는 유용한 프로그램이다.

한편, 섭씨온도를 화씨온도로 변환하는 공식은 다음과 같다.

```
F = C * 9 / 5 + 32
```

이 공식을 이용하여 섭씨온도를 입력하여 화씨온도로 변환하는 프로그램도 작성할 수 있다. 이는 실습과제로 직접 해보기 바란다.

3.4.2 원리합계 구하는 프로그램

효용성이 있는 결과를 출력하는 두 번째 프로그램으로 입력한 원금과 이자율에 대해 복리의 원리합계를 5년간 매년 구해 출력하는 프로그램을 작성해보자.

원리합계는 원금과 이자를 합친 금액이며, 복리는 이자에도 다시 이자가 붙는 이자 지급방식이다. 복리에 의한 다음 연도의 원리합계는 올해의 원리합계에 원리합계*이자율을 더한 금액이다.

예제 3-4-2는 원금과 이자율을 입력하면 5년 동안의 복리 원리합계를 구해 출력한다.

예제 3-4-2 5년 동안의 복리 원리합계 구하기

```
class PrincipalAndInterest_InOut {
   public static void main(String[] args) {
     System.out.println("\n   **** Calculation of Principal and Interest ****");

     int amount0;                                          // 처음 주어진 원금
     int amount1, amount2, amount3, amount4, amount5;      // 원리합계 저장할 변수들
     double rate;                                          // 실수 이자율

     System.out.print("   o Input initial principal > ");
     amount0 = SkScanner.getInt();                  // 초기 원금 입력받음

     System.out.print("\n   o Input interest rate per year (%) > ");
     ratePercent = SkScanner.getDouble();           // 1년간 퍼센트 이자율을 입력받음
     rate = ratePercent / 100;                      // 퍼센트 이자율을 실수 이자율로 변경
```

```
        // double 값을 int 변수에 저장하기 위해 반드시 캐스트시켜야함
        //     amount0 * rate는 double 타입의 값,  amount1은 int 변수
        amount1 = (int) ( amount0 + amount0 * rate );
        amount2 = (int) ( amount1 + amount1 * rate );
        amount3 = (int) ( amount2 + amount2 * rate );
        amount4 = (int) ( amount3 + amount3 * rate );
        amount5 = (int) ( amount4 + amount4 * rate );

        System.out.println("\n  * Initial Principal = " + amount0 + "(won)");
        System.out.println("  * Interest Rate      = " + rate + "\n");

        System.out.println("  * P&I after 1 year  = " + amount1 + "(won)");
        System.out.println("  * P&I after 2 years = " + amount2 + "(won)");
        System.out.println("  * P&I after 3 years = " + amount3 + "(won)");
        System.out.println("  * P&I after 4 years = " + amount4 + "(won)");
        System.out.println("  * P&I after 5 years = " + amount5 + "(won)");
    }
}
```

실행결과

```
**** Calculation of Principal and Interest ****

o Input initial Principal > 2000000
o Input interest rate per year (%) > 5

* Initial Principal = 2000000(won)
* Interest Rate     = 0.05

* P&I after 1 year = 2100000(won)
* P&I after 2 years = 2205000(won)
* P&I after 3 years = 2315250(won)
* P&I after 4 years = 2431012(won)
* P&I after 5 years = 2552562(won)
```

프로그램 설명

- 이 프로그램은 5년간 복리의 원리합계 구해 출력
  - 이자율은 실수 이자율이 아니라 퍼센트 이자율로 입력하는데, 이는 4%, 5% 등 현실에서 이자율은 실수 이자율이 아니라 퍼센트 이자율이 많이 사용되기 때문
  - 1년 후 원리합계 저장하는 변수 amount1은 int 변수이지만 원리합계가 구해진 수식 amount0 + amount0 * rate의 결과 값은 double 타입의 값
  - 구한 원리합계를 amount1에 저장하려면 double 값을 int 값으로 강제 타입변환시켜야 하므로 (int)를 이용하여 캐스트시킴
- 매년 원리합계 저장하기 위해 여러 변수 사용
  - 변수 하나 사용하여 프로그램 작성 가능하니 시도해 볼 것

3.4.3 "I like Java" 여러 번 출력하는 프로그램

효용성이 있는 결과를 출력하는 프로그램은 아니지만, 앞으로의 프로그래밍에서 매우 중요한 반복문을 대비하기 위한 프로그램을 예제로 살펴보자.

컴퓨터, 자동차 등의 기계와 인간의 차이가 여러 가지가 있지만 중요한 차이가 반복에 대한 대응이다. 반복은 기계가 가장 잘하는 일이고, 인간이 가장 싫어하는 일이다.

반복적인 작업을 이해하기 위해 "I like Java " 문자열을 10번 출력하는 예제 3-4-3 프로그램을 살펴보자. 이 프로그램은 효용성은 별로 없지만, 다음에 배울 반복문의 강력한 힘을 느끼기 위해 작성한 것이다.

예제 3-4-3 "I like Java " 문자열을 10번 출력하기

```
class PrintLikeJava_10Times {
   public static void main(String[] args) {

      // "I like Java " 문자열을 한 라인에 10번 출력
      System.out.print("I like Java ");
      System.out.print("I like Java ");
      System.out.print("I like Java ");
      System.out.print("I like Java ");
      System.out.print("I like Java ");
      System.out.print("I like Java ");
      System.out.print("I like Java ");
      System.out.print("I like Java ");
      System.out.print("I like Java ");
      System.out.print("I like Java ");
      System.out.print("I like Java ");
   }
}
```

실행결과	I like Java I like Java I like Java I like Java I like Java I like Java ...

이 프로그램은 "I like Java "를 10번 출력한다. 10번 정도는 별로 많지 않으므로 쉽게 작성할 수 있다. 그런데, 회수가 10번이 아니고 100번, 1000번, 심지어 10000번으로 늘어나면 프로그램 작성이 쉽지 않다. 이에 대한 실습과제가 있으니 반드시 완수하기 바란다.

이 프로그램에는 중대한 오류가 숨어 있다[44]. 그 오류를 찾아보기 바란다. 오류에

대해서 『스스로 생각하고 고민할 과제』에서 설명한다. 프로그래밍에서 이러한 실수는 절대로 용납되지 않으므로[45] 프로그래머는 프로그램을 매우 신중하고 꼼꼼하게 작성하는 습관을 길러야 한다.

3.5 배열 이용 프로그래밍

3.5.1 배열의 필요성

3명의 신상정보를 저장하는 예제 2-4-1의 Persons_Out 클래스[46]를 보면, 3명에 대해 이름, 나이, 현위치 등의 신상정보 항목들을 저장하기 위한 변수들이 필요하다. 또한, 10명의 신상정보를 저장하기 위해 다음과 같은 변수 선언이 필요하다.

```
// 3명의 신상정보(이름, 나이, 현위치) 저장을 위한 변수 선언
String name1, name2, name3;
int age1, age2, age3;
String currentLocation1, currentLocation2, currentLocation3;
```

```
// 10명의 신상정보(이름, 나이, 현위치) 저장을 위한 변수 선언
String name1, name2, name3, name4, name5, name6, name7, name8, name9, name10;
int age1, age2, age3, age4, age5, age6, age7, age8, age9, age10;
String currentLocation1, currentLocation2, currentLocation3, currentLocation4,
        currentLocation5, currentLocation6, currentLocation7, currentLocation8,
        currentLocation9, currentLocation10;
```

결과적으로, 3명의 신상정보를 저장하려면 모두 변수 9개를 선언해야 하며, 10명의 신상정보를 저장하려면 모두 변수 30개를 선언해야 한다. 100명이면 모두 변수 300개를 선언해야 한다.

한편, 학생 50명 점수를 입력하여 점수에 대한 합, 평균, 표준편차, 평균 이상의 인원수[47] 등을 구하는 프로그램을 작성한다고 하자. 이를 위해 학생 수 만큼의 점

44) 이 오류는 필자가 의도적으로 만든 오류이다. 오류 찾기가 쉽지 않음을 확인할 수도 있을 것이다.
45) 지금은 연습으로 프로그램을 작성하므로 큰 문제가 되지 않지만, 실제 업무처리에서 실수는 큰 재앙을 불러올 수도 있기 때문이다.
46) 지금은 단순히 신상정보를 입력하여 출력만 하지만 신상정보를 이용한 복잡한 처리를 하는 프로그램을 곧 작성할 것이다.
47) 이러한 작업을 위한 프로그래밍 방법은 뒤에서 배울 것이다.

수들을 저장할 변수들이 필요하며 변수에 값을 저장하고 이를 처리하여 출력해야 한다. 점수 50개 저장을 위한 변수 선언은 다음과 같다.

```
// 점수 50개 저장을 위한 변수 선언
int score1, score2, score3, score4, score5, score6, score7, score8, score9, score10,
    score11, score12, score13, score14, score15, score16, score17, score18, score19, score20,
    score21, score22, score23, score24, score25, score26, score27, score28, score29, score30,
    score31, score32, score33, score34, score35, score36, score37, score38, score39, score40,
    score41, score42, score43, score44, score45, score46, score47, score48, score49, score50;
```

학생수가 100명, 500명으로 늘어나면 필요한 변수 개수는 100개, 500개로 늘어나고, 변수 선언을 위한 라인수가 많아진다. 그 결과 변수 선언, 값 저장, 값의 출력 등을 위한 코드가 매우 길어지므로 작성도 어렵고 변경도 어렵다.

이러한 문제점을 해결하기 위한 방안이 배열변수이다. 배열변수는 한 번만 선언하지만 여러 값을 저장하고 처리하여 출력하게 하는 Java에서 중요한 요소이다. 배열을 이용하면 프로그램을 간결하게 작성할 수 있고, 프로그램의 변경과 확장도 쉽다.

점수 10개, 50개, 100만 개 또는 50명의 신상정보를 저장하기 위해 배열변수를 사용하면 다음과 같이 간단하게 선언할 수 있다.

```
int[] scores = new int[10];          // 점수 10개를 저장할 배열변수 선언
int[] scores = new int[50];          // 점수 50개를 저장할 배열변수 선언
int[] scores = new int[1000000];     // 점수 100만 개를 저장할 배열변수 선언
// 50명의 신상정보(이름, 나이, 현위치)를 저장할 배열변수 선언
String[] names = new String[50];
int[] age = new int[50];
String[] currentLocation = new String[50];
```

3.5.2 배열변수, 원소, 인덱스

Java를 비롯한 대부분의 프로그래밍 언어는 연관한 여러 데이터를 하나로 묶어 저장하고 접근할 수 있는 배열변수를 제공한다. 배열변수는 변수 이름이 하나이지만 그 변수에 저장되는 값은 하나가 아니고 다수인 변수이다.

다음은 배열변수의 중요 사항들이다.

- 배열변수: 변수 이름은 하나이지만 여러 값을 저장할 수 있는 변수
- 배열변수 선언: *타입[] 배열변수 = new 타입[저장할_원소_개수];*
- 원소: 배열변수에 저장되는 값 하나하나
  - 여러 원소 중 특정 원소 지정방법: 배열변수[인덱스]
  - 인덱스: 원소 지정하기 위해 사용되는 번호로, 0부터 시작
  - 인덱스의 가용 범위: 0부터 (저장할_원소_개수 - 1)까지
  - 원소에 값 저장: 배열변수[인덱스] = 값;
  - 원소에 저장한 값의 사용: 배열변수[인덱스]는 값과 동일하게 사용
  - 원소 개수 구하기: 배열변수.length는 저장 가능한 원소 개수 알려줌

❑ 배열 원소

배열변수에 저장되는 값 하나하나를 원소(element)라 한다. 배열변수의 여러 원소 중 하나를 나타내기 위한 수단이 필요하며, 그 수단이 인덱스(index)이다. 여러 강의실이 있을 때 한 강의실을 나타내기 위해 101, 102 등의 강의실 번호를 사용하는 것과 마찬가지로 배열변수에는 여러 원소가 저장되므로 몇 번째 원소인가를 나타내는 수단이 인덱스이다.

배열변수와 인덱스가 결합되면 배열의 한 원소를 식별할 수 있게 되며, 배열변수[인덱스]는 배열변수에 저장한 원소 하나를 나타낸다. 인덱스는 0부터 시작하며, 인덱스의 최대값은 원소 개수보다 1이 작은 값이다.

❑ 점수 10개 저장하는 배열변수 scores

다음 예에서 점수 10개를 저장하는 배열변수 scores를 선언하고, 첫 번째 원소 scores[0], 2번째 원소 scores[1], 마지막 원소 scores[9]에 값을 저장한다.

```
int[] scores = new int[10];     // scores는 정수값 10개 저장할 수 있는 배열변수

scores[0] = 90;                 // 인덱스가 0인 첫 번째 원소 scores[0]에 90 저장
scores[1] = 95;                 // 인덱스가 1인 두 번째 원소 scores[1]에 95 저장
scores[9] = 96;                 // 인덱스가 9인 열 번째 원소이며 마지막 원소에 96 저장
```

scores 배열변수는 10개 원소를 저장할 수 있으며, 인덱스의 가용 범위는 0부터 9까지이다. 그러므로 scores[0], scores[1], scores[9]는 정상적인 원소를 나타낸다.

❑ 3명의 이름 저장하는 문자열 배열변수 names

다음 예에서 3명의 이름을 저장하는 문자열 배열변수 names를 선언하고, 원소 names[0], names[1], names[2]에 값을 저장한 후 names[0]에 저장한 값을 name 변수에 저장한다.

```
String[] names = new String[3]; // 문자열 3개 저장하는 names 배열변수 선언

names[0] = "홍길동";          // 첫 번째 원소 names[0]에 "홍길동" 저장
names[1] = "이몽룡";          // names[1]은 2번째 원소
names[2] = "감자바";          // names[2]는 3번째이면서 마지막 원소

names[3] = "로미오";          // 오류: names[3]은 4번째 원소인데, names 배열변수는
                              // 원소가 3개이므로 이 경우 오류 발생

String name;                  // 문자열을 저장하는 name 변수 선언
name = names[0];              // name 변수에 names[0] 값 저장: name에 "홍길동" 저장
```

names 배열변수는 3개 원소를 저장할 수 있으므로 인덱스의 가용 범위는 0부터 2까지이다. 그러므로 names[0], name[1], names[2]는 정상적인 원소를 나타낸다. 그런데 인덱스가 가용 범위를 벗어나면 잘못한 원소를 나타내므로 오류가 발생한다. names[-1], names[3] 등의 원소는 인덱스 가용 범위를 벗어나므로 오류이다.

한편 원소를 나타내는 배열변수[인덱스]는 값과 동일하게 사용한다. 이는 변수가 값과 동일하게 사용되는 것과 같은 원리이다. 《 names[0] = "홍길동"; 》에서 names[0]에 "홍길동"이 저장되면 names[0]은 값처럼 사용된다. 《 name = names[0]; 》에서 names[0]의 값이 name 변수의 값으로 저장되며, 그 결과 name 변수의 값은 "홍길동"이다.

❑ 배열 원소 개수 구하기

배열의 저장 가능한 원소 개수를 알고 싶을 때 배열변수.length를 이용한다. 배열변수.length는 배열변수를 선언할 때 주어진 배열객체의 최대 원소 개수를 알려준다.

다음과 같이 《 int[] scores = new int[10]; 》으로 scores 배열변수를 선언했을 때, scores.length를 직접 출력하거나 scores.length를 no 변수에 저장한 후 출력하면 모두 10이 출력된다.

```
int[] scores = new int[10];       // scores는 정수 10개 저장할 수 있는 배열변수

int no = scores.length;           // 원소의 최대 저장 개수 구해 no에 저장
System.out.println("  * scores.length = " + scores.length + ", no = " + no);
```

실행결과	* scores.length = 10, no = 10

3.5.3 배열변수 사용하여 여러 점수 입력하여 합과 평균 구하기

예제 3-5-1은 배열변수를 사용하지 않고서 점수 10개를 입력하여 변수 10개에 저장하여 점수의 합과 평균을 출력하는 프로그램으로, 예제 2-4-2와 동일하므로 소스 코드는 생략한다.

예제 3-5-2는 점수 10개를 입력하여 하나의 배열변수에 저장하고 점수의 합과 평균을 출력하는 프로그램이다.

예제 3-5-2 입력한 점수 10개를 배열에 저장하고 합과 평균 구하기

```
class ScoresAverage_UsingArray {
   public static void main(String[] args) {
      int noStudents = 10;                    // 학생수 저장
      int[] scores = new int[noStudents];     // scores 배열변수에 배열객체 저장

      int sumScores;                          // 점수 합 저장 변수
      double avgScores;                       // 점수 평균 저장 변수

      System.out.println("\n  ** 점수 10개 입력 **"); // 입력을 위한 타이틀 출력
      System.out.print("  o 점수 10개 입력하시오 > "); // 프롬프트 메시지 출력

      // 점수 10개 입력하여 배열변수의 인덱스 0부터 9까지 원소에 저장
      scores[0] = SkScanner.getInt();   scores[1] = SkScanner.getInt();
      scores[2] = SkScanner.getInt();   scores[3] = SkScanner.getInt();
      scores[4] = SkScanner.getInt();   scores[5] = SkScanner.getInt();
      scores[6] = SkScanner.getInt();   scores[7] = SkScanner.getInt();
      scores[8] = SkScanner.getInt();   scores[9] = SkScanner.getInt();

      // 입력한 점수 10개 모두 출력
      System.out.println("\n  **  입력한 점수 10개 **"); // 타이틀 출력
      System.out.println("  * " + scores[0] + "   " + scores[1] + "   " + scores[2]
         + "   " + scores[3] + "   " + scores[4] + "   " + scores[5] + "   " + scores[6]
         + "   " + scores[7] + "   " + scores[8] + "   " + scores[9] );

      // 입력한 점수 10개 합 구함
      sumScores = scores[0] + scores[1] + scores[2] + scores[3] + scores[4]
```

```
                + scores[5] + scores[6] + scores[7] + scores[8] + scores[9];

        // 점수 합을 학생수로 나누어 점수 평균 구함
        avgScores = sumScores / (double) noStudents;    // 실수 평균 구하기 위해 캐스트

        System.out.println("\n  ** 학생 점수 현황 **");
        System.out.println("  * 총 학생수 = " + noStudents);
        System.out.println("  * " + noStudents + "명 학생 점수 합 = " + sumScores);
        System.out.println("  * " + noStudents + "명 학생 점수 평균 = " + avgScores);
    }
}
```

실행결과

```
** 점수 10개 입력 **
o 점수 10개 입력하시오 > 90 95 79 83 88 65 72 83 81 96
** 입력한 점수 10개 **
* 90 95 79 83 88 65 72 83 81 96

** 학생 점수 현황 **
* 총 학생수 = 10
* 10명 학생 점수 합 = 832
* 10명 학생 점수 평균 = 83.2
```

프로그램 설명

- 10명 학생수 저장하기 위해 noStudents 변수 선언
- 《 int[] scores = new int[noStudents]; 》에서 원소 10개 갖는 배열객체 생성되어 scores 배열변수에 저장
- 점수 10개 입력하여 배열 원소에 저장한 후 합을 sumScores 변수에 저장
  - 합 구하기 위해 원소 scores[0]부터 scores[9]까지 점수 10개 모두 더함
- 평균은 합을 개수로 나누어 구함
  - 정수 합을 정수 개수로 나누면 정수 평균이 구해지므로 실수 평균 구하기 위해 반드시 / 연산자의 피연산자 중 하나를 double 타입으로 캐스트시켜야함
  - 프로그램에서 noStudents를 캐스트시킴
- 여러 데이터 입력하고 합과 평균 구하는 작업은 프로그래밍에서 가장 빈번한 작업 중 하나
  - 이 작업을 위한 코딩 스타일과 방법을 잘 익혀야 함

합과 평균을 구하는 작업은 자료 처리의 기본이므로 꼭 알아두어야 한다.

배열변수의 효용성을 몸소 느끼는 가장 좋은 방법은 배열변수를 사용하지 않는 프로그램과 배열변수를 사용하는 프로그램을 서로 비교해 보는 것이다. 배열변수가 아닌 단순변수에 점수 10개를 저장하여 합과 평균을 출력하는 프로그램이 예

제 2-4-2 또는 예제 3-5-1에 작성되어 있으니 비교해 보기 바란다.

이 프로그램에서 배열변수의 선언은 아주 간단하지만, 배열 원소에 값 저장 및 출력은 간단하지 않으므로 배열변수의 장점이 크게 드러나지 않는다. 그러나 for 문장 등의 반복문을 배열과 함께 사용하면 프로그램이 아주 간결해지며, 배열의 장점을 확연히 느낄 수 있다.

3.5.4 배열변수에 3명의 신상정보 저장하고 출력하기

예제 3-5-3은 배열변수를 사용하지 않고서 3명의 신상정보를 단순변수에 저장하여 출력하는 프로그램으로, 예제 2-4-1과 동일하므로 소스코드는 생략한다.

여러 데이터를 처리할 때에 배열변수를 사용하지 않으면 변수 선언, 변수에 값 저장, 출력 등이 모두 한 번씩 이루어져야 한다. 데이터 개수가 많아지면 문장의 개수도 많아지고, 특히 데이터 개수를 변경할 경우 프로그램 변경이 많이 발생한다. 다음의 예에서 한 번 더 확실히 문제점을 파악해야 한다.

예제 3-5-4의 Persons_Out_UsingArray 클래스는 3명의 신상정보를 배열변수에 저장하고 출력한다.

예제 3-5-4 3명의 신상정보를 저장(배열변수 사용)

```
class Persons_Out_UsingArray {

   public static void main(String[] args) {
      // 신상정보 항목(이름, 나이, 현위치)을 저장하기 위한 배열변수 선언 및 초기화
      String[] names = { "홍길동", "이몽룡", "감자바" };                   // 이름들 초기화
      int[] ages = { 18, 20, 20 };                                        // 나이들 초기화
      String[] currentLocations = { "금강산", "남원", "학교 도서관" };  // 현위치들 초기화

      // 저장한 3명의 신상정보(이름, 나이, 현위치) 출력
      System.out.println("\n   ** 3명의 신상정보 **\n");
      System.out.println("  * 첫 번째 " + names[0] + "의 나이는 " + ages[0]
                              + "세이고 " + currentLocations[0]  + "에 있음 ");
      System.out.println("  * 두 번째 " + names[1] + "의 나이는 " + ages[1]
                              + "세이고 " + currentLocations[1]  + "에 있음 ");
      System.out.println("  * 세 번째 " + names[2] + "의 나이는 " + ages[2]
                              + "세이고 " + currentLocations[2]  + "에 있음 ");
   }
}
```

이 프로그램은 3명의 신상정보를 배열변수에 저장하기 위해 원소 나열 초기화를 이용하므로 프로그램이 간단해졌다. 원소나열 초기화는 《 int[] ages = { 18, 20, 20 }; 》와 같이 배열 원소 값들을 {와 } 사이에 차례로 나열하는 초기화로, 자동적으로 배열객체를 생성하고 나열된 값을 배열 원소로 저장한다. 배열변수 초기화는 2.4.5절에서 설명되었으니 참조하기 바란다.

배열변수를 다음 장에서 배울 for 문과 함께 사용하면 훨씬 간결하고 스마트한 프로그램을 작성할 수 있다. 실습자료에는 3명의 신상정보를 입력하여 저장한 후 출력하는 Persons_InOut_UsingArray 클래스가 작성되어 있으며, 이를 for 문을 사용하여 간결하게 작성한 Persons_InOut_UsingArrayFor 클래스도 작성되어 있다.

3.5.5 단순변수 사용과 배열변수 사용의 코드 비교

단순변수와 배열변수는 유사점과 차이점을 가진다. [표 3-12]는 단수변수와 배열변수를 코드 유형별로 비교한 것이다. 유사점과 차이점을 이해하기 바란다.

코드 유형	단순변수 사용	배열변수 사용
변수 선언	String name1, name2, name3; int age1, age2, age3; String currentLocation1, currentLocation2, currentLocation3;	String[] names = new String[3]; int[] ages = new int[3]; String[] currentLocations = new String[3];
변수 초기화	String name1 = "홍길동"; String name2 = "이몽룡"; String name3 = "감자바";	String[] names = { "홍길동", "이몽룡", "감자바" };
변수에 값 저장	name1 = "홍길동"; age1 = 18; currentLocation1 = "금강산";	names[0] = "홍길동"; ages[0] = 18; currentLocations[0] = "금강산";

변수에 값 입력	name1 = SkScanner.getString();
	age1 = SkScanner.getInt();
	currentLocation1 =
	SkScanner.getString();
		names[0] = SkScanner.getString();
		ages[0] = SkScanner.getInt();
		currentLocations[0] =
		SkScanner.getString();

변수 값 출력	System.out.println(" * 첫 번째 신상정보: " + name1 + "의 나이는 " + age1 + "세이고 " + currentLocation1 + "에 있음");	System.out.println(" * 첫 번째 신상정보: " + names[0] + "의 나이는 " + ages[0] + "세이고 " + currentLocations[0] + "에 있음");

[표 3-12] 단순변수 사용과 배열변수 사용의 코드 비교

아직은 변수 선언 외에 배열의 장점이 크게 드러나지 않지만, 많은 데이터를 처리할 때 배열은 큰 장점이 있다. 배열의 장점은 다음과 같다.

- 한 번의 선언으로 여러 값 저장: 한 번의 선언으로 여러 값 저장이 배열 사용 시의 큰 장점이며, 여러 값을 하나의 단위로 취급할 수 있음
- 반복문과 함께 사용 시 간결한 코드 작성: 아직 배우진 않았지만, 값 입력, 저장, 출력에서 for 문 등의 반복문을 함께 사용하면 아주 간결한 프로그램 작성 가능

한편, names[0], ages[0], currentLocations[0] 등의 원소에 값을 저장하거나 입력하여 값을 출력하는 것이 name1, age1, currentLocation1에서와 매우 유사한 것을 이해하는 것도 중요하다. 이는 배열의 한 원소는 단순변수와 똑같이 다루어지는 요소라는 것이다.

❏ 맺으면서

3장에서 보다 효용성 있는 프로그램을 작성하기 위한 수단으로 연산과 수식에 대해 살펴보았다. 연산은 처리의 기본이 되므로 특히 중요하며, 겉으로 보이지 않는 자동적 타입변환과 필요에 의해 이루어지는 강제적 타입변환도 중요하다.

또한, 수식의 구성 규칙과 계산되는 순서를 명확히 이해하고 요구되는 처리를 위한 수식을 정확히 작성할 수 있는 능력을 갖추어야 한다. 이를 위하여 빈번하게 사용되는 수식을 읽으면서 수식 작성방법을 익히고, 요구되는 수식을 작성하는 훈련을 많이 해야 한다.

여러 데이터를 다루기 위해 배열이 필수적이다. 배열에 대한 기본적인 사항들을 잘 숙지하여 필요하면 배열을 활용하는 프로그램을 작성할 수 있어야 한다.

연습문제

1. **다음 문장의 옳고 그름을 판단하라. 또한, 잘못되었으면 올바르게 고쳐라.**

1) 연산은 피연산자에 대해 연산자를 적용하여 연산 결과를 생성한다.
2) + 연산자는 정수나 실수만 피연산자가 되는 연산자이다.
3) 15 /10의 결과는 1.5이다.
4) 비교 연산은 정수나 실수의 두 피연산자에 대해 값을 비교하여 1 또는 0의 연산 결과를 생성한다.
5) 논리 연산의 연산자에는 &&, ||, !이 있다.
6) ++count 연산의 연산 결과와 연산 후의 count 변수의 값은 항상 같다.
7) 실수에 대해서도 쉬프트 연산을 수행할 수 있다.
8) 대입 연산의 왼쪽 피연산자는 항상 변수이어야 한다.
9) 문자열 접속 연산은 문자열과 문자열만 접속할 수 있다
10) 산술 연산과 비교연산에서 피연산자의 타입이 다를 경우 오류가 발생한다.
11) 약한 타입의 값을 강한 타입의 변수에 저장하면 자동적 타입변환이 일어난다.
12) 강제적 타입변환인 캐스트는 정보손실을 발생시킬 수 있다.
13) 수식을 구성하는 규칙에 어긋나는 오류를 의미 오류라 한다.
14) 연산자 우선순위, 결합성 그리고 괄호에 의해 수식의 계산순서를 결정한다.
15) 연산자가 인접할 경우 연산자 우선순위가 높은 연산자의 연산을 먼저 수행한다.
16) + 연산자의 우선순위가 〉 보다 높다.
17) 수식도 연산과 마찬가지로 하나의 결과를 생성하는데, 그 결과를 다른 타입의 값으로 캐스트시킬 수 없다.
18) 배열변수를 선언하면 자동적으로 배열 원소를 저장할 공간이 할당된다.
19) 배열의 인덱스는 0부터 시작한다.
20) 배열변수[인덱스]로 표시되는 원소는 변수처럼 값을 저장하고 출력할 수 있다. (단, 인덱스는 가용 범위이어야 한다)

2. 다음의 변수에 저장된 값에 대해 연산 결과와 결과 값의 타입을 구하라.

- 예) count - 2 : 6(int)

<table>
<tr><td colspan="5">int count = 8;
double degree = 20.4;
boolean isKorean = true, isMale = false;
String name = "홍길동"</td></tr>
<tr><td>가감 연산</td><td>count + 5</td><td><u>count - 5.0</u></td><td>degree + 3.5</td><td><u>degree - 5</u></td></tr>
<tr><td>나누기 연산</td><td>count / 5</td><td><u>count / 5.0</u></td><td><u>degree / -5</u></td><td>degree / -5.0</td></tr>
<tr><td>나머지 연산</td><td>count % 5</td><td><u>count % 5.0</u></td><td>count % -5</td><td>-count % -5</td></tr>
<tr><td>비교 연산</td><td>count 〉= 8</td><td>count 〈 8</td><td>degree == 20.0</td><td><u>degree 〈 20</u></td></tr>
<tr><td>증감 연산</td><td>++count</td><td>--count</td><td>count++</td><td>count--</td></tr>
<tr><td>논리 연산</td><td>isKorean && isMale</td><td colspan="2">isKorean || isMale</td><td>! isMale</td></tr>
<tr><td>비트별
논리연산</td><td>count & 0b1111</td><td colspan="2">count | 0b1111</td><td>~ 0b1111</td></tr>
<tr><td>쉬프트 연산</td><td>count 〉〉 1</td><td>count 〈〈 1</td><td>count 〈: 2</td><td>count 〉〉 2</td></tr>
<tr><td>대입 연산</td><td>count += 5</td><td>count /= 5</td><td>count %= 5</td><td>count 〉〉= 2</td></tr>
<tr><td>문자열
접속 연산</td><td>name + " 주소
"</td><td><u>name + count</u></td><td><u>degree + name</u></td><td><u>name + isMale</u></td></tr>
<tr><td>조건 연산</td><td colspan="2">count 〉= 5 ? 10 : 0</td><td colspan="2"><u>degree 〉= 35</u> ? "폭염" : "폭염 아님"</td></tr>
<tr><td>캐스트 연산</td><td>(double) count</td><td>(int) degree</td><td><u>(int) degree + 0.9</u></td><td>(int) (degree + 0.9)</td></tr>
</table>

3. 연습문제 2에서 밑줄이 그어진 연산은 자동적 타입변환이 발생하는 연산이다. 자동적 타입변환이 발생하는 부분을 찾아 변환되는 타입이 무슨 타입인가를 표시하라.

예를 들어, 연습문제 2의 가감연산 <u>count - 5.0</u>에서 count 값이 double 타입으로 자동적으로 타입변환된다. 그러므로 다음과 같이 답을 표시하라

- <u>count</u> - 5.0
  double

4. 다음의 수식이 계산되는 순서를 괄호를 통하여 나타내라. 또한, 주어진 변수의 값을 이용하여 수식의 결과를 구하라.

```
int sum = 55;
int n = 10, noDigits;
```

1) sum + n + 1 + n + 2
2) sum / 10.0 + sum / 20

```
3) sum % 10 + sum / 10 % 10
4) sum - 10 > 60
5) sum + 10 > 65.0 && n > 10
6) n >> n - 10 <= 2 && n << 2 >= 40
7) (int) 3.8 * n > 3 * n
8) (int) (3.88 * n) >= 3.8 * n
9) noDigits = sum < 10 ? 1 : sum < 100 ? 2 : sum < 1000 ? 3 : 4
```

※ 참고사항 : 수식 c, e1, e2로 구성되는 조건 연산 《 c ? e1 : e2 》의 경우 괄호로 표현하면 《 ((c) ? (e1) : (e2)) 》이 되므로 9)를 괄호로 묶을 수 있다.

5. **다음의 수식에서 자동적 타입변환이 발생하는 부분을 지적하고, 자동 변환되는 타입을 다음과 같이 밑줄 아래에 표시하라.**

- 12.345 * <u>100</u> >= <u>1234</u>
  (100 → *double*, 1234 → *double*)

```
int sum = 55;
int n = 10, noDigits;
double height = 177.7, weight = 77.5;
```

```
1) sum > n * 10.0
2) (int) (3.88 * n) >= 3.8 * n
3) weight / 10000 / height / height
4) height - 2 > 170 || weight + 2 > 77
5) height = 170 + (180 - height)
6) "height is" + height + " and weight is " + weight
```

6. **복잡한 수식을 만들어야 하는데 연산자의 우선순위와 결합성을 모르든지 기억하지 못한다고 하자. 이 경우에 어떻게 하면 되는가? 예를 들어 char 변수 c에 저장된 문자가 영문자인지를 검사하는 수식 c >= 'A' && c <= 'Z' || c >= 'a' && c <= 'z'를 작성해야 하는데 >=, &&, <=, || 등의 우선순위를 모를 때 대처할 방법은 무엇인가?**

7. **변수의 타입이 다음과 같이 주어졌을 때 각 수식의 기능을 설명하라. (변수의 값과 상관없이 수식의 기능을 설명해야 함)**

- 예) int n;

  n % 2 == 0 || n % 3 == 0 : n이 2의 배수 또는 3의 배수인가 검사

■ int n, n1, n2, n2;

1) n / 2 == 0
2) n >> 1 == 0
3) n % 2 == 0
4) n / 2 * 2 == n
5) n / 100 == 3
6) n >= 100 && n <= 399
7) n % 1000 / 100
8) n / 100 % 10
9) n1 % n2 == 0
10) n1 * n1 + n2 * n2 == n3 * n3

■ char c;

11) c >= '0' && c <= '9'
12) c < '0' || c > '9'

■ double a, b, c, x;

13) a * x + b == 0
14) a * x * x + b * x + c == 0
15) (-b + Math.sqrt(b*b - 4*a*c)) / (2*a) // Math.sqrt()는 제곱근 구하는 메소드

■ int year;

16) (year % 4 == 0 && year % 100 != 0) || (year % 400 == 0)

8. 다음 기능을 수행하는 수식을 작성하려 한다. 필요한 변수를 선언하고 값을 자유롭게 저장한 후 수식을 작성하라.

1) 정수 변수 n에서 10자리 디지트를 구하는 수식 (n = 1234이면 10자리 디지트는 3)
2) 정수 n1과 n2가 서로 약수와 배수이면 true, 아니면 false를 결과로 생성하는 수식(예를 들어, 3과 9는 서로 약수와 배수이므로 true를 결과로 생성)
3) 변수 cnt10에 10원 동전의 개수, cnt50에 50원 동전의 개수, cnt100에 100원 동전의 개수, cnt500에 500원 동전의 개수를 저장할 때 동전 금액의 총합을 구하는 수식
4) 정수 변수 amount에 금액이 저장되어져 있을 때 이 금액에 필요한 동전 개수를 구하려 한다. 500원 동전, 100원 동전, 50원 동전, 10원 동전의 필요 개수를 각각 구해 정수 변수 cnt500, cnt100, cnt50, cnt10에 저장하는 수식 (큰 금액의 동전 개수부터 먼저 최대한 구한 후 다음 동전 개수를 구할 것이며, 수식 4개를 모두 작성해야 함. 예를 들어, 금액이 5430원이면 500원 동전 10개, 100원 동전 4개, 50원 동전 0개, 10원 동전 3개 필요)
5) $y = f(x) = ax^2 + bx + c$ (a != 0) 형태로 표현되는 2차 함수를 나타내기 위해 계수 a, b, c와 x 값을 위한 변수 double a, b, c, x가 필요하다. 변수 4개에 값이 저장되어 있을 때 함수 값을 구하기 위한 수식(예를 들어, a

= 3, b = 2, c = 4이면 이차 함수는 y = f(x) = $4x^2$ + 2x + 4이며, x = 1일 때 함수 값 y = f(1) = $4*1^2$ + 2*1 + 4 = 9)

6) y = f(x) = ax^3 + bx^2 + cx + d (a != 0) 형태로 표현되는 3차 함수에 대해 함수 값을 구하는 수식

7) 사과 판매가격이 10개까지는 개당 900원이며, 11개 이상이면 개당 700에 판매한다. 예를 들어, 사과 개수가 15개이면 10개까지는 개당 900원, 10개 이상인 5개는 개당 700원이므로 총 가격은 10*900 + 5*700 = 9000 + 3500 = 12500원이다. 변수 cnt에 사과 개수가 저장되어 있을 때 사과 가격의 합을 구하는 수식(조건 연산(? :)을 사용하여 작성)

8) 조건 연산 ? :을 사용하여 정수 변수 n1, n2, n3에 저장된 값 중 가장 큰 값을 구하는 수식(하나의 수식으로 작성해야 하며, 추가적인 변수를 사용해도 됨)

9. 다음 프로그램에서 잘못된 부분의 이유를 지적하고 올바르게 수정하라.

```
C class {
    public void main(String[] arg) {
        int avg3;
        String name = 'mspark';
        int[] scores = { 80, 96, 73, 144, 89 };

        scores[3] = scores[3] > 100 ? 100 : scores[3];
        sumScores3 = score[3] + scores[4] + scores[5];
        avg3 = sumScores3 / 3.0;
        System.out.println(name + "'s 3 scores average = " + avg3);

        String[] titlesOfMovie = new String[5];
        titlesOfMovie[4] = "Matrix";
        titlesOfMovie[5] = "Surrogate";
}
```

(연습문제 1번 답) 1:O 2:X(+ 연산자는 문자열 접속도 가능한 연산자) 3:X(15/10의 결과는 1) 4:X(비교연산은 true 또는 false의 연산 결과 생성) 5:O 6:O 7:X(정수에 대해서만 쉬프트 연산 수행할 수 있음) 8:O 9:X(문자열 접속 연산은 문자열과 문자열 아닌 값도 접속할 수 있음) 10:X(타입이 다르면 자동적으로 타입변환 발생) 11:O 12:O 13:X(수식 구성하는 규칙에 위배되는 오류를 문법 오류 또는 구문 오류라 함) 14:O 15:O 16:O 17:X(수식의 결과도 캐스트시킬 수 있음) 18:X(배열 변수 선언해도 배열 원소 저장할 공간이 할당되지 않으며, 배열객체 생성해야 함) 19:O 20:O

실습과제

1. 온도 변환 프로그램 작성하기

예제 3-4-1의 TemperatureConversionFtoC 클래스는 화씨온도를 입력하여 섭씨온도로 변환하여 출력한다.

1) 섭씨온도를 입력하여 저장하고 이를 화씨온도로 변환하여 출력하는 프로그램을 TemperatureConversionCtoF 클래스로 작성하라. (섭씨온도 C를 화씨온도 F로 변환하는 공식은 F = C * 9 / 5 + 32)
2) 화씨온도를 입력하여 저장하고 이를 캘빈온도로 변환하여 출력하는 프로그램을 TemperatureConversionFtoK 클래스로 작성하라. (섭씨온도 C를 캘빈온도 K로 변환하는 공식은 K = C + 273.15이며, 화씨온도에서 섭씨온도를 구한 후 다시 섭씨온도에서 캘빈온도를 구해 출력하면 됨)

2. 체질량 지수 BMI 구하기

체질량 지수(body mass index, BMI)는 비만도를 나타내는 지수로, 체중과 키의 관계로 계산되며, 체중이 w 킬로그램, 키가 h 미터일 때, BMI = w / h^2 으로 구해진다. (키의 단위가 센티미터가 아닌 미터임에 유의해야 한다.)

몸무게와 키를 저장할 변수를 선언하고 몸무게와 키를 입력받아 BMI를 계산하여 출력하는 프로그램을 BMI_InOut 클래스로 작성하라. 몸무게는 kg, 키는 cm 단위의 double로 입력한다.

3. 10년, 50년, 100년 후의 원리합계를 반복문 사용 않고 구하기

예제 3-4-2의 PrincipalAndInterest_InOut 클래스는 원금과 이자를 입력하여 5년 동안의 원리합계를 구해 출력한다.

1) 10년 동안 매년 복리 이자를 더한 원리합계를 구해 출력하도록 PrincipalAndInterest_InOut 클래스를 변경하라.
2) 만약 50년 동안 또는 100년 동안의 원리합계를 구하는 프로그램으로 변경한다면 할 수 있겠는가? 할 수 있는 만큼 최대한 변경하라.

4. 문자열 반복 출력

예제 3-4-3의 PrintLikeJava10Times 클래스는 문자열 "I like Java "를 한 라인에 10번 출력한다.

1) "I like Java "를 21번 출력하는 프로그램을 PrintLikeJava21Times 클래스로 작성하라.
2) "I like Java "를 121번 출력하는 프로그램을 PrintLikeJava121Times 클래스로 작성하라.
3) "I like Java "를 1221번 출력하는 프로그램을 PrintLikeJava1221Times 클래스로 작성하라.
4) "I like Java "를 12321번 출력하는 프로그램을 PrintLikeJava12321Times 클래스로 작성하라.

※ 참고사항 : 실습과제 1), 2)까지는 출력문 《 System.out.print("I like Java "); 》을 반복하여 나열하여 작성할 수도 있을 것이다. 그런데 실습과제 3), 4)의 경우 작성을 완료한 후 출력문의 개수가 정확히 1221번 또는 12321번인지 확신하기 어려울 것이므로, 출력 회수를 정확히 확인할 수 있는 방법을 고안해야 한다. (가능한 방법을 찾아보고, 좋은 방법이 없으면 하지 말 것)

5. 점수의 합과 평균 구하기

예제 3-5-2의 ScoresAverage_UsingArray 클래스는 점수 10개를 입력하여 배열 원소에 저장하고 합과 평균을 구해 출력한다.

1) 점수 20개를 입력하여 배열 원소에 저장하고 합과 평균을 구해 출력하도록 ScoresAverage_UsingArray 클래스를 변경하라.
2) 이 프로그램의 스타일대로 점수 100개를 저장하고 합과 평균을 구해 출력하는 프로그램을 작성할 수 있겠는가? 본인이 작성할 수 있는 최대의 점수 개수는 몇 개인가? 최대 개수까지 점수를 배열 원소에 저장하고 합과 평균을 구해 출력하도록 ScoresAverage_UsingArray 클래스를 변경하라.

   이 프로그래밍 작업은 단순하지만 배열에 대해 깊은 이해를 하게 할 것이다.

6. 입력한 점수의 최저 점수와 최고 점수를 구하기

5명 학생의 점수를 입력하여 점수의 최저 점수와 최고 점수를 구해 출력하는 프로그램을 요구하는 프로그래밍 스타일을 이용하여 다음의 사용자 인터페이스로 작성하시오. (최저 점수와 최고 점수를 찾기 위해 비교 연산인 ? : 사용할 것이며, 《 max = (n1 〉 n2 ? n1 : n2); 》는 n1과 n2중 큰 값을 max 변수에 저장함)

```
** 점수 5개 입력하여 최저, 최고 점수 구해 출력하기 **

  o 1번째 점수 입력 〉 90
  o 2번째 점수 입력 〉 95
  o 3번째 점수 입력 〉 79
  o 4번째 점수 입력 〉 83
  o 5번째 점수 입력 〉 88

 * 최저 점수 = 79
 * 최고 점수 = 95
```

1) 단순변수 사용, 반복문 미사용: 5개의 서로 다른 변수에 점수를 입력하여 최저 점수와 최고 점수를 구하고 출력하라.
2) 배열변수 사용, 반복문 미사용: 원소 5개를 저장하는 배열에 점수를 입력하여 최저 점수와 최고 점수를 구하고 출력하라.
3) 단순변수 사용, 반복문 미사용: 변수 1개에만 점수를 입력하여 최저 점수와 최고 점수를 구하고 출력하라.

7. 신상정보들을 배열에 저장하고 출력하기

예제 3-5-4의 Persons_Out_UsingArray 클래스를 다음과 같이 변경하라.

1) 2명을 추가하여 모두 5명의 신상정보(이름, 나이, 현주소)를 배열 원소에 초기화하여 저장한 후 출력할 수 있도록 Persons_Out_UsingArray 클래스를 변경하라. (추가되는 2명 중 한명은 외국인으로 할 것)
2) 5명에 대한 키, 이름 첫 문자, 한국인여부를 저장할 배열변수인 double[] heights, char[] initialOfNames, boolean[] areKoreans를 추가로 선언하고 데이터를 구성하여 배열 원소를 초기화하여 저장한 후 이를 출력하도록 Person_Out_UsingArray 클래스를 변경하라.

8. **책 정보들을 배열에 초기화하여 출력하기**

본인이 좋아하는 책 5권의 제목, 저자, 출판사, 가격, 페이지수 등의 책 정보 저장을 위한 배열변수를 각각 선언하고 초기화하여 저장한 후 출력하는 프로그램을 Books_Out_UsingArray 클래스로 작성하라.

9. **책 정보들을 배열에 입력하고 출력하기**

본인이 좋아하는 책 5권의 제목, 저자, 출판사, 가격, 페이지수 등의 책 정보 저장을 위한 배열변수를 각각 선언하고 각 배열변수의 원소를 입력하여 저장한 후 출력하는 프로그램을 Books_InOut_UsingArray 클래스로 작성하라.

스스로 생각하고 고민할 과제

1. **실습과제 1에서 입출력 양식을 여러 가지로 작성하여보고 가장 좋다고 생각되는 양식을 선정해보라. 그 이유는 무엇인가? 다른 학생의 입출력 양식과 비교해 보라. 함께 더 좋은 양식을 디자인할 수 있으면 해보라.**

2. **아직 유용한 Java 프로그래밍 기법을 배우지 않았기 때문에 데이터의 개수가 늘어나면 이에 따라 문장의 개수도 비례하여 늘어난다. 나중에 for 문, while 문 등의 복합문을 배우게 되면 지금의 단순하며 지겨운 작업이 스마트한 작업으로 바뀌어 프로그래밍 작업이 엄청 쉬워진다.**

배열을 사용하지 않고 변수들에 정보를 저장할 때와 배열변수에 정보들을 저장할 때의 차이점, 장단점 등을 생각해보라. 또한, for 문, while 문 등을 조사하여 보라.

3. **실습과제 9에서 책 20권 정보를 입력하여 출력하기 위해 필요한 문장의 개수를 계산하라.**

20권의 경우 최소한 문장 개수가 100개가 넘을 것이며, 이는 100라인이 넘는 긴 프로그램을 작성해야 한다는 뜻이다. 이렇게 긴 프로그램을 작성할 수 있을 것인지를 생각해보라.

도전의식이 있는 학생은 20권의 책 정보를 배열에 입력하고 출력하는 프로그램인 Books20_InOut_UsingArray 클래스를 작성해보기 바란다. 이 프로그래밍 작업은 Books_InOut_UsingArray 클래스의 문장을 복사하여 붙이고 변경하는 단순하고 반복적인 작업이지만 많은 것을 생각하게 할 것이다.

나중에 while 문, for 등의 복합문을 배우게 되면 지금의 단순하며 지겨운 작업이 스마트한 작업으로 바뀌어 프로그래밍 작업이 엄청 쉬워진다.

4. 예제 3-4-3의 PrintLikeJava10Times 클래스는 오류가 있다. 오류를 찾아 프로그램을 올바르게 수정하라.

PrintLikeJava10Times 클래스는 "I like Java "를 10번 출력한다고 프로그램을 작성했지만 실제 출력회수는 10번이 아니라 11번이다. print() 메소드를 호출하는 문장이 11개이므로 "I like Java "를 11번 출력한다.

인간의 인식 체계에서 7개 이상인 것을 시각적으로 한꺼번에 파악하기 어려운 특징이 있으므로 문장이 11개이지만 11개인지 바로 파악하기는 어려우므로 잘못 작성한 사소한 오류를 찾기도 쉽지 않다.

지금은 연습으로 프로그램을 작성하므로 오류가 있어도 별문제가 되지 않는다. 그러나 실제 업무처리에서 실수는 용납되지 않는다. 큰 재앙을 불러올 수도 있기 때문이다.

제4장

문장,
본격적인 프로그래밍

제 4 장 문장, 본격적인 프로그래밍

학습 목표

- o 문장의 종류를 구분한다.
- o 변수의 종류와 변수 선언문의 사용형식을 숙지한다.
- o 단순문의 종류와 기능을 이해한다.
- o 블록의 형식과 필요성을 파악한다.
- o 선택문인 if 문과 switch 문의 형식, 기능, 사용법을 이해한다.
- o 반복문인 for 문, while 문, do-while 문의 형식, 기능, 사용법을 이해한다.
- o 1차원 배열과 다차원 배열의 구조와 처리방법을 익힌다.
- o 복잡한 작업 처리를 위한 프로그램 작성기법을 배운다.
- o 다양한 기능을 갖는 프로그램 작성 능력을 배양한다.

지금까지 작성한 프로그램에서 세미콜론(;)으로 끝나는 여러 문장을 작성하였다. 문장은 처리 요구를 달성하기 위한 처리방법을 기술한 것이다. 문장이 수행되면 변수의 기억공간 할당, 변수의 값 변화, 입출력 처리, 제어의 변화 등의 처리결과가 발생한다.

- 변수의 기억공간 할당: 프로그램에서 사용될 변수의 기억장소 확보
- 변수의 값 변화: 변수에 값 저장하여 다른 문장에서 사용하게 함
- 입출력 처리: 입출력 메소드 호출하여 입출력 작업 처리
- 제어의 변화: 문장들이 위에서 아래, 왼쪽에서 오른쪽으로 차례로 수행되지 않고 다르게 수행

Java는 다양한 처리를 할 수 있는 여러 종류의 문장들을 제공한다. 프로그래머는 처리 요구에 부합되게 문장들을 작성하고, 작성한 문장들을 수행하여 최종 결과를 출력한다.[48)]

48) 지금까지 프로그램에 대한 관점을 보면, 문자들의 나열, 토큰들의 나열, 수식 값을 변수에 저장하여 최종 결과를 구하는 것 등의 낮은 수준의 관점이었다. 앞으로 프로그램은 처리 요구를 위한 문장들의 나열이라는 높은 수준 관점으로 변한다. 더 높은 수준에서 메소드의

4.1 문장의 종류

[그림 4-1]은 Java의 문장 분류를 보여준다.

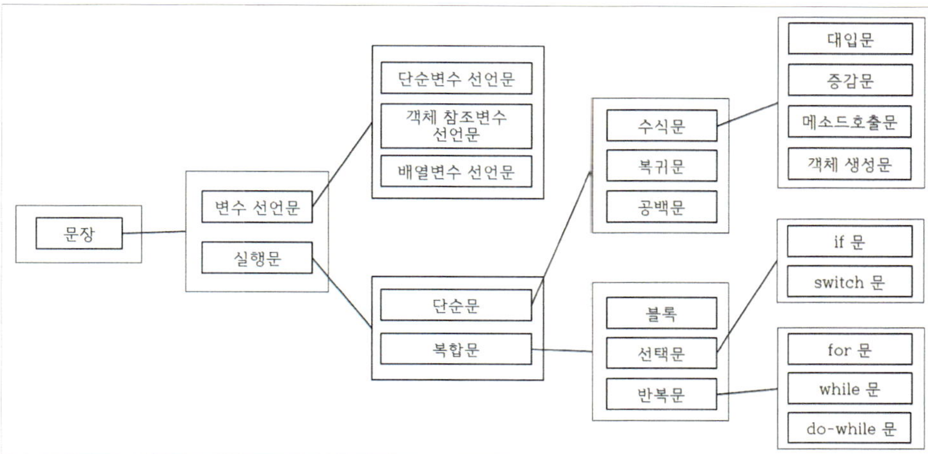

[그림 4-1] Java의 문장 분류

문장은 크게 변수 선언문(variable declaration statement)과 실행문(execution statement)으로 나누어진다.

- 변수 선언문: 변수를 위한 기억공간 할당하여 변수에 값 저장할 수 있게 하는 문장
- 실행문: 처리를 위한 명령 실행하여 요구되는 작업을 처리하는 문장으로, 단순문과 복합문으로 나누어짐

4.1.1 변수 선언문

변수 선언문은 프로그램에서 사용될 변수를 선언하는 문장이다. 변수 선언 시 변수 이름과 변수의 타입을 명시한다.[49] 타입은 변수나 수식이 가질 수 있는 가능한 값들을 나타내며, Java의 타입에는 기본 타입, 참조 타입, 배열 타입이 있다. 변수는 타입에 따라 단순변수, 객체 참조변수, 배열변수로 나누어진다.

선수 선언문을 통해 변수를 선언하면 변수에 대한 기억장소가 할당되며, 변수에 값을 저장할 수 있다. [표 4-1]은 변수 선언문의 종류와 중요 사항을 보여준다.

나열, 클래스의 나열로 변모한다.

49) 클래스의 필드를 선언할 때 타입 외에 부가적인 특성(public, protected, private, static, final)을 함께 명시한다.

변수 선언문	기능	선언 및 값 저장 양식	선언 및 값 저장 예
단순변수 선언문	기본 타입 값 저장하는 변수 선언	*타입 변수;* *변수 = 기본 타입값;*	int age; age = 18; double height; height = 177.7;
		타입 변수 = 초기값;	boolean isKorean = true;

배열변수 선언문	배열객체 참조하는 참조변수 선언	*타입[] 변수;*
		변수 = new 타입[원소개수];
		변수[인덱스] = 타입의값;
			int[] ages;
			ages = new int[3];
			ages[0] = 18; ages[1] = 20;

		타입[] 변수 = { 원소 나열 };	String[] names = { "홍길동", "이몽룡", "감자바" };
객체 참조변수 선언문	객체 참조하는 참조변수 선언	*클래스이름 변수;* *변수 = new 클래스이름();*	Person hgd; hgd = new Person("홍길동");
		클래스이름 변수 *= new 클래스이름();*	Person hgd = new Person("홍길동");

[표 4-1] 변수 선언문의 종류와 중요 사항

❑ 단순변수 선언문

기본 타입에는 정수 타입인 byte, short, int, long, 실수 타입인 float, double, 문자 타입인 char, 참과 거짓을 나타내는 boolean 등이 있다.

단순변수는 기본 타입의 값을 저장하는 변수이며, 단순변수 선언과 초기화에 대해서는 이미 알아보았다. 다음은 단순변수 선언문의 예이다.

```
int age;
double height = 177.7;
boolean isKorean;
```

❑ 배열변수 선언문

배열변수는 여러 원소를 저장하는 배열객체를 참조하는 변수로, 배열 원소는 인덱스를 통하여 접근될 수 있다.

다음은 배열변수 선언문의 예이다.

```
String[] names;
int[] ages;
double[] heights;
```

배열변수의 원소를 저장하고 접근하기 위해 배열객체를 생성한 후 배열변수에 저장해야 한다. 이 작업은 나중에 객체를 배울 때 제대로 이해할 수 있는 내용이지만 현재로서는 이렇게 해야 한다.

다음은 배열객체를 생성하여 배열변수에 저장하는 예이다.

```
names = new String[100];
ages = new int[100];
heights = new double[100];
```

배열변수는 다음과 같이 배열변수를 선언하며 원소 나열 초기화를 할 수 있다. 이 경우 배열객체가 자동적으로 생성되며, 나열된 원소들이 배열 원소에 저장된다.

```
String[] names = { "홍길동", "이몽룡", "감자바" };
int[] ages = { 18, 20, 20};
double[] heights = { 177.7, 170.0, 172.2 };
```

❑ 객체 참조변수 선언문

Java는 객체 지향 언어이므로 객체를 생성하고 객체를 다룰 수 있다. 객체를 위해 제공되는 타입이 참조 타입이며, 참조 타입에는 클래스 타입과 배열 타입이 있다.

객체 참조변수는 클래스 타입의 변수이며, 객체를 참조하는 값을 저장한다. 이에 대해서는 객체와 클래스를 배울 때 살펴볼 것이다.

객체 참조변수 중에 마치 단순변수처럼 사용되는 변수가 있는데, String 타입의 참조변수이다. String 타입의 변수는 객체를 생성하지 않고서 바로 문자열을 저장할 수 있으며, 이는 단순변수와 유사하다.

```
String name = "홍길동";  // String 타입의 참조변수 name에 문자열 바로 저장은
int age = 18;            //   기본 타입의 단순변수 age에 상수 값 바로 저장과 유사
```

4.1.2 실행문

요구되는 작업을 처리하는 문장인 실행문은 단순문(simple statement)과 복합문(compound statement)으로 나누어진다.

- 단순문: 하나의 문장으로만 구성되면서 세미콜론으로 끝남
- 복합문: 하나 이상의 문장, 수식 등이 모여 구성되는 문장으로, 세미콜론으로 끝나지 않을 수도 있음

단순문은 수식문(expression statement), 복귀문(return statement), 공백문(empty statement)으로 나누어지며, 수식문은 대입문(assignment statement), 증감문(increment/decrement statement), 메소드 호출문(method invocation statement), 객체 생성문(object creation statement)으로 구성된다.

복합문은 블록(block), 선택문(selection statement), 반복문(repetition statement)으로 나누어지며, 선택문은 if 문, switch 문으로 구성되며, 반복문은 for 문, while 문, do-while 문으로 구성된다.

Java에서 연산의 종류가 다양한 만큼 문장의 종류도 다양하고 기능과 사용형식이 모두 다르다. 연산과 수식을 이해하기 위해 많은 읽기와 작성이 필요한 것처럼 단순문과 복합문에 대해 많은 프로그램 읽기와 작성을 통해 익혀야 한다.

4.1.3 단순문

단순문은 세미콜론으로 끝나는 문장으로, 수식문, 복귀문, 공백문으로 구성된다.

- 수식문: 수식에 세미콜론(;) 첨가하여 작성하는 문장으로, 대입문, 증감문, 메소드 호출문, 객체 생성문이 있음
- 복귀문: 현재 수행 중인 메소드 종료하고 호출한 메소드로 복귀시키는 문장
- 공백문: 아무런 작업 수행하지 않은 문장으로, 구문적으로 문장이 나타나야 하지만 수행할 작업 없는 경우에 사용

[표 4-2]는 단순문의 종류별 기능과 사용형식을 보여준다.

단순문		기능	사용형식
수식문	대입문	수식의 값 계산하여 변수에 저장	변수 대입연산자 수식;
	증감문	정수 또는 실수 변수의 값 1 증가 또는 감소시킴	++변수;　변수++; --변수;　변수--;
	메소드 호출문	호출된 메소드 수행	수신자.메소드(매개변수들); 메소드(매개변수들);
	객체 생성문	객체 생성	new 클래스(매개변수들);

복귀문	수행 중인 메소드 종료하여 호출한 메소드로 복귀	return; return 반환값;
공백문	수행할 작업 없지만, 문장이 필요한 경우에 사용	;

[표 4-2] 단순문의 종류별 기능과 사용형식

단순문은 복합문보다 단순하므로 이해하기가 쉽다. 그러나 단순문 중에서 수식문은 이미 배운 수식에 대한 전반적인 내용을 명확히 알아야 하며, 메소드 호출문은 메소드를 정확히 이해해야 한다.

❑ 대입문

대입문은 변수에 수식의 값을 저장하는 문장으로, 《 변수 대입연산자 수식; 》의 사용형식을 갖는다. 다음은 대입문의 예이다.

```
C = (F - 32) * 5 / 9;                  // 화씨온도를 섭씨온도로 변환하여 C에 저장
scores = new int[100];                 // 배열객체를 정수 배열변수 scores에 저장
scores[0] = SkScanner.getInt();        // 입력한 정수값을 인덱스 0의 배열 원소에 저장
scores[i++] = SkScanner.getInt();      // scores[i]에 입력한 정수 저장하고 i를 1 증가
sum = 0;                               // sum 변수에 0을 저장
sum += scores[i++];                    // sum 변수에 scores[i]를 더한 후 i를 1 증가
```

❑ 증감문

증감문은 정수 또는 실수 타입의 변수 값을 1 증가 또는 감소시키는 문장이다. 증가문은 사전 증가 또는 사후 증가가 가능하며, 감소문도 사전 감소와 사후 감소가 가능하다.

그러나 [표 4-3]에서와 같이 증감문을 수행한 후 변수의 값은 사전 또는 사후와 관계없이 모두 동일하다.

유형	사전 증가	사후 증가	사전 감소	사후 감소
증감문	int i = 10; ++i;	int i = 10; i++;	int i = 10; --i;	int i = 10; i--;
증감 후 i 결과	11	11	9	9

[표 4-3] 증감문의 수행 결과

❑ 메소드 호출문

메소드 호출문은 메소드를 호출하여 메소드를 수행하게 하는 문장으로, 매개변수를 호출된 메소드로 전달하기도 한다. 메소드 호출문에 대해서는 메소드를 배울 때 자세히 살펴볼 것이다. 다음은 메소드 호출문의 예이다.

```
System.out.println("  * 입력한 정수 10개의 합 = " + sum );   // println() 메소드 호출문
```

❑ 복귀문

복귀문은 호출된 메소드의 수행을 종료하고 호출한 메소드로 돌아가 다음 문장을 수행하게 하는 문장으로, 복귀할 때 값을 반환하기도 한다. 복귀문에 대해서는 메소드를 배울 때 자세히 살펴볼 것이다. 다음은 복귀문의 예이다.

```
return;          // 반환값 없는 복귀문
return sum;      // 반환값 sum 반환하는 복귀문
```

❑ 공백문

세미콜론만 있는 문장인 공백문은 실제로 아무것도 수행하지 않는다. 쓸모없이 보이는 이 문장은 구문적으로 문장이 반드시 나타나야 하지만 수행할 작업은 없는 경우에 사용하며, for 문, while 문, if 문 등에서 가끔 사용한다.

다음은 공백문의 예를 보여준다.

```
for (int i = 0; (scores[i] = SkScanner.getInt()) != -1; i++) // 입력 값이 -1이 아닌 동안
        ;  // 이 문장은 공백문이지만 반드시 있어야 함
```

4.1.4 복합문

복합문은 여러 문장과 여러 수식을 결합하여 더 복잡한 작업을 수행하는 문장이다. 복합문 중 반복문의 경우 한 문장을 100번 반복 수행할 수 있으며, 1000억 번 반복 수행할 수도 있다. 복합문을 제대로 이해하고 작성능력을 갖추면 초보 프로그래머 수준을 벗어난 것이다.[50]

---

50) 여러 연산을 수행하는 복잡한 수식이 프로그래밍에서 격파하기 어려운 첫 번째 장애물이라면, 복합문은 훨씬 어려운 2번째 장애물이라 할 수 있다. 물론 한층 더 어려운 3번째 장애물이 있는데, 그것은 메소드이다.

복합문에는 블록, 선택문의 if 문과 switch 문, 반복문의 for 문, while 문, do-while 문이 있다. 또한, 복합문과 관련된 특별한 문장으로 continue 문과 break 문이 있다.

[표 4-4]는 복합문의 종류별 기능과 사용형식을 보여준다.

복합문		기능	사용형식
블록		여러 문장을 한 문장처럼 사용	{ 문장 문장 ... 문장 }
선택문	if 문	조건에 따라 수행할 문장을 선택적으로 결정하여 수행	if (조건수식) 문장 else 문장 if (조건수식) 문장

	switch 문	if 문을 편리한 형태로 표현	switch(수식) {
			case 상수수식 : 문장
			...
			default: 문장
			}

반복문	for 문	반복 제어변수 이용하여 반복 회수 적절히 제어	for (제어변수초기화; 반복조건; 제어변수변경) 문장
	while 문	조건이 만족하는 동안 문장을 반복 수행	while(반복조건) 문장
	do-while 문	반복 수행할 문장 수행한 후 반복조건 만족하면 반복 수행	do 문장 while(반복조건);

[표 4-4] 복합문의 종류별 기능과 사용형식

❑ 블록

블록은 여러 문장을 묶어 하나의 문장처럼 사용하는 것으로, 여러 문장을 포함하지만, 구문적으로 단순문의 역할을 한다. 블록은 그 블록에서만 사용할 변수를 선언할 수도 있으며 다른 블록을 블록 내에 포함할 수도 있다.

다음은 문장 2개를 하나의 블록으로 작성한 예이다.

```
{
    max = (score[i] > max) ? scores[i] : max;
    sum += scores[i];
}
```

블록을 사용하는 이유는 다음과 같이 크게 2가지이다.

■ 여러 문장을 구문적으로 한 문장 역할 수행
- if 문, for 문, while 문 등에서 한 문장만 반드시 작성해야 할 부분 있음
- 수행할 문장이 여러 문장이면 이들을 블록으로 만들어 한 문장 역할 하게 함

■ 관련된 문장들을 묶어 응집도 높임
- 문장들은 서로 수행되는 순서상으로 전후 관계만 있고 다른 연관성 없음
- 관련된 문장들을 블록으로 묶으면 연관성 맺게 되므로 응집도[51] 높아짐

블록은 여러 문장을 하나로 묶어주는 단순한 기능을 갖지만, if 문, 반복문, 그리고 메소드 등에서 많이 사용되는 중요한 요소이므로 확실하게 이해해야 한다.

❑ 선택문

선택문은 작성한 문장들을 모두 수행하는 것이 아니라 조건에 따라 선택적으로 수행할 수 있는 복합문으로, if 문과 switch 문이 있다. 선택문에 대해서는 뒤에서 자세히 소개할 것이다.

❑ 반복문

반복문은 작성한 문장들을 한 번만 수행하는 것이 아니라 반복조건에 따라 반복적으로 수행할 수 있는 복합문으로, for 문, while 문, do-while 문이 있다. 반복문에 대해서는 뒤에서 자세히 소개할 것이다.

4.1.5 문장의 종류 보여주는 프로그램

예제 4-1의 Statements 클래스에서 여러 종류의 문장들을 보여준다.

예제 4-1 여러 종류의 문장들

```
/*
 * [ Statements ]: 여러 종류의 문장들을 보여주는 프로그램
 *   * 점수들을 입력하여 평균을 출력하는 프로그램을 통해 문장 종류들을 소개
 */
class Statements {
  public static void main(String[] args) {
     int[] scores;                              // 배열변수 선언문
     scores = new int[100];                     // 대입문(실행문, 단순문, 수식문)
     int cntScores;                             // 단순변수 선언문
```

51) 응집도(cohesion)는 문장들의 기능적 관련성 정도를 나타내는 용어로 응집도가 높은 것이 좋다.

```
        System.out.print("  o 점수들 입력(중단하려면 -1 입력) > "); // 메소드 호출문

        cntScores = 0;                                        // 대입문(실행문, 단순문, 수식문)
        while ((scores[cntScores]=SkScanner.getInt()) != -1)  // while 문(실행문, 복합문, 반복문)
            cntScores++;                                      // 증가문(실행문, 단순문, 수식문)

        int sum = 0;                                          // 단순변수 선언문(초기화 수행)
        for ( int i = 0;  i < cntScores; i++)                 // for 문(실행문, 복합문, 반복문)
        {                                                     // 블록 시작(실행문, 복합문)
            if (scores[i] > 100)                              // if 문(실행문, 복합문, 선택문)
                scores[i] = 100;                              // 대입문(실행문, 단순문, 수식문)
            sum += scores[i];                                 // 대입문(실행문, 단순문, 수식문)
        } // 블록 끝(실행문, 복합문)

        double avg = sum / (double) cntScores;                // 단순변수 선언문(초기화 수행)

        System.out.println("\n  * 입력한 점수 개수 = " + cntScores);  // 메소드 호출문
        System.out.println("  * 입력한 점수 합 = " + sum); // 메소드 호출문(실행문, 단순문)
        System.out.println("  * 입력한 점수 평균 = " + avg);  // 메소드 호출문(실행문, 단순문)

        if (avg >= 80)                                        // if 문(실행문, 복합문, 선택문)
           System.out.println("  * 점수 평균이 80 이상임");   // 메소드 호출문(실행문, 단순문)
        else
           System.out.println("  * 점수 평균이 80 미만임");   // 메소드 호출문(실행문, 단순문)
    }
}
```

실행결과

```
o 점수들 입력(중단하려면 -1 입력) > 90 95 79 83 88 65 72 83 81 96 -1

* 입력한 점수 합 = 832
* 점수 평균 = 83.2
* 점수 평균이 90 미만
```

4.2 선택문: if 문, switch 문

선택문은 작성한 문장들을 모두 수행하는 것이 아니라 선택적으로 수행할 수 있게 하는 문장으로, if 문과 switch 문이 있다.

4.2.1 if 문

선택문에서 가장 중요한 if 문은 boolean 타입의 조건 수식을 계산하여 그 결과에 따라 수행할 문장을 결정한다.

❑ if 문의 사용형식

if 문은 조건과 수행될 문장을 명시하며, 사용형식은 다음과 같이 2가지이다.

■ **형식 1: else 부분이 있는 if 문**

```
if (조건수식)
    조건수식_true이면_수행할_문장
else
    조건수식_false이면_수행할_문장
```

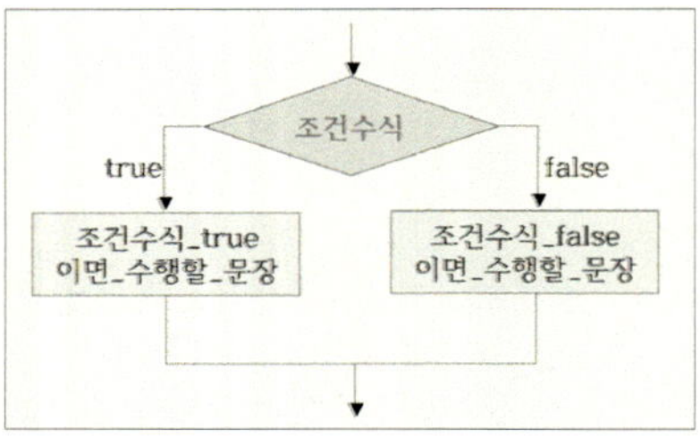

■ **형식 2: else 부분이 없는 if 문**

```
if (조건수식)
    조건수식_true이면_수행할_문장
```

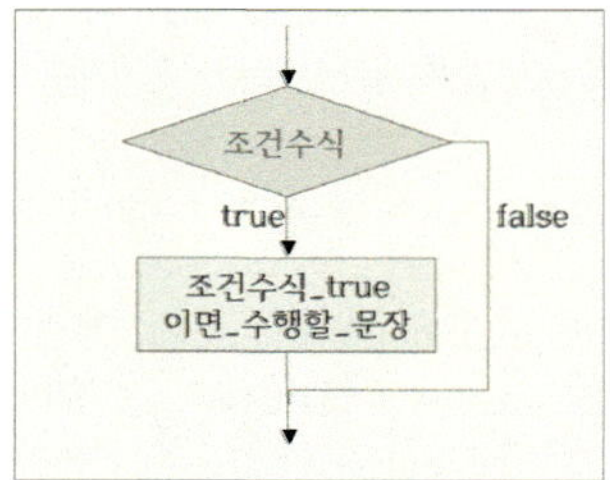

형식 1의 if 문은 boolean 타입의 조건 수식, 조건 수식이 true일 때 수행할 문장, 조건 수식이 false일 때 수행할 문장 등 3가지를 작성한다. 형식 2는 조건 수식이 false일 때 수행할 문장을 생략한 것이다.

if 문을 수행하면 조건 수식을 먼저 계산한다. 계산 결과가 true이면 true일 때 수행할 문장을 수행하고, false이면 false일 때 수행할 문장을 수행한다. 형식 2의 경우 조건 수식 결과가 false이면 아무것도 수행하지 않는다.

❑ if 문을 사용한 낙제 판정

예제 4-2-1은 if 문을 사용하여 입력한 점수에 대한 낙제 판정 여부를 출력한다.

예제 4-2-1 if 문을 사용하여 입력한 점수의 낙제 판정

```
class ScoreSuccessOrFail_UsingIf {
  public static void main(String[] args) {
     int score  = SkScanner.getIntWithPrompt("  o 점수 입력하시오 > ");

     boolean isFailed = false;        // 처음에 isFailed에 false 저장

     if (score < 60)                  // else 부분 없는 if 문: score가 60보다 작으면
        isFailed = true;              //     isFailed에 true 저장
     if (isFailed)                    // else 부분 있는 if 문: isFailed의 값에 따라
```

```
            System.out.println("  * " + score + "점: 낙제 점수임");      // true일 때 수행
        else
            System.out.println("  * " + score + "점: 낙제 점수 아님"); // false일 때 수행
    }
}
```

실행결과	o 점수 입력하시오 〉 93 * 93점: 낙제 점수 아님

프로그램 설명

- 점수 입력하여 저장하기 위해 SkScanner.getIntWithPrompt() 메소드 사용
    - 이 메소드는 프롬프트 메시지 출력과 정수 입력을 동시에 수행
- 이 프로그램에서 else 부분 없는 if 문과 else 부분 있는 if 문 모두 사용
- boolean 변수 isFailed를 false로 초기화했기 때문에 첫 번째 if 문에서 입력한 점수가 60점 미만일 경우에만 true 저장
- 2번째 if 문에서 boolean 변수 isFailed의 값이 true이면 낙제임을, false이면 낙제 아님을 출력

SkScanner.getXxxWithPrompt() 메소드

SkScanner.getXxx() 메소드는 키보드에서 타이핑되는 값을 입력하여 변수에 저장한다. 값을 입력하기 위해 다음과 같이 프롬프트 메시지를 출력하면 사용자가 입력 작업을 용이하게 진행할 수 있다.

```
// 프롬프트 메시지 출력과 입력을 2개 문장으로 나누어 구성
System.out.print("  o 이름 〉 ");
String name = SkScanner.getString();
System.out.print("  o 나이 〉 ");
int age = SkScanner.getInt();
```

그런데, 프롬프트 메시지를 출력하고 값을 입력하는 작업을 2개 문장으로 매번 작성하면 입력 개수가 많을 때 프로그램이 길어지며 번거롭다.

프롬프트 메시지를 출력하고 값을 입력하는 작업을 간단하고 편리하게 수행하는 메소드가 SkScanner.getXxxWithPrompt()이다. SkScanner.getStringWithPrompt() 메소드는 프롬프트 메시지를 출력한 후 문자열을 입력한다.

위에서 각각 2문장으로 작성한 프롬프트 메시지 출력 및 입력 작업은 다음과 같이 한 문장으로 간단하게 작성할 수 있다.

```
// 프롬프트 메시지 출력 및 입력을 하나의 문장으로 구성
String name = SkScanner.getStringWithPrompt("  o 이름 > ");
int age = SkScanner.getIntWithPrompt("  o 나이 > ");
```

❑ if 문을 사용한 섭씨온도와 화씨온도 간의 온도 변환

예제 4-2-2는 섭씨온도와 화씨온도 간의 온도 변환을 수행하는 프로그램이다.

예제 4-2-2 섭씨온도와 화씨온도 간의 온도 변환

```
class TemperatureConversion_FandC_UsingIf {
   public static void main(String[] args) {
      int menu;               // 입력받을 메뉴 번호 저장할 변수

      System.out.println("\n\n  **** Conversion of temperature ****");
      System.out.println("    1) Fahrenheit temperature to Centigrade");
      System.out.println("    2) Centigrade temperature to Fahrenheit \n");

      menu = SkScanner.getIntWithPrompt("  o Choose which > ");

      if (menu == 1) {
         double F, C;      // 화씨온도와 섭씨온도 저장할 변수: 블록 내에서 변수 선언

         F = SkScanner.getDoubleWithPrompt("\n  o Input Fahrenheit degree > ");
         C = (F - 32) * 5 / 9;

         // 소수점 이하 2자리에서 반올림
         double C1 = (int) ((C + ((C > 0) ? 0.05 : -0.05)) * 10) / 10.0;

         System.out.println("\n  * " + F + "F = " + C + "C = " + C1 + "C");
      }
      else {
         double C, F;         // 섭씨온도와 화씨온도 저장할 변수: 블록 내에서 변수 선언

          C = SkScanner.getDoubleWithPrompt("\n  o Input Centigrade degree > ");
          F = C * 9 / 5 + 32;
          System.out.println("\n  * " + C + "C = " + F + "F");
      }
   }
}
```

실행결과

```
**** Conversion of temperature  ****
  1) Fahrenheit temperature to Centigrade temperature
  2) Centigrade temperature to Fahrenheit temperature
```

실행결과	o Choose which 〉 1 o Input Fahrenheit temperature 〉 56 * 56.0F = 13.333333333333334C = 13.3C

프로그램 설명

- 이 프로그램에서 조건이 true일 때와 false일 때 수행할 문장이 여러 문장이므로 여러 문장을 블록으로 작성
  - 블록 내에서 필요한 변수 선언 가능
  - 《 double F, C; 》는 블록 내에서 선언한 변수
- 《 double C1 = (int) ((C + ((C 〉 0) ? 0.05 : -0.05)) * 10) / 10.0; 》는 소수점 이하 2자리에서 반올림한 결과를 C1 변수에 저장
- menu 변수에 입력한 값이 1이 아니면 섭씨온도에서 화씨온도로 변환 수행
  - menu 변수에 입력한 값이 2일 때에만 섭씨에서 화씨로 변환하도록 프로그램 변경해야 올바른 프로그램이 됨

예제 4-2-2 프로그램은 여러 작업을 수행하는 첫 프로그램이며, 앞으로 여러 작업을 수행하는 프로그램들을 많이 작성한다. 여러 작업을 수행하는 프로그램은 다음과 같이 작업 선택 부분, 제어 부분, 특정 작업 수행 부분 등 3가지 부분으로 작성한다.

- 작업 선택 부분: 작업 선택을 위한 메뉴 출력하고 메뉴 중 하나 선택하게 함
- 제어 부분: 메뉴 선택에 따른 작업 수행하기 위해 if 문이나 switch 문으로 제어 부분 작성
- 특정 작업 수행 부분: 작업별로 수행할 문장들 작성

❑ 중첩된 if 문

if 문 그 자체는 별로 복잡하지 않다. 그런데 if 문 내에 또 다른 if 문이 내포된다든지 else 부분이 연속적으로 반복될 수 있으며, 이러한 if 문을 중첩된 if 문이라 한다.

특히, 중첩된 if 문에서 else 부분을 생략하면 else 부분의 개수가 if 문의 개수보다 적게 되며, else 부분과 대응되는 if 문을 찾기가 어려울 수 있다. Java에서 else 부분은 가장 가까운 if 문과 대응되므로 조건이 true 부분과 false 부분을 정확히 작성해야 한다.

❑ 중첩된 if 문 사용하여 점수를 성적으로 변환하기

예제 4-2-3은 조건이 false일 때 수행되는 else 부분이 연속적으로 중첩된 프로그램이며, 점수를 입력하여 이를 성적 등급으로 변환하여 출력한다.

예제 4-2-3 점수를 입력하여 성적 등급으로 변환(중첩된 if 문 사용)

```
class ScoreToGrade_UsingIf {
   public static void main(String[] args) {
      int score;       // 점수 입력하여 저장할 변수
      String grade;  // 성적 등급 저장할 변수

      System.out.println("\n    **** 점수를 성적 등급으로 변환 **** \n");

      score = SkScanner.getIntWithPrompt("  o 점수 입력 > ");

      if (score >= 95 && score <= 100)        // 점수가 95 ~ 100이면
         grade = "A+";                         //    성적에 A+를 저장
      else if (score >= 90 && score <= 94)   // 점수가 90 ~ 94이면
         grade = "A0";                         //    성적에 A0을 저장
      else if (score >= 85 && score <= 89)   // 점수가 85 ~ 89이면
         grade = "B+";                         //    성적에 B+를 저장
      else if (score >= 80 && score <= 84)   // 점수가 80 ~ 84이면
         grade = "B0";                         //    성적에 B0을 저장
      else if (score >= 75 && score <= 79)   // 점수가 75 ~ 79이면
         grade = "C+";                         //    성적에 C+를 저장
      else if (score >= 70 && score <= 74)   // 점수가 70 ~ 74이면
         grade = "C0";                         //    성적에 C0을 저장
      else if (score >= 65 && score <= 69)   // 점수가 65 ~ 69이면
         grade = "D+";                         //    성적에 D+를 저장
      else if (score >= 60 && score <= 64)   // 점수가 60 ~ 64이면
         grade = "D0";                         //    성적에 D0을 저장
      else                                     // 기타 점수이면
         grade = "F";                          //    성적에 F를 저장

      System.out.println("  * 입력 점수 " + score + "의 성적 등급: " + grade);
   }
}
```

실행결과

```
 **** 점수를 성적 등급으로 변환 ****

o 점수 입력 > 99
* 입력 점수 99의 성적 등급: A+
```

이 프로그램은 점수 구간에 대해 대응되는 성적 등급을 구해 출력한다. 첫 if 문의 else 부분을 연속적인 else if 문으로 작성하여 조건에 따라 여러 작업을 수행한다. 반복되면서도 규칙적인 형태의 프로그램을 작성하고 디버깅[52)]하는 것은 어렵지 않다.

❑ 중첩된 if 문 사용하여 문자 종류 구하기

예제 4-2-4는 난이도가 높은 중첩된 if 문의 또 다른 예이다. 이 프로그램은 키보드에서 문자 하나를 읽어 문자 종류를 출력한다.

예제 4-2-4 입력한 문자 종류 구하기(중첩된 if 문 사용)

```
class CharacterType_UsingIf {
  public static void main(String[] args) {

    // 문자 종류별 명칭을 저장하는 문자열 배열
    String[] ctypeNames = { "영대문자 모음", "영대문자 자음",
                            "영소문자 모음", "영소문자 자음",
                            "한글 자음", "한글 모음", "한글 글자",
                            "숫자 디지트",
                            "기타 문자"      };

    System.out.println("\n\n  **** 문자 종류 확인하기 ****\n");

    char c = SkScanner.getCharWithPrompt("  o 종류 확인할 문자 > ");

    int ctype;  // 0부터 8까지 문자 종류를 나타내는 번호를 저장할 변수

    // 중첩된 if 문의 예: 문자 종류를 확인하여 ctype에 종류 번호 저장
    if (c >= 'A' && c <= 'Z') {                // 'A'부터 'Z'까지는 영대문자
         if (c=='A' || c=='E' || c=='I' || c=='O' || c=='U')
            ctype = 0;                         //     영대문자 모음의 종류 번호: 0
         else
            ctype = 1;                         //     영대문자 자음의 종류 번호: 1
    } else if (c >= 'a' && c <= 'z') {         // 'a'부터 'z'까지는 영소문자
         if (c=='a' || c=='e' || c=='i' || c=='o' || c=='u')
            ctype = 2;                         //     영소문자 모음의 종류 번호: 2
       else
            ctype = 3;                         //     영소문자 자음의 종류 번호: 3
    } else if (c >= 'ㄱ' && c <= 'ㅎ')          // 'ㄱ'은 한글 자음 중 최소, 'ㅎ'은 최대
            ctype = 4;                         //     한글 자음의 종류 번호: 4
```

52) 프로그램의 오류를 없애는 작업을 디버깅(debugging)이라 한다. 지금까지 작성한 프로그램들은 디버깅이 어렵지 않으나, 앞으로 작성될 복잡한 프로그램은 디버깅이 어려울 수 있다.

```
    else if (c >= 'ㅏ' && c <= 'ㅣ')          // 'ㅏ'는 한글 모음 중 최소, 'ㅣ'는 최대
            ctype = 5;                        //     한글 모음의 종류 번호: 6
    else if (c >= '가' && c <= '힣')          // '가'는 한글 글자 중 최소, '힣'은 최대
            ctype = 6;                        //     한글 글자의 종류 번호: 6
    else if (c >= '0' && c <= '9')            // '0'부터 '9'까지는 디지트
            ctype = 7;                        //     숫자 디지트의 종류번호: 7
    else
            ctype = 8;                        // 기타 문자 종류의 번호: 8

     // ctype에 저장된 종류번호의 명칭을 출력: ctype을 인덱스로 이용
     System.out.println("  * 입력 문자 '" + c + "'의 종류: " + ctypeNames[ctype]);
  }
}
```

실행결과	**** 문자 종류 확인하기 **** * 종류 확인할 문자 > 홍 o 입력 문자 '홍'의 종류: 한글 글자

프로그램 설명

- 배열변수 ctypeNames에 9가지 문자 종류 명칭 저장
- SkScanner.getCharWithPrompt() 메소드
  - 프롬프트 메시지 출력한 후 문자 입력하는 메소드
  - 이 메소드 이용하여 입력 문자를 변수 c에 저장
- c에 입력한 문자 종류 확인하여 0부터 8까지 종류 번호를 ctype에 저장 (영대문자 자음: 0, 영대문자 모음: 1, ... , 기타 문자: 8)
- ctypeNames[ctype]에서 ctype을 인덱스로 사용하여 ctypeNames 배열에서 문자종류 명칭을 구하고 출력
  - ctype을 인덱스로 이용하는 기법은 Java에서 자주 사용되는 기법

이 프로그램의 if 문은 복잡하다. 처음의 if 문과 두 번째 if 문 내에 또다시 if 문이 중첩되고, else 부분이 6번이나 연속적으로 나열된다. 이러한 프로그램은 작성도 쉽지 않지만, 프로그램 이해도 쉽지 않다.

지금까지 제시된 프로그램 중에서 가장 난이도가 높은 프로그램이지만 스타일이 좋은 프로그램이다. 처음부터 복잡한 프로그램을 작성하기는 어렵다. 많은 연습과 노력이 필요하며, 좋은 스타일의 프로그램을 많이 읽어보면서 작성능력을 배양해야 한다.

복잡한 프로그램을 읽기 위한 팁

중첩된 if 문과 같은 복잡한 구조의 프로그램을 읽거나 작성하려면 어지러움을 느낀다. 프로그래밍을 잘하려면 이러한 어지러움 증상을 극복해야 한다. 극복하는 방법은 다른 특별한 방법은 없으며, 이런 문제를 많이 접하여 습관화하는 수밖에 없다.

프로그래밍을 빨리 제대로 배우고 싶은 학생들은 복잡한 프로그램을 많이 읽어보기를 권장한다. 그냥 아무런 생각 없이 읽는 것이 아니라 프로그램의 구조, 내용, 작성기법이 어떻게 되는가를 생각하며 정독해야 한다. 읽고 나면 머리가 띵한 것이 느껴질 것이다.

정말 중요한 팁 하나를 알려 주겠다. 프로그램을 읽을 대, 그 프로그램이 무엇을 하고자 하는 것인지를 미리 알고서 프로그램을 읽으면 프로그램 읽기가 매우 쉽다. 프로그램을 아무런 생각 없이 읽고 이해하려면 머리만 아프지 도움도 안 된다. 그러나 직감적으로 '**아! 이 프로그램, 이건 바로 ....**'를 느끼고 프로그램을 읽기 시작하면 식은 죽 먹기다.

프로그램이라는 것은 사람이 작성하는 것이고 사람의 생각이란 대부분 비슷하다. 어려운 철학책을 읽다가도 자신이 생각한 것을 위대한 철학자가 말하고 있다는 느낄 때가 있을 것이다. 그때는 철학도 어렵지 않다. 알면 쉽고 모르면 어렵다는 것은 바로 이러한 것을 말한다.

정말 그러한지 한번 확인해보기 바란다. CharacterType_UsingIf 클래스는 문자를 입력하여 문자가 어떤 종류인가를 판별하는 프로그램이다. 이것을 염두에 두고 프로그램을 다시 읽어보면 프로그램이 훨씬 쉽고, 복잡한 것이 아니라 체계적인 것을 알게 된다.

4.2.2 switch 문

switch 문은 특수한 형태의 if 문을 간단하고 이해하기 쉽게 표현하기 위한 선택문으로, 사용형식은 다음과 같다.

```
switch(switch_수식) {
   case case_상수수식 : case case_상수수식 : ...
      case_문장
      break;

   case case_상수수식 : case case_상수수식 : ...
      case_문장
```

```
    case case_상수수식 : case case_상수수식 : ...
      case_문장
      break;
       ...

    default:
      default_문장
}
```

switch 문의 구성과 수행되는 과정은 다음과 같다.

- 전체적 기능: switch 수식의 수식과 case 상수수식의 상수수식[53]이 동일할 경우 해당 case 상수수식의 case 문장 수행
- switch 수식: switch 키워드 다음의 괄호 속의 수식으로, 정수, 실수, 문자, 문자열, boolean 등의 타입 결과 가지는 수식이어야 함
- case 상수수식: case 키워드 다음에 나타나는 상수수식으로, :으로 끝나며, 여러 개가 나타날 수도 있으며, case 레이블이라고도 함
- case 문장: switch 수식과 case 상수수식이 동일할 경우 수행되는 문장으로, 하나의 문장 또는 여러 문장이 기술됨. 마지막에 break 문이 보통 나타나며, break 문은 생략될 수 있음
- break 문: break 문을 만나면 switch 문의 수행이 종료. break 문이 없으면 다음 case 문장이 계속 수행
- 《default: default_문장》: switch 수식과 동일한 case 상수수식 없을 때 수행되는 문장

switch 문의 사용형식, 기능 등은 예를 통하여 전체적으로 이해하는 것이 그 자체에 대해 장황한 설명보다 훨씬 쉽다.

예제 4-2-5는 예제 4-2-3의 if 문을 사용한 프로그램을 switch 문을 사용하여 변경한 프로그램이다.

예제 4-2-5 점수를 입력하여 성적 등급으로 변환(switch 문 사용)

```
class ScoreToGrade_UsingSwitch {
  public static void main(String[] args) {
    int score;          // 점수 입력하여 저장할 변수
```

53) 상수수식은 값을 바로 계산할 수 있는 수식으로, 상수, 상수와 상수의 연산 등을 포함하며 변수가 포함되지 않는 수식이다. 예를 들어, 93, 93 − 10, "age=" + 19는 상수수식이다.

```
        String grade;      // 성적 저장 변수

        System.out.println("\n    **** 점수를 성적 등급으로 변환 **** \n");
        score = SkScanner.getIntWithPrompt("  o 0에서 100 사이 점수 입력 > ");

        switch(score) {  // score를 각 case 상수와 비교하여 같으면
        case 95: case 95+1: case 95+1+1: case 95+3:      // 여러 case 상수수식
        case 95+4: case 100:                             // 점수가 95부터 100이면
            grade = "A+";                                //     성적에 A+ 저장
            break;                                       //     switch 문 벗어남

        case 90: case 91: case 92: case 93: case 94:     // 점수가 90부터 94이면
            grade = "A0";                                //     성적에 A0 저장
            break;                                       //     switch 문 벗어남

        case 85: case 86: case 87: case 88: case 89:     // 점수가 85부터 89이면
            grade = "B+";                                //     성적에 B+ 저장
            break;                                       //     switch 문 벗어남

        case 80: case 81: case 82: case 83: case 84:     // 점수가 80부터 84이면
            grade = "B0";                                //     성적에 B0 저장
            break;                                       //     switch 문 벗어남

        case 75: case 76: case 77: case 78: case 79:     // 점수가 75부터 79이면
            grade = "C+";                                //     성적에 C+ 저장
            break;                                       //     switch 문 벗어남

        case 70: case 71: case 72: case 73: case 74:     // 점수가 70부터 74이면
            grade = "C0";                                //     성적에 C0 저장
            break;                                       //     switch 문 벗어남

        case 65: case 66: case 67: case 68: case 69:     // 점수가 65부터 69이면
            grade = "D+";                                //     성적에 D+ 저장
            break;                                       //     switch 문 벗어남

        case 60: case 61: case 62: case 63: case 64:     // 점수가 60부터 64이면
            grade = "D0";                                //     성적에 D0 저장
            break;                                       //     switch 문 벗어남

        default:                                         // 기타 점수이면
            grade = "F";                                 //     성적에 F 저장
        }

        System.out.print("  * 입력 점수 " + score + "의 성적 등급: " + grade");
    }
}
```

실행결과	**** 점수를 성적 등급으로 변환 **** o 0에서 100 사이 점수 입력 〉 90 * 입력 점수 90의 성적 등급: A0

프로그램 설명

- 이 프로그램은 입력한 점수 score를 case 상수수식과 비교하여 점수를 성적 등급으로 변환
  - score와 case 상수수식이 일치하면 해당 case 문장 수행하고 break 문 만나면 switch 문 종료
  - 점수가 60 미만이면 default 부분이 수행되므로 성적 등급에 F가 저장[54)]
  - case 상수수식에는 95, 95+1, 95+1+1 등 상수, 상수 포함 수식 등 상수수식이 가능
- 이 프로그램에는 case 상수수식의 개수가 많아 switch 문의 효과를 보지 못함
  - case 상수수식 개수 줄이는 방안 찾아 스마트한 프로그램으로 변경할 것
  - 변경한 프로그램을 간결하게 작성된 예제 4-2-6과 비교해 볼 것

이 프로그램은 case 상수수식의 개수가 매우 많아 프로그램이 간결하지 않다. 실습자료에 간결하게 작성된 예제 4-2-6을 참조하기 바란다.

4.3 반복문: for 문, while 문, do-while 문

반복문은 반복 수행할 문장을 한 번만 작성하지만 여러 번 수행할 수 있는 문장이다. C 언어와 마찬가지로 Java는 for, while, do-while 등 3개의 반복문을 제공한다.

4.3.1 for 문

❑ for 문의 구조와 수행과정

for 문은 반복 제어변수를 이용하여 반복회수를 제어하는 반복문이다. for 문은 for 키워드, 제어변수의 초기화, 반복조건 수식, 제어변수의 변경, 반복 수행할 문장 등 5부분으로 구성된다.

54) 만약 101 이상의 점수가 입력되면 결과는 어떻게 되는가를 확인해보기 바란다. 0부터 100까지 점수를 입력하라고 프롬프트 메시지를 띄웠지만, 실수로 1000을 입력할 수 있다.

for (*제어변수_초기화; 반복조건; 제어변수_변경*)
    반복_수행할_문장

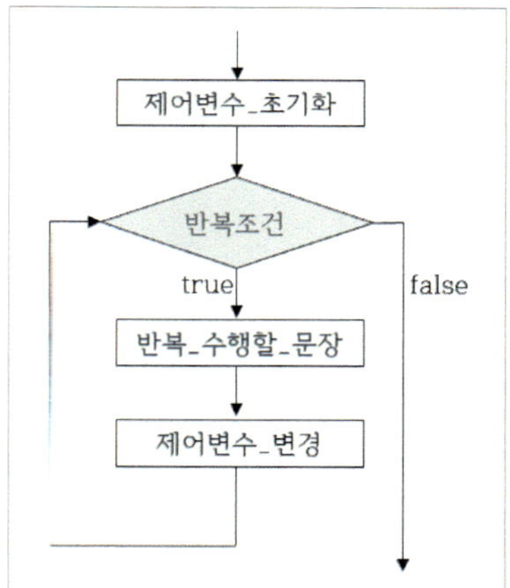

for 문은 반복조건이 true인 동안 반복 수행할 문장을 계속 수행하며, 수행과정은 다음과 같다.

① 먼저 제어변수 초기화 수행
② 반복조건 검사하여 true이면 반복 수행할 문장 수행하고, false이면 for 문 종료
③ 제어변수 변경 수행
④ ②를 다시 수행

❑ for 문의 반복 제어변수

for 문은 반복 제어변수를 이용하여 반복을 적절히 제어한다. 관례적으로 for 문의 반복 제어변수는 i가 주로 사용된다.

반복 제어변수는 for 문 외부에서 선언되거나 for 문 내부에서 선언될 수 있다.

- for 문 외부에서 선언된 반복 제어변수
  - for 문 내부 및 외부에서 사용 가능
  - for 문이 끝난 후에도 변수가 유효하므로 for 문 외부에서 사용할 수 있음
- for 문 내부에서 선언된 반복 제어변수
  - for 문에서만 사용 가능
  - for 문이 끝난 후 변수가 무효화되므로 for 문 외부에서 사용할 수 없음

예제 4-3-1은 for 문 외부에서 선언한 반복 제어변수를 이용한 for 문을 보여 준다.

예제 4-3-1 "I like Java "를 10번 출력

```
int i;  // for 문 외부에서 선언한 반복 제어변수 i: for 문 끝난 후에도 사용 가능
for (i = 0; i < 10; i++)              // i가 0부터 10보다 작을 동안 1씩 증가시켜
    System.out.print("I like Java ");  //    "I like Java "를 줄 바꾸지 않고 출력

System.out.println("\n * for 문이 종료한 후 i = " + i);
```

실행결과

```
I like Java I like Java I like Java I like Java I like Java I like Java ...
* for 문이 종료한 후 i = 10
```

프로그램 설명

- 반복 제어변수 i를 for 문 외부에서 선언
  - i가 0부터 9까지 1씩 증가할 때 반복조건 i < 10이 true이므로 "I like Java " 10번 출력
  - i가 10이 된 후 반복조건 i < 10을 검사하면 false가 되므로 for 문 종료
- for 문 외부에서 선언된 제어변수 i는 for 문이 끝난 후에도 유효
  - for 문이 종료된 후 i 값 출력하면 10이 출력
- 반복문을 사용하면 반복회수의 변경이 매우 용이

예제 4-3-2는 for 문 내부에서 반복 제어변수 j를 선언한 for 문이며, 영어 소문자 'a'부터 'z'까지를 출력한다.

예제 4-3-2 영어 소문자 'a'부터 'z'까지 출력

```
for (int j = 0; j < 26; j++)                    // 제어변수 j를 제어변수 초기화에서 선언
    System.out.print((char) ('a' + j) + " ");   //    'a'에서 j번째 뒤의 문자 출력
```

실행결과

```
a b c d e f g h i j k l m n o p q r s t u v w x y z
```

프로그램 설명

- 반복 제어변수 j를 for 문 내부에서 선언
  - j가 0부터 25까지 1씩 증가하며 26번 반복
  - (char) ('a' + j)는 영소문자 'a' 다음의 j번째 뒤의 문자를 구하는 수식[55]으로, j가 1이면 'b', 2이면 'c', 3이면 'd'

55) (char) ('a' + j), (char) ('A' + j), (char) ('0' + j) 등은 소문자, 대문자, 숫자 디지트 중에서 j번째 순번의 값을 구하는 수식으로 자주 사용되므로 알아두면 편리하다. 이와 반대로 문자변수 c에 대문자, 소문자, 숫자 디지트가 저장되어 있을 때 순번을 구하는 수식은 c - 'a', c - 'A', c - '0'이다.

- for 문 내부에서 선언한 제어변수 j는 for 문 내부에서만 사용 가능
  - 제어변수 j는 for 문 외부에서 사용하지 못함
  - 제어변수 j를 for 문 외부에서 사용하면 "j cannot be resolved to a variable"이라는 오류가 발생
  - 이는 변수 j가 선언되지 않음을 나타냄

❑ for 문에서의 생략과 무한 반복

for 문에서 제어변수 초기화, 반복조건, 제어변수 변경 등을 생략할 수 있으며, 특히 반복조건을 생략하면 반복조건은 true가 되어 for 문은 끝나지 않고 무한히 반복한다. 그러나 for 문에서 반복 수행할 문장은 생략할 수 없으며, 반복 수행할 문장이 없을 때는 공백문을 작성해야 한다.

예제 4-3-3은 for 문에서의 생략의 예를 보여준다. 모든 for 문들의 반복조건이 생략되거나 true이므로 무한히 반복한다.

예제 4-3-3 for 문의 생략과 무한 반복

```
■ for ( ; ; )                    // 제어변수 초기화, 반복조건, 제어변수 변경 모두 생략
      System.out.println(" * This is first infinite loop - never ending!!!");

■ for ( ; true; )                // 제어변수 초기화, 제어변수 변경 생략
      System.out.println(" * This is second infinite loop - never ending!!!");

■ for ( int i = 0; ; i++) {       // 반복조건 생략
      System.out.println(" * This is third infinite loop - never ending!!!");
      System.out.println("    i = " + i);
  }

■ for ( ; ; )                    // 제어변수 초기화, 반복조건, 제어변수 변경 모두 생략
      ;                          //   반복 수행할 문장이 없으면 공백문으로 작성해야 함
```

❑ 반복할 문장들을 블록으로 작성하기

for 문에서 반복 수행할 문장은 하나의 문장만 가능하다. 그런데 반복 수행할 문장이 2개 이상인 경우가 많다. 이때는 반드시 여러 문장을 블록으로 작성해야 한다.

예제 4-3-4는 배열에 점수 10개를 입력하고 점수 합을 구해 출력한다.

예제 4-3-4 for 문의 반복 수행할 문장은 한 문장임을 보이는 예

```
int[] scores = new int[10];        // 원소 10개 저장할 배열객체를 scores 배열에 저장
int sum = 0;                       // 점수 누적해 합 구할 때 반드시 0으로 초기화해야함

for (int i = 0; i < 10; i++)
    scores[i] = SkScanner.getIntWithPrompt(" o" + (i + 1) + "번째 점수 > ");
    sum = sum + scores[i];

System.out.println("\n * 점수 10개 합 = " + sum);
```

이 프로그램의 원래 의도는 점수 10개를 입력하면서 점수를 sum에 더하여 합을 구하는 것이다. 그런데, 문장 《 sum = sum + scores[i]; 》는 for 문과 관련이 없는 문장이므로 반복 수행되지 않을 뿐 아니라 이 문장은 컴파일 단계에서 "i cannot be resolved to a variable" 오류[56]를 발생시킨다.

정상적으로 작동하기 위해 예제 4-3-5와 같이 반복 수행할 2문장을 블록으로 작성해야 한다.

예제 4-3-5 반복 수행할 2문장을 블록으로 작성한 예

```
int[] scores = new int[10];        // 원소 10개 저장할 배열객체를 scores 배열에 저장
int sum = 0;                       // 점수 누적해 합 구할 때 반드시 0으로 초기화해야함

for (int i = 0; i < 10; i++) {     // 반복 수행할 블록 시작
    scores[i] = SkScanner.getIntWithPrompt(" o " + (i + 1) + "번째 점수 > ");
    sum = sum + scores[i];
} // 반복 수행할 블록 끝

System.out.println("\n * 점수 10개 합 = " + sum);
```

이 경우, 반복 조건 i < 10이 true인 동안 점수를 입력하여 원소에 저장하고 점수를 합하는 2문장 모두가 반복 수행된다.

❑ for 문의 중첩

for 문의 구조도 if 문의 구조와 같이 그 자체는 그리 복잡하지 않다. 그런데, for 문도 if 문과 마찬가지로 for 문 내에 다른 for 문이나 다른 복잡한 문장들이 올 수 있다. 특히 for 문 내에 반복문이 중첩될 경우 반복회수가 많아지고 수행되는

56) 이 오류는 변수가 선언되지 않았다는 오류이다. for 문 안에 선언한 반복 제어변수 i는 for 문밖에서 사용되지 못하기 때문이다.

작업이 복잡해지므로 주의해야 한다.

예제 4-3-6은 for 문 내부에 for 문이 중첩된 프로그램으로, for 문을 2번 중첩해 '*'로 가로 10, 세로 5인 직사각형을 출력한다.

예제 4-3-6 '*'로 직사각형 출력(중첩 for 문 사용)

```
System.out.println("\n\n 《 '*'로 그린 가로 10, 세로 5인 직사각형 》 \n");

for (int h = 0; h < 5; h++) {           // 1번 세로줄부터 5번 세로줄까지
    System.out.print("  ");             //     각 라인의 처음에 공백문자 2개 출력

    for (int w = 0; w < 10; w++)        //     가로 크기만큼 *를 출력
        System.out.print("*");

    System.out.println();
}
```

실행결과

```
《 '*'로 그린 가로 10, 세로 5인 직사각형 》

**********
**********
**********
**********
**********
```

예제 4-3-7은 가로 크기와 세로 크기를 입력받아 직사각형을 그리는 프로그램이다.

예제 4-3-7 '*'로 직사각형 출력(중첩 for 문 사용)

```
int width = SkScanner.getIntWithPrompt("\n\n o 그릴 사각형의 가로 > ");
int height = SkScanner.getIntWithPrompt("\n o 그릴 사각형의 세로 > ");

System.out.println("\n\n 《 '*'로 그린 가로 " + width + ", 세로 "
                   + height + "인 직사각형 》 \n");

// 첫 번째 세로 줄에서 마지막 세로 줄 그리기: 공백문자 2개, * width개 그린 후 줄바꿈
for (int h = 0; h < height; h++) {
    System.out.print("  ");              // 각 라인의 처음에 공백문자 2개 출력

    for (int w = 0; w < width; w++)      // 가로 크기만큼 *를 출력
        System.out.print("*");

    System.out.println();
}
```

이 프로그램은 어떠한 크기의 직사각형도 그릴 수 있는 프로그램으로, 예제 4-3-6보다 효용성이 훨씬 높다. 조금만 변경해도 프로그램 기능은 크게 달라지므로 효용성이 높은 프로그램을 작성할 수 있도록 노력해야 한다.

예제 4-3-8은 for 문 내부에 for 문이 중첩된 프로그램으로, 1부터 100까지 정수에 대해 약수 개수를 구해 출력한다.

예제 4-3-8 1부터 100까지 정수의 약수 개수 구하기(중첩 for 문 사용)

```
for (int n = 1; n <= 100; n++) {           // 외부 for 문: n이 1부터 100까지 반복
    int cntDivisors = 0;                   //     n의 약수 개수를 0으로 초기화

    for (int i = 1; i <= n; i++)           //     내부 for 문: i가 1부터 n까지 반복
        if (n % i == 0)                    //         n을 i로 나누어 나머지가 0이면
            cntDivisors++;                 //         i는 n의 약수이므로 약수 개수 1 증가

    System.out.println(" * " + n + "의 약수 개수: " + cntDivisors);
}
```

실행결과

```
* 1의 약수 개수: 1
* 2의 약수 개수: 2
   ...
* 100의 약수 개수: 9
```

프로그램 설명

- 외부 for 문에서 제어변수 n이 1부터 100까지 차례로 증가
  - 내부 for 문에서 제어변수 i가 1부터 n까지 증가하면서 n을 나눈 나머지가 0이면 약수 개수 증가하여 n의 약수 개수 구함
  - n이 1일 때 i는 1부터 1까지 1번, n이 2일 때 i는 1부터 2까지 2번, n이 3일 때 i는 1부터 3까지 3번 반복되며, n이 100일 때 i는 1부터 100까지 100번 반복
  - 그러므로 총 반복회수는 1 + 2 + 3 + … + 99 + 100 = 5050번

for 문이 3번, 4번 또는 그 이상으로 중첩될 수도 있으며, 이 경우 프로그램은 더욱 복잡해지고, 반복회수도 커질 가능성이 크다. 그렇지만 전문 Java 프로그래머는 3번 이상 중첩된 for 문을 거의 사용하지 않으며, 2번 중첩된 반복문도 잘 작성하지 않는다. 그 대신 메소드를 사용하여 프로그램을 간결하고 기능적이며 스마트하게 작성한다. 반복문 다음으로 마스터해야할 것이 메소드이다.

❑ 배열을 위한 for-each 문

최근 Java에 프로그램의 작성이 용이하도록 편리한 기능들이 많이 도입되었으며, 그중 하나가 for-each 문이다.

for-each 문은 배열변수의 모든 원소를 한 번씩 사용하여 자동적으로 반복 작업을 수행하는 반복문으로, 원소 저장할 변수에 배열 원소 하나하나를 자동적으로 저장시켜 원소 개수만큼 자동적으로 반복 수행한다.

for-each 문의 구조는 다음과 같다.

```
for (타입 원소_저장할_변수 : 배열변수)
    반복_수행할_문장
```

예제 4-3-9는 for-each 문을 사용하여 scores 배열변수에 저장한 점수들의 합을 구해 출력한다.

예제 4-3-9　scores 배열변수의 점수 합 구하기(for-each 문 사용)

```
int[] scores = { 90, 95, 79, 83, 88, 65, 72, 83, 81, 96 };

int sum = 0;

// for-each 문: scores 배열변수의 각 원소에 대해 자동적으로 반복시켜 합 구함
for (int score : scores)      // scores 배열변수의 원소 하나씩을 score 변수에 저장하여
    sum = sum + score;        //    score 값을 sum에 누적

System.out.println(" * 점수들의 개수: " + scores.length);
System.out.println(" * 점수들의 합: " + sum);
```

실행결과

```
* 점수들의 개수: 10
* 점수들의 합: 832
```

프로그램 설명

- for-each 문에서 scores 배열변수의 각 원소에 대해 반복 수행
  - scores 배열변수에 저장한 점수 10개가 한 번씩 score 변수에 저장되어 《 sum = sum + score; 》 10번 수행
  - 점수 10개 합이 구해져 sum 변수에 저장

for-each 문은 배열의 모든 원소를 한 번씩 접근하여 수행하는 작업을 처리할 때 아주 유용하다.

참고로 예제 4-3-9의 for-each 문을 for 문을 이용하여 재작성하면 다음과 같다.

```
// for 문: scores 배열의 원소 개수만큼 반복하여 합 구함
for (int i = 0; i < scores.length; i++) {  // i를 0부터 (원소 개수 - 1)까지 반복하여
    int score = scores[i];                  //     i번째 원소를 score에 저장
    sum = sum + score;                      //     score 값을 sum에 누적
}
```

for-each 문에서 반복 제어변수 초기화, 반복조건 검사와 반복 제어변수의 변경이 자동적으로 이루어지기 때문에 for 문을 사용하는 경우보다 편리함을 한 눈에 알 수 있다. 하지만 프로그래밍 학습 초기에는 for 문만 이용하여 배열 원소를 다루는 훈련을 하는 것이 더 도움이 된다.

한편, for-each 문을 사용하면 배열 원소 값을 참조할 수는 있지만, 배열 원소에 값을 저장할 수 없다. 배열 원소에 값을 저장하려면 반드시 for 문을 사용해야 한다.

4.3.2 while 문

while 문은 반복조건이 만족하는 동안 반복을 계속하는 반복문이다. while 문의 구조는 다음과 같이 간단하다.

```
while( 반복조건 )
    반복_수행할_문장
```

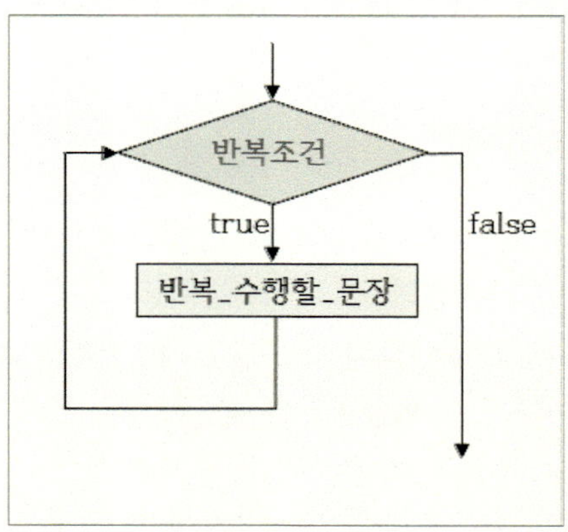

while 문은 반복조건이 true인 동안 반복하며, 수행과정은 다음과 같다.

① 반복조건 검사하여 true이면 반복 수행할 문장 수행하고, false이면 while 문 종료 ② ①을 다시 수행

예제 4-3-10의 while 문은 정수를 입력하여 디지트들 합을 구해 출력한다.

예제 4-3-10 정수의 디지트들의 합 구하기(while 문 사용)

```
int n0, n; // 입력한 정수를 저장할 변수
int sumDigits = 0;

System.out.println(" ** 정수 입력하여 디지트들의 합 구하기 **\n");
n0 = n = SkScanner.getInt(" o 디지트들의 합 구할 정수 > ");

if (n < 0)                              // 음수인 경우
    n = -n;                             //     양수로 바꾸어 디지트들의 합 구함

while(n != 0) {                         // n이 0이 아닌 동안
    sumDigits = sumDigits + n % 10;     //     n의 1자리 디지트 구해 합에 누적
    n = n / 10;                         //     n을 10으로 나누어 자리수를 하나 줄임
}

System.out.println("\n * " + n0 + "의 디지트들의 합 = " + sumDigits);
```

프로그램 설명

- 이 프로그램은 정수 입력하여 각 자리수의 합 구해 출력
  - while 문 반복조건이 n != 0이므로 n이 0 아닌 동안 while 문 계속 반복
  - n이 10으로 계속 나누어지므로 어느 순간 0이 되며, 그때 while 문 종료
  - n의 10 나머지 구해 합에 누적하고 n을 10으로 나눈 후 계속 반복
  - sumDigits에 각 자리수 합 구해짐

예제 4-3-11의 while 문은 -1이 입력될 때까지 여러 점수를 입력하여 입력한 점수 중에서 0과 100 사이 올바른 점수에 대해서만 합을 구해 출력한다.

예제 4-3-11 올바른 점수 입력하여 합 구하기(while 문 사용)

```
int score;
int sum = 0;
```

```
System.out.println(" ** 0부터 100 사이 점수들 입력(-1 입력 시 종료) **");
score = SkScanner.getInt(" o 0부터 100 사이 점수 > ");

while(score != -1) {                           // 입력한 점수가 -1이 아닌 동안 반복
   if (score > 0 && score <= 100)              //    점수가 0부터 100 사이 올바른 점수이면
      sum = sum + score;                       //       합에 누적
   else if (score < -1 || score > 100)         //    점수가 -1 미만 또는 100 초과이면
      System.out.println(" ? 입력 오류, 잘못된 점수: " + score + "\n");   // 오류 처리

   score = SkScanner.getInt(" o 0부터 100 사이 점수 > ");
}

System.out.println("\n o sum = " + sum);
```

프로그램 설명

- 이 프로그램은 올바른 점수인 0부터 100 사이 점수들에 대해서만 합 구함
  - while 문 반복조건이 score != −1이므로 score에 −1이 입력될 때까지 while 문 반복
  - score에 −1이 입력되면 while 문 종료
  - 입력한 점수가 0부터 100 사이이면 점수 합에 누적시킴
  - 입력한 점수가 -1 미만 또는 100 초과이면 오류 처리
- 값 입력보다 올바른 값 입력 여부 검사가 더 중요할 수 있음
  - 올바른 값 입력을 위한 방법도 잘 익혀야 할 사항

❑ while 문의 무한 반복

while 문의 반복조건이 항상 true가 되는 경우가 있으며, 이때의 while 문은 외관상으로 끝없이 반복하는 무한 루프(infinite loop)이다. 이럴 때 보통 while 문 내에서 강제적으로 while 문을 벗어나기 위해 break 문이나 return 문을 사용한다.

예제 4-3-12는 반복조건이 true인 while 문을 보여준다.

예제 4-3-12 올바른 점수 합 구하기(반복조건이 true인 while 문 사용)

```
int score;
int sum = 0;

System.out.println(" ** 0부터 100 사이 점수들 입력(-1 입력 시 종료) ** ");
```

```
while(true) {                         // while 문의 반복조건이 true이므로 무한 반복
   score = SkScanner.getIntWithPrompt(" o 0부터 100 사이 점수 > "));

   if (score >= 0 && score <= 100)    //    올바른 점수이면
      sum = sum + score;              //       합에 누적
   else if (score == -1)              //    점수로 -1을 입력하면 반복을 종료시킴
      break;                          //       break 문은 반복문을 벗어나게 하는 문장
   else
      System.out.println(" ? 입력 오류, 잘못된 점수: " + score + "\n");
}

System.out.println(" * sum = " + sum);
```

프로그램 설명

- 이 프로그램의 while 문은 반복조건이 true이므로 무한히 반복
  - 점수 입력하여 점수가 0부터 100 사이 올바른 점수이면 합에 누적하고 반복 계속
  - 입력한 점수가 -1이면 break 문 수행되어 while 문 종료
  - 입력한 점수가 잘못된 점수이면 오류 메시지 출력하고 반복 계속
- 값 입력하는 것보다 올바른 값 입력되었는가 검사하는 것이 더 중요할 수 있음
  - 올바른 값 입력을 위한 방법도 잘 익혀야 할 사항

무한 루프에서 벗어나기 위한 break 문은 뒤에서 설명한다. while 문도 for 문과 마찬가지로 그 자체는 단순해 보이지만 여러 문장이 결합되고 특히 또 다른 반복문이 그 속에 포함될 경우 수행과정이 매우 복잡하다.

4.3.3 do-while 문

do-while 문은 while 문과 비슷한데 그 구조는 다음과 같다.

```
do
    반복수행할_문장
while( 반복조건 );
```

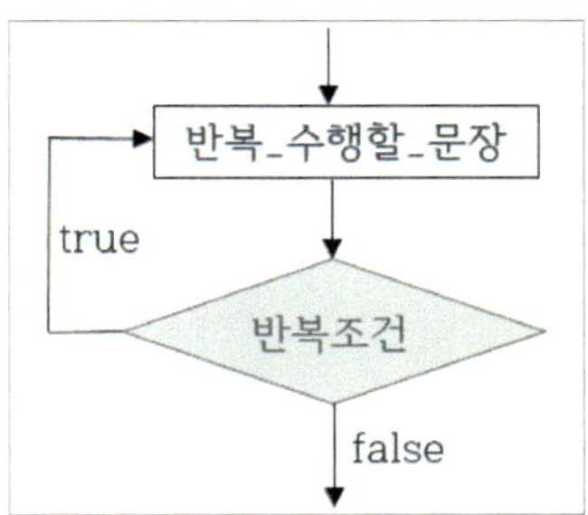

do-while 문은 다음과 같이 while 문을 사용하여 작성할 수도 있다.

```
반복수행할_문장

while( 반복조건 )
    반복수행할_문장
```

do–while 문이 while 문과 다른 점은 반복 수행할 문장이 먼저 수행된 후 반복조건을 검사하여 true이면 반복을 계속한다는 것이다. 어느 순간 반복조건이 false가 되면 do–while 문을 종료한다.

do–while 문에서 주어진 반복 수행할 문장이 최소한 한번은 수행된다. 그러나 while 문에서 처음 반복조건을 검사했을 때 false이면 반복 수행할 문장은 한 번도 수행되지 않는다.

예제 4–3–13의 do–while 문은 –1이 입력될 때까지 여러 점수를 입력하여 입력한 점수 중에서 올바른 점수에 대해서만 합을 구해 출력한다.

예제 4-3-13 올바른 점수 합 구하기(do–while 문 사용)

```
int score;
int sum = 0;

System.out.println(" ** 0부터 100 사이 점수들 입력(-1 입력 시 종료) **");

do {
    score = SkScanner.getIntWithPrompt(" o 0부터 100 사이 점수 > ");
    if (score >= 0 && score <= 100)
        sum = sum + score;
    else if (score < -1 || score > 100)
        System.out.println(" ? 입력 오류, 잘못된 점수: " + score + "\n");
} while (score != -1);

System.out.println("\n o sum = " + sum);
```

사용빈도를 보면 while 문이 do–while 문보다 많이 사용된다.

4.3.4 반복문의 제어: break 문과 continue 문

반복문을 수행할 때 반복조건이 false가 되면 자동적으로 반복문은 끝난다. 그런데 반복문을 작성하다 보면 반복조건과 관계없이 반복문을 강제적으로 끝내야 할 상황이 종종 발생한다. 이럴 때 break 문을 사용하여 반복문을 끝낼 수 있다.

또한, 반복되는 여러 반복 문장들을 수행하는 중에 나머지 문장을 수행하지 않아도 될 상황도 발생한다. 이러면 continue 문을 사용하여 새롭게 반복을 시작하게 할 수 있다.

❑ break 문

break 문은 반복 문장 내에서 반복 필요성이 없어진 경우 반복문에서 벗어나게 하는 문장이다.

예제 4-3-14는 1부터 합이 100000보다 큰 첫 정수를 찾기 위해 break 문을 사용한다.

예제 4-3-14 1부터 합이 100000보다 큰 첫 정수 찾기(break 문 사용)

```
int n, sum = 0;

for (n = 1;  ; n++) {              // n이 1부터 증가하면서 무한히 반복하면서
    sum += n;                      //     sum에 1부터 n까지 합 누적하여
    if (sum >= 100000)             //     sum이 100000보다 크거나 같으면
        break;                     //         break 문 사용하여 for 문 벗어남
}

System.out.println(" * 1부터의 합이 100000 이상인 첫 정수: " + n + ", 합: " + sum);
```

실행결과	* 1부터의 합이 100000 이상인 첫 정수: 447, 합: 100128

프로그램 설명

- for 문의 반복조건 생략되어 반복조건이 true이므로 무한히 계속 반복
  - n은 1부터 시작하여 sum 변수에 누적한 후 1씩 증가하면서 계속 반복
  - sum > 100000 조건 만족하면 break 문 수행되어 for 문 종료
- 1부터의 합이 100000보다 큰 n의 값 447[57]과 합 출력

❑ continue 문

continue 문은 반복 문장 중 continue 문 다음의 나머지 반복 수행할 문장들을 수행하지 않고 새로이 반복을 진행하게 하는 문장이다. for 문에서 continue 문이 수행되면 제어변수 변경 부분을 수행한 후 반복조건을 검사한다. while 문에서 continue 문이 수행되면 반복조건을 검사한다.

57) 물론 1부터 n까지 합을 구하는 공식을 이용하여 방정식 n * (n+1) / 2 >= 10000을 풀어도 되지만 반복문과 break 문을 이해하도록 작성한 것이다.

예제 4-3-15는 continue 문의 예를 보여주는 프로그램으로, 정수를 입력하여 0부터 100 사이 첫 번째 올바른 점수를 출력한다.

예제 4-3-15 첫 번째 올바른 점수 입력하기(continue 문 사용)

```
int score;

// 0부터 100 사이 점수를 입력하면 while 문 종료
while(true) {
    score = SkScanner.getIntWithPrompt(" o 0부터 100 사이 점수 > ");

    if (score < 0 || score > 100) {       // 잘못된 점수 입력하면 오류 처리 및 재입력
        System.out.println(" ?? 입력 오류, 잘못된 점수: " + score + "\n");
        continue;                          //    나머지 반복 부분 무시하고 반복 새로이 시작함
    }

    break;      // 올바른 점수 입력 시 무한 반복을 벗어남
}

System.out.println(" * 입력한 올바른 점수: " + score);
```

실행결과

```
o 0부터 100 사이 점수 > 111
?? 입력 오류, 잘못된 점수: 111

o 0부터 100 사이 점수 > -2
?? 입력 오류, 잘못된 점수: -2

o 0부터 100 사이 점수 > 88
* 입력한 올바른 점수: 88
```

프로그램 설명

- 이 프로그램은 입력된 점수 중 0부터 100 사이 첫 번째 올바른 점수 출력
- while 문 내에서 입력한 점수가 0보다 작거나 100보다 크면
  1) 오류 메시지 출력
  2) continue 문 수행
     - 다음 문장인 break 문은 수행되지 않고 while 문 반복조건 검사
     - while 문 반복조건이 true이므로 반복 수행할 블록의 문장들 다시 수행
- while 문 내에서 입력한 점수가 0 이상이고 100 이하이면 break 문 수행되어 while 문 종료

❑ 중첩된 반복문에서의 break 문과 continue 문

Java에서 중첩된 여러 반복문 중에서 벗어나고자 하는 특정 반복문을 break 문에

서 마음대로 지정할 수 있으며, 새롭게 반복할 반복문을 continue 문에서 지정할 수 있다. 이것은 꼭 필요한 것은 아니지만 가끔은 유용하게 사용되기도 한다.

중첩된 여러 반복문이 있을 때 특정 반복문을 지정하기 위해서 반복문의 시작 부분에 반복문 이름과 콜론(:)을 명시하며, 이를 레이블이라 한다. break 문이나 continue 문에서 레이블을 지정하면 그 레이블의 반복문을 벗어나든지 뒤의 반복 문장을 무시하고 새롭게 반복을 할 수 있다.

예제 4-3-16은 입력한 정수보다 큰 첫 번째 소수[58]를 구해 출력하는 프로그램으로, 레이블을 사용한 break 문과 continue 문의 예를 보여준다.

예제 4-3-16 입력한 정수보다 큰 첫 소수 찾기(반복문 레이블 사용)

```
int n0, n;
n0 = SkScanner.getIntWithPrompt(" o 양의 정수 입력 > " );

outLoop:  // 외부 for 문에 대한 레이블 명시
for (n = n0 + 1; ; n++) {          // 외부 for 문: 반복조건 생략되어 무한히 반복
  for (int i = 2; i < n; i++)      //     내부 for 문: n이 소수인지 검사
     if (n % i == 0)               //        1과 자신 외의 약수 있으면 소수 아니므로
        continue outLoop;          //           나머지 반복 문장 수행하지 않고 outLoop를
                                   //           새롭게 반복, n++는 수행
   break outLoop;                  // n은 소수이므로 outLoop 반복문 벗어나 종료
}
System.out.println(" * " + n0 +"보다 큰 첫 번째 소수 = " + n);
```

실행결과

```
o 양의 정수 입력 > 12345
* 12345보다 큰 첫 번째 소수 = 12347
```

프로그램 설명

- 외부 for 문에 outLoop라는 레이블 명시
- 내부 for 문의 《 continue outLoop; 》에 outLoop이 지정되어 있으며. 이 문장 수행하면 외부 for 문을 새롭게 반복하며 다음의 break 문 수행하지 않음
- 외부 for 문의 《 break outLoop; 》에도 레이블 cutLoop이 지정되어 있으며, 이 문장 수행하면 외부 for 문 종료
- n이 소수 아닌 경우
  - 내부 for 문에서 n을 2부터 n-1까지의 i로 나눈 나머지가 0인 것 있음

---

58) 소수(prime number)는 양의 정수 중에서 약수 개수가 2인 수로서 2, 3, 5, 7, 11 등이 소수이다. 소수는 정보통신 분야에서 아주 중요하게 사용되므로 소수에 대해 잘 알아두어야 한다.

- 그 경우 continue 문 수행되며, n++ 후 외부 for 문 계속 수행

■ n이 소수인 경우
- 내부 for 문에서 n을 2부터 n-1까지의 모든 i로 나눈 나머지가 0 아님
- 그 결과, 내부 for 문에서 continue 문은 한 번도 수행되지 않고 내부 for 문 종료
- 내부 for 문이 종료되면 외부 for 문의 break 문 수행되어 외부 for 문 종료

❑ 복귀문을 사용한 반복문의 종료

break 문을 사용하면 단순한 반복문이나 중첩된 반복문도 종료할 수 있다. 반복문을 종료하는 다른 편리한 방법이 복귀문이다. 복귀문은 메소드 수행을 마치는 문장인데, 반복문 내에서 복귀문이 수행되면 반복문도 종료되고 메소드도 종료된다.

복귀문을 통해서도 반복문을 벗어날 수 있다는 것을 꼭 기억하기 바란다. 복귀문에 대해서는 메소드에서 자세히 배운다.

4.4 반복문에서의 배열

반복문은 반복적인 과정을 통해 복잡한 계산을 하는 경우 아주 유용하게 사용된다. 한편 많은 개수의 데이터 입력, 처리, 출력 등이 필요한 경우 반복문과 배열을 함께 사용하면 프로그램 작성이 매우 쉽고 간결해지며 데이터 개수 변경 시 프로그램의 변경도 간단하다.

특히, 배열을 위한 for-each 문은 배열의 모든 원소를 한 번씩 쉽게 접근하게 하므로 프로그램 작성을 더욱 용이하게 한다.

4.4.1 배열 이용하는 기초 프로그래밍

배열변수는 여러 값을 저장할 수 있는 특별한 변수이며, 다음은 배열변수의 중요 사항들이다.

■ 배열변수: 변수 이름은 하나이지만 여러 값을 저장할 수 있는 변수

■ 배열변수 선언: *타입[] 배열변수 = new 타입[저장할_원소_개수];*

■ 원소: 배열변수에 저장되는 값 하나하나
- 여러 원소 중 특정 원소 지정방법: 배열변수[인덱스]
- 인덱스: 원소를 지정하기 위해 사용되는 번호로, 0부터 시작
- 인덱스의 가용 범위: 0부터 (저장할_원소_개수 - 1)까지
- 원소에 값 저장: 배열변수[인덱스] = 값;

- 원소의 사용: 배열변수[인덱스]는 값과 동일하게 사용
- 원소 개수 구하기: 배열변수.length는 저장 가능한 원소 개수 알려줌

❑ 배열 이용하여 점수 10개 입력하고 출력하기(for 문 사용 않음)

점수 10개를 입력하여 처리하는 프로그램을 2장과 3장에서 이미 살펴보았다. 여기에서 for 문과 배열을 결합하면 프로그램이 간결해지며 변경이 쉬운 것을 살펴볼 것이다.

예제 4-4-1은 배열을 사용하여 여러 학생의 점수를 입력하고 출력하는데, for 문은 사용하지 않는 프로그램이다.

예제 4-4-1 배열 사용하여 점수 입력하고 출력(for 문 미사용)

```
class Scores_InOut_UsingArrayNotUsingFor {
  public static void main(String[] args) {
     // 점수 10개 저장할 배열변수 선언하고 배열객체를 배열변수 scores에 저장
     int[] scores = new int[10];        // 배열변수 선언은 항상 이렇게 할 것!

     // 점수 10개 입력하여 배열변수의 인덱스 0부터 9까지 원소에 저장
     System.out.println(" \n ** 점수 10개 입력 **");      // 입력을 위한 타이틀 출력

     System.out.print(" o 점수 10개 입력하시오 > ");      // 프롬프트 메시지 출력

     scores[0] = SkScanner.getInt();                     // 점수 입력하여
     scores[1] = SkScanner.getInt();                     //    scores[0]부터
     scores[2] = SkScanner.getInt();                     //    scores[9]까지 차례로 저장
     scores[3] = SkScanner.getInt();
     scores[4] = SkScanner.getInt();
     scores[5] = SkScanner.getInt();
     scores[6] = SkScanner.getInt();
     scores[7] = SkScanner.getInt();
     scores[8] = SkScanner.getInt();
     scores[9] = SkScanner.getInt();

     // 입력된 점수 10개를 모두 출력
     System.out.println(" \n ** 입력된 점수 10개 **");    // 타이틀 출력
     System.out.println(" * " + scores[0] + " " + scores[1] + " " + scores[2] +
      " " + scores[3] + " " + scores[4] + " " + scores[5] + " " + scores[6] +
      " " + scores[7] + " " + scores[8] + " " + scores[9] );
  }
}
```

이 프로그램은 배열변수를 사용하여 점수를 입력하여 출력한다. 점수를 저장하기 위해 배열변수를 사용하지만, for 문을 사용하지 않는다. 그러므로 변수 선언은 간단해졌지만, 점수 입력 및 출력 부분은 여전히 장황하다.

한편, 처리할 점수 개수가 10개에서 20개로 변경되면 많은 부분이 변경되어야 한다. 프로그램의 요구가 변경될 때 프로그램의 변경이 많이 필요한 프로그램은 좋은 프로그램이 아니며, for 문을 이용하여 좋은 프로그램을 작성할 수 있다.

❑ 배열과 for 문 사용하여 점수 입력하고 출력하기

예제 4-4-2는 배열과 for 문을 사용하여 여러 점수를 입력하고 출력하는 프로그램이다.

예제 4-4-2 배열과 for 문 사용하여 점수 입력하여 출력

```
class Scores_InOut_UsingArrayAndFor {
  public static void main(String[] args) {
     // 점수 10개 저장할 배열변수 선언하고 배열객체를 배열변수 scores에 저장
     int[] scores = new int[10];    // 배열변수 선언은 항상 이렇게 할 것!

     System.out.println(" \n ** 점수 10개 입력 **");  // 입력을 위한 타이틀 출력

     System.out.print(" o 점수 10개 입력하시오 > ");  // 프롬프트 메시지 출력

     // 점수 10개 입력하여 배열변수의 인덱스 0부터 9까지 원소에 저장
     for (int i = 0; i < 10; i++)
        scores[i] = SkScanner.getInt();              // 점수 입력하여 scores[i]에 저장

     System.out.print(" \n ** 입력된 점수 10개 **\n *");

     // 입력된 점수 10개를 모두 출력
     for (int i = 0; i < 10; i++)
        System.out.print(scores[i] + " ");          // scores[i] 출력
  }
}
```

이 프로그램은 배열변수와 for 문을 사용하여 점수 입력하고 출력한다. 그 결과 변수 선언도 간단해지며, 원소 입력, 원소 출력, 원소 처리 등이 모두 간단해졌다. 한편 점수 개수가 10개에서 20개로 변경되어도 변경되는 부분은 많지 않으며, 점수 개수와 관련된 정수인 10과 9를 변경하면 된다.

❑ 변경 용이한 프로그램의 작성

예제 4-4-2 프로그램은 배열과 for 문을 사용하였으므로 점수 개수가 변경되어도 프로그램은 많이 변경되지 않는다. 그러나 프로그램에서 점수 개수 10이 여러 번 사용되므로 점수 개수가 변경되면 이를 모두 변경해야 하는 불편함이 있다.

변경이 용이한 프로그램을 작성하기 위해서 점수 개수, 인원수 등 상수 값을 직접 프로그램에서 사용하지 않고 변수에 저장하여 사용하는 것을 권장한다.

예제 4-4-3은 예제 4-4-2 프로그램을 변경이 용이하도록 재작성한 것이다.

예제 4-4-3 변경이 용이한 프로그램으로의 재작성

```
class Scores_InOut_UsingArrayAndForBetter {
  public static void main(String[] args) {
      int noScores = 10;  // 점수 개수를 변수에 저장

      // noScores 개 점수 저장할 배열변수 선언, 배열객체 배열변수 scores에 저장
      int[] scores = new int[noScores];          // 배열변수 선언은 항상 이렇게 할 것!

      System.out.println("\n ** " + noScores + "개 점수 입력 **");

      System.out.print(" o " + noScores + "개 점수 입력하시오 > ");

      // noScores 개 점수 입력하여 인덱스 0부터 (noScores-1)까지 원소에 저장
      for (int i = 0; i < noScores; i++)
         scores[i] = SkScanner.getInt();          // 정수값 입력하여 scores[i]에 저장

      System.out.print("\n ** 입력된 " + noScores + "개 점수 **\n * ");

      // 입력된 noScores 개 점수를 모두 출력
      for (int i = 0; i < noScores; i++)
         System.out.print(scores[i] + " ");        // scores[i] 출력
  }
}
```

이 프로그램은 점수 개수를 상수 10으로 표시하지 않고 noScores 변수에 저장한다. 그 결과 입출력할 점수 개수를 변경해도 프로그램에서 변경해야 하는 부분은 거의 없다. 점수 개수가 10개에서 20개로 변경되면 noScores 변수 초기화 부분만 20으로 변경시키면 된다.

이 프로그램은 변경이 용이하므로 여러 점수 입력하여 출력하는 프로그램으로서 좋은 스타일의 프로그램에 해당된다. 그러나 모든 코드가 main() 메소드에 작성되어 있는데, 메소드를 사용한 더 좋은 프로그램으로 개선할 수 있다.

❑ 여러 신상정보 입력하고 출력하기

여러 신상정보를 입력하고 출력하는 프로그램도 배열과 for 문장을 사용하면 간결해지며 변경이 용이한 프로그램으로 작성할 수 있다.

예제 4-4-4는 배열과 for 문을 이용하여 여러 신상정보를 입력하고 출력하는 프로그램이다.

예제 4-4-4 배열과 for 문을 이용한 여러 신상정보 입력과 출력

```
class Persons_InOut_UsingArrayFor {
  public static void main(String[] args) {
      int noPersons = 3;

      // 신상정보 항목(이름, 나이, 현위치)들을 저장하기 위한 배열변수 선언
      String[] names = new String[noPersons];
      int[] ages = new int[noPersons];
      String[] currentLocations = new String[noPersons];

      // 입력을 위한 타이틀 출력
      System.out.println("\n ** " + noPersons + "명의 신상정보 입력 **");

      for (int i = 0; i < noPersons; i++) {
         // 신상정보 항목 값 입력하여 배열변수들의 인덱스 i 위치에 원소 저장
         names[i] = SkScanner.getStringWithPrompt("\n o " +(i+1)+ "번째 이름 > ");
         ages[i] = SkScanner.getIntWithPrompt("      나이 > ");
         currentLocations[i] = SkScanner.getStringWithPrompt("      현위치 > ");
      }

      // 타이틀 출력
      System.out.println("\n ** 입력된 " + noPersons + "명의 신상정보 **\n");

      for (int i = 0; i < noPersons; i++) {
         System.out.println(" * " + (i + 1) + "번째 " + names[i] + "의 나이는 "
                            + ages[i] + "세이고 " + currentLocations[i] + "에 있음 ");
      }
  }
}
```

이 프로그램도 배열과 for 문을 사용한 대표적인 프로그램이다. 이 프로그램은 신상정보를 입력하고 출력만 한다. 이 프로그램을 조금 변경하면 최고령자와 최연소자의 신상정보를 출력할 수 있다. 한번 도전해보기를 권장한다.

❑ 점수 입력하여 평균 이상인 점수 구하기

데이터를 입력하고 출력만 하는 프로그램은 효용성이 떨어진다. 효용성 있는 프로그램은 의미가 있는 결과를 생성하여 출력해야 한다. 이미 살펴본 온도 변환 프로그램이 효용성 있는 프로그램이다.

여러 학생의 점수를 입력하여 점수의 평균과 평균 이상 인원수를 구해 출력하는 프로그램을 작성해보자. 이 프로그램은 기본적으로 예제 4-4-3의 프로그램과 비슷하며, 추가로 합과 평균을 구하고 평균 이상 인원수를 구하는 코드를 추가하면 된다.

예제 4-4-5는 여러 점수를 입력하여 평균과 평균 이상 인원수를 구해 출력한다.

예제 4-4-5　점수 입력하여 평균 및 평균 이상 인원수 출력

```
class ScoresAverage_UsingArrayFor {
  public static void main(String[] args) {

     int noStudents;              // 학생 수 저장하는 변수
     System.out.println("\n ** 점수 현황을 위한 학생수 입력 **");
     noStudents = SkScanner.getInt(" o 학생수 입력 > " );

     // noStudents 개수 점수 저장할 배열객체를 scores 배열변수에 저장
     int[] scores = new int[noStudents];

     int sumScores = 0;          // 점수 합 저장하는 변수

     System.out.println("\n ** " + noStudents + "명 점수 입력 **");

     // noStudents 점수들 10개씩 한 라인에 입력하여 원소에 저장하고 합 누적
     for (int i = 0; i < noStudents; i++) {
        if (i % 10 == 0)
           System.out.print(" o " +( i + 1) +"번째부터 " +
               ((noStudents - i) >= 10 ? 10 : (noStudents - i)) + "명 점수 입력 > ");

        scores[i] = SkScanner.getInt();        // 정수값 입력하여 scores[i]에 저장
        sumScores += scores[i];                // 입력한 scores[i]를 sum에 누적시킴
```

```
        }

        double avgScores = sumScores / (double) noStudents;     // 실수 평균 구함
        int cnt = 0;     // 평균 이상 인원수를 저장하는 변수

        System.out.print("\n ** 입력한 " + noStudents + "명 점수 **");

        // 입력한 noStudents 점수들을 모두 출력하고 평균 이상 인원수 구함
        for (int i = 0; i < noStudents; i++) {
          if (i % 10 == 0)
            System.out.print("\n * " + (i + 1) + "번째부터 " +
                    ((noStudents - i) >= 10 ? 10 : (noStudents - i)) + "명 점수: " );

          System.out.print(scores[i] + " ");

          if (scores[i] >= avgScores)
            cnt++;     // 점수가 평균 이상이면 cnt 1 증가시킴
        }

        System.out.println("\n\n ** 학생 점수 현황 **");
        System.out.println(" * 총 학생수 = " + noStudents);
        System.out.println(" * " + noStudents + "명 점수 합 = " + sumScores);
        System.out.println(" * " + noStudents + "명 점수 평균 = " + avgScores);
        System.out.println(" * 전체 " + noStudents + "명 중 평균 이상 인원수: " + cnt);
    }
}
```

이 프로그램에는 한 라인에 점수 10개씩 입력하고 점수 10개씩 출력하기 위한 코드가 작성되어 있으니 잘 살펴보고 이해하기 바란다. 이러한 코딩기법을 잘 익히면 사용자에게 좋은 입출력을 제공할 수 있다.

4.4.2 다차원 배열

지금까지 사용한 배열은 인덱스가 하나인 배열이었고, 이를 1차원 배열이라 한다. 그런데, 인덱스가 2개 또는 3개인 배열도 있으며, 이들 배열을 2차원 배열 또는 3차원 배열이라 하며, 2차원 이상의 배열은 다차원 배열이다.

❑ 2차원 배열의 선언

2차원 배열은 행(row)과 열(column)을 나타내는 2개의 인덱스를 통하여 원소를 참조하는 배열이며, 2차원 배열객체와 2차원 배열을 참조하는 배열변수가 관련된다.

[표 4-5]와 같이 4명 학생이 있고, 학생마다 6과목 점수가 있다고 하자.

	과목 1	과목 2	과목 3	과목 4	과목 5	과목 6
학생 1	90	92	88	95	92	88
학생 2	75	77	67	89	68	72
학생 3	91	78	69	85	76	66
학생 4	88	82	79	82	85	80

[표 4-5] 2차원 배열 구조를 갖는 학생들의 과목 점수들

이러한 2차원 구조의 여러 데이터를 저장하기 위한 것이 2차원 배열이며, 이 배열은 4개 행과 6개 열로 구성된다.

1차원 배열과 마찬가지로 2차원 배열을 사용하기 위해 다음과 같이 2차원 배열객체를 생성하여 2차원 배열변수에 저장해야 한다.

```
원소타입[][] 배열변수명 = new 원소타입[행개수][열개수];
```

2차원 배열의 경우 배열객체를 생성할 때 행 개수와 열 개수를 지정해야 하며, 배열변수를 선언할 때 원소타입 다음에 2개의 []가 표시되어야 한다.

다음은 4명 학생의 6개 과목 점수를 저장하기 위하여 2차원 배열객체를 생성하여 2차원 배열변수 scores에 저장하는 예이다.

```
int[][] scores = new int[4][6];        // 4명 학생 6개 점수 저장하는 2차원 배열
```

그 결과 [그림 4-2]와 같이, 행 개수 4, 열 개수 6인 배열객체가 생성되고 2차원 배열변수 scores에 저장된다.

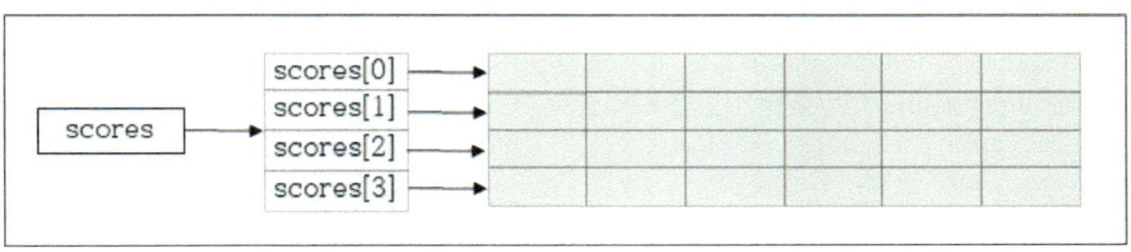

[그림 4-2] scores 배열변수 선언 후 원소 할당된 모습

Java에서 2차원 배열은 1차원 배열의 배열이다. 그러므로 《 int[][] scores = new int[4][6]; 》으로 배열변수가 선언되면 6개 원소를 저장하는 4개 배열객체를 scores[0], scores[1], scores[2], scores[3]에 저장하고, 이들을 scores 배열변수가 저장한다.

다음은 3개 소설의 주인공 이름 3개씩을 저장하기 위한 2차원 배열객체를 생성하고 2차원 배열변수 names에 저장하는 예이다.

```
String[][] name = new String[3][3];     // 3 소설의 주인공 이름 3개 저장하는 2차원 배열
```

❑ 2차원 배열의 원소 접근

2차원 배열 원소를 접근할 때 행과 열을 나타내는 2개의 인덱스를 사용한다.

예제 4-4-6은 2차원 배열 scores와 names의 원소를 접근하는 예이다.

예제 4-4-6 2차원 배열 scores와 names의 특정 원소 접근하기

```
int[][] scores = new int[4][6];            // 4명 학생 6개 점수 저장하는 2차원 배열

scores[0][0] = 90;                         // 첫 번째 학생 첫 번째 점수에 90 저장
scores[0][1] = 92;                         // 첫 번째 학생 두 번째 점수에 92 저장
scores[3][4] = 85;                         // 네 번째 학생 다섯 번째 점수에 85 저장
int score = scores[0][0];                  // score에 첫 번째 학생의 첫 번째 점수 저장

scores[3][5] = SkScanner.getInt(" o 점수 입력 > ");   // 점수 입력하여 (3, 5) 위치에 저장
System.out.println(" * 입력한 점수: " + scores[3][5]);  // (3, 5)인 원소의 점수 출력

String[][] names = new String[3][3];       // 3 소설 주인공 이름 3개 저장하는 2차원 배열

names[0][0] = "성춘향";                    // 인덱스가 (0, 0)인 원소에 "성춘향" 저장
names[1][0] = "심청";                      // 인덱스가 (1, 0)인 원소에 "심청" 저장

// 이름 입력하여 인덱스가 (1, 1)인 원소에 저장하고 출력
names[1][1] = SkScanner.getString("\n o 심청전 두 번째 주인공 입력 > ");
System.out.println(" * 입력한 심청전 주인공: " + names[1][1]);
```

한편, 행 개수가 noRow, 열 개수가 noCol인 2차원 배열 array2D의 모든 원소를 한꺼번에 저장하고 접근하려면 다음과 같이 중첩된 for 문을 사용한다.

```
for (int i = 0; i < noRow; i++) {
   for (int j = 0; j < noCol; j++) {
      array2D[i][j] = 저장할_값;      // 인덱스 (i, j)인 원소에 값 저장
      변수 = array2D[i][j];           // 변수에 인덱스 (i, j)인 원소의 값 저장
   }
}
```

2차원 배열의 모든 원소를 접근할 때 i와 j를 중첩된 for 문의 제어변수로 주로 사용한다. 또는 row와 col을 제어변수로 사용하기도 한다.

예제 4-4-7은 for 문을 이용하여 이차원 배열의 모든 원소를 접근하는 예이다.

예제 4-4-7 for 문을 이용한 2차원 배열의 모든 원소 접근

```
int[][] scores = new int[4][6];

System.out.println("\n ** 4명 학생의 6개 점수 입력 **");
for (int i = 0; i < 4; i++) {
   System.out.print(" o " + (i + 1) + "번째 학생의 점수 6개 입력하시오 > ");
   for (int j = 0; j < 6; j++)
      scores[i][j] = SkScanner.getInt()
}

int[] sumStudents = { 0, 0, 0, 0 };          // 학생별 6 과목의 점수 합을 저장할 변수
int[] sumCourses = { 0, 0, 0, 0, 0, 0 };     // 과목별 4 학생의 점수 합을 저장할 변수

for (int i = 0; i < 4; i++) {
   for (int j = 0; j < 6; j++) {
      sumStudents[i] += scores[i][j];        // (i+1) 학생 (j+1) 점수를 학생 점수합에 누적
      sumCourses[j] += scores[i][j];         // (j+1) 과목 (i+1) 점수를 과목 점수합에 누적
   }
}

System.out.println("\n ** 학생별 점수 합과 평균 **");
for (int i = 0; i < 4; i++)
   System.out.println(" * " + (i + 1) + "번째 학생 - 점수합: " + sumStudents[i]
                                 + ", 점수 평균: " + sumStudents[i] / 6.0);

System.out.println("\n ** 과목별 점수 합과 평균 **");
for (int i = 0; i < 6; i++)
   System.out.println(" * " + (i + 1) + "번째 과목 - 점수합: " + sumCourses[i]
                                 + ", 점수 평균: " + sumCourses[i] / 4.0);

String[] novels = { "춘향전", "심청전", "로미오와 줄리엣" };
```

```
String[][]  names= new String[3][3];

System.out.println("\n\n **** 3개 소설의 주인공 3명 입력 ****");
for (int i = 0; i < 3; i++) {
   System.out.println("\n ** " + novel[i] + "의 주인공 3명 입력 **");
   for (int j = 0; j < 3; j++)
      names[i][j] = SkScanner.getString(" * 주인공 " + ( j + 1) + " > ");
}

System.out.println("\n **** 3개 소설의 주인공 ****");

for (int i = 0; i < 3; i++) {
   System.out.print(" * " + novels[i] + "의 주인공: ");
   for (String name: names[i])
      System.out.print(name + " ");

   System.out.println();
}
```

❏ 2차원 배열의 행 개수와 열 개수 구하기

1차원 배열의 원소 개수를 구하기 위해 length 필드를 사용한다고 하였다. 한편, 이차원 배열에서도 행 개수와 열 개수를 구하기 위하여 length 필드를 사용한다. 그런데, 이차원 배열의 경우 다음과 같이 전체 행 개수뿐 아니라 각 행의 열 개수도 구할 수 있다.

o int[][] scores = new int[4][6];
  String[][] names = new String[3][3];

o 2차원 배열의 행 개수 구하기: length 필드 사용
- 2차원배열.length: 이차원 배열에서 행 개수 구함
- 예) scores.length: 2차원 배열의 행의 개수 4 구함
  names.length: 2차원 배열의 행의 개수 3 구함

o 2차원 배열의 특정 행의 열 개수 구하기: length 필드 사용
- 2차원배열[row].length: 이차원 배열에서 특정 행 row의 열 개수 구함
- 예) scores[0].length: 인덱스 0인 행의 열 개수인 6 구함
  names[2].length: 인덱스 2인 행의 열 개수인 3 구함

예제 4-4-8은 1차원 배열의 원소 개수와 2차원 배열에서 행 개수와 열 개수를 구해 출력한다.

예제 4-4-8 배열의 원소 개수 구하기

```
int[] prices = new int[6];              // prices는 원소 개수가 6개인 1차원 배열
String[] novels = new String[3];        // novels는 원소 개수가 3개인 1차원 배열

int no = novels.length;                 // novels의 원소 개수 구해 no에 저장

System.out.println(" * prices 원소 개수 = " + prices.length
                                        + ", novels의 원소 개수 = " + no);

int[][] scores = new int[4][6];         // 행 개수 4, 열 개수 6인 이차원 배열
String[][] names = new String[3][3];    // 행 개수 3, 열 개수 3인 이차원 배열
no = names.length;                      // names 이차원 배열의 행 개수 구해 저장

System.out.println("\n * scores 행 개수 = " + scores.length
        + ", names의 행 개수 = " + no);

int noCol0 = scores[0].length;          // 첫 번째 행의 열 개수 구해 저장
int noCol1 = scores[1].length;          // 두 번째 행의 열 개수 구해 저장

System.out.println(" * scores 첫 번째 행의 열 개수 = " + noCol0
        + "\n * scores 두 번째 행의 열 개수 = " + noCol1
        + "\n names의 첫 번째 행의 열 개수 " + names[0].length);
```

❑ 2차원 배열의 초기화

2차원 배열의 초기화는 1차원 배열의 초기화와 비슷하다. 그런데, 2차원 배열은 1차원 배열이 여러 개인 것이므로 1차원 배열의 초기화를 반복한다.

다음은 4명 학생의 6개 과목 점수들을 초기화하는 예이다.

```
int[][] scores = { { 90, 92, 88, 95, 92, 88 },     // 첫 번째 학생 점수들 초기화
                   { 75, 77, 67, 89, 68, 72 },     // 두 번째 학생 점수들 초기화
                   { 91, 78, 69, 85, 76, 66 },     // 세 번째 학생 점수들 초기화
                   { 88, 82, 79, 82, 85, 89 } };   // 네 번째 학생 점수들 초기화
```

[그림 4-3]은 2차원 배열 scores의 원소에 값이 저장된 모습을 보여준다.

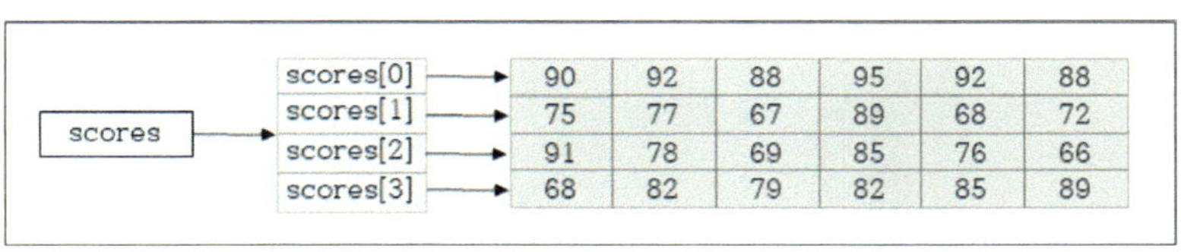

[그림 4-3] 2차원 배열 scores의 원소에 값이 저장된 모습

한편, 이차원 배열을 초기화할 때 각 열의 개수를 다르게 초기화할 수 있다. 다음은 3개 소설의 주인공들을 초기화하는 예이다.

```
String[][] names = {
            { "성춘향", "이몽룡", "변학도", "방자" },      // 춘향전 주인공 4명
            { "심청", "심학규", "뺑덕어미" },             // 심청전 주인공 3명
            { "로미오", "줄리엣" }                  };   // 로미오와 줄리엣 주인공 2명
```

이 예에서 각 소설의 주인공 인원수가 다르게 초기화되었다. [그림 4-4]는 2차원 names 배열변수 초기화 후 원소에 값이 저장된 모습을 보여준다.

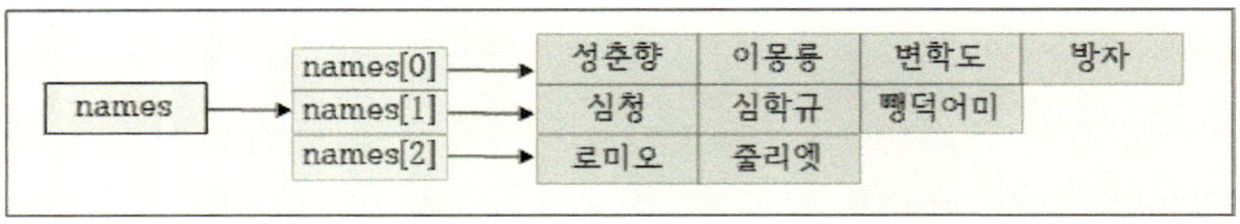

[그림 4-4] 2차원 names 배열변수 초기화 후 원소에 값이 저장된 모습

예제 4-4-9는 1차원 배열들과 2차원 배열들을 초기화하고 원소를 출력한다.

예제 4-4-9 1차원 배열과 2차원 배열의 초기화

```
String[] stNames = { "김철수", "김영희", "박문수", "감자바" };
String] coNames[ = { "국어", "영어", "수학", "한국사", "윤리", "물리" };

// 여러 학생의 여러 점수를 저장할 2차원 배열
// 2차원 배열 초기화는 1차원 배열 초기화의 반복으로 이루어짐
int[][] scores = {  { 90, 92, 88, 95, 92, 88 },     // 첫 번째 학생 점수들 초기화
                    { 75, 77, 67, 89, 68, 72 },     // 두 번째 학생 점수들 초기화
                    { 91, 78, 69, 85, 76, 66 },     // 세 번째 학생 점수들 초기화
                    { 88, 82, 79, 82, 85, 89 } };   // 네 번째 학생 점수들 초기화

int[] sumStudents = { 0, 0, 0, 0 };                 // 학생별 6과목의 점수합 저장할 변수
int[] sumCourses = { 0, 0, 0, 0, 0, 0 };            // 과목별 4학생의 점수합 저장할 변수

for (int i = 0; i < stNames.length; i++) {
   for (int j = 0; j < scores[i].length; j++) {
      sumStudents[i] += scores[i][j];    // (i+1) 학생 (j+1) 점수를 학생 점수합에 누적
      sumCourses[j] += scores[i][j];     // (i+1) 학생 (j+1) 점수를 과목 점수합에 누적
   }
}

System.out.println("\n ** " + stNames.length + "명 학생의 "
                  + coNames.length + "개 점수합과 평균 **");
```

```
for (int i = 0; i < stNames.length; i++)
    System.out.println(" * " + stNames[i] + " 학생 - 점수합: " + sumStudents[i]
                        + ", 점수 평균: " + sumStudents[i] / coNames.length);

System.out.println("\n ** " + coNames.length + "개 점수의 합과 평균 **");
for (int i = 0; i < coNames.length; i++)
    System.out.println(" * " + coNames[i] + " 과목 - 점수합: "
        + sumCourses[i] + ", 점수 평균: " + sumCourses[i] / stNames.length);

// 3 소설 이름들을 저장할 배열
String[] novel = { "춘향전", "심청전", "로미오와 줄리엣" };

// 여러 소설의 주인공 이름들을 저장할 2차원 배열
// 2차원 배열 초기화는 1차원 배열 초기화의 반복으로 이루어짐
String[][] names = {
        { "성춘향", "이몽룡", "변학도", "방자" },      // 춘향전 주인공들
        { "심청", "심학규", "뺑덕어미" },              // 심청전 주인공들
        { "로미오", "줄리엣" }                  };

System.out.println("\n **** " + novel.length + "개 소설의 주인공 ****");
for (int i = 0; i < novel.length; i++) {
    System.out.print(" * " + novel[i] + "의 주인공 " + names[i].length + "명: ");

    for (String name: names[i]) {
        System.out.print(name + " ");
    }

    System.out.println();
}
```

4.5 반복에 대한 이해

반복(反復, repetition)이라는 것은 동일한 작업 또는 비슷한 작업이 두 번 이상 발생한다는 말이다. 우리 인간의 경우 반복을 아주 싫어하지만, 다행스럽게도 컴퓨터는 반복을 전혀 싫어하지 않는다. 영원히 반복되는 작업도 컴퓨터는 아무런 불평을 하지 않고 수행한다. 실제로 그러한 프로그램도 있다. 운영체계가 바로 그러한 프로그램이며 웹 서버도 역시 그러하다. 그러나 그것을 바라보는 사람이 참지 못하고 컴퓨터의 전원을 꺼버린다.

프로그램에서 반복은 동일한 작업의 반복과 유사한 작업의 반복으로 나눌 수 있으며, 이를 반복문으로 변경하면 프로그램이 간결하면서 더 좋은 프로그램이 된다.

4.5.1 동일한 문장들을 반복문으로 변경하기

동일한 작업을 수행하는 동일한 문장들은 반복회수가 적을 때 작성하기도 쉽고 문제가 되지 않는다. 그러나 반복회수가 점차 많아지면 반복회수의 확인, 반복회수의 변경 등이 어려워진다.

동일한 문장들을 반복 작성한 경우 다음과 같이 for 문을 사용하여 간결한 프로그램으로 쉽게 변경할 수 있다.

동일한 문장들	for 문으로의 변환
System.out.print("I like Java "); System.out.print("I like Java "); System.out.print("I like Java "); System.out.print("I like Java ");	for (int i = 0; i < 4; i++) System.out.print("I like Java ");

score = SkScanner.getInt();
sum = sum + score;
score = SkScanner.getInt();
sum = sum + score;
score = SkScanner.getInt();
sum = sum + score;
	for (int i = 0; i < 3; i++) {
	    score = SkScanner.getInt();
	    sum = sum + score;
	}

4.5.2 유사한 문장들을 반복문으로 변경하기

❏ 유사한 문장들의 통합

동일한 반복보다 유사한 반복이 훨씬 많으며, 유사한 반복을 반복문을 사용하여 간결하게 변경하기는 쉽지 않을 수 있다.

여러 유사한 문장들을 반복문으로 변경하려면 유사한 문장들을 동일한 문장으로 재구성하는 통합 과정이 필요하다. 이는 여러 유사한 문장들의 공통점과 변화하는 규칙을 파악해야 하며, 그 후 동일한 표현의 문장으로 통합하여 표현해야 하는데, 이는 매우 지적인 과정이다.

다음은 유사하게 반복되는 문장들을 통합 과정을 거쳐 for 문을 통해 간결하게 변경한 것을 보여준다.

유사한 문장들	통합된 동일한 문장들	for 문으로의 변환

sum = sum + 1;
sum = sum + 2;
sum = sum + 3;
sum = sum + 4;
	int i = 1;
	sum = sum + i; i++;
	sum = sum + i; i++;
	sum = sum + i; i++;
	sum = sum + i; i++;
		for (int i = 1; i <= 4; i++)
		sum = sum + i;

sum = sum + 7;
sum = sum + 9;
sum = sum + 11;
sum = sum + 13;
	int i = 7;
	sum = sum + i; i += 2;
	sum = sum + i; i += 2;
	sum = sum + i; i += 2;
	sum = sum + i; i += 2;
		for (int i = 7; i <= 13; i += 2)
		sum = sum + i;

sum = sum + no0;
sum = sum + no1;
sum = sum + no2;
	int[] ns = { no0, no1, no2 };
	int i = 0;
	sum = sum + ns[i]; i++;
	sum = sum + ns[i]; i++;
	sum = sum + ns[i]; i++;
		int[] ns = { no0, no1, no2 };
		for (int i = 0; i < ns.length; i++)
		sum = sum + ns[i];

유사한 문장들이 통합된 결과 동일한 문장으로 변경된 것을 확인할 수 있으며, 이들은 하나의 for 문으로 쉽게 변경될 수 있다.

여러 유사한 문장들을 통합하여 하나의 동일한 반복 문장으로 만드는 과정이 쉬운 학생도 있고, 어려운 학생도 있을 것이다. 우수한 공학자 또는 전문 프로그래머가 되고자 희망하는 학생은 통합 능력이 뛰어나야 한다. 이는 개별적인 것들로부터 전체적이며 통합된 원리를 파악하여 이를 하나의 공식으로 표현하는 능력이 수학, 과학, 공학 등 이공계 분야에서 필수적인 능력이기 때문이다.

컴퓨터 분야에서 문제 분석 능력과 문제 해결 능력을 배양하기 위해 자료구조, 알고리즘, 시스템 분석 등의 과목을 공부하는데, 이러한 과목을 통해 비교, 분석, 통합, 추상화 능력 등을 갖추면 최고의 전문 프로그래머가 될 수 있다.

4.5.3 반복문의 선택기준과 좋은 스타일

반복문에는 for 문, while 문, do-while 문 등 3종류가 있다. 이들 반복문을 언제 어떻게 사용하는 것이 좋은지를 예를 통하여 살펴보자.

❑ 점수 10개 합 구하기에서 좋은 반복문

scores 배열변수에 저장된 점수 10개 합을 구하는 프로그램을 3종류 반복문으로 모두 작성해보면 어느 반복문이 좋은지 판단될 것이다. 우선 반복문을 사용하지 않고서 점수 10개 합을 구하는 프로그램을 작성하면 다음과 같다.

반복문 사용 않고서 합 구하기

int sum = 0;
sum = sum + scores[0]; sum = sum + scores[1]; sum = sum + scores[2];
sum = sum + scores[3]; sum = sum + scores[4]; sum = sum + scores[5];
sum = sum + scores[6]; sum = sum + scores[7]; sum = sum + scores[8];
sum = sum + scores[9];

문장들의 직접 반복은 반복의 미가 보이기도 하지만 회수 파악과 회수 변경의 어려움이 있으므로 다음과 같이 반복문으로 작성하는 것이 좋다.

반복문 종류	일반적 코딩	가장 간결한 코딩

for 문	int sum = 0;
	for (int i = 0; i 〈 10; i++)
	    sum = sum + scores[i];
		int sum = 0;
		for (int score: scores)
		    sum += score;

while 문	int sum = 0;
	int i = 0;
	while (i 〈 10) {
	    sum = sum + scores[i];
	    i++;
	}
		int sum = 0;
		int i = 0;
		while (i 〈 10)
		    sum += scores[i++];

do-while 문	int sum = 0;
	int i = 0;
	do {
	    sum = sum + scores[i];
	    i++;
	} while (i 〈 10);
		int sum = 0;
		int i = 0;
		do
		    sum += scores[i++];
		while (i 〈 10);

3가지 코딩 중 for 문 또는 for-each 문으로 작성한 프로그램이 가장 좋다. 왜냐하면, 프로그램을 읽는 순간 무엇을 하고자 하는지 한눈에 파악되고 전체 문장의 개수도 2개로 가장 적기 때문이다.

좋은 이유를 보다 객관적으로 살펴보면, for 문의 경우, 반복을 제어하는 부분인 《 for (int i = 0; i 〈 10; i++) 》과 반복 수행되는 부분인 《 sum = sum + scores[i]; 》이 명확히 구분되면서도 전체적으로 하나의 for 문으로 잘 결합되어 있기 때문이다.

이에 반하여 while 문이나 do-while 문의 경우에 제어변수의 초기화 부분인 《 int i = 0; 》과 반복문이 분리되어 있으며, 반복 제어 부분과 반복 수행 부분이 블록 속에 함께 작성되어 있어 프로그램의 이해가 for 문보다 어렵다.

❑ 1인 비트 개수 구하기에서 좋은 반복문

다음은 양의 정수가 저장된 변수 n에서 1인 비트 개수를 구하는 프로그램을 3종류 반복문으로 모두 작성한 것이다.

반복문 종류	방법 1(1비트만 1인 정수와 &)	방법 2(2로 나눈 나머지 비교)

for 문	int cnt = 0;
	for (int i = 0; i < 31; i++)
	    if ((n & (1 << i)) != 0) cnt++;
		int cnt = 0;
		for (; n > 0 ; n = n / 2)
		    if (n % 2 == 1) cnt++;

while 문	int cnt = 0;
	int i = 0;
	while(i < 31)
	    if ((n & (1 << i++)) != 0) cnt++;
		int cnt = 0;
		while (n > 0) {
		    if (n % 2 == 1) cnt++;
		    n = n / 2;
		}

do-while 문	int cnt = 0;
	int i = 0;
	do
	    if ((n & (1 << i++)) != 0) cnt++;
	while(i < 31);
		int cnt = 0;
		do {
		    if (n % 2 == 1) cnt++;
		    n = n / 2;
		} while (n > 0);

이 작업에서 방법 1의 경우, 당연히 for 문을 사용한 프로그램이 가장 좋다. 그런데, 방법 2의 경우, while 문이 가장 좋은 듯하지만, for 문도 그리 나쁘지 않다.

❑ 0과 100 사이 점수만 입력하기에서 좋은 반복문

다음은 0과 100 사이 점수만을 score 변수에 입력하는 프로그램을 3종류 반복문으로 모두 작성한 것이다.

반복문 종류	일반적 코딩	가장 간결한 코딩

for 문	int score;
	for (; ;) {
	    score = SkScanner.getInt();
	    if (score>=0 && score<=100)
	        break;
	}
		int score;
		for (; (score = SkScanner.getInt())
		        < 0 || score > 100;)
		    ;

while 문	int score;
	while(true) {
	    score = SkScanner.getInt();
	    if (score>=0 && score<=100)
	        break;
	}
		int score;
		while((score = SkScanner.getInt())
		        < 0 || score > 100)
		    ;

do-while 문	int score;
	do
	    score = SkScanner.getInt();
	while (score<0 || score>100);
		int score;
		do
		  ;
		while ((score = SkScanner.getInt())
		        < 0 || score > 100);

이 작업의 경우, 일반적 코딩에서 do-while 문을 사용한 프로그램이 가장 좋다. 왜냐하면, 프로그램이 간결하며 break 문과 같은 다소 복잡한 제어 기능이 없기 때문이다. 한편 가장 간결한 코딩에서 while 문을 사용한 프로그램이 가장 좋다.

❑ 맺으면서

반복문 중 가장 좋은 스타일은 요구되는 작업에 따라 달라지는 것을 살펴보았다. "올바른 결과만 나오면 되지 더 좋은 스타일의 프로그램이 다 무슨 소용이야"라고 생각할 수도 있지만, 그렇지 않다. 전문 프로그래머는 좋은 스타일의 프로그램을 작성할 줄 알아야 한다. 당연히 프로그램마다 가장 좋은 스타일의 프로그램은 다르다.

가장 좋은 스타일의 프로그램은 무엇인가? 이 질문에 대한 현재 수준에서 정답은 "관련된 문장들을 가능하다면 기능적으로 잘 묶으면서도 기능이 다를 경우 잘 분리된 것이 가장 좋다"이다. 이는 묶음화(bundling)가 잘되어진 프로그램이 좋은 스타일의 프로그램이라는 것이다. 연관된 개별적인 것들을 하나로 묶는 것이 묶음화이다.

묶음화는 복합문에서뿐만 아니라 수식에서도 이미 나타난 바 있다. 수식이란 여러 연산이 반복되는 것이다. 수식에 나타난 상수, 변수, 연산자, 메소드 호출 등은 수식 전체를 구성하는 부분이다. 묶음화의 관점에서 보면 수식이란 연산들의 묶음이라고 할 수 있으며, 복합문은 문장들과 수식의 묶음이다.

묶는다는 것은 우리가 일상적인 생활에서 끊임없이 하는 활동이다. 신발과 발을 하나 되게 하려고 신발 끈을 묶는다. 또한, 많은 책을 옮길 때 책을 끈으로 묶어 옮기든지 상자에 담아 옮긴다. 이때 서로 분리된 여러 책을 하나의 단위 즉 묶은 한 덩어리로 만든다. 그러면 묶은 전체를 쉽게 옮길 수 있다.

묶음화에 대해 잘 생각해보기 바란다. 다음에는 메소드에 대해 살펴볼 것이다. 메소드는 클래스를 작성하기 위해 가장 중요하며 필수적인 요소인데, 메소드에는 기능적 묶음화와 추상화가 동시에 적용되므로 묶음화에 대해 철저히 이해하고 추상화를 정복해야 한다.

1. 다음 문장의 옳고 그름을 판단하라. 또한, 잘못되었으면 올바르게 고쳐라.

1) Java의 문장이 수행되면 기억공간 할당, 변수의 값 변화, 입출력 처리, 제어의 변화 등의 처리결과가 발생한다.
2) Java의 단순문에는 대입문, 메소드 호출문, 반복문, 선택문 등이 있다.
3) 세미콜론(;)으로만 구성되는 문장을 공백문이라 하는데, 공백문은 사용될 필요가 없다.
4) 복합문이란 여러 문장, 수식 등이 모여 하나의 문장을 형성하는 것이다.
5) Java의 복합문에는 블록, if 문, switch 문, for 문, while 문, do-while 문 등이 있다.
6) if 문에서 else 부분은 생략될 수 있는데, 중첩된 if 문에서 else 부분은 가장 먼 if 문과 결합한다.
7) 중첩된 반복문에서 벗어나는 방법으로는 break 문밖에 없다.
8) while 문은 반복조건이 true가 되면 반복이 종료된다.
9) for 문과 while 문은 처음 반복조건이 false이면 반복 문장이 한 번도 수행되지 않는다.
10) for 문과 while 문에서 반복조건이 true이면 무한 루프이므로 이러한 반복문을 작성하면 안 된다.
11) 반복되는 문장들을 그대로 나열하지 않고 반복문을 사용하여 간결하게 표현할 경우 프로그램 크기도 작아지며, 반복회수의 제어와 변경이 용이하다.
12) for 문, while 문, do-while 문 등 반복문 중에서 아무것이나 사용해도 된다.
13) Java 배열의 인덱스는 1부터 시작한다.
14) 일차원 배열의 저장 가능한 원소개수를 구하기 위해 배열변수.size를 사용한다.
15) 배열의 인덱스가 2개인 이차원 배열은 Java에서 허용되지 않는다.

2. 다음 문장의 종류를 밝히고 수행된 결과를 설명하라.

1) sum += ns[i + 1] - ns[i];
2) count++;

3) System.out.print("My age is " + age);
4) new java.util.Date();
5) return (n1 > n2) ? n1 : n2;
6) ;

3. 다음의 프로그램 부분들이 수행하는 작업의 기능을 구체적으로 설명하라. 필요하면 변수에 값을 저장하고 이를 활용하여 설명하고 결과를 보여라.

```
1) if (year == year / 1000 * 1000)
      isMillennium = true;
   else
      isMillennium = false;
```

```
2) if ((n & 0xFF) == 0 || (n & 0xFF00) == 0)
      zeroByteIn2Bytes = true;
   else
      zeroByteIn2Bytes = false;
```

```
3) if (year % 4 == 0 && year % 100 != 0
                    || year % 400 == 0)
      isLeapYear = true;
   else
      isLeapYear = false;
```

```
4) String bitPattern ="0101";
   switch(n % 2) {
   case 1:
      bitPattern = "1" + bitPattern;
      break;
    case 0:
      bitPattern = "0" + bitPattern;
      break;
  }
```

```
5) int sum = 0;
   for (i = 1; ; i++) {
      sum += i * i;
      if (sum >= 100000)
        break;
   }
```

```
6) int cnt = 0;
   for (int i = 0; i < scores.length; i++)
      if (scores[i] > avgScores)
         cnt++;
```

(scores.length는 scores 배열변수의 원소 개수를 나타냄)

```
7) int sum = 0;

   while (n != 0) {
      sum += n % 8;
      n = n / 8;
   }
```

```
8) int digitsCnt = 0;
   while((c = SkScanner.getChar()) != '\n')
      if (c >= '0' && c <= '9')
         digitsCnt++;
```

```
9) while(true) {
      c = SkScanner.getChar();
      if (c < 'a' || c > 'z')
         break;
   }
```

```
10) while(true) {
        n = SkScanner.getInt();
        if (n < 0 || n > 100)
           continue;

        break;
    }
```

```
11) int cnt = 0;
    double[] rates =
       { 7.6, 6.9, 4.3, 4.4, 3.5, 3.6 };

    for (int i = 0; i < rates.length - 1; i++) {
       if (rates[i] < rates[i+1])
          cnt++;
    }

    System.out.print(" * there are "
          + cnt + " for " + rates.length);
```

```
12) int maxCnt = 0;
    int cntMaxCnt = 0;

    for (int n = 1; n < 10; n++) {
       int cnt = getCountDivisors(n);
       if ( cnt > maxCnt) {
          maxCnt = cnt;
          cntMaxCnt = 1;
       }
       else if ( cnt == maxCnt)
          cntMaxCnt++;
    }

    System.out.print(maxCnt + "," + cntMaxCnt);
```

```
13) int sum = 0;

    for (int i = 0; i < ints.length; i++) {
       if (ints[i] % 2 ==0)
          sum += ints[i]
       else
          sum -= ints[i]
    }
```

```
14) int cnt = 0;
    for (int i = 0; i < ints.length; i++)
       for (int j = 0; j < ints[i].length;  j++)
          if (ints[i][j] >= 100)
             cnt++;
```

4. 연습문제 3의 4)에 있는 switch 문을 if 문을 사용한 프로그램으로 고쳐라.

5. 연습문제 3의 5), 3의 6)을 while 문을 사용한 프로그램으로 고쳐라.

6. 다음의 문장들을 반복문을 사용한 문장으로 고쳐라. (기능적으로 동일한 반복문을 작성하기 위해 문장의 내용을 변경하거나 다른 변수를 사용해도 됨)

```
1) int sum = 0;
   sum = sum + (1 * 1);
   sum = sum + (2 * 2);
   sum = sum + (4 * 4);
   sum = sum + (5 * 5);
   sum = sum + (7 * 7);
   sum = sum + (8 * 8);
   sum = sum + (10 * 10);
    ...
   sum = sum + (98 * 90);
   sum = sum + (100 * 100);
```

```
2) double sum = 0;
   sum = sum + 1 / (3 * 4);
   sum = sum + 1 / (5 * 6);
   sum = sum + 1 / (6 * 7);
   sum = sum + 1 / (9 * 10;
   sum = sum + 1 / (10 * 11);
   sum = sum + 1 / (12 * 13);
   sum = sum + 1 / (15 * 16);
    ....
   sum = sum + 1 / (99 * 100);
   sum = sum + 1 / (100 * 101);
```

3)
```
int n = SkScanner.getInt();
if (n != 0)
  { sum = sum + n; return sum; }
n = SkScanner.getInt();
if (n != 0)
  { sum = sum + n; return sum; }
   .....
n = SkScanner.getInt();
if (n != 0)
  { sum = sum + n; return sum; }
```

4)
```
int n = 117;
System.out.println(n * 1234567 / 567);
n = 211;
System.out.println(n * 1234567 / 567);
n = 311;
System.out.println(n * 1234567 / 567);
n = 312;
System.out.println(n * 1234567 / 567);
```

5)
```
c[2] = a[1] + b[15];
c[3] = a[2] + b[13];
c[4] = a[3] + b[11];
c[5] = a[4] + b[9];
c[6] = a[5] + b[7];
c[7] = a[6] + b[5];
c[8] = a[7] + b[3];
c[9] = a[8] + b[1]
```

6)
```
a[0] = b[2] + c[102];
a[1] = b[4] + c[99];
a[2] = b[6] + c[23];
a[3] = b[8] + c[33];
a[4] = b[10] + c[48];
```

7)
```
System.out.println(1 + ") 계좌 개설");
System.out.println(2 + ") 잔액 조회");
System.out.println(3 + ") 계좌 입금");
System.out.println(4 + ") 계좌 출금");
System.out.println(5 + ") 계좌 이체");
```

8)
```
mult = 1 * 3 * 5 * 9 * 11 * 13;
```

7. 연습문제 6번의 2) 문제에는 오류가 있으므로 잘못된 결과가 구해진다.

1) 프로그램을 그대로 수행한 결과를 구하고, 그 이유를 설명하라.
2) 올바른 결과를 구하기 위해 프로그램을 수정하라.

8. 다음을 반복문을 사용하여 작성하라.

1) 1부터 100까지 정수 중 3의 배수이거나 5의 배수인 정수를 모두 출력하는 프로그램을 작성하라.
2) 정수를 입력하여 각 디지트의 곱을 구해 출력하는 프로그램을 작성하라. 예를 들어 1234가 입력되면 1 * 2 * 3 * 4 = 24가 출력된다.
3) 양의 정수를 입력하여 약수 개수를 출력하는 프로그램을 작성하라.
4) 1부터 100까지 정수 중 약수 개수가 2개인 정수를 모두 출력하는 프로그램을 작성하라.

5) 양의 정수 n1과 n2를 입력하여 n1과 n2 사이에서 약수 개수가 2개인 정수를 모두 출력하는 프로그램을 작성하라.
6) 1부터 100까지 정수 중 약수 개수가 가장 많은 정수와 약수 개수를 구하라. 만일 약수 개수가 최고인 정수가 여러 개이면 그중 하나만 출력하라.
7) 1부터 100까지 정수 중 약수 개수가 가장 많은 정수와 약수 개수를 구하라. 만일 약수 개수가 최고인 정수가 여러 개이면 모두 출력하라.
8) 완전수(完全數, perfect number)는 자기 자신을 제외한 양의 약수를 더했을 때 자기 자신이 되는 양의 정수를 말한다. 예를 들어 6의 약수는 1, 2, 3, 6이며 1 + 2 + 3 = 6이므로 6은 완전수이다. 1부터 0x7FFF_FFFF 사이 완전수를 구해 출력하라.
9) 10개 정수를 입력하여 최대값과 최소값을 출력하는 프로그램을 작성하라.
10) 정수를 입력하여 디지트들의 역순으로 된 정수를 구해 출력하라. 예를 들어 1234가 입력되면 역순인 정수 4321을 구하고 이를 출력한다.
11) 정수를 입력하여 디지트들의 최대값을 구해 출력하라. 예를 들어 1234가 입력되면 1, 2, 3, 4 중 최대값은 4이므로 4를 출력한다.
12) 3자리 정수를 입력하여 디지트들의 합을 구한 후 10의 나머지를 구해 출력한다. 예를 들어 987이 입력되면 9+8+7 = 34이며, 34의 10의 나머지는 4이므로 4를 출력한다.
13) 100부터 999까지 정수 중에서 디지트들의 합을 구한 후 10의 나머지를 구한 결과가 9인 정수의 개수를 구하라.
14) 복리 예금은 1년마다 원리합계(원금과 이자의 합인 금액)에 연이율의 이자를 더하여 원리합계를 구한다. 연이율을 입력하여 원리합계가 2배가 되는 연수를 구하라.
15) 일차원 배열에 점수 10개를 입력하여 최대값과 최소값의 차이를 구해 출력하라.
16) 행 크기 2, 열 크기 5인 이차원 배열 sales에 5개 제품의 판매가격과 판매개수를 저장한다. sales[0][0]부터 sales[0][4]에는 판매가격 5개가 저장되며, sales[1][0]부터 sales[1][4]에는 판매개수 5개가 저장된다. 이차원 배열에 5개 판매가격과 판매개수를 입력하고 총 판매가격을 출력하라. (총 판매가격은 각 제품의 판매가격 * 판매개수의 합)

(연습문제 1번 답) 1:O 2:X(반복문과 선택문은 복합문) 3:X(공백문도 사용될 경우가 있음) 4:O 5:O 6:X(중첩된 if 문에서 else 부분은 가장 가까운 if 문과 결합) 7:O(return 문도 중첩된 반복문에서 벗어나는 방법) 8:X(while 문은 반복조건이 false가 되면 반복 종료) 9:O 10:X(무한 루프에서 벗어나는 방법이 있으므로 작성해도 됨) 11:O 12:X(반복문 중에서 가장 적합한 것 사용해야 함) 13:X(Java 배열의 인덱스는 0부터 시작) 14:X(원소개수 구하기 위해 배열변수.length 사용) 15:X(이차원 이상의 다차원 배열도 Java에서 허용)

실습과제

1. 체질량 지수 BMI 및 비만 정도 구하기

체질량 지수(body mass index, BMI)는 인간의 비만도를 나타내는 지수로, 체중과 키의 관계로 계산되며, 체중이 w 킬로그램, 키가 h 미터일 때, BMI = w / h^2 으로 구해진다. (키의 단위가 센티미터가 아닌 미터임에 유의해야 한다.)

우리나라에서 BMI가 18.5 미만이면 저체중, 18.5에서 23 미만은 정상, 23에서 25 미만이면 과체중, 25에서 30 미만은 1단계 비만(경도 비만), 30에서 35 미만은 2단계 비만(중등도 비만), 35 이상이면 고도 비만으로 분류하고 있다.

몸무게와 키를 저장할 변수를 선언하고 몸무게와 키를 입력받아 BMI를 계산하고 BMI와 BMI에 따른 비만 정도를 출력하는 프로그램을 BMI 클래스로 작성하라.

2. 온도 변환 프로그램 확장하기

예제 4-2-2의 TemperatureConversion_FandC_UsingIf 클래스는 2가지 온도 변환 작업을 수행한다.

섭씨온도를 입력하여 절대 온도로 변환하여 출력하는 작업을 메뉴 3)으로, 절대온도를 입력하여 섭씨온도로 변환하여 출력하는 작업을 메뉴 4)로 추가하는 프로그램을 TemperatureConversion_FandCandK_UsingIf 클래스로 작성하라.

캘빈(Kelvin) 온도(단위 K)는 섭씨온도 -273.15C를 캘빈온도 0K로 설정한 온도 체계이며, 캘빈온도 K = C + 273.15(C는 섭씨온도)이다.

3. "I like Java " 77번 출력하기

"I like Java "를 77번 출력하는 프로그램을 요구되는 스타일로 작성하라.

1) 반복문을 사용하지 않고 한 라인에 "I like Java "를 77번 모두 출력하기

2) 반복문을 사용하지 않고 한 라인에 "I like Java "를 10번씩 출력하여 모두 77번 출력하기
3) 반복문을 사용하여 한 라인에 "I like Java "를 77번 모두 출력하기
4) 반복문을 사용하여 한 라인에 "I like Java "를 10번씩 출력하여 모두 77번 출력하기
5) 출력된 개수를 확인할 수 있도록 《 1) I like Java 2) I like Java 3) I like Java ... 》에서와 같이 출력 회수를 앞에 출력하도록 1), 2), 3), 4) 프로그램 변경하기

프로그램 변경이 용이한 프로그램이 좋은 프로그램이다. 어느 스타일의 프로그램이 변경하기가 쉬운지를 파악하고 그 이유가 무엇인지 생각해보라.

4. 10점 단위로 개수 구해 출력하기

0부터 100 사이 점수 10개 주어졌을 때 10점 단위로 개수를 구해 출력하려 한다. 예를 들어, 점수가 90, 95, 79, 83, 88, 65, 72, 83, 81, 96이면 60점대 1개, 70점대 2개, 80점대 4개, 90점대 3개를 출력한다.

점수 10개 저장을 위한 배열변수와 점수대별 개수 저장을 위한 변수를 선언하고 for 문을 이용하여 점수를 입력하고 점수대별 인원을 구해 출력하는 프로그램을 요구되는 스타일로 작성하라. (개수 저장하는 변수에 따라 프로그램은 크게 달라지며, 배열변수를 이용하는 것이 바람직하지만, 어려울 수 있음)

1) 점수대별 개수를 저장할 변수를 여러 단순변수들로 선언
2) 점수대별 개수를 저장할 변수를 배열변수로 선언

5. 여러 방법으로 직각 삼각형 그리기

1) 다음의 요구되는 스타일로 밑변 크기가 5인 직각 삼각형을 '*'로 그리는 프로그램을 다음의 2가지 방법으로 작성하라.

```
*
**
***
****
*****
```

(1) System.out.println()을 이용하여 "*", "**", "***", "****", "*****"을 한 라인씩 직접 출력하여 그리는 프로그램을 PrintTriangle_NotUsingNestedFor 클래스로 작성

(2) 중첩된 for 문을 이용하여 직각 삼각형 그리는 프로그램을 PrintTriangle_UsingNestedFor 클래스로 작성

2) 다음의 요구되는 스타일로 밑변 크기가 5인 직각 삼각형을 '*'로 그리는 프로그램을 다음의 2가지 방법으로 작성하라.

```
    *
   **
  ***
 ****
*****
```

(1) System.out.println()을 이용하여 "   *", "   **", " ***", " ****", "*****"을 한 라인씩 직접 5번 그리는 프로그택을 PrintTriangle2_ NotUsingNestedFor 클래스로 작성

(2) 예제 프로그램과 같이 중첩된 for 문을 이용하여 직각 삼각형 그리는 프로그램을 PrintTriangle2_UsingNestedFor 클래스로 작성

이를 위해 공백문자(' ')를 첫 라인은 4개, 두 번째 라인은 3개, 세 번째 라인은 2개, 네 번째 라인은 1개, 다섯 번째 라인은 0개를 출력한 후 각 라인에 맞는 개수의 '*'를 출력해야 한다.

6. 범용 온도 변환 프로그램 작성하기

예제 4-2-2는 섭씨온도와 화씨온도 간의 온도 변환을 수행하는 프로그램이다. 이를 확장하여 섭씨온도에서 화씨온도, 섭씨온도에서 절대온도, 화씨온도에서 섭씨온도, 화씨에서 절대온도, 절대온도에서 섭씨온도, 절대온도에서 화씨온도 등 온도 변환을 수행하는 프로그램을 다음과 같이 작성하라.

- 이 프로그램은 6가지 온도 변환 중 하나 선택할 수 있는 메뉴와 종료 메뉴 등 7가지 메뉴 출력
- 온도변환 메뉴 중 하나 선택되면 온도 입력한 후 변환 온도 계산하여 입력한 온도와 변환된 온도 출력
- 종료 메뉴 선택되면 프로그램 종료
- 메뉴의 입력 오류[59], 절대온도 입력 오류[60] 등 오류 처리해야 함

7. 범용 도량형 단위 변환 프로그램 작성하기

도량형은 길이·부피·무게 등을 측정하는 수단이며, 도량형 단위는 측정된 결과를 나타내는 기준이다. 그런데 도량형 단위는 국가마다 다른 단위가 사용되므로 도량형 단위 간 변환이 필요한 경우가 많다. 대표적인 도량형 단위 간의 변환기준은 다음과 같다.

1m = 1.093yard	1yard = 0.9144m
1km = 0.621371mile	1mile = 1.609344km
1kg = 2.20459pound	1pound = 0.45359kg
1g = 0.26666돈	1돈 = 3.75g
$1m^2$(제곱미터) = 0.3025평	1평 = $3.3058m^2$(제곱미터)

주어진 도량형 단위 간의 도량형 값을 변환하는 프로그램을 요구되는 스타일로 작성하라.

- 이 프로그램은 10가지 도량형 단위 간 변환 중 하나 선택할 수 있는 메뉴와 종료 메뉴 등 11가지 메뉴 출력
- 단위 간 변환 메뉴 중 하나 선택되면 도량형 값 입력한 후 변환된 값 계산하여 입력한 값과 변환된 값 출력
- 종료 메뉴가 선택되면 프로그램 종료
- 변환된 도량형 값은 소수점 2자리까지 출력

8. 평균 점수와 평균 점수 이상인 개수 구하기

점수 10개를 읽어 평균 점수, 평균 이상인 점수 개수를 구해 출력하는 프로그램을 다음과 같은 사용자 인터페이스로 작성하려 한다.

```
** 점수 10개 입력하여 평균 구해 출력하기 **

o 1번째 점수 입력 > 90
o 2번째 점수 입력 > 95
  ...

o 9번째 점수 입력 > 81
```

59) 제공되는 메뉴가 7가지이므로 메뉴 선택 시 1부터 7까지 값이 입력되어야 하며, 그 외의 값이 입력되면 입력 오류

60) 절대온도는 0이 최저이므로 입력한 절대온도가 0보다 작으면 입력 오류

o 10번째 점수 입력 > 96

* 평균 점수 = 83.2
* 평균 이상인 점수 개수 = 4개

다음의 4가지 스타일의 프로그램을 각각 작성하라. 작성한 프로그램들을 비교하여 보고, 가장 좋은 스타일의 프로그램이 어느 것이며, 왜 그러한지에 대해 생각해보라.

1) 단순변수에 저장, 반복문 미사용: 10개의 서로 다른 변수에 점수를 입력하여 평균 점수, 평균 이상인 점수 개수를 구하고 출력하는 프로그램을 ScoresCountGEaverage1 클래스로 작성하라.
2) 배열변수에 저장, 반복문 미사용: 10개 원소를 저장하는 배열에 점수를 입력하여 평균 점수, 평균 이상인 점수 개수를 구하고 출력하는 프로그램을 ScoresCountGEaverage2 클래스로 작성하라.
3) 배열변수에 저장, 반복문 사용: 10개 원소를 저장하는 배열에 점수를 입력하여 평균 점수, 평균 이상인 점수 개수를 구하고 출력하는 프로그램을 ScoresCountGEaverage3 클래스로 작성하라.
4) 점수를 입력할 점수의 개수를 입력받은 후 입력한 개수의 점수를 배열에 입력받아 평균 점수, 평균 이상인 점수 개수를 구하고 출력하도록 3)의 프로그램을 변경한 프로그램을 ScoresCountGEaverage4 클래스로 작성하라.

제5장

메소드,
더 높이 비상하기 위하여

제 5 장 메소드, 더 높이 비상하기 위하여

학습 목표

- ㅇ 프로그래밍에서 추상화와 통합의 필요성을 이해한다.
- ㅇ 여러 문장을 추상화한 대체 메소드의 의미를 파악한다.
- ㅇ 유사한 메소드들을 매개변수를 이용하여 통합하는 원리와 개념을 이해한다.
- ㅇ 메소드의 활용성을 높이기 위한 반환값의 개념을 이해하고 반환값을 갖는 메소드를 작성할 수 있다.
- ㅇ 메소드에서 배열을 사용하는 방법을 익힌다.
- ㅇ 메소드를 선언하는 양식을 파악한다.
- ㅇ 메소드 호출, 메소드 수행, 반환값 전달 등을 활용하는 능력을 배양한다.
- ㅇ 자신을 호출하는 재귀 메소드에 대해 배운다.
- ㅇ 메소드의 작성과정을 습득하여 메소드 작성능력을 함양한다.

main() 메소드에 여러 문장을 나열하여 프로그램을 작성하는 것은 간단한 프로그램을 작성할 때만 가능하다. 문장들이 많아지고 if 문 내에 if 문이 중첩되거나 for 문 내에 또 다른 반복문이 중첩되면 프로그램이 복잡해져 작성, 이해, 변경이 어려워지기 때문이다.

많은 문장이 나열될 때 여러 문장을 기능적 단위로 추상화하고 통합할 필요성이 대두되었고, 이로 인하여 탄생한 요소가 메소드이다. 문장들을 메소드 이름으로 대체시킨 후 메소드 이름으로 호출하는 추상화 원리에서 시작한 메소드는 매개변수와 반환값을 갖는 통합 메소드로 발전하여 프로그래밍 언어에서 가장 중요한 요소로 자리 잡고 있다.

다음은 메소드의 특징을 잘 나타내는, 필자가 만든 격언이다.

■ 메소드는 콜럼버스의 달걀이다.

콜럼버스의 달걀은 나중에 알고 보면 정말 쉽지만 스스로 알기는 어려운 문제를 말하는데, 메소도도 역시 그러한 문제이다. 메소드는 추상화와 통합의 원리가 혼합된 고도의 지적 산물이므로 원리를 깨닫기가 쉽지 않다.

메소드에 대한 원리를 이해할 때까지는 메소드는 오를 수 없는 아마득한 절벽이며, 프로그래밍은 도저히 이길 수 없는 전투이고, 결과적으로 프로그램은 난공불락의 요새이다. 그러나 메소드의 원리를 깨치는 순간 메소드는 쉽게 건너는 징검다리고, 프로그래밍은 재미있는 레고 놀이가 되며, 난공불락의 요새가 어느 순간 정복자의 궁궐로 변한다.

■ 잘 만들어진 스마트 메소드 하나 1000만 개의 허접한 메소드 부럽지 않다.
1000만 개 허접한 메소드는 하나의 스마트 메소드로 통합될 수 있으며, 이 스마트 메소드는 1000만 개 허접한 메소드의 모든 기능을 담당할 수 있을 뿐 아니라 활용성이 훨씬 높다. 양이 아니라 질의 문제이므로 스마트 메소드를 작성할 수 있는 능력을 갖추기 위해 노력하라.

시작하기 전에 절벽, 전투, 난공불락의 요새 등 치열한 용어가 난무하는 것은 메소드를 이해하기 위해 정말 치열한 노력이 필요하다는 것을 강조하기 위해서이다.

메소드 작성능력이 있는 프로그래머와 메소드 작성능력이 없는 프로그래머의 능력 차이는 그야말로 하늘과 땅 차이이다. 땅에서 기어갈 것인지, 하늘로 훨훨 날아갈 것인지를 결정하는 요인이 메소드이며, 메소드를 이해하고 작성능력을 갖추는 순간 프로그래밍의 새로운 경지에 도달한다.[61]

5.1 메소드에서 추상화와 통합

메소드는 요구되는 작업을 위해 필요한 문장들을 기능을 나타내는 메소드 이름으로 대체한 것이다. 메소드를 작성한 후 대체한 메소드 이름으로 메소드를 호출하면 대체한 문장들이 수행된다. 그 결과 프로그램은 메소드 호출로 이루어지므로 기능적으로 작성된다.

다음은 Java 메소드의 중요 사항이다.

61) 이는 갈매기의 꿈이라는 소설에서 주인공 갈매기인 조나단 시걸이 고속 비행을 위해 엄청나게 노력하다가 어느 순간 고속 비행의 원리를 터득하고 비행 수준을 크게 향상한 것과 유사하다. 리차드 바크(Richard Bach)의 소설 갈매기의 꿈(Jonathan Livingston Seagull)을 꼭 읽어보기를 추천한다.

- 메소드: 클래스 내에서 작성된 후 호출되는 가장 중요한 요소
  - 특정 기능 수행하는 문장들을 기능을 나타내는 이름으로 추상화하여 대체한 것
- 메소드 구성
  - 메소드 시그니처(signature)와 메소드 구현(implementation)으로 구성
  - 메소드 시그니처: 메소드 호출하기 위해 알아야 할 정보이며, 메소드 이름, 형식매개변수 이름과 타입, 반환값 타입, 수식어(modifier) 등을 포함
  - 메소드 구현: 메소드가 수행할 구체적인 작업 명시하는 문장들

메소드를 문법적으로 이해하는 것도 중요하지만 그보다 더 중요한 것은 메소드에서 추상화 원리와 통합의 원리를 올바르게 이해하여 스마트 메소드 작성능력을 배양하는 것이다.

메소드는 매개변수와 반환값의 유무에 따라 다음의 3가지 유형으로 구분된다.

① 매개변수 없는 메소드: 실행될 문장들이 메소드 이름으로 단순 대체되는 메소드로, 기능이 제한적임
② 매개변수 갖는 메소드: 호출되는 메소드로 정보 전달하여 다양한 처리 가능한 메소드
③ 반환값 갖는 메소드: 호출된 메소드에서 처리한 결과를 호출한 메소드로 전달하여 호출한 메소드에서 처리결과를 다양하게 활용할 수 있는 메소드

5.1.1 메소드의 필요성

❑ 메소드 사용하지 않고 복잡한 기능 갖는 프로그램 작성하기

예제 5-1-1은 메소드를 사용하지 않고서 100의 약수 개수와 1237이 소수인지를 출력하는 프로그램이다.

예제 5-1-1 여러 문장으로 작성된 프로그램 기능 파악하기

```
class CountDivisors_NotUsingMethod {
   public static void main(String[] args) {
      int cntDivisorsOf100 = 0;          // 100의 약수 개수를 0으로 초기화

      for (int i = 1; i <= 100; i++)     // for 문: i가 1부터 100까지 반복
         if (100 % i == 0)               //    100을 i로 나누어 나머지가 0이면
            cntDivisorsOf100++;          //       i는 100의 약수이므로 약수 개수 1 증가
```

```
        System.out.println("\n   * " + 100 + "의 약수 개수: " + cntDivisorsOf100);

        int cntDivisorsOf1237 = 0;        // 1237의 약수 개수 0으로 초기화
        for (int i = 1; i <= 1237; i++)  // for 문: i가 1부터 1237까지 반복
            if (1237 % i == 0)            //     1237을 i로 나누어 나머지가 0이면
                cntDivisorsOf1237++;      //         i는 1237의 약수이므로 약수 개수 1 증가

        if (cntDivisorsOf1237 == 2)
            System.out.println("\n   * " + 1237  + ": 소수임" );
        else
            System.out.println("\n   * " + 1237 + ": 소수 아님" );
    }
}
```

실행결과

```
* 100의 약수 개수: 9

* 1237: 소수임
```

한 정수의 약수는 나머지 없이 그 정수를 나누는 수이며, 6의 약수는 1, 2, 3, 6 등 4개이다. 약수 개수가 2개인 자연수를 소수(prime number)라 하며, 2, 3, 5, 7, 11, 13 등이 소수이다. 프로그램을 수행하면 100의 약수는 9개, 1237은 소수임을 확인할 수 있다[62].

예제 5-1-2는 예제 5-1-1을 파악과 변경이 다소 용이하도록 개선한 프로그램이다.

예제 5-1-2 상수를 변수로 대체하여 개선한 프로그램의 기능 파악하기

```
class CountDivisors_NotUsingMethodBetter {
    public static void main(String[] args) {
        {
          int n = 100;                       // 약수 개수 구할 정수: 100

          int cntDivisors = 0;               // n의 약수 개수 0으로 초기화
          for (int i = 1; i <= n; i++)   // for 문: i가 1부터 n까지 반복
              if (n % i == 0)                //     n을 i로 나누어 나머지가 0이면
                  cntDivisors++;             //         i는 n의 약수이므로 약수 개수 1 증가
          System.out.println("\n   * " + n + "의 약수 개수: " + cntDivisors);
        }
```

62) 1237은 소수임을 확인하는 방법은 약수 개수를 구하지 않고서도 가능하지만, 약수 개수를 구해 소수인지를 판별한다.

```
        {
            int n = 1237;                  // 소수 여부 판단할 정수: 1237

            int cntDivisors = 0;           // n의 약수 개수를 0으로 초기화
            for (int i = 1; i <= n; i++)   // for 문: i가 1부터 n까지 반복
                if (n % i == 0)            //  n을 i로 나누어 나머지가 0이면
                    cntDivisors++;         //   i는 n의 약수이므로 약수 개수 1 증가
            if (cntDivisors == 2)
                System.out.println("\n  * " + n  + ": 소수임" );
            else
                System.out.println(" \n  * " + n + ": 소수 아님" );
        }
    }
}
```

이 프로그램은 main() 메소드를 2개 작업을 수행하는 블록으로 재구성하여 작업을 명확히 분리했고, 상수 100과 1237을 변수에 저장하여 변경이 용이하도록 하였다. 그러나 이 프로그램도 기능을 파악하기 위해 프로그램을 잘 살펴보아야 한다. 또한, 프로그램에서 중복된 부분이 있는 것도 알 수 있다.

❑ 메소드 사용하여 기능적 프로그램 작성하기

예제 5-1-3은 예제 5-1-2의 2개 블록을 대체 메소드(substituting method)인 printCountDivisorsOf100()[63]과 printWhether1237PrimeNo()로 작성하고 main() 메소드에서 이들을 호출한다.

예제 5-1-3 정수 약수 개수와 소수 여부 출력하기(대체 메소드 사용)

```
class CountDivisors_UsingSubstitutingMethod {
    public static void main(String[] args) {
        printCountDivisorsOf100();         // 대체 메소드 호출
        printWhether1237PrimeNo();         // 대체 메소드 호출
    }

    // 문장들을 대체하여 작성된 대체 메소드
    static void printCountDivisorsOf100() {
        int n = 100;                       // 약수 개수 구할 정수: 100

        int cntDivisors = 0;               // n의 약수 개수를 0으로 초기화
```

63) 메소드를 작성할 때 이렇게 긴 이름으로 명명하지 않지만, 메소드의 기능을 가능한 잘 나타내기 위해 당분간 긴 이름을 사용한다.

```
        for (int i = 1; i <= n; i++)              // for 문: i가 1부터 n까지 반복
            if (n % i == 0)                       //     n을 i로 나누어 나머지가 0이면
                cntDivisors++;                    //         i는 n의 약수이므로 약수 개수 1 증가

        System.out.println("\n    * " + n + "의 약수 개수: " + cntDivisors);
    }

    // 문장들을 대체하여 작성된 대체 메소드
    static void printWhether1237PrimeNo() {
        int n = 1237;                             // 소수 여부 판단할 정수: 1237

        int cntDivisors = 0;                      // n의 약수 개수를 0으로 초기화
        for (int i = 1; i <= n; i++)              // for 문: i가 1부터 n까지 반복
            if (n % i == 0)                       //     n을 i로 나누어 나머지가 0이면
                cntDivisors++;                    //         i는 n의 약수이므로 약수 개수 1 증가

        if (cntDivisors == 2)
            System.out.println("\n   * " + n  + ": 소수임" );
        else
            System.out.println(" \n   * " + n + " : 소수 아님" );
    }
}
```

이들 대체 메소드는 대체한 문장들과 동일하며, 대체한 문장들을 수행할 필요가 있을 때 메소드 이름으로 간단히 호출하면 대체된 문장들이 수행된다.

그런데, 예제 5-1-3의 대체 메소드는 정수 100에 대해서만 약수 개수를 출력하고, 정수 1237만 소수인지를 출력하므로 효용성이 낮다. 이들 메소드를 효용성이 높은 통합 메소드(integrating method)로 재작성하면 예제 5-1-4와 같다.

예제 5-1-4 정수 약수 개수와 소수 여부 출력하기(통합 메소드 사용)

```
class CountDivisors_UsingIntegratingMethod {
    public static void main(String[] args) {
        printCountDivisorsOf(100);
        printWhetherPrimeNo(1237);
    }

    static void printCountDivisorsOf( int n ) {
        int cntDivisors = 0;                      // n의 약수 개수를 0으로 초기화

        for (int i = 1; i <= n; i++)              // for 문: i가 1부터 n까지 반복
            if (n % i == 0)                       //     n을 i로 나누어 나머지가 0이면
```

```
            cntDivisors++;                //        i는 n의 약수이므로 약수 개수 1 증가

        System.out.println("\n    * " + n + "의 약수 개수: " + cntDivisors);
    }

    static void printWhetherPrimeNo( int n ) {
        int cntDivisors = 0;              // n의 약수 개수를 0으로 초기화

        for (int i = 1; i <= n; i++)      // for 문: i가 1부터 n까지 반복
            if (n % i == 0)               //     n을 i로 나누어 나머지가 0이면
                cntDivisors++;            //        i는 n의 약수이므로 약수 개수 1 증가

        if (cntDivisors == 2)
            System.out.println("\n    * " + n  + ": 소수임" );
        else
            System.out.println(" \n   * " + n + " : 소수 아님" );
    }
}
```

예제 5-1-4의 printCountDivisors(int n) 메소드는 매개변수 갖는 통합 메소드로, 매개변수에 주어진 정수에 대해 약수 개수를 구해 출력한다. 한편, 메소드인 printWhetherPrimeNo(int n)는 매개변수에 주어진 정수에 대해 소수 여부를 출력한다.

그런데, printCountDivisors(int n) 메소드와 printWhetherPrimeNo(int n) 메소드에서 약수 개수를 구하는 부분이 중복되므로 이를 반환값을 갖는 메소드로 작성하여 중복을 제거할 수 있다.

예제 5-1-5는 최종적으로 스마트하게 작성한 프로그램이다.

예제 5-1-5 반환값 갖는 메소드 작성하여 중복된 코드 제거하기

```
class CountDivisors_UsingMethodWithReturnValue {
    public static void main(String[] args) {
        printCountDivisorsOf(100);
        printWhetherPrimeNo(1237);
    }

    static void printCountDivisorsOf( int n ) {
        int cntDivisors = getCountDivisors(n);    // n 약수 개수 구하는 메소드 호출
        System.out.println("\n    * " + n + "의 약수 개수: " + cntDivisors);
    }
```

```
    static void printWhetherPrimeNo( int n ) {
        int cntDivisors = getCountDivisors(n);    // n 약수 개수 구하는 메소드 호출

        if (cntDivisors == 2)
            System.out.println("\n  * " + n  + ": 소수임" );
        else
           System.out.println(" \n  * " + n + " : 소수 아님" );
    }

    static int getCountDivisors( int n ) {      // n의 약수 개수 반환하는 메소드
        int cntDivisors = 0;
        for (int i = 1; i <= n; i++)
            if (n % i == 0)
                cntDivisors++;

        return cntDivisors;
    }
}
```

지금까지 작성한 대체 메소드, 통합 메소드, 반환값 갖는 메소드를 작성한 방법에 대해 바로 이해하기는 어렵다. 메소드의 작성과정에는 추상화와 통합의 원리가 내재해 있으므로 그 원리를 명확히 이해하고 이 원리를 적용하여 요구되는 메소드를 자유자재로 작성할 수 있어야 한다. 그 결과 유용하고 스마트한 메소드를 작성하는 것이 어렵지 않으면서 즐거운 일로 바뀐다.

5.1.2 추상화와 통합

인간의 지적 능력 중에서 중요한 요소가 많이 있지만, 그중 추상화 능력과 통합 능력도 매우 중요한 능력이다.

- 추상화(abstraction): 다양하고 복잡한 것을 단순한 것으로 대체하여 표현
- 통합(integration): 서로 다른 것들에서 공통된 성질을 파악하여 하나의 통일된 형태로 표현

메소드는 문장들을 기능적으로 묶고 이를 추상화하여 기능 나타내는 이름으로 표현한 것이다. 또한, 유사한 기능의 여러 메소드들을 통합하여 통합 기능을 갖는 메소드로 작성하기도 한다. 그러므로 메소드에는 추상화와 통합이라는 보이지 않는 원리가 숨어 있으며, 이에 대한 정확한 이해가 메소드의 문법보다 훨씬 중요하다. 메소드를 본격적으로 살펴보기 전에 먼저 추상화와 통합에 대해 간략히 알아보자.

❑ 추상화

전체를 나타내면서 전체를 대신하여 언급될 수 있는 것을 만들어내는 과정이 추상화(abstraction)이다. 일반적인 의미에서 추상화란 추상화 대상의 복잡하고 구체적이며 세부적인 사항들을 대체할 수 있는 추상물(abstract)을 만드는 과정으로, 추상화의 결과인 추상물은 기호나 단어로 간단하게 표현된다.

추상화의 목적은 다양하고 복잡하여 서로 다르게 인지되는 것을 핵심적이며 간단하며 객관적으로 표현하는 것이다. 기독교에서 고통, 구원, 사랑 등의 복잡한 개념을 나타내는 십자가 기호(✝), 사랑이라는 말로 표현하기 어려운 것을 간단히 표현하는 하트(♥) 등은 추상화를 통하여 만들어진 추상화의 결과물이다.

인간의 언어생활은 온통 추상적인 것들로 가득하다. "의적 홍길동은 탐관오리를 징벌했다."라는 문장을 살펴보면 여기에도 많은 추상화가 포함되어 있다. "홍길동"은 소설 홍길동전에 나오는 주인공을 나타내는데, 엄밀하게 말하자면 홍길동전의 주인공 이름이 "홍길동"인데 보통 홍길동이라고 하면 그 주인공을 의미한다. 이는 홍길동전의 주인공이 바로 "홍길동"으로 추상화되어 "홍길동"은 소설 속의 그 주인공 자체를 나타낸다. 또한 "의적", "탐관오리" 등의 단어도 추상화의 결과로 만들어진 단어이다.

❑ 통합

통합(integration)은 여러 요소를 합쳐 통일된 하나를 형성하는 것이다. 현실에서 학과 통합, 부서 통합, 국가 간의 통합 등 다양한 형태의 통합이 있으며, 통합이 이루어지면 서로 다른 것들이 하나의 통일된 양상을 이룬다.

프로그래밍에서의 통합과 밀접하게 관련된 분야는 수학 분야이다. 수학은 개별적인 객체 하나하나가 아니라 객체 전체에 대한 기본 원리 또는 공식을 찾는 학문이다. 그러므로 수학은 통합을 추구하는 학문이며, 통합적 사고가 수학의 밑바탕이다.

수학에서의 통합의 예를 살펴보면 다음과 같다.

- 집합에서의 조건 제시법
  - 집합의 원소를 나타내는 방법으로 여러 원소를 직접 나열하는 원소 나열법과 원소가 집합에 포함될 조건을 제시하는 조건 제시법이 있음
  - 원소 나열법으로 표시된 원소들을 조건 제시법의 조건으로 바꾸는 과정이 통합

- 집합 S_1 = { ..., -4, 2, 0, 2, 4, ... }은 짝수들의 무한 집합으로, 이들 원소의 공통점을 찾아서 조건 제시법으로 표시하면 다음과 같음
  $S_1 = \{ x \mid x = 2 \times n,\ n \in I \}$[64]
- 또 다른 집합 S_2 = { 2, 3, 5, 7, 11, 13, 17, 19, ... }은 약수가 2개뿐인 자연수인 소수(prime number)의 무한 집합으로, 이를 조건 제시법으로 표시하면 다음과 같음
  S_2 = { x | x > 0, x의 약수 개수가 2개, x ∈ I }

■ 수열에서 일반항

- 수열에서 일반항을 구하는 것도 수열의 모든 항을 통합한 결과를 구하는 것
- 일반항을 구하면 모든 항을 구할 수 있게 됨

그 외에도 수많은 방정식, 정리, 공식 등은 통합의 산물로서 개별적인 것 전체를 하나로 간단히 표현하게 한다.

❑ 반복문에서의 통합

동일한 문장 또는 유사한 문장들이 나열되면 반복회수의 파악도 어렵고 반복회수의 변경도 어렵다. 여러 문장의 공통점을 파악하여 통합된 동일한 표현으로 변경할 수 있으면 쉽게 반복문으로 작성할 수 있다. 반복문을 이용한 반복은 반복회수의 파악과 변경이 용이하다.

4장에서도 설명되었지만, 다음은 유사한 반복 문장들을 통합 과정을 거쳐 반복문으로 변환하는 과정을 보여준다.

작업	1인 비트 개수 구하기	정수 100개 입력하여 합 구하기

반복 문장들	if (n & (1 << 0) != 0) cnt++;
	if (n & (1 << 1) != 0) cnt++;
	if (n & (1 << 2) != 0) cnt++;
	...
	if (n & (1 << 30) != 0) cnt++;
	if (n & (1 << 31) != 0) cnt++;
		n0 = SkScanner.getInt(); sum += n0;
		n1 = SkScanner.getInt(); sum += n1;
		n2 = SkScanner.getInt(); sum += n2;
		...
		n98 = SkScanner.getInt(); sum += n98;
		n99 = SkScanner.getInt(); sum += n99;

통합된 동일한 표현	if (n & (1 << i) != 0) cnt++;
	(i는 0에서 31까지)
		int[] ns = new int[100];
		
		ns[i] = SkScanner.getInt(); sum += ns[i];
		(i는 0에서 99까지)

64) I는 모든 정수의 집합이다.

변환된 반복문	for (int i = 0; i < 32; i++)
	    if (n & (1 << i) != 0)
	        cnt++;
		int[] ns = new int[100];
		for (int i = 0; i < 100; i++) {
		    ns[i] = SkScanner.getInt();
		    sum += ns[i];
		}

어느 정도 숙달이 되면 반복 문장들을 일일이 작성하지 않고서도 바로 통합된 반복문을 작성할 수 있다. 그때까지 많은 연습이 필요하다. 반복문을 직접 작성하기 어려운 경우 반복되는 문장들을 일일이 작성한 후 통합 과정을 거쳐 반복문으로 변환하는 것이 더 효율적일 수도 있다.

5.2 처리과정을 기능으로 바꾸는 대체 메소드

메소드에 적용되는 가장 기본적인 추상화는 특정 기능을 수행하는 문장들을 메소드 이름으로 대체하는 대체 추상화(substituting abstraction)[65]이다. 또한, 유사한 기능의 여러 대체 메소드들을 하나의 메소드로 통합시키는 통합 추상화(integrating abstraction)도 있으며, 이에 대해서는 뒤에서 살펴볼 것이다.

5.2.1 대체 추상화 과정

메소드를 사용하지 않은 프로그램을 대체 메소드를 사용하는 프로그램으로 변환하는 것이 메소드 이해에 큰 도움이 되며, 대체 추상화가 메소드의 출발점이다. 문장들의 기능을 파악하여 기능을 나타내는 메소드 이름으로 대체시키는 대체 추상화 과정은 다음과 같다.

① 메소드 블록 작성: 대체 메소드로 대체할 문장들을 메소드 블록[66]으로 작성
② 대체할 문장들의 기능 파악: 대체할 문장들의 수행 내용 분석하여 기능 파악
③ 대체 메소드 이름 작명: 파악한 기능을 잘 나타내는 메소드 이름 작명
④ 메소드 블록에 메소드 시그니처 첨부: 메소드 블록 앞에 《 static void 대체한_메소드_이름() 》 첨부하여 메소드 작성 완료
⑤ 대체 메소드 호출: main() 메소드에서 대체할 문장들을 《 대체한_메소드_이름(); 》으로 대체하여 메소드 호출하면 메소드 수행

65) 대체 추상화는 언어생활에서 빈번히 이루어지며, "이름이 홍길동이고 나이가 18세인 젊은이가 있는데, 그가 금강산에 갔다"에서 지시 대명사 '그'가 단순 대체 추상화이다. '그'는 이름이 홍길동이고 나이가 18세인 젊은이를 대체시킨 것이다.

66) 메소드가 호출되면 수행될 문장들이 메소드 블록이며, 이를 메소드 구현이라고 한다.

main() 메소드의 문장들을 대체 추상화 과정을 통해 대체 메소드로 작성하는 과정은 다음과 같이 비교적 간단하다.

<table>
<tr><th>예제</th><th>예제 5-2-1, 예제 5-2-2</th><th>예제 5-2-3, 예제 5-2-4</th></tr>
<tr><td>주어진 프로그램</td><td><pre>public static void main(String[] args) {

   int sum = 0;

   for (int i = 1; i <= 100; i++)
      sum = sum + i;

   System.out.println(sum);
}</pre></td><td><pre>public static void main(String[] args) {
   int cnt = 0;
   int n = SkScanner.getInt();

   while (n != 0) {
      if (n % 2 == 1)   cnt++;
      n = n / 2;
   }

   System.out.println(cnt);
}</pre></td></tr>
<tr><td>① 대체할 문장들을 메소드 블록으로 작성</td><td><pre>{
   int sum = 0;

   for (int i = 1; i <= 100; i++)
      sum = sum + i;

   System.out.println(sum);
}</pre></td><td><pre>{
   int cnt = 0;
   int n = SkScanner.getInt();

   while (n != 0) {
      if (n % 2 == 1)   cnt++;
      n = n / 2;
   }

   System.out.println(cnt);
}</pre></td></tr>
<tr><td>② 기능 파악</td><td>1부터 100까지 합 구해 출력</td><td>입력된 정수의 1인 비트 개수 구해 출력</td></tr>
<tr><td>③ 메소드 이름 작명</td><td>printSum1to100</td><td>inputPrintCount1Bits</td></tr>
<tr><td>④ 메소드 블록에 메소드 시그니처 첨부</td><td><pre>static void printSum1to100() {
   int sum = 0;

   for (int i = 1; i <= 100; i++)
      sum = sum + i;

   System.out.println(sum);
}</pre></td><td><pre>static void inputPrintCount1Bits() {
   int cnt = 0;
   int n = SkScanner.getInt();

   while (n != 0) {
      if (n % 2 == 1)   cnt++;
      n = n / 2;
   }

   System.out.println(cnt);
}</pre></td></tr>
<tr><td>⑤ 대체 메소드 호출</td><td><pre>public static void main(String[] args) {
   printSum1to100();
}</pre></td><td><pre>public static void main(String[] args) {
   inputPrintCount1Bits();
}</pre></td></tr>
</table>

처음 프로그램은 1부터 100까지 합을 구해 출력하는 기능을 갖는 프로그램이다. 그러므로 메소드 이름을 printSum1to100으로 명명했다. 두 번째 프로그램은 정수를 입력하여 1인 비트 개수를 구해 출력하는 프로그램이므로 메소드 이름을

inputPrintCount1Bits로 명명했다. 물론, 더욱 정확하게 기능을 나타내는 이름인 printCount1BitsOfInputInteger로 명명할 수 있지만, 너무 길기 때문에 줄였다.

이들 프로그램은 실습자료의 예제 5-2-1, 예제 5-2-2, 예제 5-2-3, 예제 5-2-4에 포함돼 있으므로 프로그램을 살펴보고 수행해보기 바란다.

대체 추상화 과정에서 가장 중요하고 어려운 과정이 대체 메소드의 기능 파악과 대체 메소드 이름 작명이다. 그러므로 프로그램이 주어졌을 때 기능을 파악하고 적절한 메소드 이름을 작명[67]하는 연습을 많이 해야 한다.

대체 추상화의 결과로 작성된 대체 메소드는 매개변수와 반환값이 없는 메소드이다. 매개변수와 반환값은 메소드의 활용성을 높이는 중요한 요소로서 나중에 자세히 설명한다.

5.2.2 직각 삼각형 그리기

❑ 메소드 사용하지 않고 직각 삼각형 그리기

이미 대체 메소드를 몇 개 작성했지만 직각 삼각형을 그리는 프로그램을 통해 대체 메소드의 진면목을 살펴보자. 예제 5-2-5는 밑변이 * 5개로 구성되는 직각 삼각형을 출력하는 프로그램으로, 메소드를 사용하지 않았다.

예제 5-2-5 밑변 * 5개인 직각 삼각형 그리기(메소드 미사용)

```
class RightTriangle_NotUsingMethod {
   public static void main(String[] args) {
      for (int i = 0; i < 1; i++) System.out.print('*');      // *를 1개 출력
      System.out.println();                                     // 줄바꿈

      for (int i = 0; i < 2; i++)  System.out.print('*');     // *를 2개 출력
      System.out.println();                                     // 줄바꿈

      for (int i = 0; i < 3; i++)  System.out.print('*');     // *를 3개 출력
         System.out.println();                                  // 줄바꿈

      for (int i = 0; i < 4; i++)  System.out.print('*');     // *를 4개 출력
         System.out.println();                                  // 줄바꿈

      for (int i = 0; i < 5; i++)  System.out.print('*');     // *를 5개 출력
```

67) 대체 메소드 이름은 영어로 작명되므로 영작 능력이 요구된다. Java 프로그래밍에서 영어 능력이 중요함을 다시 한번 상기하기 바란다.

```
        System.out.println();                    // 줄바꿈
    }
}
```

실행결과	* ** *** **** *****

이 프로그램은 전체적으로 5부분으로 구성되며, 각 부분은 for 문을 이용하여 한 라인에 *를 1개에서 5개까지 출력한 후 줄바꿈을 수행한다. 그 결과 밑변이 * 5개인 직각 삼각형이 그려진다.

❑ 대체 메소드 사용하여 직각 삼각형 그리기

프로그램의 특정 부분의 기능이 명확히 파악되면 그 부분의 문장들을 대체시키는 메소드로 작성할 수 있으며, 이때 기능을 잘 나타내도록 메소드 이름을 명명한다.

예제 5-2-6은 예제 5-2-5의 5부분들을 메소드로 대체하여 작성하고, main() 메소드에서 이들 메소드들을 호출한다.

예제 5-2-6 밑변 * 5개인 직각 삼각형 그리기(대체 메소드 사용)

```
class RightTriangle_UsingSubstitutingMethod {
    public static void main(String[] args) {
        printStar1InLine();              // printStar1InLine() 메소드 호출
        printStar2InLine();              // printStar2InLine() 메소드 호출
        printStar3InLine();              // printStar3InLine() 메소드 호출
        printStar4InLine();              // printStar4InLine() 메소드 호출
        printStar5InLine();              // printStar5InLine() 메소드 호출
    }
    static void printStar1InLine() {     // printStar1InLine() 메소드 작성
        for (int i = 0; i < 1; i++)  System.out.print(*)        // * 1개 출력
        System.out.println();                                   // 줄바꿈
    }
    static void printStar2InLine() {     // printStar2InLine() 메소드 작성
        for (int i = 0; i < 2; i++)  System.out.print('*');     // * 2개 출력
        System.out.println();                                   // 줄바꿈
    }
    static void printStar3InLine() {     // printStar3InLine() 메소드 작성
        for (int i = 0; i < 3; i++)  System.out.print('*');     // * 3개 출력
```

```
        System.out.println();                              // 줄바꿈
    }
    static void printStar4InLine() {          // printStar4InLine() 메소드 작성
        for (int i = 0; i < 4; i++)  System.out.print('*');    // * 4개 출력
        System.out.println();                              // 줄바꿈
    }
    static void printStar5InLine() {          // printStar5InLine() 메소드 작성
        for (int i = 0; i < 5; i++)  System.out.print('*');    // * 5개 출력
        System.out.println();                              // 줄바꿈
    }
}
```

프로그램 설명

- 이 프로그램에서 한 라인에 *를 일정 개수만큼 출력하는 대체 메소드 5개 작성
  - printStar1InLine() 메소드는 *를 1번, printStar2InLine() 메소드는 *를 2번, printStar5InLine() 메소드는 *를 5번 출력하고 줄바꿈
  - 모든 메소드 이름 앞에 static void 키워드가 있으며, 작성되는 대체 메소드는 이들 2개 키워드를 반드시 표시해야 함
- main() 메소드에서 기존의 문장들을 메소드 호출로 변경
  - 메소드 호출하면 대체한 문장들 수행되고 삼각형의 한 라인 그려짐
  - 한 메소드 수행 끝나 복귀되면 다음 메소드 호출하여 수행
  - main() 메소드에서 대체 메소드들을 호출할 때의 수행과정은 [그림 5-1]과 같음

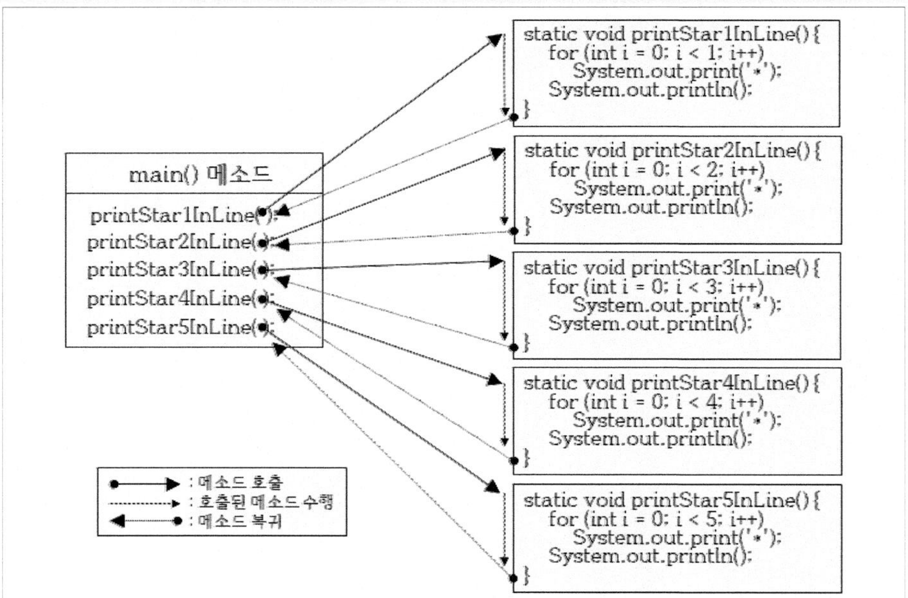

[그림 5-1] main() 메소드에서 메소드들이 호출되었을 때의 수행과정

메소드를 본격적으로 작성한 첫 프로그램이다. "뭐 별거 아니네!"라는 생각이 드는지, "야, 대단하다!"라는 생각이 드는지 잘 판단해보기 바란다. 여기에서 작성한 메소드는 한 라인에 *을 특정 개수만큼 출력하는 메소드라는 의미를 나타내기 위해 메소드 이름을 printStar***n***InLine으로 명명했다[68].

❑ 메소드 작성할 때와 메소드 호출할 때의 관점 차이

메소드와 관련하여 정말 중요한 사항이 있다. 그것은 메소드를 작성할 때의 관점과 메소드를 호출할 때의 관점이 전혀 다르다는 것이다.

- 메소드 작성할 때의 관점: 처리과정 관점
  - 메소드 작성할 때는 요구되는 기능의 메소드를 어떻게 작성할 것인가에 대해 숙고하여 문장들 작성
  - 예를 들어, 한 라인에 * 5번 출력하기 위해 어떻게 해야 할 것인가 숙고하여 for 문과 System.out.println() 사용하여 printStar5InLine() 메소드의 처리과정 나타내는 문장들 작성

- 메소드 호출할 때의 관점: 기능적 관점
  - 메소드 호출할 때는 작성된 메소드 기능을 어떻게 활용하여 더 큰 기능의 작업 완수할 것인가 숙고
  - 예를 들어, 밑변이 * 5개인 직각 삼각형 그리기 위해 한 라인에 *를 1개부터 5개까지 출력하는 메소드들 차례로 호출하면 됨 파악
  - 이들 메소드를 차례로 호출하는 코드 작성

메소드가 일단 작성되면 그다음부터 메소드가 어떻게 작성되었고 메소드 내에서 어떠한 문장들이 수행되는가 등 처리과정은 전혀 고려할 필요가 없다. 단지 그 메소드의 기능이 무엇이며, 이 기능을 어디에서 어떻게 활용하여 더 복잡하고 큰 작업을 완수할 수 있는가만 생각하면 충분하다. 메소드가 징검다리인 이유가 여기에 있고, 프로그래밍이 레고 놀이[69]인 이유가 이것 때문이다.

System.out.println(), SkScanner.getString(), SkScanner.getInt() 메소드들을 직접 작성하지 않았고 어떻게 작성했는지 전혀 모르지만 마음대로 사용할 수 있

68) 메소드의 명명은 메소드의 기능을 정확히 나타내도록 명명되어야 하며, 이를 위해 기능의 정확한 파악과 기능에 맞는 영문 단어들의 나열이 필수적이다.

69) 레고 놀이는 여러 기본적인 부품들을 조립하여 자동차, 기차, 우주선 등의 완성품을 만드는 놀이이다. 메소드의 관점에서 프로그래밍은 여러 메소드들을 조립하여 완성된 프로그램을 작성하는 과정으로 레고 놀이와 흡사하다.

다. 그 이유는 메소드의 기능과 호출방법을 알면 간단히 호출할 수 있기 때문이다.

❑ 직각 삼각형 그리는 대체 메소드 작성

예제 5-2-6의 main() 메소드는 다음과 같이 한 라인에 *를 출력하는 대체 메소드를 5번 호출하여 밑변이 * 5개인 직각 삼각형을 그린다.

```
public static void main(String[] args) {
    printStar1InLine();          // printStar1InLine() 호출
    printStar2InLine();          // printStar2InLine() 호출
    printStar3InLine();          // printStar3InLine() 호출
    printStar4InLine();          // printStar4InLine() 호출
    printStar5InLine();          // printStar5InLine() 호출
}
```

main() 메소드의 메소드 호출 문장들은 전체적으로 밑변이 * 5개인 직각 삼각형을 그리는 기능을 갖는다. 그러므로 대체 메소드 작성과정을 거쳐 대체 메소드인 drawRightTriangle_BaseStar5() 메소드[70]로 작성하면, 예제 5-2-6 프로그램은 예제 5-2-7과 같이 변환된다.

예제 5-2-7 직각 삼각형 그리는 메소드 호출하여 직각 삼각형 그리기

```
class RightTriangle_UsingDrawingMethod {
    public static void main(String[] args) {
        drawRightTriangle_BaseStar5();    // 밑변 * 5개 직각 삼각형 그리는 메소드 호출
    }

    // 밑변 * 5개인 직각 삼각형 그리는 메소드
    static void drawRightTriangle_BaseStar5() {
        printStar1InLine();          // printStar1InLine() 호출
        printStar2InLine();          // printStar2InLine() 호출
        printStar3InLine();          // printStar3InLine() 호출
        printStar4InLine();          // printStar4InLine() 호출
        printStar5InLine();          // printStar5InLine() 호출
    }

    static void printStar1InLine() { … }     // 한 라인에 * 1개 출력하는 메소드
    static void printStar2InLine() { … }     // 한 라인에 * 2개 출력하는 메소드
```

70) 영어로 직각 삼각형은 right triangle이며, 밑변은 base line이다. 밑변이 * 5개인 직각 삼각형을 그리는 메소드 이름을 drawRightTriangle_BaseStar5로 작명하였다.

```
    static void printStar3InLine() { ... }     // 한 라인에 * 3개 출력하는 메소드
    static void printStar4InLine() { ... }     // 한 라인에 * 4개 출력하는 메소드
    static void printStar5InLine() { ... }     // 한 라인에 * 5개 출력하는 메소드
}
```

예제 5-2-7 프로그램은 구체적인 처리과정의 문장 작성보다 메소드 작성과 호출이 더 많은 비중을 차지한다. 이는 프로그램이 기능적으로 구성됨을 의미한다.

예제 5-2-5, 예제 5-2-6, 예제 5-2-7은 모두 등일한 기능을 수행하는 프로그램이지만 예제 5-2-7이 가장 좋은 스타일의 프로그램이다. 그 이유는 프로그램이 기능적으로 잘 구성되었기 때문이며, 그 결과 프로그램의 이해와 변경이 용이하다

❑ 직각 삼각형 그리는 메소드 사용하여 여러 직각 삼각형 그리기

메소드의 장점이 여러 가지가 있지만, 그중 특히 유용한 것이 복잡한 기능의 메소드를 이미 작성한 메소드를 사용하여 간단하게 작성하는 것이다. 이를 확인하기 위해 밑변이 * 2개, 3개, 4개, 5개인 직각 삼각형 4개를 모두 그리는 프로그램을 작성해보자. 그 결과 아주 복잡할 것으로 예상된 프로그램은 예제 5-2-8과 같이 복잡하지 않다.

예제 5-2-8 직각 삼각형 그리는 메소드들 호출하여 여러 직각 삼각형 그리기

```
class RightTriangles_UsingDrawingMethod {
  public static void main(String[] args) {
      drawRightTriangle_BaseStar2(); // 밑변 * 2개인 직각 삼각형 그리는 메소드 호출
      drawRightTriangle_BaseStar3(); // 밑변 * 3개인 직각 삼각형 그리는 메소드 호출
      drawRightTriangle_BaseStar4(); // 밑변 * 4개인 직각 삼각형 그리는 메소드 호출
      drawRightTriangle_BaseStar5(); // 밑변 * 5개인 직각 삼각형 그리는 메소드 호출
  }
  static void drawRightTriangle_BaseStar2() {  // * 2개인 직각 삼각형 그리는 메소드
      printStar1InLine();
      printStar2InLine();
  }
  static void drawRightTriangle_BaseStar3() {  // * 3개인 직각 삼각형 그리는 메소드
      printStar1InLine();
      printStar2InLine();
      printStar3InLine();
  }
  static void drawRightTriangle_BaseStar4() {  // * 4개인 직각 삼각형 그리는 메소드
```

```
        printStar2InLine();
        printStar3InLine();
        printStar4InLine();
    }
    static void drawRightTriangle_BaseStar5() {  // * 5개인 직각 삼각형 그리는 메소드
        printStar1InLine();
        printStar2InLine();
        printStar3InLine();
        printStar4InLine();
        printStar5InLine();
    }
    static void printStar1InLine() { ... }
    static void printStar2InLine() { ... }
    static void printStar3InLine() { ... }
    static void printStar4InLine() { ... }
    static void printStar5InLine() { ... }
}
```

실행결과

```
*
**
*
**
***
*
**
***
****
*
**
***
****
*****
```

프로그램 설명

- 직각 삼각형 그리는 대체 메소드들 작성
  - 4개 메소드 drawRightTriangle_BaseStar2(), drawRightTriangle_BaseStar3(), drawRightTriangle_BaseStar4(), drawRightTriangle_BaseStar5() 작성
  - 이들 직각 삼각형 그리는 메소드는 다시 한 라인에 * 출력하는 메소드만 호출하여 직각 삼각형 그림
- main()에서 직각 삼각형 그리는 4개 메소드 호출하여 여러 직각 삼각형 그림
  - main() 메소드에서 호출했을 때 수행되는 과정은 [그림 5-2]와 같음
- 작성한 메소드를 여러 번 호출하여 수행할 수 있음
  - printStar1InLine() 메소드와 printStar2InLine() 메소드 한번 작성했지만 직각 삼

각형 그리는 모든 메소드들에서 한 번씩 호출하여 모두 4번 호출

- printStar3InLine() 메소드는 모두 3번, printStar4InLine() 메소드는 2번 printStar5InLine() 메소드는 1번 호출

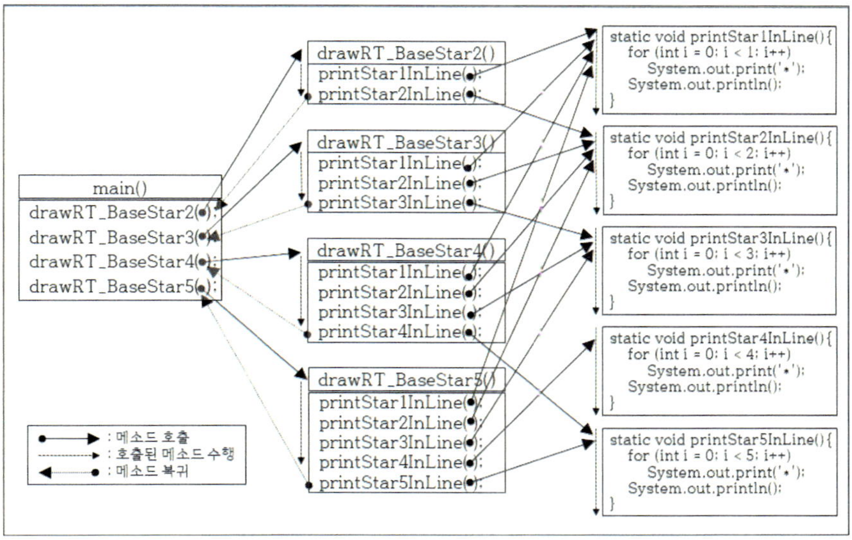

[그림 5-2] main()에서 직각 삼각형 그리는 메소드들 호출되었을 때의 수행과정

메소드를 사용하기 전까지는 main() 메소드에서 여러 문장을 작성하는 관점에서 프로그램을 작성했다. 메소드를 사용할 경우 어떠한 기능들이 필요한가를 먼저 생각하여 메소드를 구상하여 작성하고, main() 메소드에서 메소드를 호출한다.

5.2.3 메소드 사용한 온도 변환 프로그램

예제 4-2-2의 온도 변환 프로그램을 메소드 사용 프로그램으로 변환하면 프로그램이 훨씬 스마트해진다. 예제 5-2-9는 대체 메소드를 사용한 온도 변환 프로그램이다.

예제 5-2-9 메소드 사용하여 화씨온도와 섭씨온도 변환하기

```
class TemperatureConversion_FandC_UsingSubstitutingMethod {
   public static void main(String[] args) {
      convertTemperature_FandC();              // 온도 변환 메소드 호출

      main(args); // 이 문장은 반복시키기 위한 문장
   }

   static void convertTemperature_FandC() {    // 화씨와 섭씨온도 변환 제어 메소드
      int menu;
```

```
        // ① 작업 선택 부분
        System.out.println("\n\n  ** Conversion of Temperature **");

        System.out.println(" 1) Fahrenheit temperature to Centigrade");
        System.out.println(" 2) Centigrade temperature to Fahrenheit\n");

        menu = SkScanner.getIntWithPrompt("  o Choose which > ");

        // ② 작업 제어 부분
        if (menu == 1)
            inputConvertOutputTemperature_FtoC();
        else
            inputConvertOutputTemperature_CtoF();
    }

    // 화씨온도 입력하여 섭씨온도로 변환하여 출력하는 메소드: ③ 특정 작업 수행 부분
    static void inputConvertOutputTemperature_FtoC() {
        double F, C;      // 화씨온도와 섭씨온도 저장할 변수: 블록 내에서 변수 선언

        F = SkScanner.getDoubleWithPrompt("\n  o Input Fahrenheit degree > ");

        C = (F - 32) * 5 / 9;
        System.out.println("\n  * " + F + "F = " + C + "C = " + C1 + "C");
    }

    // 섭씨온도 입력하여 화씨온도로 변환하여 출력하는 메소드: ③ 특정 작업 수행 부분
    static void inputConvertOutputTemperature_CtoF() {
        double C, F;      // 섭씨온도와 화씨온도 저장할 변수: 블록 내에서 변수 선언

        C = SkScanner.getDoubleWithPrompt("\n  o Input Centigrade degree > ");
        F = C * 9 / 5 + 32;
        System.out.println("\n  * " + C + "C = " + F + "F");
    }
}
```

프로그램 설명

- 온도변환 수행하기 위해 대체 메소드들 작성
  - convertTemperature_FandC(): 화씨와 섭씨 간의 온도변환 제어하는 메소드
  - inputConvertOutputTemperature_FtoC(): 화씨온도 입력받아 섭씨온도로 변환하여 출력하는 메소드
  - inputConvertOutputTemperature_CtoF(): 섭씨온도 입력받아 화씨온도로 변환하여 출력하는 메소드
- main() 메소드에서 convertTemperature_FandC() 메소드 호출하여 변환작업 수행

하며, 《 main(args); 》를 통해 무한 반복
- 프로그램이 ① 작업 선택 부분, ② 전체 작업 제어 부분, ③ 특정 작업 수행 부분으로 명확히 나누어져 프로그램 이해와 변경이 용이

지금까지 약수 개수 출력, 직각 삼각형 그리기, 온도 변환 등의 프로그램에서 메소드를 사용하지 않은 경우와 대체 메소드를 사용하는 경우를 비교해 보았다. 대체 메소드를 사용한 프로그램이 사용하지 않은 프로그램보다 좋은 프로그램임을 느낄 수 있으면 메소드 효용성을 어렴풋하게 이해한 것이다.

5.3 매개변수 갖는 통합 메소드

5.3.1 대체 메소드의 문제점

처리과정을 추상화하여 대체 메소드로 작성할 경우 프로그램을 기능적으로 작성할 수 있고, 메소드를 간단히 호출할 수 있는 장점이 있다. 그런데, 대체 메소드는 제한된 기능만을 수행하므로 유사한 기능을 수행하기 위해 별도의 메소드를 작성해야 하는 심각한 문제점을 갖는다.

한 라인에 * 출력 메소드와 *로 직각 삼각형 그리는 메소드를 모두 작성하면 다음과 같이 메소드 개수가 무한히 많다.

한 라인에 * 출력 메소드들	*로 직각 삼각형 그리는 메소드들
printStar1InLine() // * 1개 출력	drawRightTriangle_BaseStar1() // 밑변 1
printStar2InLine() // * 2개 출력	drawRightTriangle_BaseStar2() // 밑변 2
printStar3InLine() // * 3개 출력	drawRightTriangle_BaseStar3() // 밑변 3
printStar4InLine() // * 4개 출력	drawRightTriangle_BaseStar4() // 밑변 4
…	…
printStar10InLine() // * 10개 출력	drawRightTriangle_BaseStar10() // 밑변 10
…	…
printStar100InLine() // * 100개 출력	drawRightTriangle_BaseStar100() // 밑변 100
…	…

마찬가지로 일정 범위의 정수에 대해 약수 개수를 출력하려면 훨씬 더 많은 메소드를 작성해야 한다.

대체 메소드는 대개 제한된 기능만을 수행하는 경우가 많으므로 작업 요구가 달라지면 또 다른 메소드가 필요하다. 다음은 밑변이 * 10개인 직각 삼각형을 그리는 drawRightTriangle_BaseStar10() 메소드를 작성한 것이다.

밑변이 * 10개인 직각 삼각형 그리는 메소드	
static void **drawRightTriangle_BaseStar10()** {	
printStar1InLine() // * 1개 출력	static void printStar1InLine() { ... }
printStar2InLine() // * 2개 출력	static void printStar2InLine() { ... }
printStar3InLine() // * 3개 출력	static void printStar3InLine() { ... }
printStar4InLine() // * 4개 출력	static void printStar4inLine() { ... }
printStar5InLine() // * 5개 출력	static void printStar5InLine() { ... }
printStar6InLine() // * 6개 출력	static void printStar6InLine() { ... }
printStar7InLine() // * 7개 출력	static void printStar7InLine() { ... }
printStar8InLine() // * 8개 출력	static void printStar8InLine() { ... }
printStar9InLine() // * 9개 출력	static void printStar9InLine() { ... }
printStar10InLine() // * 10개 출력	static void printStar10InLine() { ... }
}	

밑변이 * n개인 직각 삼각형을 그리는 작업에는 모두 n+1개 대체 메소드를 작성해야 한다. 아마도 drawRightTriangle_BaseStar20() 메소드까지는 그럭저럭 작성할 수 있을 것이다. drawRightTriangle_BaseStar100() 메소드를 작성할 수 있겠는가? 모두 101개 메소드를 작성해야 하는데, 한번 도전해보기를 권장한다.[71)]

지금까지 작성한 모든 대체 메소드들은 제한된 기능만을 가지므로 허접한 메소드이다. 허접한 메소드는 제한된 기능 그 자체가 메소드 이름에 표시된다. printStar5InLine() 메소드는 한 라인에 *를 5개만 출력하는 기능만 가짐을 메소드 이름에 표시한다. 마찬가지로 drawRightTriangle_BaseStar10() 메소드는 밑변이 * 10개인 직각 삼각형만을 출력하는 메소드임을 이름에 표시한다.

허접한 메소드들을 하나의 메소드로 통합하는 방법이 바로 다음에 소개되는 매개변수의 이용이다.

5.3.2 매개변수 이용하여 유사한 메소드들 통합하기

printStar1InLine()부터 printStar10InLine()까지 10개 메소드를 유심히 살펴보면 *를 출력하는 개수만 다르고 기능은 유사하며, 메소드 이름에서도 출력할 *의 개수만 다르며 다른 부분은 동일하다. 이들은 유사한 기능을 갖는 메소드이며, 이들 메소드를 통합하여 하나의 메소드로 작성할 수 있으면 많은 유사한 메소드를 작성할 필요가 없어진다.

71) 필자는 프로그래밍 학습과정에서 이러한 단순 반복 작업을 많이 해보라고 권장한다. 왜냐하면, 그 작업을 통해 개선하기 위해 무엇이 필요한가를 스스로 파악하게 되며, 다음 단계로 쉽게 나갈 수 있기 때문이다.

*를 출력하는 메소드들에서 서로 다른 요소는 출력 개수이다. 만일 특정한 출력 개수를 임의 개수로 바꿀 수 있으면 특정 개수의 *를 출력하는 메소드들은 임의 개수의 *를 출력하는 메소드로 통합된다. 바로 이를 위한 수단이 메소드 매개변수이다.

매개변수를 이용할 경우 printStar1InLine()부터 printStar10InLine()까지뿐만 아니라 printStar10000000InLine()까지 1000만 개 메소드들을 모두 통합하여 하나의 메소드로 작성할 수 있다.

다음의 printStarInLine(int cnt)[72] 메소드는 매개변수를 이용하여 이들을 통합한다.

```
// 특정 개수의 *를 한 라인에 출력하는 메소드들
static void printStar1InLine() { … }
static void printStar2InLine() { … }
static void printStar3InLine() { … }
static void printStar4inLine() { … }
 …
```

통합 ⇒

```
// 매개변수 갖는 통합 메소드 printStarInLine(int cnt)
//     호출할 때 주어지는 매개변수 cnt 개수의 *를 한 라인에 출력
static void printStarInLine(int cnt) {
   for (int i = 0; i < cnt; i++)
      System.out.print('*');
   System.out.println();
}
```

여기에서 사용된 int cnt는 매개변수이며, 메소드를 작성할 때 값이 없지만, 메소드를 호출할 때 값이 주어지는 변수이다.

메소드 매개변수는 다음과 같이 2가지가 있다.

- 형식매개변수(formal parameter)
  - 작성하는 메소드 시그니처에서 선언되는 변수
  - 작성할 때에는 값이 없지만, 메소드를 호출할 때 실매개변수의 값이 전달되어 형식매개변수에 저장

72) 메소드를 나타낼 때 메소드이름() 형태로 표시할 수도 있고, 매개변수를 나타낼 필요가 있을 때 메소드이름(매개변수 타입, ...)의 형태로 표시한다.

- 실매개변수(actual parameter)
  - 메소드를 호출할 때 주는 값으로, 이 값은 형식매개변수에 전달되어 저장
  - 상수, 변수의 값 또는 수식의 계산 결과가 실매개변수[73]가 됨

매개변수와 관련된 중요 사항은 다음과 같다.

- 매개변수는 호출하는 메소드에서 호출되는 메소드로 정보 전달하는 수단
- 매개변수 갖는 메소드 호출할 때 실매개변수를 반드시 주어야 함
- 실매개변수 값 전달받아 호출된 메소드의 형식매개변수에 저장한 후 메소드 수행

5.3.3 통합 메소드 사용하여 직각 삼각형 그리기

예제 5-3-1은 예제 5-2-6의 5개 메소드들을 통합한, 매개변수를 갖는 통합 메소드 printStarInLine(int cnt)를 작성하고 main() 메소드에서 통합 메소드를 호출하여 밑변이 * 5개인 삼각형을 그리는 프로그램이다.

예제 5-3-1 밑변 * 5개인 삼각형을 그리기(통합 메소드 사용)

```
class RightTriangle_UsingIntegratingMethod {
    public static void main(String[] args) {
        printStarInLine(1);         // 실매개변수 1로 printStarInLine() 메소드 호출
        printStarInLine(2);         // 실매개변수 2로 printStarInLine() 메소드 호출
        printStarInLine(3);         // 실매개변수 3으로 printStarInLine() 메소드 호출
        printStarInLine(4);         // 실매개변수 4로 printStarInLine() 메소드 호출
        printStarInLine(5);         // 실매개변수 5로 printStarInLine() 메소드 호출
    }

    // 매개변수 갖는 통합 메소드 printStarInLine(int cnt)
    //     호출될 때 전달된 실매개변수 값을 형식매개변수 cnt에 저장한 후 메소드 수행
    static void printStarInLine(int cnt) {
        for (int i = 0; i < cnt; i++)
            System.out.print('*');

        System.out.println();
    }
}
```

73) 영어의 actual parameter를 실매개변수로 번역하여 널리 사용되는데, 이는 실매개값으로 번역되어야 할 용어이다. actual parameter는 변수가 아니고 전달되는 값인데, 한국어로 실매개변수로 번역되어 변수로 오해될 가능성이 크다. formal parameter는 전달된 실매개변수 값을 저장하는 변수이므로 형식매개변수로 번역한 것은 올바르다.

프로그램 설명

- main() 메소드에서 printStarInLine(int cnt) 메소드를 실매개변수 1부터 5까지 차례로 호출
    - printStarInLine(1)이 호출되면 실매개변수 1이 형식매개변수 cnt에 저장되어 printStarInLine(int cnt) 메소드 수행
    - [그림 5-3]은 main()에서 printStarInLine(1)이 호출되었을 때 수행과정 보여줌

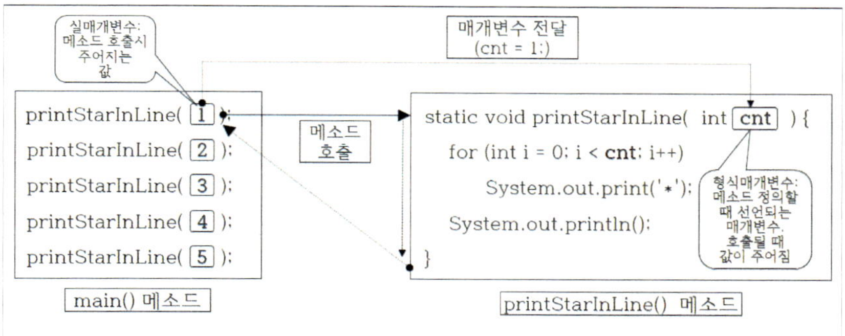

[그림 5-3] printStarInLine(1)이 호출되었을 때의 수행과정

메소드 시작 부분에서 "잘 만들어진 스마트 메소드 하나가 1000만 개 허접한 메소드 부럽지 않다."라는 필자의 격언이 생각나는가? 그 격언은 바로 여기에 해당된다. printStar1InLine()부터 printStar10000000InLine()까지 1000만 개 메소드는 허접한 메소드이며, 이들을 통합시킨 printStarInLine(int cnt) 메소드는 스마트 메소드이다. 이 메소드 하나가 1000만 또는 1000억 개의 허접한 메소드보다 훨씬 좋다.

5.3.4 메소드의 매개변수

❏ 매개변수의 전달

호출된 메소드의 형식매개변수에 실매개변수를 전달하는 것은 프로그램 자체에 표현되지 않는다. 그러나 이것은 메소드를 호출하면 자동적으로 이루어진다. 그러므로 《 printStarInLine(1); 》을 호출하면 printStarInLine(int cnt) 메소드가 수행되기 전에 대입문인 《 cnt = 1; 》이 수행되어 실매개변수 값인 1을 형식매개변수 cnt에 저장한다고 생각하면 된다. 표현되지 않아 겉으로 보이지 않는 것들도 이해해야만 하는데, Java에는 이런 것이 많다.

메소드를 작성할 때 형식매개변수에 값이 없다. 그런데, 메소드가 호출되면 실매개변수의 값이 형식매개변수로 전달되어 저장되므로 형식매개변수는 값을 갖는다. 이것을 매개변수의 전달이라고 한다. printStarInLine(2)를 호출하면 실매개변

수 2가 호출된 메소드 printStarInLine(int cnt)의 형식매개변수 cnt에 전달되어 저장되므로 cnt는 2인 상태에서 메소드가 수행된다.

매개변수의 개념은 우리의 실생활에서도 경험할 수 있다. 택시를 타면 택시기사에게 알려주는 것이 있는데, 바로 목적지이다. '남대문으로 갑시다.'라고 말할 수도 있고 '남대문'이라고 해도 충분하다. 택시기사에게 목적지를 알려주면 원하는 곳까지 데려다준다. 그런데, 서울에서 부산으로 가는 직행 고속버스를 타면 버스 기사에게 '부산 갑시다'라고 말하지 않는다. 직행 고속버스는 어느 곳이나 갈 수 있는 것이 아니라 지정된 목적지까지만 운행하기 때문이다.

결과적으로 직행 고속버스는 매개변수가 없는 메소드에 해당하고, 택시는 매개변수가 있는 메소드에 해당한다. 한편 직행 고속버스 기사는 주어진 경로만 운행하면 되지만, 택시기사는 승객의 목적지가 주어질 때마다 목적지까지 경로를 결정하여 목적지까지 최적의 경로로 운행한다.

메소드에서 매개변수라는 용어를 사용하는 이유는 호출하는 메소드(예제 5-3-1에서 main() 메소드)와 호출되는 메소드(예제 5-3-1에서 printStarInLine(int cnt) 메소드) 2개가 있으며, 이들 메소드 사이에 필요한 정보를 주고받기 위한 수단이 매개변수이다.

중요한 것은 언제 메소드들 사이에 전달할 정보가 필요한가이다. 그것은 호출되는 메소드가 아주 구체적이며 특수한 작업을 수행하는 것이 아니라 보다 포괄적이며 범용적인 작업을 수행하는 경우이다. 이것은 택시는 어느 장소나 갈 수 있으므로 목적지를 알려주어야 하고, 직행 고속버스는 특정한 장소만 가기 때문에 목적지를 알려줄 필요가 없는 것과 같다.

printStarInLine(int cnt) 메소드는 *를 1번, 2번, 100번 또는 1000번, 심지어 10000000번도 출력할 수 있다. 그러면 당연히 이 메소드를 호출할 때 *를 몇 번 출력할 것인가를 알려주어야 한다. 그래서 메소드를 작성할 때 형식매개변수 cnt가 필요하고, 메소드를 호출할 때 출력할 회수인 1, 2, 5, 100 또는 1000 등의 실매개변수가 주어져야 한다.

❑ 매개변수 갖는 메소드의 활용성 증가

반복되는 문장들을 직접 나열하지 않고 반복문으로 작성한 프로그램이 변경이 쉬우며 활용도가 좋은 것과 마찬가지로 매개변수를 갖는 통합 메소드도 통합된 기능만 갖는 것이 아니라 변경이 쉬우며 활용도도 좋아진다.

예제 5-3-2는 예제 5-3-1의 통합 메소드 printStarInLine(int cnt)을 사용하여 밑변이 * 5개인 삼각형을 그리는 프로그램으로, for 문을 이용하여 main() 메소드를 간결하게 작성하였다.

예제 5-3-2 밑변 * 5개인 삼각형을 그리기(통합 메소드와 for 문 사용)

```
class RightTriangle_UsingIntegratingMethodFor {
   static void main(String[] args) {
      for (int i = 1; i <= 5; i++)          // i가 1부터 5까지 증가하며
         printStarInLine(i);                //    매개변수 i로 printStarInLine() 호출
   }

   // 매개변수 갖는 통합 메소드 printStarInLine(int cnt)
   //    호출할 때 주어지는 매개변수 cnt 개수만큼의 *를 한 라인에 출력
   static void printStarInLine(int cnt) {
      for (int i = 0; i < cnt; i++)
         System.out.print('*');

      System.out.println();
   }
}
```

프로그램 설명

- main() 메소드에서 for 문을 이용하여 printStarInLine(int cnt) 메소드 반복 호출
  - 이는 printStarInLine(int cnt) 메소드의 활용도가 한층 증가한 것
  - 매개변수 없는 대체 메소드에서 for 문 사용은 불가능
- main() 메소드 for 문의 《 i <= 5 》에서 5를 다른 값으로 변경하면 크기가 다른 직각 삼각형을 그릴 수 있으며, 이는 변경 용이성과 활용성 증대를 극명하게 보여줌

그뿐 아니라 밑변이 * 2개, 3개, 4개, 5개인 직각 삼각형을 모두 그리는 프로그램도 예제 5-3-3과 같이 훨씬 스마트하게 작성된다.

예제 5-3-3 밑변이 * 2개, 3개, 4개, 5개인 직각 삼각형을 그리기

```
class RightTriangles_UsingIntegratingMethodFor {
   public static void main(String[] args) {
      for (int i = 2; i <= 5; i++)                 // 밑변이 * 2개부터 5개까지
         drawRightTriangle_BaseStar(i);            //    직각 삼각형 그리는 메소드 호출
   }
```

```
    // 매개변수 갖는 통합 메소드 drawRightTriangle_BaseStar(int base)
    //    밑변의 * 개수가 매개변수 base인 직각 삼각형 그림
    static void drawRightTriangle_BaseStar(int base) {
        for (int n = 1; n <= base; n++)          // n이 1부터 base까지 증가하며
            printStarInLine(n);                  //     실매개변수 n으로 호출
    }

    // 매개변수 갖는 통합 메소드 printStarInLine(int cnt)
    //    호출 시 주어지는 매개변수 cnt 개수만큼의 *를 한 라인에 출력
    static void printStarInLine(int cnt) {
        for (int i = 0; i < cnt; i++)
            System.out.print('*');
        System.out.println();
    }
}
```

프로그램 설명

- draw RightTriangle_BaseStar(int base) 메소드: 밑변이 * base 개수의 직각 삼각형 그리는 통합 메소드
  - for 문으로 printStarInLine(int cnt) 메소드 반복 호출하여 직각 삼각형 그림
- main() 메소드에서 실매개변수를 2부터 5까지 바꾸면서 통합 메소드인 draw RightTriangle_BaseStar(int base) 호출하여 밑변이 2부터 5까지 직각 삼각형 모두 그림
- main() 메소드에서 메소드가 호출되었을 때 수행과정은 다음과 같음

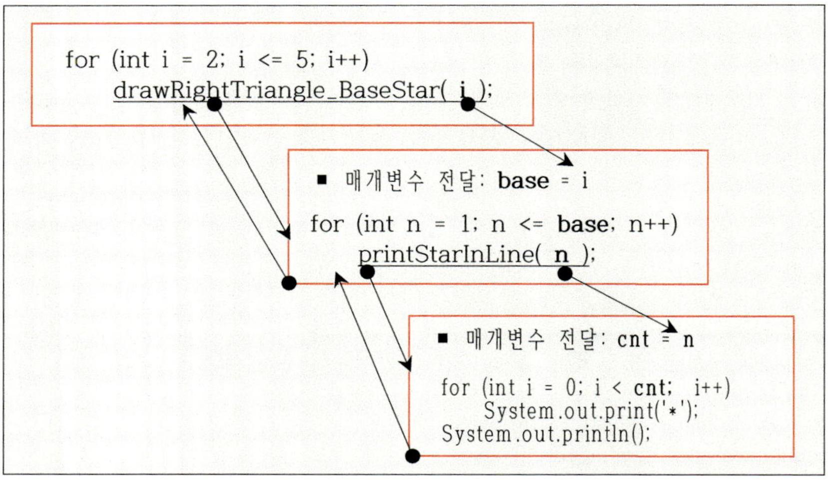

참고로 반복문, 배열, 통합 메소드는 통합의 관점에서 다음과 같이 유사성을 갖는다.

작업	유사한 문장들의 반복	관련된 단순변수들의 접근	유사한 대체 메소드들 호출

통합 전 문장들	if (n & (1 << 0) != 0)
	cnt++;
	if (n & (1 << 1) != 0)
	cnt++;
	…
	if (n & (1 << 30) != 0)
	cnt++;
	if (n & (1 << 31) != 0)
	cnt++;
		n0 = SkScanner.getInt();
		sum += n0;
		n1 = SkScanner.getInt();
		sum += n1;
		n2 = SkScanner.getInt();
		sum += n2;
		…
		n99 = SkScanner.getInt();
		sum += n99;
			printStar1InLine();
			printStar2InLine();
			printStar3InLine();
			printStar4InLine();
			printStar5InLine();

통합된 표현	if (n & (1 << i) != 0)
	cnt++;
	(i는 0부터 31까지)
		ns[i] = SkScanner.getInt();
		sum += ns[i];
		(i는 0부터 99까지)
			printStarInLine(i);
			(i는 1부터 5까지)

통합 결과	for (int i = 0; i < 32; i++)
	if (n & (1 << i) != 0)
	cnt++;
		int[] ns = new int[100];
		for (int i = 0; i < 100; i++) {
		ns[i] = SkScanner.getInt();
		sum += ns[i];
		}
			for (int i = 1; i < 6; i++)
			printStarInLine(i);

5.3.5 다차원 통합 메소드

❑ 통합 메소드의 통합 필요성

*를 한 라인에 주어진 개수만큼 출력하는 printStarInLine(int n) 메소드와 *로 주어진 개수의 밑변인 직각 삼각형을 출력하는 drawRightTriangle_BaseStar(int base) 메소드는 통합되기 전의 단순 대체 메소드에 비해 훨씬 스마트하고 강력한 메소드이지만, 이들 메소드도 또다시 통합될 수 있는 허접한 메소드이다.

예를 들어, 직각 삼각형을 그릴 문자가 *가 아니라 $라고 하자. 그러면 $를 한 라인에 주어진 개수만큼 출력하는 메소드인 printDollarInLine(int n) 메소드와 drawRightTriangle_BaseDollar(int base) 메소드가 작성되어야 한다. 그뿐 아니라 직각 삼각형을 그릴 문자가 또 다른 문자일 경우 이 문자를 한 라인에 주어진 개수만큼 출력하는 메소드와 이 문자로 직각 삼각형을 그리는 메소드가 작성되어야 한다.

Java에서 문자는 2바이트로 표현되므로 문자의 개수는 2^{16} = 65536개이다. 그러면 임의의 문자로 직각 삼각형을 그리려면 특정 문자를 한 라인에 주어진 개수만큼 출력하는 메소드를 65536개 작성해야 하고, 특정 문자로 직각 삼각형을 그리는 메소드도 65536개 작성해야 한다. 실제 이는 불가능하고, 그럴 필요가 없다.

printStarInLine(int n) 메소드를 *만이 아니라 임의의 문자에 대해 수행하도록 통합하면 다음과 같다.

```
// 매개변수 cnt 개수의 *, $' @, %를 한 라인에 출력하는 메소드들
printStarInLine(int cnt)        // 한 라인에 *를 주어진 cnt 개 출력하는 메소드
printDollarInLine(int cnt)      // 한 라인에 $를 주어진 cnt 개 출력하는 메소드
printAtInLine(int cnt)          // 한 라인에 @를 주어진 cnt 개 출력하는 메소드
printPercentInLine(int cnt)     // 한 라인에 %를 주어진 cnt 개 출력하는 메소드
   ...
```

통합 ⇒

```
// 한 라인에 주어진 문자 c를 주어진 cnt 개 출력하는 2차원 통합 메소드
printCharsInLine(char c, int cnt)
```

한편, drawRightTriangle_BaseStar(int base) 메소드를 *만이 아니라 임의의 문자에 대해 수행하도록 통합하면 다음과 같다.

```
// *, $, @, %으로 밑변이 주어진 base인 직각 삼각형 그리는 메소드들
drawRightTriangle_BaseStar(int base)
drawRightTriangle_BaseDollar(int base)
drawRightTriangle_BaseAt(int base)
drawRightTriangle_BasePercent(int base)
   ...
```

통합 ⇒

```
// 주어진 문자 c로 밑변이 주어진 base인 직각 삼각형 그리는 2차원 통합 메소드
drawRightTriangle(char c, int base)
```

이 통합은 통합 메소드들을 또다시 통합하므로 2차원 통합이 적용된 경우이다.

❑ 다차원 통합 메소드 예제

예제 5-3-4는 2차원적으로 통합한 메소드를 사용하여 여러 문자로 여러 크기의 직각 삼각형을 출력한다.

예제 5-3-4 다차원 통합 메소드를 사용한 직각 삼각형 그리기

```
class RightTriangles_UsingIntegratingMethodFor2D {
   public static void main(String[] args) {
      drawRightTriangle('*', 2);        // *로 밑변 2인 삼각형 그리기
      drawRightTriangle('$', 3);        // $로 밑변 3인 삼각형 그리기
      drawRightTriangle('@', 4);        // @으로 밑변 4인 삼각형 그리기
      drawRightTriangle('%', 5);        // %로 밑변 5인 삼각형 그리기
```

```
    }

    // 매개변수 갖는, 2차원 통합 메소드 drawRightTriangle(char c, int base)
    //     호출 시 매개변수에 주어지는 c로 밑변 base 개인 직각 삼각형 그리는 메소드
    static void drawRightTriangle(char c, int base) {
        for (int cnt = 1; cnt <= base; cnt++)       // cnt가 1부터 base까지 증가하며
            printCharsInLine(c, cnt);               //   실매개변수 c와 cnt로 호출
    }

    // 매개변수 갖는, 2차원 통합 메소드 printCharsInLine(char c, int cnt)
    //     호출 시 매개변수에 주어지는 c 문자를 cnt 개수만큼 한 라인에 출력
    static void printCharsInLine(char c, int cnt) {
        for (int i = 0; i < cnt; i++)
            System.out.print(c);
        System.out.println();
    }
}
```

실행결과

```
*
**
$
$$
$$$
@
@@
@@@
@@@@
%
%%
%%%
%%%%
%%%%%
```

어떤 문자나 어떤 개수에 대해서도 작동하는 printCharsInLine(char c, int cnt) 메소드와 drawRightTriangle(char c, int base) 메소드는 범용적인 메소드로서 활용성이 매우 높다.

다차원 통합의 또 다른 프로그램으로 예제 5-3-5와 예제 5-3-6 프로그램이 실습자료에 작성되어 있으므로 반드시 확인하여 이해하기 바란다.

5.3.6 배열과 통합 메소드의 유사성

배열은 여러 단순변수를 하나의 변수로 통일성 있게 다룰 수 있게 하며, 마찬가지로 매개변수 갖는 통합 메소드는 여러 대체 메소드들을 하나의 메소드로 통일성

있게 다룰 수 있는 공통점이 있다.

for 문을 이용한 이들 통합과정 유사성을 [표 5-1]에서 확인할 수 있다.

작업	여러 데이터의 통합	대체 메소드의 통합

통합 전 문장들	sum += (n0 = SkScanner.getInt());
	sum += (n1 = SkScanner.getInt());
	sum += (n2 = SkScanner.getInt());
	...
	sum += (n99 = SkScanner.getInt());
		printStar1InLine();
		printStar2InLine();
		printStar3InLine();
		printStar4InLine();
		printStar5InLine();

통합을 위한 변경	sum += (n[0] = SkScanner.getInt());
	sum += (n[1] = SkScanner.getInt());
	sum += (n[2] = SkScanner.getInt());
	...
	sum += (n[99] = SkScanner.getInt());
		printStarInLine(1);
		printStarInLine(2);
		printStarInLine(3);
		printStarInLine(4);
		printStarInLine(5);

통합을 위한 동일한 표현	sum += (ns[i] = SkScanner.getInt()); (i는 0부터 99까지)	printStarInLine(i); (i는 1부터 5까지)
for 문으로의 변환	for (int i = 0; i 〈 100; i++) sum += (ns[i] = SkScanner.getInt());	for (int i = 0; i 〈 6; i++) printStarInLine(i);

[표 5-1] 배열과 메소드 통합 과정의 유사성

5.4 반환값 갖는 메소드

메소드 매개변수는 호출하는 메소드에서 호출되는 메소드로 값을 전달하는 유용한 수단이다. 그런데, 호출하는 메소드에서 호출되는 메소드로만 값을 전달하면 호출된 메소드에서 처리된 모든 결과는 그 차체에서만 사용되고 호출한 메소드에서 활용할 수 없다.

Java는 호출된 메소드의 처리결과를 호출한 메소드에서 활용하는 방법을 다음과 같이 제공한다.

① 반환값 전달
② 형식매개변수로 객체 참조변수 또는 배열변수 이용
③ 호출된 메소드에서 수신자의 필드 변경하면 호출한 메소드에서 수신자의 변경된 필드 접근 가능
④ static 필드의 값 변경하면 호출한 메소드에서도 변경된 static 필드 접근 가능

반환값 전달은 호출된 메소드에서 처리결과를 호출한 메소드에서 활용하는 대표적인 방법이다. 호출된 메소드에서 return 문을 통하여 호출한 메소드로 값을 전달하고, 호출한 메소드는 전달된 값을 수식에서 사용할 수 있다. 반환값 전달을 제외한 ②, ③, ④의 방법은 다음에 설명된다.

5.4.1 메소드에서 값 반환

호출된 메소드에서 반환값을 돌려주는 메소드를 반환값 갖는 메소드라 한다. 반환값 갖는 메소드를 작성할 때 메소드 시그니처에 void 키워드 대신 반환값의 타입을 명시한다. 또한, 메소드 수행이 종료되기 전 반드시 반환값을 갖는 return 문을 수행하여 호출한 메소드로 반환값을 전달해야 한다. 만약 반환값을 전달하지 않고 종료하면 오류가 발생한다.

반환값 갖는 메소드를 호출하면 메소드 호출은 전달된 반환값을 가지게 되며, 메소드 호출은 수식의 한 부분으로 사용될 수 있다.

예제 5-4-1은 주어진 2 정수 중에서 큰 값을 반환하는 메소드 getMax2()를 작성하고 이를 호출하는 예를 보여준다.

예제 5-4-1 2 정수 중 큰 값 반환하는 메소드 getMax2() 작성과 호출

```
class Max_UsingMethodWithReturnValue {

   // 2 정수 중 큰 값 반환하는 메소드 int getMax2(int n1, int n2)
   //     static 다음의 int는 반환값 타입을 표시
   static int getMax2(int n1, int n2) {
       int max = (n1 > n2) ? n1 : n2;  // 2 값 중 큰 값 구해 max에 저장

       return max;     // max 반환: 키워드 return 다음의 값을 호출한 메소드로 반환
   }

   public static void main(String[] args) {

       System.out.println( getMax2(100, 101) );   // getMax2() 반환값 출력

       int n1 = 23, n2 = 18, n3 = 12, n4 = 24;
       int max2 = getMax2(n1, n2);                 // getMax2() 반환값 max2 변수에 저장
       System.out.println( max2 );                 // n1, n2 중 큰 값인 max2 출력

       // getMax2() 실매개변수로 getMax2() 반환값 2개 사용하여 4 정수 중 최대값 구함
```

```
        int max4 = getMax2( getMax2(n1, n2), getMax2(n3, n4) );
        System.out.println( max4 );
    }
}
```

실행결과	101 23 24

프로그램 설명

- static int getMax2(int n1, int n2) 메소드
  - 정수값 반환하므로 static 다음에 void 아니라 반환타입인 int 명시
  - n1과 n2 중의 큰 값 구해 return 문에서 반환
- getMax2() 메소드 호출
  - getMax2() 메소드 호출은 반환값 가지므로 수식의 한 부분으로 사용
  - 이 예제에서 값 출력, 변수에 저장 값, 메소드 실매개변수로 사용

5.4.2 반환값 갖는 메소드의 필요성

❑ 반환값 없는 메소드의 문제점

이전까지 살펴본 메소드는 반환값 없는 메소드였다. 이러한 메소드는 결과를 출력하고 메소드가 종료되는 것이 일반적이며, 다음의 문제점을 갖는다.

- 유사한 기능의 메소드들에 동일한 기능 수행하는 문장들 중복 작성
- 호출된 메소드는 중간과정의 유용한 메소드로 사용되지 못하고 모든 작업 완료해야 하며, 대개 결과 출력하고 메소드 종료
- 메소드 내에서 처리하여 생성한 결과를 호출한 메소드에서 활용할 수 없으므로 활용성 부족

반환값 없는 메소드를 이용할 경우의 문제점을 명확히 이해하는 것은 매우 중요하므로 예를 통하여 살펴본다.

❑ 메소드 사용하지 않고서 자리수 합 관련 프로그램 작성

예제 5-4-2는 1234의 자리수 합을 출력하고 100부터 200까지 정수 중 자리수 합이 10의 배수인 정수를 출력한다.

예제 5-4-2 메소드 사용하지 않고서 자리수 합 관련 프로그램 작성하기

```
class SumDigits_NotUsingMethod {
   public static void main(String[] args) {
      int n0 = 1234;                          // 자리수 합 구할 정수 저장하는 변수
      int n = n0;                             // 자리수 합 구할 n0을 n에 저장

      int sumDigits = 0;                      // 자리수 합 저장할 변수 0으로 초기화
      while (n != 0) {                        // 합 구할 정수가 0이 아닌 동안 반복
         sumDigits = sumDigits + n % 10;      //    n의 일 자리수 구해 합에 더함
         n = n / 10;                          //    n의 자리수 하나 줄임
      }

      System.out.println("\n  * " + n0 +"의 자리수 합 = " + sumDigits);

      for (int i = 100; i <= 200; i++) {
         int n = i;                           // 자리수 합 구할 정수 i를 n에 저장

         int sumDigits = 0;                   // 자리수 합 저장할 변수 0으로 초기화
         while (n != 0) {                     // 합 구할 정수가 0이 아닌 동안 반복
            sumDigits = sumDigits + n % 10;   //    n의 일 자리수 구해 합에 더함
            n = n / 10;                       //    n의 자리수 하나 줄임
         }

         if (sumDigits % 10 == 0)             // 자리수 합이 10의 배수인 정수 출력
            System.out.println("  * " + i +"의 자리수 합  " + sumDigits + ": 10의 배수");
      }
   }
}
```

실행결과

```
* 1234의 자리수 합 = 10

* 109의 자리수 합 10: 10의 배수
* 118의 자리수 합 10: 10의 배수
* 127의 자리수 합 10: 10의 배수
* 136의 자리수 합 10: 10의 배수
  ...
```

이 프로그램은 메소드를 사용하지 않는 프로그램이므로 개선해야 할 문제점이 많다.

❑ 반환값 없는 메소드 사용하여 자리수 합 관련 프로그램 작성

예제 5-4-3은 매개변수 갖는 메소드를 사용하여 1234의 자리수 합을 출력하고 100부터 200까지 정수 중 자리수 합이 10의 배수인 정수를 출력한다.

예제 5-4-3 반환값 갖는 메소드 사용하지 않은 자리수 합 관련 프로그램

```
class SumDigits_UsingIntegratingMethod {
   public static void main(String[] args) {
      printSumDigits(1234);          // 1234의 자리수 합 출력하는 메소드 호출

      // 100부터 200 사이에서 자리수 합이 10의 배수인 정수와 합 출력 메소드 호출
      printIfSumDigitsMultipleOf_FromTo(100, 200, 10);
   }

   // 주어진 정수의 자리수 합 구해 출력하는 메소드
   static void printSumDigits(int n) {
      int n0 = n;

      int sumDigits = 0;                         // 자리수 합 저장할 변수 0으로 초기화
      while (n !=  0) {                          // 합 구할 정수가 0이 아닌 동안 반복
         sumDigits = sumDigits + n % 10;         //    n의 일 자리수 구해 합에 더함
         n = n / 10;                             //    n의 자리수를 하나 줄임
      }

      System.out.println("\n   * " + n0 +"의 자리수 합 = " + sumDigits);
   }

   // from부터 to까지 자리수 합이 m의 배수인 정수와 자리수 합 출력하는 메소드
   static void printIfSumDigitsMultipleOf_FromTo(int from, int to, int m) {
      for (int i = from; i <= to; i++) {
         int n = i;                              // 자리수 합을 구할 i를 n에 저장

         int sumDigits = 0;                      // 자리수 합 저장할 변수 0으로 초기화
         while (n != 0) {                        // 합 구할 정수가 0이 아닌 동안 반복
            sumDigits = sumDigits + n % 10;      //    n의 일 자리수 구해 합에 더함
            n = n / 10;                          //    n의 자리수 하나 줄임
         }

         if (sumDigits % m == 0)  // 자리수 합이 m 배수이면 n과 자리수 합 출력
            System.out.println("   * " + i +"의 자리수 합 " + sumDigits + ": "
                                                         + m + "의 배수");
      }
   }
}
```

printSumDigits() 메소드와 printIfSumDigitsMultipleOf_FromTo() 메소드에서 다음과 같은 자리수 합을 구하는 동일한 문장들이 중복되어 작성되었다.

```
sumDigits = 0;                        // 자리수 합 저장할 변수  0으로 초기화
while (n != 0) {                      // 합 구할 정수가 0이 아닌 동안 반복
   sumDigits = sumDigits + n % 10;    //     일 자리수 구해 sumDigits에 더함
   n = n / 10;                        //     n의 자리수 하나 줄임
}
```

또한, 이들 메소드에서 자리수 합을 구해 결과를 출력하고 종료하며, 호출된 메소드에서 구한 자리수 합을 호출한 메소드에서 활용할 수 없는 단점도 있다.

여러 메소드에서 동일한 코드의 중복 작성, 호출된 메소드에서 처리결과 출력 후 종료, 호출한 메소드에서 호출된 메소드의 처리결과 활용 불가 등의 문제를 해결하기 위해 반환값 갖는 메소드가 필수적이다.

❑ 반환값 갖는 메소드 사용하여 자리수 합 관련 프로그램 작성

예제 5-4-4는 자리수 합을 구하는 코드를 반환값 갖는 메소드로 작성하고 이를 호출하도록 예제 5-4-3의 프로그램을 변경한 프로그램이다.

예제 5-4-4 반환값 갖는 메소드 사용한 자리수 합 관련 프로그램

```
class SumDigits_UsingMethodWithReturnValue {
   public static void main(String[] args) {
      printSumDigits(1234);                    // 1234의 자리수 합 구해 출력

      // 100부터 200 사이에서 자리수 합이 10 배수인 정수와 자리수 합 출력하는 메소드 호출
      printIfSumDigitsMultipleOf_FromTo(100, 200, 10);
   }

   // 주어진 n의 자리수 합 출력하는 메소드
   static void printSumDigits(int n) {
      int sumDigits = getSumDigits(n);          // 메소드로 n의 자리수 합 구해 저장

      System.out.println("\n  * " + n +"의 자리수 합 = " + sumDigits);
   }

   // from부터 to까지 정수에서 자리수 합이 m의 배수인 정수와 자리수 합 출력 메소드
   static void printIfSumDigitsMultipleOf_FromTo(int from, int to, int m) {
      for (int i = from; i <= to; i++) {
         int sumDigits = getSumDigits(i);       // 메소드로 i의 자리수 합 구해 저장
```

```
        if (sumDigits % m == 0)                    // 자리수 합이 m의 배수이면
           System.out.println("  * " + i +"의 자리수 합 " + sumDigits + ": "
                                                              + m + "의 배수");
     }
  }

  // int getSumDigits(int n): 주어진 정수의 자리수 합 구해 반환하는 메소드
  static int getSumDigits(int n) {
     int sumDigits = 0;

     while (n != 0) {                              // 합 구할 정수가 0이 아닌 동안 반복
        sumDigits = sumDigits + n % 10;            //    n의 일 자리수 합에 더함
        n = n / 10;                                //    n의 자리수 하나 줄임
     }

     return sumDigits;  // 자리수 합 반환
  }
}
```

예제 5-4-4의 프로그램에서 자리수 합을 구하는 코드가 getSumDigits() 메소드에서 한번만 작성된다. 그러므로 중복 작성의 문제가 해결된다. 또한, 자리수 합을 구할 필요가 있으면 간단하게 getSumDigits() 메소드만 호출하면 되므로 getSumDigits() 메소드의 활용성은 매우 높다.

5.4.3 반환값 갖는 메소드 작성과 호출

❑ 반환값 갖는 메소드 시그니처

반환값 갖는 메소드는 메소드 종료 전에 호출한 메소드로 값을 반환하는 메소드이다. 작성하는 메소드가 반환값 갖는 메소드임을 나타내기 위해서 메소드 시그니처에 반환값 타입을 반드시 명시해야 하며, void로 명시된 메소드는 반환값 없는 메소드이다.

다음은 반환값 갖는 메소드의 시그니처 형식과 기능을 보여준다.

- 형식: static 반환값타입 메소드이름(형식매개변수타입 형식매개변수, ...)
- 기능: 이 메소드는 return 문에서 반환값 타입의 값을 호출한 메소드로 전달

다음은 반환값 갖는 메소드의 시그니처 예를 보여준다.

```
static int getCountDivisors(int n) : 주어진 정수의 약수 개수 구해 반환
static boolean isPrimeNo(int n) : 주어진 정수가 소수이면 true, 아니면 false 반환

static int getSumFromTo(int from, int to) : from에서 to까지 정수 합 반환
static int getSumDigits(int n) : 주어진 정수의 자리수 합 구해 반환

static String getGrade(int score) : 주어진 점수 score의 성적등급 구해 반환
static int getGradePoint(String  grade) : 주어진 성적등급 grade의 평점 반환

static int getInt() : 입력 정수 반환
static int getIntWithPrompt(String promptMsg) : 메시지 출력 후 정수 입력하여 반환
static int getIntBtw(int from, int to): from과 to 사이 정수 입력하여 반환

static int getMax2(int n1, int n2) : 주어진 정수 n1, n2 중 큰 정수 반환
static int getMax3(int n1, int n2, int n3) : 정수 n1, n2, n3 중 가장 큰 정수 반환
static int getMaxMany(int[] ns,  int cnt) : cnt 개수 배열 원소 중 가장 큰 정수 반환
```

❑ 호출한 메소드로 반환값 전달하기

반환값 갖는 메소드는 종료하기 전 반드시 return 문으로 반환값을 반환해야 한다. 만약 반환값을 반환하지 않고 종료하면 오류가 발생한다.

다음은 return 문의 형식, 기능, 주의사항, 예를 보여준다.

- 형식: return 수식;
- 기능: return 키워드 다음에 주어지는 수식의 값을 호출한 메소드로 전달
- 주의사항: 메소드 시그니처에 명시된 반환값 타입과 return 문의 수식 타입이 일치해야 함
- 예
  - return cntDivisors; // 변수 값 반환
  - return n1 > n2 ? n1 : n2; // 연산 결과 반환
  - return SkScanner.getInt(); // 메소드 반환값 반환

다음은 약수 개수를 반환하는 메소드 int getCountDivisors(int n)와 프롬프트 메시지 출력 후 입력된 정수를 반환하는 int getIntWithPrompt(String promptMsg)의 구현 부분을 작성한 것이다.

```
// getCountDivisors(int n): 주어진 정수의 약수 개수 구해 반환하는 메소드
//     시그니처의 int는 정수값 반환을 나타냄
```

```
static int getCountDivisors(int n) {
    int cntDivisors = 0;
    for (int i = 1; i <= n; i++)              // 1부터 n까지의 i로
        if (n % i == 0) cntDivisors++;        //     n을 나누어 나머지 0이면 약수 개수 증가

    return cntDivisors;                       // 구한 약수 개수 반환
}

// 프롬프트 메시지 출력 후 정수 입력하여 반환하는 메소드
//     시그니처의 int는 정수값 반환을 나타냄
public static int getIntWithPrompt(String promptMsg) {
    System.out.print(promptMsg);              // 프롬프트 메시지 출력
    return SkScanner.getInt();                // 정수 입력하여 입력된 정수 반환
}
```

int getCountDivisors(int n) 메소드의 return 문은 for 문에서 구해진 약수 개수인 cntDivisors가 반환한다. 여기에서 주의할 것은 반환값인 cntDivisors 변수의 타입 int와 메소드 시그니처의 반환값 타입 int가 동일한 타입이라는 것이다.

한편 int getIntWithPrompt(String promptMsg) 메소드는 SkScanner.getInt() 메소드의 입력 정수를 반환한다. 여기에서도 SkScanner.getInt() 메소드의 반환값 타입 int와 int getIntWithPrompt(String promptMsg) 메소드의 시그니처에 명시된 반환값 타입 int가 동일한 타입이다.

❑ 반환값 갖는 메소드 호출

반환값 갖는 메소드가 호출되면 메소드가 수행되고 최종적으로 반환값이 return 문을 통하여 반환한다. 반환값은 호출한 메소드로 전달되며, 그 결과 호출한 메소드 자체는 반환된 값을 갖는다. 이는 실매개변수의 값이 형식매개변수에 저장되는 것과 유사한 원리이며, 호출한 메소드 그 자체가 변수처럼 반환값을 저장한다고 생각하면 된다. 그러므로 반환값 갖는 메소드 호출은 수식의 한 부분으로 사용될 수 있다.

예제 5-4-5는 반환값 갖는 메소드를 작성하고 이를 호출하는 예제이다.

예제 5-4-5 반환값 갖는 메소드 작성과 호출

```
class CountDivisors_UsingMethodWithReturnValue {
    public static void main(String[] args) {
```

```
        int cnt;
        cnt = getCountDivisors(1237);                   // 1237의 약수 개수 구해 cnt에 저장
        System.out.println("\n  * " + 1237 + "의 약수 개수: " + cnt);
    }

    // 주어진 n의 약수 개수 구해 반환하는, int 타입의 반환값 갖는 메소드
    static int getCountDivisors(int n) {
        int cntDivisors = 0;
        for (int i = 1; i <= n; i++)
            if (n % i == 0)
                cntDivisors++;

        return cntDivisors;                            // 구한 약수 개수 반환
    }
}
```

실행결과	* 1237의 약수 개수: 2

프로그램 설명

- int getCountDivisors(int n) 메소드는 약수 개수 구해 반환하는 메소드
  - 《 return cntDivisors; 》에서 매개변수로 주어진 n의 구해진 약수개수 반환
  - 메소드 시그니처의 반환값 타입과 반환값 cntDivisors의 타입이 모두 int로 동일

- main()에서 int getCountDivisors(int n) 메소드 호출
  - 《 cnt = getCountDivisors(1237); 》에서 반환값 갖는 메소드 호출
  - 실매개변수 1237의 약수 개수 구해 반환
  - 메소드 호출은 반환된 값 자체가 되며, 반환값은 cnt 변수에 저장

이 예제를 통해 반환값 갖는 메소드 호출은 반환값과 동일하게 사용될 수 있으며, 상수, 변수 등의 값이 사용되는 모든 곳에 반환값 갖는 메소드 호출이 가능함을 이해해야 한다.

다음은 반환값 갖는 메소드들을 호출한 예를 보여준다.

```
System.out.println(getMax2(100, 101));

int n1 = 23, n2 = 18, n3 = 12, n4 = 24;
int max2 = getMax2(n1, n2)     ;
int max4 = getMax2(getMax2(n1, n2), getMax2(n3, n4))     ;
```

```
int cnt = getCountDivisors(1237);

for (int i = 1; i < 100; i++)
   if (getCountDivisors(i) == 2) cntPrimeNo++;

boolean isPrime = isPrimeNo(1237);

System.out.println("\n  * " + n + "의 자리수 합 = " + getSumDigits(n));

int score = getIntBtw(0, 100);
int score = getIntBtwWithPrompt(0, 100, "  o 0과 100 사이 점수 입력 > );
```

❑ 반환값 갖는 메소드의 활용성 증가

약수 개수를 구해 반환하는 int getCountDivisors(n) 메소드는 약수 개수를 출력하는 메소드에서만 사용되는 것이 아니라 약수 개수가 2개인지, 10개 이상인지 검사하는 프로그램에서도 활용할 수 있다. 다음은 int getCountDivisors(int n) 메소드를 사용하여 소수 판별 메소드와 약수 개수가 주어진 개수 이상인가를 판별하는 메소드를 작성한 것이다.

```
// 주어진 정수 n이 소수인지 판별하는 메소드
static boolean isPrimeNumber(int n) {
   int cntDivisors = getCountDivisors(n);      // n의 약수 개수 구함
   return (cntDivisors == 2);                  // 약수 개수 2개이면 소수이므로 true 반환
}

// 주어진 정수 n의 약수 개수가 cnt 이상인가 판별하는 메소드
static boolean isDivisorsGE(int n, int cnt) {
   // getCountDivisors(n) 메소드로 구한 n의 약수 개수가 cnt 이상이면 true, 아니면 false 반환
   return (getCountDivisors(n) >= cnt);
}
```

반환값 갖는 메소드를 잘 작성하면 더 복잡한 기능의 메소드를 쉽게 작성할 수 있다. 다음은 2 정수 중 큰 정수를 반환하는 int getMax2(int n1, int n2) 메소드를 사용하여 3 정수 중 최대값, 4 정수 중 최대값을 반환하는 메소드를 작성한 예이다.

```
// 주어진 정수 n1과 n2 중 큰 수 반환
static int getMax2(int n1, int n2) {
```

```
    return n1 > n2 ? n1 : n2;
}

// 주어진 정수 n1, n2, n3 중 가장 큰 수 반환
static int getMax3(int n1, int n2, int n3) {
    return getMax2(getMax2(n1, n2), n3);       // n1과 n2의 큰 수와 n3 중 큰 수 반환
}

// 주어진 정수 n1, n2, n3, n4 중 가장 큰 수 반환
static int getMax4(int n1, int n2, int n3, int n4) {
    // n1과 n2의 큰 수와 n3과 n4의 큰 수 중 큰 수 반환
    return getMax2(getMax2(n1, n2), getMax2(n3, n4));
}
```

5.4.4 반환값 갖는 메소드 활용하기

매개변수와 반환값을 갖는 메소드를 활용하면 좋은 스타일의 프로그램을 용이하게 작성할 수 있다. 좋은 메소드들을 많이 읽어보고 많이 작성하는 것이 프로그래밍 능력 향상을 위해 필수적이다.

실습자료의 예제 5-4-6은 반환값 갖지 않는 메소드를 이용하여 0과 100 사이 점수를 입력하고 이를 성적등급으로 변환하여 출력하는 프로그램이다. 예제 5-4-7은 이를 반환값을 갖는 메소드를 이용하는 프로그램으로 변환한 것이다. 한편, 예제 5-4-8은 온도 변환을 위한 메뉴를 선택하고 선택된 메뉴에 따라 온도 변환을 수행하는 프로그램이다. 소스 프로그램은 실습자료에 있으므로 반드시 살펴보고 이해하기 바란다.

5.5 메소드에서의 배열 사용

5.5.1 배열

배열은 여러 데이터를 하나의 단위로 통합시킨 자료 표현으로, 배열에 저장된 여러 데이터를 전체로 다룰 수도 있고 개별적으로 다룰 수 있다. 배열을 사용하기 위해 배열변수 선언, 배열객체 생성하여 배열변수에 저장, 배열 원소에 값 저장 등 3단계 작업이 필요하다. 한편, 배열 초기화를 이용하면 배열객체 생성과 원소에 값 저장 과정이 생략된다.

```
// 배열을 위한 3단계 작업
int[] scores;                              // 단계 1: 배열변수 scores 선언
scores = new int[100];                     // 단계 2: 배열객체 생성하여 배열변수에 저장
scores[0] = 90; scores[1] = 95; ...        // 단계 3: 배열 원소에 값 저장
```

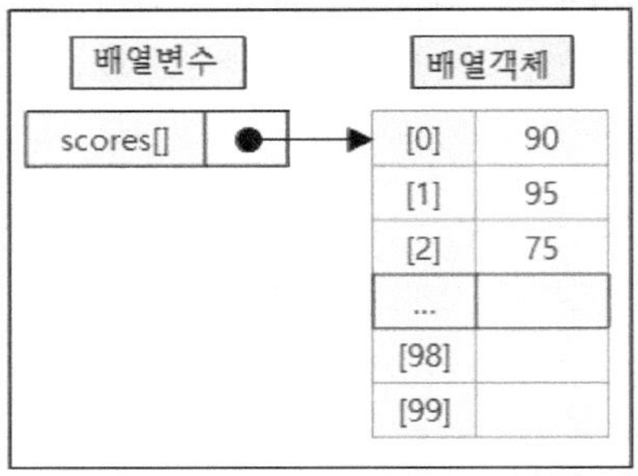


```
// 배열 초기화를 통한 배열 선언 및 값 저장
//     배열객체 생성과 원소 저장이 자동적으로 이루어짐
String[] names = { "박문수", "심청", "이몽룡", "성춘향" };
```

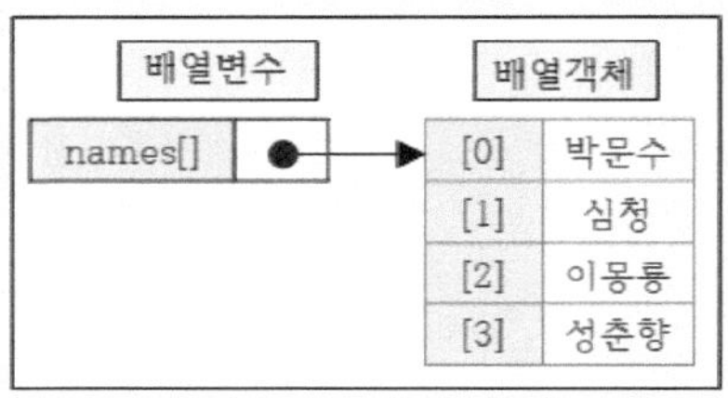

배열에 배열객체의 원소 개수까지 값을 저장할 수 있다. scores 배열의 경우 《 new int[100] 》에 의해 생성된 배열객체를 참조하는 배열이므로 최대 100개 정수 원소를 저장할 수 있다.

배열의 원소는 for 문장을 이용하여 차례대로 접근할 수 있다. 예를 들어, scores 배열에 점수 10개를 저장하여 합을 구하는 것은 다음의 for 문을 이용한다.

```
// scores 배열에 점수 10개 입력하여 저장하고 합 구하기
//     참고: scores 배열은 최대 100개까지 점수 저장할 수 있음
int[] scores = new int[100];
int sum = 0;

for (int i=0; i < 10; i++) {
    scores[i] = SkScanner.getInt();
    sum = sum + scores[i];
}
```

한편, 배열객체의 원소 개수는 배열변수.length를 이용하여 구할 수 있으며, 배열객체의 모든 원소에 값이 저장된 경우 다음과 같이 배열 원소 개수를 이용하여 배열의 모든 원소를 출력한다.

```
// names 배열의 모든 원소 출력하기
//     참고: names.length는 names 배열의 저장 가능한 최대 원소 개수 알려줌
for (int i=0; i < names.length; i++)
    System.out.println(names[i] + " ");
```

한 배열객체는 여러 배열변수에 의해 동시에 참조될 수 있다. 다음에서 4명 이름을 저장하는 배열객체가 names 배열변수뿐 아니라 ss 배열변수에 의해서도 참조되는 예를 보여준다.

```
// 배열객체가 여러 배열변수에 의해 참조되는 예
//     배열변수를 다른 배열변수에 저장하면 한 배열객체를 동시에 여러 배열변수가 참조
String[] names = { "박문수", "심청", "이몽룡", "성춘향" };
String[] ss = names;       // names 변수를 ss 변수에 저장하면 이들 배열변수는
                           // 하나의 배열객체를 동시에 참조하게 됨
```

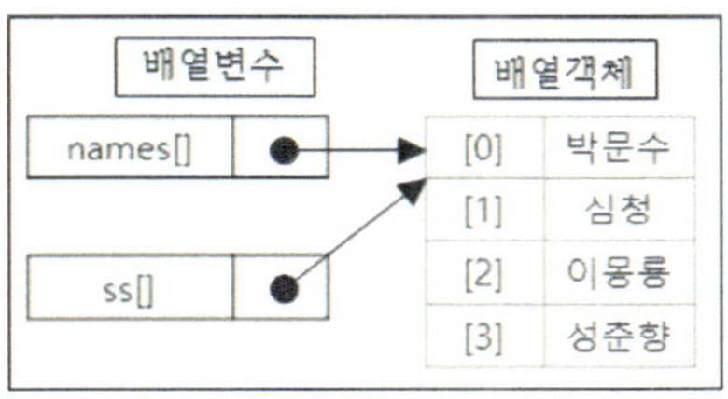

5.5.2 배열을 메소드 매개변수로 사용

메소드 매개변수로 배열을 전달하는 것도 가능하며, 이 경우 배열 원소 전체가 호출된 메소드로 전달되는 효과가 발생한다. 그 결과, 호출된 메소드에서 배열 원소를 접근할 수 있으며, 원소의 변경도 가능하다. 한편 호출된 메소드에서 전달된 배열의 원소를 변경하면 호출한 메소드에서도 변경된 결과를 갖게 된다.[74]

예제 5-5-1은 배열을 메소드 매개변수로 사용한 예를 보여준다.

74) 단순변수를 실매개변수로 전달하고 호출된 메소드에서 이를 변경해도 호출한 메소드의 단순변수는 변경되지 않는 결과를 갖는 것에 비교하여, 배열을 메소드 매개변수로 전달하고 호출된 메소드에서 배열 원소를 변경하면 호출한 메소드에서도 변경된 결과를 갖는 것은 큰 차이가 있다.

예제 5-5-1 배열을 메소드 매개변수로 사용하기

```
class Scores_ArrayAsParameter {
    public static void main(String[] args) {
        // scores 배열 선언, 배열 원소 입력, 출력
        int[] scores = new int[100];
        inputInts(scores, 10, "\n  o 점수 10개 입력하시오 > ");
        outputInts(scores, 10, "\n  ** scores 배열에 저장된 점수들 **");

        // names 배열 선언 및 값 출력
        String[] names = { "박문수", "심청", "이몽룡", "성춘향" };
        outputStrings(names, "\n  ** 고전소설 주인공 **");
    }

    // prompt 메시지 출력 후 주어진 배열변수 ints에 n개 정수 입력하는 메소드
    static void inputInts(int[] ints, int n, String prompt) {
        System.out.print(prompt);                    // prompt 출력

        for (int i = 0; i < n; i++)
            ints[i] = SkScanner.getInt();            // 정수 입력하여 ints 배열 원소로 저장
    }

    // title과 정수 배열변수 ints에 저장된 n개 정수를 한 라인에 출력하는 메소드
    static void outputInts(int[] ints, int n, String title) {
        System.out.println(title);                   // title 출력

        for (int i = 0; i < n; i++)
            System.out.print(ints[i]  + "  ");       // ints 배열의 각 원소 출력

        System.out.println();
    }

    // title과 문자열 배열변수 ss에 저장된 모든 문자열을 한 라인에 출력하는 메소드
    //    원소 개수가 주어지지 않을 경우 배열의 length 필드 이용하여 원소 개수 구함
    static void outputStrings(String[] ss, String title) {
        System.out.println(title);                   // title 출력

        for (int i = 0; i < ss.length; i++)          // ss 배열의 각 원소 모두 출력
            System.out.print(ss[i]  + "  ");         // ss.length는 원소의 개수

        System.out.println();
    }
}
```

실행결과

```
o 점수 10개 입력하시오 > 90 95 79 83 88 65 72 83 81 96

** ints 배열에 입력되어 저장된 원소들 **
```

```
90  95  79  83  88  65  72  83  81  96

** scores 배열에 입력된 점수들 **
90  95  79  83  88  65  72  83  81  96

** 고전소설 주인공 **
박문수  심청  이몽룡  성춘향
```

프로그램 설명

- main()의 《 int[] scores = new int[100]; 》에서 scores 변수에 생성된 정수 배열 객체 저장
- main()의 《 inputInts(scores, 10, " o 점수 10개 입력하시오 > "); 》 호출
  - scores 배열변수가 형식매개변수인 배열변수 ints에 전달되어 ints 배열변수도 scores 변수가 참조하는 배열객체 참조
  - inputInts() 메소드의 for 문에 의해 ints[] 배열의 원소 10개에 정수값 입력되어 저장
- main()의 《 outputInts(scores, 10, "\n ** scores 배열에 입력된 점수들 **"); 》 호출
  - scores 배열변수가 형식매개변수 ints 배열변수에 전달되어 저장되므로 scores와 ints는 동일한 배열객체 참조
  - outputInts() 메소드 수행되어 scores 배열변수의 원소들 출력

- main()의 《 String[] names = { "박문수", "심청", "이몽룡", "성춘향" }; 》 수행
  - 내부적으로 new String[4]에 의해 생성된 문자열 배열객체에 4개 문자열 저장된 후 names 변수에 배열객체 저장
- main()의 《 outputStrings(names, "\n ** 고전소설 주인공 **"); 》 호출
  - names 배열변수가 형식매개변수 ss에 전달되어 저장된 후 outputStrings() 메소드 수행
  - names 배열변수의 원소들 출력

5.5.3 배열을 메소드 반환값으로 사용

배열을 메소드 매개변수로 전달하는 것뿐만 아니라 호출된 메소드에서 배열을 반환하는 것도 가능하다. 이 경우 호출된 메소드에서 배열객체를 생성하고 생성된 배열객체를 호출한 메소드로 반환하는 것이 일반적이다.

예제 5-5-2의 inputInts() 메소드는 주어진 개수의 정수를 저장할 배열객체를 생성하여 원소를 입력하여 저장한 후 배열을 main() 메소드로 반환한다.

예제 5-5-2 배열을 메소드 반환값으로 반환하기

```
class Scores_ArrayAsReturnValue {
   public static void main(String[] args) {
      // inputInts()에서 입력된 원소가 저장된 배열을 반환받아 출력
      int[] scores = inputInts(10, "  o 점수 10개 입력하시오 > ");
      outputInts(scores, "\n   ** scores 배열에 저장된 점수들 **");
   }

   // prompt 메시지 출력 후 n개 정수 입력하여 배열에 저장하고 배열 반환
   //   이 메소드는 정수 배열을 반환하므로 반환타입이 int[]
   static int[] inputInts(int n, String prompt) {
      int[] ints = new int[n];                  // 배열객체 생성하여 ints 배열에 저장

      System.out.print(prompt);                 // prompt 출력

      for (int i = 0; i < n; i++)
         ints[i] = SkScanner.getInt();          // 정수 입력하여 ints 배열 원소로 저장

      return ints;                              // 배열 반환
   }

   // title과 정수 배열변수 ints에 저장된 모든 원소를 한 라인에 출력하는 메소드
   static void outputInts(int[] ints, String title) {
      System.out.println(title);                // title 출력

      for (int i = 0; i < ints.length; i++)
         System.out.print(ints[i]  + "  ");     // ints 배열의 원소 출력

      System.out.println();
   }
}
```

실행결과

```
o 점수 10개 입력하시오 > 90 95 79 83 88 65 72 83 81 96

** scores 배열에 저장된 점수들 **
90  95  79  83  88  65  72  83  81  96
```

프로그램 설명

- main()의 《 int[] scores = inputInts(10, " o 점수 10개 입력하시오 > "); 》 수행
- inputInts(10, " o 점수 10개 입력하시오 > ") 호출
  - inputInts() 메소드의 ints 배열변수에 new int[n]에 의해 생성된 정수 배열객체 저장
  - inputInts() 메소드의 for 문에 의해 ints[] 배열의 원소 10개에 정수값 입력되어 저장

- inputInts() 메소드의 《 return ints; 》 문장 수행되면 ints 배열변수가 호출한 main() 메소드로 반환
- main() 메소드의 《 int[] scores = inputInts(10, " o 점수 10개 입력하시오 〉 "); 》 문장에 의해 scores 배열변수에 반환된 배열객체 저장[75)]

■ main()의 《 outputInts(scores, "\n ** scores 배열에 입력된 점수들 **"); 》 호출
- scores 배열변수가 형식매개변수 ints에 전달되고 outputInts() 메소드 수행
- 두 메소드의 ints 배열변수와 scores 배열변수는 동일한 배열객체 참조하므로 출력 결과도 동일

5.6 메소드 선언과 호출

5.6.1 메소드 선언

메소드 선언은 메소드의 기능, 호출하는 양식, 처리 내용을 표시하며, 메소드 시그니처(signature)와 메소드 구현(implementation)으로 나누어진다. 메소드 시그니처는 메소드를 호출하기 위해 알아야 할 최소한의 정보이며, 메소드 이름, 형식매개변수의 이름과 타입, 반환값의 타입, 수식어(modifier)로 구성된다. 메소드 구현은 메소드가 수행할 구체적인 작업을 명시하는 것이다. 다음은 메소드 선언의 구문이다.

```
수식어 반환타입 메소드이름(형식매개변수_선언부) 예외_클래스_명시부 {  // 시그니처
     지역변수_선언부          // 구현
     메소드_실행부            // 구현
}
```

예외 클래스 명시부는 선언되는 메소드가 예외를 발생시킬 경우 예외 클래스를 명시하는 부분으로 생략될 수도 있다.

메소드의 구현은 지역변수 선언부와 메소드 실행부로 구성된다. 지역변수 선언부에는 그 메소드에서 사용될 변수를 선언하고 초기화한다. 메소드 실행부에는 실제로 수행될 여러 문장이 나열된다.

75) inputInts() 메소드에서 《 return ints; 》 문장이 수행되어 main()으로 복귀하면 ints 배열변수는 사용할 수 없는 변수가 된다.

❑ 메소드 시그니처

메소드 시그니처는 메소드를 호출하기 위해 알아야할 최소한의 정보를 나타내며, 메소드 이름, 형식매개변수 이름과 타입, 반환타입, 수식어로 구성된다.

- 메소드 이름: 메소드에 의해 수행될 문장들 전체를 대표하는 이름
  - 메소드 이름은 기능을 잘 나타내야 함
- 형식매개변수 선언부: 실매개변수가 전달될 형식매개변수의 타입과 변수이름 명시하는 부분
  - 형식매개변수 없을 수도 있으며, 여러 개일 수도 있음
- 반환타입: 메소드가 수행된 후 호출한 메소드로 돌려주는 반환값의 타입
  - 반환값이 없으면 void가 반환타입
  - 그 외는 int, char, double 등 기본 타입이거나 참조 타입 또는 배열 타입
- 메소드 수식어: 메소드의 특징을 나타내는 키워드
  - public, private, protected, static, abstract, final 등이 올 수 있음

static이 지금까지 작성한 메소드의 수식어로 사용되었으며, public이 사용된 메소드도 있었다. 수식어에 대해서는 6장에서 설명된다.

다음은 구현이 생략된 메소드 시그니처의 예이다.

```
static void outputInts(int[] ints, String title)    // 정수 배열을 타이틀과 함께 출력
static void printStarInLine(int n)                   // '*'를 한 라인에 n개 출력한 후 줄바꿈

static int getSumOfDigits(int n)                     // n에 주어진 정수의 디지트 합 반환
static int getInt(int min, int max)                  // min과 max 사이 int 입력하여 반환
static int[] getInts(int n)                          // n개 정수 입력한 int 배열 반환
```

❑ 메소드 구현

메소드 구현은 메소드가 수행할 구체적인 작업을 명시하는 부분으로, 지역변수 선언과 메소드 실행 문장으로 구성된다.

- 지역변수 선언: 그 메소드에서 사용될 변수 선언 및 초기화
- 메소드 실행 문장: 메소드가 실제로 수행할 문장들 나열

다음은 메소드 구현을 보여준다.

```
// n에 주어진 정수의 디지트 합 반환
static int getSumOfDigits(int n) {
    int sumOfDigits = 0;                    // 메소드에서 사용할 지역변수

    if (n < 0)                              // n이 음수이면
      n = -n;                               //   양수로 바꾸어 디지트들 합 구함

    while(n != 0) {                         // n이 0이 아닌 동안
       sumOfDigits = sumOfDigits + n % 10;  //    n의 1자리 디지트 구해 합에 누적
       n = n / 10;                          //    n을 10으로 나누어 자리수 줄임
    }

    return sumOfDigits ;
}

// n에 주어진 개수의 정수 입력한 int 배열 반환
static int[] getInts(int n) {
    int[] ns = new int[n];               // 입력된 정수 저장할 배열객체 생성과 참조

    for (int i = 0; i < n; i++)          // n개 정수 입력하여 원소로 저장
        ns[i] = SkScanner.getInt();

    return ns;   // 입력된 배열변수 반환(반환타입은 int 배열변수 타입인 int[])
}
```

5.6.2 메소드 호출

❑ 클래스 메소드 호출

메소드가 선언될 때 static 키워드가 명시되면 이는 클래스 메소드이며, 객체를 생성하지 않고 호출할 수 있는 메소드이다. 지금까지 작성한 대부분 메소드가 static 키워드가 명시된 클래스 메소드였다.

클래스 메소드는 《 클래스이름.메소드이름(실매개변수들) 》의 형태로 호출되며, 수신자가 클래스이다. 동일한 클래스에서 다른 클래스 메소드를 호출할 때에 편의상 수신자인 클래스 이름을 생략할 수 있다. 또한, 클래스 메소드는 객체에 의해서도 호출될 수 있다.

다음은 클래스 메소드 호출에서 클래스 이름을 생략하지 않은 것과 생략한 것을 보여준다.

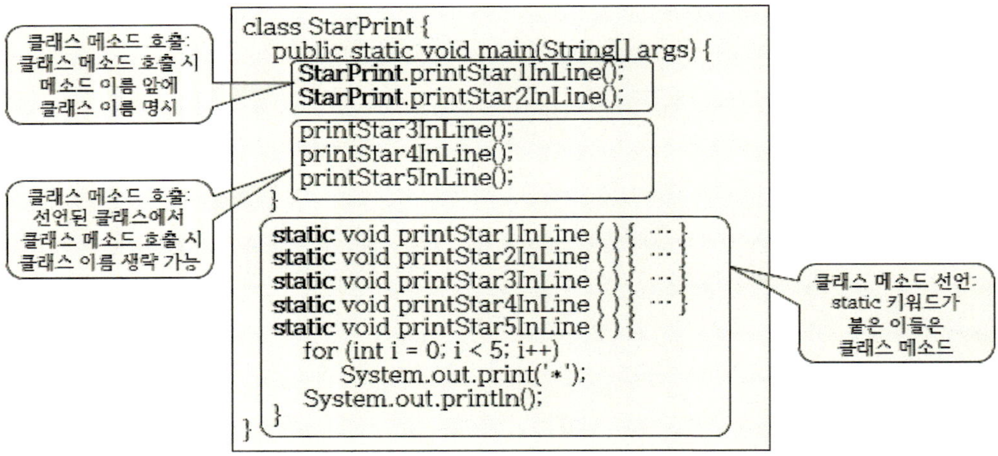

한편, 다른 클래스의 클래스 메소드를 호출할 때 수신자인 클래스 이름을 반드시 명시해야 한다. 예를 들어, SkScanner.getInt() 또는 SkScanner.getString()을 호출할 때 반드시 클래스 이름인 SkScanner가 명시되어야 하며, 생략할 수 없다.

❑ 객체 메소드 호출

메소드가 선언될 때 static 키워드가 명시되지 않은 메소드는 객체 메소드이다. 객체 메소드는 클래스 메소드와 달리 반드시 객체가 생성된 후 객체가 수신자가 되어 호출된다. 객체 메소드 선언과 호출은 다음 장에서 자세히 설명될 것이다.

5.7 재귀 메소드

마지막으로 메소드에서 반드시 알아야 할 것이 재귀 메소드(recursive method)이다. 재귀 메소드는 메소드 구현에서 자신을 호출하는 메소드인데, 처음에 이를 이해하기는 쉽지 않다.

이미 중고등학교 수학에서 배운 함수, 점화식[76] 등에서 재귀 메소드와 유사한 개념을 배웠으므로 이들과 재귀 메소드와의 연관성을 이해하면 재귀 메소드의 이해는 훨씬 쉬워진다.

76) 점화식은 수열의 항 사이에 성립하는 관계식으로, $a_{n+1} = a_n + (n + 1)$, $a_1 = 1$이 대표적인 점화식이다.

5.7.1 1부터 합과 팩토리알을 재귀 메소드로 구하기

가장 대표적인 재귀 메소드의 예로 1부터 n까지 합을 구해 반환하는 메소드와 n 팩토리알의 값을 구해 반환하는 메소드이다. 1부터 n까지 합을 sum(n)이라 하고, n 팩토리알을 fact(n)이라 하면 이들은 다음과 같이 표현된다.

$$sum(n) = \sum_{i=1}^{n} i = 1 + 2 + 3 + \ldots + (n-1) + n$$

$$fact(n) = n! = \prod_{i=1}^{n} i = 1 \times 2 \times 3 \times \ldots \times (n-1) \times n$$

sum(n)과 fact(n)은 차례로 1씩 증가하는 특성을 가지므로 for 문을 이용하여 합과 팩토리알을 구하는 메소드를 쉽게 작성할 수 있다. 1부터 n까지 합을 구하는 메소드 getSum(int n)과 n 팩토리알을 구하는 getFactorial(int n) 메소드는 다음과 같다.

```
// getSum(int n): 1부터 n까지 합 구해 반환하는 메소드
static int getSum(int n) {
    int sum = 0;                    // sum에 누적하기 위해 0으로 초기화
    for (int i = 1; i < n; i++)     // 1부터 n까지 i에 대하여
        sum = sum + i;              //     i를 sum에 누적시킴

    return sum;                     // 구한 합 sum을 반환
}

// getFactorial(int n): n 팩토리알 구해 반환하는 메소드
static int getFactorial(int n) {
    int fact = 1;                   // fact에 곱하기 위해 1로 초기화
    for (int i = 1; i < n; i++)     // 1부터 n까지 i에 대하여
        fact = fact * i;            //     i를 fact에 곱하여 fact에 저장
    return fact;                    // 구한 팩토리알 fact를 반환
}
```

그런데 sum(n)과 fact(n)은 다음의 재귀적 방법으로도 표현된다.

$$sum(n) = \begin{cases} sum(n-1) + n & \text{if } n > 1 \\ 1 & \text{if } n = 1 \end{cases}$$

$$fact(n) = \begin{cases} fact(n-1) \times n & \text{if } n > 1 \\ 1 & \text{if } n = 1 \end{cases}$$

Java에서 수학의 재귀적 표현을 재귀 메소드로 작성할 수 있다. 예제 5-6-1은 getSum(int n) 메소드와 getFactorial(int n) 메소드를 재귀 메소드로 작성하고 main() 메소드에서 이들을 호출하여 결과를 출력한다.

예제 5-6-1 합과 팩토리알을 재귀 메소드로 구해 출력하기

```
class RecursiveMethod {
    // getSum(int n): 1부터 n까지 합 구해 반환하는 메소드
   static int getSum(int n) {
      if (n == 1)                          // n이 특수조건인 1이면
         return 1;                         //    1까지 합으로 1 반환
      else                                 // 아니면
         return getSum(n - 1) + n;         //    n까지 합으로 (n - 1)까지 합 + n 반환
   }

   // getFactorial(int n): n 팩토리알 구해 반환하는 메소드
   static int getFactorial(int n) {
      if (n == 0)                          // n이 특수조건인 0이면
         return  1;                        //    0!은 1 반환
      else                                 // 아니면
         return getFactorial(n - 1) * n;   //    n!은 (n - 1)! * n  반환
   }

   public static void main(String args) {
      int sum = getSum(5);
      int fact = getFactorial(4);

      System.out.println("  * 1부터 5까지 합 = " + sum);
      System.out.println("  * 4! = " + fact);
   }
}
```

실행결과

```
* 1부터 5까지 합 = 15
* 4! = 24
```

재귀 메소드는 특수조건이 만족될 때까지 자신을 반복적으로 호출하므로 재귀 메소드는 더 이상 자신을 호출하지 않기 위한 특수조건이 반드시 포함되어야 한다. getSum(int n)에서 특수조건은 n == 1이며, getFactorial(int n)에서 특수조건은 n == 0이다.

다음은 main()에서 getSum(5)가 호출되었을 때의 메소드 호출과 복귀 과정을 보여준다.

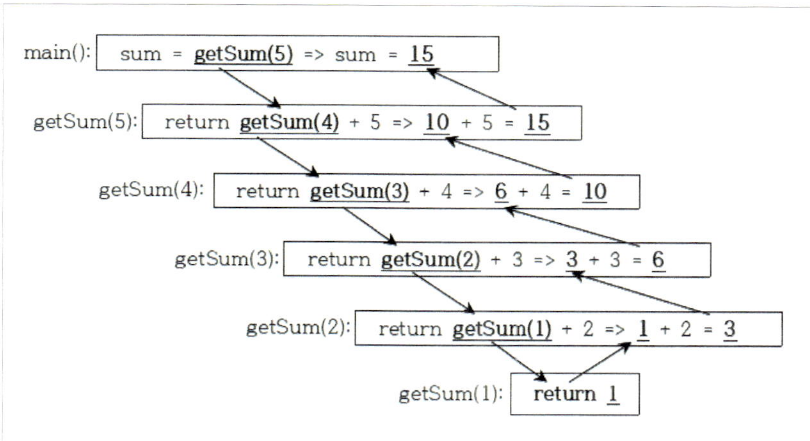

- getSum(5) 호출되면 getSum(4), getSum(3), getSum(2), getSum(1) 차례로 호출
  - 특수조건인 n == 1이 만족될 때까지 실매개변수 1 감소하며 호출

- 특수조건인 n == 1이 만족되면 메소드 복귀가 연속적으로 이루어짐
  - getSum(1) 호출되면 특수조건인 n == 1 만족되어 더 이상 자신 호출하지 않고 1 반환
  - 반환된 getSum(2)에서 반환값 1과 2를 더한 3을 getSum(3)으로 반환
  - 반환된 getSum(3)에서 반환값 3과 3을 더한 6을 getSum(4)로 반환
  - 반환된 getSum(4)에서 반환값 6과 4를 더한 10을 getSum(5)로 반환
  - 반환된 getSum(5)에서 반환값 10과 5을 더한 15를 main()으로 반환
  - main()의 sum 변수에 15 저장

5.7.2 반복문 포함된 메소드의 재귀 메소드로 변환

반복문을 포함하는 메소드는 대부분 재귀 메소드로 변환할 수 있다.

주어진 범위의 정수만을 입력받아 반환하는 메소드 int getInt(int min, max, String prompt)는 주어진 범위인 min과 max 사이 정수가 입력되면 입력된 값을 반환하고 그렇지 않으면 while 문장을 통하여 계속 반복한다.

```
// 주어진 min과 max 사이 정수만 입력하여 반환하는 메소드
//     입력된 정수가 주어진 범위가 아니면 입력 반복
static int getInt(int min, int max, String prompt) {
    while(true) {                              // 무한히 반복하는 동안
        System.out.print(prompt);              //     프롬프트 메시지 출력하고
        int n = SkScanner.getInt();            //     정수 입력하여
```

```
        if (n >= min && n <= max)              //   입력된 정수가 min과 max 사이면
            return n;                          //       입력된 정수 반환
    }
}
```

while 문을 이용하는 이 메소드는 다음과 같이 재귀 메소드로 변환될 수 있다.

```
static int getInt(int min, int max, String prompt) {
    System.out.print(prompt);                  // 프롬프트 메시지 출력하고
    int n = SkScanner.getInt();                // 정수 입력하여

    if (n >= min && n <= max)                  // 입력된 정수가 min과 max 사이면
        return n;                              //     입력된 정수 반환

    return getInt(min, max, prompt);           // 잘못된 정수 입력된 경우 다시 시도
}
```

여기에서 주어진 범위의 정수가 입력되면 이를 반환하고 메소드는 종료된다. 그렇지 않으면 다시 자신을 호출하여 주어진 범위의 정수를 입력받도록 한다. 만약 계속하여 범위 밖의 정수가 입력되면 계속 자신을 호출한다.

5.7.3 재귀 메소드 이용한 정렬

Java 프로그래밍에서 배열을 매개변수나 반환값으로 이용하는 경우는 아주 빈번하다. 그중에서 중요한 응용이 여러 데이터 중에서 특정 데이터를 탐색하고 순서대로 값을 정렬하는 작업이다.

실습자료의 예제 5-6-2는 재귀 메소드를 이용하여 배열 원소들을 정렬한다. 소스 프로그램은 실습자료에 있으므로 반드시 살펴보고 이해하기 바란다.

5.7.4 재귀 메소드의 활용

재귀 메소드가 사용되면 연속적으로 재귀 메소드가 호출되고 호출될 때마다 매개변수의 전달과 제어의 전환 등의 오버헤드가 발생하며, 계속 재귀 메소드를 연속적으로 호출하면 스택 오버플로우(stack overflow) 오류[77]가 발생할 수 있다.

---

77) 연속적인 재귀 메소드 호출로 인하여 스택 오버플로우가 발생하면 -Xss 옵션을 이용하여 JVM의 stack 크기를 늘리는 조치를 해야 한다.

Java 언어는 재귀 메소드를 사용하는 것보다 반복문을 사용하는 것이 효율적인 언어이다. 그러므로 1부터의 합 구하기, 팩토리알 구하기, 배열에서 최대값 인덱스 구하기 문제는 재귀 메소드를 사용하는 것보다 반복문을 사용하는 것이 바람직하다.

재귀 메소드를 사용하면 좋은 실제적인 경우는 다음의 2가지이다.

- 복잡한 문제 해결하는 프로그램의 경우 재귀 메소드로 작성하면 프로그램이 쉬우면서 개념적으로 작성될 수 있음
- 재귀 메소드 사용하지 않고서는 문제 해결이 매우 어렵거나 불가능한 경우 재귀 메소드로 작성하면 쉽게 해결

❑ 맺으면서

메소드에 대한 또 다른 이야기를 잠깐만 하고 끝내기로 하자. 처음에 프로그래밍 언어가 만들어졌을 때 프로그램이 함수나 메소드로 구성될 것으로 생각하진 못했을 것이다.

처음의 프로그래밍 언어는 기계어였다. 기계어 또는 기계어를 의미를 나타낼 수 있는 기호로 변환한 어셈블리어(assembly language)로 프로그래밍을 하던 시절에는 어떻게 기본적인 기계어 명령들을 잘 나열하여 원하는 결과를 만들 것인가에 대해 프로그래머가 고민했었다.

그러다 고급 프로그래밍 언어 Fortran이 개발되었을 때 여러 명령을 한꺼번에 나타내는 수식과 문장이라는 새로운 프로그램의 구성요소가 개발되어 보다 손쉽고 이해성이 높은 프로그램의 작성이 가능하게 되었다.

이 단계까지 프로그램은 변수의 상태 변환(state transition)에 기반한 계산 패러다임(computing paradigm)이며, 변수의 상태를 바꾸는 명령이나 문장을 차례로 수행하여 원하는 결과를 생성한다.

점점 프로그램의 크기가 점점 커짐에 따라 이러한 상태 변환의 패러다임은 불충분하게 되었고, 이에 새롭게 부상한 것이 통신(communication)에 기반한 계산 패러다임이며, Fortran이나 Pascal에서도 사용되었지만, C 언어가 대표적 통신 기반 언어이다.

통신 기반 패러다임에서 모듈(module: 프로그램을 구성하는 요소로서 특정한 기능을

수행하는 프로그램의 한 부분으로, 부프로그램이라고도 함)의 정의와 모듈 간의 정보 전달이 가장 중요한 요소이다. 모듈은 각 프로그래밍 언어에서 다른 이름으로 불리는데, Pascal에서 함수와 프로시주어, C에서 함수, Java에서 메소드라 불린다.

통신에 기반한 계산 패러다임을 이해하고 프로그램을 작성하려면 프로그램을 구성하는 여러 모듈을 작성하고 이들 모듈 간의 통신방식 또는 호출관계를 결정해야 한다. 이것이 바로 C 프로그래밍에서 가장 중요한 작업이다.

작성하고자 하는 프로그램에 어떠한 함수들이 있어야 하는가? 함수의 기능은 무엇인가? 또한, 함수와 통신하거나 함수를 호출하기 위해 어떠한 매개변수들이 선언되어야 하는가? 함수는 어떻게 구현될 것인가? 이것이 C 프로그래밍을 할 때 고민해야 할 문제들이다.

그런데 프로그램 크기가 너무나 방대해진 상황에서 통신에 기반한 패러다임도 문제가 있다. 그것은 모듈 또는 함수의 개수가 많아지고 모듈 간의 관계가 복잡해짐으로 인하여 프로그램의 작성과 관리, 특히 새로운 상황에 대처하기가 어려워진 것이다.

여러 해결방안 중 가장 훌륭하다고 제시된 방안이 객체 지향 패러다임이다. 객체 지향 패러다임은 변수의 상태 변환, 모듈 간의 통신 이외에도 객체 추상화와 캡슐화, 상속, 다형성 등 새로운 개념을 이용하여 복잡한 프로그램을 보다 체계적이며 용이하게 작성하고 프로그램 변경과 확장을 쉽게 할 수 있다.

지금 어렵게 들리는 이야기를 하는 이유는 객체 지향 패러다임 또는 객체 지향 프로그래밍에서도 역시 메소드가 가장 기반이 되기 때문이다. C 함수 또는 Java의 메소드를 자유자재로 작성할 수 없다면 객체 지향 프로그램인 Java 프로그램도 만들 수 없을 뿐 아니라 이해도 할 수 없다.

다시 한번 강조하지만, C 함수 또는 Java 메소드는 실제적 프로그래밍의 출발점이다. C 함수에서 시작하여 Java 메소드에 대해 이해하고, 이를 통하여 Java의 클래스와 객체를 이해하여 최종적인 Java 프로그램에 도달한다.

연습문제

1. **다음 문장의 옳고 그름을 판단하라. 또한, 잘못되었으면 올바르게 고쳐라.**

1) 메소드는 시그니처와 구현으로 구성된다. 시그니처는 메소드의 기능적인 측면으로 호출되는 양식을 나타내며, 구현은 처리되는 과정인 문장들을 나타낸다.
2) 메소드에 의해 처리 과정이 처리되는 기능으로 변환되므로 간단하게 호출할 수 있으며 한번 작성된 후 여러 번 호출될 수 있다.
3) 매개변수는 호출되는 메소드에서 호출한 메소드로 정보를 전달하는 방법이다.
4) 메소드는 클래스 메소드와 객체 메소드로 나누어지며, 클래스 메소드의 수신자는 클래스이다.
5) 메소드 구현에서 사용할 수 있는 변수는 지역변수와 형식매개변수뿐이다.
6) 메소드를 작성하는 것도 중요하지만 어떤 메소드가 필요하고 메소드의 기능이 무엇인지를 결정하는 것도 중요하다.
7) 메소드의 이름은 그 메소드의 처리과정을 잘 나타낼 수 있는 것이 좋다.

2. **다음에서 잘못된 부분을 지적하고 그 원인을 설명하고 올바르게 수정하라**

```
class Pr5-1 {
   public static int main(string[] args) {
      double[10] heights;
      int sum;
      for (i = 1; i <= 10; i++)
         sum = sum + heights[i];
      System.out.println(" * sum = ", sum);
      printNextPrimeNo(12345);
   }

   static void printNextPrimeNo(int n) {
      while(1) {
          ++n;
          if (isPrimeNo(n) == true)
             continue;
      }
      System.out.println(' * next prime no = ' + no);
   }
}
```

※ 참고사항 : isPrimeNo(int n)는 n이 소수이면 true 반환하는 메소드

3. **메소드란 무엇이며 메소드를 프로그램에서 사용함으로 얻는 이점은 무엇인가?**

4. **메소드 매개변수란 무엇이며 호출하는 메소드의 매개변수와 호출되는 메소드의 매개변수가 어떻게 다른가? 또한, 매개변수가 필요한 이유는 무엇인가?**

5. **다음의 main() 메소드 문장들을 대체 추상화 과정을 통해 대체 메소드로 작성하려 한다.**

1) 각 프로그램의 기능을 설명하라.
2) 각 프로그램의 기능에 적합한 대체 메소드 이름을 작명하라.
3) 대체 메소드를 작성하고 main()에서 대체 메소드를 호출하라.

```
[1] public static void main(String[] args) {
        for (int i = 0; i < 10; i++)
            System.out.print("I like Java ");
        }
    }
```

```
[2] public static void main(String[] args) {
        int cnt = 0;
        for (int n = 1234; n != 0; n /= 10)
            cnt ++;
        System.out.println(cnt);
    }
```

```
[3] public static void main(String[] args) {
        int n1, n2, n3;

        n1 = 23;  n2 = 33;  n3 = 43;

        int max = (n1>n2) ? ((n1>n3)
            ? n1 : n3) : ((n2>n3) ? n2 : n3);

        System.out.println(max);
    }
```

```
[4] public static void main(String[] args) {
        int[] scores = new int[10];

        int sum = 0;
        for (int i = 0; i < 10; i++) {
            scores[i] = SkScanner.getInt();
            sum = sum + scores[i];
        }

        System.out.println(sum);
    }
```

6. **연습문제 5에서 작성한 대체 메소드들에 대한 통합 메소드를 각각 작성하려 한다.**

1) 작성한 대체 메소드와 유사한 기능의 대체 메소드 2개를 추가로 작성하라. 예를 들어, [1]의 프로그램에 대해 대체 메소드 printLikeJava_ 10Times()

를 작성하였으면 printLikeJava_20Times(), printLikeJava_100Times()를 작성하라.

2) 유사한 메소드를 통합하기 위한 매개변수를 결정하고 통합 메소드를 각각 작성하라. 예를 들어, [1]의 프로그램에 대해 대체 메소드 printLikeJava_10Times()를 작성한 후 printLikeJava_20Times() 메소드와 printLikeJava_100Times()를 작성했다면 통합 메소드에 해당되는 printLikeJava(int cnt)를 작성하라.

7. **연습문제 6에서 작성한 통합 메소드에서 반환값을 갖는 메소드를 작성할 수 있는 것이 [2], [3], [4]이다. 예를 들어, [2]에서 static int getCountDigits(int n)을 작성하면 더 좋은 스타일의 프로그램이 된다. [2], [3], [4]의 프로그램을 반환값 갖는 메소드를 이용하여 재작성하라.**

8. **다음과 같이 메소드의 시그니처가 주어졌다. 이 메소드의 기능이 무엇인지를 설명하라. 또한, 메소드를 작성할 수 있는 것을 작성하라.**

```
1) public static String toString(int n)
2) public static float getFloat()   // SkScanner.getInt()와 비교하여 생각하라
3) static double getAverage(double[] doubles, int n)
4) static boolean isLowerCaseLetter(char ch)
5) static boolean isLetterOrDigit(char ch)
6) static char toLowerCaseLetter(char ch)
```

9. **다음의 메소드를 작성하려 한다. 이 메소드의 시그니처를 작성하라. (모든 메소드는 static 수식어를 붙여라)**

1) 문자가 주어질 때, 그 문자가 영문자이면 true를, 영문자가 아니면 false를 반환하는 메소드
2) 4개 정수가 주어지면 4 정수 중에서 가장 큰 수를 반환하는 메소드
3) 실수값이 주어지면 반올림한 정수값을 반환하는 메소드
4) 2개 정수가 주어질 때 앞의 정수가 뒤 정수의 배수이면 true를, 배수가 아니면 false를 반환하는 메소드

10. 다음의 메소드를 작성하라.

1) static int getPlusMinus(int n): 정수 n이 매개변수로 주어지면 n의 끝자리부터 각 자리수의 합과 차를 차례로 구해 반환(예를 들어, n이 1234이면 4-3+2-1 = 2이므로 2를 반환)
2) static int toInteger(char c): char 타입의 값 c가 주어졌을 때 c가 디지트 문자이면 대응되는 int 값을 반환하고, 디지트 문자가 아니면 -1을 반환(예를 들어, c가 '9'이면 9를 반환하고, c가 'a'이면 -1을 반환)
3) static int search(int[] ints, int n, int key): int 배열 ints, 배열에 저장된 원수의 개수를 나타내는 n, 찾고자 하는 값 key가 주어지면 배열에서 key가 나타난 위치를 반환(예를 들어, int[] ints = { 1, 2, 3, 4 }이고 n이 4이며 key가 3이면 2를 반환하며, 찾는 key가 없으면 -1을 반환)
4) static int getSumExceptMultiple3(int from, int to): 2개의 int 값 from과 to가 주어지면 from에서 to까지 모든 정수 중 3의 배수가 아닌 정수의 합을 반환(예를 들어, from이 6, to가 3이면 6, 5, 4, 3 중에서 3의 배수인 6과 3을 제외하면 5+4=9이므로 9를 반환한다. 또한, from이 3, to가 6일 때에도 4+5=9이므로 9를 반환)
5) static boolean isElement(int n, int[] set, int noOfElements): 주어진 n이 정수 배열 set의 원소인지를 검사하여 원소이면 true, 원소가 아니면 false를 반환(정수 배열 set에 저장된 원소개수는 noOfElements)
6) n개 실수를 읽어 주어진 배열 doubles의 원소로 저장하는 메소드 static void getDoubles(double[] doubles, int n)
7) 주어진 배열 doubles의 최대 원소 개수만큼 실수를 읽어 doubles의 원소로 저장하는 메소드 static void getDoubles(double[] doubles) (읽어 들일 개수는 doubles.length로 함)
8) static double[] getDoubles(int n): n개 실수를 입력하여 배열에 저장한 후 그 배열을 반환(이를 위해 배열객체 생성하고 배열변수에 저장해야 함)
9) void sort(int[] ints, int n): 정수배열 ints에 저장된 n개 원소를 정렬

11. for 문으로 작성된 메소드는 재귀 메소드를 이용하는 프로그램으로 작성될 수 있다. 예를 들어, for 문을 이용하여 n개 정수를 입력하는 메소드는 다음과 같이 재귀 메소드로 작성할 수 있다.

<table>
<tr><th>for 문으로 작성된 메소드</th><th>재귀 메소드</th></tr>
<tr><td><pre>
static void getInts(int[] ints, int n) {
    for (int i = n; i > 0; i--)
      ints[i-1] = SkScanner.getInt();
}
</pre></td><td><pre>
static void getInts(int[] ints, int n) {
    if (n > 0) {
        ints[n-1] = SkScanner.getInt();
        getInts(ints, n-1);
    }
}
</pre></td></tr>
</table>

다음의 for 문으로 작성된 메소드를 재귀 메소드로 작성하라.

<table>
<tr><td>[1] "I like Java " n번 출력하기<pre>
static void printLikeJava(int n) {
    for (int i = 10; i > 0; i--)
      System.out.print("I like Java ");
}
</pre></td><td>[2] 정수 자리수 합 구하기<pre>
static int getSumDigits(int n) {
    int sum = 0;
    for (; n != 0;) {
        sum += n % 10;
        n = n / 10;
    }
    return sum;
}
</pre></td></tr>
<tr><td>[3] 최대값 구하기<pre>
static int getMax(int[] ints, int n) {
    int max = ints[0];
    for (int i = 1; i < n; i++)
      if (ints[i] > max)
         max = ints[i];

    return max;
}
</pre></td><td>[4] 2의 제곱 구하기<pre>
static int getPowerOf2(int n) {
    int power = 1;
    for (int i = 1; i < n; i++)
      power= power * 2;

    return power;
}
</pre></td></tr>
</table>

(연습문제 1번 답) 1:O 2:O 3:X(매개변수는 호출하는 메소드에서 호출되는 메소드로 정보 전달하는 방법) 4:X(클래스 메소드의 수신자는 클래스와 객체) 5:X(필드도 메소드 구현에서 사용할 수 있음) 6:O 7:O

실습과제

1. 두 자연수 n과 r을 입력하여 조합 nCr 구해 출력하기

조합(combination)은 순서 없이 나열 가능한 경우의 수를 말하며, n개에서 r개를 취하는 조합은 다음과 같다.

nCr = n! / (r! * (n-r)!)
$_5C_3$ = 5! / (3! * (5-3)!) = 5! / (3! * 2!) = 120 / (6 * 2) = 10

1) 메소드를 사용하지 않고서 $_5C_3$을 구해 출력하는 프로그램을 작성하라.

2) 1)의 프로그램을 메소드를 이용하여 재작성하려 한다.
   (1) main() 메소드를 기능적으로 구성하기 위해 어떤 메소드가 필요한지를 생각하고 필요한 메소드 3개 이상 작성하라.
   (2) (1)에서 작성된 메소드를 이용하여 main() 메소드를 재작성하라.

2. 여러 스타일로 프로그래밍하기

다음의 작업을 수행하는 프로그램을 메소드를 사용하지 않는 프로그램으로 작성하고 이를 메소드를 사용하는 프로그램으로 변경 작성하라.

1) 10000의 2번째로 큰 약수 출력하기
2) 1234567보다 큰 소수 5개 출력하기
3) 1부터 20 사이 정수 5개를 입력하여 최대값과 2번째 큰 값 출력하기
4) 1부터 10000까지 정수 중 자리수 합이 10의 배수인 정수 개수 출력하기
5) 1부터 10000까지 정수 중 약수 개수가 최대인 정수 하나와 약수 개수 출력하기(약수 개수 가장 많은 정수가 여러 개이어도 그중 1 정수만 출력)
6) 1부터 10000까지 정수 중 약수 개수가 최대인 정수 모두와 약수 개수 출력하기(약수 개수 가장 많은 정수가 여러 개이면 이를 모두 출력)

3. 두 정수의 자리별 디지트 차이의 합 구하기

두 정수의 자리별 디지트의 차이를 각각 구해 전체 합을 구하는 프로그램을 작성하려 한다. 예를 들어, 123과 2345의 디지트별 차이의 합은 끝자리부터

(3−5) + (2−4) + (1−3) + (0−2) = −8이다.

1) 123과 2345의 디지트별 차이의 합을 구해 출력하는 프로그램을 main() 메소드로만 작성하라.
2) 2개 정수가 매개변수로 주어지면 디지트별 차이의 합을 구해 출력하는 메소드를 작성하고, main()에서 123과 2345의 디지트별 차이의 합을 구하기 위해 작성된 메소드를 호출하라.
3) 2개 정수가 매개변수로 주어지면 디지트별 차이의 합을 구해 반환하는 메소드를 작성하고, main()에서 123과 2345의 디지트별 차이의 합을 구하기 위해 작성된 메소드를 호출하고 반환된 결과 값을 출력하도록 작성하라.

4. 판정 경기에서 평균점수 구하기

판정 경기에서 8명의 심판이 선수에게 0점부터 10점 사이 실수 판정점수를 부여하고 그중에서 최고점수와 최저점수를 제외한 6명 심판의 점수를 합산하여 합과 평균점수를 구한다.

8명 심판의 판정점수를 입력하고 입력된 점수 중 최고점수와 최저점수를 제외한 6개 점수의 합과 평균점수를 출력하는 프로그램을 작성하려 한다. 입력된 점수는 반드시 0과 10 사이 실수이어야 하며, 제외되는 최고점수와 최저점수도 출력해야 한다. 다음의 작성 유형에 따라 프로그램을 작성하라.

1) main() 메소드로만 구성되는 프로그램
2) 다음의 메소드를 작성하여 이를 main()에서 호출하는 프로그램
   (1) static double getDouble(double min, double max): 최소값 min, 최대값 max가 매개변수로 주어지면 최소값과 최대값 사이 실수를 입력하여 반환(입력된 실수가 주어진 범위의 실수가 아니면 무시하고 다시 입력받음)
   (2) static double[] getDoubles(double min, double max, int n): 최소값 min, 최대값 max, 개수 n이 매개변수로 주어지면 최소값과 최대값 사이 실수를 주어진 개수만큼 입력하여 배열에 저장한 후 배열을 반환(이 메소드 내에서 《 double[] doubles = new doubles[n]; 》로 배열 생성하고 배열변수 doubles 반환)
   (3) static double getAverageExceptMinMax(double[] doubles, int n): 실수 배열변수 doubles와 개수 n이 매개변수로 주어지면 주어진 개수의 실수 배열에서 최대값과 최소값을 제외한 실수 값들의 평균을 구해

반환

(4) static double getSum(double[] doubles, int n): 개수 n의 실수 배열 doubles가 주어지면 원소들의 합을 반환(이 메소드는 판정 점수의 합을 구하기 위해 사용)

(5) static double getMaxIndex(double[] doubles, int n): 개수 n의 실수 배열 doubles가 주어지면 이 중에서 최대값의 인덱스를 반환하는 메소드(이 메소드는 판정 점수의 합에서 최고점을 빼기 위해 사용)

(6) static double getMinIndex(double[] doubles, int n): 개수 n의 실수 배열 doubles가 주어지면 이 중에서 최소값의 인덱스를 반환하는 메소드(이 메소드는 판정 점수의 합에서 최저점을 빼기 위해 사용)

5. 판정 경기에서 6명 선수의 평균점수 구해 등수 결정하기

실습과제 4에서 1명의 선수에 대해 8명 심판의 평균점수를 구한다. 6명의 선수에 대해 선수번호, 선수 이름, 8명 심판의 판정점수를 입력하여 평균점수를 구한 후 등수 순서대로 경기결과를 출력하는 프로그램을 다음의 작성 유형에 따라 프로그램을 작성하라.

1) main() 메소드로만 구성되는 프로그램
2) 메소드를 작성하여 이를 main()에서 호출하는 프로그램

6. 집합의 원소 여부 판단하기

집합은 서로 다른 여러 값의 모임이며, 집합에 포함되는 값 하나를 집합의 원소라 한다. 10개 원소를 갖는 집합을 구성하고 주어진 값이 원소인지를 판별하는 프로그램을 다음의 사용자 인터페이스로 작성하라.

```
** 집합의 이름 입력하기 **
o 집합 이름 입력 > 주인공

** 주인공 집합의 원소 10개 입력하기 **
o 주인공 집합의 1번째 원소 입력 > 홍길동
    ...
o 주인공 집합의 10번째 원소 입력 > 심청
    !! 오류: 심청 - 이미 주인공 집합의 원소

o 주인공 집합의 10번째 원소 입력 > Romio

* 주인공 집합 = { 홍길동, 박문수, ... ,심청, Romio }
```

```
** 주인공 집합의 원소 여부 판단하기 **

o 주인공 집합의 원소 여부 판단할 값 > Romio
* Romio: 주인공 집합의 원소

o 원소 여부 판단할 값 > 김구
* 김구: 주인공 집합의 원소 아님
```

프로그램에서 집합의 이름을 입력하고 원소 10개를 입력하여 배열을 이용하여 집합을 구성한다. 이때 이미 입력된 원소가 다시 입력되면 오류 메시지를 출력하고 다시 원소를 입력받는다. 집합 구성이 완료되면 집합 이름과 원소를 출력한 후 값을 입력하여 입력된 값이 집합 원소인지 아닌지를 판별하여 결과를 출력하고 이를 계속 반복한다.

1) 메소드를 사용하지 않고서 main() 메소드에서 모든 작업을 처리하는 프로그램을 작성하라. main()에서 필요한 변수의 선언은 다음과 같다.

```
public static void main(String[] args) {
    String setname;                          // 집합 이름 저장할 변수
    String[] set = new String[10];           // 집합 원소 10개 저장할 배열변수

    // 원소 입력 및 집합 구성, 원소 판별 등을 수행하도록 작성하라.
}
```

2) 1)의 main() 메소드를 다음과 같이 재작성하였다. 이를 참고하여 요구되는 메소드들을 작성하라.

```
public static void main(String[] args) {
    String setname;                          // 집합 이름 저장할 변수
    String[] set = new String[10];           // 집합 원소 10개 저장할 배열변수

    setname = inputSetname();                // 집합 이름 입력하여 setname에 저장
    inputBuildSet(setname, set, 10);         // set 배열에 원소 10개 입력받음
    outputSet(setname, set, 10);             // 집합 이름과 원소 10개 출력
    while(true)
        inputCheckElement(setname, set, 10);// 값 입력하여 원소 여부 출력 반복
}
```

- static String inputSetname(): 집합 이름 입력하여 반환
- static void inputBuildSet(String setname, String[] set, int n): 문자열 n개 입력하여 set 배열에 저장하여 집합 구성(중복된 원소 입력 시 오류 처리)
- static void outputSet(String setname, String[] set, int n): n개의 문자열 배열 set의 이름과 원소들 출력
- static void inputCheckElement(String setname, String[] set, int n): 문자열 하나 입력하여 그 문자열이 n개의 문자열 집합 set의 원소인지 판별하여 결과 출력하는 메소드
- static boolean isElement(String value, String[] set, int n): 주어진 문자열 value가 문자열 원소 n개의 문자열 집합 set의 원소이면 true, 아니면 false를 반환하는 메소드. 이 메소드는 inputBuildSet() 메소드와 inputCheckElement() 메소드에서 호출
- 문자열 s1이 다른 문자열 s2와 같은가를 비교할 때 s1.equals(s2)와 같이 equals() 메소드 이용

제6장

객체와 클래스

제 6 장 객체와 클래스

학습 목표

- o 객체와 클래스에 대한 기본 개념을 이해한다.
- o Java의 클래스를 이용하여 객체의 상태와 행동을 정의하는 방법을 파악한다.
- o 다양한 클래스를 작성하며 좋은 유형의 클래스 요건을 이해한다.
- o 객체 생성자의 필요성과 관련된 중요 사항을 이해한다.
- o 클래스 필드와 클래스 메소드를 이용한 프로그램을 작성하는 능력을 기른다.
- o Java 변수와 메소드의 종류를 파악하고 이를 구별하여 활용하는 능력을 배양한다.
- o Java 클래스의 4가지 기능을 파악한다.

지금까지 Java 프로그램을 이루는 기본적인 구성요소들인 문자, 토큰, 연산, 수식, 문장, 복합문, 메소드에 대해 살펴보았다. 이들은 Java의 진면목을 보여주지 못했다. Java의 참모습은 객체와 클래스 그리고 클래스 계층이다. 지금까지도 Java 프로그램들을 작성했지만, 정상적 Java 프로그램은 지금부터 시작이다.

왜 Java 프로그램은 클래스들로 구성될까? 이는 복잡한 상황을 체계적으로 표현하고 처리하기 위해서이다. 복잡한 상황에 내포된 객체들을 체계적으로 인식하여 명확하고 객관적으로 표현하기 위해 "모든 객체는 상태를 나타내는 상태 값과 행동을 갖는 것으로 간주하는 객체 지향적(object-oriented) 관점"이 제시되었으며, Java는 객체 지향적 관점에 기반하여 공통적인 상태와 행동을 갖는 객체들을 클래스로 통합하여 표현하고 처리하는 프로그래밍 언어이다.

인간의 지적인 여러 능력 중에서 유사한 것들의 공통점을 파악하여 클래스들로 나누고 클래스 간의 공통점과 차이점을 파악하여 상하위 관계를 형성하는 것이 분류(classification)이다. 분류는 개별적인 것들을 하나로 통합하는 수단을 제공하며, 공통된 것들을 클래스 수준에서 통일성 있게 다룰 수 있게 한다.

예를 들어보자. 다음의 자연수 22개가 주어져 있다. 이 정수들을 평생 암기하려고 한다면 어떻게 하면 가능할까? 단순히 암기할 경우 암기력이 좋은 사람이라도 일주일이면 망각하게 될 것이다.

{ 2, 3, 4, 5, 6, 8, 9, 10, 12, 14, 15, 16, 18, 20, 21, 22, 24, 25, 26, 27, 28, 30 }

분류를 활용하면 이 22개 자연수를 평생 암기할 수 있다. 분류는 공통점을 갖는 요소들을 하나의 전체인 클래스로 구성하는 것으로, 주어진 22개 자연수는 다음의 3개 클래스로 나누어진다.

{ 2, 4, 6, 8, 10, 12, 14, 16, 18, 20, 22, 24, 26, 28, 30 } : 30 이하인 2의 배수
{ 3, 6, 9, 12, 15, 18, 21, 24, 27 } : 30 이하인 3의 배수
{ 5, 10, 15, 20, 25, 30 } : 30 이하인 5의 배수

분류를 활용하여 기억하려면 30 이하의 2 또는 3 또는 5의 배수인 자연수로 기억하면 평생 외울 수 있다. 이러한 분류의 원리가 함축된 것이 Java의 클래스이다. 개별적인 것들을 하나의 전체로 다룰 수 있게 해주는 엄청난 효과가 있는 것이 클래스임을 알게 되는 순간 Java의 또 다른 진정한 힘을 알게 된다.

6.1 객체와 클래스의 기초

6.1.1 일상에서의 객체, 상태와 행동

우리는 일상생활 속에서 많은 객체를 접하며 생활한다. 객체는 주체에 의해 관찰되고 인식되는 모든 것들이다. 지금 읽고 있는 이 책도 객체이고, 고전소설의 주인공인 홍길동, 이몽룡, 심청, 박문수 등도 소설 속의 가상적인 인물이지만 객체이다.

홍길동과 이몽룡에 대해 개략적으로 기술해보면 다음과 같다.

홍길동	이름이 홍길동이며, 도술을 배우고 의적으로 활동하여 탐관오리를 징벌하고 나중에 율도국 왕이 된 홍길동전의 남자 주인공
이몽룡	춘향을 광한루에서 만나 좋아하였고, 한양으로 가서 과거시험에 장원급제하여 암행어사가 된 춘향전의 남자 주인공

각자마다 홍길동과 이몽룡에 대한 생각이 다르겠지만[78], 대략 큰 줄기는 비슷할 것이다.

그런데, 객체 지향적 관점에서 객체의 상태와 행동을 명확하게 파악하여 기술해야 한다. 홍길동, 이몽룡, 광한루, 한양을 명확하게 기술하면 [표 6-1]과 같다.

객체	파악된 상태 값 및 행동
홍길동 객체	• 상태 – 이름: 홍길동, 성별: 남자, 주인공인 소설: 홍길동전 • 행동 – 도술을 배우다, 의적으로 활동하다, 탐관오리를 징벌하다, 율도국 왕이 되다
이몽룡 객체	• 상태 – 이름: 이몽룡, 성별: 남자, 주인공인 소설: 춘향전 • 행동 – 춘향을 광한루에서 만나다, 춘향을 좋아하다, 한양으로 가다, 장원급제하다, 암행어사가 되다
광한루 객체	• 상태 – 장소명: 광한루, 위치: "남원시 천거동", 크기: "정면 5칸, 측면 4칸" • 행동 – 처음에 광통루라 불리다, 세종 16년 1434년 중건되다, 정유재란 때 소실되다, 인조 16년 1683에 재건되다
한양 객체	• 상태 – 장소명: 한양, 위치: "한반도의 중앙", 크기: 136㎢ • 행동 – 태조 3년 1394년 도읍으로 지정되다, 한성부라 불리다

[표 6-1] 객체들의 상태와 행동

잘 알고 있는 객체에 대해 상태 및 상태 값과 행동을 구상하는 연습[79]을 하면 Java 프로그래밍에 큰 도움이 된다.

객체의 상태 및 상태 값은 객체를 파악하고 인식하는 기본적인 요소이며, 객체의 현재 상태 값과 과거의 상태 값, 그리고 상태 값의 변화 양상을 많이 알수록 그 객체를 잘 아는 것이다.

우리는 홍길동의 어린 시절부터의 제반 상태를 많이 알고 있으므로 홍길동은 우리에게 낯설지 않다. 또한, 춘향전 소설, 드라마, 영화 등을 통해 이몽룡의 상태도 잘 알기 때문에 이몽룡도 친숙하다. 그러나 James Gosling에 대해서는 이름 외에 아는 바가 없으므로 Java의 아버지라 불리는 Gosling은 낯선 인물이다.

한편, 객체의 행동은 객체가 수행할 수 있는 활동이나 작업을 나타내며, 수동적인 활동도 포함된다. 행동은 객체 자신 또는 다른 객체의 상태를 변화시키거나 다른 행동을 유발시킨다. [표 6-2]는 객체의 행동에 따른 상태 변화와 유발하는 행동들의 예를 보여준다.

78) 홍길동과 이몽룡은 홍길동전과 춘향전의 독자마다 다르게 파악되고 주관적으로 인식된다.
79) 객체에 대해 상태 및 상태 값과 행동을 구상하는 연습문제를 꼭 풀어보기 바란다.

객체	행동	행동으로 인한 상태 변화 또는 다른 행동의 유발
홍길동 객체	의적으로 활동하다	• 상태 변화 – 주활동: ? ⇒ 의적, 주거주지: 한양 ⇒ 산채 • 행동 유발 – 집을 떠나다, 산채를 마련하다, 부하들을 모으다
	탐관오리를 징벌하다.	• 상태 변화 – 징벌한 탐관오리: ? ⇒ 징벌당한_그_탐관오리 • 행동 유발 – 탐관오리를 붙잡다, 탐관오리를 질책하다, 탐관오리의 재물을 빼앗다, 빼앗은 재물을 나누다
이몽룡 객체	춘향을 광한루에서 만나다.	• 상태 변화 – 만난 사람: ? ⇒ 춘향, 만난 장소: ? ⇒ 광한루 • 행동 유발 – 광한루로 가다, 춘향을 보다, 방자에게 누구인지 알아보도록 시키다, 춘향에게 말을 건네다
	한양으로 가다.	• 상태 변화 – 현위치: 남원 ⇒ 한양 • 행동 유발 – 남원 출발하다, 한양까지 걸어가다, 한양에 도착하다

[표 6-2] 객체의 행동에 따른 상태 변화와 유발되는 행동

Java 프로그래밍에서 객체의 행동을 나타내는 메소드의 작성이 가장 핵심적이며 중요하다. 객체의 특정 행동이 객체 상태나 다른 행동에 미치는 영향을 파악하여 이를 메소드로 작성하는 것이 Java 프로그래밍의 많은 부분을 차지한다. 그러므로 객체의 행동 때문에 이루어지는 상태 변화 및 유발되는 다른 행동들을 논리적으로 파악하는 연습[80]도 매우 중요하다.

6.1.2 클래스에 포함되는 객체

우리는 홍길동, 이몽룡, 광한루, 한양 등을 객체라고 의식적으로 인식하지는 않는다. 그러나 이들은 모두 객체이며, 홍길동과 이몽룡은 주인공에 포함되는 객체이며, 한양과 광한루는 장소에 포함되는 객체임을 잘 알고 있다. 홍길동과 이몽룡이 주인공 클래스에 포함되는 객체인 이유는 이들이 주인공으로서의 공통점이 있기 때문이며, 역시 마찬가지로 한양과 광한루가 장소로서의 공통점이 있으므로 장소 클래스에 포함된다.

우리의 일상에서 클래스에 포함되는 객체의 공통점이 무엇인지 깊이 생각하지는 않는다. 그렇지만 각 클래스는 그 클래스에 포함되는 객체들의 공통적인 특성을 내포하고 있으며, 결과적으로 그 클래스의 모든 객체는 공통적인 상태와 행동을 가진다.

한편, 클래스의 관점에서 상태와 행동을 기술하면 이는 그 클래스에 포함되는 모든 객체의 상태와 행동을 기술하는 효과가 있으므로 개별적인 객체의 특성을 하나하나 기술하지 않아도 된다. 또한, 한 객체의 클래스를 알게 되면 그 객체에 대

80) 객체의 행동으로 이루어지는 상태 변화 및 유발되는 다른 행동들을 파악하는 연습문제를 꼭 풀어보기 바란다.

해 많은 것을 자동적으로 알게 된다. 클래스를 통하여 객체들이 갖는 공통적인 상태나 행동을 짐작할 수 있기 때문이다. "비행기가 날아갔다."라고 하면 벌써 우리는 비행기 객체의 개략적인 형태, 날아가는 모양 등을 상상할 수 있다.

[표 6-3]은 주인공 클래스와 장소 클래스에 포함되는 객체들과 이들 객체의 공통된 상태와 행동을 정리한 것이다. 특정 클래스의 객체들을 나열하고 객체들의 공통점을 나타내는 클래스의 상태와 행동을 구상하는 연습도 Java 프로그래밍에 크게 도움 된다.

주인공 클래스	포함되는 객체들	홍길동, 이몽룡, 성춘향, 월매, 향단, 변학도, 박문수, 심청, 허생
	상태	이름, 성별, 나이, 역할, 주인공인 소설
	행동	가다, 만나다, 이야기하다, 출발하다, 도착하다
장소 클래스	포함되는 객체들	한양, 율도국, 광한루, 남원, 남원 관아, 남원 옥사
	상태	장소명, 위치, 크기
	행동	불리다, 위치하다, 지정되다

[표 6-3] 주인공 클래스와 장소 클래스의 객체, 상태, 행동

6.1.3 일상적 표현을 객체 지향적 표현으로 변환하기

우리의 일상에서 "비행기가 날아갔다.", "의적 홍길동이 탐관오리를 징벌했다." 등의 문장들이 자연스럽게 사용되는데, 이들 문장에서 사용된 비행기, 의적, 탐관오리 등의 단어는 근원적으로 클래스를 나타내는 단어이며, 특정 객체를 나타내는 단어는 아니다.

그런데, 한국어에서 이러한 클래스를 나타내는 단어들이 클래스 자체를 나타내기도 하고 그 클래스의 한 객체를 나타내기도 한다. 《 비행기가 날아갔다. 》에서 비행기는 비행기 클래스의 한 객체를 나타내며[81], 《 의적 홍길동 》에서 의적은 의적 클래스 자체를 나타내면서 홍길동이 의적 클래스의 한 객체임을 알려준다. 《 탐관오리를 징벌했다 》에서 탐관오리는 탐관오리의 한 객체로서 여러 탐관오리 중의 한 명을 나타낸다.

또한, 홍길동은 그 자체로는 사람의 이름을 나타내며, 이름은 한 사람을 대표하는 수단으로 사용된다. 그러므로 《 의적 홍길동 》을 명확히 표현하면 《 이름이 홍

81) 우리말에서 클래스를 의미하는 단어가 객체처럼 구별 없이 사용되지만, 영어에서 객체를 나타내기 위해 부정관사 a 또는 정관사 the를 사용한다. 그러므로 "비행기가 날아갔다."는 영어로 "A plane flew."이다. 이는 영어가 우리말보다 클래스와 객체를 자세히 구별하는 것이다.

길동인 의적 클래스의 한 객체 》가 된다. 이처럼 우리말에는 이름이 객체를 나타내는 경우가 비일비재하다.

“비행기가 날아갔다.”, “의적 홍길동이 탐관오리를 징벌했다.”를 단어의 근원적 의미에 적합하게 표현하면 “비행기 클래스의 한 객체가 날아갔다.”, “이름이 홍길동인 의적 클래스의 한 객체가 탐관오리 클래스의 한 객체를 징벌했다.”로 표현해야 한다. 그러나 우리는 일상에서 명확한 표현을 사용하지는 않는다. 비행기, 의적, 탐관오리 등의 클래스에 대한 분류상의 특징을 잘 알고 있고, 날아간 어떤 비행기 객체, 의적인 홍길동 객체, 탐관오리인 어떤 한 관리 객체 등의 객체를 클래스와 연관하여 인식할 수 있으므로 주어진 문장들을 충분히 이해할 수 있다.

우리말과 글에서 클래스와 객체가 구분 없이 사용되고, 이름이 객체를 직접 나타내면서 객체와 구분 없이 사용되기 때문에 처음 Java 클래스와 객체를 배울 때 클래스, 객체, 이름을 명확히 구분하기 어려운 경우가 많다. 이러한 어려움을 해소하기 위해 클래스, 객체, 이름이 명확히 구분되지 않는 문장을 클래스, 객체, 이름이 명확히 구분되는 문장으로 변환하는 연습이 필요하다.

[표 6-4]는 클래스, 객체, 이름이 명확히 구분되지 않는 일상적 문장을 클래스, 객체, 이름이 명확히 구분되는 정확한 문장으로 변환한 것이다.

o 비행기가 날아갔다. ⇒ 비행기 클래스의 객체가 날아갔다.
o 의적 홍길동이 탐관오리를 징벌했다. ⇒ 이름이 홍길동인 의적 클래스의 객체가 탐관오리 클래스의 객체를 징벌했다.
o 이몽룡은 춘향을 광한루에서 만나 좋아하게 되었다. ⇒ 이름이 이몽룡인 (주인공 클래스의) 객체가 이름이 춘향인 (주인공 클래스의) 객체를 장소명이 광한루인 (장소 클래스의) 객체에서 만나 좋아하게 되었다.
o 이순신 장군은 노량에서 왜선을 격침시키고 전사했다 ⇒ 이름이 이순신인 장군 클래스의 객체는 장소명이 노량인 (장소 클래스의) 객체에서 선박종류가 왜선인 (선박 클래스의) 객체를 격침시키고 전사했다.
o James Gosling은 객체 지향 프로그래밍 언어 Java를 1995년에 발표했다. ⇒ 이름이 James Gosling인 (개발자 클래스의) 객체가 언어명이 Java인 객체 지향 프로그래밍 언어 클래스의 객체를 연도 1995에 발표했다.
o 김철수는 마트에서 900원인 새우깡을 샀다. ⇒ 이름이 김철수인 (고객 클래스의) 객체는 마트 클래스의 객체에서 가격이 900원이고 이름이 새우깡인 (과자 클래스의) 객체를 샀다.

[표 6-4] 일상적 표현을 클래스, 객체, 이름에 다한 정확한 표현으로 변환하기

여기에서 James Gosling, 왜선, 김철수, 새우깡 등과 같이 객체의 클래스가 직접 명시되지 않았을 때 객체의 클래스를 추정하여 괄호 속에 명기하였다.

클래스, 객체, 이름에 대한 보다 정확한 표현을 접하면 원래의 일상적 표현보다 오히려 이해하기 어렵다. 그 이유는 우리가 이러한 표현에 익숙하지 않으며 인간의 뛰어난 두뇌가 무의식적으로 일상적 표현을 명확한 표현으로 바꾸어 인식하기 때문이다. 그러나 객체 지향 프로그래밍을 위해 일상적인 표현을 클래스, 객체, 이름에 대한 명확한 표현으로 변경하는 훈련이 필요하다.

6.1.4 객체 생성과 객체 참조

"비행기가 날아갔다.", "의적 홍길동이 탐관오리를 징벌했다." 등의 상황에서 비행기 클래스의 한 객체, 의적 클래스의 한 객체, 탐관오리 클래스의 한 객체가 있다고 가정한다. 그리하여 그 비행기 객체가 날아가고, 그 의적 객체가 그 탐관오리 객체를 징벌한 것으로 우리는 파악한다. 여기에서 중요한 점이 객체는 항상 참조되는 대상이라는 것이다.

한국어나 영어 등의 자연어는 객체를 참조하기 위한 다양한 수단을 제공하며, 객체를 대표하는 이름, 지시 형용사, 지시 대명사 등의 그 예이다.

다음은 객체를 참조하는 예들을 보여준다.

> 하늘에 비행기가 있었고, **그**[82] **비행기**가 날아갔고 조금 후에 **그 비행기**가 보이지 않았다.
>
> 서자로 태어난 **홍길동**[83]이 있는데, **홍길동**은 총명했다. **그**[84]는 의적이 되었고 탐관오리를 징벌했다.

이 예에서 그 비행기, 두 번 언급된 홍길동, 《 그는 의적이 되었고 》의 그 등은 객체를 참조하기 위해 사용되었다.

일상에서 객체는 참조되는 다양한 수단을 통하여 자연스럽게 참조되지만, 프로그래밍에서 명확하며 일관성이 있는 객체 참조수단이 필요하다. 이를 위해 Java는 참조수단으로 객체 참조변수[85]를 제공하며, 객체 참조변수는 객체를 참조할 수 있

82) 지시 형용사 그에 의해 지시되는 그 비행기는 하늘에 있는 비행기를 참조하는 수단이다.
83) 여기에서 홍길동은 홍길동 객체를 참조하는 수단으로 사용된 이름이다
84) 지시 대명사 그는 앞에서 언급된 홍길동 객체를 참조하는 수단이다.
85) C 언어에서 객체 참조변수에 해당되는 변수가 포인터 변수이고, 주소를 직접 포인터 변수

게 한다.

[표 6-5]는 앞에서 여러 일상적인 표현을 객체 참조를 통한 명확한 표현으로 변환한 예를 보여준다.

일상적 표현	비행기가 날아갔다.
클래스, 객체, 이름의 구분	비행기 클래스의 객체가 날아갔다.
객체 참조의 명확한 표현	• 비행기 클래스의 객체가 있고, O_1이 참조한다. • O_1이 날아갔다.
일상적 표현	**의적 홍길동이 탐관오리를 징벌했다.**
클래스, 객체, 이름의 구분	이름이 홍길동인 의적 클래스의 객체가 탐관오리 클래스의 객체를 징벌했다.
객체 참조의 명확한 표현	• 의적 클래스의 객체가 있고, O_1이 참조한다. O_1의 이름은 홍길동이다. • 탐관오리 클래스의 객체가 있고, O_2가 참조한다. • O_1이 O_2를 징벌했다
일상적 표현	**이몽룡은 춘향을 광한루에서 만나 좋아하게 되었다.**
클래스, 객체, 이름의 구분	이름이 이몽룡인 (주인공 클래스의) 객체가 이름이 춘향인 (주인공 클래스의) 객체를 장소명이 광한루인 (장소 클래스의) 객체에서 만나 좋아하게 되었다.
객체 참조의 명확한 표현	• 주인공 클래스의 객체가 있고, O_1이 참조한다. O_1의 이름은 이몽룡이다. • 주인공 클래스의 객체가 있고, O_2가 참조한다. O_2의 이름은 춘향이다. • 장소 클래스의 객체가 있고, O_3이 참조한다. O_3의 장소명은 광한루이다. • O_1은 O_3에서 O_2를 만났다. • O_1은 O_2를 좋아하게 되었다.
일상적 표현	**이순신 장군은 노량에서 왜선을 격침시키고 전사했다.**
클래스, 객체, 이름의 구분	이름이 이순신인 장군 클래스의 객체는 장소명이 노량인 (장소 클래스의) 객체에서 선박종류가 왜선인 (선박 클래스의) 객체를 격침시키고 전사했다.
객체 참조의 명확한 표현	• 장군 클래스의 객체가 있고 O_1이 참조한다. O_1의 이름은 이순신이다. • 장소 클래스의 객체가 있고, O_2가 참조한다. O_2의 장소명은 노량이다. • 선박 클래스의 객체가 있고, O_3이 참조한다. O_3의 선박종류는 왜선이다. • O_1은 O_2에서 O_3을 격침시켰다. • O_1은 O_2에서 전사했다.

[표 6-5] 일상적 표현을 객체 참조를 통한 명확한 표현으로 변환하기

주어진 일상적 표현에서 클래스, 객체, 이름을 명확히 구별하고, 다시 객체를 참조하는 객체 참조변수를 이용하여 객체의 상태와 행동을 표현하는 연습을 하게 되면 Java의 기본적인 객체와 클래스를 쉽게 이해할 수 있다.

에 저장할 수 있다. 객체 지향 언어인 Java에서 객체 참조변수가 객체를 참조하지만, 객체의 주소를 저장하지 않으며, 객체의 주소를 구하는 방법도 없다. Java에서 객체를 참조하기 위해 객체 생성 시 객체 참조값이 주어지고 이를 객체 참조변수에 저장한다.

6.1.5 Java에서 클래스 선언, 객체 생성 및 참조

예제 6-1은 "의적 홍길동이 이름은 모르고 관직명이 함경 감사인 탐관오리를 징벌했고, 그 탐관오리는 홍길동에게 징벌받았다."를 Java 프로그램으로 작성한 코드이다.

예제 6-1　클래스를 통한 객체 필드와 메소드 선언, 객체 생성 및 참조

❶ 의적 클래스 선언

```
// 예제 6-1의 클래스는 ex6_1_hongildong 패키지에 포함되는 클래스
package ex6_1_hongildong;

class RighteousOutlaw {                          // 의적 클래스
   String name;                                  //    이름 필드

   // punish(): 의적 객체가 탐관오리 객체를 징벌하는 메소드
   void punish(CorruptOfficial co) {
       // 탐관오리를 불시에 잡아서 질책하는 등 더 구체적인
       //    작업으로 구성되며, 세부 내용은 생략
       // this.catchSuddenly(co);
       // this.rebuke(co);
       //      ...
   }
}
```

❷ 탐관오리 클래스 선언

```
class CorruptOfficial {                          // 탐관오리 클래스
   String name;                                  //    이름 필드
   String publicPost;                            //    관직명 필드

   // isPunishedBy(): 탐관오리 객체가 의적 객체에게 징벌받는 메소드
   void isPunishedBy(RighteousOutlaw ro) {
      // 세부 내용은 생략
   }
}
```

❸ 객체 생성 및 필드와 메소드 접근

```
class Ex6_1_HeroMgmt {
   public static void main(String[] args) {
      RighteousOutlaw O1                  // 의적 객체 참조할 객체 참조변수 O1,
         = new RighteousOutlaw();         //    의적 객체 생성하여 O1이 참조
      O1.name = "홍길동";                  // O1이 참조하는 객체의 이름 저장

      CorruptOfficial O2                  // 탐관오리 객체 참조할 참조변수 O2,
         = new CorruptOfficial();         //    탐관오리 객체 생성하여 O2가 참조
      O2.name = "무명씨";                  // O2가 참조하는 객체의 이름 저장
      O2.publicPost = "함경 감사";          // O2가 참조하는 객체의 관직명 저장

      O1.punish(O2);                      // O1 객체가 O2 객체 징벌함
```

```
        O2.isPunishedBy(O1);              // O2객체가 O1 객체에게 징벌받음
    }
}
```

이 프로그램은 객체를 생성하여 활동하게 한다. Java의 클래스를 선언하고 클래스의 객체를 생성하여 참조하게 하는 이러한 방식에는 생략되고 숨겨진 작업이 많이 있으므로 처음 Java를 배우는 초보자가 극복하기 어려운 장애물이다.

6.1.6 패키지의 클래스로 클래스 작성하기

지금까지 Eclipse의 한 프로젝트에서 작성된 클래스들은 모두 (default package)의 클래스였다. (default package)의 클래스는 패키지를 지정하지 않는 클래스임을 나타낸다. 한 프로젝트의 여러 클래스를 (default package)의 클래스로 작성하면 패키지를 명시하지 않아도 되지만 모든 클래스 이름이 서로 달라야 한다.

그런데, 6장에서 RighteousOutlaw 클래스, Person 클래스 등을 여러 유형으로 작성하므로 클래스 이름이 동일한 클래스가 여러 번 작성된다. 그러므로, 6장의 예제 프로그램이 저장되는 ch06 프로젝트의 (default package)에 동일한 이름의 클래스들을 작성할 수 없다. 6장의 예제를 위해 여러 프로젝트를 새로이 생성하여 클래스들을 작성할 수 있으나 이는 매우 불편하므로 패키지를 활용한다.

Java는 하나의 프로젝트에 작성되는 클래스들을 편리하게 관리하고 동일한 이름의 여러 클래스도 작성할 수 있도록 패키지(package)를 지원한다. 패키지는 관련된 여러 클래스를 하나의 그룹으로 만드는 기법으로, 한 프로젝트의 여러 관련된 클래스들을 패키지로 나누어 저장하고 편리하게 관리한다.

한 클래스를 패키지의 클래스로 작성하려면 다음과 같이 클래스의 첫 문장에 패키지 선언문을 작성하면 된다.

```
package 패키지이름;          // 패키지 선언문

class 클래스이름 { ... }     // 클래스 선언
```

예제 6-1의 첫 문장인 《 package ex6_1_hongildong; 》은 예제 6-1의 클래스들이 ex6_1_hongildong 패키지의 클래스임을 나타내는 패키지 선언문이다.

```
// 예제 6-1의 클래스들은 ex6_1_hongildong 패키지에 포함되는 클래스
package ex6_1_hongildong;

class RighteousOutlaw { ... }
class CorruptOfficial { ... }
class Ex6_1_RighteousOutlawMgmt { ... }
```

6장에는 여러 패키지가 작성되며, 패키지에 대한 자세한 내용은 나중에 설명된다.

6.2 클래스 선언과 객체 생성 및 접근

Java의 객체와 클래스를 간단히 설명하면, 클래스란 그 클래스에 포함되는 객체들의 상태와 행동을 정의하는 틀(frame) 또는 청사진(blueprint)이다. 이는 Java의 객체는 상태를 나타내고 행동을 수행할 수 있으며, 객체의 상태와 행동을 표현하기 위해 먼저 클래스를 작성해야 함을 말한다.

Java에서 객체의 상태는 클래스의 필드를 통해, 객체의 행동은 클래스의 메소드를 통해 표현되며, 필드와 메소드를 갖는 객체가 생성되어 활동하게 된다. 이것이 클래스와 객체의 핵심이다.

그런데 Java의 클래스는 객체 상태와 행동 정의 기능과 더불어 객체 생성 기능과 타입 기능도 가지며, 클래스 필드와 클래스 메소드도 가지므로 클래스를 전체적으로 이해하기란 쉽지 않다.

6.2.1 객체 생성하여 활동하게 하는 프로그램 예제

예제 6-2는 Person 클래스를 선언하고 Person 객체를 생성하여 활동하게 하는 프로그램이다. 이 프로그램을 이용하여 클래스의 선언, 객체 생성 및 접근에 대해 상세히 살펴볼 것이다.

예제 6-2 Person 클래스 선언, Person 객체 생성 및 활동

```
// 예제 6-2의 클래스들은 ex6_2_person_mgmt 패키지에 포함되는 클래스임을 나타냄
package ex6_2_person_mgmt;

class Person {
   String    name;                   // 이름 저장할 필드
   int       age;                    // 나이 저장할 필드
```

```
    String    currentLocation;              // 현위치 저장할 필드

    // Person 클래스의 객체 생성자: 클래스 이름과 같으면서 반환값 없는 메소드
    //     생성된 객체를 this가 참조하고 매개변수 name을 this 객체의 필드에 저장
    Person(String name) {
        this.name = name;                   // 주어진 name을 객체 this의 name 필드에 저장
    }

    // Person 클래스의 객체 생성자: 클래스 이름과 같으면서 반환값 없는 메소드
    //     생성된 객체를 this가 참조하고 매개변수 name과 age를 필드에 저장
    Person(String name, int age) {
        this.name = name;                   // 주어진 name을 객체 this의 name 필드에 저장
        this.age = age;                     // 주어진 age를 객체 this의 age 필드에 저장
    }

    // goTo(): 수신자 객체가 특정 위치로 이동함을 구현하는 메소드
    //     주어진 위치로 수신자 객체의 currentLocation 필드값 변경
    void goTo(String location) {
         this.currentLocation = location;     // 장소로 이동하면 현 위치가 변경
    }

    // toString(): 객체의 필드들을 문자열로 구성하여 반환하는 메소드
    public String toString() {
        return "이름: " + this.name + ", 나이: " + this.age
                                       + ", 현위치: " + this.currentLocation;
    }

    // 주어진 objectMessage와 객체의 필드들을 출력하는 메소드
    void output(String objectMessage) {
        System.out.println(objectMessage + this.toString());
    }
}

class Ex6_2_PersonMgmt {
    public static void main(String[] args) {
        // "홍길동이라는 이름의 사람이 18세에 금강산으로 갔다"를 나타내는 코드
        Person p1;                              // 홍길동 객체 참조할 p1 참조변수 선언
        p1 = new Person("홍길동");              // 이름이 홍길동인 사람이 있음

        p1.age = 18;                            // 홍길동의 age를 18로 저장
        p1.goTo("금강산");                      // 홍길동이 금강산으로 감
        p1.output("   * 홍길동 객체 - ");       // 홍길동 객체 출력

        // "20세의 이몽룡이 서울로 갔다."를 나타내는 코드
        Person p2 = new Person("이몽룡", 20);  // 이몽룡 객체 참조할 p2 참조변수
                                                //       선언하고 객체 생성하여 참조하게 함
        p2.goTo("서울");                        // 이몽룡이 금강산으로 감
```

```
        p2.output("  * 이몽룡 객체 - ");              // 이몽룡 객체 출력
    }
}
```

실행결과	* 홍길동 객체 - 이름: 홍길동, 나이: 18, 현위치: 금강산 * 이몽룡 객체 - 이름: 이몽룡, 나이: 20, 현위치: 서울

6.2.2 클래스 선언 형식

클래스 선언은 그 클래스의 객체에 대한 필드와 메소드를 선언한다. 클래스 선언에서 클래스 이름, 필드, 메소드, 객체 생성자 등 핵심적인 요소가 명시되며 그 외 클래스 수식어, 클래스 확장부, 스태틱 초기화 블록 등의 요소들이 명시된다.

클래스를 선언하는 형식은 다음과 같다.

```
클래스_수식어 class 클래스_이름 클래스_확장부 {
    필드_선언
    객체_생성자_선언
    메소드_선언
    스태틱_초기화_블록
}
```

❑ 클래스 이름

클래스 이름은 키워드 class 다음에 나타나는 식별자로서, 선언된 클래스를 대표한다. 클래스가 선언된 후 클래스 이름은 다음에서 사용된다.

- 객체 생성자: 특별한 메소드인 객체 생성자 선언하고 객체 생성자 호출할 때 클래스 이름 사용
- 클래스 타입: 클래스는 타입으로도 사용되며, 객체 참조변수 선언, 타입 검사 등 타입이 필요한 곳에 클래스 이름을 타입으로 사용
- 클래스 필드와 클래스 메소드 접근: 클래스 필드와 클래스 메소드 접근할 때 클래스 이름 사용
- 상위 클래스: 이미 선언된 클래스를 확장한 하위 클래스 선언할 때 상위 클래스를 나타내기 위해 클래스 이름 명시

클래스 이름은 식별자에 포함되므로 식별자 명명 원칙을 준수해야 하며, 클래스 명명 관례를 따르는 것이 일반적이다. 다음은 클래스 이름을 구성하는 원칙과 관례이다.

- 한 단어 또는 여러 단어로 구성: Person, RighteousOutlaw 등 한 단어 이상의 영어 단어로 구성
- 영문 대문자로 시작: 첫 글자는 영대문자로 시작하고, 두 번째 글자부터 영문자, 숫자, _ 또는 $ 사용 가능
- 각 단어의 첫 글자를 대문자로 시작: 여러 단어 결합하여 클래스 이름을 명명할 경우 UniversityStudent, DataFormat 등과 같이 각 단어의 첫 글자를 대문자로 시작하는 것이 관례
- 두문자어의 첫 글자만 대문자: 두문자어[86]가 포함된 경우 HttpConnection과 같이 두문자어의 첫 글자만 대문자로 하고 나머지는 소문자로 하는 것이 최근의 추세

❑ 클래스 수식어

클래스의 여러 특징을 나타내기 위해 클래스 수식어가 사용되며, 클래스 수식어를 나타내는 키워드는 public, abstract, final이다. 이들 수식어는 명시되거나 생략될 수 있으며, 명시 또는 생략에 따른 기능은 [표 6-6]과 같다.

클래스 수식어		명시 또는 생략된 경우의 따른 클래스 기능
public	명시된 경우	다른 모든 클래스에서 참조될 수 있는 클래스
	생략된 경우	동일한 패키지에서만 참조될 수 있는 클래스
abstract	명시된 경우	abstract 메소드 가질 수 있고, 객체 생성할 수 없는 클래스
	생략된 경우	abstract 메소드 가질 수 없으며, 객체 생성할 수 있는 클래스
final	명시된 경우	하위 클래스 가질 수 없는 클래스
	생략된 경우	하위 클래스 가질 수 있는 클래스

[표 6-6] 클래스 수식어의 기능

패키지, abstract 메소드, 하위 클래스 등은 아직 학습하지 않은 내용이지만 Java에서 이들 용어와 개념도 중요하므로 나중에 잘 익혀야 한다. 처음에는 public, abstract, final 모두 생략된 클래스를 작성하고, 나중에 public이 명시된 클래스를 작성하면 된다. 이 장에서 작성된 대부분 클래스는 클래스 수식어가 모두 생략된 클래스이다.

다음은 클래스 이름과 클래스 수식어에 대한 예를 보여준다.

86) 두문자어는 DNA, CPU, HTTP 등 여러 단어의 머리글자를 모아 만든 단어이다.

```
class Person { ... }                       // 수식어가 모두 생략된 클래스
public class Object { ... }                // public만 명시된 클래스
abstract class Patient { ... }             // abstract만 명시된 클래스
public abstract class Number { ... }       // public과 abstract가 명시된 클래스
public final class String { ... }          // public과 final이 명시된 클래스
```

❑ 클래스 확장부

클래스 확장부는 선언되는 클래스가 다른 클래스를 확장한 하위 클래스임을 나타내거나 인터페이스라고 하는 특별한 클래스를 구현하는 클래스임을 나타낸다. 클래스 확장과 인터페이스의 구현에 대해서는 다음에 자세히 살펴볼 것이다.

다음은 클래스 확장부를 포함하는 클래스의 예를 보여준다.

```
class Student extends Person { ... }          // Student 클래스는 Person의 하위 클래스
public class Applet extends Panel { ... }     // Applet 클래스는 Panel의 하위 클래스
public class Rectangle
        extends Rectangle2D implements Shape, java.io.Serializable { ... }
```

❑ 필드 선언

필드 선언은 객체들이 개별적으로 갖는 변수인 필드를 선언하는 부분이다. 필드 선언에서 가장 핵심적인 요소인 필드명과 필드값 타입을 명시하고, 필드의 특성을 나타내는 필드 수식어와 필드 초기화 등을 포함한다.

필드 선언의 중요 사항은 다음과 같다.

- 필드 선언은 필드명, 필드 타입, 수식어 등을 명시
  - 필드는 클래스 내부에서, 메소드 외부에서 선언되는 변수
  - 필드의 타입으로 기본 타입(int, double, char, boolean 등), 클래스 타입(String, Person 등), 배열 타입(int[], String[] 등)이 모두 가능
  - 필드명은 영어 소문자로 시작하는 것이 관례이며, 여러 단어로 구성되면 2번째 이후 단어의 첫 문자는 대문자로 함
  - 필드의 특성을 나타내기 위해 필드 수식어 사용되며, 필드 수식어로는 public, private, protected, static, final 등의 키워드 사용
- 필드 선언하며 초기화 값 저장할 수 있으며, 변수 초기화와 동일

다음은 필드를 선언하는 양식과 필드 선언의 예를 보여준다.

```
• 필드_수식어 타입 필드명;                    // 초기화 없는 필드 선언
• 필드_수식어 타입 필드명 = 초기화_값;        // 초기화 있는 필드 선언

class Person {
    String name;                              // Person 객체의 name 필드
    int age;                                  // Person 객체의 age 필드
    String currentLocation;                   // Person 객체의 currentLocation 필드
}

Person personLastMet;                                             // 마지막 만난 사람 저장
static String[] menus                                             // static 배열 필드 선언
        = { "고객 등록", "계좌 개설", "입금", "출금", "계좌 이체" };   //     및 초기화
private int top = 0;                                              // top 필드 초기화
public static final double PI = 3.14159265358979323846;          // 원주율 저장 필드
```

❏ 객체 생성자 선언

객체 생성자란 클래스의 객체가 생성될 때 수행할 초기화 작업을 명시하는 특별한 메소드이다. 객체 생성자는 클래스 이름과 같은 이름의 메소드로 선언되어야 하며, 매개변수를 가질 수 있으며, 반환값은 없다. 객체 생성자에 대해서도 나중에 자세히 알아볼 것이다.

❏ 메소드 선언

메소드는 수행 가능한 여러 문장을 메소드 이름과 매개변수로 대체하여 간단히 호출할 수 있는 것으로, 서브루틴 또는 함수라고도 불린다. 메소드는 다음의 특징을 갖는다.

- 메소드는 메소드 시그니처와 메소드의 구현으로 구성
    - 메소드 시그니처: 메소드 호출에 필요한 정보로서, 메소드 특성 나타내는 수식어, 메소드 반환값 타입, 메소드 이름, 형식매개변수 등 명시
    - 메소드 구현: 메소드 호출되었을 때 수행될 문장들 기술
    - 메소드 특성 나타내는 수식어: public, private, protected, static, abstract, final 등의 키워드
- 매개변수 전달: 메소드 호출에서 실매개변수가 메소드의 형식매개변수에 전달되어 저장된 후 메소드 구현 부분 수행
- 메소드에는 객체가 수신자인 객체 메소드와 클래스가 수신자인 클래스 메소드 있음
- 객체 메소드의 구현에서 this가 수신자 객체를 나타냄

- 한 클래스에 이름 같으면서 매개변수의 타입이나 개수 다른 여러 메소드 선언 될 수 있음

❑ 스태틱 초기화 블록

Java의 클래스는 객체의 필드와 메소드를 선언하는 것 외에 클래스의 필드와 메소드도 선언할 수 있으며, 이를 클래스 필드와 클래스 메소드라고 한다. 클래스 필드와 클래스 메소드는 static 키워드가 명시된다.

스태틱 초기화 블록은 클래스 필드의 초기화를 수행하기 위해 작성되는 블록이다. 이 블록은 변수 초기화만으로 클래스 필드를 초기화할 수 없을 때 작성되며, 미리 선언된 클래스 필드, 그 클래스의 클래스 메소드 또는 다른 클래스의 클래스 메소드를 이용하여 클래스 필드를 초기화시킨다.

다음은 스태틱 초기화를 보여주는 예이다. 이 예에서 클래스 필드인 year 변수를 이용하여 그해 2월의 날수를 구해 daysOfFeb 변수 값에 저장한다.

```
class ThisYear {
    static int year = 2019;          // static이 붙은 클래스 필드
    static int daysOfFeb;            // static이 붙은 클래스 필드

    static {  // 스태틱 초기화 블록: 윤년인가 검사해 2월의 날수를 daysOfFeb에 저장
        if (year % 4 == 0 && year % 100 != 0 || year % 400 == 0)
            daysOfFeb = 29;          // 윤년이면 2월의 날수가 29일
        else
            daysOfFeb = 28;          // 윤년이 아니면 2월의 날수가 28일
    }
}
```

6.2.3 객체 생성 및 객체 참조

Java에서 객체를 생성하고 다루기 위해 다음의 4가지 작업이 필요하다.

① 클래스 정의: 객체의 상태와 행동을 정의하는 클래스 작성
② 객체 생성: 정의된 클래스의 객체 생성
③ 객체 참조: 생성된 객체를 객체 참조변수에 저장하여 참조될 수 있게 함
④ 필드와 메소드 접근: 객체 참조변수 이용하여 참조되는 객체의 필드와 메소드 접근

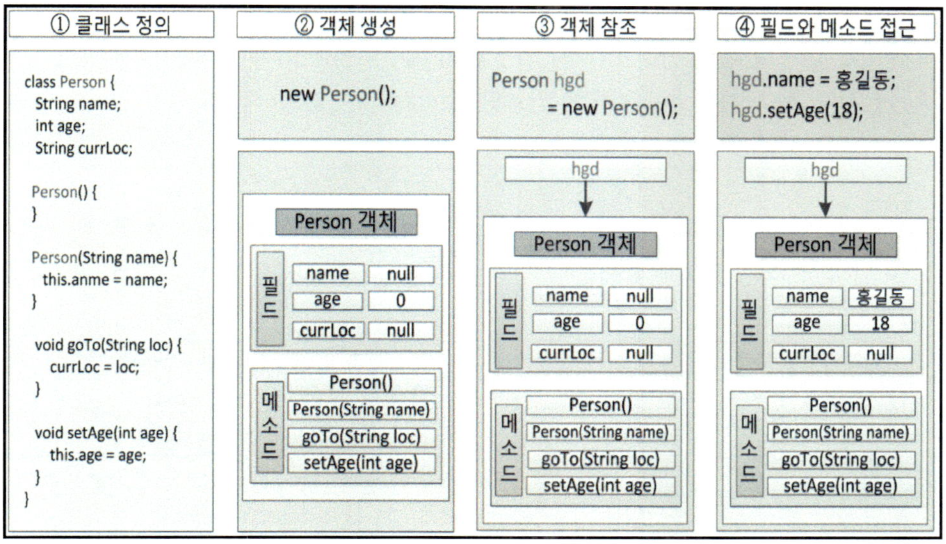

❑ 객체 생성 과정

Java의 객체는 클래스에 선언된 필드의 값을 저장할 수 있으며, 메소드를 호출할 수 있는 요소로서, 객체는 생성되어야 한다.

객체 생성[87]은 new 연산자와 객체 생성자 호출로 구성되는 객체 생성 연산으로 이루어지며, 다음은 객체 생성 연산의 형식과 예를 보여준다.

```
• new 클래스이름()              // 객체 생성 및 매개변수가 없는 객체 생성자 호출
• new 클래스이름(매개변수들)     // 객체 생성 및 매개변수가 있는 객체 생성자 호출

new RighteousOutlaw()          // RighteousOutlaw 클래스의 객체 생성 연산
new Person("홍길동")            // Person 클래스의 객체 생성 연산
new Person("이몽룡", 20)        // Person 클래스의 객체 생성 연산
```

객체 생성 연산은 다음의 3가지 작업을 수행한다.

① 필드 기억장소 할당과 초기화
- 내부적으로 객체의 필드값 저장하기 위한 기억장소 할당
- 필드 타입에 따라 디폴트 값으로 자동 초기화

② 객체 생성자 수행

87) 객체 생성에 대한 훌륭한 참고 자료인 Java 자체에서 제공하는 영문 안내서 https://docs.oracle.com/javase/tutorial/java/javaOO/usingobject.html을 참고하라.

- 객체 생성 연산자 new와 함께 호출된 객체 생성자 수행

③ 생성 연산의 결과 값으로 객체 참조값(object reference)[88] 주어짐

- 객체 참조값은 생성된 객체 참조할 수 있는 수단으로 사용
- 대개 객체 참조변수에 저장

객체 생성 연산 《 new Person("홍길동") 》이 수행될 때 Person 클래스의 객체 생성 과정은 [표 6-7]과 같다.

객체 생성 과정	세부 내용
new Person("홍길동")	• 객체 생성 연산은 반드시 객체 생성자도 함께 호출되어야 함 • 클래스마다 최소한 하나 이상의 객체 생성자 작성해야 함[89]
① 필드 기억장소 할당과 초기화	• Person 클래스 객체의 필드 name, age, currentLocation를 위한 기억장소가 자바 가상기계[90]의 힙 영역(heap area)에 할당 • 각 필드값이 디폴트 값으로 초기화
② 호출된 객체 생성자 수행	• 기억장소 할당된 후 호출된 객체 생성자 Person("홍길동") 수행 • 객체 생성자에서 주어진 "홍길동" 값을 필드 name에 저장
③ 객체 생성 연산의 결과 값으로 객체 참조값이 주어짐	• 객체 생성 연산 완료되면 생성된 객체 참조할 수 있는 객체 참조값이 연산의 결과 값으로 주어짐 • 객체 참조값을 객체 참조변수에 저장하여 생성된 객체 참조 가능

[표 6-7] 객체 생성 과정

❑ 객체 생성 시 필드의 자동적 초기화

객체 생성 시 힙 영역에 객체의 필드 저장을 위한 기억장소가 할당될 때 디폴트 값으로 자동적 필드 초기화가 이루어지며, 필드 타입에 따라 초기화되는 디폴트 값은 [표 6-8]과 같다.

필드의 타입		디폴트 값
기본 타입	boolean	false
	byte	0
	char	'\u0000'
	short	0

88) 객체 참조값은 생성된 객체를 참조하기 위해 객체 생성 시 주어지는 값이며, 이 값을 저장하는 변수를 객체 참조변수라 한다.

89) 객체 생성자를 작성하지 않으면 매개변수가 없는 디폴트 객체 생성자가 자동적으로 작성되므로 실제로 클래스마다 최소 하나의 객체 생성자는 작성된다.

90) 자바 가상기계(Java Virtual Machine)는 Java 프로그램이 컴파일된 바이트 코드를 실행하고, 실행에 필요한 메모리를 관리하는 Java 실행 시스템이다.

	int long float double	0 0L 0.0F 0.0
참조 타입	클래스 타입	null
	배열 타입	null

[표 6-8] 필드 타입에 따른 자동 초기화되는 디폴트 값

❑ 예: Person 클래스의 객체 생성

다음은 new 연산자와 Person 클래스의 객체 생성자를 이용하여 Person 클래스의 객체를 생성하는 코드를 보여준다.

```
new Person("홍길동");          // 이름이 홍길동인 Person 객체 생성하여 객체 참조값 구함

new Person("이몽룡", 20);      // 이름이 이몽룡, 나이가 20인 Person 객체 생성하여 객체
                               //      참조값 구함
```

프로그램 설명

- 《 new Person("홍길동") 》은 Person 객체 생성하여 필드의 기억장소 할당과 초기화 후 호출된 객체 생성자 Person("홍길동") 수행
  - 필드 기억장소 할당과 초기화에서 생성된 객체의 필드 name은 null, 필드 age는 0, 필드 currentLocation은 null로 초기화되어 생성된 객체의 모습은 다음과 같음

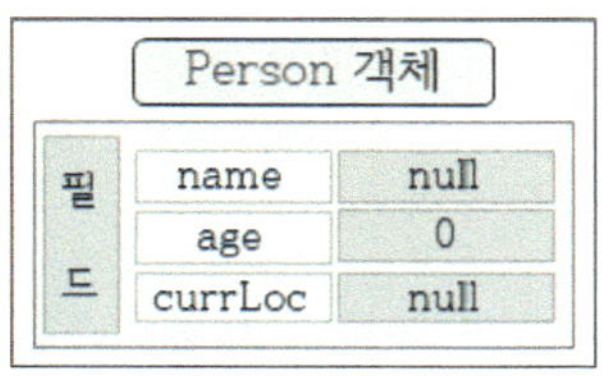

  - 객체 생성자 Person("홍길동") 수행되면 필드 name 값에 홍길동 저장되며, 생성된 객체의 모습은 다음과 같음

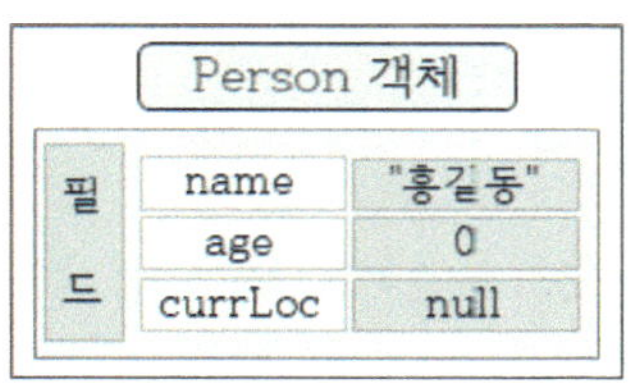

  - 생성된 객체의 객체 참조값이 new 연산 결과로 주어짐

- 《 new Person("이몽룡", 20); 》은 Person 객체 생성하여 필드 기억장소 할당과 초기화 후 호출된 객체 생성자 Person("이몽룡", 20) 수행

- 필드 기억장소 할당과 초기화에서 생성된 객체의 필드 name은 null, 필드 age는 0, 필드 currentLocation은 null로 초기화
- 객체 생성자 Person("이몽룡", 20) 수행되면 필드 name 값에 이몽룡, age에 20이 저장
- 생성된 객체의 객체 참조값이 new 연산 결과로 주어짐

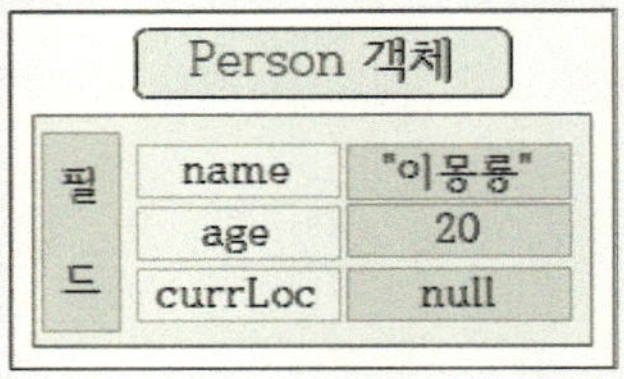

그런데, 이들 Person 클래스의 객체를 생성한 후 구해진 객체 참조값을 저장하지 않았기 때문에 이들 생성된 객체들을 프로그램에서 참조할 수 없다. 생성된 객체를 차후에 참조하기 위해 객체 참조값을 어디엔가 저장해야 한다.

Java에서 클래스는 타입 역할도 하게 되며[91], 클래스가 타입으로 사용되는 것은 객체 참조를 위한 매우 중요한 수단임을 꼭 기억해야 한다.

❑ 생성된 객체의 참조

객체를 생성하는 연산인 new 연산이 수행되면 내부적으로 객체가 생성된 후 연산의 결과 값으로 객체 참조값이 주어진다고 하였다. 생성된 객체의 필드를 접근하거나 메소드를 호출 등 객체를 참조하기 위해 new 연산의 결과 값인 객체 참조값을 저장해야 한다.[92]

Java의 모든 값은 타입을 갖게 되어 있으며, 객체 참조값도 값 중의 하나이므로 타입을 가져야 한다. Java에서 객체 참조값은 클래스 타입의 값으로 결정하였고, 그로 인해 클래스가 타입 역할을 하게 된다. 또한, 객체 참조값을 저장하는 변수인 객체 참조변수도 변수의 한 종류로 제공되며, 객체 참조변수의 타입은 당연히 객체 참조값의 타입인 클래스 타입이 된다.

[표 6-9]는 객체 참조변수를 선언하고 변수에 값을 저장하는 양식이다.

---

91) 클래스가 타입 역할을 하는 것을 클래스 타입이라 하며, 객체 참조변수의 타입은 클래스 타입이다.

92) 생성된 객체를 참조하려면 객체 참조값을 저장하는 방법과 생성된 객체 자체에서 바로 필드를 접근하거나 메소드를 호출하는 방법이 있다. 객체 참조값을 저장하는 방법으로 객체 참조변수에 저장, 배열 원소에 저장, 메소드의 실매개변수로 사용 등이 있다.

변수 종류	변수의 타입	저장값	변수 선언 및 값 저장 양식	예
객체 참조 변수	클래스 타입	객체 참조값	클래스이름 객체참조변수; 객체참조변수 = new 클래스이름(); 객체참조변수 = 객체참조변수;	Person p1, p2; p1 = new Person("홍길동"); p2 = p1;
문자열 변수	String	문자열 참조값	String 문자열변수; 문자열변수 = 문자열상수;	String name; name = "홍길동";
배열 변수	배열 타입	배열 객체 참조값	클래스이름[] 배열변수; 배열변수 = new 클래스이름[원소개수]; 배열변수[인덱스] = new 클래스이름();	Person[] ps; ps = new Person[100]; ps[0] = new Person("홍길동");

[표 6-9] 객체 참조변수 선언과 값 저장 양식

❑ 예: Person 클래스의 생성된 객체 참조

다음은 Person 클래스의 객체를 생성하고 생성된 객체의 객체 참조값을 객체 참조변수 p1과 p2에 저장하여 객체를 참조하게 하는 코드를 보여준다.

```
Person p1;                              // Person 객체 참조하는 객체 참조변수 p1 선언
p1 = new Person("홍길동");               // Person 객체 생성하여 p1이 그 객체 참조

Person p2 = new Person("이몽룡", 20);    // Person 객체 생성하여 참조변수 p2가 참조
```

프로그램 설명

- 《 Person p1; 》은 객체 참조변수 p1 선언
  - p1은 타입이 Person인 변수로, Person 클래스의 객체 참조값 저장
  - p1은 Person 클래스의 객체 참조하는 변수
- 《 new Person("홍길동") 》은 Person 객체 생성하고 객체 생성자 호출
  - 객체 생성자 수행되어 name 필드에 홍길동 저장
  - 생성된 객체의 객체 참조값이 new 연산 결과로 주어짐
- 《 p1 = new Person("홍길동"); 》은 생성된 객체의 객체 참조값을 p1에 저장
  - 그 결과, p1은 이름이 홍길동인 객체 참조

- 《 Person p2 = new Person("이몽룡", 20); 》은 Person 객체 생성하고 호출된 객체 생성자 수행한 후 객체 참조값을 p2에 저장
  - 객체 생성자 수행되어 name 필드에 이몽룡, age 필드에 20 저장
  - 생성된 객체의 객체 참조값을 p2에 저장하여 p2는 이몽룡 객체 참조

■ Person 클래스 객체들이 객체 참조변수 p1과 p2 통해 참조되는 모습은 다음과 같음

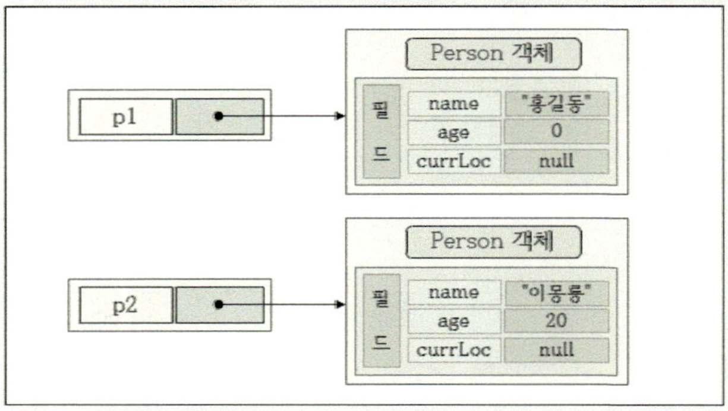

❑ 객체의 필드와 메소드 접근

객체를 생성하여 객체 참조변수에 객체 참조값을 저장하면 그 변수를 통해 객체의 필드나 메소드를 접근할 수 있다. 한편 생성한 객체를 객체 참조변수에 저장하지 않고서 직접 필드나 메소드를 접근할 수도 있다.

[표 6-10]은 객체의 필드와 메소드를 접근하는 양식을 보여준다.

멤버 접근	접근 양식	예
필드 접근	객체참조변수.필드명 new 클래스이름().필드명	Person p1= new Person("홍길동"); String name = p1.name; new Person("이몽룡", 20).age;
메소드 접근	객체참조변수.메소드이름() new 클래스이름().메소드이름()	Person p1= new Person("홍길동"); p1.setAge(18); new Person("이몽룡", 20).goTo("서울");

[표 6-10] 객체의 필드와 메소드 접근 양식

❑ 예: Person 클래스의 객체 필드 및 메소드 접근

다음은 Person 클래스의 객체를 생성하여 생성된 객체를 p1과 p2에 저장하고 p1과 p2를 통해 객체를 참조하는 코드를 보여준다.

```
Person p1;                      // Person 객체 참조하는 객체 참조변수 p1 선언
p1 = new
Person("홍길동");               // Person 객체 생성하고 그 객체를 p1이 참조하게 함
p1.age = 18;                    // p1이 참조하는 객체의 age 필드 접근

Person p2 = new Person("이몽룡", 20);    // Person 객체 생성하여 객체 참조변수 p2가
p2.goTo("서울");                          // 참조하고 p2 객체의 메소드 호출

int age = new Person("이몽룡", 20).age;  // 이몽룡 객체 생성하여 age 직접 접근
```

new Person("이몽룡", 20).goTo("서울");　　// 이몽룡 객체 생성하여 goTo() 직접 접근

프로그램 설명

- 《 Person p1; p1 = new Person("홍길동"); 》은 Person 타입의 객체 참조변수 p1에 생성된 객체의 객체 참조값 저장
  - p1은 홍길동 객체 참조
- 《 p1.age = 18; 》은 p1이 참조하는 객체 접근하여 age 필드에 18 저장
- 《 Person p2 = new Person("이몽룡", 20); 》은 생성된 Person 객체의 객체 참조값을 Person 타입의 객체 참조변수 p2에 저장
  - p2는 이몽룡 객체 참조
- 《 p2.goTo("서울"); 》은 p2가 참조하는 객체의 goTo() 메소드 호출하여 수행
  - p2 객체의 currentLocation 필드값을 서울로 변경
- Person 클래스 객체들이 객체 참조변수 p1과 p2 통해 접근된 모습은 다음과 같음

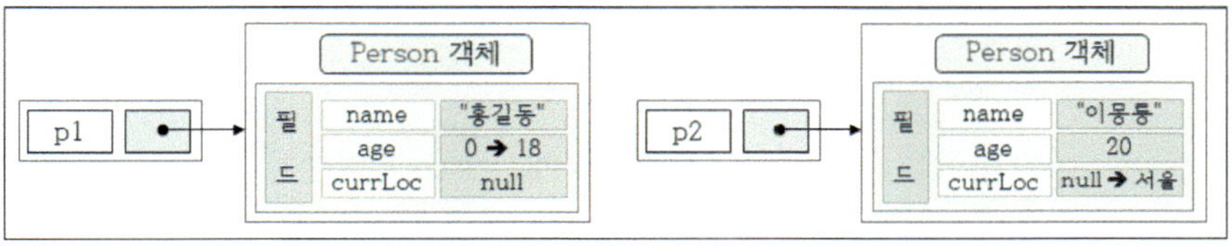

- 객체 생성하여 직접 필드와 메소드 접근 가능
  - 《 int age = new Person("이몽룡", 20).age; 》는 객체 생성하여 age 필드 접근
  - 《 new Person("이몽룡", 20).goTo("서울"); 》는 객체 생성하여 goTo() 호출

6.3 다양한 유형의 클래스 작성

지금까지 필드와 메소드를 갖는 객체가 클래스를 통해 정의되고 객체 생성자를 통해 객체가 생성되면 객체의 필드와 메소드를 접근할 수 있음을 알아보았다.

이 절에서 동일한 상황을 나타내는 여러 클래스를 작성하며 클래스 작성 원리와 작성기법을 학습한다. 또한, 단순한 클래스부터 점차 고도화된 클래스를 작성하며 객체 생성과 초기화, 객체 생성자, this, 메소드 등에 대해 명확히 이해하도록 한다. 작성할 유형의 클래스들은 다음과 같다.

- 클래스 유형 1: 필드만 갖는 클래스
- 클래스 유형 2: 필드값 저장 메소드 갖는 클래스
- 클래스 유형 3: 객체 생성자 갖는 클래스
- 클래스 유형 4: 객체의 행동 구현한 메소드 갖는 클래스

6.3.1 클래스 유형 1: 필드만 갖는 클래스

클래스 중에서 가장 간단한 유형의 클래스가 객체의 필드만 선언하는 클래스로, 이 경우 객체 생성자와 메소드를 갖지 않는다. 필드만 갖는 클래스의 특징은 다음과 같다.

- 필드는 기본 타입, 클래스 타입, 배열 타입 등 모든 타입의 변수로 선언될 수 있음
- 객체 생성자 작성하지 않으므로 매개변수 없는 디폴트 객체 생성자가 자동적으로 선언되며, 《 new 클래스이름() 》으로만 객체 생성할 수 있음
- 객체 생성 후 필드에 값 저장하거나 필드값 구하기 위해 《 객체참조변수.필드명 》의 형식으로 직접 필드 접근해야 함

❑ 예: 필드만 갖는 Person 클래스와 Book 클래스

예제 6-3-1은 "23세의 김철수가 교보문고에 가서 출판사가 민음사이고 가격이 1만 원인 허균의 홍길동전을 구매했다."라는 상황을 나타내는 Java 프로그램을 필드만 갖는 클래스로 작성한 것이다.

예제 6-3-1 필드만 갖는 Person, Book 클래스의 선언 및 객체 생성

```
package ex6_3_1_class_with_only_fields;
/*
 * o 클래스 작성 유형 1: 객체 생성자와 메소드 없이 필드로만 구성되는 클래스
 *     - 객체 생성자 작성하지 않은 클래스는 항상 《 new 클래스이름() 》으로 객체 생성
 *     - 객체 생성 후 모든 필드를 《 객체참조변수.필드명 》의 형식으로 직접 접근
 */
class Person {
    String   name;              // 이름 저장할 필드
    int      age;               // 나이 저장할 필드
    String   currentLocation;   // 현위치 저장할 필드
    Book     bookBuying;        // 구매한 책 저장하는 필드: Book 객체 참조하는 필드
}

class Book {
    String   title;             // 제목 저장할 필드
    String   author;            // 저자 저장할 필드
    String   publisher;         // 출판사명 저장할 필드
    int      price;             // 가격 저장할 필드
}

class Ex6_3_1_PersonMgmt {
```

```
    public static void main(String[] args) {
        // Person 객체 생성하여 p가 참조하고 필드값 직접 저장
        Person p = new Person();
        p.name = "김철수";        p.age = 23;        p.currentLocation = "교보문고";

        // Book 객체 생성하여 b가 참조하고 필드값 직접 저장
        Book b = new Book();
        b.title = "홍길동전";       b.author = "허균";
        b.publisher = "민음사";     b.price = 10000;

        p.bookBuying = b;    // 홍길동전 책 객체를 p의 bookBuying 필드에 저장

        System.out.println(" * Person 객체 - 이름: " + p.name + ", 나이: " + p.age
                + ", 현위치: " + p.currentLocation + ", 구매한 책: " + p.bookBuying.title);

        System.out.println(" * Book 객체 - 제목: " + b.title + ", 저자: " + b.author
                                  + ", 출판사: " + b.publisher + ", 가격: " + b.price);
    }
}
```

실행결과

```
* Person 객체 - 이름: 김철수, 나이: 23, 현위치: 교보문고, 구매한 책: 홍길동전
* Book 객체 - 제목: 홍길동전, 저자: 허균, 출판사: 민음사, 가격: 10000
```

프로그램 설명

- 이 프로그램은 Person 클래스와 Book 클래스 선언하고 main() 메소드에서 각 클래스의 객체 생성하고 필드에 값 저장
- 《 Person p = new Person(); 》은 Person 객체 생성하고 이를 객체 참조변수 p가 참조하게 함
  - 필드 기억장소 할당되고 디폴트 값(String 필드와 클래스 타입 필드는 null, 숫자 필드는 0)으로 초기화된 객체가 내부적으로 생성
  - 객체 참조변수 p는 그 객체의 객체 참조값을 저장하여 생성된 객체 참조
- 《 p.name = "김철수"; p.age = 23; p.currentLocation = "교보문고"; 》 수행되면 p가 참조하는 객체의 필드값이 주어진 값으로 저장
  - Person 객체와 변수 p는 다음과 같음

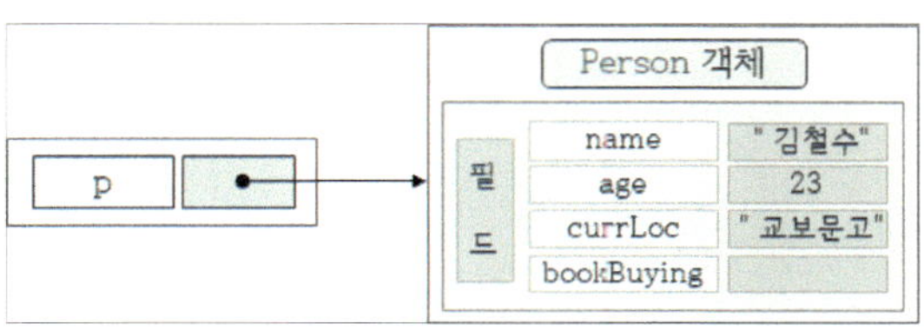

- Book 객체 생성 및 필드값 저장 후 변수 b는 홍길동전 Book 객체 참조
  - Book 객체와 변수 b는 다음과 같음

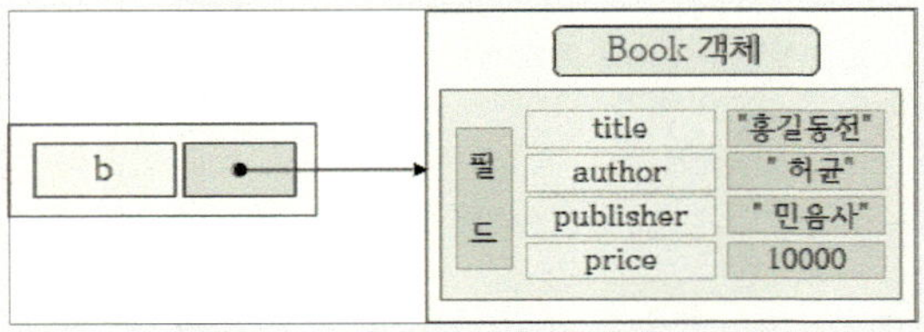

- 《 p.bookBuying = b; 》 수행되면 p 객체의 bookBuying 필드에 변수 b의 값인 홍길동전 Book 객체의 참조값 저장
  - Person 객체와 변수 p는 다음과 같음

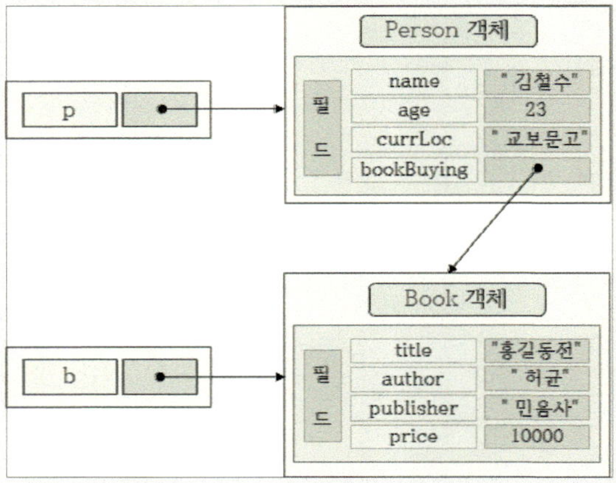

❑ 필드만 갖는 클래스의 문제점

필드만 갖는 클래스를 작성하기 위해 클래스의 객체가 가져야할 필드가 무엇이며, 그 필드에 어떠한 타입의 값을 저장할 것인가를 결정하면 된다.

필드만 갖는 클래스는 초기 학습단계에서 연습용으로만 작성되고, 실제적인 Java 프로그래밍에서 작성되지 않는다. 그 이유는 다음의 단점이 있기 때문이다.

- 객체의 필드에 값 저장하거나 필드값 구하기 위해 필드 단위로 작업이 이루어져야 하며, 여러 필드를 한꺼번에 접근할 수 없음
- 객체의 행동을 필드값 저장으로만 표시할 수 있으므로 객체의 행동을 직접 나타내지 못함.
- 복잡한 처리가 요구되는 행동을 나타내기 어려움

이러한 단점을 극복하기 위해 더 효율적인 방안이 필드값 저장 메소드를 갖는 클래스이다.

6.3.2 클래스 유형 2: 필드값 저장 메소드 갖는 클래스

객체를 생성한 후 객체가 정상적으로 활동하기 위해 필드에 값을 저장해야 한다. 객체의 필드에 값을 편리하고 기능적으로 저장하는 방안이 필요하며, 이를 위한 초보적인 방안[93]이 필드값 저장 메소드를 작성하는 것이다.

❑ 필드값 저장 메소드의 종류와 특징

필드값 저장 메소드는 매개변수로 주어진 값을 객체의 필드값으로 저장하는 단순한 메소드이다. 그렇지만 이 메소드는 아주 유용한 메소드이며, 다음에 설명될 객체 생성자와 밀접한 연관성을 가진다.[94]

필드값 저장 메소드는 크게 필드 초기화 메소드와 setter 메소드로 나누어지며, 이들의 기능, 명명, 특징 등은 다음과 같다.

- 필드 초기화 메소드
  - 객체 생성 직후 매개변수로 주어지는 값을 필드값으로 저장하는 메소드
  - initialize 또는 initializePerson 등의 초기화를 나타내는 메소드 이름 사용
  - 한 클래스에서 여러 필드 초기화 메소드 작성 가능

- setter 메소드
  - 매개변수로 주어지는 하나의 값을 필드값으로 저장하는 메소드
  - setName, setAge 등과 같이 《 set+필드명 》의 메소드 이름 사용
  - 한편, setter 메소드의 반대로 필드값 반환하는 getter 메소드도 있음
  - 모든 필드에 대해 setter 메소드 작성[95]할 수도 있으며, 특정 필드에 대해서만 setter 메소드 작성할 수도 있음

필드값 저장 메소드의 장점은 다음과 같다.

① 기능은 아주 단순하지만 여러 필드를 한꺼번에 초기값으로 저장할 수 있으므로 편리
② 필드값 저장을 보다 기능적으로 수행하여 코드가 간결해지며, 기능적으로 구성

---

93) 초보적인 방안이라고 하는 것은 필드값 저장 메소드보다 더 효율적인 방안이 있기 때문이며, 그 방안이 객체 생성자를 이용하는 방안이다.
94) 필드값 저장 메소드 중 필드 초기화 메소드도 Java에서 거의 사용되지 않는다. 그러나 객체 생성자를 더 쉽게 이해하기 위해 설명한다.
95) Eclipse에 필드에 대해 setter 메소드를 자동적으로 작성하는 기능이 있다. (클래스 클릭 ⇒ 마우스 오른쪽 버튼 클릭 ⇒ source ⇒ generate getters and setters)

❑ 예: 필드값 저장 메소드 갖는 Person 클래스와 Book 클래스

예제 6-3-2는 예제 6-3-1의 프로그램에 필드 초기화 및 setter 메소드를 추가로 작성하고 이를 활용한 프로그램이다.

예제 6-3-2 필드값 저장 메소드 갖는 클래스

```
package ex6_3_2_class_with_method_storing_field;

/*
 * o 클래스 작성 유형 2: 필드값 저장 메소드를 갖는 클래스
 *   - 필드값 저장 메소드는 필드 초기화 메소드와 setter 메소드가 있음
 *   - 객체 생성 후 필드값 저장 메소드를 이용하여 편리하게 필드에 값 저장
 */
class Person {
  String  name;                    // 이름 저장할 필드
  int     age;                     // 나이 저장할 필드
  String  currentLocation;         // 현위치 저장할 필드
  Book    bookBuying;              // 구매한 책 저장할 필드: Book 객체 참조

  // 이름, 나이, 장소가 매개변수로 주어지면 이를
  //     필드 name, age, currentLocation에 저장하는 필드 초기화 메소드
  void initializePerson(String name, int age, String location) {
     this.name = name;             // 매개변수 name을 this 객체의 name 필드에 저장
     this.age = age;               // 매개변수 age를 this 객체의 age 필드에 저장
     this.currentLocation = location; // location을 currentLocation 필드에 저장
  }

  // Book 클래스 객체가 매개변수로 주어지면 이를
  //     bookBuying 필드에 저장하는 필드값 저장 메소드로, setter 메소드임
  void setBookBuying(Book book) {
      this.bookBuying = book;      // book 객체를 this 객체의 bookBuying 필드에 저장
  }
}

class Book {
  String  title;                   // 제목 저장할 필드
  String  author;                  // 저자 저장할 필드
  String  publisher;               // 출판사명 저장할 필드
  int     price;                   // 가격 저장할 필드

  // 제목, 저자, 출판사명, 가격이 매개변수로 주어지면 이를 필드 title, author
  //     publisher, price에 저장하는 필드값 저장 메소드
  void initializeBook(String title, String author, String publisher, int price) {
      this.title = title;          // 매개변수 title을 title 필드에 저장
      this.author = author;        // 매개변수 author를 author 필드에 저장
```

```
        this.publisher = publisher;        // 매개변수 publisher를 publisher 필드에 저장
        this.price = price;                // 매개변수 price를 price 필드에 저장
    }
}

class Ex6_3_2_PersonMgmt {
    public static void main(String[] args) {
        // Person 객체 생성하여 p가 참조하고 필드값 초기화 메소드로 필드값 저장
        Person p = new Person();
        p.initializePerson("김철수", 23, "교보문고");

        // Book 객체 생성하여 b가 참조하고 필드값 초기화 메소드로 필드값 저장
        Book b = new Book();
        b.initializeBook("홍길동전", "허균", "민음사", 10000);

        // setBookBuying() 메소드로 홍길동전 Book 객체를 p의 bookBuying 필드에 저장
        p.setBookBuying(b);

        System.out.println("  * Person 객체 - 이름: " + p.name + ", 나이: " + p.age
                + ", 현위치: " + p.currentLocation + ", 구매한 책: " + p.bookBuying.title);
        System.out.println("  * Book 객체 - 제목: " + b.title + ", 저자: " + b.author
                                + ", 출판사: " + b.publisher + ", 가격: " + b.price);
    }
}
```

실행결과	* Person 객체 - 이름: 김철수, 나이: 23, 현위치: 교보문고, 구매한 책: 홍길동전 * Book 객체 - 제목: 홍길동전, 저자: 허균, 출판사: 민음사, 가격: 10000

프로그램 설명

- 이 프로그램은 Person 클래스와 Book 클래스 선언하고 main() 메소드에서 각 클래스 객체 생성하고 필드값 저장 메소드 이용하여 필드값 저장
- 《 Person p = new Person(); 》 수행되면 Person 객체 생성하고 이를 객체 참조변수 p가 참조
- 《 p.initializePerson("김철수", 23, "교보문고"); 》에서 필드 초기화 메소드 수행
  - "김철수", 23, "교보문고 등의 실매개변수가 형식매개변수로 전달
  - 이때, 변수 p도 이 메소드의 this 변수로 값 전달되어 this는 p가 참조하는 김철수 객체 참조
  - initializePerson() 메소드 수행되면 이들 매개변수의 값이 해당되는 this 객체의 필드값으로 저장
  - Person 객체와 변수 this, p는 다음과 같음

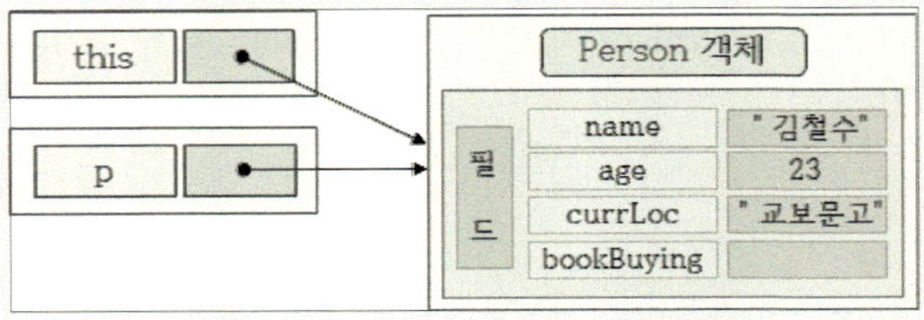

- 《 Book b = new Book(); b.initializeBook("홍길동전", "허균", "민음사", 10000); 》에서 Book 객체 생성 및 필드 초기화 메소드 수행
  - Book 객체와 변수 b는 다음과 같음

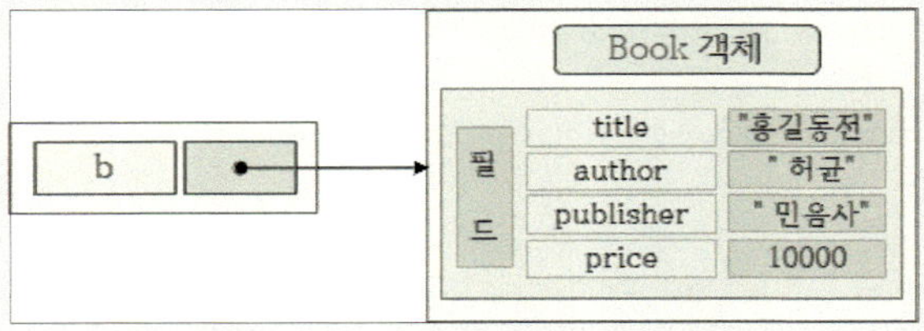

- 《 p.setBookBuying(b); 》 수행되면 setter 메소드 setBookBuying() 호출
  - p는 this로, b는 book으로 전달되어 setBookBuying() 수행
  - this가 참조하는 객체의 bookBuying 필드에 변수 b의 값인 홍길동전 Book 객체의 참조값 저장

여기에서 필드 초기화 메소드인 initializePerson(), initializeBook() 메소드와 setter 메소드인 setBookBuying() 메소드 작성되었는데, 프로그램이 훨씬 간결하며, 기능적으로 잘 작성되었음을 알 수 있다.

❑ 필요한 필드 초기화 메소드의 결정

필드 초기화 메소드는 객체를 생성한 후 바로 필드값을 저장하기 위해 작성되는 메소드이다. 그런데, 필드 중 어느 필드를 초기화시키는 메소드를 작성할 것인지 결정하는 것은 초보자들에게 쉽지 않다.

예제 6-3-2에서 Person 클래스의 필드 초기화 메소드로 이름, 나이, 현위치를 초기화시키는 메소드가 작성되었는데, 그뿐 아니라 이름만 초기화시킬 수 있고, 이름과 나이를 초기화시킬 수 있다.

한편, 구매한 책을 저장하는 bookBuying 필드는 필드 초기화 메소드에서 초기화되지 않는다. 그 이유는 구매한 책은 생성된 후에 bookBuying 필드에 저장될 수 있기 때문이다. 이러한 경우 필드값을 저장하는 setter 메소드를 작성하면 된다.

다음은 Person 클래스에서 작성 가능한 필드 초기화 메소드[96]이다.

```
initializePerson(String name)
initializePerson(int age)
initializePerson(String currentLocation)
initializePerson(String name, int age)
initializePerson(String name, String currentLocation)
initializePerson(int age, String currentLocation)
initializePerson(String name, int age, String currentLocation)
```

가능한 필드 초기화 메소드들은 메소드 이름이 모두 initializePerson이다. Java에서 한 클래스에 동일한 이름의 여러 메소드를 선언할 수 있으며, 이를 메소드 오버로딩(method overloading)이라 한다. 오버로딩 메소드들은 반드시 매개변수 타입 또는 매개변수 개수가 달라야 한다.

가능한 모든 필드 초기화 메소드를 작성하는 것은 불필요하다. 필드의 의미와 중요성, 필드값들이 주어지는 양상 등을 고려하면 이들 중 밑줄 친 메소드가 유용할 가능성이 크다. 객체 필드 중에서 초기화 메소드에 포함할 필드들을 선택하여 초기화 메소드를 결정하는 능력도 중요하므로, 연습을 통해 배양해야 한다.

❑ 필요한 setter 메소드의 결정

setter 메소드는 특정 필드에 값을 저장하는 메소드로, 필드의 개수가 n개이면 n개 setter 메소드를 작성할 수 있다. 대부분 필요한 필드에 대해서만 setter 메소드를 작성한다. Person 클래스의 경우 이름은 필드 초기화 메소드로 저장하는 것이 바람직하므로, 나이, 현위치, 구매한 책 등을 저장하는 setter 메소드를 만드는 것이 좋다는 것이 필자의 생각이다.

작성할 setter 메소드는 클래스 작성자인 Java 프로그래머가 결정할 사항이다. setter 메소드를 결정하는 능력도 연습을 통해 배양해야 한다.

❑ this 변수

모든 Java 프로그램에서 메소드를 선언할 때와 호출할 때를 자세히 비교해 보면 차이점이 있음을 발견할 수 있다. [표 6-11]은 예제 6-3-2에서 메소드 선언과 호출의 차이점을 보여준다.

---

96) 객체의 필드가 n개일 때 작성 가능한 필드 초기화 메소드의 개수는 2^n-1 개이다

메소드 선언	void initializePerson(String name, int age, String location) { ... }
메소드 호출	p.initializePerson("김철수", 23, "교보문고");
메소드 선언	void setBookBuying(Book book) { ... }
메소드 호출	p.setBookBuying(b);
메소드 선언	void initializeBook(String title, String author, String publisher, int price) { ... }
메소드 호출	b.initializeBook("홍길동전", "허균", "민음사", 10000);

[표 6-11] 메소드 선언과 호출의 차이

그 차이점은 메소드 호출에는 메소드 이름 앞에 p. 또는 b.이 붙어 있는데, 메소드 선언에는 이에 대응되는 것이 없다. 메소드 호출의 실매개변수와 메소드 선언의 형식매개변수가 서로 일대일로 대응되지만, 호출에서 p와 b는 선언에서 대응되는 것이 없다.

이 차이점은 필드와 메소드에 대해 처음으로 학습할 때 학습자들을 혼란스럽게 하며 어렵게 하는 요인이며, 이 차이점이 왜 발생하는가 이해하는 것은 매우 중요하다.

결론적으로 말하자면, Java의 메소드에는 선언되지 않지만, 내부적으로 선언되고 값을 갖게 되는 this라는 변수가 있으며, 메소드를 호출하는 객체가 this 변수에 전달된다.

❑ 수신자 객체의 this로 전달

Java에서 메소드를 호출할 때 주어지는 객체를 수신자 객체라 하며, 수신자 객체는 호출된 메소드를 수행한다. [표 6-12]는 예제 6-3-2에서 호출된 메소드의 수신자 객체를 보여준다.

메소드 호출	수신자 객체	수신자 객체의 클래스
p.initialize Person("김철수", 23, "교보문고");	p	Person
p.setBookBuying(b);	p	Person
b.initializeBook("홍길동전", "허균", "민음사", 10000);	b	Book

[표 6-12] 메소드 호출의 수신자 객체

[그림 6-1]은 메소드 호출 시 수신자 객체와 실매개변수가 호출된 메소드로 전달되는 것을 보여준다.

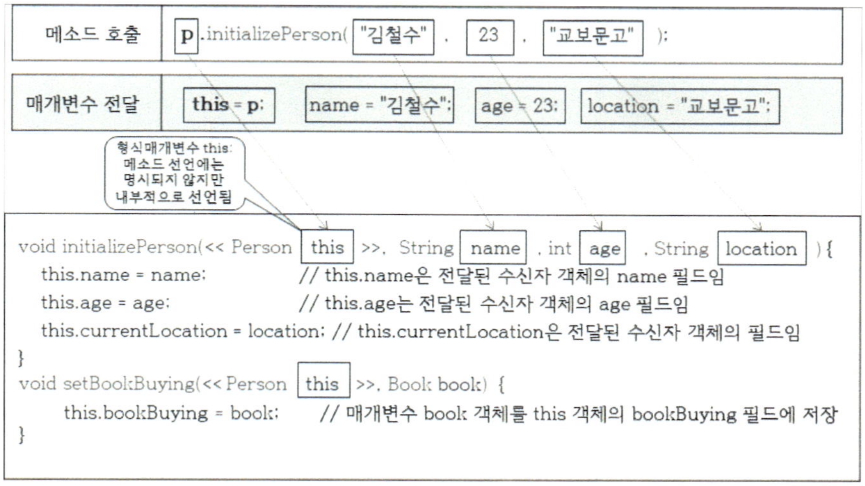

[그림 6-1] 메소드 호출의 수신자 객체와 매개변수의 전달

예제에서 name, age, currentLocation 등의 형식매개변수는 선언되어 있고 실매개변수가 전달되지만, this는 형식매개변수로 선언되지 않았다. 그런데, 그림에서 this가 가상적으로 선언되는 것을 나타내기 위해 형식매개변수 선언 위치에 《 Person this 》를 인위적으로 표시하였다.

그리고, JDK 1.8부터 수신자 객체를 형식매개변수에 선언하는 것이 가능해졌으며, 이 형식매개변수를 명시적 수신자 매개변수(explicit receiver parameter)라 한다. 그러므로 Person과 Book 클래스의 필드값 저장 메소드를 다음과 같이 선언해도 된다.

```
void initializePerson(Person this, String name, int age, String location) { ... }
void setBookBuying(Person this, Book book) { ... }
void initializeBook(Book this, String title, String author, String publisher, int price) { ... }
```

메소드가 호출되면 실매개변수가 형식매개변수로 전달되어 저장된 후 메소드가 수행되는데, 이때 수신자 객체도 형식매개변수 this로 전달되어 저장됨을 꼭 기억해야 한다. 2장에서 키워드를 소개할 때 객체 참조용 키워드로 소개된 키워드가 바로 this이다.

❑ this 변수의 특징

Java에서 this는 중요한 의미를 가지며 핵심적 역할을 담당하는 키워드인데, 키워드보다 객체 참조변수로 이해하는 것이 더 올바르다. 엄밀히 말한다면 this는 다음의 특징을 갖는 변수이다.

- this는 객체 참조변수: this 변수에 수신자 객체 참조하는 객체 참조값 저장
  - this는 객체 참조변수이며, this 변수의 타입은 메소드 선언된 클래스
- this는 형식매개변수: 메소드 호출한 수신자 객체가 this로 전달되어 this에 저장되므로 this는 형식매개변수
- this는 선언되지 않고 사용 가능한 변수: this는 메소드에서 선언되지 않지만, 메소드에서 사용될 수 있는 특별한 변수
- this는 형식매개변수로 선언할 수 있음: 형식매개변수의 첫 번째 위치에 this 선언 가능

❑ this를 통한 필드와 메소드의 접근

메소드가 호출되면 수신자 객체가 전달되어 this에 저장되므로 this는 객체를 참조하며 필드를 접근하고 메소드를 호출할 수 있다.

예제 6-3-2의 Person 클래스의 메소드에서 다음과 같이 this 변수를 이용하여 필드를 접근한다.

```
void initializePerson(String name, int age, String location) {
      this.name = name;                    // this.name은 전달된 수신자 객체의 name 필드
      this.age = age;                      // this.age는 전달된 수신자 객체의 age 필드
      this.currentLocation = location;     // this.currentLocation은 전달된 수신자 객체의
                                           //    currentLocation 필드
}

void setBookBuying(Book book) {
      this.bookBuying = book;              // this.bookBuying은 전달된 수신자 객체의
                                           //    bookBuying 필드
}
```

이들 메소드 내부에서 this가 객체 참조변수로 사용되며, this의 각 필드에 값을 저장한다.

this를 통해 필드만 접근되는 것이 아니라 this가 수신자 객체가 되어 메소드를 호출할 수도 있다. this가 호출하는 메소드의 예는 나중에 보여줄 것이다.

❑ this의 생략

Java 클래스 내의 메소드에서 필드나 메소드를 나타낼 때 this.을 명시하는 것이 원칙이다. 그런데 메소드 매개변수명이나 지역변수명이 필드명과 다를 경우 this.을 생략해도 된다. 메소드 매개변수명과 필드명이 같으면 필드를 나타내기 위해 반드시 this.을 필드명 앞에 붙여야 한다. 그렇지 않으면 무조건 매개변수로 간주된다.

다음은 initializePerson() 메소드와 setBookBuying() 메소드에서 this.을 생략 가능한 경우 이를 생략하여 작성한 코드이다.

```
// 이름, 나이, 장소가 매개변수로 주어지면 이를
//    필드 name, age, currentLocation에 저장하는 필드값 저장 메소드
void initializePerson(String name, int age, String location) {
    this.name = name;           // 매개변수명과 필드명 같으므로 필드에서 this. 생략 불가
    this.age = age;             // 매개변수명과 필드명 같으므로 필드에서 this. 생략 불가
    currentLocation = location; // 매개변수명과 필드명이 다르므로 this. 생략 가능
}

// Book 클래스 객체가 매개변수로 주어지면 이를
//    bookBuying 필드에 저장하는 필드값 저장 메소드로, 이는 setter 메소드
void setBookBuying(Book book) {
    bookBuying = book;          // 매개변수명과 필드명 다르므로 필드에서 this. 생략 가능
}
```

메소드 내에서 필드나 메소드를 접근할 때 this.을 항상 명시하면 프로그램이 길어지고 장황해지므로 대부분의 Java 프로그래머는 this.을 최대한으로 생략한다. 그런데, this를 제대로 이해할 때까지 모든 필드와 메소드에 대해 this.을 명시하는 것을 필자는 권장한다.[97)]

6.3.3 클래스 유형 3: 객체 생성자 갖는 클래스

필드 초기화 메소드와 setter 메소드 등 필드값 저장 메소드를 작성하면 객체를 다루는 프로그램이 더 간결해지며, 더 기능적인 프로그램을 작성할 수 있게 됨을 살펴보았다.

그런데, Java 프로그램에서 필드 초기화 메소드는 거의 사용되지 않는다. 그 이유는 필드 초기화 메소드보다 훨씬 간편하며 유용한 객체 생성자가 제공되기 때문

97) 이 장의 예제 프로그램에서 가능한 this.을 생략하지 않고 명시한다.

이다. 그런데도 필드 초기화 메소드를 다소 장황하게 설명한 이유는 필드 초기화 메소드를 이해하면 객체 생성자의 이해가 아주 쉽기 때문이다.

❑ 객체 생성자의 특징

객체 생성자(object constructor)란 객체가 생성될 때 필드 초기화 작업을 수행하는 특별한 메소드[98]이다. 객체 생성자가 특별한 메소드인 이유는 다음과 같다.

- 객체 생성자는 메소드 이름이 클래스 이름과 같음
- 일반 메소드처럼 매개변수 가질 수 있으나 반환값 없음
  - 반환값 없음을 나타내는 void 명시하지 않음
- 객체 생성자는 new 연산에서만 호출될 수 있음
  - 일반 메소드는 필요할 때 호출될 수 있음
- 객체 생성자 내에서만 다른 객체 생성자 호출할 수 있으며, 객체 생성자에서 다른 객체 생성자 호출 시 다음의 제약 있음
  ① 객체 생성자 내에서 다른 객체 생성자 호출할 때 반드시 첫 문장에서 호출해야 함
  ② 다른 객체 생성자 호출할 때 객체 생성자 이름은 클래스 이름 아닌 this 또는 super이므로 this() 또는 super()로 호출
- 디폴트 객체 생성자의 자동 추가
  - 객체 생성자를 하나도 작성하지 않으면 Java 컴파일러는 매개변수 없는 디폴트 객체 생성자 추가
  - 그러므로 객체 생성자가 하나도 없는 클래스는 없음
- 《 super(); 》를 메소드 구현의 첫 문장으로 자동 추가
  - 객체 생성자 구현의 첫 문장이 객체 생성자 호출이 아닌 경우 Java 컴파일러는 《 super(); 》를 첫 문장으로 추가

다소 복잡하고 많은 제한점이 있는 객체 생성자를 명확히 이해하기는 쉽지 않다. 그런데, 객체 생성자의 핵심은 이미 살펴본 필드 초기화 메소드를 이용하여 필드값을 저장하는 것과 동일한 원리이므로 이를 이해하면 다른 것들은 별것이 아니다.

❑ 객체 생성과 객체 생성자

Person 클래스의 객체를 생성하는 명령을 영어와 Java로 표현하면 다음과 같다.

98) this가 선언되지 않고서 사용되는 특별한 형식매개변수이면서 객체 참조변수인데, 객체 생성자도 일반 메소드와 다른 특징을 갖는 특별한 메소드이다.

언어	객체 생성 표현	의미
영어	create an object of class Person	Person 클래스 객체를 생성하라
Java	new Person()	Person 클래스 객체를 생성하고 Person() 객체 생성자를 호출하라

여기에서 중요한 것은 객체를 생성하려면 생성된 객체가 포함될 클래스가 반드시 명시돼야 하며, 영어 표현보다 Java의 표현이 간결하다. 그런데, Java의 객체 생성은 《 new Person 》이 아니라 《 new Person() 》으로 표현되며, Person 다음에 ()가 첨부되어 있다. 《 new Person 》이 아니고 《 new Person() 》으로 표현되는 이유가 객체 생성자 때문이다.

괄호는 객체 생성자를 나타내기 위해 필요하다. Java에서 객체를 생성하면 객체만 생성되는 것이 아니라 객체 생성자라는 특별한 메소드가 항상 호출되어 수행되는데, 《 new Person() 》에서 Person()은 객체 생성 후 호출되는 객체 생성자를 나타낸다.

《 new Person() 》은 "클래스 Person의 객체를 생성하고 생성된 객체에 대해 객체 생성자 Person()을 호출하라"를 압축시켜 표현한 것이다. 실제 수행하는 내용을 반영하도록 이를 표현하면 다음과 같을 것이다.

```
(new Person).Person()99)        // Person 클래스 객체를 생성하고
                                //    Person()을 호출하라
```

이러한 Java의 압축된 표현은 간결하게 표현할 수 있는 반면에 초보자들에게 오해와 혼동을 일으킬 수 있다.

❑ 예제: 객체 생성자 갖는 Person 클래스와 Book 클래스

예제 6-3-3은 객체 생성자를 가지도록 예제 6-3-2 프로그램을 변경한 것이다.

예제 6-3-3 객체 생성자를 갖는 클래스의 선언 및 객체 생성

```
package ex6_3_3_class_with_constructor;

/*
 * o 클래스 작성 유형 3: 객체 생성자 갖는 클래스
 *    - 객체 생성자는 객체를 생성하면서 수행되는 특별한 메소드
```

99) 이 표현은 정상적 Java 표현이 아니며, 수행되는 내용을 가상적으로 표현한 것이다.

```
 *   - 객체 생성과 객체 필드값 저장이 한 문장으로 이루어지므로 프로그램이 간결해짐
 */

class Person {
    String    name;                   // 이름 저장할 필드
    int       age;                    // 나이 저장할 필드
    String    currentLocation;        // 현위치 저장할 필드
    Book      bookBuying;             // 구매한 책 저장하는 필드: Book 객체 참조

    // 이름, 나이, 장소가 매개변수로 주어지면 이를
    //     필드 name, age, currentLocation에 저장하는 객체 생성자
    Person(String name, int age, String location) {
        this.name = name;                  // 매개변수 name을 this 객체의 name 필드에 저장
        this.age = age;                    // 매개변수 age를 this 객체의 age 필드에 저장
        this.currentLocation = location; // location을 currentLocation 필드에 저장
    }

    // Book 클래스 객체가 매개변수로 주어지면 이를
    //     bookBuying 필드에 저장하는 필드값 저장 메소드로, setter 메소드
    void setBookBuying(Book book) {
        this.bookBuying = book;          // book 객체를 this 객체의 bookBuying 필드에 저장
    }
}

class Book {
    String    title;                  // 제목 저장할 필드
    String    author;                 // 저자 저장할 필드
    String    publisher;              // 출판사명 저장할 필드
    int       price;                  // 가격 저장할 필드

    // 제목, 저자, 출판사명, 가격이 매개변수로 주어지면 이를 필드 title, author
    //     publisher, price에 저장하는 객체 생성자
    Book(String title, String author, String publisher, int price) {
        this.title = title;               // 매개변수 title을 title 필드에 저장
        this.author = author;             // 매개변수 author를 author 필드에 저장
        this.publisher = publisher;       // 매개변수 publisher를 publisher 필드에 저장
        this.price = price;               // 매개변수 price를 price 필드에 저장
    }
}

class Ex6_3_3_PersonMgmt {
    public static void main(String[] args) {
        // 객체 생성자를 호출하여 Person 객체 생성하여 p가 참조하게 함
        Person p = new Person("김철수", 23, "교보문고");

        // 객체 생성자를 호출하여 Book 객체 생성하여 b가 참조하게 함
        Book b = new Book("홍길동전", "허균", "민음사", 10000);
```

```
        // 김철수가 구매한 홍길동전 Book 객체를 p의 bookBuying 필드에 저장
        p.setBookBuying(b);

        System.out.println("  * Person 객체 - 이름: " + p.name + ", 나이: " + p.age
                + ", 현위치: " + p.currentLocation + ", 구매한 책: " + p.bookBuying.title);

        System.out.println("  * Book 객체 - 제목: " + b.title + ", 저자: " + b.author
                                + ", 출판사: " + b.publisher + ", 가격: " + b.price);
    }
}
```

실행결과	* Person 객체 - 이름: 김철수, 나이: 23, 현위치: 교보문고, 구매한 책: 홍길동전 * Book 객체 - 제목: 홍길동전, 저자: 허균, 출판사: 민음사, 가격: 10000

프로그램 설명

- 이 프로그램은 객체 생성자 갖는 Person 클래스와 Book 클래스 선언하고 main() 메소드에서 객체 생성하고 객체의 필드값 출력
- 객체 생성자 Person(String name, int age, String location)
  - Person 클래스 객체 생성자
  - 매개변수로 주어진 값을 필드 name, age, currentLocation에 저장
  - 반드시 이 객체 생성자를 이용하여 Person 객체 생성해야 함
- 객체 생성자 Book(String title, String author, String publisher, int price)
  - Book 클래스 객체 생성자
  - 매개변수로 주어진 값을 필드 title, author, publisher, price에 저장
  - 반드시 이 객체 생성자를 이용하여 Book 객체 생성해야 함
- 《 Person p = new Person("김철수", 23, "교보문고"); 》에서 Person 객체 생성하면서 객체 생성자 호출
  - 이 문장이 수행되면 필드의 기억장소가 할당된 Person 객체가 내부적으로 생성
  - 그다음 객체 생성자 호출되어 매개변수로 주어진 값들을 객체의 필드에 저장
  - 생성된 객체가 p에 저장되어 p가 Person 객체 참조
- 《 Book b = new Book("홍길동전", "허균", "민음사", 10000); 》에서 Book 객체를 생성하면서 객체 생성자 호출
  - 생성된 객체가 b에 저장되어 b가 Book 객체 참조

객체 생성자를 호출하여 객체를 생성하면 필드 초기화 메소드를 사용할 때보다 프로그램이 간결하며, 의미상으로 잘 응집된 프로그램을 작성할 수 있다.

❑ 필드 초기화 메소드를 객체 생생자로의 변환

예제 6-3-2와 예제 6-3-3을 비교해 보면 필드 초기화 메소드를 객체 생성자로

변환하였고, 객체 생성 문장과 필드 초기화 메소드 호출 문장이 하나의 객체 생성 문장으로 변환됨을 알 수 있다. [표 6-13]은 이러한 변환 양상을 보여준다.

필드 초기화 메소드 선언	void initializePerson(String name, int age, String location) { ... }
객체 생성자 선언	⇒ Person(String name, int age, String location) { ... }
필드 초기화 메소드 호출	Person p = new Person(); p.initializePerson("김철수", 23, "교보문고");
객체 생성자 호출	⇒ Person p = new Person("김철수", 23, "교보문고");

[표 6-13] Person 클래스의 필드 초기화 메소드를 객체 생성자로 변환한 양상

필드 초기화 메소드를 갖는 클래스를 객체 생성자를 갖는 클래스로 쉽게 변환할 수 있으며, 변환 방법은 다음과 같다.

- 필드 초기화 메소드를 객체 생성자로 변환: 필드 초기화 메소드의 void 키워드 제거하고 메소드 이름을 클래스 이름으로 변경
- 필드 초기화 메소드 호출을 객체 생성자 호출로 변환: 객체 생성하는 문장과 필드 초기화 메소드 호출하는 문장을 new 키워드와 변환된 객체 생성자 호출 문장으로 변경

❑ 객체 생성자 선언 이유

객체 생성자가 없이도 여러 가지 방법으로 원하는 초기화 작업은 가능하다. 그러나 객체 생성자가 제공되지 않으면 객체 생성 작업과 객체 초기화 작업이 서로 다른 별개 작업으로 분리된다. 이에 반해, 객체 생성자를 사용하면 객체 생성 작업과 객체의 초기화 작업이 하나의 작업으로 이루어지며, 다음의 이점이 있다.

- 간결한 프로그램: 여러 문장으로 구성되는 객체 생성과 객체 초기화가 하나의 문장으로 이루어지므로 프로그램이 간결해짐
- 높은 응집도: 객체 생성과 초기화 작업이 하나의 단위작업으로 이루어지므로 응집도(cohesion) 높아짐
- 강화된 캡슐화와 정보 은닉: 객체 지향 프로그래밍에서 큰 이점인 캡슐화(encapsulation)와 정보 은닉(information hiding)을 잘 활용할 수 있음
- 초기화 실수 방지: 객체 생성 시 객체 생성자를 반드시 호출해야 하므로 필수적인 초기화 작업을 실수로 하지 않는 잘못 방지할 수 있음

❑ 클래스에서 필요한 객체 생성자의 결정

객체 생성자는 객체를 생성하면서 필드값을 저장하는 특별한 메소드이다. 클래스에서 필요한 필드 초기화 메소드를 결정하는 것과 마찬가지로 여러 필드 중 필요한 필드를 초기화시킬 객체 생성자를 결정해야 한다.

예제 6-3-3에서 Book 클래스의 객체 생성자로 제목, 저자, 출판사명, 가격을 초기화시키는 생성자를 작성했는데, 다른 객체 생성자를 작성할 수 있다. 다음은 Book 클래스에서 가능한 객체 생성자들이다.

- Book(String title)
- Book(String author)
- Book(String publisher)
- Book(String title, String author)
- Book(String title, String publisher)
- Book(String author, String publisher)
- Book(String title, String author, String publisher)
- Book(String title, String author, String publisher, int price)

가능한 필드 초기화 메소드 모두 작성할 필요가 없듯이 가능한 객체 생성자도 모두 작성할 필요는 없다. 객체의 필드 중에서 필드들을 선택하여 객체 생성자를 작성하는 능력도 연습을 통해 배양해야 하며, 그 결과 스마트한 Java 프로그램이 작성된다.

❑ 객체 생성자에서 다른 객체 생성자 호출

객체 생성자는 항상 new 연산과 함께 호출되어야 한다. 그런데, 객체 생성자 내에서 그 클래스의 다른 객체 생성자를 호출할 수 있으며, 또한, 상위 클래스의 객체 생성자도 호출할 수 있다.

객체 생성자 내에서 다른 객체 생성자를 호출할 경우 다음의 규칙을 준수해야 한다.

- 객체 생성자 호출은 반드시 첫 문장에 작성해야 함
- 같은 클래스의 다른 객체 생성자를 호출할 경우 객체 생성자 이름이 클래스 이름이 아니라 this
- 상위 클래스의 객체 생성자를 호출할 경우 객체 생성자 이름은 super

처음에 객체 생성자에서 다른 객체 생성자를 호출할 때 이러한 규칙은 당연히 번거롭고 프로그래밍을 어렵게 하는 사항이다. 그러나 이러한 규칙이 필요한 이유가 있는데[100), 이를 이해하게 되면 Java를 심도 있게 이해한 것이다.

우선, 객체 생성자에서 다른 객체 생성자를 호출하는 이유는 복잡한 기능의 메소드를 작성하기 위해 더 간단한 메소드를 호출하는 이유와 같다. 이미 작성된 간단한 객체 생성자를 이용하면 복잡한 객체 생성자의 작성이 쉽고 더 기능적으로 구성되기 때문에 이미 작성된 객체 생성자를 이용하는 것이 유리하다.

그런데, 객체 생성자 내에서 객체 생성자를 호출할 때에 객체 생성자 이름이 클래스이름이 아니라 this가 됨을 기억해야 한다. 객체 생성자를 선언하고 new 연산자로 호출할 때에는 클래스 이름으로 호출하지만, 객체 생성자 내에서 호출할 때에는 클래스 이름으로 호출하지 못하고 this로 호출해야 한다.[101)].

예제 6-3-4는 객체 생성자 내에서 객체 생성자를 호출하는 예를 보여준다.

예제 6-3-4 객체 생성자 내에서 객체 생성자를 호출하는 클래스

```
package ex6_3_4_class_calling_constructor_within_constructor;

class Person {
   String name;    int age;    String currentLocation;    Book bookBuying;

   // 이름이 매개변수로 주어지면 이를 필드 name에 저장하는 객체 생성자
   Person(String name) {
      this.name = name;
   }

   // 이름, 나이가 매개변수로 주어지면 이를 필드 name, age에 저장하는 객체 생성자
   Person(String name, int age) {
      this(name);               // 이름을 저장하는 객체 생성자 호출하여 name 저장
                                //    호출되는 객체 생성자 이름이 Person 아니라 this

      this.age = age;           // 매개변수 age를 this 객체의 age 필드에 저장
   }
```

100) 이유로는 Object 클래스의 객체 생성자를 가장 먼저 반드시 수행하기 위함 등의 있는데, 뒤에서 다시 설명될 것이다.

101) this가 형식매개변수이면서 객체 참조변수인데, 특별한 메소드인 객체 생성자의 이름이 되기도 한다. 이는 혼란스러운 면이 있지만, Java에서 그렇게 하기로 결정한 사항이므로 따라야 한다.

```
    // 이름, 나이, 현위치가 매개변수로 주어지면 이를 해당 필드에 저장하는 객체 생성자
    Person(String name, int age, String location) {
        this(name, age);           // 이름과 나이를 저장하는 객체 생성자 호출
                                   //    호출되는 객체 생성자 이름이 Person 아니라 this
        this.currentLocation = location; // location을 currentLocation 필드에 저장
    }
}

class Ex6_3_4_PersonMgmt {
    public static void main(String[] args) {
        // 이름을 저장하는 객체 생성자를 호출하여 Person 객체 생성
        Person p1 = new Person("홍길동");

        // 이름, 나이를 저장하는 객체 생성자를 호출하여 Ferson 객체 생성
        Person p2 = new Person("이몽룡", 20);

        // 이름, 나이, 현위치를 저장하는 객체 생성자를 호출하여 Person 객체 생성
        Person p3 = new Person("김철수", 23, "교보문고");

        System.out.println("  * p1 객체 - 이름: " + p1.name + ", 나이: " + p1.age
                                    + ", 현위치: " + p1.currentLocation );
        System.out.println("  * p2 객체 - 이름: " + p2.name + ", 나이: " + p2.age
                                    + ", 현위치: " + p2.currentLocation );
        System.out.println("  * p3 객체 - 이름: " + p3.name + ", 나이: " + p3.age
                                    + ", 현위치: " + p3.currentLocation );
    }
}
```

프로그램 설명

- 이 프로그램은 필드 초기화하는 3개의 객체 생성자 갖는 Person 클래스 선언
    - Person(String name)
    - Person(String name, int age)
    - Person(String name, int age, String locaticn)
- Person(String name): 이름을 초기화하는 객체 생성자
    - 《 this.name = name; 》으로 매개변수 name을 필드 name에 직접 저장
    - 객체 생성자 내에서 객체 생성자 호출하지 않음
- Person(String name, int age): 이름과 나이 초기화하는 객체 생성자
    - 매개변수 name을 필드 name에 저장하기 위해 이미 작성된 Person(String name) 호출
    - 객체 생성자 내에서 객체 생성자 호출한 경우이며, 이때 객체 생성자 호출은 《 Person(name); 》이 아닌 《 this(name); 》

- 《 this.age = age; 》로 매개변수 age를 필드 age에 직접 저장

■ Person(String name, int age, String location): 이름, 나이, 현위치를 초기화
- 매개변수 name과 age를 필드 name과 age에 저장하기 위해 객체 생성자 Person(String name, int age) 호출
- 객체 생성자 내에서 객체 생성자 호출한 경우이며, 이때 객체 생성자 호출은 《 Person(name, age); 》가 아닌 《 this(name, age); 》
- 《 this.currentLocation = location; 》으로 매개변수 location을 필드 currentLocation에 직접 저장

■ 객체 생성할 때 반드시 이들 객체 생성자 이용하여 객체 생성해야 함

이 프로그램에서 Person 클래스의 객체 생성자 내에서 다른 객체 생성자를 호출할 때 Person(name) 또는 Person(name, age)로 호출하지 않고, this(name) 또는 this(name, age)로 호출함을 확실히 파악하기 바란다.

❑ 객체 생성자의 숨겨진 사항

지금까지는 객체 생성자에 대한 기본적인 내용이었다. 그런데 Java에서 객체 생성자는 난해한 면을 갖는데, 객체 생성자에는 다음과 같이 겉으로 드러나지 않는 2가지 숨겨진 사항이 있기 때문이다.

■ 디폴트 객체 생성자의 자동적 추가: 객체 생성자를 하나도 작성하지 않은 클래스에 Java 컴파일러가 디폴트 객체 생성자 선언

■ 《 super(); 》의 자동적 추가: 객체 생성자 구현의 첫 문장이 객체 생성자 호출이 아니면 Java 컴파일러가 《 super(); 》를 첫 문장으로 삽입

첫째, 객체 생성자를 작성하지 않은 클래스의 경우, Java 컴파일러는 그 클래스의 매개변수가 없는 디폴트 객체 생성자를 자동적으로 선언한다. 그러므로 객체 생성자가 명시적으로 선언되지 않은 클래스라 할지라도 매개변수가 없는 객체 생성자를 반드시 가진다. 디폴트 객체 생성자는 public 수식어를 가지고 매개변수가 없으며 구현에서 상위 클래스의 객체 생성자를 호출하도록 작성된다.

다음은 객체 생성자가 없는 클래스에 Java 컴파일러에 의해 디폴트 객체 생성자가 추가된 코드를 보여준다.

객체 생성자가 선언되지 않은 클래스	`class Point {          // Point 클래스는 객체 생성자 없음`
	`    int x, y;           //    Point 클래스는 필드 x, y 가짐`
	`}`

<table>
<tr><td>디폴트 객체 생성자가 추가된 클래스</td><td><pre>class Point {   // Point 클래스는 객체 생성자 없음
    int x, y;   //   Point 클래스는 필드 x, y 가짐

    // 이 매개변수 없는 디폴트 객체 생성자는 Java 컴파일러에
    //   의해 자동적으로 추가된 객체 생성자
    public Point() {
        super();
    }
}</pre></td></tr>
</table>

둘째, 객체 생성자의 구현의 첫 문장이 《 super(); 》 또는 《 this(); 》 등 다른 객체 생성자 호출이 아니면 Java 컴파일러가 자동적으로 《 super(); 》를 첫 문장으로 삽입한다. 이는 그 클래스의 상위 클래스의 객체 생성자를 반드시 호출하기 위함이다.

다음은 이름을 초기화하는 Person 클래스의 객체 생성자 Person(String name)에 구현의 첫 문장으로 《 super(); 》가 삽입된 코드를 보여준다.

<table>
<tr><td>구현의 첫 문장이 객체 생성자 호출이 아닌 객체 생성자</td><td><pre>Person(String name) {
    this.name = name; // 매개변수 name을 name 필드에 저장
}</pre></td></tr>
<tr><td>《 super(); 》가 삽입된 객체 생성자</td><td><pre>Person(String name) {
    super();
    this.name = name; // 매개변수 name을 name 필드에 저장
}</pre></td></tr>
</table>

나중에 상위 클래스의 객체 생성자 super()의 의미와 이 숨겨진 두 가지의 사항을 명확히 이해하면 객체 생성자에 대해서 모두 파악한 것이다.

객체 생성자에 대해 하나 더 언급할 것이 있다. 매개변수가 없는 객체 생성자를 선언하지 않고 매개변수가 있는 객체 생성자를 선언할 경우, 하위 클래스에서 문제가 발생할 수 있다. 이에 대해서는 하위 클래스에서 살펴볼 것이다.

다음은 객체 생성자의 중요 사항들이므로 잘 살펴보기 바란다.

- 객체 생성할 때 호출되는 특별한 메소드
- 메소드 이름은 클래스 이름과 같으며 매개변수 있으나 반환값 없음
- 객체 생성자는 객체 생성 후 필요한 초기화 작업 명시

- 객체 생성자 내에서 다른 객체 생성자 호출할 때 생성자 이름이 this 또는 super

6.3.4 클래스 유형 4: 객체 행동 구현한 메소드 갖는 클래스

객체의 행동을 구현한 메소드를 갖는 클래스는 마지막 유형의 클래스이며, 대부분의 Java 클래스는 이 유형의 클래스로 작성된다.

❑ 객체의 행동을 메소드로 구현하기

객체의 상태를 나타내는 필드는 타입과 변수 이름만 선언하면 되므로 그리 어렵지 않다. 그러나 객체의 행동을 나타내는 메소드를 작성하려면 행동 때문에 수행될 세부 작업, 세부 작업과 연관된 필드, 필드 변경내용 등이 먼저 파악되어야 한다. 세부 작업이 복잡할 수도 있으며, 여러 메소드가 호출될 수도 있다. 그러므로 행동을 구현한 메소드를 작성하려면 메소드를 통해 수행될 작업과 관련된 필드의 변경내용을 명확히 파악해야 한다.

"23세의 김철수가 교보문고에 가서 출판사가 민음사이고 가격이 1만 원인 허균의 홍길동전을 구매했다"라는 상황에서 가다, 구매하다 등 김철수의 행동을 구현한 메소드를 갖는 프로그램을 작성해보자.

❑ 예: "가다", "구매하다" 행동을 메소드로 구현한 클래스

예제 6-3-5에서 "가다"와 "구매하다" 행동을 구현한 메소드와 Person 객체 및 Book 객체 정보를 출력하기 위한 메소드가 작성되었다.

예제 6-3-5 행동을 구현한 메소드를 갖는 Person 클래스와 Book 클래스

```
package ex6_3_5_class_with_method_for_behavior;

/*
 * o 클래스 작성 유형 4: 객체 행동을 구현한 메소드 갖는 클래스
 *    - 객체 생성 후 메소드로 객체 접근
 */
class Person {
   String name;    int age;    String currentLocation;    Book bookBuying;

  // 이름, 나이가 매개변수로 주어지면 이를 필드 name, age에 저장하는 객체 생성자
```

```
    Person(String name, int age) {
        this.name = name;
        this.age = age;
    }

    // goTo(String location): "가다" 행동을 구현하는 메소드
    //     매개변수로 주어진 location을 currentLocation 필드에 저장
    void goTo(String location) {
        this.currentLocation = location;        // 현 위치를 주어진 location으로 변경
    }

    // buyBook(Book book): "책을 구매하다" 행동을 구현하는 메소드
    //     책을 구매하면 그 책이 구매한 책이므로
    //     매개변수인 Book 클래스 객체를 bookBuying 필드에 저장
    void buyBook(Book book) {
        this.bookBuying = book;                // 매개변수 book 객체를 bookBuying 필드에 저장
    }

    // toString(): 객체의 필드명과 필드값을 문자열로 구성하여 반환하는 메소드
    //     이 메소드는 반드시 작성해야 하는 메소드 중의 하나
    public String toString() {
        return "이름:" + this.name + ", 나이:" + this.age + "세, 현위치:"
                + this.currentLocation + ", 구매한 책 제목:" + this.bookBuying.title;
    }

    // output(String msg): 객체의 필드명과 필드값을 msg와 함께 출력하는 메소드
    void output(String msg) {
        System.out.println(msg + this.toString());
    }
}

class Book {
    String  title;
    String  author;
    String  publisher;
    int     price;

    // 제목, 저자, 출판사명, 가격이 매개변수로 주어지면 이를 필드 title, author
    //     publisher, price에 저장하는 객체 생성자
    Book(String title, String  author, String  publisher, int price) {
        this.title = title;
        this.author = author;
        this.publisher = publisher;
        this.price = price;
    }
```

```
    // toString(): 객체의 필드명과 필드값을 문자열로 구성하여 반환하는 메소드
    //     이 메소드는 반드시 작성해야 하는 메소드 중의 하나
    public String toString() {
        return "제목: " + this.title + ", 저자: " + this.author + ", 출판사: "
                                 + this.publisher + ", 가격: " + this.price;
    }

    // output(): 객체의 필드명과 필드값 출력하는 메소드
    void output(String msg) {
        System.out.println(msg + this.toString());
    }
}

class Ex6_3_5_PersonMgmt {
    public static void main(String[] args) {

        Person p = new Person("김철수", 23);         // 23세의 김철수가 있다
        p.goTo("교보문고");                          // 김철수가 교보문고로 갔다

        // 출판사가 민음사이고 가격이 1만 원인 허균의 홍길동전 책이 있다
        Book b = new Book("홍길동전", "허균", "민음사", 10000);

        p.buyBook(b);                               // 김철수가 홍길동전을 구매한다

        p.output(" *김철수 객체 - ");                // 김철수 객체를 출력한다
        b.output(" * 홍길동전 객체 - ");             // 홍길동전 객체를 출력한다
    }
}
```

실행결과	* 김철수 객체 - 이름:김철수, 나이:23세, 현위치:교보문고, 구매한 책 제목:홍길동전 * 홍길동전 객체 - 제목: 홍길동전, 저자: 허균, 출판사: 민음사, 가격: 10000

프로그램 설명

- 이 프로그램은 행동을 구현하는 메소드와 객체의 간편한 출력을 위한 메소드 갖는 Person 클래스와 Book 클래스 선언
  - void goTo(String location)
  - void buyBook(Book book)
  - public String toString()
  - void output(String msg)
- void goTo(String location): '가다' 행동 구현하는 메소드
  - 현위치 저장하는 currentLocation 필드에 주어진 장소 location 저장
  - 이전 위치는 저장되지 않고 최종위치만 현위치로 저장
- void buyBook(Book book): "책을 구매하다" 행동 구현하는 메소드

- 구입한 책 저장하는 bookBuying 필드에 주어진 책 book 저장
- 이전에 구입한 책은 저장되지 않으며, 마지막으로 구입한 책만 저장

■ public String toString(): 객체의 필드명과 필드값 모두를 문자열로 반환하는 메소드
- 객체의 필드 정보를 문자열로 구성하는 메소드
- 반드시 메소드 시그니처에 public 붙어야 함
- 필드에 대한 출력양식 결정하여 문자열 구성하고 반환

■ void output(String msg): 객체의 필드명과 필드값을 msg와 함께 출력하는 메소드
- toString() 메소드 호출하여 객체의 필드 출력을 위한 문자열 구한 후 주어진 문자열 msg와 함께 출력
- output() 메소드 작성하면 객체 출력 용이하므르 클래스마다 작성 권장

■ main() 메소드에서 객체 생성, 필요한 메소드 호출 등을 통해 요구되는 작업을 간결하게 수행
- 예제 6-3-1, 예제 6-3-2, 예제 6-3-3, 예제 6-3-5 등 4개의 다른 유형의 프로그램을 비교해 보면서 바람직한 유형의 프로그램 작성하도록 노력해야 함

예제 6-3-5의 프로그램에서 goTo() 메소드와 buyBook() 메소드는 마지막으로 간 장소와 마지막으로 구매한 책 정보만 저장하므로 처리 수준이 비교적 간단하다. 실제적인 처리를 위해 이력 관리가 필요하며, 이력 관리를 위해 추가적인 필드들과 메소드들도 선언해야 한다.

한편, 예제 6-3-5에서 void buyBook(Book book) 메소드를 void buyBook (String title, String author, String publisher, int price) 메소드로 변경하여 작성한 예제 6-3-6 프로그램이 실습자료에 있다. 이 예제를 통해 한 행동을 나타내는 메소드가 다양하게 작성될 수 있음을 이해하기 바란다.

❑ 처리 수준에 따라 달라지는 메소드 구현

행동을 구현한 메소드는 처리 수준에 따라 간단한 기능을 갖도록 구현할 수도 있고, 아주 복잡한 기능을 갖도록 구현할 수도 있다. 그로 인해 처리 수준이 달라지면 메소드의 세부적인 작업과 요구되는 필드도 달라진다.

예를 들어, "김철수가 광화문에 갔다가 교보문고에 갔고 집으로 갔다"라는 상황이 주어졌을 때, "가다" 행동을 구현하기 위한 메소드 goTo(String location)를 Person 클래스에 다시 작성한다고 하자. 주어진 상황을 분석하면 다음과 같다.

■ 김철수의 현 위치: 집
■ 김철수의 처음 위치: 광화문, 두 번째 위치: 교보문고, 이들은 모두 이전 위치들
■ 가다 행동: 기존 현 위치는 마지막 이전 위치로 변경, 현 위치도 새롭게 변경

다음은 처리 수준에 따라 goTo(String location) 메소드의 처리내용과 필요한 필드가 어떻게 달라지는가를 보여준다.

처리 수준	**goTo(String location) 메소드의 처리내용 및 요구되는 필드**
수준 1: 현위치만 저장, 이전 위치 저장하지 않음	• 필드: 현위치 저장할 필드 • 처리내용 ① 주어진 장소 location을 현위치 필드에 저장
수준 2: 현위치와 마지막 이전 위치 하나만 저장	• 필드: 현위치와 이전 위치 저장할 필드 • 처리내용 ① 현위치 필드값을 이전 위치 필드에 저장 ② 주어진 장소 location을 현위치 필드에 저장
수준 3: 현위치와 이전 위치 20개까지만 저장	• 필드: 현위치, 20개 이전 위치, 이전 위치 개수 저장할 필드 • 처리내용 ① 저장된 이전 위치가 20개이면 첫 번째 이전 위치 삭제 ② 현위치 필드값을 마지막 이전 위치 다음에 저장 ③ 주어진 장소 location을 현위치 필드에 저장
수준 4: 현위치와 모든 이전 위치들 저장	• 필드: 현위치, 다수 개 이전 위치, 이전 위치 개수 저장할 필드 • 처리내용 ① 현위치 필드값을 마지막 이전 위치 다음에 저장 ② 주어진 장소 location을 현위치 필드에 저장

다음은 처리 수준에 따라 다르게 작성된 goTo() 메소드와 이를 위한 필드들이 선언된 코드를 보여준다.

처리 수준	요구되는 필드와 작성된 goTo(String location) 메소드

수준 1:
현위치만 저장, 이전 위치 저장하지 않음
	• 필드: String currentLocation;
	
	// 주어진 장소를 현위치로 저장
	void goTo(String location) {
	    this.currentLocation = location;
	}

수준 2:
현위치와 마지막 이전 위치 하나만 저장
	• 필드: String currentLocation, **previousLocation**;
	
	// 현위치를 이전 위치로, 주어진 장소를 현위치로 저장
	void goTo(String location) {
	    this.previousLocation = this.currentLocation;
	    this.currentLocation = location;
	}

<table>
<tr>
<td>수준 3:
현위치와 이전 위치 20개까지만 저장
(예제 6-3-7)</td>
<td>

```
• 필드: String currentLocation;
        String[] previousLocs = new String[20];
        int cntPrevLocs = 0;

// 이전 위치 20개 저장되어 있으면 첫 이전 위치 삭제, 현위치를
//      마지막 이전 위치로, 주어진 위치를 현위치로
void goTo(String location) {
   if (cntPrevLocs >= 20) { // 이전 위치 개수 20개 이상이면
      this.deleteFirstFromPreviousLocs(); // 첫 이전 위치 삭제
      this.previousLocs[19] = this.currentLocation;
   }
   else
      this.previousLocs[this.cntPrevLocs++]
                                      = this.currentLocation;
   this.currentLocation = location;
}
```

</td>
</tr>
<tr>
<td>수준 4:
현위치와 모든 이전 위치들 저장</td>
<td>

```
• 필드: String currentLocation;
        String[] previousLocs = new String[1000];
        int cntPrevLocs = 0;

// 현위치를 마지막 이전 위치로, 주어진 위치를 현위치로
void goTo(String location) {
   this.previousLocs[this.cntPrevLocs++] = this.currentLocation;
   this.currentLocation = location;
}
```

</td>
</tr>
</table>

❑ 예: 다양한 행동들을 메소드로 구현한 클래스

행동을 구현한 메소드를 더욱 심도 있게 이해하기 위해 김철수가 다음의 여러 행동을 하는 상황을 가정하자.

> 23세의 김철수가 30만 원을 벌고 광화문에 갔다가 교보문고에 가서 홍길동전과 스티브 잡스 자서전을 구매한 후 집에 갔다.

이 상황에는 김철수는 돈을 벌다, 광화문, 교보문고, 집에 가다, 2권의 책을 구매하다 등 여러 행동을 한다. 이러한 행동과 관련되어 김철수의 여러 상태가 변하게 되며, 자세한 상태 변화를 정리하면 다음과 같다.[102)]

> • 30만 원을 벌다: 김철수의 보유현금 30만 원 증가

102) 제시된 상태 변화보다 더 구체적인 변화도 기술할 수 있지만, 그 경우 더 많은 필드와 복잡한 메소드가 요구되므로 이 수준의 변화만 설정하였다.

- 광화문에 가다: 김철수의 현위치 광화문으로 변경
- 교보문고에 가다: 현위치였던 광화문이 이전 위치에 추가, 현위치가 교보문고로 변경
- 홍길동전을 구매하다: 보유현금 책값만큼 감소, 구매한 책들에 홍길동전 추가
- 스티브 잡스 자서전을 구매하다: 보유현금 책값만큼 감소, 구매한 책들에 스티브 잡스 자서전 추가
- 집에 가다: 현위치였던 교보문교 이전 위치에 추가, 현위치 집으로 변경

여기에서 '가다' 행동은 현위치만 변경할 뿐 아니라 기존의 현위치를 이전 위치에 추가하며, "책을 구매하다" 행동은 구매한 그 책을 구매한 책들에 추가하는 이력 관리[103]가 이루어진다.

예제 6-3-7은 이력 관리가 추가된 메소드를 이용하여 김철수의 상황을 처리하는 프로그램을 작성한 것이다. 다소 긴 프로그램이지만 작성된 메소드를 잘 살펴보며 찬찬히 읽어보기 바란다.

예제 6-3-7 이력 관리 메소드를 갖는 클래스의 선언 및 객체 생성

```
package ex6_3_7_class_with_method_for_more_behaviors;

class Person {
   String name;     int age;

   // makeMoney(), goTo(), buyBook() 등 행동을 구현한 메소드를 위한 필드들
   int        moneyHaving = 0;                    // 보유현금 저장하는 필드

   String     currentLocation;                    // 현위치 저장하는 필드
   int        cntPrevLocs = 0;                    // 이전 위치 개수 저장하는 필드
   String[] prevLocs = new String[20];            // 최대 20개 이전 위치 저장하는 배열

   int        cntBooksBuying = 0;                 // 구매한 책 권수 저장하는 필드
   Book[]     booksBuying = new Book[20];         // 최대 20권 구매 책들 저장하는 배열

   // 객체 생성자: 이름, 나이 주어지면 이를 객체의 필드값으로 저장
   Person(String name, int age) {
      this.name = name;          this.age = age;
   }

   // makeMoney(): "주어진 금액 amount만큼의 돈을 벌다" 행동 구현하는 메소드
   //    번 금액 amount만큼 보유현금 증가, 보유현금 반환
```

103) 이력 관리는 과거로부터 변경된 내용을 추적할 수 있도록 변경을 기록하는 것이다

```
int makeMoney(int amount) {
   this.moneyHaving += amount;                    // 번 금액만큼 보유현금 증가

   return this.moneyHaving;                       // 보유현금 반환
}

// goTo(): "가다" 행동 구현하는 메소드
//    현위치를 이전 위치들에 추가, 주어진 장소를 현위치에 저장
void goTo(String location) {
   this.addToPrevLocs(this.currentLocation);  // 현위치를 이전 위치에 추가
   this.currentLocation = location;               // 주어진 location을 현위치로 변경
}

// buyBook(): "책을 구매하다" 행동 구현하는 메소드
//    매개변수인 책 정보 항목들로 Book 객체 생성하여 buyBook(Book b) 메소드 호출
//    구매한 후의 보유현금을 반환
int buyBook(String title, String author, String publisher, int price) {
   Book b = new Book(title, author, publisher, price);
   return this.buyBook(b);
}

// buyBook(): "책을 구매하다" 행동 구현하는 메소드
//    구매한 책을 구매한 책들에 추가, 책 가격만큼 보유현금 감소, 보유현금 반환
int buyBook(Book b) {
   this.addToBooksBuying(b);                      // 구매한 책 b를 보유 책들에 추가
   this.moneyHaving -= b.price;                   // 책 가격 b.price만큼 보유현금 감소

   return this.moneyHaving;                       // 보유현금 반환
}

// addToPrevLocs(): 주어진 장소를 이전 위치들에 추가시키는 메소드
void addToPrevLocs(String location) {
   if (location == null) return;                  // 장소가 null이면 저장 않음

   if (this.cntPrevLocs < 20)                     // 추가할 여유가 있으면
      this.prevLocs[this.cntPrevLocs++] = location;  //    이전 위치에 추가
   else {                                         // 추가할 여유가 없으면
      this.deleteFirstFromPrevLocs();             //    첫 이전 위치 삭제
      this.prevLocs[19] = location;               //    주어진 장소 마지막에 추가
   }
}

// addToBooksBuying(): 주어진 책을 구매한 책들에 추가시키는 메소드
void addToBooksBuying(Book book) {
   if (this.cntBooksBuying < 20)                          // 추가할 여유가 있으면
      this.booksBuying[this.cntBooksBuying++] = book;     //    구매한 책 추가
```

```
    else {                                          // 추가할 여유가 없으면
        this.deleteFirstFromBooksBuying();          //     처음 구매한 책 삭제
        this.booksBuying[19] = book;                //     주어진 책 추가
    }
}

// 이전 위치들 중 첫 번째를 삭제하여 새로운 이전 위치 저장할 공간 확보하는 메소드
void deleteFirstFromPrevLocs() {
    // i가 1부터 19까지 반복하여 i번째 이전 위치를 (i-1)번째 원소로 옮김
    for (int i = 1; i < 20; i++)
        this.prevLocs[i - 1] = this.prevLocs[i];
}

// 구매 책들 중 첫 번째를 삭제하여 새로이 구매한 책 저장할 공간 확보하는 메소드
void deleteFirstFromBooksBuying() {
    // i가 1부터 19까지 반복하여 i번째 구매 책을 (i-1)번째 원소로 옮김
    for (int i = 1; i < 20; i++)
        this.booksBuying[i - 1] = this.booksBuying[i];
}

// 배열에 저장된 이전 위치들을 "[ "과 " ]" 사이의 문자열로 구성하여 반환하는 메소드
String prevLocsToString() {
    String locs = "[ ";
    for (int i = 0; i < this.cntPrevLocs; i++)
        locs += prevLocs[i] +  (( i < this.cntPrevLocs - 1) ? ", " : "" );
    return locs + " ]";
}

// 배열에 저장된 구매 책들의 제목들을 "[ "과 " ]" 사이의 문자열로 반환하는 메소드
String booksBuyingToString() {
    String books = "[ ";
    for (int i =0; i < this.cntBooksBuying; i++)
        books += this.booksBuying[i].title
                            + (( i < this.cntBooksBuying - 1) ? ", " : " ");
    return books + "]";
}

// toString(): 객체의 필드명과 필드값을 문자열로 구성하여 반환하는 메소드
public String toString() {
    return "이름: " + this.name + ", 나이: " + this.age
      + "세, 보유현금: " + this.moneyHaving
      + "원\n    현위치: " + this.currentLocation + ", 이전 위치: "
      + this.prevLocsToString() + ", 구매한 책: " + this.booksBuyingToString();
}

// output(): 객체의 필드명과 필드값 출력하는 메소드
```

```
    void output(String msg) {
        System.out.println(msg + this.toString());
    }
}

class Book {
    String title, author, publisher;
    int price;

    // 객체 생성자: 제목, 저자, 출판사, 가격이 주어지면 이를 객체의 필드값으로 저장
    Book(String title, String author, String publisher, int price) {
        this.title = title;            this.author = author;
        this.publisher = publisher;  this.price = price;
    }

    // toString(): Book 객체의 필드명과 필드값을 문자열로 구성하여 반환하는 메소드
    public String toString() {
        return "제목: " + this.title + ", 저자: " + this.author + ", 출판사: "
                    + this.publisher + ", 가격: " + this.price;
    }

    // output(): Book 객체의 필드명과 필드값 출력하는 메소드
    void output(String msg) {
       System.out.println(msg + this.toString());
    }
}

class Ex6_3_7_PersonMgmt {
   public static void main(String[] args) {
      Person p = new Person("김철수", 23);            // 23세의 김철수가 있다.
      p.goTo("광화문");                                // 김철수가 광화문에 갔다

      int moneyAfter1 = p.makeMoney(300000);       // 김철수가 30만원을 벌었다.
      p.goTo("교보문고");                              // 김철수가 교보문고에 갔다

      // 홍길동전과 스티브 잡스 자서전 책을 김철수가 구매했다
      int moneyAfter2 = p.buyBook("홍길동전", "허균", "민음사", 10000);
      int moneyAfter3 = p.buyBook("스티브 잡스", "월터 아이작슨", "민음사", 19800);

      p.goTo("집");                                    // 김철수가 집에 갔다

      // 김철수 객체의 모든 상태를 출력
      p.output(" * 김철수 현황 - ");

      // 30만원 번 후, 홍길동전 구매 후, 스티브 자서전 구매 후의 보유현금 출력
      System.out.println("\n * 30만 원 번 후 보유현금: " + moneyAfter1 + "원");
```

```
        System.out.println("\n * 홍길동전 구매 후 보유현금: " + moneyAfter2 + "원");
        System.out.println("\n * 스티브 잡스 구매 후 보유현금: " + moneyAfter3 + "원");
    }
}
```

실행 결과	* 김철수 현황 - 이름: 김철수, 나이: 23세, 보유현금: 270200원, 현위치: 집, 이전 위치: [광화문, 교보문고], 구매한 책: [홍길동전, 스티브 잡스] * 30만 원 번 후 보유현금: 300000원 * 홍길동전 구매 후 보유현금: 290000원 * 스티브 잡스 구매 후 보유현금: 270200원

프로그램 설명

- 이 프로그램은 최대 20개 이력을 배열에 저장하여 관리하도록 goTo() 메소드와 buyBook() 메소드 변경
  - goTo()에서 이력 관리를 위해 addToPrevLocs(), deleteFirstFromPrevLocs(), prevLocsToString() 메소드 추가로 작성
  - buyBook()에서 이력 관리를 위해 추가로 여러 메소드 작성
- 작성된 메소드 개수 17개인 실용적인 프로그램이므로 잘 파악할 것

또한, 실습자료의 예제 6-3-8에는 이력을 java.util.Vector 클래스의 객체에 저장하여 관리하도록 goTo() 메소드와 buyBook() 메소드가 작성되어 있다. java.util.Vector 클래스는 뒤에서 배울 클래스인데, 배열보다 여러 원소들을 쉽게 관리할 수 있는 장점이 있다.

Java에서 가장 간단한 클래스는 어떤 클래스인가?

지금까지 클래스 선언에 필요한 것들이 무엇인가를 알아보았다. 클래스 선언에 필요한 클래스 수식어, 클래스 이름, 클래스 확장부, 필드 선언, 객체 생성자 선언, 메소드 선언, 스태틱 초기화 블록 중에서 반드시 명시해야 할 것은 클래스 이름뿐이다. 그러므로 다음의 C 클래스는 Java에서 가장 간단한 클래스라고 할 수 있으며, C 클래스 객체를 생성할 수 있으며, 이를 println() 메소드로 출력할 수도 있다.

```
class C { }    // C는 필드, 메소드, 객체 생성자가 없는 Java에서 가장 간단한 클래스

class Test {
    public static void  main(String[] args) {
        C c = new C();                 // C의 객체 생성하여 객체 참조변수 c가 참조하게 함
        System.out.println(c);         // c가 참조하는 객체를 출력
    }
}
```

6.4 클래스 필드와 클래스 메소드

앞에서 클래스는 객체 정의 기능, 객체 생성 기능, 객체 참조변수 선언에서 타입 기능 등 중요한 기능을 가짐을 살펴보았다.

그런데, Java의 클래스는 객체의 상태와 행동을 정의하고 객체를 생성할 뿐 아니라 클래스 자체도 상태와 행동을 가질 수 있다. 그러므로 클래스도 상태와 행동을 나타내는 필드와 메소드를 가질 수 있으며, 이를 클래스 필드와 클래스 메소드라고 한다. 클래스 필드와 클래스 메소드를 선언하기 위해서 사용되는 키워드가 static이다.

6.4.1 클래스 필드

❑ 클래스 필드의 선언과 참조

필드를 선언할 때 키워드 static이 명시된 필드가 클래스 필드이며, 클래스의 상태를 나타내기 위한 변수이며, 클래스마다 하나만 할당된다. 이는 객체 필드가 객체마다 할당되는 것과는 큰 대조를 이룬다.

클래스 필드의 참조는 클래스이름.필드 또는 객체참조변수.필드 형식으로 이루어진다. 클래스의 모든 객체가 클래스 필드를 참조할 수 있지만, 대개 클래스에 의해 참조된다.

예제 6-4-1은 클래스 필드의 선언과 참조의 예를 보여준다.

예제 6-4-1 클래스 필드의 선언과 참조

```
package ex6_4_1_class_with_static_fields;

class Car {
    static int carCount;        // 생성된 Car 객체의 개수를 나타내는 클래스 필드

    int carID;                  // carID, carName, yearMade는 객체 필드
    String carName;             //     이들은 객체가 생성될 때마다 기억장소가 할당되며
    int yearMade;               //     객체에 의해 참조
}

class Ex6_4_1_CarMgmt {
    public static void main(String[] args) {
        Car aCar = new Car();                // Car 객체를 생성
```

```
        aCar.carID = ++Car.carCount;        // aCar.carID는 객체필드 참조,
                                            //     Car.carCount는 클래스 필드 참조
        aCar.carName = "소나타";
        aCar.yearMade = 2016;

        System.out.println("  * 차 고유번호:" + aCar.carID + ", 차종:" + aCar.carName
                                              + ", 제작연도:" + aCar.yearMade);

        // 클래스 필드는 클래스뿐 아니라 객체에 의해서도 참조될 수 있음
        System.out.println("  * 차 대수(클래스에 의해 참조):" + Car.carCount +
                                  ", 차 대수(객체에 의해 참조):" + aCar.carCount);
    }
}
```

실행결과	* 차 고유번호:1, 차종:소나타, 제작연도:2016 * 차 대수(클래스에 의해 참조):1, 차 대수(객체에 의해 참조):1

프로그램 설명

■ 클래스 필드인 carCount를 갖는 Car 클래스
- main() 메소드의 《 Car aCar = new Car(); 》에서 Car 클래스가 처음 사용되면 Car 클래스가 java 가상기계 JVM의 메모리에 로드됨[104)]
- 클래스 로드되면 클래스 필드인 carCount의 기억장소 할당되고 초기값 0 저장

■ Car 클래스의 객체 생성 및 객체 필드 초기화
- 《 Car aCar = new Car(); 》에서 Car 객체 생성하고 필드를 디폴트 값으로 초기화한 후 생성된 객체를 aCar 변수에 저장

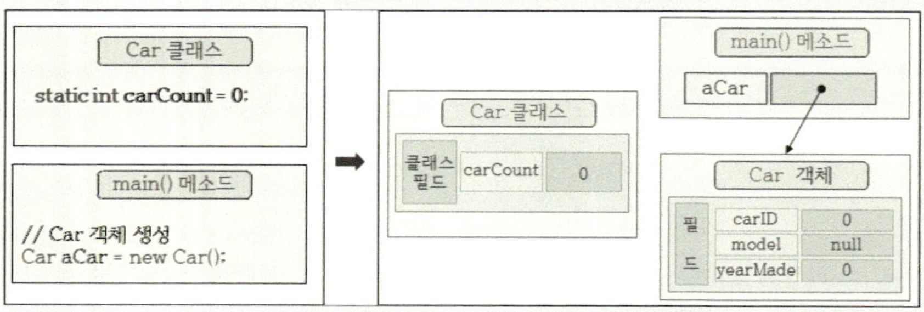

■ 클래스 필드와 객체 필드의 접근
- 《 aCar.carID = ++Car.carCount; 》에서 클래스 필드 carCount 값을 1 증가하여 이 값을 aCar 객체의 carID 필드값으로 저장

104) 클래스 로드는 특정 클래스가 처음 사용되면 JVM이 JVM 메모리에 클래스를 로드하여 클래스 필드를 초기화시키고 클래스 메소드를 수행할 수 있게 한다. 클래스가 로드된 후 객체가 생성될 수 있다.

- 《 aCar.carName = "소나타"; aCar.yearMade = 2016; 》에서 aCar 객체의 carName과 yearMade 필드값 저장
- Car 클래스와 Car 객체의 모습은 다음과 같음

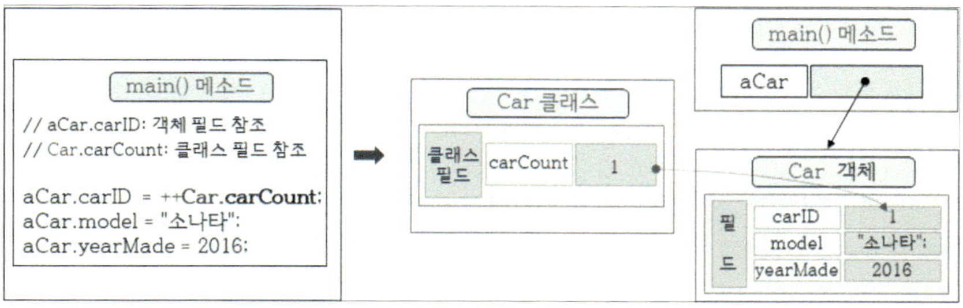

❑ 클래스 필드의 용도

객체 필드와 클래스 필드를 구분하여 선언하는 것은 처음에는 아주 혼란스럽다. 그러나 클래스 필드도 Java에서 중요한 역할을 담당하므로 필요성과 용도를 잘 이해하여 활용할 수 있어야 한다.

객체 필드로 선언하지 않고 클래스 필드를 선언하는 경우를 몇 가지 보면 다음과 같다.

- 공유용 클래스 필드
  - 모든 객체가 동일한 값의 필드 가질 경우로, 객체별로 필드 가지게 하지 않고 하나의 클래스 필드로 선언
  - 클래스의 모든 객체가 그 값을 공유할 수 있게 함
- 디폴트용 클래스 필드
  - 특정 객체 필드의 디폴트 값 설정하는 경우로, 디폴트 값을 클래스 필드의 값으로 저장
  - 클래스 필드의 값이 변하지 않으면 final 필드로 선언
- 객체 관리용 클래스 필드
  - 실제로 가장 유효한 경우로, 그 클래스의 객체들에 대한 전체적인 관리를 위한 값 저장하는 필드
  - 한 클래스의 생성된 객체 개수를 유지 관리하거나 객체 생성될 때마다 클래스 차원에서 작업 수행하기 위한 값 저장하기 위한 필드

예제 6-4-2는 용도별 클래스 필드를 선언하는 프로그램이다.

예제 6-4-2 용도별 클래스 필드의 선언과 참조

```
class Car {
   // 모든 객체가 공유하는 값을 저장하는 공유용 클래스 필드: 자동차 색상을 나타냄
   static int RED=0, BLUE=1, GREEN=2, YELLOW=3, WHITE=4, BLACK=5;

   // 디폴트 값을 저장하는 디폴트용 클래스 필드: noDoors의 디폴트 값은 4
   static final int defaultNoDoors = 4;

   // 객체마다 부여될 값을 저장하는 객체 관리용 클래스 필드: 객체 생성되면 1씩 증가
   static int carCount = 0;

   int    carID;          // 자동차 ID
   String maker;          // 제조회사
   String model;          // 차종
   int    color;          // 색상
   int    noDoors;        // 문 개수

   // 매개변수 없는 객체 생성자: carID를 초기화시킴
   Car() {
      // 클래스 필드 carCount를 1 증가시켜 carID에 저장
      this.carID = ++Car.carCount;
   }

   // 제조회사, 차종, 색상이 주어지면 필드 초기화하는 객체 생성자
   Car(String maker, String model, int color) {
      this(); // 매개변수 없는 객체 생성자 호출

      this.maker = maker;
      this.model = model;
      this.color = color;
      this.noDoors = Car.defaultNoDoors;    // 문 개수를 디폴트 개수로 초기화
   }

   // 제조회사, 차종, 색상, 문 개수 주어지면 필드를 초기화하는 객체 생성자
   Car(String maker, String model, int color, int noDoors) {
      this(maker, model, color);             // 이미 선언된 객체 생성자 호출하여 초기화

      this.noDoors = noDoors;                // 문 개수는 주어진 개수로 초기화
   }

   public String toString() {
     return "carID:" + carID + ", maker:" + maker + ", model:" + model +
                                      ", color:" + color + ", noDoors:" + noDoors;
   }
}
```

```
class Ex6_4_2_CarMgmt {
    // 생성된 Car 객체들을 저장하여 관리하기 위한 객체 관리용 클래스 필드
    static Car[] cars = new Car[100]; // 100대의 Car 객체를 저장할 수 있는 배열

    public static void main(String[] args) {
        // Car 객체를 생성하여 cars[] 배열에 저장
        cars[0] = new Car("현대자동차", "소나타", Car.WHITE);
        cars[1] = new Car("기아자동차", "포르테", Car.YELLOW, 5);

        System.out.println("  * 클래스 필드 - YELLOW:" + Car.YELLOW +
                ", defaultNoDoors:" + Car.defaultNoDoors +  carCount:" + Car.carCount );
                                  ",
        System.out.println("  * car[0] - " + cars[0].toString());
        System.out.println("  * car[1] - " + cars[1].toString());
    }
}
```

실행결과	* 클래스 필드 - YELLOW:3, defaultNoDoors:4, carCount:2 * car[0] - carID:1, maker:현대자동차, model:소나타, color:4, noDoors:4 * car[1] - carID:2, maker:기아자동차, model:포르테, color:3, noDoors:5

프로그램 설명

- CarMgmt 클래스의 클래스 필드인 cars 배열변수
  - 《 static Car[] cars = new Car[100]; 》는 Car 객체들 저장하여 관리하기 위한 클래스 필드인 배열변수
  - main() 메소드 수행되어 carMgmt 클래스 로드되면 클래스 필드 cars의 기억장소가 할당되고 생성된 배열객체가 저장되어 CarMgmt 클래스 구성
- 여러 용도의 클래스 필드를 갖는 Car 클래스
  - Car 클래스는 공유용 클래스 필드, 디폴트용 클래스 필드, 객체 관리용 클래스 필드 가짐
  - 《 cars[0] = new Car("현대자동차", "소나타", Car.WHITE); 》 수행되면 처음으로 Car 클래스 사용되어 Car 클래스 로드되고 클래스 필드들 기억장소 할당되고 초기화
- Car 클래스의 객체 생성 및 객체 필드 초기화
  - 《 cars[0] = new Car("현대자동차", "소나타", Car.WHITE); 》에서 Car 객체 생성하고 객체 생성자를 통해 초기화한 후 생성된 객체를 cars[0]에 저장
  - 객체 생성자 수행과정에서 《 this.carID = ++Car.carCount; 》 수행되어 Car 클래스의 carCount 필드가 1 증가하고 이 값을 Car 객체의 carID에 저장
  - 《 cars[1] = new Car("기아자동차", "포르테", Car.YELLOW, 5); 》에서 Car 객체를 생성하고 객체 생성자를 통해 초기화한 후 생성된 객체를 cars[1]에 저장

- 객체 생성자 수행과정에서 《 this.carID = ++Car.carCount; 》 수행되어 Car 클래스의 carCount 필드 1 증가

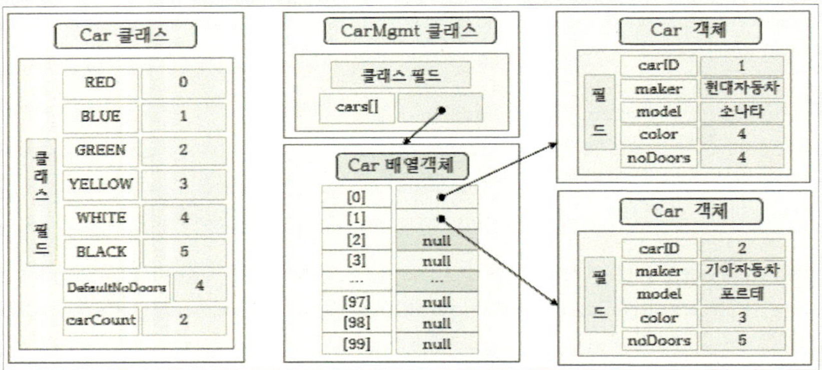

예제 6-4-2 프로그램에서 사용된 Car 클래스의 RED, BLUE, GREEN, YELLOW, WHITE, BLACK 등은 모든 객체에서 공유되는 값을 저장하는 공유용 클래스 필드이다. 특히 변하지 않은 값을 저장하는 클래스 필드이면 다음과 같이 final 키워드를 첨가하여 상수값 필드임을 나타낼 수 있다.

```
static final int RED = 0, BLUE = 1, GREEN=2, YELLOW=3, WHITE=4, BLACK=5;
```

클래스 필드 defaultNoDoors는 객체 생성 시 객체 필드 noDoors의 초기화 값을 주지 않을 때 이를 초기화시키기 위한 디폴트 값을 저장하는 디폴트용 클래스 필드이다.

Car 클래스의 carCount 변수와 CarMgmt 클래스의 cars 배열변수는 Car 클래스 객체의 전체적 관리를 위해 사용되는 클래스 변수이다. carCount는 Car 객체가 생성될 때마다 1씩 증가하며, 그 값을 객체 필드 carID의 값으로 저장하며, cars 배열변수에 생성된 Car 객체를 저장한다.

6.4.2 클래스 메소드

클래스 메소드는 static이 붙은 메소드이며, 클래스의 전체적인 관점에서 필요한 메소드이다. 5장에서 작성된 모든 메소드는 static이 명시된 클래스 메소드였다.

❑ 클래스 메소드 선언

클래스 메소드는 메소드 시그니처에 static을 명시한다. 다음은 5장에서 작성된 클래스 메소드들의 시그니처를 보여준다.

```
static int getCountDivisors(int n) { ... }
static void drawRightTriangle_BaseOf(char c, int base) { ... }
static void printCharInLine(char c, int n) { ... }
static void addPerson(String name, int age) { ... }
```

❑ 클래스 메소드의 호출

클래스 메소드는 객체에 의해서도 호출될 수도 있지만 대부분 클래스에 의해 호출되며, 객체를 생성하지 않고서 클래스 이름을 수신자로 하여 바로 호출할 수 있는 특징이 있다. 이에 반해 객체 메소드는 반드시 객체를 하나 이상 생성한 후 호출해야 한다. 다음은 클래스 메소드를 호출하는 예를 보여준다.

```
int cnt = DivisorsCount.getCountDivisors(100);    // 클래스 메소드의 수신자는 클래스
PersonsMgmt.addPerson("홍길동", 18);
```

❑ 클래스 메소드를 작성해야 하는 필요성

클래스 메소드를 선언하는 경우를 몇 가지 살펴보면 다음과 같다.

- 시작 메소드인 main() 메소드
  - Java 프로그램의 시작 메소드인 main() 메소드는 반드시 클래스 메소드로 선언해야 함
  - main() 메소드의 시그니처는 반드시 public static void main(String[] args)로 해야 함
- 기본 타입의 값 또는 이들 값의 배열을 처리하는 메소드
  - Java에서 int, float, char 등의 기본 타입의 값 또는 이들 값의 배열이 수신자가 되는 메소드를 선언할 수가 없음
  - 이 경우 객체 메소드가 아닌 클래스 메소드로 작성
  - 주어진 정수보다 큰 다음의 소수(prime number)를 반환하는 메소드의 경우 수신자가 int 타입의 값이 될 수 없으므로 클래스 메소드인 static int getNextPrimeNumber(int n)로 작성해야 하고, 이 메소드를 포함할 클래스도 작성해야 함
- 메소드만 갖는 클래스 선언
  - 객체 필드가 하나도 없으면서 여러 메소드를 갖는 클래스를 선언할 경우 클래스 메소드로 선언하는 것이 일반적
  - 대표적인 클래스가 java.lang.Math 클래스이며, java.lang.Math 클래스에는 필드가 하나도 없으며 모든 메소드가 static 키워드가 명시된 여러 클래스 메

소드들이 선언
• 객체를 생성하지 않고서 클래스 메소드를 호출할 수 있음
■ 수신자 없는 메소드 선언
• 이 경우 메소드는 클래스 메소드로 작성해야 함
• 수신자가 없는 대표적인 메소드로 java.lang.System 클래스의 exit(), initializeSystemClass() 등이 있으며, 이들 메소드는 클래스 메소드

Java 프로그램 작성에서 클래스 메소드를 결정하고 작성하는 능력은 객체 메소드를 결정하고 작성하는 능력만큼 중요하다. 이 작업은 public, private, protected 등 접근범위를 결정하는 것보다 어려우므로 많은 프로그래밍 연습이 필요하며, Java 프로그램을 읽고 분석하며 필요성을 이해하고 작성능력과 활용능력을 익혀야 한다.

❑ 스태틱 초기화 블록

객체 생성자는 객체 필드를 초기화하기 위해 제공된다. 이와 마찬가지로 클래스 필드를 초기화하기 위해 제공되는 것이 스태틱 초기화 블록이다. 스태틱 초기화 블록은 클래스 필드를 초기화가 단순히 변수 초기화만으로 할 수 없을 때 작성되며, 미리 선언된 클래스 필드, 클래스 메소드 또는 다른 클래스의 메소드를 이용하여 클래스 필드의 초기화를 수행한다.

스태틱 초기화 블록은 클래스가 처음으로 참조되어 클래스가 메모리에 로드될 때 자동적으로 수행된다[105]. 예제 6-4-3은 스태틱 초기화의 예를 보여준다.

예제 6-4-3 스태틱 초기화 블록

```
package ex6_4_3_static_init_block;

/*
 * FibonacciNumber: 피보나치 수를 구하기 위한 클래스
 *  o 피보나치 수(Fibonacci number): 다음 수가 앞 두 수의 합으로 이루어지는 수열
 *       0, 1, 1, 2, 3, 5, 8, 13, 21, 34, 55, ...
 *
 *  o 스태틱 초기화 블록
 *    - 클래스 필드를 단순히 변수 선언 시의 변수 초기화만으로 할 수 없을 때 작성
 *    - 키워드 static 다음의 블록 내에 수행될 작업 명시
 */
```

105) 스태틱 초기화 블록의 수행은 클래스 필드의 메모리 할당 및 값 초기화와 동일한 시점에서 이루어진다.

```
class FibonacciNumber {
   // 93은 long 타입으로 구할 수 있는 피보나치 수의 최대 개수
   static final int NOFIBONACCIS = 93;

   // 미리 구한 피보나치 수를 저장하는 배열
   static long[] fibonaccis = new long[NOFIBONACCIS];

   // 피보나치 수를 미리 구해 fibonaccis[] 배열에 저장하는 스태틱 초기화 블록
   static { // 스태틱 초기화 블록의 시작
      fibonaccis[0] = 0;        // 0번째 피보나치 수
      fibonaccis[1] = 1;        // 1번째 피보나치 수

      // 2번째부터 NOFIBONACCIS 번째까지 피보나치 수 구해 배열에 저장
      for (int i = 2; i < NOFIBONACCIS; i++) {
         fibonaccis[i] = fibonaccis[i - 2] + fibonaccis[i - 1];
      }
   }      // 스태틱 초기화 블록의 끝

   // n 번째 피보나치 수 반환하는 메소드: 배열에 미리 구해놓은 값 반환
   public static long getFibonacci(int n) {
      if (n >= 0 && n < NOFIBONACCIS)  // 0부터 NOFIBONACCIS-1 번째이면
         return fibonaccis[n];         //    배열에서 반환
      else
         return -1;                    //    범위 벗어나는 번째이면 -1 반환
   }
}

class Ex6_4_4_FiboApp {
   public static void main(String[] args) {
      System.out.println("\n\n");

      for (int i=-9; i <= 100; i++) {
         System.out.print(" " + i + ":" + FibonacciNumber.getFibonacci(i));
         if (i % 10 == 0)
            System.out.println();
      }
   }
}
```

프로그램 설명

- FibonacciNumber 클래스의 클래스 필드 할당 및 초기화
  - FiboApp 클래스의 main() 메소드 호출되어 FibonacciNumber 클래스가 처음으로 사용되면 클래스 로드되고 클래스 필드들의 기억장소 할당과 초기화 이루어짐
  - 《 static final int NOFIBONACCIS = 93; 》에서 클래스 필드 NOFIBONACCIS는

93으로 초기화

- 《 static long[] fibonaccis = new long[NOFIBONACCIS]; 》에서 생성한 long 배열객체를 클래스 필드 fibonaccis에 저장

■ 스태틱 초기화 블록 수행

- 클래스 필드 기억장소 할당 및 초기화 후 스태틱 초기화 블록 수행
- for 문에 의해 fibonaccis 배열변수의 각 원소에 피보나치 수 저장
- 나중에 getFibonacci() 메소드에서 참조될 수 있도록 준비됨

스태틱 초기화 블록은 사용빈도가 높지 않으므로 다른 중요한 것들을 이해한 후 이해해도 되는 사항이다.

6.5 변수의 분류

변수는 프로그램에서 가장 기본적인 요소이며, 데이터를 저장할 수 있는 기억장소에 대해 부여된 하나의 이름이다. 변수가 선언되면 변수에 대한 기억장소가 할당되며 할당된 기억장소에 데이터를 저장하고 변경할 수 있다. 실제 CPU가 기억장소를 접근할 때 기억장소의 주소를 이용하지만, 고급 프로그래밍 언어에서 데이터를 접근할 때 데이터의 의미를 나타내는 변수를 사용한다.

Java에서 변수는 다음의 여러 관점에서 분류할 수 있다.

- 선언 위치: 지역변수, 형식매개변수, 필드
- 저장 값 종류: 단순변수, 참조변수
- 기억장소 할당시점: 정적(static) 변수, 동적(dynamic) 변수
- 값 변경 가능 여부: final 변수, non-final 변수

참조변수는 참조하는 대상에 따라 객체 참조변수와 배열변수로 분류된다. 한편 변수 중 필드는 또다시 다음과 같이 분류한다.

- 접근범위: public 필드, private 필드, protected 필드, package 필드
- 상태표현 대상: 클래스 필드, 객체 필드

이러한 변수의 다양하고 복잡한 분류체계를 명확히 이해하기는 쉽지 않다. 그러나 반드시 이해해야할 사항들이다. [그림 6-2]는 변수 분류를 보여준다.

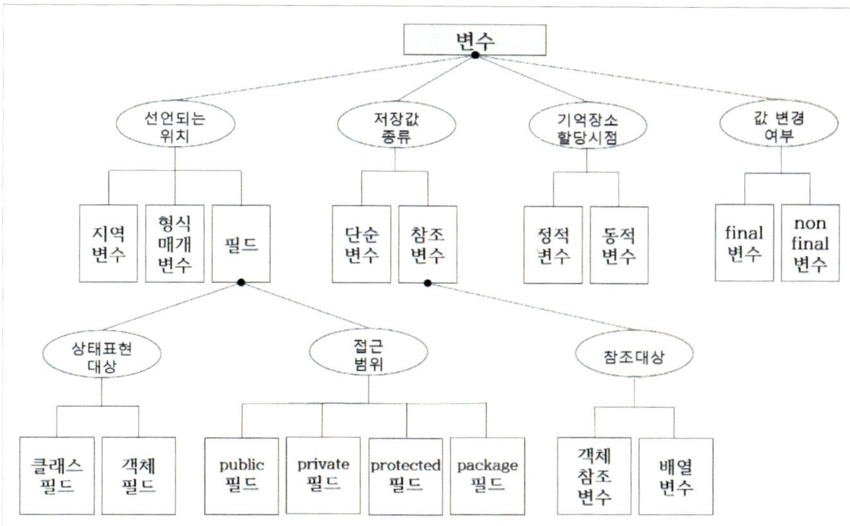

[그림 6-2] Java 변수의 분류

6.5.1 선언위치에 따른 분류: 지역변수, 형식매개변수, 필드

선언되는 위치에 따라 변수를 분류하면 지역변수, 형식매개변수, 필드로 나누어진다. [표 6-14]는 변수 종류별 선언위치, 할당시점, 가용 기간, 초기화 등의 특징을 보여준다.

구분	지역변수	형식매개변수	필드
선언 위치	메소드의 내부	메소드의 시그니처	메소드의 외부
기억장소 할당시점	메소드 수행될 때	메소드 수행될 대	객체 생성될 때
기억장소 해제시점	메소드 종료될 때	메소드 종료될 때	쓰레기 수집될 때
가용 기간	메소드 수행되는 동안	메소드 수행되는 동안	객체 생성부터 해제까지
가용 범위	메소드 내부에서만	메소드 내부에서만	클래스의 모든 메소드와 접근범위에 따른 접근
자동적 초기화	자동적 초기화 안 됨, 반드시 초기화해야 함	전달된 실매개변수로 자동적 초기화	타입에 따라 디폴트 값으로 초기화

[표 6-14] 지역변수, 형식매개변수, 필드 등 변수의 특징

❑ 지역변수

지역변수는 메소드 내부에서 선언되는 변수로, 메소드를 수행할 때 기억장소가 할당되고 메소드를 종료할 때 제거된다. 지역변수는 메소드가 수행되는 동안 선언된

메소드 내부에서만 사용될 수 있다. 지역변수는 자동적으로 초기화가 이루어지지 않으므로 반드시 초기화를 시킨 후 사용해야 한다.

지역변수를 초기화하지 않고 사용하면 컴파일 오류가 발생한다. 그러므로 지역변수는 반드시 변수 선언 시 초기화를 하든지 값을 대입한 후 사용해야 한다. C 언어에서 초기화가 안 된 지역변수 값을 출력해보면 이상한 쓰레기 값이 출력되지만, Java에서 모든 변수는 값이 저장된 후 사용되므로 쓰레기 값이 출력되지 않는다.

❑ 형식매개변수

형식매개변수는 메소드의 시그니처에 명시된 변수이며, 메소드를 수행할 때 기억장소가 할당되고 메소드를 종료할 때 제거된다. 형식매개변수도 메소드가 수행되는 동안 메소드 내부에서만 사용될 수 있는 점은 지역변수와 같으나, 초기화가 이루어지는 점이 지역변수와 다르다.

형식매개변수는 메소드를 호출할 때 주어지는 실매개변수 값으로 초기화되는데, 이를 실매개변수의 전달이라고 한다.

❑ 특별한 형식매개변수인 this

Java에서 객체 메소드가 호출되어 메소드 수신자가 객체일 경우 수신자 객체가 this라는 특별한 형식매개변수에 전달되며, this는 메소드 구현에서 수신자 객체 자체를 나타낸다. this는 명시적 수신자 매개변수로 선언되거나 형식매개변수로 선언되지 않아도 된다. 메소드 구현에서 필드나 메소드를 참조할 때 this가 도트 표기형식으로 사용된다. 한편, this는 지역변수나 형식매개변수와 혼동이 없는 경우 생략될 수도 있다.

본서의 프로그램에는 this를 가능하면 생략하지 않고 표시한다. 그러나 대부분의 다른 Java 프로그램에는 this를 생략한다. this가 생략되면 지역변수, 형식매개변수, 필드의 구별이 어려우므로 세밀히 살펴보아야 한다.

❑ main() 메소드의 형식매개변수인 args

main() 메소드의 시그니처 《 public static void main(String[] args) 》에 명시된 args도 형식매개변수이다. 형식매개변수는 반드시 실매개변수가 전달되므로 args도 실매개변수로부터 전달된 값을 갖는다. 그런데, main() 메소드의 형식매개변수 args의 실매개변수는 그 어디에도 보이지 않는다.

args를 제대로 이해하려면 main() 메소드가 호출되어 수행되는 방식을 알아야 한다. Java 프로그램을 수행하려면 우선 Java 인터프리터를 수행시켜야 한다. Java 인터프리터는 JDK에 포함된 실행 파일로, 파일명이 java.exe이며 자바 가상기계라고도 한다. java.exe를 수행시킬 때 main() 메소드를 포함하는 Java 클래스 이름을 명시하면 그 클래스의 main() 메소드가 수행된다.

Java 프로그램을 수행시킬 때 여러 문자열 정보를 Java 프로그램으로 전달하고, Java 프로그램은 전달된 외부 문자열 정보를 이용하여 초기화 작업을 수행할 수 있다. 외부 문자열 정보를 전달하는 방법은 명령어 라인에 문자열 정보를 직접 명시하거나 Eclipse에서 문자열 정보를 별도로 명시할 수 있다.

명령어 라인에 명시된 문자열 정보들은 main() 메소드의 형식매개변수인 String 타입의 배열변수 args로 전달된다. 예를 들어, 명령어 라인에 다음과 같은 명령이 주어지면 명령어 라인에 주어진 문자열들이 Java 프로그램으로 전달되어 수행된다.

```
C:〉 java PrintMainArgs Hi! "My name" is "Hong Gildong" in "Seoul Korea"
```

- 명령어 라인에 주어진 명령
  - java: Java 프로그램 수행하는 Java 가상기계인 java.exe
  - PrintMainArgs: main() 메소드 포함된 Java 클래스 이름
  - **Hi! "My name" is "Hong Gildong" in "Seoul Korea"**: main() 메소드의 형식매개변수 args에 전달되는 실매개변수인 문자열 정보
- main() 메소드의 형식매개변수 args에 매개변수 전달
  - Hi!", "My name", "is", "Hong Gildong", "in", "Seoul Korea" 는 args(String 배열)의 원소로 전달
  - 《 args[0] = "Hi!"; args[1] = "My name"; args[2] = "is";
    args[3] = "Hong Gildong"; args[4] = "in"; args[5] = "Seoul Korea"; 》 결과

예제 6-5-1 프로그램은 외부에서 프로그램으로 전달된 문자열을 출력한다.

예제 6-5-1 외부에서 Java 프로그램으로 문자열 정보 전달

```
package ex6_5_1_main_args;

// PrintMainArgs: 외부에서 프로그램으로 전달된 문자열 정보 출력하기
class Ex6_5_1_PrintMainArgs {
   // main() 메소드의 args[]: 외부의 문자열 정보를 프로그램으로 전달하는 형식매개변수
   public static void main(String[] args) {
```

```
        if (args.length == 0) // args.length는 args[] 배열의 원소 개수를 저장하는 필드
            System.out.println("  ** 외부에서 전달된 문자열 정보가 없음 **");
        else {
            System.out.println("  ** 외부에서 전달된 문자열 정보 개수: " + args.length
                                + " ** \n\n");

            for (int i = 0; i < args.length; i++)
                System.out.println("  * " + (i + 1) + "번째 전달된 정보: " + args[i]);
        }
    }
}
```

실행결과

```
** 외부에서 전달된 문자열 정보 개수: 6 **

* 1번째 전달된 정보: Hi!
* 2번째 전달된 정보: My name
* 3번째 전달된 정보: is
* 4번째 전달된 정보: Hong Gildong
* 5번째 전달된 정보: in
* 6번째 전달된 정보: Seoul Korea
```

프로그램 설명

- Eclipse에서 프로그램으로 문자열 정보 전달하는 방법
  - Windows의 명령 프롬프트 상에서 Java 프로그램 수행해도 되지만 매우 불편함
  - Eclipse에서 Java 프로그램으로 문자열 정보 전달할 수 있음
  - Eclipse의 Run ⇒ Run Configurations... ⇒ Run Configurations 창이 뜸
    ⇒ Main 탭에서 《 Main class: 》 오른쪽의 search 클릭하여
      ex6_5_1_main_args.Ex6_5_1_PrintMainArgs 찾아 클릭
    ⇒ (x)= Arguments 탭 클릭 ⇒ 《Program arguments: 》창에 Hi! "My name"
      is "Hong Gildong" in "Seoul Korea" 입력
    ⇒ Run 클릭하면 실행결과가 console 뷰에 출력

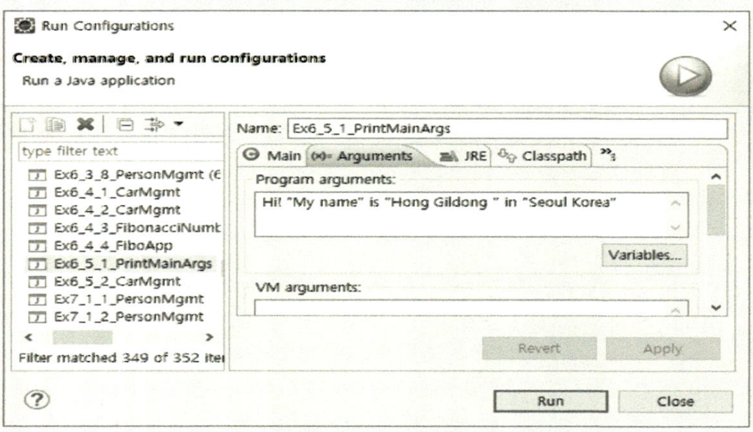

❑ 필드

필드는 클래스 내부이면서 메소드 외부에서 선언된 변수이며, 멤버변수라고도 한다. 필드는 객체 필드와 클래스 필드가 있으며, 객체 필드는 객체를 생성할 때 기억장소가 할당되고, 객체가 사용되지 않게 되면 기억장소가 해지될 수도 있다. 클래스 필드는 클래스가 로드될 때 기억장소가 할당되고 클래스가 언로드될 때 제거된다.

기본적으로 필드는 선언된 클래스의 모든 메소드에서 사용될 수 있다. 다른 클래스에서 필드 참조 가능 여부는 필드의 접근범위를 나타내는 수식어 public, private, protected 등에 의해 결정된다.

필드는 선언된 타입에 따라 자동적인 초기화가 이루어진다. 필드의 타입에 따라 초기화되는 디폴트 값은 [표 6-15]와 같다.

필드의 타입	디폴트 값
boolean	false
byte	0
char	'\u0000'
short	0
int	0
long	0L
float	0.0F
double	0.0
배열 타입	null
클래스 타입	null

[표 6-15] 필드의 자동적 초기화 디폴트 값

❑ 지역변수, 형식매개변수, 필드의 구분

다음의 메소드에서 지역변수, 형식매개변수, 필드를 구별해보자.

```
public int findMax(int n) {                  // n: 형식매개변수, 실매개변수 값으로 초기화
   int maxpos = 0;                           // maxpos: 지역변수

   for(int i = 1; i <= n; i++)               // i: for 문 내에서만 사용되는 지역변수
      if (this.data[maxpos] < this.data[i])  // this: 수신자 형식매개변수
                                             // this.data: 필드인 배열변수

         maxpos = i;

      return maxpos;
```

```
    }
}
```

- 지역변수: maxpos, i
  - i는 for 문 내에서만 사용되는 지역변수
- 형식매개변수: n, this
  - 시그니처에 선언된 n은 실매개변수가 전달되어 초기화
  - this는 수신자를 참조하는 형식매개변수이며, 선언되지 않지만 사용 가능
- 필드: data 배열변수
  - 메소드에서 선언되지 않은 data 배열변수는 필드

6.5.2 저장되는 값의 종류에 따른 분류: 단순변수와 참조변수

저장되는 값의 종류에 따라 변수는 단순변수(simple variable)와 참조변수(referencing variable)로 나누어진다.

❑ 단순변수

단순변수는 byte, char, short, int, long, float, real, boolean 등 Java의 기본 타입(primitive type)의 값을 저장하는 변수이다. 단순변수를 선언할 때 기본 타입과 변수 이름을 명시한다.

❑ 참조변수

참조변수는 객체를 참조하는 값을 저장하는 변수이다. 참조변수는 참조하는 대상에 따라 객체를 참조하는 객체 참조변수와 배열을 참조하는 배열변수로 구분된다. 특히 Java에서 배열도 특별한 객체로 취급된다. 객체의 생성과 마찬가지로 배열을 생성하면 이를 참조하는 값이 반환되며, 배열의 객체 참조값은 배열변수에 저장될 수 있다. 배열객체를 참조하는 값을 저장하는 변수가 배열변수이다.

6.5.3 기억장소 할당 시점에 따른 분류: 정적 변수와 동적 변수

세 번째로, 변수는 기억장소가 할당되는 시점에 따라 정적(static) 변수와 동적(dynamic) 변수로 나누어진다.

정적 변수는 Java 클래스가 처음 사용될 때 기억장소가 할당되는 변수이며, 필드 중 키워드 static이 붙은 변수가 정적 변수이다. 정적 변수는 프로그램의 수행이 끝날 때까지 계속 유지되는 정적인 특성을 가지므로 정적 변수라 하며, 특별히 클

래스의 상태를 나타내는 변수이므로 클래스 변수라고도 한다.

동적 변수는 프로그램이 수행된 후 특정 시점에서 메모리가 할당되고 프로그램이 종료하기 전에 제거될 수 있는 변수를 말한다. Java에서 키워드 static이 명시되지 않은 모든 필드, 메소드 시그니처에 선언된 형식매개변수, 메소드 수신자를 전달받는 this, 메소드 내에서 선언된 지역변수 등이 동적 변수이다.

동적 변수의 기억장소가 할당되는 시점과 초기화 여부는 다음과 같다.

- 객체 필드: new 연산자에 의해 객체 생성될 때 객체 필드 기억장소 할당되며, 필드 종류에 따라 디폴트 값으로 자동적 초기화 이루어짐
- 형식매개변수: 메소드 호출되는 시점에서 기억장소 할당되고, 호출 시 주어지는 실매개변수 값이 저장되어 초기화
- 지역변수: 메소드 수행되면 기억장소 할당되고, 초기화되지 않음

한편 객체 필드는 힙 영역에 메모리가 할당되며, 형식매개변수와 지역변수는 시스템 스택에 기억장소가 할당되며, 메소드의 수행이 끝나면 기억장소가 해제된다.

6.5.4 변수 값 변경 가능 여부에 따른 분류: final 변수와 non-final 변수

❑ final 변수

원래 변수는 값을 변경할 수 있는 것이 원칙이다. 그러나 변수에 고정된 값을 저장하여 이를 지속적으로 사용하는 것이 도움이 될 때가 많다. 이를 위해 한번 값을 저장하면 변경할 수 없는 변수인 final 변수가 제공된다.

변수 선언에서 키워드 final이 붙은 변수가 final 변수이다. final 변수는 값이 한번 저장되면 바뀔 수 없으며, 새로운 값을 저장하면 오류가 발생한다. 보통 final 변수는 선언할 때 초기값을 저장한다.

변수 선언 후 대입문에서 final 변수의 값을 저장할 수도 있다. 그러나 단 한 번만 값을 저장할 수 있고 값을 다시 변경할 수는 없다. final 변수에 2번 이상 값을 저장하면 오류가 발생한다.

다음은 final 변수의 예를 보여준다.

```
// 다국어를 지원할 경우 언어별 필요한 정보는 final 변수로 설정
static final int KOR = 0, ENG = 1, JAP = 2;
static final String[] welcomeMESSAGE = { "환영합니다", "Welcome", "歓迎します" };
static final String[][] bankMENU = {
                    { "계좌 조회", "입금", "출금", "이체" },
                    { "Checking account", "Deposit", "Withdrawal", "Transfer" },
                    { "口座の照会", "入金", "出金", "移替" } };

// final 변수는 변수 초기화 또는 대입문으로 초기값 저장 가능하지만, 단 한번만 가능
static final int year = 2019;  // 변수 초기화
static final int daysOfFeb;    // 다음의 대입문에서 초기값 저장
static {
   if (year % 4 == 0 && year % 100 != 0 || year % 400 == 0)
      daysOfFeb = 29;          // 대입문에서 초기값 저장: 윤년이면 2월 날수는 29일
   else
      daysOfFeb = 28;          // 대입문에서 초기값 저장: 윤년 아니면 2월 날수는 28일
}
```

❑ non-final 변수

변수 선언에서 final이 명시되지 않으면 값을 변경할 수 있는 non-final 변수이다. 대부분 변수는 당연히 non-final 변수이다.

6.5.5 필드의 분류

필드는 클래스의 내부, 메소드의 외부에서 선언되며, 객체의 상태 또는 클래스의 상태를 나타내는 변수이다. 필드는 그 변수가 선언된 클래스의 모든 메소드에서 접근할 수 있으며, private 필드가 아닌 경우 다른 클래스의 메소드에서도 접근할 수 있다.

지역변수와 형식매개변수는 선언된 메소드에서만 접근할 수 있지만, 필드는 여러 메소드에서 접근 가능하므로 전역변수(global variable)의 역할을 수행한다.

전역변수의 장점은 하나의 변수를 여러 메소드에서 공유할 수 있다는 것과 매개변수를 통하지 않고 여러 메소드로 값을 전달하는 효과를 가진다는 것이다. 한편 전역변수는 여러 메소드에서 값을 참조하고 변경할 수 있어 부작용(side effect)이 발생할 수 있으므로 전역변수의 변경에 주의를 기울여야 한다.

필드도 필드의 접근범위에 따라서 [그림 6-3]과 같이 public 필드, private 필드,

protected 필드, package 필드로 나누어지며, 필드가 나타내는 상태가 객체인지 클래스인지에 따라 객체 필드와 클래스 필드로 나누어진다.

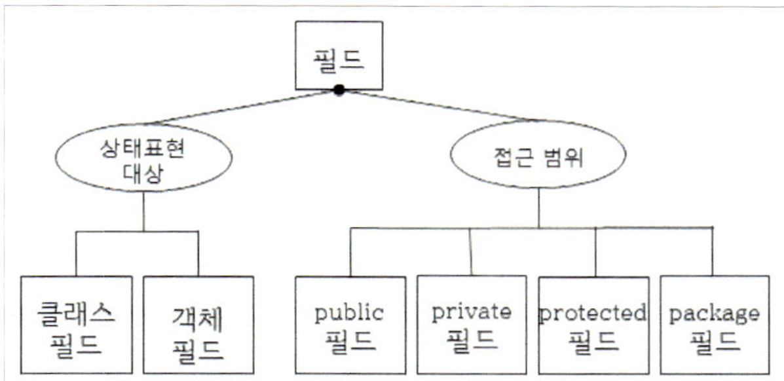

[그림 6-3] 필드의 분류

❑ 필드의 접근범위에 따른 분류: public 필드, private 필드, protected 필드, package 필드

필드의 접근범위를 설정하는 것은 객체에 대한 캡슐화를 지원하는 기능으로 매우 중요하다. 객체 내부의 데이터를 외부에서 함부로 접근하여 변경하면 중대한 문제가 발생할 경우 접근범위를 제한하여 외부에서 접근을 차단하고 내부의 정보를 숨기면서 보호할 수 있기 때문이다.

접근범위를 나타내는 키워드에 따라 필드는 다음과 같이 public 필드, private 필드, protected 필드, package 필드로 분류된다.

- public 필드
  - 키워드 public 명시된 필드
  - 선언된 클래스를 참조할 수 있는 모든 클래스에서 접근 가능
- private 필드
  - 키워드 private 명시된 필드
  - 선언된 클래스 내에서만 접근 가능
  - 다른 클래스 메소드에서 private 필드의 값 접근 또는 변경 시 오류 발생
- protected 필드:
  - 키워드 protected 명시된 필드
  - 선언된 클래스와 같은 패키지의 클래스 또는 하위 클래스에서 접근 가능
- package 필드:
  - public, private, protected 등 접근범위 결정 키워드 명시되지 않은 필드
  - 선언된 클래스와 같은 패키지에 포함되는 모든 클래스에서 접근 가능

[표 6-16]은 필드의 접근범위에 따른 접근 가능한 클래스들을 표시한다.

필드의 접근범위	public 필드	private 필드	protected 필드	package 필드
선언된 클래스 내의 메소드	○	○	○	○
동일한 패키지의 클래스	○	×	○	○
다른 패키지의 하위 클래스	○	×	○	×
다른 패키지의 클래스	○	×	×	×

[표 6-16] 접근범위에 따른 필드 접근 가능 여부

❑ static 여부에 따른 분류: 클래스 필드와 객체 필드

필드는 static 키워드가 붙는가 붙지 않는가에 따라 클래스 필드와 객체 필드로 나누어진다. 키워드 static이 붙은 클래스 필드는 정적 변수로 클래스의 상태를 나타내기 위한 변수이며, 키워드 static이 붙지 않은 객체 필드는 동적 변수로 객체의 상태를 나타내기 위한 변수이다.

클래스 필드는 클래스마다 하나가 할당되며, 클래스 이름으로도 참조할 수 있고 그 클래스의 객체도 참조할 수 있다. 그러므로 클래스 필드의 참조는 《 클래스이름.필드 》 또는 《 객체참조변수.필드 》 형식으로 이루어진다.

한편 객체 필드는 객체가 생성될 때마다 하나씩 할당된다. 객체 필드의 참조는 《 객체참조변수.필드 》 형식으로 이루어진다.

6.6 메소드의 분류

Java 메소드도 메소드의 특성을 나타내는 수식어 public, private, protected, static, abstract, final에 의해 분류된다. 메소드 분류에는 호출범위에 따른 분류, 행동 표현대상에 따른 분류, 오버라이딩 여부에 따른 분류, 메소드 구현 여부에 따른 분류 등이 있다.

[그림 6-4]는 메소드의 분류를 보여준다.

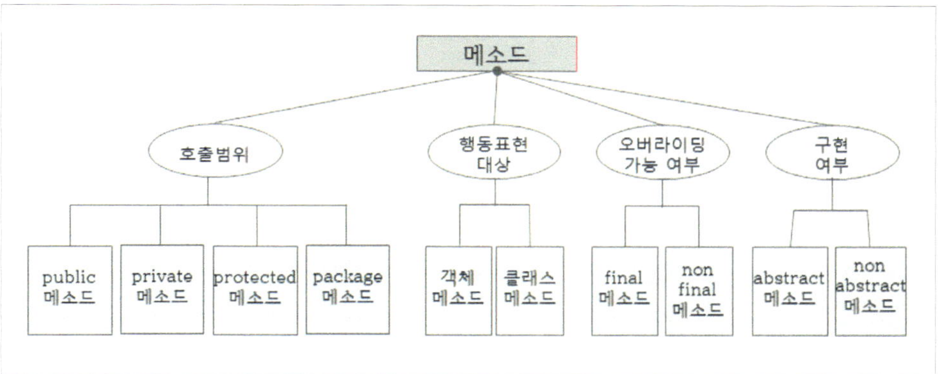

[그림 6-4] 메소드의 분류

6.6.1 메소드의 호출범위에 따른 분류: public 메소드, private 메소드, protected 메소드, package 메소드

필드의 접근범위와 마찬가지로 메소드의 호출범위를 설정하는 것은 객체에 대한 캡슐화를 지원하는 기능이다. 메소드 중 일부를 호출하지 못하도록 제한하여 외부에서 호출을 차단하고, 허가된 메소드만을 외부에서 호출하게 한다.

호출범위를 나타내는 키워드에 따라 메소드는 다음과 같이 분류된다.

- public 메소드: 키워드 public 명시된 메소드
  - 선언된 클래스 참조할 수 있는 모든 클래스에서 호출 가능
  - 이 메소드는 외부에 공개되는 메소드
- private 메소드: 키워드 private 명시된 메소드
  - 선언된 클래스 내의 메소드에서만 호출 가능
  - 다른 클래스의 메소드에서 호출하면 컴파일 시 오류 발생
  - 이 메소드는 외부에 은폐되는 메소드
- protected 메소드: 키워드 protected 명시된 메소드
  - 선언된 클래스와 같은 패키지의 클래스 또는 하위 클래스에서 호출 가능
  - 이 메소드는 같은 패키지의 클래스와 하위 클래스에 공개
- package 메소드: public, private, protected 등 호출범위 결정 키워드 명시되지 않은 메소드
  - 선언된 클래스와 같은 패키지에 포함되는 클래스에서 호출 가능

[표 6-17]은 메소드의 호출범위에 따른 접근 가능한 메소드들을 표시한다.

메소드의 호출범위	public 메소드	private 메소드	protected 메소드	package 메소드
선언된 클래스 내의 메소드	○	○	○	○
동일한 패키지의 클래스	○	×	○	○
다른 패키지의 하위 클래스	○	×	○	×
다른 패키지의 클래스	○	×	×	×

[표 6-17] 호출범위에 따른 메소드 호출 가능 여부

특히 주의해야 할 것이 객체 생성자에 대한 호출범위를 지정하는 것이다. 만약 객체 생성자의 호출범위가 private로 결정되면 이 객체 생성자를 외부에서 호출할 수 없으므로 외부에서 이 객체 생성자를 통해 객체를 생성할 수 없다.

메소드의 호출범위를 이렇게 여러 가지로 나눈 것이 처음에는 당연히 복잡하고 보이고 성가시게 보일 것이다. 그리고 정말 이러한 것들이 필요할까 하는 의문도 들 것이다. 그러나 조금만 익숙해지면 별로 복잡하지 않고 아주 유용하다는 것을 알게 된다. 왜냐하면, 이것이 바로 캡슐화를 제공하는 방법이기 때문이다.

다시 정리하면, 메소드의 호출범위를 결정하는 키워드로 public, private, protected가 있으며, 호출범위 키워드가 생략된 메소드는 package 메소드이다. public 메소드는 다른 모든 클래스에서 호출될 수 있으며, private 메소드는 메소드가 선언된 클래스 내에서만 호출될 수 있다. protected 메소드는 같은 패키지의 클래스와 하위 클래스에서 호출될 수 있다. package 메소드는 같은 패키지에 속하는 클래스들에서 호출될 수 있다.

6.6.2 static 여부에 따른 분류: 클래스 메소드와 객체 메소드

필드는 static 키워드가 붙는가 붙지 않는가에 따라 클래스 필드와 객체 필드로 나누어지는 것을 보았다. 메소드도 키워드 static 여부에 따라 클래스 메소드와 객체 메소드 2가지로 나누어진다.

- 클래스 메소드: 시그니처에 static이 명시된 메소드
  - static 메소드라고도 함
  - 객체에 의해 호출될 수도 있으나 대개 클래스에 의해 호출
  - 객체가 생성되지 않고서도 호출될 수 있음
- 객체 메소드: 시그니처에 static이 명시되지 않은 메소드
  - non-static 메소드라고도 함

- 객체에 의해서만 호출될 수 있음
- 반드시 객체가 생성된 후 호출되어야 함

객체 메소드와 클래스 메소드의 차이점은 다음의 4가지이다.

- 첫째, 객체 메소드는 static 키워드가 붙지 않으며 클래스 메소드는 static 키워드가 붙음
- 둘째, 객체 메소드의 수신자는 객체이며, 클래스 메소드의 수신자는 클래스 또는 객체. 그러므로 클래스 메소드는 그 클래스의 객체가 생성되지 않아도 호출될 수 있지만, 객체 메소드는 반드시 객체가 생성된 후 호출될 수 있음
- 셋째, 또 하나의 큰 차이점은 객체 메소드에서 그 메소드가 소속된 클래스의 모든 필드를 접근할 수 있는 데 반해, 클래스 메소드에서 그 메소드가 소속된 클래스의 필드 중에서 클래스 필드만 접근할 수 있음
- 넷째, 객체 메소드가 호출되면 메소드의 수신자 객체가 메소드 구현의 this로 전달되지만, 클래스 메소드의 수신자는 this로 전달되지 않음

6.6.3 오버라이딩 여부에 의한 분류: final 메소드와 non-final 메소드

메소드 수식어에 키워드 final이 있다. 이 수식어가 붙은 final 메소드는 하위 클래스에서 오버라이딩될 수 없는 메소드이다. 메소드 오버라이딩은 아직 설명되지 않았는데, 하위 클래스에서 상위 클래스의 메소드를 재선언하는 것을 말한다.

키워드 final이 붙지 않은 non-final 메소드는 오버라이딩될 수 있는 메소드로, 하위 클래스에서 이 메소드를 재선언할 수 있다. 메소드 오버라이딩에 대해서도 나중에 자세히 살펴볼 것이다.

6.6.4 메소드 구현 여부에 의한 분류: abstract 메소드와 non-abstract 메소드

메소드 수식어 abstract가 붙은 메소드는 abstract 메소드로, 메소드 구현이 작성되지 않으며 시그니처만 주어진다. abstract 메소드의 구현은 하위 클래스에서 작성된다. 특히 abstract 메소드가 포함된 클래스는 반드시 abstract 클래스로 선언해야 한다. abstract 메소드는 하위 클래스에서 자세히 살펴볼 것이다.

메소드 선언에서 abstract가 명시되지 않은 메소드는 non-abstract 메소드로, 메

소드 시그니처와 메소드 구현이 모두 갖추어진다. 지금까지 작성한 모든 메소드는 non-abstract 메소드이다.

6.6.5 접근범위 지정한 프로그램 예제

예제 6-5-2는 예제 6-4-2 프로그램에 대해 접근범위를 상세하게 지정한 프로그램이다.

예제 6-5-2 용도별 클래스 필드의 선언과 참조

```
package ex6_5_2_class_with_modifiers;

public class Car {
   // 모든 객체가 공유하는 값을 저장하는 공유용 클래스 필드: 자동차 색상을 나타냄
   public static int RED=0, BLUE=1, GREEN=2, YELLOW=3, WHITE=4, BLACK=5;

   // 디폴트 값을 저장하는 디폴트용 클래스 필드: noDoors의 디폴트 값은 4
   public static final int defaultNoDoors = 4;

   // 객체마다 부여될 값을 저장하는 객체 관리용 클래스 필드: 객체 생성되면 1씩 증가
   private static int carCount = 0;  // 이 필드는 이 클래스 내에서만 접근 가능

   // 접근범위 수식어 생략 필드는 package 접근범위, 같은 패키지에서 접근 가능
   int carID;            // 자동차 ID
   String maker;         // 제조회사
   String model;         // 차종
   int    color;         // 색상
   int    noDoors;       // 문 개수

   // 매개변수 없는 객체 생성자: carID 초기화시킴
   private Car() {       // 이 객체 생성자는 이 클래스 내에서만 접근 가능
      // 클래스 필드 carCount를 1 증가시켜 carID에 저장
      this.carID = ++Car.carCount;
   }

   // 제조회사, 차종, 색상이 주어지면 필드 초기화하는 객체 생성자
   public Car(String maker, String model, int color) {
      this();            // 매개변수 없는 객체 생성자 호출

      this.maker = maker;
      this.model = model;
      this.color = color;
      this.noDoors = Car.defaultNoDoors;        // 문 개수를 디폴트 개수로 초기화
   }
```

```
    // 제조회사, 차종, 색상, 문 개수 주어지면 필드를 초기화하는 객체 생성자
    public Car(String maker, String model, int color, int noDoors) {
        this(maker, model, color);              // 이미 선언된 객체 생성자 호출하여 초기화
        this.noDoors = noDoors;                 // 문 개수는 주어진 개수로 초기화
    }

    public String toString() {
        return "carID:" + carID + ", maker:" + maker + ", model:" + model +
               ", color:" + color + ", noDoors:" + noDoors;
    }
}

class Ex6_5_2_CarMgmt {
    // 생성된 Car 객체들을 저장하여 관리하기 위한 객체 관리용 클래스 필드
    static Car[] cars = new Car[100];           // 100대의 Car 객체를 저장할 수 있는 배열

    public static void main(String[] args) {
        // Car 객체를 생성하여 cars[] 배열에 저장
        cars[0] = new Car();
        cars[1] = new Car("현대자동차", "소나타", Car.WHITE);
        cars[2] = new Car("기아자동차", "포르테", Car.YELLOW, 5);

        System.out.println("  * 클래스 필드 - YELLOW:" + Car.YELLOW +
                           ", defaultNoDoors:" + Car.defaultNoDoors +
                           ", carCount:" + Car.carCount );
        System.out.println("  * car[0] - " + cars[0].toString());
        System.out.println("  * car[1] - " + cars[1].toString());
    }
}
```

실행결과	[오류를 수정해야 실행할 수 있음]

프로그램 설명

- Car 클래스의 필드와 메소드에 접근범위를 나타내는 키워드 명시
  - 《 **public** class Car; 》: 다른 모든 클래스에서 이 클래스 접근 가능
  - 《 **public** static int RED=0, ... 》: 다른 모든 클래스의 메소드에서 이 필드들 접근 가능
  - 《 int carID; String maker; ... 》: 접근범위를 나타내는 키워드가 생략되면 package 접근범위로 같은 패키지의 클래스에서 접근 가능
  - 《 **private** static int carCount = 0; 》: 이 필드는 이 클래스에서만 호출 가능
  - 《 **private** Car() { ... } 》: 이 객체 생성자는 이 클래스에서만 호출 가능
  - 《 **public** Car(String maker, ...) 》: 이 객체 생성자는 다른 클래스에서 호출 가능

■ CarMgmt 클래스에서 Car 클래스 필드와 메소드 접근
- private로 지정된 필드와 객체 생성자는 접근 불가능하므로 다음에서 오류 발생
- cars[0] = new Car();   // 오류: Car() 객체 생성자는 private 메소드
- Car.carCount   // 오류: Car.carCount는 private 필드
- Eclipse에서 문장 왼쪽에 오류 표시 나타나고, 오류 표시 클릭하면 다음 오류 메시지 보임
  - The constructor Car() is not visible
  - The field Car.carCount is not visible

❑ 맺으면서

Java를 배우는 많은 학습자는 C 언어를 먼저 배우는 경우가 많으며, C 언어를 이해하면 Java 초기 학습에서 매우 큰 도움이 된다.

C 프로그램을 작성할 때 프로그램에서 필요한 자료구조나 데이터를 생각하고 이들 데이터를 다루는 함수들을 작성하면 프로그램이 완성된다. 이를 위해 프로그램에서 필요한 기능들이 어떠한 것이 있는가? 이러한 기능에서 사용되는 데이터는 무엇이며 기능을 위한 처리과정은 어떠한 구현할 것인가? 여러 기능의 함수들을 어떻게 결합하여 전체 프로그램을 작성할 것인가? 등에 대해 고려해야 한다.

또한, C 프로그램의 작성에서 중요한 것이 라이브러리 함수들을 활용할 수 있는 능력이다. 중요한 라이브러리 함수를 이해하고 활용하는 능력도 배양해야 한다.

C와 달리 Java 프로그램은 필드와 메소드를 갖는 클래스들을 선언하고, 시작 메소드인 main() 메소드에 수행할 여러 작업을 코딩한다. 작업에는 객체 생성, 메소드 호출, 객체 필드 변경, 메소드의 지역변수 변경 등이 있다.

Java 프로그래밍의 첫 번째 과정은 사용될 객체가 어떠한 것이며, 객체에 어떠한 필드와 메소드가 있어야 하는가를 분석한다. 두 번째 과정은 분석된 객체에 기반하여 클래스를 선언한다. 세 번째 과정은 선언된 클래스를 통해 필요한 객체를 생성하고 생성된 객체를 사용하여 작업을 수행한다.

Java 프로그래밍은 객체에서 출발하여 클래스로 발전하고 다시 클래스를 통해 객체를 생성하여 요구되는 작업을 처리한다. 그러므로 주어진 과제에서 사용될 객체를 분석하고, 이들 객체를 수용하는 클래스를 선언하는 것이 Java 프로그래밍에서 매우 중요한 과정이다.

한편 Java에도 제공되는 라이브러리 클래스들이 많다. 라이브러리 클래스가 어떤 것이 있으며 클래스에서 중요한 필드와 메소드가 무엇인가를 빨리 익혀야 한다. 예를 들어, 문자열을 위한 String 클래스에는 length(), equals(), indexOf(), compareTo() 등 여러 메소드가 있다.

문제는 라이브러리 클래스가 단시간 내에 익히기에 너무나 많다는 것이다. 라이브러리 클래스의 중요 메소드를 활용하는 좋은 예제 프로그램을 읽고 분석하여 Java 프로그래밍 기법도 익히고 라이브러리 클래스에 대해 파악해야 한다.

Java 프로그래밍을 익히기 위해 다음의 여러 노력이 이루어져야 할 것이다.

1) C 언어 함수 수준까지 자유롭게 프로그래밍할 수 있는 능력 배양
2) 객체 지향 개념을 하루빨리 이해하여 객체 지향적 사고의 확립
3) Java 언어의 구성요소들 숙지
4) 주어진 문제 또는 과제에서 클래스, 객체, 객체의 특성 등에 대한 분석능력 배양
5) 문제에서 필요한 필드와 메소드 결정하고 이들의 유형을 결정하여 클래스 작성할 수 있는 능력 함양
6) Java의 라이브러리 클래스의 목적, 기능, 중요 필드와 메소드, 사용 예제 등 파악

이러한 여러 능력이 개발되고 종합적이며 체계적인 사고가 가능하면 유능한 Java 프로그래머가 될 것이다.

연습문제

1. 다음 문장의 옳고 그름을 판단하라. 또한, 잘못되었으면 올바르게 고쳐라.

1) 클래스란 그 클래스에 포함되는 객체들의 상태와 행동을 정의하는 틀이다.
2) Java의 변수는 사용되는 범위에 따라 public 변수, private 변수, protected 변수, package 변수로 분류된다.
3) main() 메소드의 형식매개변수는 외부에서 Java 프로그램으로 정보를 전달하기 위해 사용된다.
4) 형식매개변수와 필드의 초기화는 반드시 이루어지지만, 지역변수의 초기화는 되지 않을 수 있다. 만일 지역변수의 초기화가 되지 않고서 사용되면 컴파일 오류가 발생한다.
5) 참조변수에는 객체 참조변수와 배열변수가 있으며, 객체 참조변수는 객체 식별자를, 배열변수는 배열원소 전체를 저장한다.
6) package 메소드는 같은 패키지에 속한 클래스나 하위 클래스에서 호출될 수 있는 메소드이다.
7) Java의 클래스는 객체 정의 기능 외에도 타입 기능, 객체 생성 기능, 객체로서의 기능을 갖는다.
8) 객체 생성자는 클래스 이름과 같은 이름을 갖는 특별한 메소드로서 매개변수를 가질 수 있다.
9) 클래스 필드는 클래스 당 하나의 기억장소가 할당되며, 클래스만 클래스 필드를 참조할 수 있다.

2. 다음을 참조하여 주어진 객체들에 대해 상태와 행동을 가능한 많이 생각해보라.

지구	상태	행성 이름: 지구, 반지름: 6378km, 공전주기: 365.254일, 자전 주기: 0.997일, 나이: 45억 6700만 년, 위성 개수: 1, 태양으로부터의 거리: 1억 960만 km
	행동	자전하다, 공전하다
삼성 전자	상태	회사명: 삼성전자, 설립일: 1969/1/13, 업종: 제조업, 생산제품: { TV, 냉장고, 에어컨, 휴대폰, 컴퓨터 }, 2019년 매출: 230조 원
	행동	설립되다, 생산하다, 판매하다, 제품을 선보이다, 채용하다, 연간목표 설정하다

1) 이순신 장군　　2) 세종대왕　　3) 김구

4) 손기정　　5) 한국은행　　6) 백두산
7) 제주도　　8) 대한민국　　9) Apple
10) Alan Turing　　11) James Gosling

3. **다음을 참조하여 객체의 행동에 따른 상태 변화와 유발되는 행동들을 가능한 많이 생각해보라.**

객체	행동	행동으로 인한 상태 변화 또는 다른 행동의 유발
홍길동	CGV 강남에서 영화보다	• 상태 변화 - 본 영화: ? ⇒ 그_영화 • 행동 유발 – CGV 강남으로 가다, 영화관 좌석에 착석하다, 영화를 감상하다, CGV 강남을 떠나다
	탐관오리를 징벌하다.	• 상태 변화 - 징벌한 탐관오리: ? ⇒ 징벌당한_그_탐관오리 • 행동 유발 – 탐관오리를 붙잡다, 탐관오리를 질책하다, 탐관오리의 재물을 빼앗다, 빼앗은 재물을 나누다
이몽룡	휴대폰을 판매하다.	• 상태 변화 - 판매 휴대폰 개수: 1 증가, 휴대폰 재고: 1 감소 • 행동 유발 – 고객에게 휴대폰을 건네주다, 휴대폰 개통해주다, 휴대폰 대금을 정산하다, 판매수당을 수령하다
	한양으로 가다	• 상태 변화 – 현위치: 남원 ⇒ 한양 • 행동 유발 – 남원을 출발하다, 한양까지 걸어가다, 한양에 도착하다

1) 김철수가 제주로 여행을 가서 거문오름에 올랐다.
2) 심청이 왕궁에서 용왕을 만나고 왕비가 되었다.
3) 박문수가 서점에서 책을 구매하고 책을 읽었다.

4. **다음을 참조하여 주어진 클래스의 객체들을 나열하고 객체들의 공통점을 나타내는 클래스의 상태와 행동을 가능한 많이 생각해보라.**

행성	포함되는 객체들	수성, 금성, 지구, 화성, 목성, 토성, 천왕성, 해왕성
	상태	행성 이름, 반지름, 공전주기, 자전 주기, 나이, 위성 개수, 태양으로부터의 거리
	행동	자전하다, 공전하다
제조 회사	포함되는 객체들	삼성전자, LG전자, Microsoft, IBM, Apple, ...
	상태	회사명, 설립일, 업종, 생산제품, 연간매출
	행동	설립되다, 생산하다, 판매하다, 제품을 선보이다, 채용하다, 연간목표 설정하다

1) 장군　　2) 왕　　3) 애국지사
4) 올림픽 금메달리스트　　5) 은행

6) 학교 7) 문방구 8) 국가
9) CEO 10) 의사 11) 교수 12) 학생

5. 다음을 참조하여 주어진 일상적 표현의 문장들을 ① 클래스, 객체, 이름에 대한 명확한 표현과 ② 객체 참조를 통한 명확한 표현으로 변환하고 이를 ③ Java 프로그램으로 작성하라.

18세 심청이와 19세 뺑덕이가 아파 병원에 가서 허준에게 치료받았다.
① 이름이 심청인 (환자 클래스의) 객체가 아파 병원 클래스의 객체에 가서 이름이 허준인 (의사 클래스의) 객체에게 치료받았다.
② 환자 클래스의 객체가 있고, O_1이 이를 참조한다. O_1의 이름은 심청이다. O_1의 나이는 18이다. 환자 클래스의 객체가 있고, O_2가 이를 참조한다. O_2의 이름은 뺑덕이다. O_2의 나이는 19이다. 병원 클래스의 객체가 있고, O_3가 이를 참조한다. O_3의 병원명은 알지 못한다. 의사 클래스의 객체가 있고, O_4가 이를 참조한다. O_4의 이름은 허준이다. O_1은 아팠다. O_2는 아팠다. O_1은 O_3에 갔다. O_2는 O_3에 갔다. O_1은 O_4에게 치료받았다. O_2는 O_4에게 치료받았다.

③ Patient p1 = new Patient(); // 환자 클래스 객체가 있으며 p1이 참조
p1.name = "심청"; p1.age = 18; // p1 객체 이름은 심청, 나이는 18세
Patient p2 = new Patient(); // 환자 클래스 객체가 있으며 p2가 참조
p1.name = "뺑덕"; p1.age = 19; // p2 객체 이름은 뺑덕, 나이는 19세
Hospital h = new Hospital(); // 병원 객체가 있으며 h가 참조
Doctor d = new Doctor(); // 의사 클래스 객체가 있으며 d가 참조
d.name = "허준"; // d 객체 이름은 허준
p1.isSick(); p2.isSick(); // p1 객체와 p2 객체가 아픔
p1.goToHospital(h); p2.goToHospital(h); // p1 객체와 p2 객체가 h에 감
p1.isTreatedBy(d); p2.isTreatedBy(d); // p1과 p2가 d에게 치료받음

1) 닐 암스트롱이 1969년 7월 16일 아폴로 11호에 탑승하여 달에 도착했다.
2) 이성계 장군은 1492년 조선을 개국하였고, 호가 삼봉인 정도전을 개국일등 공신에 봉하였다
3) 종로 대리점에 근무하는 김철수는 55인치 TV와 용량 900L 냉장고를 김영희 고객에게 판매했다.
4) James Gosling은 객체 지향 프로그래밍 언어 Java를 1995년에 발표했다.
5) 김철수는 마트에서 새우깡을 900원에 샀다.
6) 래리 워쇼스키와 앤디 워쇼스키는 영화 매트릭스의 감독으로 소설 매트릭스를 집필했고, 배우 키아누 리브스는 영화 매트릭스의 주인공 네오를 연기한다.

7) (영화 A.I.에서) 하비 박사는 (감정을 지닌) 로봇인 데이비드를 제작하고, 데이비드는 사이버트로닉스사의 직원인 헨리 스윈튼에게 입양된다.

6. 접근범위에 따른 필드의 종류에 대해 설명하라.

7. 클래스 필드와 클래스 메소드는 어떨 때 사용되는가를 설명하라.

8. 다음의 프로그램에 나타난 변수와 메소드를 종류별로 구분하라. 예를 들어 main() 메소드의 i는 지역변수, 단순변수, 동적 변수, non-final 변수이다.

```
class C {
   int m;
   static int Count = 0;
   void f(int n) {
      this.m = n;
      Count++;
   }

   public static void main(String[] args) {
      int i = 2;
      C aC = new C(i);
   }
}
```

9. 다음 프로그램은 필드와 메소드에 대한 여러 잘못을 포함한다. 프로그램에서 잘못된 부분을 지적하고 올바른 프로그램으로 고쳐라. (실제로 프로그램을 수행시켜 보면서 오류를 확인하고 수정하라)

```
class A {
   static int i1;
   int i2;
   static void m1(int i) {
      this.i1 = i;
   }
   void m2(int i) {
      this.i1 = i;
   }
}
class B {
   public static void main(String[] args) {
```

```
        A a;
        a.i1 = 3;
        a.m1(4);
        A.i2 = 5;
        A.m2(6);
    }
}
```

(연습문제 1번 답) 1:O 2:O 3:O 4:O 5:X(배열변수는 배열객체의 참조값 저장) 6:X(package 메소드는 같은 패키지에 속한 클래스에서 호출될 수 있는 메소드) 7:O 8:O 9:X(클래스뿐 아니라 객체도 클래스 필드 참조할 수 있음)

실습과제

1. TicketSalesman 클래스 완성하기

주어진 요구사항을 고려하여 TicketSalesman 클래스를 완성하라.

> 놀이공원인 한신랜드에 근무하는 티켓 판매원(ticket salesman)은 고객에게 입장 티켓을 판매한다. 판매원은 한신랜드 관리 프로그램(별도로 작성되지만 생략함)에서 로그인 ID와 비밀번호로 로그인한 후 티켓판매 업무를 수행한다. 티켓은 성인 14000원, 소인 10000원이며, 인원수가 20명 이상이면 20% 할인 판매하며, 판매한 티켓의 총 인원수와 총 판매금액을 1개월 단위로 누적한다. 판매원은 기본급 150만원과 총판매액의 0.2%를 월급으로 받는다.

```
class TicketSalesman {
  String name, ID, password;    // 판매원 이름, 로그인 ID, 비밀번호 저장하는 필드
  int totalNoAdult;             // 판매한 성인 티켓의 총 인원수 저장하는 필드
  int totalNoChild;             // 판매한 소인 티켓의 총 인원수 저장하는 필드
  int totalEntranceFee;         // 판매한 티켓의 총 판매금액 저장하는 필드

  1) 이름, 아이디, 패스워드 주어지면 필드에 초기화하는 필드 초기화 메소드

  2) 이름, 아이디, 패스워드 주어지면 이를 필드에 초기화하는 객체 생성자

  3) void initializeTotalNoFee(): 성인 및 소아의 총 인원수와 총 판매금액을 0으로 초기화
     하는 메소드

  4) int saleTicket(int noAdult, int noChild): 성인 인원수와 소인 인원수 주어지면
     totalNoAdult 필드와 totalNoChild 필드에 인원수를 증가시키고 전체 입장료를 계산하
     여 totalEntranceFee를 증가시킨 후  전체 입장료를 반환하는 메소드

  5) int saleAdultTicket(int no): 성인 인원수만 주어지면(이때 소인 인원수는 0) 메소드
     이용하여 티켓 판매업무를 수행하는 메소드. (반드시 saleTicket() 메소드를 호출하고
     총 판매금액을 반환해야 함)

  6) 기본급과 총 판매금액으로 월급 구해 반환하는 메소드(메소드 시그니처 직접 결정할
     것)

  7) boolean isValidLogin(String ID, String password): 주어진 ID와 password가 필드에
     저장된 ID와 password 모두 일치하면 true, 아니면 false 반환하는 메소드(두 문자열이
     서로 같은가 비교할 때 boolean equals(String s) 메소드를 사용. 예를 들어,
     "abc".equals("abb")는 false 반환)
}
```

2. Athlete 클래스 작성하기

주어진 상황을 나타내는 Athlete 클래스와 main() 메소드를 작성하라.

> **1) Athlete 클래스**
> - o 걷고, 달리고, 휴식하고, 잠자는 등의 활동으로 칼로리 소모되고, 먹는 것에 의해 칼로리 획득
> - o **Athlete 클래스:** 운동선수(athlete)의 하루 동안의 활동과 음식 섭취 통해 칼로리 관리하여 몸무게 변화 추적하는 클래스
> - o **name**(이름), **weight**(몸무게: 타입 double, 단위 kg), **event**(종목), **caloryConsumed** (소모한 칼로리: 타입 double, 단위 Kcal), **caloryObtained**(획득한 칼로리: 타입 double, 단위 Kcal) 저장하는 필드 가짐
> - o **void doActivity(String activity, double hours) 메소드:** 활동("걷기", "달리기", "휴식", "잠자기" 등)인 activity와 활동시간 hours 주어지면 활동에 따라 활동시간만큼의 소모한 총 칼로리 구해 필드 caloryConsumed 증가시키는 메소드
> - o **void eat(int grams, int caloryPerGram) 메소드:** 먹은 음식의 g 수인 grams와 그 음식의 g당 칼로리인 caloryPerGram 주어지면 획득한 총 칼로리 구해 필드 caloryObtained 증가시키는 메소드
> - o **void changeCaloryToWeight() 메소드:** 획득한 칼로리 caloryObtained와 소모한 칼로리 caloryConsumed의 차이 구해 차이가 0보다 크면 필드 weight를 7Kcal 당 1g씩 증가시키고 차이가 0보다 작으면 7Kcal 당 1g씩 감소시킨 후(예를 들어, 차이가 770Kcal이면 weight가 110g 증가함) caloryObtained와 caloryConsumed를 0으로 만드는 메소드
>
> **2) main() 메소드 작성을 위한 상황**
>
> 홍길동은 63.5kg의 100m 달리기 선수이며, (오늘) 2시간 걷고, 4시간 달렸고, 5시간 휴식하였으며, (아침에) g당 5Kcal인 음식 400g, (점심으로) g당 8Kcal인 음식 500g, (저녁으로) g당 5Kcal인 음식 400g을 먹었다. (이후) 홍길동은 changeCaloryToWeight() 메소드를 호출하여 체중을 변화시킨다.

1) Athlete 클래스의 필드들을 선언하라.
2) Athlete 클래스의 이름, 몸무게, 종목을 초기화시키는 객체 생성자를 작성하라.
3) doActivity(String activity, double hours) 메소드를 작성하라. (1시간 동안 소모되는 칼로리는 "걷기" 400Kcal, "달리기" 1000Kcal, "휴식" 100Kcal, "잠자기" 50Kcal로 가정함. 문자열 변수 s1과 s2의 값을 비교하기 위해 s1.equals(s2)를 이용할 것. equals() 메소드는 같으면 true, 다르면 false를 반환)
4) eat(int gram, int caloryPerGram) 메소드를 작성하라.
5) changeCaloryToWeight() 메소드를 작성하라. (이 메소드는 caloryObtained와 caloryConsumed의 차이만큼의 체중 변화량으로 체중 weight 필드를 변경한 후 caloryObtained와 caloryConsumed를 0으로 변경할 것)
6) main() 메소드 작성을 위한 상황을 참조하여 main() 메소드를 작성하라.

3. Java 프로그램 작성하기

1) 주어진 요구사항의 Test 클래스를 작성하라.

- o 중학교 학생의 시험결과를 나타내는 Test 클래스의 필드는 이름, 학년, 반, 번호, 국어점수, 영어점수, 수학점수, 사회점수, 과학점수, 평균점수로 구성
- o **Test 클래스의 객체 생성자**: 이름, 학년, 반, 번호 주어지면 이를 필드에 저장
- o **void setScores(int kor, int eng, int math, int soc, int sci)**: **5과목 점수** 주어지면 이를 각 과목 필드에 저장하는 메소드
- o **void getAverageScore()**: 필드에 저장된 5 과목의 점수 평균 구해 평균점수 필드에 저장하는 메소드
- o **public String toString()**: 이름, 학년, 반, 번호, 평균점수를 문자열로 구성하여 반환하는 메소드
- o **output()**: 이름, 학년, 반, 번호, 평균점수 출력하는 메소드(반드시 이 메소드는 toString() 메소드 사용해야 함)

(1) Test 클래스를 작성하라.

(2) TestMgmt 클래스의 main() 메소드에서 Test 클래스의 객체를 3개 생성하고 점수를 저장한 후 평균점수 구해 출력하는 프로그램을 작성하라.

2) Student 클래스, Test 클래스, TestMgmt 클래스를 다음과 같이 작성하라.

- o 시험결과 저장하는 Test 클래스: 국어점수, 영어점수, 수학점수, 사회점수, 과학점수, 평균점수 저장하는 필드로 구성
- o 중학생 정보 저장하는 Student 클래스: 이름, 학년, 반, 번호의 기본 학생정보 저장하는 필드와 여러 시험결과 저장하는 배열 필드로 구성
- o Student 클래스의 필드와 메소드는 다음과 같음
  - **static Test[] tests = new Test[100];** : Test 클래스의 여러 객체 저장을 위한 Student 클래스의 배열 필드
  - **Student class의 객체 생성자**: 이름, 학년, 반, 번호 주어지면 이를 필드에 저장
  - **Student class의 void setScores(int kor, int eng, int math, int soc, int sci)**: **5과목 점수** 주어지면 Test 객체를 생성하여 점수를 저장하고 Test 객체를 **tests** 배열원소로 추가하는 메소드
  - **Student class의 void addToTests(Test test)**: Test 클래스 객체 test를 tests 배열 필드에 추가하는 메소드
  - **Student class의 void outputTestInfo()**: Student 객체의 학생 기본정보와 모든 Test 객체에 대한 시험별 평균 점수, 과목별 평균 점수, 전체 평균점수 구해 출력하는 메소드

(1) Test 클래스를 작성하라.

(2) Student 클래스를 작성하라.

(3) TestMgmt 클래스의 main() 메소드에서 Student 클래스의 객체 3개 생성하고 학생별로 setScores() 메소드를 2번 또는 3번 호출하여 시험 정보를 저장하라. 최종적으로 각 학생의 기본정보와 시험정보를 outputTestInfo()를 이용하여 출력하라.

3) Team 클래스와 main() 메소드를 주어진 상황에 따라 작성하라.

1) Team 클래스 작성을 위한 상황

Team 클래스는 teamName(팀명), director(감독명), noPlayer(선수수), noMatch(총경기수), noWin(이긴경기수), noDefeat(패한경기수) 등을 저장하는 필드들을 가진다.

또한, void hadMatch(int myScore, int yourScore) 메소드와 getWinPoint() 메소드, outputWinPoint() 메소드를 갖는다.

void hadMatch(int myScore, int yourScore) 메소드는 본팀 점수 myScore와 상대팀 점수 yourScore가 주어졌을 때 noMatch(총경기수) 필드값 1 증가시킨 후 본팀이 이긴 경우 (본팀 점수가 상대팀 점수보다 크면) noWin 필드값 1 증가하고, 본팀이 진 경우(본팀점수가 상대팀 점수보다 작으면) noDefeat 필드값 1 증가하는 메소드이다.

int getWinPoint() 메소드는 승리한 경기는 2점, 비긴 경기는 1점의 승점을 부여하여 총 승점을 반환하는 메소드로, 예를 들어 noMatch 필드값이 3이고 noWin 필드값이 2이고, noDefeat 필드값이 0이면 이긴 2경기 * 2점 + 비긴 1경기 * 1점 = 4 + 1 = 5점이 반환된다.

void outputWinPoint() 메소드는 팀명, 총경기수, 총 승점을 출력하는 메소드이다.

2) main() 메소드 작성을 위한 상황

한국축구팀 koreaTeam은 팀명 Korea, 감독 홍명보, 선수수 23명이며, 러시아축구팀 russiaTeam은 팀명 Russia, 감독 카펠로, 선수수 23명이다. (알제리팀과 벨기에팀은 생략함) 한국팀은 (러시아팀과) 1 대 1의 경기를 가졌고, (알제리팀과) 3 대 1의 경기를 가졌고, (벨기에팀과) 2 대 2의 경기를 가졌다. (최종적으로 main() 메소드에서) 한국팀의 총 승점을 출력한다.

(1) Team 클래스의 필드들을 선언하라.
(2) Team 클래스의 팀명, 감독명, 선수수 필드를 초기화시키는 객체 생성자를 작성하라.
(3) void hasMatch(int myScore, int yourScore) 메소드를 작성하라.
(4) getWinPoint() 메소드를 작성하라.
(5) outputWinPoint() 메소드를 작성하라.
(6) main() 메소드 작성을 위한 상황을 참조하여 main() 메소드를 작성하라.

4) 주어진 상황을 나타내는 Java 프로그램을 작성하라.

> 한국자동차는 종업원수가 15000명, 하루 자동차 생산 능력이 1100대, 사장이름이 김한국, 위치가 경기도 오산시인 자동차회사이다. 한국자동차에서 (어제) 배기량이 1999cc인 흰색의 오토매틱 '베스카'라는 차종의 승용차를 생산하였다. 박문수는 45세의 178cm의 남자로 한국자동차에 근무한다. (오늘) 박문수는 (어제) 생산된 그 베스카를 980만원에 구입하였다.

(1) 이 글에 나타난 객체와 객체의 상태 및 행동 특성을 명시하라.
(2) 1)에서 명시된 객체들에 대해 클래스를 각각 작성하라. (각 클래스의 필드의 이름과 타입, 메소드의 시그니처만 간단하게 선언하면 됨)
(3) 주어진 상황을 나타내는 Java 프로그램의 main() 메소드를 작성하라.

5) 주어진 상황을 나타내는 Java 프로그램을 작성하라.

> 김철수는 가전대리점에 근무하는 25세의 남자 사원이다. 김철수가 근무하는 전자대리점은 상호명이 한국전자, 위치가 서울시 서초구 반포동, 사원수가 5명이다. 김철수는 컬러TV를 52만 원에, 냉장고를 92만 원에, 에어컨을 198만 원에, 세탁기를 45만 원에 판매하였다.

(1) 윗글에 나타난 객체는 어떠한 것이 있는가? 그중에서 Java 프로그래밍에서 실제 객체로 만들어야 할 것은 어떠한 것인가?
(2) 1)에서 객체로 만들어질 객체에 대해 상태와 최종적인 상태 값, 행동을 표시하라.
(3) 2)의 객체에 대해 클래스를 개략적으로 구성하라. (각 클래스의 필드의 이름과 타입, 메소드의 시그니처만 간단하게 선언하면 됨)
(4) 주어진 상황을 나타내고 김철수가 판매한 제품과 판매액을 출력하는 Java의 main() 메소드를 작성하라.

6) 주어진 상황을 나타내는 Java 프로그램을 작성하라.

> 아이디가 mspark, 패스워드가 krapsm인 박문수 고객이 제조회사가 삼성전자, 제품명이 40인치 컬러TV, 가격이 45만 원인 제품을 2018년 5월 5일 구매하고 카드 종류가 BC카드, 신용카드번호가 123412341234, 유효기간이 1223인 신용카드로 결제했다.

(1) 필드만 가지는 클래스 Product, CreditCard, Customer 클래스를 작성하라. 특히 Customer 클래스는 구매한 제품을 나타내는 productBuying 필드와 결제한 신용카드를 나타내는 cardPaid 필드를 가져야 한다.

main() 메소드에서 이들 클래스 객체를 생성하고 각 필드에 적절한 값을 저장한 후 박문수의 기본정보, 구입한 제품정보, 결제한 신용카드 정보를 출력하라. 구입한 제품 정보과 결제카드 정보는 반드시 박문수 객체를 통해 출력해야 한다.

(2) Product, CreditCard, Customer 클래스에 필드값 저장 메소드를 추가하도록 (1)에서 작성한 프로그램을 변경하라.

(3) Product, CreditCard, Customer 클래스에 객체 생성자를 추가하도록 (2)에서 작성한 프로그램을 변경하라.

(4) 각 클래스에 toString(), output() 메소드를 추가하고, Customer 클래스에 구매하다. 결제하다 등의 메소드를 추가하도록 (3)에서 작성한 프로그램을 변경하라.

제7장

하위 클래스

제 7 장 하위 클래스

학습 목표

- o 상속에 대해 이해하고 하위 클래스 작성능력을 배양한다.
- o 하위 클래스의 객체는 상위 클래스의 객체 역할도 함을 안다.
- o 업캐스팅과 다운캐스팅을 이해하고 활용방법을 익힌다.
- o 메소드 오버라이딩의 원리와 효능을 파악한다.
- o 하위 클래스의 객체 생성자 작성방법을 익힌다.
- o 여러 하위 클래스로 구성되는 프로그램 작성방법을 익힌다.

"Programming is art."라는 말이 있는데, 이것은 프로그래머의 예술혼을 나타내며, 엄청난 고민 끝에 자기가 만족하고 다른 사람도 만족할 수 있는 좋은 프로그램을 만드는 것을 말한다.

이 장에서 Java의 가장 핵심적인 부분인 하위 클래스(subclass) 또는 확장 클래스(extended class)에 대해 알아본다. 하위 클래스에는 객체 지향 개념이 잘 나타나 있으며 복잡한 내용이 많다.

Java의 하위 클래스를 제대로 이해하려면 먼저 Java 클래스의 기초가 튼튼해야 한다. 클래스의 개념, 필드와 메소드 선언, 클래스를 이용한 객체 생성, 객체 참조 변수의 선언 및 객체 참조값 저장, 메소드 호출 등을 잘 이해해야 하위 클래스로 나갈 수 있다.

Java에서 하위 클래스 작성은 생각보다 간단하다. 다음과 같이 클래스 선언에서 extends 키워드 다음에 상위 클래스를 명시하기만 하면 된다.

- ■ 하위 클래스 선언
  - class C { ... C 클래스의 필드 및 메소드 선언 ... }
  - class S extends C { ... 하위 클래스 S의 고유 필드 및 메소드 선언 ... }

- ■ 하위 클래스 선언 예

- class Person { String name; int age; String currentLocation; ... }
- class Student extends Person { String schoolname; int grade; ... }
- class Employee extends Person { int empno, String dateHired, ... }

이렇게 간단히 《 S 클래스는 C 클래스의 하위 클래스이다. 》라고 표시한 것이 컴퓨터 분야의 패러다임을 바꾼 엄청난 위력을 지닌다. 표시는 간단하지만, 그 속에는 상속, 하위 타입, 다형성, 업캐스팅, 메소드 오버라이딩, 실행시간 타입검사, 실행시간 바인딩 등 Java를 Java답게 만드는 중요한 개념들을 포함한다. 또한, 이것으로 말미암아 프로그램의 용이한 확장과 재사용이라는 현실적으로 가장 중요한 능력을 Java가 제공한다.

7.1 하위 클래스와 상속

하위 클래스란 상위 클래스(superclass)라 부르는 이미 선언된 클래스를 이용하여 만들어지는 클래스를 말한다. 하위 클래스의 중요 사항은 다음과 같다.

- 하위 클래스
  - 이미 작성된 클래스를 확장한 클래스
  - 상속(inheritance): 상위 클래스의 특성을 하위 클래스가 그대로 물려받는 것
  - 하위 클래스의 특성으로 상위 클래스에서 물려받는 상속 특성과 그 클래스에서 선언되는 고유 특성이 있음
  - 상속 특성(inherited property): 선언되지 않지만, 상위 클래스에 선언되므로 물려받아 사용 가능한 필드와 메소드
  - 고유 특성(native property): 그 클래스에서 선언되는 필드와 메소드
  - 업캐스팅(upcasting): 하위 클래스 객체는 상위 클래스 객체의 역할도 하므로 하위 클래스 객체는 상위 클래스의 객체 참조변수에 저장 가능, 그 결과 여러 하위 클래스의 객체를 상위 클래스 객체처럼 다룰 수 있음
  - 메소드 오버라이딩(method overriding): 하위 클래스에 상위 클래스의 메소드와 동일한 메소드를 재정의 가능. 이로 인해 실행시간 타입검사, 실행시간 바인딩 등이 발생하지만 확장성, 재사용, 유지보수 용이 등에서 엄청난 이점 있음
  - 하위 클래스에서 상위 클래스의 객체 생성자와 오버라이딩 메소드 호출: 하위 클래스 객체도 상위 클래스의 객체 생성자와 오버라이딩 메소드를 호출할 수 있으며, 이때 키워드 super가 사용

하위 클래스 개념은 우리가 잘 알고 있는 개념이다. 예를 들어, 학생 클래스는 사람 클래스의 하위 클래스이며, 사람 클래스는 학생 클래스의 상위 클래스이다. 이 경우 사람이 가지는 모든 특성을 학생도 가진다는 것이 바로 상속이며, 학생은 사람이 가지지 않은 특성도 가질 수 있는데, 이것이 고유 특성이다.

먼저 사람의 특성을 생각해보자. 사람이면 이름, 나이 등의 상태 특성을 가지고 행동 특성으로 가다, 말하다, 만나다 등 모든 사람이 공통으로 가지는 특성을 생각할 수 있다. 학생도 사람의 일종이므로 당연히 사람의 특성인 이름, 나이, 가다, 말하다, 만나다 등의 특성을 가진다. 이러한 특성은 사람 클래스로부터 물려받은 상속 특성이다.

한편, 사람 클래스의 하위 클래스인 학생 클래스는 사람 클래스가 갖지 않는 여러 특성을 가질 수 있다. 예를 들어 학교, 학년 등의 상태 특성과 입학하다, 등교하다, 졸업하다, 진학하다 등의 행동 특성을 가질 수 있다. 이들은 학생 클래스의 고유 특성이다.

또한, 사람 클래스의 하위 클래스로 사원, 교수, 의사, 군인 등 많은 클래스가 있다. 이들 하위 클래스는 사람의 모든 특성을 가지면서 사람이 갖지 않는 특성을 추가로 갖는다.

7.1.1 하위 클래스로 선언 않은 Student와 Employee 클래스

학생을 나타내는 Student 클래스와 사원을 나타내는 Employee 클래스는 Person 클래스의 하위 클래스로 작성해야 한다. 그런데, 이들 클래스를 하위 클래스로 작성하지 않은 프로그램을 먼저 살펴보면서 하위 클래스의 필요성을 알아보자.

예제 7-1-1은 Student 클래스와 Employee 클래스는 Person 클래스의 하위 클래스로 작성하지 않은 프로그램이다.

예제 7-1-1 Person의 하위 클래스로 선언 않은 Student와 Employee

```
package ex7_1_1_person_student_employee;

class Person {
   String name;  int age;  String currentLocation;

   // 이름, 나이 주어지면 필드에 저장하는 객체 생성자
   Person(String name, int age) {
```

```
        this.name = name;  this.age = age;
    }

    // goTo(): 수신자 객체가 주어진 위치로 이동함을 구현하는 메소드
    void goTo(String location) {
        this.currentLocation = location;
    }

    // output(): Person 객체의 모든 필드값 출력하는 메소드
    void output() {
        System.out.println("  * 사람 - 이름:" + this.name + ", 나이:" + this.age
                                    + ", 현위치:" + this.currentLocation);
    }
}

class Student {
    String name;  int age;  String currentLocation;

    String schoolname;      // 학교명
    int     grade;          // 학년

    // 이름, 나이, 학교명, 학년이 주어지면 필드에 저장하는 객체 생성자
    Student(String name, int age, String schoolname, int grade) {
        this.name = name;  this.age = age;
        this.schoolname = schoolname;       this.grade = grade;
    }

    // goTo(): 수신자 객체가 주어진 위치로 이동함을 구현하는 메소드
    void goTo(String location) {
        this.currentLocation = location;
    }

    // goToSchool(): 학생이 등교함을 구현하는 메소드
    //    currentLocation을 schoolname으로 변경하기 위해 goTo() 메소드 호출
    void goToSchool() {
        goTo(this.schoolname);
    }

    // output(): Student 객체의 모든 필드값 출력하는 메소드
    void output() {
       System.out.println("  * 학생 - 이름:" + this.name + ", 나이:" + this.age
               + ", 현위치:" + this.currentLocation + ", 학교명:" + this.schoolname
                                              + ", 학년:" + this.grade);
    }
}
```

```
class Employee {
   String name;  int age;  String currentLocation;

   String empType;          // 사원 유형: "정규직", "시간제", "인턴" 중의 하나
   int empno;               // 사원번호
   String dateHired;        // 입사일

   // 객체 생성자: 주어진 이름, 나이, 사원유형, 사원번호, 입사일을 필드에 저장
   Employee(String name, int age, String empType, int empno, String dateHired) {
      this.name = name;  this.age = age;
      this.empType = empType;  this.empno = empno;
      this.dateHired = dateHired;
   }

   // goTo(): 수신자 객체가 주어진 위치로 이동함을 구현하는 메소드
   void goTo(String location) {
      this.currentLocation = location;
   }

   // goToWork(): "출근하다" 행동 구현하는 메소드
   //    currentLocation을 "회사"로 변경하기 위해 goTo() 메소드 호출
   void goToWork() {
      goTo("회사");
   }

   // output(): Employee 객체의 모든 필드값 출력하는 메소드
   void output() {
      System.out.println("  * 사원 - 이름:" + this.name + ", 나이:" + this.age
             + ", 현위치:" + this.currentLocation + ", 사원타입:" + this.empType
             + ", 사원번호:" + this.empno + ", 입사일:" + this.dateHired);
   }
}

class Ex7_1_1_PersonMgmt {
   public static void main(String[] args) {
      // 김영희와 박문수 객체 참조하기 위한 변수 선언
      Student  yhkim;
      Employee mspark;

      // 11살의 김영희는 서울초등학교 4학년 학생
      yhkim = new Student("김영희", 11, "서울초등학교", 4);
      yhkim.goTo("서울초등학교");        // 상속 메소드 호출: 김영희가 서울초등학교에 감

      // 28세인 박문수는 사원번호 1035, 입사일이 20140301인 정규직 사원
      mspark = new Employee("박문수", 28, "정규직", 1035, "20140301");
      mspark.goToWork();               // 고유 메소드 호출: 박문수가 출근
```

```
        // 김영희와 박문수의 필드값 모두 출력
        yhkim.output();
        mspark.output();
    }
}
```

실행결과	* 학생 - 이름:김영희, 나이:11, 현위치:서울초등학교, 학교명:서울초등학교, 학년:4 * 사원 - 이름:박문수, 나이:28, 현위치:회사, 사원타입:정규직, 사원번호:1035, ...

Student 클래스와 Employee 클래스를 Person 클래스와 독립적인 클래스로 작성한 경우 다음의 여러 문제점을 갖는다.

- Person의 필드와 메소드가 Student 클래스와 Employee 클래스에 모두 중복되어 선언
  - 중복된 name, age, currentLocation 필드: 이름, 나이, 현위치 등의 상태를 나타내는 필드
  - 중복된 goTo(String location) 메소드: 가다 행동을 구현하는 메소드
- Person, Student, Employee 클래스의 객체 생성자와 output() 메소드에 중복되는 코드를 포함
  - 객체 생성자에 《 this.name = name; this.age = age; 》 모두 포함
  - output() 메소드에 《 this.name + ", 나이:" + this.age + ", 현위치:" + this.currentLocation + 》 모두 포함
- Person 클래스의 필드나 메소드가 변경, 추가, 삭제될 경우 Student, Employee 클래스도 마찬가지로 변경, 추가, 삭제되어야 함
- Person, Student, Employee 클래스는 관련이 없는 클래스로 선언
  - Person 객체와 Student 객체는 다른 타입의 객체가 되며, Person 객체와 Employee 객체도 다른 타입의 객체가 됨
  - 학생은 사람이며, 사원도 사람이라는 포함 관계를 나타내지 못함

이러한 문제점을 해결하고 체계적으로 클래스들을 작성하고 객체들을 관리하기 위해 Java는 하위 클래스를 제공한다.

7.1.2 하위 클래스로 작성한 Student와 Employee 클래스

예제 7-1-2는 Student 클래스와 Employee 클래스를 Person 클래스의 하위 클래스로 선언한다. 이 예제와 예제 7-1-1의 차이점을 잘 파악하기 바란다.

예제 7-1-2 Person 클래스의 하위 클래스인 Student와 Employee

```
package ex7_1_2_subclasses_of_person;

// Person 클래스: 필드 name, age, currentLocation과 메소드 goTo()를 갖는 클래스
class Person {
    String name;     int age;     String currentLocation;

    // 이름, 나이 주어지면 필드에 저장하는 객체 생성자
    Person(String name, int age) {
        this.name = name;  this.age = age;
    }

    // goTo(): 수신자 객체가 주어진 위치로 이동함을 구현하는 메소드.
    void goTo(String location) {
        this.currentLocation = location;
    }

    // output(): Person 객체의 모든 필드값 출력하는 메소드
    void output() {
        tSystem.out.println("  * 사람 - 이름:" + this.name + ", 나이:" + this.age
                                    + ", 현위치:" + this.currentLocation);
    }
}

// Person 클래스의 하위 클래스인 Student의 선언
//    상속 특성: Person 클래스의 필드인 name, age, currentLocation, 메소드 goTo()
//    고유 특성: 필드 schoolname, grade, 메소드 goToSchool(), output()
class Student extends Person {
    String schoolname;        // 학교명
    int    grade;             // 학년

    // 이름, 나이, 학교명, 학년이 주어지면 필드에 저장하는 객체 생성자
    Student(String name, int age, String schoolname, int grade) {
        this.name = name;  this.age = age;
        this.schoolname = schoolname;  this.grade = grade;
    }

    // goToSchool(): 학생이 등교함을 구현하는 메소드
    // currentLocation을 schoolname으로 변경하기 위해 goTo() 메소드 호출
    void goToSchool() {
        goTo(this.schoolname);
    }

    // output(): Student 객체의 모든 필드값 출력하는 메소드
    void output() {
```

```
        System.out.println("  * 학생 - 이름:" + this.name + ", 나이:" + this.age
                                + ", 현위치:" + this.currentLocation
                                +", 학교명:" + this.schoolname + ", 학년:" + this.grade);
    }
}

// Person 클래스의 하위 클래스인 Employee의 선언
//     상속 특성: Person 클래스의 필드인 name, age, currentLocation, 메소드 goTo()
//     고유 특성: 필드 empType, empno, dateHired, 메소드 goToWork(), output()
class Employee extends Person {
    String empType;          // 사원 유형: "정규직", "시간제", "인턴" 중의 하나
    int empno;               // 사원번호
    String dateHired;        // 입사일

    // 객체 생성자: 주어진 이름, 나이, 사원유형, 사원번호, 입사일을 필드에 저장
    Employee(String name, int age, String empType, int empno, String dateHired) {
        this.name = name;    this.age = age;
        this.empType = empType;
        this.empno = empno;
        this.dateHired = dateHired;
    }

    // goToWork(): 출근하다를 구현하는 메소드
    //     currentLocation을 "회사"로 변경하기 위해 goTo() 메소드 호출
    void goToWork() {
        goTo("회사");
    }
    // output(): Employee 객체의 모든 필드값 출력하는 메소드
    void output() {
        System.out.println("  * 사원 - 이름:" + this.name + ", 나이:" + this.age
                    + ", 현위치:" + this.currentLocation + ", 사원타입:" + this.empType
                    + ", 사원번호:" + this.empno + ", 입사일:" + this.dateHired);
    }
}

class Ex7_1_2_PersonMgmt {
    public static void main(String[] args) {
        // 김영희와 박문수 객체 참조하기 위한 변수 선언
        Student  st;
        Employee emp;

        // 11살의 김영희는 서울초등학교 4학년 학생
        st = new Student("김영희", 11, "서울초등학교", 4);
        st.goTo("서울초등학교");       // 상속 메소드 호출: 김영희가 서울초등학교에 감

        // 28세인 박문수는 사원번호 1035, 입사일이 20140301인 정규직 사원
```

```
        emp = new Employee("박문수", 28, "정규직", 1035, "20140301");
        emp.goToWork();              // 고유 메소드 호출: 박문수가 출근

        // 김영희와 박문수의 필드값 모두 출력
        st.output();
        emp.output();
    }
}
```

실행결과	* 학생 - 이름:김영희, 나이:11, 현위치:서울초등학교, 학교명:서울초등학교, 학년:4 * 사원 - 이름:박문수, 나이:28, 현위치:회사, 사원타입:정규직, 사원번호:1035, ...

프로그램 설명

- Person 클래스
  - 필드 name, age, currentLocation과 메소드 goTo(), output() 가짐
- Student 클래스
  - Person 클래스 확장한 하위 클래스
  - Person 클래스의 모든 필드와 메소드를 상속받으므로 선언되어 않았지만 자동적으로 Person 클래스의 필드 name, age, currentLocation과 메소드 goTo() 가짐
  - 필드 schoolname, grade와 메소드 goToSchool()과 output()을 고유 특성으로 가짐
  - goToSchool() 메소드에서 goTo() 메소드 호출하여 현위치를 학교명으로 변경
- Employee 클래스
  - Person 클래스 확장한 하위 클래스
  - Person 클래스의 모든 필드와 메소드를 상속받으므로 선언되어 않았지만 자동적으로 Person 클래스의 필드 name, age, currentLocation과 메소드 goTo() 가짐
  - 필드 empType, empno, dateHired와 메소드 goToWork(), output()을 고유 특성으로 가짐
  - goToWork() 메소드에서 goTo() 메소드 호출하여 현위치를 "회사"로 변경
- Student 클래스와 Employee 클래스에서 상속 필드와 메소드 접근 가능
  - 객체 생성자와 output() 메소드에서 상속 name과 age 필드 사용
  - goToSchool(), goToWork() 메소드에서 상속 메소드 goTo() 호출
- Student 클래스와 Employee 클래스에 person 클래스와 중복되는 코드가 있지만, 나중에 완전히 중복 없는 코딩 가능

Person 클래스를 확장하는 Student 클래스와 Employee 클래스의 필드와 메소드는 [그림 7-1]과 같다. 상속받는 필드와 메소드, 고유 필드와 메소드를 잘 살펴보기 바란다.

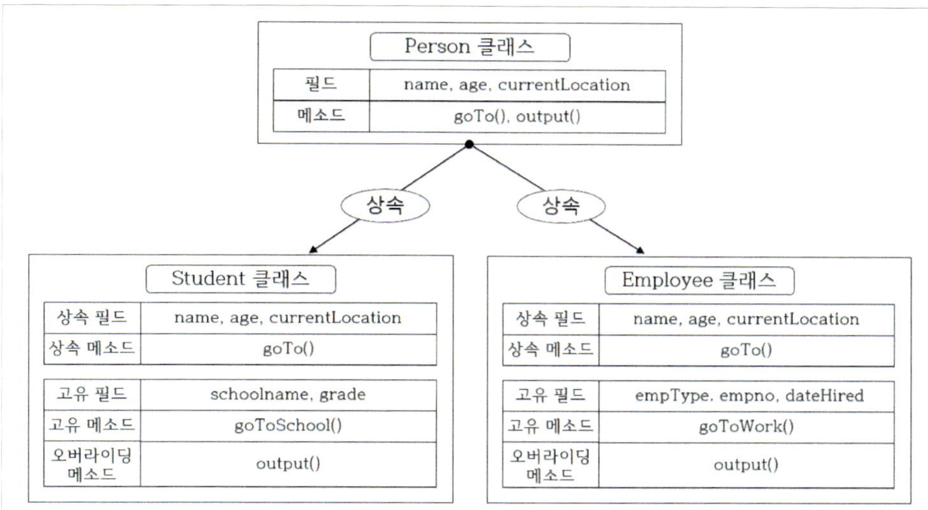

[그림 7-1] Student 클래스와 Employee 클래스의 필드와 메소드

7.1.3 Student 클래스의 하위 클래스 작성

학생은 초등학생, 중고등 학생, 대학생 등으로 분류될 수 있다. 이는 Student 클래스를 확장한 하위 클래스를 또다시 작성할 수 있다는 것이다. Student 클래스의 하위 클래스를 작성할 경우 학생의 공통된 특성을 나타내는 필드와 메소드는 Student 클래스로부터 상속받는다. 그러므로 하위 클래스마다 고유 필드와 고유 메소드만 구상하여 작성하면 된다.

예제 7-1-3에서 반과 반에서의 번호 필드를 가지는 PrimaryStudent 클래스, 학번, 반, 반에서의 번호 필드를 가지는 MiddleHighStudent 클래스, 학번, 학과, 수강과목들 필드와 수강 신청하는 메소드를 가지는 UniversityStudent 클래스를 Student 클래스의 하위 클래스로 작성하였다.

예제 7-1-3 Student 클래스의 하위 클래스들

```
package ex7_1_3_subclasses_of_student;

class PrimaryStudent extends Student {
    int classNo;            // 반
    int noInClass;          // 반에서의 번호

    // 초등학생의 정보 주어지면 필드에 저장하는 객체 생성자
    PrimaryStudent(String name, int age, String schoolname, int grade,
```

```
                                          int classNo, int noInClass) {
        super(name, age, schoolname, grade);      // 상위 클래스의 객체 생성자 호출
        this.classNo = classNo; this.noInClass = noInClass;
    }

    // output(): 초등학생 객체의 모든 필드값 출력하는 메소드
    void output() {
        System.out.println(" * 초등학생 - 이름:" + this.name + ", 나이:" + this.age
            + ", 현위치:" + this.currentLocation + ", 학교명:" + this.schoolname
            + ", 학년:" + this.grade + ", 반:" + this.classNo + ", 번호:" + this.noInClass);
    }
}

class MiddleHighStudent extends Student {
    int sno;                // 학번
    int classNo;            // 반
    int noInClass;          // 반에서의 번호

    // 중고등학생의 정보 주어지면 필드에 저장하는 객체 생성자
    MiddleHighStudent(String name, int ageString schoolname, int grade,
                                          int sno, int classNo, int noInClass) {
        super(name, age, schoolname, grade);      // 상위 클래스의 객체 생성자 호출
        this.sno = sno;    this.classNo = classNo;    this.noInClass = noInClass;
    }

    // output(): 중고등학생 객체의 모든 필드값 출력하는 메소드
    void output() {
        System.out.println(" * 중고등학생 - 이름:" + this.name + ", 나이:" + this.age
                + ", 현위치:" + this.currentLocation + ", 학교명:" + this.schoolname
                + ", 학년:" + this.grade + ", 학번:" + this.sno + ", 반:" + this.classNo
                + ", 번호:" + this.noInClass);
    }
}

class UniversityStudent extends Student {
    int sno;                                        // 학번
    String dept;                                    // 학과
    Course[] enrolledCourses = new Course[100];     // 수강과목들
    int cntCourses = 0;                             // 수강과목 개수

    // 대학생의 정보 주어지면 필드에 저장하는 객체 생성자
    UniversityStudent(String name, int age, String schoolname, int grade,
                                                    int sno, String dept) {
        super(name, age, schoolname, grade);    // 상위 클래스의 객체 생성자 호출
        this.sno = sno;    this.dept = dept;
    }
```

```
    void enrolCourse(Course course) {                    // 수강신청하다
        enrolledCourses[cntCourses++] = course;
    }

    // output(): 대학생 객체의 모든 필드값 출력하는 메소드
    void output() {
        System.out.println("  * 대학생 - 이름:" + this.name + ", 나이:" + this.age
                + ", 현위치:" + this.currentLocation + ", 학교명:" + this.schoolname
                + ", 학년:" + this.grade + ", 학번:" + this.sno + ", 학과:" + this.dept);
    }
}

class Course {
    String courseNo;        // 과목번호
    String coursename;      // 과목이름
    int credit;             // 학점수

    Course(String cno, String cname, int credit) {
        this.courseNo = cno;    this.coursename = cname;   this.credit = credit;
    }
}

class Ex7_1_3_StudentMgmt {
    public static void main(String[] args) {
        PrimaryStudent  ps;
        UniversityStudent us;

        // 11세인 김영희는 서울초등학교 4학년 2반 12번 초등학생
        ps = new PrimaryStudent("김영희", 11, "서울초등학교", 4, 2, 12);
        ps.goTo("서울초등학교");                    // 김영희가 서울초등학교에 감

        // 23세인 김철수는 한국대학교 컴퓨터공학과 3학년 대학생
        us = new UniversityStudent("김철수", 23, "한국대학교",3, 201611001, "컴퓨터공학");

        us.goToSchool();                            // 김철수가 등교

        Course co = new Course("CS201", "Java 프로그래밍", 3);
        us.enrolCourse(co);                         // 김철수가 Java 프로그래밍 과목 수강

        // 김영희와 김철수의 필드값 모두 출력
        ps.output();
        us.output();
    }
}
```

실행결과	* 초등학생 - 이름:김영희, 나이:11, 현위치:서울초등학교, 학교명:서울초등학교, 학년:4, 반:2, 번호:12 * 대학생 - 이름:김철수, 나이:23, 현위치:한국대학교, 학교명:한국대학교, 학년:3, 학번:201611001, 학과:컴퓨터공학

Student 클래스를 확장한 하위 클래스들인 PrimaryStudent, MiddleHighStudent, UniversityStudent 클래스의 필드와 메소드는 [그림 7-2]와 같다.

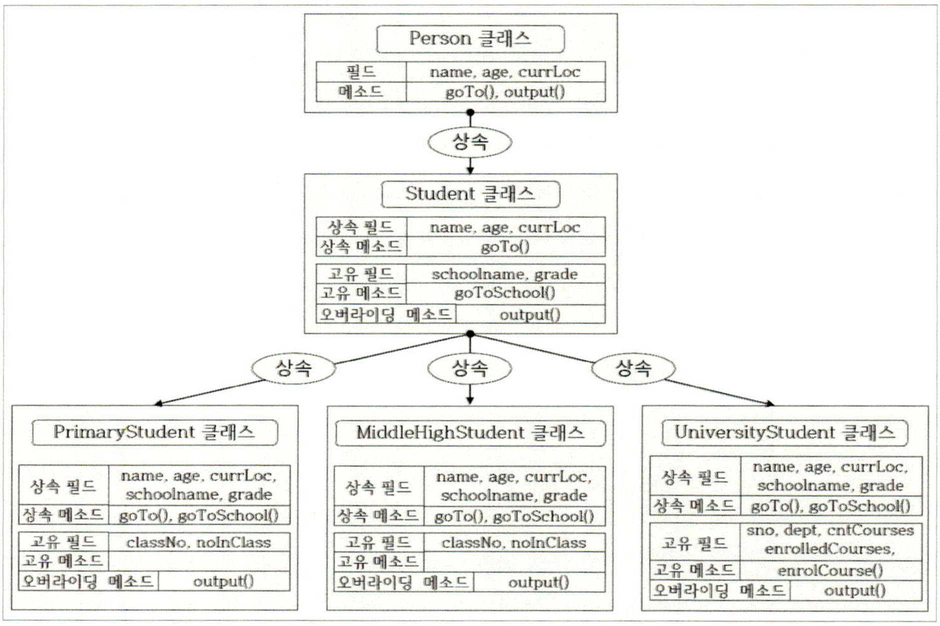

[그림 7-2] Student 클래스의 하위 클래스 필드와 메소드

초등학생이나 중고등학생 클래스는 비교적 간단하게 작성된다. 이들 클래스의 상속 특성과 고유 특성을 살펴보기 바란다. UniversityStudent 클래스는 수강과목 필드와 수강과목 등록 메소드로 약간 복잡하며, 필드와 메소드가 Person과 Student에서 상속된 것까지 합하면 모두 13개나 되므로 적은 개수가 아니다.

7.1.4 Employee 클래스의 하위 클래스 작성

초등학생, 중고등학생, 대학생 등 Student 클래스의 하위 클래스에 대해 비교적 잘 알기 때문에 이들 하위 클래스들의 작성은 그리 어렵지 않다. 그런데, Employee 클래스의 하위 클래스를 작성하려면 막막할 것이다. 그 이유는 지금까지 사원이 어떤 일을 하며, 사원을 다루기 위해 어떤 정보를 표현해야 하며, 필요한 작업이 무엇인가를 생각해 본 적이 없기 때문이다.

사원 클래스의 하위 클래스로 정규직 사원, 시간제 사원, 인턴 등이 있으며, 이들 하위 클래스의 필드와 메소드는 Student의 하위 클래스들보다 훨씬 복잡하다. 예제 7-1-4 프로그램은 Employee 클래스의 하위 클래스들을 작성한 것인데, 실습 자료에 있으니 잘 살펴보기 바란다.

정확한 상황을 파악하지 않고 클래스와 하위 클래스를 작성하기는 쉽지 않다. 클래스들을 만들어 어떤 작업을 수행할 것인가를 먼저 결정하고 필요한 필드와 메소드를 구상하여 클래스를 작성해야 한다. 이를 위해 많은 연습과 노력이 필요함은 당연하다.

7.1.5 필드와 메소드 선언된 클래스 확인하기

Java 프로그램을 살펴볼 때 부딪히는 어려움이 선언되지 않은 필드와 메소드가 클래스에서 사용되는 것이다. 이들은 상위 클래스에서 상속된 필드와 메소드이다. 이들을 확인하려면 상위 클래스를 확인한 후 상위 클래스를 살펴보아야 한다.

그런데, 상위 클래스도 또다시 상위 클래스를 가질 수 있으므로 상위 클래스의 상위 클래스에서 필드와 메소드가 상속될 수도 있다. 그러므로 상위 클래스를 연쇄적으로 따라 올라가면서 상속된 필드와 메소드를 확인해야 할 때도 있다.

PrimaryStudent 클래스의 상위 클래스는 Student 클래스이고, Student 클래스의 상위 클래스는 Person 클래스이다. PrimaryStudent 클래스에서 사용되는 name 필드의 경우, PrimaryStudent 클래스에서 선언되지 않았다. name 필드가 선언된 클래스를 확인하기 위해 우선 상위 클래스인 Student에 선언되었는가 살펴봐야 한다.

Student 클래스를 살펴보면 name 필드가 선언되지 않았으므로 다시 Student 클래스의 상위 클래스인 Person 클래스에서 선언되었는가 살펴봐야 한다. Person 클래스에서 필드를 살펴보면 name 필드가 선언되었음을 확인할 수 있다.

7.1.6 최상위 클래스 Object

하위 클래스는 상위 클래스를 확장하므로 키워드 extends 다음에 상위 클래스가 명시된다. 그런데 Person 클래스의 상위 클래스는 명시되어 있지 않다. 그러면 Person 클래스의 상위 클래스는 없을까? 그렇지 않다. Person 클래스의 상위 클래스는 명시되지는 않았지만 Object 클래스이다. 그러므로 Person 클래스는 다음과 같이 선언된 것과 동일하다.

```
class Person extends Object { ... }
```

Java에서 상위 클래스를 확장하지 않는 클래스는 상위 클래스가 없는 클래스가 아니라 묵시적으로 Object 클래스의 하위 클래스이다. 그러므로 상위 클래스를 따라 올라가게 언젠가는 Object 클래스를 반드시 만나게 되며, 상위 클래스가 없는 유일한 클래스가 Object 클래스이다.

다음은 Object 클래스의 중요 사항이다.

- Object 클래스
  - Object 클래스는 Java의 최상위 클래스로, 모든 클래스의 상위 클래스
  - Object 클래스에 모든 객체에게 필요한 메소드인 toString(), hashCode(), equals(), getClass() 등의 메소드들[106] 선언되어 있음

- Java의 모든 클래스는 Object의 하위 클래스
  - 상위 클래스가 명시되지 않은 클래스는 묵시적으로 Object 클래스의 하위 클래스가 됨
  - 그러므로 Person 클래스는 상위 클래스 명시되지 않지만, Object 클래스의 하위 클래스
  - 모든 클래스의 객체가 Object 클래스의 메소드 호출 가능

7.1.7 클래스 계층

최상위 클래스인 Object 클래스를 제외한 Java의 모든 클래스는 하나의 상위 클래스를 가지며, 작성된 클래스들은 상하위 관계에 따라 클래스 계층을 형성한다.

지금까지 작성된 Person, Student, Employee 클래스들과 이들의 하위 클래스들을 상하위 클래스로 구별하여 클래스 계층을 그려보면 [그림 7-3]과 같다.

106) 이들 메소드 중 중요한 메소드는 객체의 정보를 문자열로 반환하는 toString(), 두 객체가 동일한 객체인가 비교하는 equals() 메소드, 객체에 대해 임의의 정수값을 반환하는 hashCode() 메소드이다.

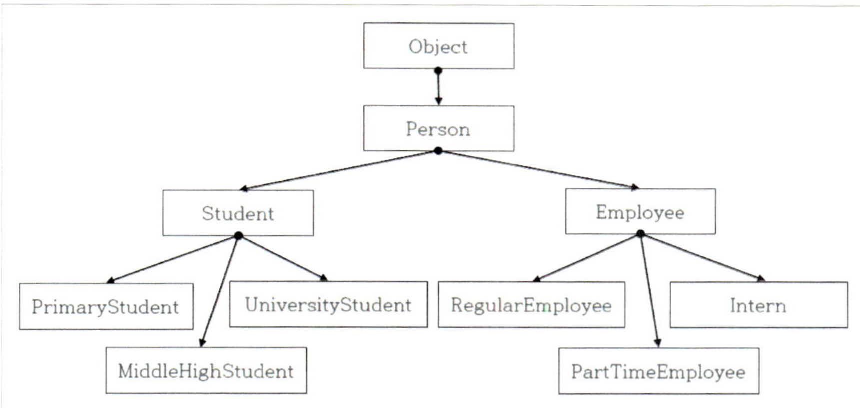

[그림 7-3] 작성된 클래스들의 클래스 계층

7.1.8 하위 클래스와 관련된 중요 사항

하위 클래스는 더 구체적인 특성을 가지는 새로운 클래스를 쉽게 선언하여 이미 작성된 클래스의 재사용과 확장을 쉽게 한다. 재사용과 확장은 규모가 큰 프로그램을 개발할 때 가장 중요한 요건이다. 여기까지는 쉽고 당연하게 여겨진다.

그런데 상위 클래스와 하위 클래스 사이에는 다음의 쉽지 않은 물음이 제기된다.

- 첫째, 하위 클래스 객체는 상위 클래스 객체처럼 취급될 수 있는가?
- 둘째, 상위 클래스에 선언된 필드와 메소드를 하위 클래스에 다시 선언할 수 있는가?
- 셋째, 하위 클래스에서 상위 클래스의 필드와 메소드를 접근할 수 있는가?

이들 질문에 대해 명확하게 답할 수 있으면 Java의 객체 지향과 관련된 핵심을 올바르게 이해했다고 할 수 있다. 이들 질문에 대한 해답은 다음과 같다.

- 첫째, 하위 클래스 객체는 상위 클래스 객체의 역할도 함
  - 하위 클래스 객체는 여러 클래스 객체 역할을 하며, 객체의 타입이 여러 개에 해당하는 다형성의 한 예임
  - 상위 클래스의 객체 참조변수에 하위 클래스 객체를 저장할 수 있음: 업캐스팅
  - 업캐스팅된 객체의 타입을 하위 클래스 타입으로 변환 가능: 다운캐스팅
  - 그 결과 상위 클래스의 객체 참조변수가 여러 하위 클래스 객체 참조 가능하며, 여러 클래스 객체들의 통합적 관리 가능

- ■ 둘째, 상위 클래스에 선언된 필드와 메소드를 하위 클래스에서 선언할 수 있음
  - 하위 클래스에 동일한 이름의 필드 선언 가능: 필드 숨기기
  - 하위 클래스에 동일한 반환타입, 이름, 매개변수의 메소드 선언 가능: 메소드 오버라이딩
  - 메소드 오버라이딩은 매우 중요한 사항
- ■ 셋째, 하위 클래스 객체에서 상위 클래스의 멤버 접근할 수 있음
  - 상위 클래스의 숨겨진 필드나 오버라이딩된 메소드도 접근 가능
  - 상위 클래스의 필드나 메소드 접근할 때에 키워드 super 사용
  - 상위 클래스의 객체 생성자도 하위 클래스에서 호출 가능

7.2 하위 클래스 객체 참조와 업캐스팅

7.2.1 하위 클래스 객체의 상위 클래스 객체 역할

현실 생활에서 학생 김철수는 학교에서 학생이며, 집에서 아들이며, 국가적 관점에서 국민이다. 이는 김철수 학생이 학생의 역할 뿐 아니라 아들, 국민의 역할도 동시에 하는 것이다. 또한, 《 학생이면 사람이다. 》라는 것이 참이며, 《 사람이면 동물이다. 》도 참이다. 이는 분류체계에서 하위 종류는 상위 종류에 포함됨을 의미한다.

이와 유사하게 Java에서도 하위 클래스 객체는 상위 클래스 객체도 된다. 그러므로 Person 클래스의 하위 클래스인 Student 클래스의 객체는 Person 클래스의 객체도 된다. Java에서 하위 클래스 객체가 상위 클래스 객체도 된다는 것은 하위 클래스 객체는 상위 클래스 타입도 가짐을 의미하며, 하위 클래스 객체는 상위 클래스의 객체 참조변수에 저장되고 참조될 수 있음을 말한다.

다음은 상위 클래스의 객체 참조변수에 하위 클래스 객체를 저장하는 코드이다.

```
class C {                    // C 클래스는 Object 클래스의 하위 클래스
  // ... C 클래스의 필드와 메소드 선언 ...
}

class S extends C {          // S 클래스는 C 클래스의 하위 클래스
  // ... S 클래스의 필드와 메소드 선언 ...

    public static void main(String[] args) {
        C c;                 // C 클래스의 객체 참조변수 c 선언
```

```
        S s;              // S 클래스의 객체 참조변수 s 선언

        s = new S();      // S 클래스 객체 생성하여 S의 객체 참조변수 s에 저장
        c = ( C ) s;      // s를 클래스 타입 C로 캐스트하여 c에 저장: 강제적 업캐스팅
        c = s;            // s를 c에 직접 저장: 자동적 업캐스팅
    }
}
```

여기에서 C 클래스와 하위 클래스 S를 선언하였다. main() 메소드에서 C 클래스 타입의 객체 참조변수 c와 S 클래스 타입의 객체 참조변수 s를 선언하고 S 클래스의 객체를 생성하여 s에 저장하였다. 여기까지는 자연스럽다.

그런데, s를 C로 강제적으로 캐스트시킨 후 c에 저장하였는데, Java에서 객체 참조변수에 대한 캐스트도 가능하다. 그뿐 아니라 s를 직접 c에 저장하였는데, 이도 역시 가능하며, 이것을 자동적 업캐스팅이라 하며 간단히 업캐스팅이라 한다.

Java를 비롯한 대부분의 객체 지향 언어에서 S 클래스가 C 클래스의 하위 클래스이면 C 클래스의 객체 참조변수는 S 클래스의 객체를 저장하여 참조할 수 있도록 허용한다. 왜냐하면, S 클래스 객체는 C 클래스 객체도 되기 때문이다.

7.2.2 업캐스팅

하위 클래스 객체를 상위 클래스의 객체 참조변수에 저장하기 위해 하위 클래스 객체의 타입을 상위 클래스 타입으로 변환시키는 것을 업캐스팅(upcasting)이라 한다. 업캐스팅은 하위 클래스에서 상속, 오버라이딩과 호출과 함께 가장 중요한 개념[107]이며 많은 이점을 제공한다.

❑ 업캐스팅의 예를 보이는 프로그램

예제 7-2-1은 상위 클래스의 객체 참조변수에 하위 클래스 객체 저장을 위한 업캐스팅의 예를 보여준다.

예제 7-2-1　상위 클래스 객체의 역할을 보이는 업캐스팅

```
package ex7_2_1_object_as_superclass_object;

class Ex7_2_1_StudentMgmt {
```

107) 하위 클래스와 관련된 가장 중요한 사항은 상속, 업캐스팅, 오버라이딩이며, 그중에서 업캐스팅과 오버라이딩의 필요성, 의미, 이점 등을 파악하기는 쉽지 않다.

```
    public static void main(String[] args) {
        // 업캐스팅: 생성한 Student 객체를 업캐스팅하여 Person 객체 참조변수 p에 저장
        Person p = new Student("김영희", 11, "서울초등학교", 4);
        p.goTo("서울초등학교");      // 김영희가 서울초등학교에 감

        // 업캐스팅: UniversityStudent 객체를 업캐스팅하여 Student 변수 s에 저장
        Student s = new UniversityStudent("김철수", 23,
                                    "한국대학교", 3, 201611001, "컴퓨터공학");
        s.goToSchool();              // 김철수가 등교

        // 김영희와 김철수의 필드값 모두 출력
        p.output();
        s.output();
    }
}
```

업캐스팅은 약한 기본 타입의 값을 강한 기본 타입의 변수에 저장할 때 발생하는 자동적 타입변환과 유사하지만, 차이가 있다.

하위 클래스 객체를 업캐스팅시켜도 하위 클래스 객체 자체는 상위 클래스 객체로 변하지 않는다. 단지 업캐스팅된 객체는 상위 클래스 객체의 역할을 하게 되며, 그 결과 상위 클래스의 객체 참조변수에 저장될 수 있다. 이에 반하여 기본 타입의 값을 다른 타입으로 캐스팅시키면 캐스팅되는 타입의 값으로 실제로 바뀐다.[108)]

❑ 업캐스팅의 필요성

그런데, S 클래스 객체는 S 클래스의 객체 참조변수에 저장하여 참조하면 되는데, 왜 상위 클래스의 객체 참조변수가 참조하는가를 이해하는 것이 처음에는 쉽지 않다. 이를 이해하려면 업캐스팅의 필요성을 먼저 이해해야 한다.

업캐스팅이 필요한 이유는 객체 참조변수에 저장해야 할 객체가 선언된 클래스의 하위 클래스가 되어야 하는 경우가 빈번히 발생하기 때문이다. 다음은 이러한 경우를 보여준다.

> [예 1] Person 클래스에 친구 저장하는 friend 필드: friend 필드에 Person 객체뿐 아니라 Student, Employee 등 Person의 하위 클래스 객체도 저장되어야 함

108) 《 int n = (int) 89.4; 》에서 89.4를 int 타입으로 캐스팅하면 실수 89.4가 정수 89로 바뀐다.

[예 2] Person 클래스에 마지막으로 만난 사람 저장하는 personLastMet 필드: personLastMet 필드에 Person 객체뿐 아니라 하위 클래스 객체도 저장되어야 함

[예 3] Person 클래스의 void meets(Person p) 메소드: p의 실매개변수가 Person 객체뿐 아니라 Person의 하위 클래스 객체도 되어야 함

[예 4] Employee 클래스에 사원의 상급자 저장하는 필드 boss: boss 필드에 Employee 클래스의 하위 클래스 객체도 저장되어야 함

지금 이러한 예들이 무엇을 의미하는지 바로 알기는 어렵다. 나중에 구체적인 프로그램을 통하여 알아볼 것이다. 업캐스팅과 관련된 중요한 사항들을 먼저 알아보자.

❑ 업캐스팅에서의 명시적 참조 클래스와 실제적 참조 클래스

기본 타입의 변수에는 항상 해당 타입의 값만 저장되며, 다른 타입의 값이 저장되려면 자동적 또는 명시적 타입변환이 이루어진 후 저장된다. 그런데 객체 참조변수는 선언된 클래스의 객체를 참조한다고 보증할 수가 없다. 하위 클래스 객체를 업캐스팅시켜 상위 클래스의 참조변수에 저장할 수 있기 때문이다.

그러므로 객체 참조변수에 대해 다음 2개 클래스가 연관된다.

- 명시적 참조 클래스(explicitly referencing class)
  - 객체 참조변수를 선언할 때 명시되는 클래스
  - 《 Person p = new Person(); 》에서 p의 명시적 참조 클래스는 Person
  - 《 Student s = new Student(); 》에서 s의 명시적 참조 클래스는 Student

- 실제적 참조 클래스(really referencing class)
  - 객체 참조변수가 실제적으로 참조하는 객체의 클래스
  - 《 Person p = new Person(); 》에서 p의 실제적 참조 클래스는 Person
  - 《 Person p = new Student(); 》에서 p의 실제적 참조 클래스는 Student

❑ 업캐스팅에서 준수해야 할 규칙

객체 참조변수가 업캐스팅된 하위 클래스 객체를 저장하면 객체 참조변수의 명시적 참조 클래스와 실제적 참조 클래스는 서로 다르다. 이 경우 다음의 3가지 규칙을 반드시 지켜야 한다.

- 업캐스팅 규칙 1: 실제적 참조 클래스는 반드시 명시적 참조 클래스의 하위 클래스이어야 함
  - 《 Person p = new Student(); 》는 오류가 아님
  - 《 Student s = new Person(); 》는 오류

- 업캐스팅 규칙 2: 명시적 참조 클래스의 특성만 접근 가능, 실제적 참조 클래스인 하위 클래스의 고유 특성은 접근 불가
  - 《 Person p = new Student(); 》에서 《 p.goTo("광화문"); 》는 가능
  - 《 Person p = new Student(); 》에서 《 p.goToSchool(); 》은 오류

- 업캐스팅 규칙 3: 업캐스팅된 실제적 참조 클래스의 고유 특성 참조하려면 다운캐스팅시켜야 함
  - 다운캐스팅은 업캐스팅의 반대이며, 객체 참조변수를 하위 클래스 타입으로 강제적 타입변환시키는 것
  - 하위 클래스로 다운캐스팅시키면 하위 클래스의 고유 특성 참조 가능
  - 《 Person p = new Student(); 》에서 업캐스팅된 p에 대해 《 ((Student) p).goToSchool(); 》는 다운캐스팅하여 Student의 고유 메소드 goToSchool() 호출하므로 오류 아님

❑ 업캐스팅 규칙을 설명하는 프로그램

개념적이며 이론적인 것은 처음에 이해가 쉽지 않으므로 예를 통하여 살펴보자.

예제 7-2-2 프로그램은 Person 클래스와 하위 클래스인 Student를 사용하는 main() 메소드 부분이다.

예제 7-2-2 업캐스팅과 다운캐스팅

```
class Ex7_2_2_PersonMgmt {
   public static void main(String[] args) {
      // 명시적 참조 클래스와 실제적 참조 클래스가 같은 경우:
      //    Person 객체 생성하여 Person 객체 참조변수 p1에 저장
      Person p1 = new Person("홍길동", 18);
      p1.goTo("금강산");

      // 명시적 참조 클래스와 실제적 참조 클래스가 같은 경우:
      //    Student 객체 생성하여 Student 객체 참조변수 s1에 저장
      Student s1 = new Student("김영희", 11, "서울초등학교", 4);
      s1.goTo("집");
```

```
        s1.goToSchool();

        // 명시적 참조 클래스와 실제적 참조 클래스가 다른 경우:
        //      업캐스팅: 하위 클래스 객체를 상위 클래스 타입으로 타입변환
        //      Student 객체 생성하여 Person 객체 참조변수 p2에 저장
        //      p2의 명시적 참조 클래스: Person, 실제적 참조 클래스: Student
        Person p2 = new Student("김철수", 23, "한국대학교", 2);
        p2.goTo("한국대학교");   // p2의 명시적 참조 클래스인 Person의 goTo() 호출

        // 다운캐스팅: 상위 클래스의 객체 참조변수를 하위 클래스 타입으로 강제 타입변환
        ((Student) p2).goToSchool();     // Student로 다운캐스팅하여 goToSchool() 호출

        // 다운캐스팅: 상위 클래스의 객체 참조변수를 하위 클래스 타입으로 강제 타입변환
        Student s2 = (Student) p2;       // p2를 Student로 다운캐스팅하여 s2에 저장
        s2.goToSchool();                 // s2의 명시적 참조 클래스인 Student의 goToSchool() 호출
    }
}
```

프로그램 설명

- 명시적 참조 클래스와 실제적 참조 클래스가 같은 경우
  - 객체 참조변수 p1과 s1은 선언된 타입과 일치하는 클래스의 객체 참조하므로 명시적 참조 클래스와 실제적 참조 클래스는 같음
  - p1을 통하여 name, age, goTo() 등 Person의 멤버들 접근 가능
  - s1을 통하여 Student 클래스의 모든 필드와 메소드 접근 가능
- 명시적 참조 클래스와 실제적 참조 클래스가 다른 경우
  - Person의 객체 참조변수 p2는 Student 클래스 객체 참조
  - 이것은 하위 클래스 객체를 상위 클래스의 객치 참조변수에 저장한 것
  - 이 과정에서 Student 클래스 객체가 업캐스팅
    ⇒ 그 결과 p2의 명시적 참조 클래스와 실제적 참조 클래스가 같지 않게 됨
  - p2의 명시적 참조 클래스: Person
  - p2의 실제적 참조 클래스: Person의 하위 클래스인 Student
- 다운캐스트를 통한 하위 클래스의 고유특성 참조
  - p2를 Student로 다운캐스팅하면 Student 클래스의 필드나 메소드 접근 가능
  - 《 ((Student) p2) 》로 다운캐스팅한 후 goToSchool() 호출 가능

특히 명심해야 할 사항은 다음과 같다.

- Person 타입의 변수 p2가 실제 참조하는 객체는 schoolname, grade, goToSchool() 등을 가지는 Student 클래스 객체
- p2 이용하여 Student의 고유 특성인 schoolname, grade, goToSchool() 등

고유 멤버 접근 불가
  • 이것이 명시적 참조 클래스와 실제적 참조 클래스가 다를 경우 실제적 참조 클래스의 고유특성을 참조할 수 없다는 규칙을 말함
■ p2 통하여 p2의 명시적 참조 클래스인 Person의 필드와 메소드만 접근 가능

❑ 업캐스팅된 객체의 다운캐스팅

객체 참조변수에 하위 클래스 객체가 저장되면 하위 클래스의 고유 필드나 고유 메소드를 접근할 수 없다. 그러나 가끔 하위 클래스의 고유특성을 접근할 필요가 있다. 이를 위해 Java에서 업캐스팅된 객체 참조변수를 하위 타입으로 타입변환하도록 허용한다.

업캐스팅된 객체를 저장하는 객체 참조변수를 하위 클래스 타입으로 강제적으로 타입변환시키는 것을 다운캐스팅(downcasting)이라 한다. 객체 참조변수의 다운캐스팅은 괄호 속에 캐스트하고자 하는 타입을 명시하면 된다. 이때의 타입은 당연히 클래스 이름이다. 다음은 다운캐스팅의 예이다.

```
Person p = new Student("김영희", 11, "서울초등학교", 4); // p에 업캐스팅된 객체 저장

((Student) p).schoolname = "서울초등학교"; // p를 다운캐스팅하여 schoolname 접근
((Student) p).goToSchool();              // p를 다운캐스팅하여 goToSchool() 호출

Student s = (Student) p;                 // p 다운캐스팅하여 Student 참조변수 s에 저장
s.goToSchool();                          // s는 Student 클래스의 고유 메소드 호출 가능
```

❑ 업캐스팅과 다운캐스팅에서의 오류

예제 7-2-3은 업캐스팅과 다운캐스팅과 관련된 객체 참조 오류의 예를 보여준다. 여기에서 Car 클래스는 Person 클래스의 하위 클래스가 아닌 것으로 가정한다.

예제 7-2-3 업캐스팅과 다운캐스팅에서의 오류

```
class Ex7_2_3_StudentMgmt {
   public static void main(String[] args) {
      Person p1 = new Car();          // 컴파일 오류: Car는 Person의 하위 클래스 아님
      Student s1 = new Person();      // 컴파일 오류: Person은 Student 하위 클래스 아님

      Student s2  = new Student("김영희", 11, 서울초등학교", 4);
      ((Person) s2).goToSchool();     // 컴파일 오류: s2를 Person 타입으로 업캐스팅시켜
                                      //              Student의 goToSchool() 호출 불가
```

```
        Person p2 = s2;               // s2를 업캐스팅시켜 상위 클래스 변수 p2에 저장
        p2.goToSchool();              // 컴파일 오류: Person p2는 goToSchool() 호출 불가

        Person p3 = new Person("박문수", 23);
        ((Student) p3).goToSchool();  // 실행시간 오류: p3은 업캐스팅되지 않았으므로
                                      //              Student로 다운캐스팅시킬 수 없음
    }
}
```

프로그램 설명

- 업캐스팅과 다운캐스팅 관련된 여러 종류의 오류 보여줌
- Person p1 = new Car(); // 컴파일 오류: Car는 Person의 하위 클래스 아님
  - Person의 객체 참조변수 p1은 Person 클래스 객체와 하위 클래스 객체만 저장 가능
  - Person의 하위 클래스 아닌 Car 클래스 객체는 p1에 저장할 수 없으므로 컴파일 오류 발생
- Student s1 = new Person(); // 컴파일 오류: Person은 Student의 하위 클래스 아님
  - Student의 객체 참조변수 s1은 Student 객체 또는 하위 클래스 객체만 저장 가능
  - Student의 하위 클래스 객체 아닌 Person 객체는 s1에 저장할 수 없으므로 컴파일 오류 발생
- ((Person) s2).goToSchool(); // 컴파일 오류: Person p2는 goToSchool() 호출 불가
  - 《 (Person) s2 》에서 s2를 Person으로 업캐스팅하면 Student 클래스의 고유 필드나 고유 메소드 호출 불가
  - 《 ((Person) s2).goToSchool(); 》의 경우 Student의 고유 메소드 goToSchool() 호출 불가하므로 컴파일 오류 발생
- ((Student) p3).goToSchool(); // 실행시간 오류: p3은 업캐스팅되지 않았으므로
  //　Student로 다운캐스팅시킬 수 없음
  - 《 (Student) p3 》에서 p3은 Person 객체 저장하므로 Student로 다운캐스팅 불가
  - 《 (Student) p3 》은 실행 중 다운캐스팅 불가 확인되어 실행시간 오류 발생

❑ Object 클래스의 객체 참조변수와 업캐스팅

Object 클래스는 모든 클래스의 상위 클래스가 된다고 하였다. 그러므로 Object 클래스의 참조변수는 모든 타입의 객체를 업캐스팅시켜 저장할 수 있으며, 모든 객체를 참조할 수 있다.

예제 7-2-4에서 Object 클래스의 참조변수가 여러 객체를 참조한다.

예제 7-2-4 Object 클래스의 객체 참조변수에 객체 저장하기

```
Object obj;                 // obj는 Object 클래스의 객체 참조변수
obj = new Student("김영희", 11, "서울초등학교", 4);
obj = "I like Java!";       // Object 클래스의 참조변수는 String 값 저장 가능
obj = 1;                    // Object 클래스의 참조변수는 기본 타입 값인 정수 1 저장 가능109)

Object[] objs = new Object[10];     // 10개 Object 객체를 저장하는 배열변수 선언
objs[0] = new Student("김영희", 11, "서울초등학교", 4);     // 원소에 Student 객체 저장
objs[1] = "I like Java!";           // 원소에 문자열 객체 저장
objs[2] = 1;                        // 원소에 정수 1 저장, 실제로는 정수 객체 저장
```

❑ 타입 확인 연산자 instanceof

Java는 객체 참조변수의 실제적 참조 클래스를 확인할 수 있는 특별한 연산자 instanceof를 지원한다. instanceof 연산자는 두 개 피연산자를 가지는 연산자로, 왼쪽 피연산자의 객체가 오른쪽 피연산자로 주어지는 클래스의 객체 또는 그 클래스의 하위 클래스 객체이면 true를 생성하고, 그렇지 않으면 false를 생성한다. instanceof 연산자는 관계 수식의 한 부분이 될 수 있다.

예제 7-2-5는 instanceof 연산자의 예를 보여준다.

예제 7-2-5 instanceof 연산자

```
Person p1 = new Student("김영희", 11, "서울초등학교", 4)

if (p1 instanceof Student)         // instanceof 연산자의 예: p1이 Student의 객체이면
  ((Student) p1).goToSchool();     //     p1을 Student로 다운캐스팅하여 goToSchool() 호출

Person p2 = new UniversityStudent("김철수", 23,
                                   "한국대학교",3, 201611001, "컴퓨터공학");

if (p2 instanceof Student)         // instanceof 연산자의 예: p2가 Student의 객체이면
  ((Student) p2).goToSchool();     //     p2를 Student로 다운캐스팅하여 goToSchool() 호출

if (p2 instanceof UniversityStudent)     // p2가 UniversityStudent의 객체이면
  ((Student) p2).goToSchool();           //     p를 Student로 다운캐스팅 가능
```

109) 기본 타입의 값을 Object 클래스의 참조변수에 저장 가능한 것은 기본 타입의 값이 객체로 변환되는 자동 박싱(auto-boxing) 때문이다. 자동 박싱은 객체 참조변수에 기본 타입의 값을 저장하면 자동적으로 객체로 변환하여 저장하는 것으로, 이에 대해서는 나중에 다시 배울 것이다.

프로그램 설명

- if 문의 《 p1 instanceof Student 》
  - p1에 저장된 객체가 Student 객체이므로 연산결과는 true
  - 그 결과 p1 객체를 Student로 다운캐스팅 가능
- if 문의 《 p2 instanceof Student 》
  - p2에 저장된 객체가 UniversityStudent 객체
  - UniversityStudent 객체는 Student 클래스의 하위 클래스 객체이므로 연산결과는 true
- if 문의 (p2 instanceof UniversityStudent)
  - p2에 저장된 객체가 UniversityStudent 객체이므로 연산결과는 true

7.2.3 업캐스팅의 필요성 보여주는 프로그램

Student 클래스 객체를 Student의 객체 참조변수가 참조하게 하면 될 텐데, 왜 Person의 객체 참조변수가 참조하게 하는가에 대해 궁금함이 생길 것이다. 지금까지 살펴본 예에서 그럴 필요성이 없었다.

필요성이 확실히 드러나는 예를 하나 살펴보면 뭔가를 느낄 수 있다. Person 클래스에 친구를 나타내는 friend 필드, 마지막으로 만난 사람을 저장하는 personLastMet 필드, 만남을 구현하는 meets() 메소드를 추가한 예제 7-2-6은 업캐스팅의 필요성을 확실히 보여준다.

예제 7-2-6 업캐스팅의 필요성을 보이는 Person 클래스

```
// Person 클래스: name, age, currentLocation, friend, personLastMet 필드와 meets()
//                 메소드 가짐
class Person {
    String name;      int age;      String currentLocation;
    Person friend;                  // 친구 참조하는 필드: 친구는 Person 클래스 객체뿐
                                    //     아니라 하위 클래스 객체도 될 수 있음
    Person personLastMet;           // 마지막 만난 사람 저장하는 필드

    // 이름, 나이 주어지면 필드에 저장하는 객체 생성자
    Person(String name, int age) {
        this.name = name;  this.age = age;
    }

    // 만나다를 구현하는 메소드: personLastMet 필드값에 주어진 p를 저장
    //     매개변수 p에 Person 객체뿐 아니라 Person의 하위 클래스 객체도 가능
    void meets(Person p) {
```

```
        personLastMet = p;
    }
}

// Person 클래스의 하위 클래스인 Student 선언
class Student extends Person {
    String schoolname;    // 학교명
    int    grade;         // 학년

    // 이름, 나이, 학교명, 학년이 주어지면 필드에 저장하는 객체 생성자
    Student(String name, int age, String schoolname, int grade) {
        super(name, age);
        this.schoolname = schoolname;      this.grade = grade;
    }
}

class Ex7_2_6_PersonMgmt {
    public static void main(String[] args) {
        Person p = new Person("이몽룡", 20);                       // 20세 이몽룡이 있음
        Student s1 = new Student("김철수", 23, "한국대학교", 3);   // 김철수 학생이 있음
        Student s2 = new Student("감조은", 21, "한국대학교", 3);   // 감조은 학생이 있음

        // Person 이몽룡과 Student 김철수는 친구 사이임을 나타내는 코드
        p.friend = s1;      // p의 friend 필드는 Student 객체 s1 참조(업캐스팅)
        s1.friend = p;      // s1의 friend 필드는 Person 객체 p 참조

        // Person 이몽룡과 Student 감조은이 만났다는 것을 나타내기 위한 코드
        p.meets(s2);        // meets() 메소드 매개변수는 Student 객체 s2(업캐스팅)
        s2.meets(p);        // meets() 메소드 매개변수는 Person 객체 p

        System.out.println("  * " + p.name + "의 친구: " + p.friend.name);
        System.out.println("  * " + s1.name + "의 친구: " + s1.friend.name);

        System.out.println("  * " + p.name + "의 마지막 만난 사람: "
                                        + p.personLastMet.name);
        System.out.println("  * " + s2.name + "의 마지막 만난 사람: "
                                        + s2.personLastMet.name);
    }
}
```

실행결과

```
* 이몽룡의 친구: 김철수
* 김철수의 친구: 이몽룡
* 이몽룡의 마지막 만난 사람: 감조은
* 감조은의 마지막 만난 사람: 이몽룡
```

프로그램 설명

- 이 프로그램은 이몽룡과 김철수가 친구 사이이며, 이몽룡과 감조은이 서로 만났음을 표현
  - p가 참조하는 이몽룡은 20세의 Person 클래스 객체
  - s1이 참조하는 김철수는 23세 한국대학교 3학년 학생으로 Student 클래스 객체
  - s2가 참조하는 감조은은 21세 한국대학교 3학년 학생으로 Student 클래스 객체

- Person 클래스의 friend 필드는 Person 타입의 객체 참조변수
  - friend 필드는 Person 클래스 객체뿐 아니라 하위 클래스 객체도 참조할 수 있음
  - 이는 Person 클래스의 모든 하위 클래스 객체도 친구가 될 수 있도록 함
  - 《 p.friend = s1; 》에서 p의 friend 필드는 Student 객체 참조
  - 《 s1.friend = p; 》에서 s1의 friend 필드는 Person 객체 참조

- Person 클래스의 personLastMet 필드는 Person 타입의 객체 참조변수
  - personLastMet 필드는 Person 클래스 객체뿐 아니라 하위 클래스 객체도 참조 가능
  - 이는 Person 클래스의 모든 하위 클래스 객체도 만날 수 있다는 의미

- Person 클래스의 void meets(Person p) 메소드의 매개변수 p는 Person 타입의 객체 참조변수
  - void meets(Person p) 메소드가 호출될 때 실매개변수는 Person 객체뿐 아니라 Person의 하위 클래스 객체도 가능하며, 이때 업캐스팅이 이루어짐
  - 《 p.meets(s2); 》에서 실매개변수 Student 객체 s2가 형식매개변수 Person p에 전달되어 p에 s2가 저장되며, 이때 업캐스팅 발생
  - 《 s2.meets(p); 》에서 실매개변수 Person 객체 p가 형식매개변수에 전달되므로 업캐스팅 발생하지 않음

7.2.4 업캐스팅의 활용

친구 중에는 학생인 친구도 있고 회사원인 친구도 있을 것이다. 필자에게도 교수 친구도 있고, 사장인 친구도 있고, 그냥 사람인 친구도 있다. 그러므로 친구를 나타내는 friend 필드는 학생, 회사원, 교수, 사장, 사람 등 여러 클래스의 객체를 참조할 수 있어야 하며, 이를 위해 friend 필드의 타입을 학생, 회사원, 교수, 사장, 사람 중에서 가장 포괄적인 타입인 Person으로 한다.

업캐스팅은 하위 클래스의 객체가 상위 클래스의 객체 역할을 하는 데에서부터 출발한다. 이것은 아주 중요한 사실이며 정확히 이해해야 한다. 학생인 김철수가 학생 역할을 하며 사람 역할도 한다는 것이다. 여러 종류의 객체를 저장하기 위해

가장 상위 클래스의 객체를 저장하는 변수를 선언하고, 하위 클래스 객체를 캐스팅하여 저장하도록 하는 것이 업캐스팅이다.

한 객체가 여러 클래스의 객체 역할을 하는 것은 처음에는 혼란스럽다. 그러나 점차 한 객체가 여러 클래스의 객체 역할을 하는 것이 다형성의 한 종류라는 것을 이해하면 하위 클래스 객체를 상위 클래스 객체처럼 사용할 수 있으며, 이를 활용하여 여러 클래스의 객체들을 전체적으로 관리할 수 있다. 업캐스팅 활용하는 방법을 익히면 객체 지향 프로그래밍을 제대로 할 수 있다.

7.3 메소드 오버라이딩

여기까지가 Java의 하위 클래스에 대한 기본적인 사항이다. 이해하기 쉽지는 않지만, 그리 어려운 것이 아니다. 더 복잡하면서 객체 지향 프로그램의 참모습을 보여주는 것이 있다. 그것은 객체 지향 패러다임에서 하위 클래스를 선언할 때 필드 숨기기(field hiding)와 메소드 오버라이딩을 허용한다는 것이다. 이것은 하위 클래스에 상위 클래스에 선언된 필드와 메소드가 다시 선언될 수 있는가? 라는 물음에 대한 대답도 되며, 그 대답은 "그렇다"이다.

필드 숨기기는 상위 클래스에 선언된 변수와 같은 이름의 변수를 하위 클래스에 선언하면 상위 클래스의 필드는 보이지 않게 된다는 것이다. 하위 클래스에 실제로 2개 같은 이름을 갖는 필드가 있지만, 그중 하나인 상위 클래스의 필드는 숨겨진다.

그런데 필드 숨기기는 Java에서 제공하는 기능이지만, 사용을 자제하도록 권장하는 기능이다. 필드 숨기기는 사용하지 않는 것이 좋으므로 더 설명하지 않는다[110].

7.3.1 메소드 오버라이딩의 개념

메소드 오버라이딩은 하위 클래스를 선언할 때 상위 클래스의 메소드를 대체할 수 있는 메소드를 재정의하는 것이다. 상위 클래스의 메소드를 재정의한다는 것은 상위 클래스에 선언된 메소드와 이름, 매개변수, 반환타입이 모두 같으며 메소드의 구현이 다른 메소드를 하위 클래스에 선언하는 것이다.

110) 필드 숨기기에 대해 더 알고 싶으면 다른 자료를 참조할 수 있지만, 필자는 이에 대해 모르는 것이 더 낫다고 생각한다.

하위 클래스는 상위 클래스의 필드와 메소드를 자동적으로 상속받으며, 추가로 새로운 필드와 메소드를 선언할 수 있다. 그런데, 상위 클래스의 메소드 처리내용을 하위 클래스의 상황에 맞도록 변경할 수 있도록 하는 것이 메소드 오버라이딩이다.

예를 들어, Person 클래스의 output() 메소드는 Person 클래스의 필드인 name, age, currentLocation을 출력하는 메소드이다. Person의 하위 클래스 Student에서 Person의 output() 메소드를 상속받아 그대로 사용하면 Student의 고유 필드인 schoolname과 grade 필드를 출력할 수 없다. Student 클래스의 모든 필드를 출력하기 위해 상위 클래스인 Person의 output() 메소드로는 충분하지 않으며, schoolname과 grade 필드를 추가로 출력하기 위해 Student 클래스에서 output() 메소드를 재작성해야 한다.

7.3.2 수행할 오버라이딩 메소드의 결정

메소드 오바라이딩과 관련하여 메소드 호출 시 반드시 알아야 할 사항은 다음과 같다.

- 메소드 호출되면 객체 참조변수의 명시적 참조 클래스가 아닌 실제적 참조 클래스 확인하여 수행할 메소드 결정
  - 이에 따라 《 person p = new Student("김영희", 11); p.output(); 》에서 p의 실제적 참조 클래스인 Student의 output() 메소드 수행
- 객체 참조변수의 실제적 참조 클래스 확인작업은 컴파일 시간에 할 수 없고 프로그램 실행 후 확인 가능
  - 이로 인하여 오버라이딩 메소드 호출되면 수행할 메소드 결정은 실행 중에 이루어짐
  - 실행 중 수행할 메소드 결정하는 작업을 실행시간 바인딩(runtime binding)이라 함
- 한편, 필드의 접근은 명시적 참조 클래스의 필드가 접근되므로 컴파일 시간에 접근될 필드 결정

오버라이딩 메소드가 호출되면 실제적 참조 클래스를 확인하여 수행할 메소드를 결정한다. 이는 상속, 오버라이딩, 업캐스팅 등이 모두 연관되어 있으므로 Java에서 가장 어려운 사항 중의 하나이다. 그러나 엄청난 효능을 제공하는 것이므로 반드시 이해해야 한다.

메소드 오버라이딩은 하위 클래스를 작성하면서 상위 클래스의 있는 메소드에 새로운 특수한 기능을 첨가한 메소드를 만들 필요가 있을 때에 아주 편리하다. 오버라이딩도 한 이름의 메소드가 여러 기능을 수행하는 다형성의 한 종류이다.

❑ 메소드 오버라이딩 보이는 프로그램

예제 7-3-1은 Person 클래스에 선언된 output() 메소드를 Student 클래스에서 재작성하여 오버라이딩한 예를 보여준다.

예제 7-3-1 Student 클래스에서의 output() 메소드 오버라이딩

```
class Person {
   String name;      int age;      String currentLocation;

   // 이름, 나이 주어지면 필드에 저장하는 객체 생성자
   Person(String name, int age) {
      this.name = name;  this.age = age;
   }

   // goTo(): 수신자 객체가 특정 위치로 이동함을 구현하는 메소드.
   void goTo(String location) {
       this.currentLocation = location;
   }

   // output(): Person 객체의 모든 필드값 출력하는 메소드
   void output() {
      System.out.println("  * 사람 - 이름:" + this.name + ", 나이:" + this.age +
                        ", 현위치:" + this.currentLocation);
   }
}

// Person 클래스의 하위 클래스인 Student의 선언
class Student extends Person {
   String schoolname;    // 학교명
   int    grade;         // 학년

   // 이름, 나이, 학교명, 학년, 장소 주어지면 필드에 저장하는 객체 생성자
   Student(String name, int age, String schoolname, int grade) {
      super(name, age);
      this.schoolname = schoolname;        this.grade = grade;
   }

   // goToSchool(): 학생이 등교함을 구현하는 메소드
   void goToSchool() {
```

```
        goTo(this.schoolname);
    }

    // output(): Student 객체의 모든 필드값 출력하는 메소드
    //     Person 클래스의 output() 메소드를 오버라이딩
    void output() {
        System.out.println("  * 학생 - 이름:" + this.name
                    + ", 나이:" + this.age + ", 현위치:" + this.currentLocation
                    + ", 학교명:" + this.schoolname + ", 학년:" + this.grade);
    }
}

class Ex7_3_1_PersonMgmt {
    public static void main(String[] args) {
        // 18세의 홍길동이 금강산에 감
        Person p1 = new Person("홍길동", 18);
        p1.goTo("금강산");

        // 김영희는 11살의 서울초등학교 4학년 학생이 등교
        Student s1 = new Student("김영희", 11, "서울초등학교", 4);
        s1.goToSchool();

        // 김철수는 23세의 한국대학교 2학년 학생이 도서관에 감
        Person p2 = new Student("김철수", 23, "한국대학교", 2); // 업캐스팅
        p2.goTo ("도서관");

        // 홍길동, 김영희, 김철수의 신상정보를 output() 메소드로 출력
        p1.output();          // Person 클래스의 output() 메소드 호출
        s1.output();          // Student 클래스의 output() 메소드 호출

        p2.output();          // Person 클래스의 output() 메소드 호출(?)
    }
}
```

실행결과	* 사람 - 이름: 홍길동, 나이: 18, 현위치: 금강산 * 학생 - 이름:김영희, 나이:11, 현위치:서울초등학교, 학교명:서울초등학교, 학년:4 * 학생 - 이름:김철수, 나이:23, 현위치:도서관, 학교명:한국대학교, 학년:2

프로그램 설명

- 이 프로그램은 메소드 오버라이딩 보여줌
  - Person 클래스에 필드들 출력하는 output() 메소드 선언
  - Student 클래스에 필드들 출력하는 output() 메소드 또다시 선언
  - Student 클래스의 output() 메소드는 Person 클래스의 output() 메소드를 오버라

이딩
- output() 메소드 호출되면 메소드 호출한 객체에 따라 output() 메소드 수행
  - 《 p1.output(); 》에서 Person 클래스의 output() 메소드 수행
  - 《 s1.output(); 》에서 Student 클래스의 output() 메소드 수행
  - 《 p2.output(); 》에서 p2는 Person 클래스의 참조변수이지만, 업캐스팅된 Student 클래스의 객체 저장하므로 Student 클래스의 output() 메소드 수행

7.3.3 Object 클래스의 toString() 메소드 오버라이딩하기

❑ Object 클래스의 toString() 메소드

Java에서 가장 대표적인 오버라이딩 메소드가 Object 클래스에 선언된 toString() 메소드[111]이다. Object 클래스의 toString() 메소드는 다음의 특징을 갖는다.

- public String toString()
  - 객체 정보를 문자열로 구성하여 반환하는 메소드
  - 모든 클래스는 Object 클래스의 하위 클래스이므로 모든 객체는 toString() 메소드 호출할 수 있음
  - Object 클래스의 toString() 메소드를 하위 클래스에서 오버라이딩하지 않으면 toString() 메소드는 객체의 클래스이름, @ 문자, 16진수 해시코드를 문자열로 구성한 결과 반환[112]
  - System.out.print() 또는 System.out.println() 메소드에서 객체 바로 출력하면 객체의 toString() 결과 출력
- 모든 클래스에서 toString() 메소드를 클래스의 상황에 적합하게 오버라이딩하는 것 권장
  - 오버라이딩할 때 메소드 시그니처는 반드시 《 public String toString() 》으로 작성해야함

Person 클래스에서 toString() 메소드를 Person 클래스의 필드인 name, age, currentLocation을 필드명과 함께 반환하는 메소드로 작성하면 Object 클래스의 toString() 메소드를 오버라이딩한 것이다.

toString() 메소드를 사용하면 Person 클래스 객체의 모든 필드를 출력하는 output() 메소드를 쉽게 작성할 수 있다.

---

111) 6장의 Person, Book 등의 클래스에서 이미 toString()을 작성했는데, 이때 작성된 toString() 메소드도 Object 클래스의 toString() 메소드를 오버라이딩한 것이다.

112) Object 클래스의 toString() 메소드는 《 getClass().getName() + '@' + Integer.toHexString(hashCode()) 》에 의해 구성되는 문자열을 반환한다.

한편, Person의 하위 클래스 Student에서 Person의 toString() 메소드와 output() 메소드를 상속받아 그대로 사용하면 Student의 고유 필드인 schoolname과 grade 필드를 문자열로 구성할 수 없으며 출력할 수도 없다. Student 클래스의 모든 필드를 문자열로 구성하고 출력하기 위해 Student 클래스에서 toString() 메소드와 output() 메소드를 새로 작성해야 한다.

❑ Object 클래스의 toString() 메소드 오버라이딩

예제 7-3-2는 toString() 메소드와 output() 메소드를 오버라이딩한 예를 보여준다.

예제 7-3-2 toString() 메소드와 output() 메소드의 오버라이딩

```
class Person {
   String name;      int age;      String currentLocation;

   // 매개변수 없는 객체 생성자
   Person() {
   }

   // 이름, 나이 주어지면 필드에 저장하는 객체 생성자
   Person(String name, int age) {
      this.name = name;  this.age = age;
   }

   // toString(): Person 객체의 필드들을 문자열로 구성하여 반환하는 메소드
   //     이 메소드는 Object 클래스의 메소드를 오버라이딩
   public String toString() {
      return "이름:" + this.name + ", 나이: " + this.age
                                          + ", 현위치: " + this.currentLocation;
   }

   // Person 객체의 필드들 출력하는 메소드
   void output() {
      System.out.println("  * 사람 - " + this.toString());
   }
}

// Person 클래스의 하위 클래스인 Student의 선언
class Student extends Person {
   String schoolname;      // 학교명
   int  grade;             // 학년
```

```
    // 매개변수 없는 객체 생성자
    Student() {
    }

    // 이름, 나이, 학교명, 학년이 주어지면 필드에 저장하는 객체 생성자
    Student(String name, int age, String schoolname, int grade) {
        this.name = name;    this.age = age;
        this.schoolname = schoolname;    this.grade = grade;
    }

    // toString(): Student 객체의 필드들을 문자열로 구성하여 반환하는 메소드
    //     이 메소드는 Person 클래스의 toString() 메소드를 오버라이딩
    public String toString() {
        return "이름:" + this.name + ", 나이:" + this.age
                              +", 현위치: " + this.currentLocation
                              + ", 학교명:" + this.schoolname + ", 학년:" + this.grade;
    }

    // Student 객체의 필드들 출력하는 메소드
    //     이 메소드는 Person 클래스의 output() 메소드를 오버라이딩
    void output() {
        System.out.println("  * 학생 - " + this.toString());
    }
}

class Ex7_3_2_PersonMgmt {
    public static void main(String[] args) {

        // 18세의 홍길동이 있음
        Person p1 = new Person("홍길동", 18);

        // 김영희는 11살의 서울초등학교 4학년 학생
        Student s1 = new Student("김영희", 11, "서울초등학교", 4);

        // 김철수는 23세의 한국대학교 2학년 학생
        //     업캐스팅: s2의 명시적 참조 클래스 Person, 실제적 참조 클래스 Student
        Person p2 = new Student("김철수", 23, "한국대학교", 2);

        // 홍길동, 김영희, 김철수의 신상정보를 output() 메소드로 출력
        p1.output();
        s1.output();
        p2.output();
    }
}
```

실행결과	* 사람 - 이름:홍길동, 나이:18, 현위치:null * 학생 - 이름:김영희, 나이:11, 현위치:null, 학교명:서울초등학교, 학년:4 * 학생 - 이름:김철수, 나이:23, 현위치:null, 학교명:한국대학교, 학년:2

프로그램 설명

- 이 프로그램은 toString() 메소드와 output() 메소드의 오버라이딩 보여줌
  - Person 클래스에서 필드들을 문자열로 반환하는 toString() 메소드는 Object 클래스의 toString()을 오버라이딩
  - Student 클래스에서 필드들을 문자열로 반환하는 toString() 메소드는 Person 클래스의 toString()을 오버라이딩
  - Student 클래스에서 필드들 출력하는 void output() 메소드는 Person 클래스의 output() 메소드를 오버라이딩

- output() 메소드 호출되면 메소드 호출한 객체에 따라 다른 output() 메소드 수행
  - 《 p1.output(); 》에서 Person 클래스의 output() 메소드 수행
  - 《 s1.output(); 》에서 Student 클래스의 output() 메소드 수행
  - 《 p2.output(); 》에서 Student 클래스의 output() 메소드 수행

실행결과를 살펴보면 《 p1.output(); 》에서 Person의 output() 메소드가 수행되고, 《 s1.output(); 》에서 Student의 output() 메소드가 수행되는 것은 당연한 것으로 쉽게 이해된다.

그런데, 《 p2.output(); 》에서 상황이 복잡하다. 왜냐하면, 객체 참조변수 p2에는 업캐스팅된 객체가 저장되었고, 그 결과 명시적 참조 클래스는 Person이고, 실제적 참조 클래스는 Student이며, Person과 Student 모두 output() 메소드가 선언되어 있기 때문이다.

명시적 참조 클래스와 실제적 참조 클래스가 다를 경우 실제적 참조 클래스의 오버라이딩 메소드가 수행된다고 하였다. 그러므로 p2의 실제적 참조 클래스인 Student의 output() 메소드가 수행된다.

오버라이딩 메소드가 호출되면 명시적 참조 클래스의 메소드가 아니라 실제적 참조 클래스의 메소드가 수행된다. 꼭 기억해야 한다.

7.4 상위 클래스의 필드와 메소드 접근

7.4.1 오버라이딩된 상위 클래스의 메소드 호출

하위 클래스에서 상위 클래스의 메소드를 오버라이딩하면 오버라이딩된 상위 클래스의 메소드는 하위 클래스에서 직접 호출할 수 없다. 그런데, 가끔 상위 클래스의 오버라이딩된 메소드를 호출해야 할 경우가 있다. 이때는 수신자를 super로 하여 오버라이딩 메소드를 호출하면 상위 클래스의 오버라이딩 메소드가 호출되어 수행된다.

❑ 상위 클래스의 toString() 메소드 호출

오버라이딩된 상위 클래스의 메소드를 호출해야 하는 대표적인 경우가 하위 클래스에서 상위 클래스의 toString() 메소드를 호출하는 것이다. 예제 7-3-2에서 Student 클래스의 toString() 메소드는 다음과 같다.

```
// toString(): Student 객체의 필드들을 문자열로 구성하여 반환하는 메소드
public String toString() {
    return "이름:" + this.name + ", 나이:" + this.age
                                  + ", 현위치:" + this.currentLocation
                                 + ", 학교명:" + this.schoolname + ", 학년:" + this.grade;
}
```

이 toString() 메소드의 《 "이름:" + this.name + ", 나이:" + this.age + ", 현위치:" + this.currentLocation 》에서 상속 필드들의 값을 직접 문자열로 접속한다. 그런데, 이 문자열 접속 부분은 Person 클래스의 toString() 메소드에서도 다음과 같이 동일하게 작성되어 있다.

```
// toString(): Person 객체의 필드들을 문자열로 구성하여 반환하는 메소드
public String toString() {
    return "이름:" + this.name + ", 나이:" + this.age
                                         + ", 현위치:" + this.currentLocation;
}
```

이처럼 상하위 클래스의 toString() 메소드에 중복된 코드가 작성되면 상위 클래스의 변경으로 인하여 문제가 발생할 수 있다. 예를 들어, 상위 클래스에 새로운 필드가 추가되거나 삭제되면 상위 클래스의 toString() 메소드가 변경되어야 하며, 하위 클래스의 toString() 메소드도 적절히 변경되어야 한다.

그런데, 하위 클래스에서 상위 클래스의 변경내용을 반영하지 못할 수도 있으며, 잘못된 결과를 가져올 수 있다. 이러한 문제점을 방지하기 위해 Java에서 상위 클래스의 오버라이딩된 메소드를 하위 클래스에서 호출할 수 있게 하며, 이때 다음과 같이 키워드 super를 사용한다.

```
// toString(): Student 객체의 필드들을 문자열로 구성하여 반환하는 메소드
//      super.toString()은 상위 클래스의 toString() 메소드 호출한 것
public String toString() {
   return  super.toString() + ", 학교명:" + this.schoolname + ", 학년:" + this.grade;
}
```

Student 클래스에서 《 super.toString() 》을 호출하면 상속된 필드값을 접속한 문자열을 간단히 구할 수 있게 되어 toString() 메소드가 한결 간단해진다. 한편, 상위 클래스의 toString() 메소드가 변경되면 자동적으로 하위 클래스의 toString() 메소드도 변경되는 효과를 가진다.

[그림 7-4]는 상위 메소드의 오버라이딩 메소드 호출로의 변경과정을 보여준다.

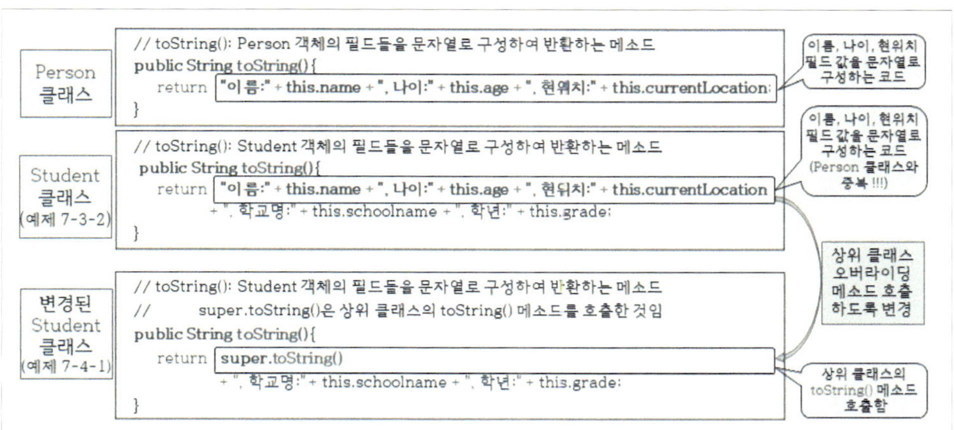

[그림 7-4] 상위 메소드의 오버라이딩 메소드 호출

❑ 상위 클래스의 toString() 메소드 호출하는 프로그램

예제 7-4-1은 Student 클래스의 toString() 메소드에서 Person 클래스의 toString() 메소드를 호출하도록 변경한 코드이다.

예제 7-4-1 Student toString() 메소드에서 상위 클래스의 toString() 메소드 호출하기

```
class Person {
   String name;  int age;  String currentLocation;

   // 이름, 나이 주어지면 필드에 저장하는 객체 생성자
   Person(String name, int age) {
      this.name = name;  this.age = age;
   }

   // toString(): Person 객체의 필드들을 문자열로 구성하여 반환하는 메소드
   //     이 메소드는 Object 클래스의 toString() 메소드 오버라이딩
   public String toString() {
      return "이름: " + this.name + ", 나이: " + this.age
                                        + ", 현위치: " + this.currentLocation;
   }

   // Person 객체의 필드들 출력하는 메소드
   void output() {
      System.out.println("  * 사람 - " + this.toString());
   }
}

// Person 클래스의 하위 클래스인 Student의 선언
class Student extends Person {
   String schoolname;  // 학교명
   int     grade;         // 학년

   // 이름, 나이, 학교명, 학년이 주어지면 필드에 저장하는 객체 생성자
   Student(String name, int age, String schoolname, int grade) {
      super(name, age);
      this.schoolname = schoolname;  this.grade = grade;
   }

   // toString(): Student 객체의 필드들을 문자열로 구성하여 반환하는 메소드
   //     이 메소드는 Person 클래스의 toString() 메소드 오버라이딩
   //     super.toString()은 상위 클래스의 toString() 메소드 호출한 것
   public String toString() {
      return super.toString()    // super.toString()은 상속 필드의 문자열 구성 반환
                        + ", 학교명:" + this.schoolname + ", 학년:" + this.grade;
   }

   // Student 객체의 필드들 출력하는 메소드
   //     이 메소드는 Person 클래스의 output() 메소드 오버라이딩
```

```
    void output() {
        System.out.println("  * 학생 - " + this.toString());
    }
}

class Ex7_4_1_PersonMgmt {
    public static void main(String[] args) {
        // 18세의 홍길동이 있음
        Person p1 = new Person("홍길동", 18);

        // 김영희는 11살의 서울초등학교 4학년 학생
        Student s1 = new Student("김영희", 11, "서울초등학교", 4);

        // 김철수는 23세의 한국대학교 2학년 학생
        //    업캐스팅: p2의 명시적 참조 클래스 Person, 실제적 참조 클래스 Student
        Person p2 = new Student("김철수", 23, "한국대학교", 2);

        // 홍길동, 김영희, 김철수의 신상정보를 output() 메소드로 출력
        p1.output();
        s1.output();
        p2.output();
    }
}
```

실행결과

```
* 사람 - 이름:홍길동, 나이:18, 현위치:null
* 학생 - 이름:김영희, 나이:11, 현위치:null, 학교명:서울초등학교, 학년:4
* 학생 - 이름:김철수, 나이:23, 현위치:null, 학교명:한국대학교, 학년:2
```

프로그램 설명

- Person 클래스의 toString() 메소드를 Student 클래스에서 호출
  - Person 클래스의 toString() 메소드를 Student 클래스에서 호출하기 위해 키워드 super 사용하며, 《 super.toString() 》 호출
  - super.toString() 메소드는 상속 필드에 대한 문자열 구해 반환

- output() 메소드는 toString() 메소드를 호출하여 간결하게 작성되나 수행되는 과정은 복잡
  - 《 p1.output(); 》에서 Person 클래스의 output() 메소드 수행
  - 《 s1.output(); 》에서 Student 클래스의 output() 메소드 수행
  - 《 p2.output(); 》에서 Student 클래스의 output() 메소드 수행

- main() 메소드에서 《 s1.output(); 》이 호출되었을 때의 수행과정은 [그림 7-5]와 같음

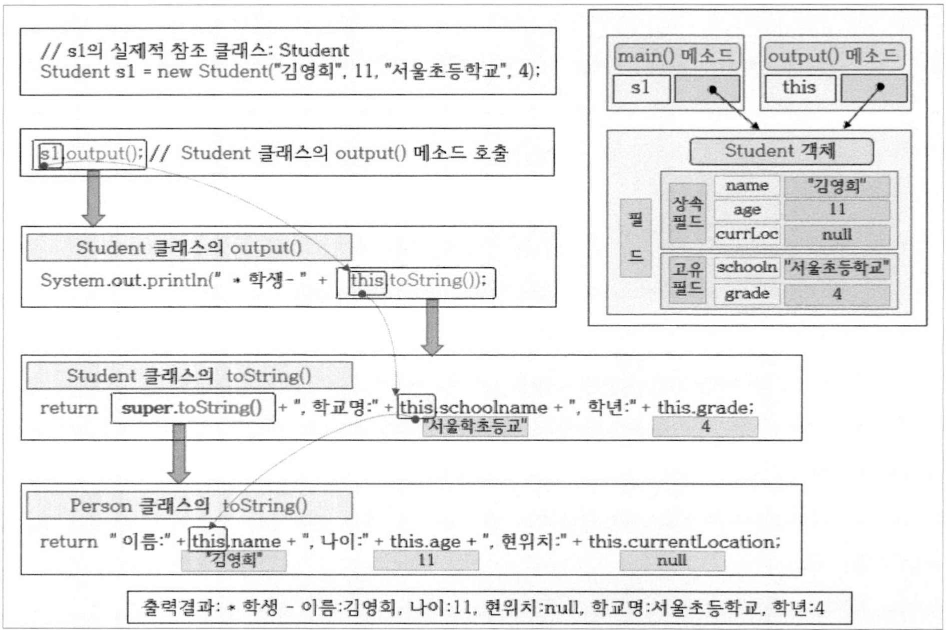

[그림 7-5] main()에서 《 s1.output(); 》이 호출되었을 때의 수행과정

상위 클래스의 toString() 메소드를 호출하여 Student 클래스의 toString() 메소드를 작성하면 상위 클래스에서 필드의 추가 및 삭제, 필드명의 변경 등을 해도 Student 클래스의 toString() 메소드를 변경하지 않아도 되는 장점이 있다.[113]

Java에서 클래스 변경의 영향을 최소화하는 코딩기법은 매우 중요하다. 상위 클래스가 변경되어도 하위 클래스가 영향을 받지 않거나 최소화하도록 코딩하는 것이 좋은 코딩기법이다. 상위 클래스의 오버라이딩 메소드 호출은 상위 클래스의 변화가 하위 클래스에게 영향을 주지 않게 하는 효과도 있다.

아마도 지금쯤이면 머리가 엄청 혼란스러울 것이다. 예제 7-4-1 프로그램은 간단하게 보이지만, 상속, 업캐스팅, 오버라이딩, 상위 클래스 메소드 호출 등이 복잡하게 결합한 프로그램이므로 읽고서 이해하는 것 자체가 쉽지 않으며, 연속적인 메소드 호출의 연결 고리를 따라가는 것도 복잡하기 때문이다.

이 프로그램을 보면서 이론과 프로그래밍 관련 사항을 제대로 파악하면 Java 프로그래밍의 전문가로서 충분한 자격이 갖추어진 것이라고 자부해도 좋다.

113) 상위 클래스의 오버라이딩 메소드 호출은 다음에 소개될 하위 클래스의 객체 생성자에서 상위 클래스의 객체 생성자 호출과 유사하므로 이 둘을 함께 이해해야 한다.

7.4.2 하위 클래스에서 상위 클래스의 객체 생성자 호출

❑ 객체 생성자의 특징

객체 생성자는 객체를 생성할 때 자동적으로 수행되는 특별한 메소드로 다음의 특징을 갖는다.

- 기능: 생성한 객체의 필드 초기화
- 형식: 반환값 타입 표시하지 않고 클래스 이름과 동일한 이름 가짐
- 호출: 객체 생성 연산자 new와 함께 객체 생성할 때만 호출 가능
- 특이점: 객체 생성자 내에서 다른 객체 생성자 호출 가능
  - 객체 생성자 내에서 다른 객체 생성자 호출할 때 이름을 this 또는 super로 해야 함
  - 객체 생성자 호출은 반드시 메소드 구현의 첫 문장이어야 함

❑ 상위 클래스의 객체 생성자 이용한 상속 필드 초기화

상속 필드의 초기화를 위한 코드는 상위 클래스의 객체 생성자에서 대부분 작성된다. 그러므로 Java에서 상속 필드의 초기화는 하위 클래스에 직접 하지 않고 상위 클래스의 객체 생성자를 이용하도록 권장한다.

이것은 이미 작성된 상위 클래스의 객체 생성자를 활용하는 이점이 있으며, 하위 클래스가 상속 필드를 초기화하기 위해 별도의 구현을 작성하지 않아도 되는 효과와 상위 클래스의 객체 생성자 변경 시 자동 반영되는 효과도 있다.

다음은 하위 클래스의 객체 생성자를 작성할 때 유의해야 할 사항이다.

첫째, 상속 필드들 초기화 위해 상위 클래스에서 선언된 객체 생성자 호출하는 것이 원칙

둘째, 상위 클래스의 객체 생성자 호출할 때 상위 클래스 이름이 아닌 키워드 super 사용

셋째, 객체 생성자 구현의 첫 문장이 객체 생성자 호출이 아니면 상위 클래스의 매개변수 없는 객체 생성자 《 super() 》가 내부적으로 호출

앞에서 살펴본 예제 7-4-1의 Student 클래스에 작성된 객체 생성자는 다음과 같이 상속 필드인 이름과 나이, 그리고 고유 필드인 학교명과 학년을 매개변수로 갖는다.

```
// 이름, 나이, 학교명, 학년이 주어지면 필드에 저장하는 객체 생성자
//     《 super(name, age); 》에서 Person 클래스의 객체 생성자 호출하여 상속 필드 초기화
//     수행
Student(String name, int age, String schoolname, int grade) {
   super(name, age);      // Person의 객체 생성자 호출하여 상속 필드 초기화
   this.schoolname = schoolname;          this.grade = grade;
}
```

Student 클래스의 객체 생성자에서 Person에서 물려받은 상속 필드들을 초기화하기 위해 상위 클래스인 Person 클래스의 객체 생성자를 호출하며, 이때 《 Person(name, age); 》가 아니라 《 super(name, age); 》를 이용한다. 한편, Person 클래스의 객체 생성자는 다음과 같이 작성되어 있다.

```
// 이름, 나이 주어지면 필드에 저장하는 객체 생성자
Person(String name, int age) {
    this.name = name;  this.age = age;
}
```

예제 7-4-1의 Student 클래스 객체 생성자를 다시 살펴보자.

- 객체 생성자 Student(String name, int age, String schoolname, int grade)
  - 이름, 나이, 학교명, 학년을 매개변수로 갖는 객체 생성자
  - 구현에서 super(name, age) 호출하면 Person 클래스의 Person(name, age) 수행되어 상속 필드 name과 age에 대한 초기화 이루어짐
  - 이미 작성된 객체 생성자 이용하여 상속 필드에 대한 초기화 수행하는 것

[그림 7-6]은 상위 클래스의 객체 생성자 호출로의 변경과정을 보여준다.

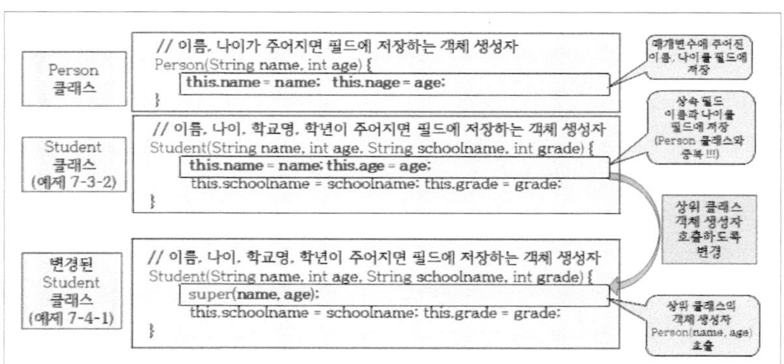

[그림 7-6] 상위 클래스의 객체 생성자 호출로의 변경

하위 클래스를 작성할 때 예제 7-3-2와 같이 상위 클래스의 객체 생성자를 호출하지 않고 하위 클래스의 객체 생성자에서 모든 초기화 작업을 직접 수행할 수도 있다.

그러나 이것은 좋은 초기화 방법이 아니다. 상위 클래스에서 선언된 객체 생성자를 호출하여 상속 필드의 초기화 작업을 수행하는 것이 안전하며 좋은 초기화이다. 꼭 명심하기 바란다.

❑ 상위 클래스의 객체 생성자 미선언 오류

마지막으로 하나 언급할 것이 상위 클래스의 객체 생성자를 선언하지 않은 오류가 하위 클래스에서 발생하는 것이다. 이 오류는 상위 클래스에 매개변수가 있는 객체 생성자를 작성했지만, 매개변수가 없는 객체 생성자를 작성하지 않았을 때 가끔 발생한다.

예제 7-4-2는 하위 클래스에서 호출한 상위 클래스 객체 생성자를 상위 클래스에서 선언하지 않은 오류를 보여주는 예이다.

예제 7-4-2 상위 클래스의 객체 생성자 미선언 오류

```
class Point {
   int x, y;

   Point(int x, int y) {
      this.x = x; this.y = y;       // 점의 x, y 좌표
   }
}

class ColorPoint extends Point {
   int color;                        // 점의 색상

   // 색상만 초기화하는 객체 생성자: 이 객체 생성자에서 오류 발생
   //      외관상에서 객체 생성자 호출이 없지만, 첫 문장이 객체 생성자 호출이 아니므로
   //      super()가 내부적으로 호출되기 때문
   ColorPoint(int color) {
      this.color = color;
   }
}
```

이 프로그램을 컴파일시키면 다음과 같은 오류 메시지가 출력된다.

```
Implicit super constructor Point() is undefined. Must explicitly invoke another constructor
    ColorPoint(int color) {
```

이 오류 메시지는 난해한데, Point 클래스에 매개변수가 없는 객체 생성자 Point()를 선언하지 않았다는 메시지이다. ColorPoint 클래스의 어디에서도 객체 생성자 Point()가 호출되지 않은 것처럼 보이지만 《 ColorPoint(int color) { this.color = color; } 》에서 상위 클래스의 객체 생성자 Point()가 호출된다.

왜 그런지 알겠는가? 객체 생성자 구현의 첫 문장이 다른 객체 생성자 호출이 아니기 때문이다. 이 경우 컴파일러가 내부적으로 super()를 호출하는 문장을 삽입하므로 다음과 같이 변경되어 컴파일된다.

```
class Point {
   int x, y;

   Point(int x, int y) {
      this.x = x; this.y = y;
   }
}

class ColorPoint extends Point {
   int color;

   ColorPoint(int color) {
      super();  // 객체 생성자의 첫 문장이 객체 생성자 호출이 아니면 super()가 호출
      this.color = color;
   }
}
```

그런데 Point 클래스에 객체 생성자 Point()가 선언되지 않았기 때문에 객체 생성자 미선언 오류가 발생한다. 이 오류를 수정하기 위해 Point 클래스에 매개변수가 없는 객체 생성자를 예제 7-4-3과 같이 작성하면 된다.

예제 7-4-3 상위 클래스의 객체 생성자 미선언 오류의 해결

```
class Point {
   int x, y;

   Point() {    // 매개변수가 없는 객체 생성자
   }
```

```
    Point(int x, int y) {
        this.x = x; this.y = y;
    }
}

class ColorPoint extends Point {
    int color;

    ColorPoint(int color) {
        super(); // 객체 생성자의 첫 문장이 객체 생성자 호출이 아니면 super()가 호출
        this.color = color;
    }
}
```

하위 클래스의 객체 생성자를 작성하다 보면 이 문제 때문에 오류 수정하느라 많은 시간을 허비할 가능성이 있으니 유의해야 한다. Java 클래스에서 매개변수가 있는 객체 생성자를 작성할 경우 매개변수가 없는 객체 생성자도 함께 작성하는 것이 이러한 오류의 가능성을 줄이는 것도 꼭 기억해야 한다.

7.5 클래스 분류

지금까지 하위 클래스에 대해 중요한 여러 가지를 살펴보았다. 이제는 클래스가 어떤 종류로 나누어지는가를 전체적으로 알아볼 차례이다. 변수나 메소드가 여러 가지 종류로 나누어지는 것과 마찬가지로 Java의 클래스도 여러 종류로 나누어진다. 그런데 Java 클래스의 분류는 모두 하위 클래스와 관련성이 있다.

클래스는 다음과 같이 크게 4가지 유형으로 분류된다.

첫째, 상하위 관계에 의한 분류: 상속하느냐 상속받느냐의 상하위 관계 따라 상위 클래스와 하위 클래스로 분류

둘째, abstract 메소드의 유무에 의한 분류: 메소드 중에서 구현이 되지 않은 abstract 메소드가 있을 수 있는가 없는가에 따라 abstract 클래스와 non-abstract 클래스로 분류

셋째, 확장 가능 여부에 의한 분류: 하위 클래스 확장이 가능한가에 따라 final 클래스와 non-final 클래스로 분류

넷째, 인터페이스 여부에 의한 분류: 구현되지 않은 abstract 메소드와 final 필드

가지는 인터페이스인가 아닌가에 따라 인터페이스와 일반 클래스로 분류[114)]

[그림 7-7]은 클래스의 분류를 보여준다.

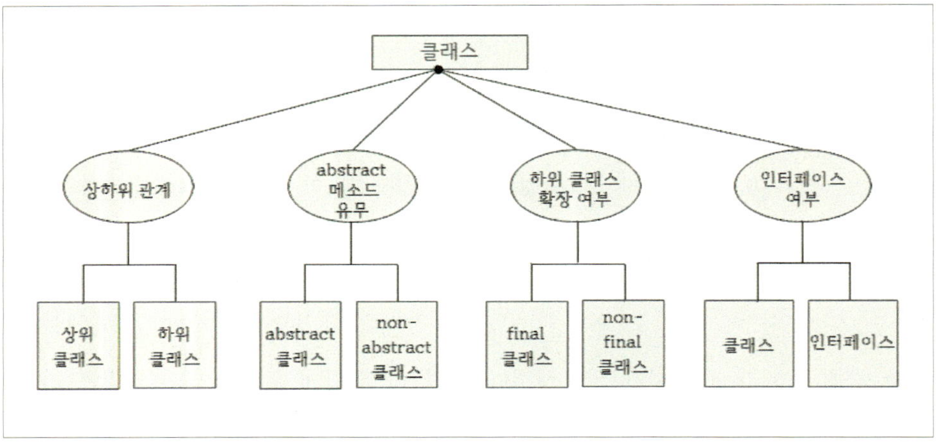

[그림 7-7] 클래스의 분류

7.5.1 상위 클래스와 하위 클래스

클래스가 키워드 extends를 이용하여 기존의 클래스로부터 확장될 경우 확장되는 클래스는 하위 클래스, 기존의 클래스는 상위 클래스가 된다.

Java에서 Object 클래스를 제외한 모든 클래스는 상위 클래스를 가지므로 Java 프로그램에 사용되는 모든 클래스는 클래스 계층을 형성한다. 클래스 계층은 눈에 보이는 것은 아니지만 Java 프로그래머는 자기의 프로그램에서 사용된 클래스에 대한 클래스 계층을 파악해야 한다.

하위 클래스의 중요 사항을 정리하면 다음과 같다. 이 사항은 매우 중요하므로 꼭 숙지해야 한다.

첫째, 하위 클래스는 상위 클래스의 모든 필드와 메소드를 상속받으며 새로운 필드와 메소드 가질 수 있음

둘째, 하위 클래스 객체는 상위 클래스 객체처럼 사용

- 이는 하위 클래스 객체가 상위 클래스의 객체 역할을 하는 것으로, 상위 클래

114) JDK 1.8부터는 abstract 메소드와 final 필드 외에도 구현을 명시하는 default 메소드와 static 메소드가 추가되어 인터페이스가 크게 확장되었다.

스는 여러 하위 클래스들을 통합하는 기능 가짐
- 상위 클래스의 객체 참조변수는 하위 클래스 객체 참조할 수 있음

셋째, 상위 클래스에 선언된 것과 동일한 필드와 메소드 선언할 수 있음
- 이 경우 상위 클래스의 필드는 숨겨지며 상위 클래스의 메소드는 오버라이딩됨
- 오버라이딩 메소드 호출 시 객체 참조변수의 실제적 참조 클래스에 의해 수행될 메소드가 실행시간에 결정됨

7.5.2 abstract 클래스와 non-abstract 클래스

❑ abstract 클래스

abstract 클래스는 구현되지 않은 메소드인 abstract 메소드를 포함할 수 있는 클래스이다. 구현되지 않은 abstract 메소드는 abstract 클래스를 확장한 하위 클래스에서 반드시 구현해야 한다.

다음은 abstract 클래스의 중요 사항이다.

■ 필요성
- 여러 하위 클래스에서 요구되는 공통적인 메소드를 하나의 상위 클래스에 선언하기 위해 사용
- 객체를 생성하고 다루기 위한 클래스가 아니라 여러 하위 클래스를 통합하기 위한 클래스

■ 특징
- abstract 메소드의 수행코드를 작성하지 않으며, 메소드 호출 방법인 시그니처만 표현
- abstract 클래스는 객체 생성할 수 없음
- abstract 클래스의 객체 참조변수는 선언될 수 있으며, 이 참조변수는 하위 클래스의 객체들만 참조하게 됨
- abstract 클래스의 하위 클래스[115]는 abstract 메소드를 반드시 오버라이딩하여 구현해야 함

❑ abstract 클래스의 필요성을 보이는 프로그램

항상 강조하지만 이러한 외양적인 것이 중요하지 않다. 왜 abstract 클래스 또는 abstract 메소드가 필요하고 어떤 경우에 사용되는가를 잘 알아야 한다.

115) abstract 클래스의 하위 클래스가 또다시 abstract 클래스일 수 있으며, 이때 상위 클래스의 abstract 메소드를 구현하지 않아도 된다.

예를 들어 보자. 외래 환자와 입원 환자를 치료하는 병원의 상황은 다음과 같다.

- 환자 구분
  - 환자는 외래 환자와 입원 환자로 구분
  - 외래 환자는 진료시간에 의해 병원비 지불하며, 입원 환자는 진료시간과 입원일수에 의해 병원비 지불
  - 병원에서 외래 환자와 입원환자를 환자 전체의 관점에서도 다루어야 하며, 서로 분리된 환자로서도 다룰 수 있어야 함

- 클래스 구성
  - 이러한 상황에서 환자를 위한 Patient 클래스와 이의 하위 클래스들인 외래환자 OutPatient 클래스와 입원환자 InPatient 클래스로 구성
  - 상위 클래스인 Patient는 abstract 클래스로 구성하여 객체 생성하지 않으며, 병원비 계산하는 getPayFee() 메소드는 abstract 메소드로 작성
  - 하위 클래스인 OutPatient와 InPatient는 상위 클래스의 getPayFee() 메소드를 오버라이딩함

예제 7-5-1은 환자와 관련된 클래스들을 보여준다. 특히 Patient 클래스는 abstract 메소드인 getPayFee()를 갖는 abstract 클래스이며, 프로그램은 실습자료에 작성되어 있다.

❑ java.lang.Number 클래스

Java에서 대표적인 abstract 클래스가 java.lang 패키지의 Number 클래스이다. java.lang 패키지는 Java 프로그램을 작성하는 데 필요한 기본적인 라이브러리 클래스를 모은 패키지이며, java.lang 패키지의 클래스들은 import하지 않고서도 자유롭게 사용할 수 있는 패키지[116]이다.

java.lang 패키지의 Number 클래스는 abstract 클래스이며, 하위 클래스들의 공통적인 메소드를 선언한다. Number 클래스의 하위 클래스로는 Byte, Short, Integer, Long, Float, Double 등 기본 타입을 위한 클래스들이 있는데, 이들을 wrapper 클래스라고 한다.

Number 클래스는 다음과 같이 작성되어 있다.

116) Java 프로그램에서 다른 패키지의 클래스를 사용하려면 패키지명과 클래스 이름을 함께 표현하든지 import를 실행하여 패키지명을 생략할 수 있게 해야 한다.

```
public abstract class Number implements java.io.Serializable {
   public abstract int intValue();              // abstract 메소드
   public abstract long longValue();            // abstract 메소드
   public abstract float floatValue();          // abstract 메소드
   public abstract double doubleValue();        // abstract 메소드
   public byte byteValue() {                    // non-abstract 메소드
      return (byte) intValue();
   }
   public short shortValue() {                  // non-abstract 메소드
      return (short) intValue();
   }
}
```

Number 클래스에는 intValue(), longValue(), floatValue(), doubleValue() 메소드가 abstract 메소드로 선언되었고, byteValue()와 shortValue()는 non-abstract 메소드로 선언되었다. 또한, 클래스 선언에서 abstract 수식어가 명시된 것을 볼 수 있다. 여기에 선언된 메소드 중 abstract 메소드는 하위 클래스에서 구현돼야 하는 메소드이며, non-abstract 메소드는 하위 클래스에서 상속하거나 오버라이딩할 수 있는 메소드이다.

abstract 클래스의 하위 클래스가 abstract 클래스가 아닌 경우 상위 클래스의 모든 abstract 메소드를 반드시 구현해야 한다. Number 클래스의 하위 클래스인 Integer 클래스는 다음과 같이 작성되어 있으며, Number 클래스의 모든 abstract 메소드가 구현되어 있음을 알 수 있다.

```
public final class Integer extends Number implements Comparable {
      ... // 다른 필드와 메소드가 선언
   private int value;  // Integer 클래스의 가장 중요한 필드로 정수값 저장
   public Integer(int value) {         // Integer 클래스의 객체 생성자
      this.value = value;              //    주어진 정수값을 value 필드에 저장
   }
   public byte byteValue() {           // Number 클래스의 메소드를 오버라이딩시킴
      return (byte) value;
   }

   public short shortValue() {         // Number 클래스의 메소드를 오버라이딩시킴
      return (short) value;
   }
   public int intValue() {             // Number 클래스의 abstract 메소드를 구현
      return value;
   }
```

```
  public long longValue() {          // Number 클래스의 abstract 메소드를 구현
    return (long) value;
  }
  public float floatValue() {        // Number 클래스의 abstract 메소드를 구현
      return (float) value;
  }
  public double doubleValue() {      // Number 클래스의 abstract 메소드를 구현
      return (double) value;
  }
  ... // 다른 필드와 메소드가 선언
}
```

❑ non-abstract 클래스

클래스의 선언에서 abstract 키워드가 명시되지 않은 클래스는 non-abstract 클래스이며, non-abstract 클래스는 abstract 메소드를 가질 수 없다. 지금까지 작성된 대부분 클래스는 non-abstract 클래스이다.

non-abstract 클래스는 그 클래스의 객체를 생성할 수 있으며, 그 클래스의 객체를 참조하기 위한 객체 참조변수도 선언할 수 있다.

7.5.3 final 클래스와 non-final 클래스

❑ final 클래스

final 클래스는 하위 클래스를 가질 수 없는 클래스이며, 클래스 선언 시 final 수식어가 명시된다. final 클래스의 모든 메소드는 자동적으로 final 메소드가 되며, 이들 메소드를 하위 클래스에서 오버라이딩하지 못한다. 하위 클래스를 가지지 못하기 때문에 이것은 당연하다.

그렇지만 final 클래스의 필드는 final이 아니다. final 변수는 한번 값이 저장되면 변경되지 못하는 변수임을 상기하라.

java.lang 패키지의 클래스 중에서 Character, Boolean, Byte, Integer, Float, Double, String 등 여러 클래스가 final 클래스로 선언되어 있다. 이미 살펴본 Integer 클래스는 다음과 같이 final 클래스로 작성되어 있다.

```
public final class Integer extends Number implements Comparable { ... }
```

final 클래스나 final 메소드는 차후에 어떠한 변경이나 확장을 허용하지 않는다. 그러므로 final 클래스나 final 메소드를 작성할 경우 변경과 확장의 필요성이 없는가를 확인해야 한다.

❑ non-final 클래스

final 클래스가 아닌 클래스는 non-final 클래스이며, 하위 클래스를 가질 수도 있다. 여기에서 주의해야 할 것이 클래스에 final 메스드가 있다고 그 클래스가 final 클래스는 아니라는 것이다. 반드시 클래스 선언어서 final 수식어가 명시되어야 final 클래스이며 확장할 수 없다.

final 클래스와 abstract 클래스는 비슷하지만 큰 차이점이 있다. abstract 메소드가 하나라도 있으면 그 클래스는 반드시 abstract 클래스로 선언되어야 하지만, final 메소드가 있는 클래스는 final 클래스로 선언되지 않아도 되며, final 메소드가 있다고 final 클래스는 아니다. 이 차이점을 유의해야 한다.

❑ final 클래스와 non-final 클래스의 성능 차이

final 메소드는 non-final 메소드보다 성능상의 이점이 있다. non-final 메소드는 하위 클래스에서 오버라이딩될 가능성이 있으므로 non-final 메소드가 호출되면 수행될 메소드를 결정하는 것은 수신자 객체를 확인한 후에야 가능하다. 수신자 객체를 확인하는 작업은 컴파일 시점에서 할 수 없고 프로그램이 실행되는 시점에서 가능하므로 수행될 메소드의 결정은 실행시간에 이루어진다. 이것을 수행될 메소드의 실행시간 바인딩(runtime binding)이라고 한다.

이에 반하여 오버라이딩될 수 없는 final 메소드가 호출되면 수신자 객체와 상관없이 컴파일 시점에서 수행될 메소드를 결정할 수 있으므로 컴파일 시간 바인딩(compile-time binding)이 가능하다. 실행시간 바인딩보다 컴파일 시간 바인딩이 훨씬 효율적이므로 프로그램 실행이 빨라진다.

Java가 실행시간 바인딩 또는 동적 바인딩(dynamic binding) 또는 지연 바인딩(late binding)의 특성이 있다고 하는 것은 바로 오버라이딩될 수 있는 non-final 메소드 때문이다.

7.5.4 인터페이스와 일반 클래스

Java 클래스의 마지막 분류가 인터페이스와 일반 클래스이다. 인터페이스는 구현되지 않은 abstract 메소드와 final 클래스 필드만 가지는 특별한 클래스였다. 그런데,

JDK 1.8부터 non-abstract 메소드를 가질 수 있도록 변경되었다. 이에 반하여 일반 클래스는 그러한 제한이 없이 non-final 객체 필드와 non-abstract 메소드도 가질 수 있는 클래스이다. 지금까지 배운 클래스는 바로 일반적인 클래스에 대한 설명이었다.

abstract 클래스, final 클래스 등 여러 종류로 클래스가 나누어졌는데 또다시 인터페이스와 일반 클래스로 나누어지다니. Java 언어는 왜 이리도 복잡할까 하는 의문이 들면서 머리가 복잡해질 것이다. 인터페이스는 abstract 메소드만을 가질 수 있으므로 abstract 클래스에 더욱 제한을 가한 클래스이다.

인터페이스는 구현되지 않은 메소드들을 포함하므로 프로그램의 개략적인 설계만을 나타내며 구현되지 않은 메소드들은 나중에 인터페이스를 구현하는 클래스에 의해 구현된다. 인터페이스의 중요한 기능 중의 하나가 관련성이 없는 여러 클래스 대해 통합된 하나의 타입을 제공하는 것으로, 이는 다중 상속을 간접적으로 지원하는 것이다.

Java에서 인터페이스를 제공하는 이유는 다음의 2가지이다.

1) 공통점이 없는 여러 클래스를 인터페이스를 구현하는 하위 클래스로 선언하여 하위 클래스 객체들을 인터페이스 객체처럼 사용
   - Java는 다중 상속 제공하지 않으므로 한 클래스의 객체는 클래스 계층에 포함되는 상위 클래스들의 객체로만 역할을 하게 됨
   - 또 다른 클래스의 객체처럼 작동하게 하려면 상위 인터페이스 선언하고 그 인터페이스의 하위 클래스로 선언하면 됨
   - 결과적으로 인터페이스는 다중 상속을 간접적으로 지원
   - 예: 하위 클래스에 스레드 기능을 추가하려 할 때 Runnable 인터페이스를 구현한 하위 클래스의 객체는 Runnable 인터페이스의 객체처럼 사용

```
class StudentTh extends Person implements Runnable { ... }
```

2) 인터페이스를 구현하는 클래스 드러내지 않고 객체의 프로그래밍 인터페이스(programming interface) 제공할 수 있기 때문
   - 데이터베이스 연동의 경우가 대표적
   - 연동시키는 구체적인 클래스들은 보이지 않으며 단지 인터페이스와 이들 메소드만 나타나므로 실제 인터페이스를 구현하는 클래스는 숨겨짐

인터페이스를 선언하고 이의 하위 클래스를 작성하는 것에 대해서는 별도로 설명될 것이다.

7.6 하위 클래스 활용 프로그램

Person 클래스의 하위 클래스들과 Patient 클래스의 하위 클래스를 작성하여 하위 클래스의 개념과 활용을 살펴보았지만, 아직 하위 클래스의 유용성에 대해 확실히 이해하기는 쉽지 않다.

이 절에서 하위 클래스들의 유용성을 확실히 보여주는 프로그램을 살펴보고 하위 클래스의 활용방법을 익힌다.

7.6.1 가전제품 판매와 재고 관리

가전제품은 제품명, 제조사, 가격, 최소 재고개수, 재고개수 등의 필드를 갖는다. 한편 TV는 화면크기와 해상도 필드를 추가로 가진다. 최소 재고개수 필드와 재고개수 필드는 재고 관리를 위한 필드이다. 제품을 판매하기 전에 판매 개수 이상의 재고가 확보되지 않으면 재고를 확보한 후 판매한다. 또한, 판매 후 재고개수가 최소 재고개수보다 적으면 추가로 일정량의 재고를 확보한다.

예제 7-6-1은 가전제품의 판매와 재고 관리를 위한 Appliance 클래스와 이의 하위 클래스인 TV 클래스를 보여주며, 프로그램은 실습자료에 작성되어 있다.

다음은 이 프로그램에서 유의해야 할 재고 관련 사항이다.

1) 가전제품을 나타내는 Appliance 클래스의 재고 관리
- 제품마다 최소 재고개수 설정하고 재고 개수를 그 이상 유지하도록 함
- 객체 생성 시 최소 재고개수만큼 재고 확보하여 판매
- 제품 판매 후 재고가 최소 재고개수보다 작으면 최소 재고개수의 3배만큼 재고를 확보하며, 이는 secureStock() 메소드에 의해 처리
- 한편, 제품 판매할 시점에서 재고가 부족하면 판매할 개수만큼 재고 확보하며, 이는 secureStock(int cnt) 메소드에 의해 처리

2) Appliance 클래스의 하위 클래스인 TV 클래스의 재고 관리
- 제품 판매 후 제품 가격에 따라 재고확보 정책을 달리할 수 있도록 secure

Stock() 메소드 오버라이딩
- 재고가 최소 재고개수보다 작으면 100만 원 이상의 고가 제품은 최소 재고개수의 2배만큼 재고 확보하도록 변경
- 100만 원 이상의 고가 제품이 아닌 경우 기존의 재고확보 정책을 따르기 위해 super.secureStock() 메소드 호출

7.6.2 애완동물 관리 프로그램

애완동물 가게는 다음의 예와 같이 여러 종류의 애완동물을 판매하고 구매한 고객들을 관리한다.

홍길동이 CEO인 애완동물 가게 펫나라는 고객이 찾아오면 환영하고 고객카드(고객 아이디, 이름, 주소, 전화번호)를 작성하여 방문고객으로 관리하며, 고객이 방문할 때마다 방문회수를 기록한다. 펫나라는 보유한 애완동물을 고객에게 판매하며, 고객이 구매한 애완동물과 구매회수를 기록한다.

한편, 여러 고객, 애완동물, 방문 및 판매 내역을 관리하기 위해 배열을 사용한다.

예제 7-6-2에는 Pet, Customer, PetStore 클래스가 선언되어 있으며, main() 메소드를 포함하는 PetStoreMgmt 클래스가 작성되어 있다. 프로그램은 실습자료에 작성되어 있다.

7.6.3 abstract 판매원 클래스와 이의 하위 클래스

판매원은 크게 정규직 판매원과 임시직 판매원으로 구분되며, 이들 판매원은 업무는 비슷하나 월급에서 차이를 보인다. 임시직 판매원의 경우 근무시간에 대한 월급을 받는다.

예제 7-6-3에는 Employee 클래스가 abstract 클래스로 작성되어 있고, 급여를 계산하는 int getSalary() 메소드가 abstract 메소드로 작성되었다. Employee 클래스의 하위 클래스인 RegularSalesman 클래스와 ParttimeSalesman 클래스에 상위 클래스의 abstract 메소드인 int getSalary() 메소드가 구현되어 있다.

예제를 찬찬히 살펴보며 abstract 클래스와 abstract 메소드에 대한 이해를 확실히 하기 바란다.

❑ 맺으면서

이 장에서 클래스를 확장하여 하위 클래스를 작성하는 것에 대해 살펴보았다. 상위 클래스와 하위 클래스 간에 상속이라는 보이지 않은 흐름이 발생하고, 보이지 않는 클래스 계층이라는 것이 형성된다.

그뿐 아니라, 상위 클래스의 객체 참조변수가 하위 클래스를 객체를 참조할 수 있고, 이를 업캐스팅이라 한다. 이로 인하여 객체 참조변수의 실제적 참조 클래스는 명시적 참조 클래스와 다를 수 있다.

또한, 하위 클래스는 상위 클래스의 메소드를 오버라이딩할 수 있으며, 오버라이딩 메소드 호출 시 실제적 참조 클래스의 메소드가 수행된다. 하위 클래스에서 상위 클래스의 오버라이딩되지 않은 메소드도 호출할 수 있으며, 이때 키워드 super를 이용한다.

이처럼 클래스의 확장에는 처음에 이해하기 어려운 여러 사항이 내포되어 있다. 그 외에도 abstract 클래스, final 클래스, 인터페이스 등 특수한 클래스도 있다.

이러한 것들이 완벽하게 이해하고 이들을 활용하는 프로그램 작성능력을 갖추면 진정한 Java 프로그램의 대가로서 우뚝 선다. 이를 위해 많은 노력이 필요하고 많은 시간이 투자되어야 한다.

연습문제

1. 다음 문장의 옳고 그름을 판단하라. 또한, 잘못되었으면 올바르게 고쳐라.

1) 하위 클래스가 상위 클래스의 특성을 그대로 가지는 것을 상속이라고 하고, 상위 클래스에서 물려받은 특성을 상속 특성, 하위 클래스에서 정의되는 특성을 고유 특성이라고 한다.
2) Object 클래스를 제외한 모든 클래스는 Object 클래스의 하위 클래스이다.
3) 객체 참조변수는 선언된 클래스의 객체만 저장할 수 있고 다른 클래스의 객체를 저장하지 못한다.
4) instanceof 연산자는 객체 참조변수에 저장된 객체의 타입이 특정 타입인가를 검사하는 연산이다.
5) 하위 클래스의 한 객체는 그 클래스의 객체 역할뿐 아니라 상위 클래스 객체 역할을 할 수 있다.
6) 메소드 오버라이딩은 클래스 내에서 이름이 같은 메소드를 여러 개 선언하는 것이다.
7) 객체 생성자 구현의 첫 문장에서 다른 객체 생성자를 호출하지 않으면 내부적으로 this()가 호출된다.
8) Java의 클래스들은 상하위 클래스 관계에 의하여 패키지를 구성한다.
9) final 클래스는 하위 클래스를 가질 수 없으며, 그 클래스의 모든 메소드는 자동적으로 final 메소드가 된다.
10) abstract 클래스의 모든 메소드는 자동적으로 abstract 메소드가 된다.
11) abstract 클래스는 객체를 생성할 수 없으며, 반드시 abstract 메소드를 포함해야 한다.

2. 다음과 같이 클래스 A, B, C가 선언되었을 때 각 클래스의 상속 특성과 고유 특성을 나열하라. (Object 클래스에서 상속받는 특성은 제외한다.)

```
class A {
    int n = 1, m = 2;
    int f1() { return 3; }
}
class B extends A {
    int x = 5;
    int f2() { return 6; }
}
```

```
final class C extends B {
    int y = 8;
    int f1() { return 9; } // f1()은 A의 f1() 오버라이딩
    int f3() { return 10; }
}
```

3. 연습문제 2에서 선언된 클래스에 대하여 다음과 같은 객체 참조변수가 선언되었다. 각 객체 참조변수가 참조할 수 있는 객체의 클래스들을 나열하라.

1) A a;

2) B b;

3) C c;

4) Object o;

4. 연습문제 2에서 선언된 클래스에 대하여 다음과 같은 프로그램이 작성되었다. 프로그램의 출력을 구하라.

```
class Pr7_1 {
    public static void main(String[] args) {
        A a1 = new A();
        A a2 = new B();
        A a3 = new C();

        B b1 = new B();
        B b2 = new C();

        C c = new C();

        System.out.println("a1.f1()=" + a1.f1() + ", a2.f1()=" + a2.f1()
                    + ", a3.f1()=" + a3.f1() + ", b1.f1()=" + b1.f1()
                    + ", b2.f1()=" + b2.f1() + ", c.f1()=" + c.f1());
    }
}
```

5. 하위 클래스를 선언하는 방법, 선언된 하위 클래스의 효과, 하위 클래스에서 중요한 사항, 메소드 오버라이딩, 업캐스팅에 대해 예를 이용하여 설명하라.

6. abstract 클래스는 객체를 생성할 수 없는 클래스이다. 그런데도 abstract 클래스의 객체 참조변수를 선언하기도 한다. 그 이유는 무엇인가?

7. final 메소드는 더 이상 하위 클래스에서 오버라이딩을 허용하지 않는 메소드이므로 하위 클래스에서 메소드의 재정의를 제한한다. final 메소드를 선언하는 이유는 무엇인가?

8. 다음의 신용카드 관련 클래스에 대해 답하라.

```
class CreditCard {
    long cardNo;                    // 카드번호
    String owner;                   // 소유자
    int amountMaxUnpaid;            // 미결제 최대 사용한도

    int amountUnpaid = 0;           // 미결제 사용금액: 결제하면 감소
    int amountTotalUse = 0;         // 총 사용금액
    String storesUsed = "";         // 사용처들을 모두 저장하는 필드

    CreditCard(long cardNo, String owner, int amountMaxUnpaid) {
        this.cardNo = cardNo; this.owner = owner;
        this.amountMaxUnpaid= amountMaxUnpaid;
    }

    void useCreditCard(String store, int amount) {    // 카드 사용 처리 메소드
        if (amountUnpaid + amount <= amountMaxUnpaid) {
            amountUnpaid = amountUnpaid + amount;
            amountTotalUse = amountTotalUse + amount;
            storesUsed = storesUsed + store + " ";
        }
    }

    void payCreditCardBill(int amount) {              // 카드금액 결제 메소드
        amountUnpaid = amountUnpaid - amount;
    }

    public String toString() {
        return cardNo + " 카드 - 소유자: " + owner + ", 사용처들: "+storesUsed
                + ", 미결제금액: "+amountUnpaid;
    }

    void output() {
        System.out.println(this.toString());
    }
}

// 현금 서비스 가능 신용카드 클래스: CreditCardWCS는 CreditCardWithCashService 줄임
```

```
class CreditCardWCS extends CreditCard {
   int amountMaxCashService;   // 미결제 최대 현금 서비스 한도
   int amountCashService;      // 미결제 현금 서비스 금액

   CreditCardWCS(long cardNo, String owner, int amountMaxUnpaid,
                                          int amountMaxCashService) {
      super(cardNo, owner, amountMaxUnpaid);
      this.amountMaxCashService = amountMaxCashService;
   }

   boolean useCashService(int amount) {    // 현금 서비스 사용 처리 메소드
     《 작성하라 》
   }

   void payCashService(int amount) {           // 현금 서비스 결제 처리 메소드
      amountCashService = amountCashService - amount;
   }

   public String toString() {
      return super.toString() + ", 미결제 현금서비스 금액: " + amountCashService;
   }

   void output() {
      System.out.println(this.toString());
   }
}

class CardCompany {
   public static void main(String[] args) {
      CreditCard c1 = new CreditCard(4321001, "홍길동", 500000);
      c1.useCreditCard("CGV", 18000);
      c1.useCreditCard("DREAM", 2500);

      CreditCardWCS c2 = new CreditCardWCS(4321002, "박문수", 700000, 90000);
      c2.useCreditCard("CGV", 27000);
      c2.useCreditCard("한국식당", 13000);
      c2.useCashService(50000);

      CreditCard c3 = new CreditCardWCS(4321003, "심청", 500000, 200000);
      c3.useCreditCard("북경반점", 15000);

      c1.output();
      c2.output();
      c3.output();
   }
}
```

1) CreditCardWCS 클래스의 상속된 필드와 메소드, 그리고 자체의 필드와 메소드를 나열하라. (Object 클래스에서 상속된 특성은 무시한다)
2) 《 CreditCard(long cardNo, String owner, int amountMaxUnpaid) { ... } 》은 언제 수행되며, 어떠한 일들이 이루어지는가를 설명하라.
3) 《 c2.useCreditCard("CGV", 27000); 》에서 메소드가 호출되고 수행되는 과정, 수행되는 내용, 결과를 설명하라.
4) 《 CreditCard c3 = new CreditCardWCS(4321003, "심청", 500000, 200000); 》이 수행되면 어떠한 일들이 이루어지는지 설명하라.
5) CreditCardWCS 클래스의 boolean useCashService(int amount) 메소드는 주어진 금액 amount 만큼의 현금서비스를 제공하는 메소드이다. 미결제 현금서비스 금액과 요구된 amount의 합이 최대 현금서비스 금액 이하이면 미결제 현금서비스 금액을 증가시킨 후 true를 반환하여 현금 서비스를 허용하고, 합이 최대 현금서비스 금액을 초과하면 단순히 false를 반환하여 불허하는 이 메소드를 작성하라.
6) 프로그램의 출력결과를 구하라.

9. 다음의 계좌 관련 클래스에 대해 답하라.

```
class Account{  // 계좌 클래스
   int accno;   String ownername;   int balance; // 잔고
   static int noAccount = 0;

   Account(int accno, String ownername, int balance) {
      this.accno = accno; this.ownername = ownername; this.balance = balance;
      ++noAccount;
   }

   void output() {
      System.out.println("accno: " + accno + ", ownerName: " + ownername
                                                  + ", balance: " + balance);
   }

   int deposit(int amount) {        // 예금 처리 메소드 - 입금 금액만큼 잔고를 증가시킴
      balance = balance + amount;
      return balance;
   }

   void withdraw(int amount) {   // 출금 - 잔고가 출금 금액보다 크면 잔고 감소시킴
      if (balance > amount)
         balance = balance - amount;
   }
```

```
}

// 계좌 클래스를 확장한 대출계좌 클래스
class LoanAccount extends Account {
   int loanLimit;      // 대출한도: 대출한도만큼 더 출금할 수 있음, 잔고 음수 가능

   LoanAccount(int accno,String ownerName, int balance, int loanLimit) {
      super(accno,ownerName, balance);
      this.loanLimit = loanLimit;
   }

   void withdraw(int amount) {               // 대출한도를 고려하여 출금 처리
      if (balance - amount > -loanLimit)  // 대출한도까지 잔고가 부족해도 OK
         balance = balance - amount;
   }
}

class Bank {
   public static void main(String[] args) {
      Account a3 = new LoanAccount(10003, "심청", 0, 5000000);
      a3.deposit(10000);
      a3.withdraw(510000);
      a3.output();
      System.out.println("noAccount: " + Account.noAccount);
   }
}
```

1) LoanAccount 클래스의 상속된 필드와 메소드, 그리고 자체의 필드와 메소드를 나열하라. (Object 클래스에서 상속된 특성은 무시한다.)
2) 《 Account(int accno, String ownername, int balance) { ... } 》는 언제 수행되며, 어떠한 일들이 이루어지는가를 설명하시오.
3) 《 Account a3 = new LoanAccount(10003, "심청", 0, 5000000); 》이 수행되면 어떠한 일들이 이루어지는지 설명하라.
4) 《 a3.withdraw(510000); 》이 수행되는 과정과 결과를 설명하라.
5) LoanAccount 클래스의 output() 메소드는 LoanAccount 클래스의 모든 필드를 출력하는 메소드이며, Account 클래스의 output() 메소드를 오버라이딩한 메소드이다. output() 메소드를 작성하라.
6) 프로그램의 출력결과를 구하라.

10. 하위 클래스 SubC가 다음과 같이 작성되었다.

```
class SuperC {
    // SubC 클래스와 main() 메소드를 참조하여 SuperC 클래스를 작성하라.
}

class SubC extends SuperC {
    int f3, f4;
    SubC(double f1, double f2, int f3, int f4) {
        super(f1, f2);
        this.f3 = f3; this.f4 = f4;
    }
    double getSum() {
        return super.getSum() + f3 + f4;
    }

    double getLast() {
        return f4;
    }

    public static void main(String[] args) {
        SuperC o = new SubC(1.0, 2.0, 3, 4);

        System.out.println("first field: " + o.getFirst() + ", last field: "
                                        + o.getLast() + ", 합: " + o.getSum() );
    }
}
```

1) SubC 클래스와 main() 메소드를 참조하여 SuperC 클래스를 작성하라.
2) 작성된 SuperC 클래스와 이미 작성된 SubC 클래스에 의해 main()의 출력을 구하라.

11. 하위 클래스 Point3D가 다음과 같이 작성되었다.

```
// 2차원 점을 나타내는 클래스
class Point {
    // Point3D 클래스와 main() 메소드를 참조하여 Point 클래스를 작성하라.
}

// 3차원 점을 나타내는 클래스
class Point3D extends Point {
    double  z;
    Point3D(double x, double y, double z) {
```

```
        super(x, y);
        this.z = z;
    }
    void add(double x, double y, double z) {
        add(x, y);
        this.z = this.z + z;
    }

    double getSquareSum() {
        return super.getSquareSum() + z * z;
    }

    public static void main(String[] args) {
        Point3D p3D = new Point3D(1, 2, 3);
        p3D.add(1, 0, 1);

        Point p2D = p3D;  // Point3D 객체를 Point  객체 참조변수에 저장

        System.out.println("  * x: " + p2D.x + ", y: " + p2D.y + ", 제곱 합: "
                                                  + p2D.getSquareSum() );
    }
}
```

1) Point3D 클래스와 main() 메소드를 참조하여 Point 클래스를 작성하라.
2) main() 메소드의 《 Point3D p3D = new Point3D(1, 2, 3); 》이 수행되는 과정과 내용을 설명하라.
3) main() 메소드의 《 p2D.getSquareSum() 》이 수행되는 과정과 내용을 설명하라.
4) main() 메소드의 출력결과를 구하라.

(연습문제 1번 답) 1:O 2:O 3:X(객체 참조변수에는 선언된 클래스의 하위 클래스 객체에 대한 객체 참조값도 저장될 수 있음) 4:O 5:O 6:X(메소드 오버라이딩은 상위 클래스에 선언된 메소드와 이름 및 형식매개변수가 같은 메소드를 하위 클래스에서 선언하는 것) 7:X(객체 생성자의 첫 문장이 객체 생성자 호출이 아닌 경우 super()가 내부적으로 호출) 8:X(클래스의 상하위 클래스 관계의 의해 구성되는 것은 클래스 계층이며, 패키지는 클래스를 필요에 따라 모은 것) 9:O 10: X(abstract 클래스에 abstract 메소드가 아닌 메소드를 선언할 수 있음) 11:X(abstract 클래스에 abstract 메소드가 없을 수도 있음)

(연습문제 3번 답) 1: 객체 참조변수 a는 A의 객체, A의 다른 하위 클래스의 객체, B의 객체, B의 다른 하위 클래스 객체 그리고 C의 객체를 참조할 수 있다. C는 final 클래스이므로 하위 클래스가 없다.

실습과제

1. Person 클래스의 하위 클래스 작성하기

1) Person 클래스가 가지는 필드와 메소드 외에 의사면허번호 licenseNo, 전공분야 major 필드와 새로운 output() 메소드를 갖는 의사 클래스 Doctor를 Person 클래스의 하위 클래스로 작성하고 PersonMgmt 클래스의 main()에서 Doctor 객체를 다음과 같이 생성하고 출력하라.

```
// 34세의 김영수는 의사면허번호 2010123인 내과 전공분야의 의사
Doctor yskim = new Doctor("김영수", 34, 20100123, "내과");
yskim.output();
```

2) Person 클래스의 또 다른 하위 클래스로 군인, 공무원, 요리사, 연예인 클래스 등이 있다. 이들 클래스에 대한 필드를 결정하여 Person 클래스의 하위 클래스로 작성하라. 각 클래스는 객체 생성자와 필드를 출력하는 output() 메소드를 작성해야 한다. PersonMgmt 클래스의 main()에서 이들 클래스의 객체를 생성하고 output() 메소드를 이용하여 출력하라.

2. FamilyMember 클래스의 하위 클래스 작성하기

영희, 김철수, 이민자를 가족 구성원 클래스인 FamilyMember 클래스의 하위 클래스 객체로 구성하려 한다.

> 딸 영희는 6살짜리 어린이이며 백설공주 인형을 좋아한다. 아버지 김철수는 35세 한국대학교 교수로서 독서를 좋아하며 Java를 강의한다. 어머니 이민자는 33세 주부로 음악감상과 수영을 좋아하며 (오늘) 김치찌개를 요리했다.

1) 딸, 아버지, 어머니는 가족 구성원 역할을 나타내는 필드인 role의 값으로 한다.
2) 영희 어린이 객체를 위한 Child 클래스를 선언하라. 이때 하위 클래스로 작성하지 않으며, 메소드 구현도 작성하지 않는다.
3) 김철수 교수 객체를 위한 Professor 클래스를 선언하라. 이때 하위 클래스로 작성하지 않으며, 메소드 구현도 작성하지 않는다.
4) 이민자 주부 객체를 위한 HouseWife 클래스를 선언하라. 이때 하위 클래스로 작성하지 않으며, 메소드 구현도 작성하지 않는다.

5) Child 클래스, Professor 클래스, HouseWife 클래스들의 공통적인 필드와 메소드를 FamilyMember 클래스의 필드와 메소드로 구성하라.
6) Child 클래스, Professor 클래스, HouseWife 클래스들을 FamilyMember 클래스의 하위 클래스로 재구성하라.
7) 상속관계를 나타내는 클래스 계층을 그려라. (최상위 클래스는 Object 클래스)
8) main() 메소드에서 객체들을 생성하여 적절한 객체 참조변수에 저장한 후 필드에 값을 저장하고 메소드를 호출하라.

※ 참고사항 : 딸, 아버지, 어머니 등은 가족에서 역할을 나타내는 명칭이므로 FamilyMember 클래스의 role 필드로 역할을 표시하게 한다.

3. 상황에 대한 Java 프로그램 작성하기

20세 컴퓨터학과 학생인 홍길동은 255번 버스를 오늘 아침 등교하려고 탑승하였는데, 학생 박문수를 만났고, 오후에 Java 프로그래밍 과목 시험을 보았다.

1) 상황을 객체 인스턴스의 상태와 행동으로 표현하는 객체 지향적 관점에서 서술하면 다음과 같다.

(이름 상태 값이 홍길동, 나이 상태 값이 20, 학과명 상태 값이 컴퓨터학과인 홍길동 학생 객체 인스턴스)가 있다.

(노선번호 상태 값이 255인 노선버스 객체 인스턴스)가 있다. 홍길동 학생 객체 인스턴스는 탑승하는 행동을 하였고, (탑승 행동에서 탑승 버스는 255번 노선버스 객체 인스턴스, 탑승시간은 오늘 아침, 탑승목적은 등교)이다.

(이름 상태 값이 박문수인 박문수 학생 객체 인스턴스)가 있고, 홍길동 학생 객체 인스턴스는 만나는 행동을 하였고, (만나는 행동에서 만난 학생은 박문수 학생 객체 인스턴스, 만난 장소는 255번 노선버스 객체 인스턴스, 만난 시간은 오늘 아침)이다.

홍길동 학생 객체 인스턴스는 시험 보는 행동을 하였고, (시험 보는 행동에서 시험시간은 오늘 오후, 시험과목명은 Java 프로그래밍)이다.

2) 서술된 내용에서 상태를 나타내는 필드, 메소드를 나타내는 메소드 시그니처를 구상하여 개략적 클래스 선언하라.
3) 메소드 구현을 작성하기 위한 추가적인 클래스, 추가적 필드 구상 및 메소드 구현 작성하라.
4) main() 메소드에서 클래스의 객체를 생성하고 필요한 메소드 호출하라.
5) 상하위 클래스를 고려하여 클래스를 재구성하라.

4. 상황에 대한 Java 프로그램 작성하기

> 상황 1: 한국모바일 직원인 25세의 홍길동은 장소가 코엑스이고 시작날짜가 2017/10/12, 종료날짜가 2017/10/16인 IT2017 박람회에 2017년 10월 13일 참가하여 시리얼 번호 1234123412, 메모리 용량 128GB, 크기 4인치인 휴대폰 갤럭시 S8을 80만 원, 20개월 할부로 구매하였다.
>
> 상황 2: 35세의 여자 교사인 심청은 학생 수가 32명인 3학년 5반을 담당하며 3학점 1학년 국어 과목을 1주당 15시간 강의한다.
>
> 상황 3: 경력 20년의 운전기사인 박문수는 구입연도가 2015년이며 주행거리가 32000km인 20자1234 버스를 한국대학교에서 강남역까지 1550번 버스노선에 운행하였고, 운행에서 출발시각 9시 10분, 도착시각 10시 40분, 승객수 40명, 총 운행수입 10만 원이었다.

1) 상황 1의 객체 인스턴스의 상태와 행동으로 표현하는 객체 지향적 관점에서 서술하면 다음과 같다.

> (이름 상태 값이 홍길동, 나이 상태 값이 25, 회사명 상태 값이 한신 모바일인 직원 객체 인스턴스)가 있고, (장소 상태 값이 코엑스, 시작날짜 상태 값이 2017/10/12, 종료날짜 상태 값이 2017/10/16, 박람회명 상태 값이 IT2017인 박람회 객체 인스턴스)가 있으며, 이 직원 객체 인스턴스는 참가하는 행동을 하였고, (참가 행동에서 참가박람회는 IT 박람회 객체 인스턴스, 참가날짜는 2017/10/13)이다.
>
> (시리얼 번호 상태 값이 1234123412, 메모리 용량 상태 값이 128GB, 화면크기 상태 값이 4인치, 모델명 상태 값이 갤럭시 S8인 휴대폰 객체 인스턴스)가 있으며, 홍길동 직원 객체 인스턴스는 구매하는 행동을 하였으며, (구매 행동에서 구매 휴대폰은 갤럭시 S8 휴대폰 객체 인스턴스, 구매금액은 80만원, 지불방법은 할부 20개월)이다.

이를 참고하여 상황 2와 상황 3에 대해서 객체 지향적 관점에서 서술하라.

2) 서술된 내용에서 상태를 나타내는 필드, 메소드를 나타내는 메소드 시그니처를 구상하여 개략적 클래스 선언하라.
3) 메소드 구현을 작성하기 위한 추가적인 클래스, 추가적 필드 구상 및 메소드 구현 작성하라.
4) main() 메소드에서 클래스의 객체를 생성하고 필요한 메소드 호출하라.
5) 상하위 클래스를 고려하여 클래스를 재구성하라.

제8장

인터페이스

제 8 장 인터페이스

학습 목표	o 인터페이스의 필요성을 이해한다. o 인터페이스를 선언하는 방법을 익힌다. o 인터페이스를 구현하는 하위 클래스를 선언하고 하위 클래스의 객체를 다루는 능력을 배양한다. o 클래스와 인터페이스의 공통점과 차이점을 파악한다. o 인터페이스를 활용하는 예를 통하여 인터페이스 활용능력을 익힌다.

이 장에서 하위 클래스에서 개략적으로 살펴본 Java의 인터페이스에 대해 자세히 알아볼 것이다. 인터페이스(interface)라는 용어는 광범위하게 사용되는 용어이다. 일반적인 의미는 얼굴과 얼굴 사이, 두 개의 서로 다른 것이 접촉하는 부분, 경계면이라는 뜻이다. 컴퓨터 분야에서는 두 개의 다른 시스템이나 요소가 연결되는 방법을 나타내는 용어로 많이 사용된다. 사용자 인터페이스, 시스템 인터페이스, 함수의 인터페이스 등이 그 예이다.

Java에서 인터페이스는 개략적인 특징만 제공하는 특별한 클래스라는 제한적인 의미로 사용된다. JDK 1.7까지 Java의 인터페이스는 구현되지 않은 abstract 메소드와 static이면서 final인 필드만을 선언하는 클래스이므로 메소드의 시그니처만 정의하여 인터페이스 정보만을 가지는 특별한 클래스이었다.

그런데 JDK 1.8부터 abstract 메소드 외에도 구현을 명시하는 default 메소드와 static 메소드가 추가되었고, JDK 1.9에서 private 메소드도 추가되어 더 유연성 있는 인터페이스를 작성할 수 있게 되었다.

인터페이스는 큰 맥락에서 클래스의 일종이므로 클래스가 가지는 일반적인 성질을 가지면서 일반 클래스가 가지지 않는 특별한 성질도 갖는다.

8.1 인터페이스 선언

인터페이스를 선언할 때 인터페이스의 이름, 필드와 메소드 등을 명시하며 그 외 부가적 정보를 명시한다. 인터페이스도 일반 클래스와 마찬가지로 선언된 후 여러 용도로 사용된다. 인터페이스를 선언하는 형식은 다음과 같다.

```
인터페이스_수식어 interface 인터페이스_이름 인터페이스_확장부 {
   필드_선언부
   메소드_선언부
}
```

인터페이스는 클래스의 일종이므로 클래스 선언과 비슷하게 선언되지만, 클래스 선언보다 간단하다.

8.1.1 인터페이스 수식어

선언되는 인터페이스의 특성을 나타내기 위해 인터페이스 수식어가 사용된다. 여기에 사용되는 키워드는 public과 abstract가 있다. 다른 수식어는 사용되지 못한다. 수식어 public과 abstract의 의미는 다음과 같다.

첫째, public의 명시 또는 생략은 인터페이스에 대한 공개 및 은폐를 나타냄
- public으로 선언하면 다른 모든 클래스나 인터페이스에서 참조할 수 있음
- 만일 public 키워드를 생략하면 같은 패키지의 클래스나 인터페이스에서만 참조할 수 있음

둘째, abstract로 선언되면 abstract 메소드가 가능함을 나타냄
- abstract 수식어가 생략되어도 인터페이스에는 abstract 메소드가 가능하므로 대개 abstract 생략

다음은 인터페이스 수식어의 몇 가지 예를 보여준다.

```
public abstract interface Male { … }      // 남성을 나타내는 인터페이스
public interface Female { … }             // 여성을 나타내는 인터페이스
abstract interface Adult { … }            // 성년을 나타내는 인터페이스
interface Minor { … }                     // 미성년자를 나타내는 인터페이스
```

이들 인터페이스 중 키워드 public이 명시된 인터페이스 Male과 Female은 다른 클래스나 인터페이스에서 이들 인터페이스를 참조할 수 있는 인터페이스이다.

abstract 키워드는 명시되지 않은 인터페이스 Female과 Minor는 abstract가 명시된 것과 같다.

8.1.2 인터페이스 이름

인터페이스 이름은 키워드 interface 다음에 나타나는 식별자이며, 선언된 인터페이스를 대표한다. 선언된 인터페이스 이름은 인터페이스의 확장과 구현, 변수 선언, 인터페이스 필드 참조 등 인터페이스가 필요한 곳에서 사용된다.

인터페이스의 작명 원칙은 클래스의 작명 원칙과 같다. Male, Female 등과 같이 첫 글자를 영문 대문자로 시작하며, 여러 단어로 구성될 경우 각 단어의 첫 글자를 대문자로 한다.

8.1.3 인터페이스 확장부

인터페이스 확장부는 선언되는 인터페이스가 다른 인터페이스를 확장한 하위 인터페이스임을 나타낸다. 인터페이스의 확장은 클래스의 확장과 같다. 즉, 확장된 하위 인터페이스는 상위 인터페이스의 필드와 메소드를 상속받게 되며[117] 하위 인터페이스는 상위 인터페이스 타입도 갖는다.

다음은 인터페이스 확장부를 포함하는 인터페이스의 예를 보인 것이다.

```
interface Boy extends Male { ... }              // Male의 하위 인터페이스 Boy
interface MotherIF extends Female { ... }       // Female의 하위 인터페이스 MotherIF
```

여기에서 Boy 인터페이스는 Male 인터페이스를 확장한 인터페이스로 선언되어 있다. 그러므로 Boy 인터페이스는 Male의 하위 인터페이스이며, Male은 Boy의 상위 인터페이스이다. MotherIF 인터페이스는 Female 인터페이스를 확장한 하위 인터페이스로 선언되어 있다.

클래스 확장과 인터페이스의 확장은 기본적으로 같지만 중요한 차이가 있다. 그것은 다음과 같이 하나 이상의 인터페이스를 확장할 수 있다는 점이다.

```
interface AdultMale extends Male, Adult { ... }        // Male과 Adult 확장한 AdultMale
interface AdultFemale extends Female, Adult { ... } // Female과 Adult 동시 확장
```

117) 인터페이스의 클래스 필드와 default 메소드는 상속되지만 static 메소드는 상속되지 않는 점을 유의해야 한다.

AdultMale 인터페이스는 Adult와 Male 두 인터페이스를 확장한 인터페이스로 선언되어 있다. 그러면 AdultMale은 Adult와 Male의 하위 인터페이스가 된다.

8.1.4 필드 선언부

인터페이스의 필드는 제한적으로 선언된다. 인터페이스의 필드가 가지는 제한점은 세 가지이다.

첫째, 인터페이스에는 static이면서 final인 필드만 선언이 가능
- 원칙적으로 static과 final이 명시되어야 하지만 이들 키워드는 생략 가능

둘째, public만 인터페이스 필드의 접근범위를 위해 사용될 수 있음
- 접근범위를 나타내는 수식어인 private, protected는 인터페이스 필드의 수식어로 사용되지 못함

셋째, 인터페이스의 필드는 final이므로 반드시 초기값이 주어져야 함
- 초기값이 주어지지 않으면 컴파일 오류가 발생

다음은 인터페이스 필드에 대한 올바른 선언의 예이다.

```
public static final String gender = "남성;        // public static final은 생략해도 됨
int MINADULTAGE = 19;                             // 이 필드는 public static final 필드
```

다음은 인터페이스 필드에 대한 잘못된 선언의 예이다.

```
public static final int MAXMINORAGE;              // 초기값이 설정되지 않음
private final String gender = "여성";             // private는 사용 불가
```

8.1.5 메소드 선언부

인터페이스의 메소드도 일반 클래스의 메소드와 달리 제한점이 있다. 인터페이스의 메소드가 가지는 제한점은 다음의 두 가지이다.

첫째, 인터페이스에는 abstract 메소드, default 메소드, static 메소드 선언 가능
- abstract 메소드는 구현이 작성되지 않으며, 키워드 abstract는 생략 가능
- default 메소드와 static 메소드는 구현이 작성되어야 함

둘째, private, protected, final 수식어는 메소드 수식어로 사용되지 못함[118)]

118) JDK 1.9부터 private 메소드도 가능하게 되어 캡슐화가 강화된 인터페이스를 작성할 수

- public만 인터페이스 메소드의 접근범위를 위해 사용 가능

다음의 Female 인터페이스와 MotherIF 인터페이스의 메소드 선언을 보여준다.

```
interface Female {
    public static final String gender = "female";

    public static String getGender() {        // 구현 작성한 static 메소드
        return gender;
    }

    default boolean isMale() {                // 구현 작성한 default 메소드
        return false;
    }

    default boolean isFemale() {              // 구현 작성한 default 메소드
        return true;
    }
}

interface MotherIF extends Female {
    public void setChild(Person p);           // 객체 p를 자식으로 등록하는 abstract 메소드
    public Person[] getChildren();            // 자녀들 반환하는 abstract 메소드
    public int getNoChildren();               // 자녀수 반환하는 abstract 메소드

    // 주어진 Person 객체 c의 어머니인가를 검사하는 default 메소드
    default boolean isMotherOf(Person c) {
        Person[] children = getChildren();
        for (Person p : children)
            if (p == c)
                return true;

        return false;
    }
}
```

Female 인터페이스는 gender 필드를 가지며, static 메소드인 getGender(), default 메소드인 isMale(), isFemale()를 가지는데, 이들 메소드는 모두 구현이 작성되었다. MotherIF 인터페이스는 필드는 하나도 없으며, 구현이 명시되지 않은 3개 abstract 메소드와 구현이 명시된 default 메소드 isMotherOf()를 가진다.

있으나, 본서는 JDK 1.8을 기준으로 설명하므로 private 메소드는 제외한다.

8.1.6 인터페이스 타입과 객체 참조변수

인터페이스가 선언되면 인터페이스는 타입으로 사용될 수 있다. 이는 Java에서 선언된 클래스가 타입으로 사용되는 것과 같은 맥락이다. 그러므로 인터페이스 타입의 객체 참조변수를 선언할 수 있다. 다음은 선언된 인터페이스들에 대해 객체 참조변수와 배열변수를 선언한 예이다.

```
// 인터페이스 객체 참조변수: 이들 변수에 인터페이스의 하위 클래스 객체가 저장
Female f1;          // f1은 Female 인터페이스의 객체 참조변수
MotherIF mo;        // mo는 MotherIF 인터페이스의 객체 참조변수
AdultMale am;       // am은 AdultMale 인터페이스의 객체 참조변수

// 인터페이스 배열변수: 이들 배열변수에 인터페이스의 하위 클래스 객체들이 저장
Female[] fs = new Female[20];          // fs는 Female 객체 저장하는 배열변수
MotherIF[] moms = new MotherIF[20];    // moms는 MotherIF 객체 저장하는 배열변수
```

그런데 abstract 메소드를 가지는 abstract 클래스가 객체를 생성할 수 없는 것과 마찬가지로 인터페이스도 객체를 생성할 수는 없다. 그러면 인터페이스의 객체 참조변수에 무엇이 저장될 수 있을까? 인터페이스는 객체가 없으므로 인터페이스의 객체를 저장하여 참조할 수는 없지만, 인터페이스의 하위 클래스가 있으면 그 클래스의 객체를 참조할 수 있다.

이것을 정확히 이해하면 인터페이스에 대해 절반은 이해했다고 할 수 있다. 인터페이스의 객체 참조변수가 하위 클래스의 객체를 참조하는 것이 실제로 인터페이스를 작성하는 중요한 이유 중의 하나이다.

인터페이스의 객체 참조변수 선언에서 볼 수 있는 또 하나의 특징은 인터페이스와 클래스가 타입으로 사용될 경우 외관상으로 인터페이스인지 클래스인지 구분이 되지 않는다는 것이다.

8.1.7 인터페이스 계층

인터페이스가 확장되면 인터페이스 간의 상위 및 하위 관계를 나타내는 인터페이스 계층이 형성된다. 클래스 간의 상위 및 하위 관계를 나타내는 클래스 계층의 최상위 클래스는 Object 클래스였다. 기억이 나는가? 그런데 인터페이스 계층의 최상위 인터페이스는 없는데, Object 클래스가 최상위 인터페이스의 역할을 한다.

[그림 8-1]은 지금까지 선언된 Male, Female, Adult, Minor, Boy, MotherIF, AdultMale, AdultFemale 인터페이스들로 구성되는 인터페이스 계층을 보여준다.

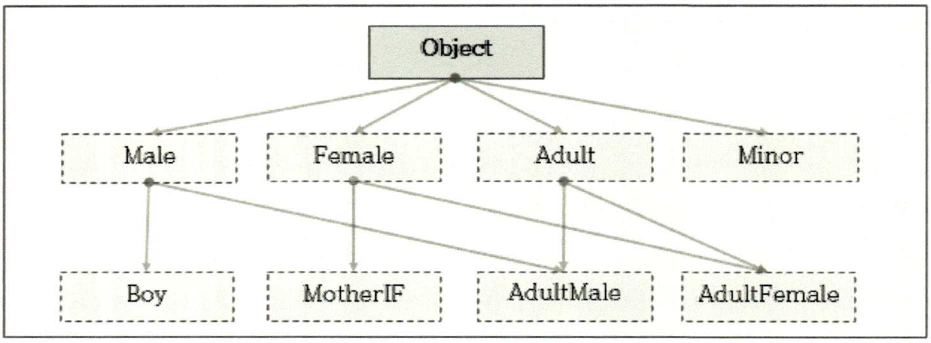

[그림 8-1] 선언된 인터페이스들로 구성되는 인터페이스 계층

8.1.8 인터페이스들의 예제

지금까지 선언된 Male, Female, Adult, Minor, Boy, MotherIF, AdultMale, AdultFemale 인터페이스들을 작성하면 예제 8-1과 같다.

예제 8-1 여러 인터페이스들

```
package ex8_1_interfaces;

/ 남성을 나타내는 인터페이스
interface Male {
    public static final String gender = "male";      // static final은 생략해도 됨
    public static String getGender() {                // 성별 반환하는 static 메소드
        return gender;
    }
}

// 여성을 나타내는 인터페이스
interface Female {
    public static final String gender = "female";    // static final은 생략해도 됨
    public static String getGender() {                // 성별 반환하는 static 메소드
        return gender;
    }
}

// 성인을 나타내는 Adult 인터페이스
```

```
interface Adult {
   int MINADULTAGE= 19;                    // 성년 최소 나이
}

// 미성년자를 나타내는 Minor 인터페이스
interface Minor {
   public static int MAXMINORAGE = 18;     // 미성년 최대 나이
}

// Male의 하위 인터페이스 Boy
interface Boy extends Male {
}

// 어머니를 나타내는, Female의 하위 인터페이스 MotherIF
interface MotherIF extends Female {
   public void setChild(Person p);        // Person 객체 p를 자식으로 등록하는 메소드
   public Person[] getChildren();         // 자녀들을 Person[] 배열로 반환하는 메소드
   public int getNoChildren();            // 자녀수 반환하는 메소드

   // 주어진 Person 객체 c의 어머니 여부 검사하는 default 메소드
   default boolean isMotherOf(Person c) {
      Person[] children = getChildren();
      for (Person p : children)
         if (p == c)
            return true;

      return false;
   }
}

// 성인 남자를 나타내는, Male과 Adult를 확장한 하위 인터페이스 AdultMale
interface AdultMale extends Male, Adult {
}

// 성인 여자를 나타내는, Female과 Adult를 확장한 하위 인터페이스 AdultFemale
interface AdultFemale extends Female, Adult {
}

class Ex8_1_InterfaceMgmt {
   public static void main(String[] args) {
      new Male();           // 인터페이스는 객체 생성할 수 없으므로 이 문장은 오류 발생

      // 인터페이스 객체 참조변수: 인터페이스의 하위 클래스 객체가 저장
      Male m1;              // m1은 Male 인터페이스의 객체 참조변수
      MotherIF mo;          // mo는 MotherIF 인터페이스의 객체 참조변수
      AdultMale am;         // am은 AdultMale 인터페이스의 객체 참조변수
```

```
        // 인터페이스 배열변수: 인터페이스의 하위 클래스 객체들이 원소로 저장
        Male[] ms = new Male[20];                    // ms에 Male 배열객체 저장
        MotherIF[] moms = new MotherIF[20];          // moms에 MotherIF 배열객체 저장
    }
}
```

프로그램 설명

- 이 프로그램은 여러 인터페이스 작성
- 인터페이스의 필드는 public static final 필드만 가능, public, static, final은 생략될 수 있으나 초기값은 반드시 주어야 함
- 인터페이스는 abstract 메소드, default 메소드, static 메소드를 가질 수 있음
  - MotherIF 인터페이스에 abstract 메소드와 default 메소드 작성
  - Male, Female 인터페이스에 static 메소드 작성
- 인터페이스도 다른 인터페이스를 확장할 수 있음
  - Boy, MotherIF, AdultMale, AdultFemale 인터페이스는 확장된 인터페이스
  - Male, Female 인터페이스에 static 메소드 작성
- 인터페이스는 여러 인터페이스 확장할 수 있음
  - AdultMale, AdultFemale 인터페이스는 2개 인터페이스 확장
- 인터페이스는 객체 생성할 수 없음
  - main() 메소드의 《 new Male(); 》문장에서 오류 발생
- 인터페이스는 객체를 생성할 수 없지만, 객체 참조변수와 배열변수 선언 가능
  - main() 메소드의 《Male m1; 》, 《Male[] ms = new Male[20]; 》 문장에서 객체 참조변수와 배열변수 선언

main() 메소드의 《 new Male(); 》 문장에서 오류가 발생하는데, 이는 인터페이스는 객체를 생성할 수 없기 때문이다. 한편 인터페이스는 객체를 생성할 수 없지만, 객체 참조변수와 배열변수를 선언할 수 있으며, 이들 변수에 인터페이스를 구현한 하위 클래스의 객체가 저장될 수 있다.

8.2 인터페이스 구현

클래스만으로도 복잡한데 텅 빈 듯이 보이는 인터페이스를 만드는 이유에 대한 의문이 들 것이다. 이 의문을 해소하기는 쉽지 않으며, 많은 노력과 시간을 필요로 하는 어려운 과제이다. 인터페이스를 작성하는 이유는 당연히 인터페이스를 사용하기 위해서이다. 인터페이스가 사용되는 경우는 Java에서 가장 고급 프로그래

밍 기법에 해당하며 다형성(polymorphism)이라는 개념도 정확히 이해해야 한다.

인터페이스의 중요한 역할로 다음의 2가지가 있다.

첫째, 선언된 인터페이스 구현하는 클래스 작성하게 함
- 인터페이스 구현한 클래스는 인터페이스의 하위 클래스
- 인터페이스는 구현된 클래스의 상위 인터페이스

둘째, 인터페이스도 클래스와 마찬가지로 Java에서 타입으로 사용
- 그러므로 인터페이스의 객체 참조변수 선언할 수 있음
- 인터페이스 객체 참조변수는 인터페이스 구현한 하위 클래스 객체 참조 가능
- 인터페이스 배열변수는 여러 하위 클래스 객체들을 통합적 관리 가능
- 결과적으로 인터페이스를 구현한 하위 클래스는 여러 타입을 갖게 되며, 이는 다형성의 한 형태

인터페이스의 하위 클래스를 만들고 인터페이스의 객체 참조변수를 선언하는 것은 하위 클래스의 객체들을 인터페이스 객체처럼 사용하게 하는 것이 주목적이다. 이것은 하위 클래스의 객체들이 상위 클래스의 객체처럼 사용되는 것과 유사하다.

인터페이스는 구현하는 클래스를 선언하는 형식은 다음과 같다.

```
클래스_수식어 class 클래스_이름 implements 인터페이스1, 인터페이스2, ... {
    객체 생성자_선언부
    필드_선언부
    메소드_선언부
}
```

인터페이스를 구현하는 클래스는 키워드 implements 다음에 구현할 인터페이스를 명시하고 인터페이스에 선언된 모든 abstract 메소드를 구현해야 한다. 물론 그 클래스의 고유한 필드, 메소드, 객체 생성자를 선언할 수 있다. 한 클래스는 한 인터페이스를 구현할 수 있을 뿐 아니라 여러 인터페이스를 동시에 구현할 수 있다.

한편 인터페이스를 구현하는 클래스는 다음과 같이 다른 클래스를 확장하며 동시에 인터페이스를 구현할 수 있다.

```
클래스_수식어 class 클래스_이름 extends 상위_클래스
                                    implements 인터페이스1, 인터페이스2, ... {
```

```
    객체 생성자_선언부
    필드_선언부
    메소드_선언부
}
```

인터페이스를 구현하는 클래스는 반드시 인터페이스에 선언된 abstract 메소드를 구현해야 한다.

8.2.1 인터페이스만 구현하는 클래스

예제 8-2-1은 MotherIF 인터페이스를 구현하는 Mother 클래스의 선언이다.

예제 8-2-1 MotherIF 인터페이스를 구현하는 Mother 클래스

```
package ex8_2_1_mother_implementing_motherif;

class Person { ... }

interface Female { ... }

interface MotherIF extends Female { ... }

class Mother implements MotherIF {
   String name;  int age;  String currentLocation;

   Mother(String name, int age) {
      this.name = name; this.age = age;
   }

   void goTo(String location) {
      this.currentLocation = location;
   }

   Person[] children = new Person[20];        // 최대 20명의 자녀 저장할 수 있는 배열
   int noChildren = 0;

   // MotherIF의 abstract 메소드 setChild()의 구현
   // 주어진 Person 객체를 자녀로 지정하는 메소드
   public void setChild(Person p) {
      children[noChildren++] = p;
   }

   // MotherIF의 abstract 메소드 getChildren()의 구현
```

```
    // 자녀들을 Person[] 배열로 반환하는 메소드
    public Person[] getChildren() {
        Person[] cs = new Person[noChildren];  // 자녀 저장할 Person 배열 cs 생성

        for (int i= 0; i < noChildren; i++)       // 모든 자녀 객체를 cs[]에 복사
            cs[i] = children[i];

        return cs;
    }

    // MotherIF의 abstract 메소드 getNoChildren()의 구현
    // 자녀수를 반환하는 메소드
    public int getNoChildren() {
        return noChildren;
    }
}

class Ex8_2_1_MotherMgmt {
    public static void main(String[] args) {
        Mother scMom = new Mother("심청엄마", 20);

        Person sc = new Person("심청", 1);
        scMom.setChild(sc);                     // 심청을 심청엄마의 딸로 등록
        System.out.println("\n  * 심청엄마 자녀수: " + scMom.getNoChildren());

        // Mother 객체를 MotherIF 객체 참조변수에 저장 가능
        MotherIF pdMom = new Mother("뺑덕어미", 22);

        // 뺑덕과 뺑순을 뺑덕어미의 딸로 등록
        Person pd, ps;
        pdMom.setChild(pd = new Person("뺑덕", 3));
        pdMom.setChild(ps = new Person("뺑순", 1));
        System.out.println("\n  * 뺑덕어미 자녀수: " + pdMom.getNoChildren());

        // MotherIF 인터페이스의 default 메소드 호출
        System.out.println("\n  * 심청엄마가 심청의 어머니 여부 : "
                                                + scMom.isMotherOf(sc));
        System.out.println("\n  * 심청엄마가 뺑덕의  어머니 여부 : "
                                                + scMom.isMotherOf(pd));
        System.out.println("\n  * 뺑덕어미가 뺑순의  어머니 여부 : "
                                                + pdMom.isMotherOf(ps));
        // Female 인터페이스의 static 메소드 호출
        System.out.println("\n  * Female의 성별 : " + Female.getGender());

        MotherIF[] moms = new MotherIF[10];      // MotherIF 배열변수 선언
        moms[0] = scMom;                         // 심청엄마를 0 위치에 저장
```

```
        moms[1] = pdMom;                    // 빽덕어미를 1 위치에 저장
    }
}
```

프로그램 설명

- Mother 클래스는 MotherIF 인터페이스 구현하는 클래스
  - MotherIF 인터페이스는 Female 인터페이스의 하위 인터페이스
  - Mother 클래스는 Female 인터페이스와 MotherIF 인터페이스에 선언된 모든 abstract 메소드를 구현해야 함
  - Mother 클래스는 setChild(), getChildren(), getNoChildren() 메소드 모두 구현

- 인터페이스 구현하는 Mother 클래스의 객체는 MotherIF 인터페이스 타입도 가짐
  - Mother 객체는 MotherIF 인터페이스 객체처럼 사용 가능
  - main()의 《 MotherIF pdMom = new Mother("빽덕어미", 40); 》에서 Mother 객체를 MotherIF 객체 참조변수에 저장
  - main()의 《 moms[1] = pdMom; 》에서 빽덕어미 Mother 객체가 MotherIF 배열변수인 moms에 원소로 저장

8.2.2 클래스 확장하며 인터페이스 구현하는 클래스

인터페이스를 구현하는 클래스는 다른 클래스를 확장할 수도 있다. 예제 8-2-2는 Person 클래스를 확장하며 MotherIF 인터페이스를 동시에 구현하는 Mother 클래스의 선언이다.

예제 8-2-2 Person 확장하며 MotherIF 구현하는 Mother 클래스

```
package ex8_2_2_mother_extending_person_implementing_motherif;

class Mother extends Person implements MotherIF {

    Mother(String name, int age) {            // 이름, 나이를 초기화하는 객체 생성자
        super(name, age);                     // Person 객체 생성자 호출
    }

    Person[] children = new Person[20];       // 최대 20명의 자녀 저장할 수 있는 배열
    int noChildren = 0;

    // MotherIF의 abstract 메소드 setChild()의 구현
    //     주어진 Person 객체를 자녀로 지정하는 메소드
```

```
    public void setChild(Person p) {
        children[noChildren++] = p;
    }

    // MotherIF의 abstract 메소드 getChildren()의 구현
    //      자녀들을 Person[] 배열로 반환하는 메소드
    public Person[] getChildren() {
        Person[] cs = new Person[noChildren];  // 자녀 저장할 Person 배열 cs 생성

        for (int i= 0; i < noChildren; i++)        // 모든 자녀 객체를 cs[]에 복사
            cs[i] = children[i];

        return cs;
    }

    // MotherIF의 abstract 메소드 getNoChildren()의 구현
    //      자녀수를 반환하는 메소드
    public int getNoChildren() {
        return noChildren;
    }
}

class Ex8_2_2_MotherMgmt {
    public static void main(String[] args) {
        Mother scMom = new Mother("심청엄마", 20);
        scMom.setChild(new Person("심청", 1));
        System.out.println("\n  * 심청엄마 자녀수: " + scMom.getNoChildren());

        // Mother 객체를 MotherIF 객체 참조변수에 저장 가능
        MotherIF pdem = new Mother("뺑덕어미", 22);
        pdem.setChild(new Person("뺑덕", 3));
        pdem.setChild(new Person("뺑순", 1));
        System.out.println("\n  * 뺑덕어미 자녀수: " + pdem.getNoChildren());

        // Mother 객체는 Person 객체 참조변수에 저장 가능
        Person chMom = new Mother("월매", 20);
        ((Mother) chMom).setChild(new Person("춘향", 1));  // Mother로 다운캐스팅
        System.out.println("\n * 월매 자녀수: " + ((Mother) chMom).getNoChildren());

        MotherIF[] moms = new MotherIF[10];       // MotherIF 배열변수 선언
        moms[0] = scMom;                          // 심청엄마를 0 위치에 저장
        moms[1] = pdMom;                          // 뺑덕어미를 1 위치에 저장
        moms[2] = (MotherIF) chMom;               // 다운캐스팅하여 춘향엄마를 2 위치에
    }
}
```

프로그램 설명

- Mother 클래스는 Person 클래스의 하위 클래스이면서 MotherIF 인터페이스 구현하는 클래스
  - Mother 클래스는 Person 클래스의 필드와 메소드 상속받음
  - Mother 클래스는 Female 인터페이스와 MotherIF 인터페이스에 선언된 모든 abstract 메소드 구현해야 함
  - Mother 클래스는 상위 인터페이스의 abstract 메소드인 setChild(), getChildren(), getNoChildren() 모두 구현하였음

- Mother 클래스의 객체는 Person 타입과 MotherIF 인터페이스 타입도 가짐
  - Mother 객체는 Person 객체와 MotherIF 인터페이스 객체처럼 사용 가능
  - 뺑덕어미 Person 객체가 업캐스팅되어 MotherIF 객체 참조변수에 저장
  - 월매 Mother 객체가 업캐스팅되어 저장되어 Person 객체 참조변수에 저장

반드시 기억해야 한다. 인터페이스의 객체 참조변수도 선언될 수 있다. 그런데 인터페이스는 객체가 없으므로 인터페이스의 객체 참조변수는 인터페이스의 하위 클래스의 객체만 참조할 수 있다.

이것은 abstract 클래스의 객체 참조변수가 하위 클래스의 객체만 참조할 수 있는 것과 유사하다.

8.3 인터페이스의 필요성과 특징

8.3.1 인터페이스가 필요한 이유

Java를 배울 때 가장 어려운 것 중의 하나가 인터페이스이다. 인터페이스의 구문이나 사용법은 어려운 것이 아니다. 인터페이스가 왜 필요하며, 어떨 때 사용되는가를 명확히 이해하는 것이 어렵다.

인터페이스는 Java에서 다중 상속이 지원되지 않기 때문에 필요하다. 다중 상속은 한 클래스가 동시에 여러 상위 클래스를 가지는 것인데, 하나의 클래스가 여러 상위 클래스를 동시에 확장하여 다중 상속을 받는 경우 하위 클래스의 객체는 여러 상위 클래스의 객체의 역할도 한다.

그런데, Java에서 다중 상속이 제공되지 않고 오직 하나의 상위 클래스만 확장할 수 있다. 즉, Java는 하나의 클래스만을 확장할 수 있는 단일 상속만 지원한

다. 단일 상속에서 하위 클래스의 객체는 상위 클래스, 상위 클래스의 상위 클래스 등 상위 클래스 체인 상의 클래스 객체 역할만 할 수 있는 제약점을 갖는다.

예를 들어, Person 클래스를 확장한 Student 클래스는 다른 상위 클래스를 가질 수 없다. 한편 Person 클래스를 확장한 Employee 클래스도 다른 상위 클래스를 가질 수 없는데, 이는 Java에서 하나의 상위 클래스만 가질 수 있기 때문이다.

그런데, 상위 클래스를 확장한 하위 클래스가 또 다른 역할을 수행해야 할 경우가 종종 발생한다. 이럴 때 필요한 것이 Java의 인터페이스이며, 상위 인터페이스를 구현한 하위 클래스를 만들면 구현한 하위 클래스는 인터페이스 역할도 할 수 있다.

한 클래스는 여러 상위 클래스를 확장할 수 없는 반면, 여러 상위 인터페이스를 구현할 수 있으며 클래스 확장과 인터페이스 구현을 동시에 할 수 있으므로 인터페이스 구현은 결과적으로 다중 상속의 효과를 제공한다. 즉, 한 클래스가 한 상위 클래스와 여러 상위 인터페이스를 가질 수 있으며. 이로 인하여 한 클래스의 객체가 여러 클래스나 인터페이스의 객체 역할을 할 수 있다.

우리의 현실 세계에서 김철수라는 한 객체는 사람의 역할, 학생의 역할, 아들의 역할, 친구의 역할 등 수없이 많은 역할을 한다. Java에서도 한 객체가 여러 클래스의 객체 역할을 하게 하려면 클래스를 확장하거나 인터페이스를 구현하면 된다.

그러면 인터페이스가 필요한 이유가 대강 설명되었는데 정리를 해보자. Java의 인터페이스가 필요한 이유는 2가지이다.

첫 번째 이유는 이미 이야기한 것으로, 여러 클래스를 인터페이스를 구현하는 하위 클래스로 선언하면 하위 클래스의 객체들을 인터페이스의 객체처럼 다룰 수 있기 때문이다. 이것은 여러 클래스의 객체들을 통합할 방법을 제공한다. 만일 Java에서 하위 클래스가 동시에 여러 클래스로부터 상속받는 다중 상속이 가능했다면 인터페이스는 필요하지 않았을 것이다.

인터페이스가 필요한 두 번째 이유는 인터페이스를 구현하는 클래스를 드러내지 않고 객체의 프로그래밍 인터페이스[119](programming interface)를 제공할 수 있기 때문이다. 이것은 구체적인 내용을 숨기고 추상적인 양상만을 드러내는 것으로, 이로

119) 이 인터페이스는 Java의 인터페이스가 아니며 일반적인 연결방법을 말한다.

인하여 낮은 레벨의 구체적인 변화가 프로그램의 변화를 최소화시키는 독립성(independence) 또는 투명성(transparency)이 제공되며, 프로그램의 유지 보수 및 확장을 쉽게 한다.

데이터베이스 연동의 경우가 이러한 이유로 Java 인터페이스가 사용된 경우이다. 데이터베이스 연동 프로그램을 살펴보면 데이터베이스 연동을 시키는 구체적인 클래스들은 보이지 않으며 단지 인터페이스와 abstract 메소드만 나타나 있다. 실제 인터페이스를 구현하는 클래스는 숨겨진다.

8.3.2 클래스와 인터페이스의 공통점과 차이점

클래스와 인터페이스의 공통점은 다음과 같다.

첫째, 클래스와 인터페이스는 모두 필드와 메소드 선언할 수 있음
둘째, 선언된 클래스와 인터페이스는 모두 타입으로 사용
- 클래스와 인터페이스는 객체 참조변수 선언할 수 있음
- 클래스의 객체 참조변수는 그 클래스 또는 하위 클래스 객체 저장 가능
- 인터페이스의 객체 참조변수는 하위 클래스 객체 저장 가능

셋째, 클래스와 인터페이스는 확장될 수 있음
- 클래스가 확장되면 하위 클래스가 만들어지고, 인터페이스가 확장되면 하위 인터페이스가 만들어짐

클래스와 인터페이스의 차이점은 다음과 같다.

첫째, 인터페이스의 필드는 public static final 필드만 선언될 수 있지만, 클래스는 이러한 제한이 없음
둘째, 클래스는 객체 생성할 수 있으나, 인터페이스는 객체 생성할 수 없음
- abstract 메소드가 포함되는 abstract 클래스도 객체 생성할 수 없다는 점에서 둘은 유사

셋째, 인터페이스는 확장되는 것 외에 구현될 수 있음
- 인터페이스를 구현하면 하위 클래스가 만들어짐
- 클래스는 확장은 되지만 구현되지는 못함
- 이것이 클래스와 인터페이스의 가장 중요한 차이점

넷째, 클래스의 확장은 하나의 클래스에서만 가능한 데 반하여 인터페이스의 확장과 구현은 여러 인터페이스에서 가능

8.4 인터페이스 활용

클래스와 인터페이스 필요성을 이해하고 공통점과 차이점을 아는 것도 중요하다. 그런데 이것은 인터페이스에 대한 초보적인 이해에 불과하며, 마치 if 문이나 for 문의 구문을 아는 것과 같다. 정말 알아야 하는 것은 어떨 때 인터페이스와 이를 구현하는 클래스를 만들어 활용하는가이다. 이것을 알기가 쉽지 않다는 것이 문제이다. 가장 쉽게 이해할 방법은 좋은 인터페이스 예제 프로그램을 많이 읽어보고 인터페이스에 대해 곰곰이 생각해보는 것이다.

Java에서 인터페이스가 활용되는 대표적인 경우를 몇 가지 살펴보면, 객체를 복사하는 경우, 스레드를 수행시킬 경우, JDBC를 이용하여 Java 프로그램과 데이터베이스 시스템을 연동시킬 경우, 사원으로 일하는 학생을 표현하는 경우 등이 있다.

8.4.1 Cloneable 인터페이스 구현하여 객체 복사

먼저 객체를 복사할 때 인터페이스가 어떻게 이용되는가를 알아보자. 객체 복사란 주어진 객체와 똑같은 필드와 필드값을 갖는 새로운 객체를 만드는 것이다.

Java에서 객체를 복사하기 위해 Object 클래스에 선언된 clone() 메소드를 호출하면 된다. clone() 메소드는 모든 클래스가 상속받는 protected 메소드이며, 시그니처는 다음과 같다.

```
protected Object clone() throws CloneNotSupportedException
```

그런데 clone() 메소드를 호출하기 위해 반드시 복사할 객체의 클래스가 java.lang.Cloneable 인터페이스를 구현해야 한다. 그 이유는 Java에서 그렇게 결정했기 때문이다. 재미있는 것은 java.lang.Cloneable 인터페이스에 다음과 같이 어떠한 메소드도 선언되어 있지 않다는 것이다.

```
package java.lang;                // 이 인터페이스는 java.lang 패키지에 포함됨을 알림

public interface Cloneable {      // Cloneable 인터페이스에 필드와 메소드가 없음
}
```

아무런 abstract 메소드가 없지만, clone() 메소드를 이용하여 객체를 복사하려면 반드시 Cloneable 인터페이스를 구현해야 한다. 이것은 clone() 메소드를 이용하여 객체 복사할 경우 반드시 준수해야 하는 규칙이다[120).

예제 8-3-1은 Point 클래스의 객체를 복사하는 Java 프로그램의 예이다.

예제 8-3-1 Cloneable 인터페이스를 구현하는 Point 클래스

```
/*
 * (x, y) 두 점의 좌표를 나타내는 필드로 구성되는 Point 클래스
 *   이 클래스는 Cloneable 인터페이스를 구현하므로 clone() 메소드를 이용하여
 *   객체를 복사할 수 있음
*/
class Point implements Cloneable {
   int x, y;    // (x, y) 좌표

   Point(int x, int y) {  // 객체 생성자
      this.x = x;
      this.y = y;
   }

   public String toString() {
         return "(" + this.x + ", " + this.y + ")";
   }

   public static void main(String[] args) throws CloneNotSupportedException {
      Point p1 = new Point(5, 20);        // Point 객체 생성하여 p1이 참조

      // p1이 복사된 Point 객체를 생성하여 p2가 참조
      Point p2 = (Point) p1.clone();      // clone() 메소드는 객체 복사 메소드

      // p1과 p2의 필드값 확인: 복사되었으므로 같아야 함
      System.out.println("  * p1 = " + p1);
      System.out.println("  * p2 = " + p2);
   }
}
```

실행결과

```
* p1 = (5, 20)
* p2 = (5, 20)
```

예제 8-3-1의 Point 클래스는 Cloneable 인터페이스를 구현한다고 명시하고 있다. 그러나 Cloneable 인터페이스에 abstract 메소드가 없으므로 구현되는 메소드

120) 이는 객체를 복사하려면 복사할 객체의 클래스가 Cloneable 타입도 가져야 함을 의미한다.

는 없다. 만약 Cloneable 인터페이스를 구현한다는 implements Cloneable을 생략하면 "java.lang.CloneNotSupportedException: Point"라는 오류 메시지가 출력되면서 프로그램이 종료된다.

그런데 Cloneable 인터페이스를 사용하려면 Cloneable 인터페이스가 포함된 java.lang 패키지를 import해야 하는데 프로그램에 import 문이 없다. 그것은 java.lang 패키지는 가장 기본적인 패키지이므로 자동적으로 import되기 때문이다.

8.4.2 Runnable 인터페이스를 이용한 Java 실행

인터페이스의 또 다른 활용으로 스레드를 실행시킬 때에 대해 알아보자. 스레드(thread)란 Java 프로그램에서 작업을 수행하는 독립적인 실행단위이다. Java는 한 프로그램에 대해 여러 스레드를 생성하여 동시에 여러 작업을 병행적으로 수행시킬 수 있으며, 스레드 간의 동기화를 위한 방법도 제공한다.

❑ Thread 클래스의 하위 클래스 이용하여 스레드 실행하기

여러 스레드를 실행하기 위한 기본적인 방법이 java.lang.Thread 클래스[121]의 run() 메소드를 오버라이딩시킨 하위 클래스를 작성하고 이 클래스의 객체를 생성한 후 start() 메소드를 호출하면 된다. 그러면 스레드가 실행되며 스레드는 run() 메소드를 수행한다.

예제 8-3-2는 Thread 클래스의 하위 클래스를 이용하여 여러 난수를 출력하는 프로그램이다.

예제 8-3-2 Thread 클래스의 하위 클래스를 이용하여 여러 난수를 출력

```
class RandomOutputUsingThread extends Thread {
   static int count = 0;  // 한 라인에 출력되는 난수 개수를 제어하기 위한 static 필드

   int noRandoms;          // 난수 개수 저장하는 필드
   int[] ints;             // 난수들을 저장하는 배열변수

   RandomOutputUsingThread(int n) {   // 객체 생성자
      noRandoms = n;                  //    난수 개수를 noRandoms 필드에 저장
      this.ints = new int[n];         //    난수들을 저장할 배열객체 생성
```

121) java.lang.Thread 클래스는 Java에서 한 프로그램을 동시에 여러 번 실행하는 방법을 제공하는 중요한 클래스이다. 단, 아직은 배울 단계가 아니므로 나중에 학습하는 것이 좋다.

```
        // 0부터 n-1 사이 난수 n개를 생성하여 ints[] 배열에 저장
        for (int i=0; i < n; i++)
            ints[i] = (int) (Math.random() * n);  // Math.random(): 난수 생성 메소드
    }

    // 저장된 난수를 모두 출력하는 메소드
    void output() {
        System.out.println(" ** " + noRandoms +"개 난수 **");

        for (int i=0; i < noRandoms; i++) {
            // [순번/전체개수: 난수]의 형식으로 저장된 모든 난수 출력
            System.out.print(" [" + (i + 1) + "/" + noRandoms+":" + ints[i] +"]");

            if (count++ % 10 == 0)     // 이 코드는 난수를 한 라인에 10개씩 출력하게 함
                System.out.println();
        }
    }

    // run(): Thread의 하위 클래스가 반드시 구현해야 하는 메소드
    //     스레드 객체의 start() 메소드 호출하여 스레드 실행되면 run() 메소드가 자동적으로
    //     호출되어 수행되므로 output() 메소드 수행되어 모든 난수 출력
    public void run() {
        output();
    }

    public static void main(String[] args) throws CloneNotSupportedException {

        // 10개, 20개, 30개 난수 출력하는 스레드 객체 생성
        RandomOutputUsingThread th1 = new RandomOutputUsingThread(10);
        RandomOutputUsingThread th2 = new RandomOutputUsingThread(20);
        RandomOutputUsingThread th3 = new RandomOutputUsingThread(30);

        // start() 메소드로 스레드 th1, th2, th3 동시 수행
        th1.start();
        th2.start();
        th3.start();
    }
}
```

실행결과	** 20개 난수 ** ** 30개 난수 ** ** 10개 난수 ** [1/30:8] [1/10:2] [1/20:13] [2/10:4] [2/30:4] [3/10:8] [2/20:1] [4/10:6] [3/30:9] [5/10:9] [3/20:11] ...

프로그램 설명

- Thread 클래스의 하위 클래스 선언하고 3개 스레드 수행
  - 스레드 객체 생성하여 th1, th2, th3에 저장
  - th1, th2, th3의 start() 메소드 호출하여 각 스레드 실행시킴
- 출력결과가 스레드 아닌 프로그램 출력과는 아주 다름
  - th1, th2, th3 스레드 실행되면 10개, 20개, 30개 난수가 동시에 출력되므로 th1, th2, th3의 난수들이 서로 엉키어 출력
  - 출력결과 《 [1/30:8] [1/10:2] [1/20:13] [2/10:4] 》
    (1) th3의 30개 중 1번째 난수인 8이 처음 출력
    (2) th1의 10개 중 1번째인 16이 다음으로 출력
    (3) th2의 20개 중 1번째인 13이 그다음으로 출력
    (4) th1의 10개 중 2번째인 4가 4번째로 출력
  - th1, th2, th3의 10개, 20개, 30개 난수가 차례대로 출력되지 않고 임의 순서로 출력되는 이유는 3개 스레드가 동시에 실행되며 난수 출력하기 때문

❑ Runnable 인터페이스의 하위 클래스 이용하여 스레드 실행하기

스레드를 실행시킬 클래스가 이미 다른 클래스의 하위 클래스이면 이 클래스를 Thread 클래스의 하위 클래스로 작성할 수 없으며, 이 경우 여러 스레드를 실행할 수 없다. 왜냐하면, Java는 하나의 클래스만을 확장할 수 있기 때문이다.

이때 abstract 메소드 run()이 선언된 java.lang.Runnable 인터페이스를 이용한다. 즉, Runnable 인터페이스를 구현하는 클래스를 작성하면 스레드를 실행할 수 있다. 예제 8-3-3은 Runnable 인터페이스를 구현한 클래스를 이용하여 스레드를 실행시키는 Java 프로그램이다.

예제 8-3-3 **Runnable 인터페이스를 구현한 클래스를 이용하여 난수 출력**

```
class SomeSuper { }        // 가상적인 상위 클래스

class RandomOutputUsingRunnable extends SomeSuper implements Runnable {
   static int count = 0;  // 한 라인에 출력되는 난수 개수를 제어하기 위한 static 필드

   int noRandoms;          // 난수 개수 저장하는 필드
   int[] ints;             // 난수들을 저장하는 배열변수

   RandomOutputUsingRunnable(int n) {    // 객체 생성자
      noRandoms = n;                     //    난수 개수를 noRandoms 필드에 저장
      this.ints = new int[n];            //    난수들을 저장할 배열객체 생성
```

```
        // 0부터 n-1 사이 난수 n개를 생성하여 ints[] 배열에 저장
        for (int i=0; i < n; i++)
            ints[i] = (int) (Math.random() * n);
    }

    // 저장된 난수를 모두 출력하는 메소드
    void output() {
        System.out.println(" ** " + noRandoms +"개 난수 **");

        for (int i=0; i < noRandoms; i++) {
            // [순번/전체개수: 난수]의 형식으로 저장된 모든 난수 출력
            System.out.print(" [" + (i + 1) + "/" + noRandoms+":" + ints[i] +"]");

            if (count++ % 10 == 0)  // 이 코드는 난수를 한 라인에 10개씩 출력하게 함
                System.out.println();
        }
    }

    // run(): Runnable의 하위 클래스가 반드시 구현해야 하는 메소드
    //    start() 메소드 호출하여 스레드 실행되면 run() 메소드가 자동적으로 호출되어 수행
    public void run() {
        output();
    }

    public static void main(String[] args) {
        // 10개, 20개, 30개 난수 출력하는 3개 Runnable 하위 객체 생성
        RandomOutputUsingRunnable r1 = new RandomOutputUsingRunnable(10);
        RandomOutputUsingRunnable r2 = new RandomOutputUsingRunnable(20);
        RandomOutputUsingRunnable r3 = new RandomOutputUsingRunnable(30);

        // Runnable의 하위 클래스 객체를 매개변수로 전달하여 Thread 객체 생성
        Thread th1 = new Thread(r1);
        Thread th2 = new Thread(r2);
        Thread th3 = new Thread(r3);

        // start() 메소드로 스레드 th1, th2, th3 동시 수행
        th1.start();
        th2.start();
        th3.start();
    }
}
```

실행결과

```
** 20개 난수 **
** 30개 난수 **
** 10개 난수 **
[1/30:8] [1/10:2] [1/20:13] [2/10:4] [2/30:4] [3/10:8] [2/20:1] [4/10:6]
[3/30:9] [5/10:9] [3/20:11] ...
```

프로그램 설명

- Runnable 인터페이스 구현하는 하위 클래스 선언하고 3개 스레드 수행
  - Runnable 구현 클래스객체 생성하여 r1, r2, r3에 저장
  - r1, r2, r3을 매개변수로 가지는 객체 생성자 Thread(Runnable r) 이용하여 Thread 객체 th1, th2, th3 생성하여 start() 메소드로 각 스레드 실행
- th1, th2, th3이 동시에 난수를 출력하므로 엉킨 난수들이 출력

지금 여기에서 스레드의 모든 것을 이해하라는 것이 아니다. 여기에서 인터페이스가 반드시 사용되어야 하는 경우를 보여준다.

8.4.3 데이터베이스와의 연동

인터페이스를 활용하는 또 다른 대표적인 경우가 JDBC(Java Database Connectivity)를 이용하여 Java 프로그램과 데이터베이스를 연동하는 경우이다. JDBC는 Java 프로그램에서 데이터베이스 시스템을 연결하여 SQL 명령과 처리결과를 주고받을 수 있도록 하는 표준적 방법이다. JDBC를 위하여 java.sql 패키지에 여러 인터페이스와 클래스가 선언되어 있다.

흥미로운 것은 java.sql 패키지에는 클래스보다 인터페이스가 더 많다는 것이다. 이는 Oracle, SQL Server 등 특정 회사의 데이터베이스가 아니라 모든 데이터베이스와 연결을 할 수 있는 표준적인 방법을 제공하기 위해서이다. java.sql 패키지의 인터페이스는 데이터베이스 연동에 필요한 프로토콜로 사용되며, 이를 이용하여 어느 데이터베이스와도 연동되는 Java 프로그램을 쉽게 작성할 수 있다.

java.sql 패키지의 중요한 인터페이스로는 Driver, Connection, Statement, ResultSet 등이 있으며, 이들 인터페이스에 데이터베이스와의 연결에 필요한 abstract 메소드들이 선언되어 있다.

예제 8-3-4는 MySQL DBMS의 company 데이터베이스와 연동하는 예제이다.

예제 8-3-4 MySQL의 company 데이터베이스와 연동하는 예제

```
import java.sql.*;  // java.sql 패키지를 import

class Ex8_3_4_MySQL {
  public static void main(String[] args) throws Exception {
    try {
      Class.forName("com.mysql.jdbc.Driver");              // MySQL JDBC 드라이버 로딩
```

```
            Connection con = DriverManager.getConnection( // 데이터베이스 연결
                                    "jdbc:mysql://localhost:3306/company", "root","onlyroot");

            Statement stmt = con.createStatement();       // Statement 인터페이스 객체 생성

            ResultSet rs = stmt.executeQuery("select * from department");  // SQL 수행

            while (rs.next()) {                           // 데이터베이스 처리결과 출력
                System.out.print(rs.getInt("deptNo") + ",  ");
                System.out.print(rs.getString("deptName") + ",  ");
                System.out.println(rs.getString("location") );
            }

            stmt.close();  // Statement 객체의 종료
            con.close();   // 데이터베이스 연결 종료
        }
        catch(Exception e) {
            System.out.println(" * SQL 관련 예외 발생함: " + e.getMessage());
        }
    }
}
```

여기에서 강조하는 것은 인터페이스의 객체 참조변수와 abstract 메소드들로도 프로그램이 작성된다는 것이다. 이 프로그램에 사용된 Connection, Statement, ResultSet은 모두 인터페이스이다. con, stmt, rs 등은 이들 인터페이스의 객체 참조변수이며, createStatement(). executeQuery(), next(), getInt(), getString() 등의 메소드는 인터페이스에 선언된 abstract 메소드들이다.

한편 이 프로그램에서 try { ... }, catch(Exception e) { ... } 등 새로운 요소들이 사용되고 있는데, 이들은 Java에서 예외를 처리하기 위해 제공되는 요소들로서 뒤에서 배운다.

이 프로그램은 컴파일 과정에서 오류가 발생하지 않지만, 실행 시 오류가 발생하여 정상적으로 실행되지 않는다[122]. 요즘 JDBC와 Java를 이용한 데이터베이스 프로그래밍 요구가 많으므로 Java의 기본을 익힌 후 이에 대해서 학습하기 바란다.

122) 이 예제 프로그램을 정상적으로 실행하기 위해 MySQL JDBC 드라이버가 설치되어야 하고, MySQL에 company 데이터베이스가 생성되고, department 테이블이 생성되어야 한다.

8.4.4 사원으로 일하는 학생을 나타내기 위한 인터페이스

학생을 나타내는 Student 클래스는 Person 클래스의 하위 클래스로 작성되고, 대학생을 나타내는 UniversityStudent 클래스는 Student 클래스의 하위 클래스로 작성된다. 그런데 학생 중에서 사원으로 일하며 공부하는 학생을 나타내기 위해 Student와 UniversityStudent의 하위 클래스를 각각 작성할 경우 이들 하위 클래스들의 객체는 사원이라는 통합된 객체로서 다룰 수 없다.

사원으로 일하는 학생들을 통합적으로 관리하기 위해서 사원을 나타내는 EmployeeIF 인터페이스를 작성하고, 이를 구현하는 StudentEmp, UniversityStudentEmp 클래스를 작성하면 된다.

이에 대한 프로그램이 실습자료의 예제 8-3-5에 작성되어 있으니 살펴보고 인터페이스의 필요성, 작성방법, 활용방법 등을 이해하기 바란다.

java

❑ 맺으면서

텅 빈 클래스처럼 보이는 인터페이스는 Java에서 많이 활용되며 중요한 역할을 담당한다. 다시 말하지만, Java의 인터페이스는 Java 프로그래밍에서 가장 수준 높은 내용을 포함하는 요소이다.

인터페이스를 자유자재로 활용하는 수준이 되면 수준급 Java 프로그래머가 될 것이며, 이를 위하여 노력하기 바란다.

지금까지 Java의 메소드, 클래스, 하위 클래스 그리고 인터페이스까지 살펴보았다. 그리하여 클래스 계층까지 모두 살펴본 것이다. 지금까지 배운 것이 Java 프로그래밍을 위한 핵심적인 내용이었다.

그 외 추상화, 캡슐화, 다형성 등의 객체 지향 개념과 함께 Java 클래스를 심도 있게 이해해야 한다.

연습문제

1. 다음 문장의 옳고 그름을 판단하라. 또한, 잘못되었으면 올바르게 고쳐라.

1) 일반적인 인터페이스는 상호 연결방법을 뜻하는데, Java의 인터페이스란 구현되지 않은 abstract 메소드, default 메소드, static 메소드를 가지며 static이면서 final인 필드만을 선언하는 특별한 클래스이다.
2) 하위 클래스가 하나의 상위 클래스만을 확장하는 것처럼 하위 인터페이스도 하나의 상위 인터페이스만 확장할 수 있다.
3) 인터페이스의 필드는 static final 키워드가 없어도 자동적으로 static final 변수이다.
4) 인터페이스에 선언되는 메소드는 abstract 메소드만 가능하다.
5) 인터페이스의 객체 참조변수는 인터페이스를 확장한 하위 인터페이스의 객체와 인터페이스를 구현한 하위 클래스의 객체를 참조한다.
6) 인터페이스는 인터페이스를 구현하는 여러 하위 클래스들을 하나의 타입으로 통합시키는 수단을 제공한다.
7) 필드와 메소드가 아무것도 없는 클래스나 인터페이스를 선언할 필요는 없다.
8) 인터페이스를 이용하면 인터페이스를 구현하는 클래스를 드러내지 않고 객체의 프로그래밍 인터페이스를 제공할 수 있다.

2. 다음과 같은 클래스와 인터페이스가 선언되었다. 물음에 답하라.

```
class C {
   int n;
}

interface IF {
   int f1();
}

interface IFS extends IF {
   int f2();
}

class CS extends C implements IF {
   int m = 1;
```

```
    public int f1() { return 5; }
}

class CSS extends CS implements IFS {
    int m = 2;
    public int f1() { return 6; }
    public int f2() { return 7; }
    int f() { return 8; }
}
```

1) CS 클래스의 상위 클래스와 상위 인터페이스를 모두 나열하라.
2) CSS 클래스의 상위 클래스와 상위 인터페이스를 모두 나열하라.
3) 주어진 클래스와 인터페이스에 대한 클래스 계층과 인터페이스 계층을 그림으로 그려라.
4) 다음 프로그램의 출력을 구하라.

```
class Pr8_1 {
    public static void main(String[] args) {
        CS cs1 = new CS();
        CS cs2 = new CSS();
        System.out.println("cs1.f1() = " + cs1.f1() + ", cs2.f1() = " + cs2.f1());

        IF if1 = new CS();
        IF if2 = new CSS();
        System.out.println("if1.f1() = " + if1.f1() + ", if2.f1() = " + if2.f1());

        IFS is1 = new CSS();
        System.out.println("is1.f1() = " + is1.f1());
    }
}
```

3. Java의 인터페이스가 필요한 이유를 설명하라.

4. Java의 인터페이스가 사용되는 프로그램의 예를 조사하라.

5. 인터페이스와 클래스의 공통점과 차이점을 설명하고, 인터페이스와 abstract 클래스의 공통점과 차이점을 설명하라.

6. **다음과 같이 필드 m을 가지는 인터페이스 IF1과 IF2가 있고, 이를 구현하는 클래스 C가 있다. IF1의 m이나 IF2의 m을 구별하여 참조할 방법은 무엇일까?**

```
interface IF1 {
    int m = 1;
}
interface IF2 {
    int m = 2;
}
class C implements IF1, IF2 {
    ... // C 클래스의 필드와 메소드 선언
}
```

이것은 본서에 포함되지는 않았지만, Java에서 이를 위한 방법이 제공된다. 자신이 생각한 방법과 실제 Java에서 제공하는 방법이 일치하는가를 확인하라.

7. **다음과 같은 클래스와 인터페이스가 선언되었다. 물음에 답하라.**

```
class Vehicle {                    // 차량 클래스
    String fuel;                   // 연료(휘발유, 가솔린, LPG 등)
    int horsePower;                // 마력

    Vehicle(String fuel, int horsepower) {
        this.fuel = fuel;   this.horsePower = horsePower;
    }
}

interface PassengerIF {                          // 승객용 차량을 위한 인터페이스
    public void setMaxPassenger(int max);        //    최대 승객수 저장하는 메소드
    public int getMaxPassenger();                //    최대 화물량 반환하는 메소드
}

interface FreightIF {                            // 화물용 차량을 위한 인터페이스
    void setMaxFreight(double max);              //    최대 화물량 저장하는 메소드
    double getMaxFreight();                      //    최대 화물량 반환하는 메소드
}

class PassengerVehicle extends Vehicle implements PassengerIF {
    int maxPassenger;        // 최대 승객수
```

```
    // 연료종류, 마력, 최대 승객수 주어지면 이를 초기화하는 객체 생성자
    PassengerVehicle(String fuel, int horsePower, int maxPassenger) {
        super(fuel, horsePower);
        setMaxPassenger(maxPassenger);
    }
    public void setMaxPassenger(int max) {
        this.maxPassenger = max;
    }
    public int getMaxPassenger() {
        return maxPassenger;
    }
}

class FreightVehicle extends Vehicle implements FreightIF {

    // 3) PassengerVehicle을 참조하여 FreightVehicle 클래스를 작성하라
}

class Bus extends PassengerVehicle {

   // 4) 연료종류, 마력, 최대 승객수 주어지면 이를 초기화하는 객체 생성자
   //      작성하라.
}

class Truck extends FreightVehicle {

   // 5) 연료종류, 마력, 최대 화물량이 주어지면 이를 초기화하는 객체 생성자
   //      작성하라
}

class Pr4 {
    public static void main(String[] args) {
        PassengerIF v1 = new Bus("LPG", 50, 45);
        FreightIF v2 = new Truck("가솔린", 120, 12.3);
    }
}
```

1) Bus 클래스의 상위 클래스와 상위 인터페이스를 모두 나열하라.
2) Truck 클래스의 상위 클래스와 상위 인터페이스를 모두 나열하라.
3) PassengerVehicle을 참조하여 FreightVehicle 클래스를 작성하라.
4) 연료종류, 마력, 최대 승객수가 주어지면 이를 초기화하는 Bus 클래스의 객체 생성자 작성하라.

5) 연료종류, 마력, 최대 화물량이 주어지면 이를 초기화하는 Truck 클래스의 객체 생성자 작성하라.
6) main() 메소드의 《 PassengerIF v1 = new Bus("LPG", 50, 45); 》에서 v1 변수에 생성된 Bus 객체가 저장될 수 있는 이유를 설명하라.

(연습문제 1번 답) 1:O 2:X(인터페이스는 여러 인터페이스를 동시에 확장할 수 있음) 3:O 4:X(인터페이스는 default 메소드와 static 메소드도 가질 수 있음) 5:X(인터페이스의 하위 인터페이스는 객체를 생성할 수 없으므로 참조할 객체가 없음) 6:O 7::X (필드와 메소드가 없으면서도 유용하게 사용되는 인터페이스가 java.lang.Cloneable) 8:O

(연습문제 6번 답) 여러 인터페이스를 구현하는 클래스가 같은 이름의 필드를 두 개 이상의 인터페이스로부터 상속받을 경우 특정 인터페이스의 필드를 표시하기 위해 인터페이스이름.필드가 사용된다. 이것은 인터페이스의 필드가 클래스 필드이므로 가능하다. 그러므로 IF1.m은 IF1 인터페이스의 m을, IF2.m은 IF2 인터페이스의 m을 나타낸다. 다른 방법은 없다. 예를 들어 C.m, C.IF1.m, C.IF2.m, C 클래스의 객체 참조변수가 c일 때, c.m, c.IF1.m, c.IF2.m 등은 모두 오류이다.

실습과제

1. Male 인터페이스를 구현하는 클래스 작성하기

남성을 나타내기 위한 Male 인터페이스는 다음과 같이 작성된다.

```
// 남성을 나타내는 인터페이스
interface Male {
    public static final String gender = "남성";  // public static final은 생략해도 됨
    public static String getGender() {          // 성별을 반환하는 static 메소드
        return gender;
    }
}
```

1) Person 클래스를 확장하며 Male 인터페이스를 구현하는 Man 클래스를 작성하라. 클래스의 필드값을 모두 출력하는 public toString() 메소드와 void output() 메소드도 작성하라.
2) Student 클래스를 확장하며 Male 인터페이스를 구현하는 MaleStudent 클래스를 작성하라. 클래스의 필드값을 모두 출력하는 public toString() 메소드와 void output() 메소드도 작성하라.
3) MaleMgmt 클래스의 main() 메소드에 Man 클래스의 객체와 MaleStudent 객체를 각각 생성하여 이를 각 클래스의 객체 참조변수에 저장한 후 output() 메소드를 이용하여 객체를 출력하라.
4) 생성된 객체들을 Male 배열변수 males의 원소로 저장하라. (이를 위해 배열변수는 Male[] males = new Male[20]; 으로 선언하고 객체들을 원소들을 Male 타입으로 다운캐스팅하여 males의 원소로 저장)

2. GrandMotherIF 인터페이스 구현하는 GrandMother 클래스 작성하기

GrandMotherIF 인터페이스는 예제 8-2-1의 Female 인터페이스의 하위 인터페이스이며 추가로 다음의 메소드를 가진다.

```
public void setGrandChild(Person p);  // Person 객체 p를 손자로 등록하는 메소드
public Person[] geGrandChildren();     // 손자들을 Person[] 배열로 반환하는 메소드
public int getNoGrandChildren();       // 손자수 반환하는 메소드
```

1) GrandMotherIF 인터페이스를 작성하라.

2) GrandMotherIF 인터페이스를 구현하는 GrandMother 클래스를 예제 8-2-1의 Mother 클래스를 참조하여 작성하라.
3) GrandMotherMgmt 클래스의 main() 메소드에서 GrandMother 클래스의 객체 2개를 생성하고 이를 GrandMother 객체 참조변수와 GrandMotherIF 객체 참조변수에 저장하고 person 객체 3개를 생성하여 손자로 지정한 후 객체를 출력하라.
4) main() 메소드에서 GrandMotherIF 인터페이스의 배열변수를 선언하여 생성된 GrandMother 객체들을 이 배열의 원소로 저장하고 출력하라.

3. Person 확장하며 GrandMotherIF 인터페이스 구현하는 GrandMother 클래스 작성하기

GrandMotherIF 인터페이스는 예제 8-2-2의 MotherIF 인터페이스의 하위 인터페이스이며 추가로 다음의 메소드를 가진다.

```
public void setGrandChild(Person p);      // Person 객체 p를 손자로 등록하는 메소드
public Person[] geGrandChildren();        // 손자들을 Person[] 배열로 반환하는 메소드
public int getNoGrandChildren();          // 손자수를 반환하는 메소드
```

1) GrandMotherIF 인터페이스를 작성하라.
2) Person 클래스를 확장하며 GrandMotherIF 인터페이스를 구현하는 Grand Mother 클래스를 예제 8-2-2의 Mother 클래스를 참조하여 작성하라.
3) GrandMotherMgmt 클래스의 main() 메소드에서 GrandMother 클래스의 객체 2개를 생성하고 이를 GrandMother 객체 참조변수와 GrandMotherIF 객체 참조변수에 각각 저장하고 Person 객체를 6개 정도 생성하여 자식과 손자로 지정한 후 객체를 출력하라.
4) main() 메소드에서 GrandMotherIF 인터페이스의 배열변수를 선언하고 생성된 GrandMother 객체들을 이 배열의 원소로 저장하고 출력하라.

제9장

예외 처리

제 9 장 예외 처리

학습 목표

- o 프로그램에서 발생하는 예외에 대해 파악한다.
- o 예외발생 메소드를 작성하는 방법을 익힌다.
- o 예외발생 메소드를 호출했을 때 발생한 예외를 탐지하여 처리하는 방법을 숙지한다.
- o 예외를 처리하지 않고 전파하는 방법을 익힌다.
- o 사용자가 정의하는 예외 클래스 작성방법을 숙지한다.
- o Java의 시스템 예외 종류를 파악한다.

지금까지 학습한 내용이 Java의 기본적 내용을 거의 포함한다. 마지막 남은 것이 Java의 예외 처리에 관한 것이다. 프로그램을 실행하다가 가끔 비정상적인 상황이 발생할 때가 있는데, 이때 융통성 있게 대처하기 위해 제공되는 방법이 예외 처리(exception handling)이다.

예외 처리는 다소 번거롭고 귀찮은 면이 있지만 오류 없이 정확하게 작동하는 프로그램을 작성하기 위해 아주 중요하다. 또한, 처음에 다소 이상하고 어렵게 보이는 Java의 예외 처리를 제대로 익혀 활용하게 되면 스마트한 프로그램을 작성할 수 있다.

9.1 예외 처리의 필요성과 초보적 대처방법

프로그램을 실행하는 도중에 여러 비정상적인 상황이 발생한다. 대표적인 비정상적인 상황은 다음과 같다.

- 음수 값을 나이 필드값으로 저장하려는 경우
  - 나이 필드값은 0보다 크거나 같아야 함
  - 나이 필드에 음수 저장하면 잘못된 나이가 저장

- 대학생의 학년 필드에 1, 2, 3, 4 이외의 값 저장하려는 경우
  - 대학생의 학년 필드는 1부터 4 사이 값이어야 함
  - 대학생의 학년 필드에 1, 2, 3, 4 이외의 값을 저장하면 잘못된 학년이 저장
- 은행 계좌에서 잔고보다 많은 금액 출금하려는 경우
  - 은행 계좌에서 출금액은 잔고보다 작거나 같아야 함
  - 은행 계좌에서 잔고를 초과하는 금액을 출금하지 못하도록 조치해야함
- 객체 참조변수가 참조하는 객체가 없으면서 객체의 필드나 메소드를 접근하는 경우
  - 객체 참조변수에 객체가 저장되어야 객체를 참조할 수 있음
  - 객체 참조변수에 객체를 저장하지 않고서 객체 필드나 메소드를 접근하면 오류
- 배열의 인덱스 범위를 초과하는 원소 접근하는 경우
  - 배열의 원소 접근은 인덱스 범위 내에서만 가능
  - 배열의 인덱스 범위를 초과하는 원소를 접근하면 오류

프로그램의 실행 도중에 발생하는 이러한 비정상정인 상황을 예외(exception)라 하고, 프로그램을 더 이상 실행할 수 없는 심각한 예외를 오류(error)라 한다. 예외가 발생할 수 있는 경우에 대비하여 체계적이며 융통성 있게 대처할 수 있도록 프로그램을 작성하는 것이 Java의 예외 처리인데, 처음 예외 처리를 접하면 생소하면서 어려운 점이 있으므로 주의를 요한다..

9.1.1 나이 필드에 음수 값 저장에 대한 초보적 대처방법

예외 상황이 발생했을 때 잘못된 요구를 실행하지 않기, 예외 메시지 출력하기, 예외 처리를 위한 특별한 코드 실행하기 등 여러 대처방법이 가능하며, 이러한 대처방법을 자세히 살펴보면서 체계적인 예외 처리의 필요성을 알아본다.

사용자가 나이 값으로 잘못된 음수 값을 입력하여 음수 값을 나이 필드값으로 저장하려 하면 이는 나이 데이터 오류에 해당되므로 예외 상황이 발생하므로 이에 대한 대처가 필요하다.

음수 나이를 저장하려는 예외 상황에 대처하는 방법은 다음과 같다.

① 음수 나이를 그대로 저장: 예외를 무시하고 예외 처리하지 않으므로 잘못된 값이 저장
② 음수 나이 저장하지 않고 무시: 잘못된 나이를 저장하지 않음
③ 음수 나이 저장하지 않고 발생한 예외 상황에 대한 메시지 출력: 예외 발생한

곳에서 예외를 고지하는 예외 처리를 수행
④ 음수 나이면 저장하지 않고 발생한 예외 상황을 예외를 나타내는 필드에 저장하여 예외 상황을 알림: 예외를 다른 곳에서 확인하고 처리할 수 있도록 함

①과 ②의 방법으로 예외를 처리할 경우 예외 상황 발생이 사용자에게 고지되지 않고 내부적으로 마무리된다. ③의 방법에서 예외에 대한 메시지를 출력하여 사용자에게 고지하므로 사용자가 예외 발생을 확인할 수 있다. 그러나 예외가 발생한 곳에서 예외 처리가 완결되므로 예외 처리가 다소 제한적이다[123]. ④의 방법은 예외가 발생한 곳에서 예외를 직접 처리하지 않고 다른 곳에서 예외 발생을 확인하고 예외를 처리하게 한다.

이들 4가지 방법 모두 초보적 수준의 예외 처리방법이며, Java에서 훨씬 스마트한 방법으로 예외 처리를 한다.

9.1.2 나이 필드에 음수 값 저장에 대한 초보적 예외 처리

음수 나이 저장하려할 때 제시된 4가지 초보적 예외 대처방법으로 구현한 프로그램은 예제 9-1-1과 같다. 이 프로그램에서 매개변수로 주어진 나이를 나이 필드에 저장하는 setAge() 메소드를 4가지로 다르게 작성하였다.

예제 9-1-1 음수 나이를 저장하려 할 때의 초보적 예외 대처방법

```
package ex9_1_novice_exception_handling;

class Person {
   String exceptionMsg; // 예외 발생하면 예외 메시지 저장하는 필드

   String name;  int age; // 이름, 나이 저장하는 필드

   // 객체 생성자: 이름, 나이 주어지면 이를 객체의 필드값으로 저장
   Person(String name, int age) {
      this.name = name;    this.age = age;
   }

   // setAge1() : 음수 나이 그대로 저장: 예외 처리하지 않음
   void setAge1(int age) {
      this.age = age;       // 잘못된 나이도 age 필드에 저장
   }
```

123) 예외가 발생한 곳에서 예외 처리하는 것이 제한적인 이유를 확실히 이해해야 하며, 이는 예외 처리에서 아주 중요한 사항이다.

```
    // setAge2() : 음수 나이 저장하지 않음: 잘못된 나이 저장 않고 예외 처리 완료
    void setAge2(int age) {
        if (age >= 0)              // 정상적인 나이 저장이면
            this.age = age;        //     나이를 age 필드에 저장
    }

    // setAge3() : 음수 나이 저장하지 않고 발생한 예외 상황에 대한 메시지 출력
    //     예외 발생한 곳에서 예외 처리 완료
    void setAge3(int age) {
        if (age >= 0)              // 정상적인 나이이면
            this.age = age;        //     나이를 age 필드에 저장
        else
            // 잘못된 나이이면 나이 저장 않고 예외 메시지를 여기에서 출력
            System.out.println("\n  !!! setAge3() 내에서 오류 발생: 잘못된 음수 나이 "
                            + age + " 저장");
    }

    // setAge4() : 음수 나이 저장하지 않고 예외 상황을 예외 메시지 필드에 저장
    //     예외 처리하지 않고 예외 메시지를 전달하여 호출한 곳에서 예외 처리하게 함
    void setAge4(int age) {
        if (age >= 0) {                // 정상적인 나이이면
            this.age = age;            //     나이를 age 필드에 저장
            exceptionMsg = null;       //     예외가 없으므로 exceptionMsg에 null 저장
        }
        else  // 잘못된 나이이면 나이 저장 않고 예외 메시지를 예외 메시지 필드에 저장
            exceptionMsg = "잘못된 음수 나이 " + age;
    }

    // toString(): 객체의 필드명과 필드값을 문자열로 구성하여 반환하는 메소드
    public String toString() {
        return "이름:" + this.name + ", 나이:" + this.age ;
    }

    // output(): 객체의 필드명과 필드값 출력하는 메소드
    void output(String msg) {
        System.out.println(msg + this.toString());
    }
}

class Ex9_1_1_ExceptionInSetAgeMethod {
    public static void main(String[] args) {
        Person p = new Person("김철수", 23); // 23세의 김철수가 있음

        // <참고> 여기에서 음수 나이도 입력하여 의도적으로 예외 발생시킴
        int age = SkScanner.getInt("\n  o 김철수의 새로운 나이 입력 > ");
```

```
        p.setAge1(23);  p.setAge1(age);
        p.output("\n  * << p.setAge1(" + age + "); >> 후의 김철수 - ");

        p.setAge2(23);  p.setAge2(age);
        p.output("\n  * << p.setAge2(" + age + "); >> 후의 김철수 - ");

        p.setAge3(23);  p.setAge3(age);  // setAge3() 내에서 오류 처리 완료
        p.output("\n  * << p.setAge3(" + age + ")); >> 후의 김철수 - ");

        p.setAge4(23);  p.setAge4(age);  // setAge4()에서 오류 발생하면 오류가 전달
        p.output("\n  * << p.setAge4(" + age + ")); >> 후의 김철수 - ");

        // setAge4()에서 발생한 오류 처리 1:
        //    setAge4()에서 예외 발생하면 exceptionMsg 필드에 예외 메시지 저장하므로
        //    setAge4() 호출한 이곳에서 예외 발생 여부 확인하여 예외 처리 가능
        if (p.exceptionMsg != null) { // exceptionMsg 필드 null 아니면 예외 발생한 것
          // 예외 발생이 확인되면 이곳에서 예외를 처리
          System.out.println("\n  !!! setAge4(" + age + ") 호출했을 때 오류 발생: "
                                                  + p.exceptionMsg);
        }

        p.setAge4(23);  p.setAge4(age); // 다른 오류 처리 위해 p.setAge4(age) 다시 호출
        p.output("\n  * << p.setAge4(" + age + ")); >> 후의 김철수 - ");

        // setAge4()에서 발생한 오류 처리 2:
        //    setAge4()에서 예외 발생하면 exceptionMsg 필드에 예외 메시지 저장하므로
        //    setAge4() 호출한 이곳에서 예외 발생 여부 확인하여 예외 처리 가능
        if (p.exceptionMsg != null) { // exceptionMsg 필드 null 아니면 예외 발생한 것
          // 예외 발생 확인되면 이곳에서 예외를 처리
          System.out.println("\n  * 나이 저장 과정에서 문제 발생했습니다.");
          System.out.println("  * 오류 메시지는 '" + p.exceptionMsg + "'입니다.");
        }

        // setAge4()에서 발생한 예외 처리 3:
        //    setAge4()에서 예외 발생하면 exceptionMsg 필드에 예외 메시지 저장하므로
        //    setAge4() 호출한 이곳에서 예외 발생 여부 확인하여 예외 처리 가능
        //    마지막 메소드 호출 p.setAge4(age)에서 예외가 발생해 예외 메시지가
        //    전달되었지만 예외를 처리하지 않음
        //    이는 setAge2()에서 예외 발생이 사용자에게 표시되지 않는 것과 같음
        p.setAge4(23);  p.setAge4(age); // 다른 예외 처리 위해 p.setAge4(age) 다시 호출
        p.output("\n  * << p.setAge4(" + age + ")); >> 후의 김철수 - ");

        main(args);
    }
}
```

실행결과	o 김철수의 새로운 나이 입력 〉 -24 * 《 p.setAge1(age); 》 후의 김철수 - 이름:김철수, 나이:-24 * 《 p.setAge2(age); 》 후의 김철수 - 이름:김철수, 나이:23 !!! setAge3() 내에서 오류 발생: 잘못된 음수 나이 -24 저장 * 《 p.setAge3(age); 》 후의 김철수 - 이름:김철수, 나이:23 * 《 p.setAge4(-24)); 》 후의 김철수 - 이름:김철수, 나이:23 !!! setAge4(-24) 호출했을 때 오류 발생: 잘못된 음수 나이 -24 * 《 p.setAge4(-24)); 》 후의 김철수 - 이름:김철수, 나이:23 * 나이 저장 과정에서 문제 발생했습니다. * 오류 메시지는 '잘못된 음수 나이 -24'입니다. * 《 p.setAge4(-24)); 》 후의 김철수 - 이름:김철수, 나이:23

이 프로그램은 입력한 나이를 저장하는 메소드 setAge1(), setAge2(), setAge3(), setAge4()를 호출하여 여러 방법으로 예외를 처리한다. 실행결과는 음수 나이인 -24를 저장할 경우의 예외 처리결과를 보여준다.

다음은 각 메소드의 예외 처리방법을 구체적으로 비교한 것이다.

① setAge1(): 음수를 그대로 저장
- 처리방법: 예외 상황이 발생해도 예외 처리 하지 않음
- 문제점: age 필드에 오류 값인 -24 저장하므로 잘못된 결과를 낳게 됨

② setAge2(): 음수 나이를 저장하지 않음
- 처리방법: 잘못된 나이 저장하지 않고 예외 처리 완료
- 문제점: 사용자의 입력 잘못으로 발생한 예외 상황을 사용자는 알 수 없음
- 예외가 발생하면 사용자에게 발생한 예외에 대해 알려주는 것이 바람직함

③ setAge3(): 음수 나이 저장하지 않고 예외 메시지 출력
- 처리방법: 예외 발생한 곳에서 직접 예외 처리 완료
- 문제점: 예외 처리방법이 고정되어 이 메소드에서 제공하는 방법으로만 예외 처리 가능

④ setAge4(): 음수 나이 저장하지 않고 발생한 예외 상황을 예외 필드에 저장

- 처리방법: 이 메소드에서 예외 처리 완료하지 않고, 메소드 호출한 곳에서 예외 발생 확인하여 예외 처리하도록 예외 필드에 예외 발생 정보 저장
- 장점: 호출한 곳에서 예외 발생 여부 확인하여 예외 처리를 할 수 있으며, 메소드 호출할 때마다 다른 예외 처리 가능
- 문제점: 예외 발생 가능한 모든 객체마다 예외 메시지 저장을 위한 필드를 선언해야하며, 메소드 호출한 곳에서 예외 발생 여부 확인하지 않으면 예외 발생해도 예외 처리 완료되지 않음

초보 프로그래머의 입장에서 세 번째 방법이면 충분히 예외 처리가 된다고 생각할 것이다. 네 번째 방법은 번잡하고 복잡한 듯하며, 그럴 필요가 없다는 생각도 들 것이다.

그러나 세 번째 방법과 네 번째 방법도 문제점이 있으므로 Java는 이러한 문제점을 완전히 제거하기 위해 다소 복잡하고 이해하기 어려운 예외 처리방법을 제공한다.

9.1.3 계좌 출금에서 초보적 예외 처리

계좌에서 출금하는 경우 예외 처리가 잘못된 나이를 저장하는 경우보다 조금 복잡하다. 출금액은 0보다 크면서 계좌 잔액보다 크지 않아야하기 때문이다. 예제 9-1-2는 계좌에서 출금 처리 메소드에서 예외를 처리하는 초보적 방법들을 보여준다.

예제 9-1-2 계좌 출금에서 예외를 처리하는 프로그램

```
class Account {
   String exceptionMsg; // 예외 발생하면 오류 메시지 저장하는 필드

   static int nextAccountNo = 10001;              // 계좌번호를 할당하기 위한 클래스 필드

   int accountNo; String ownername; int balance;  // 계좌 번호, 소유자이름, 잔고

   // 객체 생성자: 계좌번호를 할당하고, 주어진 이름을 소유자 이름으로 저장
   Account(String name) {
      // nextAccountNo를 생성된 계좌의 계좌번호로 할당, 다음 계좌를 위해 1 증가
      this.accountNo = nextAccountNo++;
      this.ownername = name;
      this.balance = 0;
   }
```

```
// 입금을 처리하는 메소드: 주어진 금액만큼 잔액을 감소시키는 입금처리 메소드
//     이 메소드는 입금액이 0 이하인 경우에도 입금을 처리하도록 작성
int deposit(int amount) {
   this.balance  += amount;
   return this.balance;
}

// withdraw1() : 출금액 음수이거나 잔액보다 큰 경우에도 출금 처리
//     예외를 무시하고 예외 처리하지 않음(잔액 음수가 되는 문제 발생 가능)
int withdraw1(int amount) {
   this.balance -= amount;        // amount만큼 잔액을 감소시킴 : 잔액 음수 가능
   return this.balance;
}

// withdraw2() : 출금액이 음수이거나 출금액이 잔액보다 크면 출금하지 않음
int withdraw2(int amount) {
   if (amount > 0 && amount <=balance)      // 출금액 0보다 크고 잔액 이하이면
     this.balance -= amount;                 //     정상 출금 처리
   return this.balance;
}

// withdraw3() : 출금액 음수이거나 출금액이 잔액보다 크면 출금하지 않고
//     오류 메시지 출력: 예외가 발생한 곳에서 예외 처리
int withdraw3(int amount) {
   if (amount > 0 && amount <= balance)     // 출금액 0보다 크고 잔액 이하이면
      this.balance -= amount;                //     정상 출금 처리
   else if (amount <= 0)                    // 출금액이 0 이하이면 오류 메시지 출력
      System.out.println("\n  !!! 오류 - " +  "출금액이 0보다 작거나 같음: "
                                                         + amount);
   else if (amount > this.balance)          // 출금액 잔액 초과이면 오류 메시지 출력
      System.out.println("\n  !!! 오류 - " +  "잔액 " + this.balance
                                           + "보다 큰 출금액: " + amount);

   return this.balance;
}

// withdraw4() : 출금액이 음수이거나 출금액이 잔액보다 크면 출금하지 않고 예외
//     메시지 필드에 오류 상황 정보 저장: 예외를 다른 곳에서 처리하게 함
int withdraw4(int amount) {
   if (amount > 0 && amount <= balance) {      // 출금액 0보다 크고 잔액 이하이면
       this.balance -= amount;                 // 정상 출금 처리
       exceptionMsg = null;                    // exceptionMsg에 null 저장
   }
   else if (amount <= 0)           // 출금액 0 이하면 exceptionMsg에 예외 메시지 저장
      exceptionMsg = "0보다 작거나 같은 출금액: " + amount;
   else if (amount > this.balance)  // 출금액이 잔액 초과이면
                                    //     exceptionMsg 필드에 예외 메시지 저장
```

```
            exceptionMsg = "잔액 " + this.balance + "보다 큰 출금액: " + amount;

        return this.balance;
    }

    // toString(): 객체의 필드명과 필드값을 문자열로 구성하여 반환하는 메소드
    public String toString() {
        return "계좌번호: " + this.accountNo + ", 이름:" + this.ownername
                                              + ", 잔액:" + this.balance;
    }

    // output(): 객체의 필드명과 필드값 출력하는 메소드
    void output(String msg) {
        System.out.println(msg + this.toString());
    }
}


class Ex9_1_2_ExceptionInWithdrawMethod {
    public static void main(String[] args) {
        Account acc = new Account("김철수");        // 김철수의 계좌를 생성

        // <참고> 여기에서 잔고보다 큰 1000을 입력하여 예외를 발생시킴
        int amount = SkScanner.getInt("\n  o 출금할 금액 > ");

        acc.withdraw1(amount);              // 예외 처리 하지 않음
        acc.output("\n  * << acc.withdraw1(amount); >> 후의 김철수 계좌 - ");

        acc.deposit(1000);                  // -1000이었던 잔고를 다시 0으로 만듦

        acc.withdraw2(amount);              // 예외 발생하면 출금 않음
        acc.output("\n  * << acc.withdraw2(amount); >> 후의 김철수 계좌 - ");

        acc.withdraw3(amount);              // 예외 발생하면 출금 않고 예외 메시지 출력
        acc.output("  * << acc.withdraw3(amount); >> 후의 김철수 계좌  - ");

        acc.withdraw4(amount);              // 예외 발생하면 예외필드에 예외 메시지 저장

        // 예외 발생하면 exceptionMsg 필드가 null 아니므로 이를 검사하여 예외 처리
        if (acc.exceptionMsg != null) {
            System.out.println("\n  !!! << acc.withdraw4(); >>에서 예외 발생: "
                                                        + acc.exceptionMsg);
        }
        acc.output("  * << acc.withdraw4(amount); >> 후의 김철수 계좌 - ");
    }
}
```

9.2 예외 발생시키기와 예외 탐지 및 처리

Java에서 메소드 수행 도중에 예외가 발생하면 예외객체를 생성하여 예외 관련정보를 저장하고 예외객체를 호출한 메소드로 던진 후 호출한 메소드에서 던져진 예외객체를 잡아 처리한다.

예를 들어, setAge() 메소드에서 age 필드에 저장할 나이가 음수이면 나이를 저장하지 않고 예외객체를 생성하여 예외와 관련된 정보를 예외객체에 저장하고 예외객체를 던진다. 그 후 setAge() 메소드를 호출한 메소드에서 던져진 예외객체를 잡아 예외를 처리한다.

마찬가지로 withdraw() 메소드의 출금 과정에서 출금액이 0 이하 또는 잔액보다 크면 예외객체를 생성하여 예외 관련정보를 예외객체에 저장하고 던진 후 호출한 메소드에서 예외객체를 잡아 예외 처리를 한다.

처음에 Java의 예외 처리를 접하게 되면 약간 독특하며 어렵게 보인다. 왜냐하면 예외가 발생한 곳에서 예외를 처리하지 않고 다른 곳에서 예외를 처리하며, 던져진 예외객체를 잡아 이를 참조하는 것도 다소 생소하기 때문이다. 이것은 Java의 예외 처리에서 가장 중요한 핵심사항으로, Java의 예외 처리는 예외를 발생시키는 부분과 발생한 예외를 탐지하고 처리하는 부분을 서로 분리한다는 것이다.

예외를 발생시키는 메소드를 예외발생 메소드라 한다. 예외 탐지 및 처리는 예외발생 메소드에서 이루어지지 않으며 반드시 예외발생 메소드를 호출한 메소드 또는 호출한 메소드를 호출한 메소드 또는 또다시 이를 호출한 메소드 등 상위 호출 메소드들 중의 하나에서 이루어진다.

그러므로 Java 프로그램에서 예외 처리를 하려면 예외를 발생시키는 방법과 발생한 예외를 탐지하여 처리하는 방법을 함께 알아야 한다.

9.2.1 예외 발생시키기

메소드 수행 도중 비정상적인 조건이 만족되어 예외가 발생할 가능성이 있는 경우, 그 메소드는 예외발생 메소드가 된다. 앞에서 살펴본 나이를 저장하는 메소드, 출금 처리를 하는 메소드 등이 예외발생 메소드에 해당된다.

예외발생 메소드는 다음과 같이 예외객체 생성하여 예외 관련정보 저장하기, 예외객체 던지기, 메소드 시그니처에 예외객체 클래스 명시하기 등의 3가지 작업을 수행해야 한다.

1) 예외객체 생성하여 예외 관련정보 저장하기
- 예외객체
  - 예외와 관련된 정보를 저장하고 예외 처리할 메소드로 던져지는 객체
  - Exception 클래스 또는 이의 하위 클래스의 객체
- 예외객체 생성하여 예외와 관련된 정보를 예외객체에 저장

2) 예외객체 던지기
- throw 키워드 다음에 던져질 예외객체 명시
- 수행 중인 메소드 종료하고 자신을 호출한 메소드로 예외객체 전달

3) 시그니처에 예외객체 클래스 명시하기
- 메소드 시그니처의 throws 키워드 다음에 던져지는 예외객체 클래스 명시
- 예외발생 메소드가 던지는 예외의 종류 표시

❑ 예외발생 메소드의 형식

예외발생 메소드의 형식은 다음과 같다.

```
// 3) 시그니처에 예외객체 클래스 명시하기
수식어 메소드이름(형식매개변수) throws 예외_클래스1, 예외_클래스2 {
    ...
    if (예외발생_만족_조건1) {
        // 1) 예외객체 생성하여 예외 관련정보 저장하기
        예외_클래스1 예외_객체참조변수1 = new 예외_클래스1(예외관련정보_문자열1);

         throw 예외_객체참조변수1;    // 2) 예외객체 던지기
    }

    ...

    if (예외발생_만족_조건2) {
        // 1) 예외객체 생성하여 예외 관련정보 저장하기 및 2) 예외객체 던지기
        throw new 예외_클래스2(예외관련정보_문자열2);
    }
    ...
}
```

❑ 예외객체 생성과 예외 관련정보 저장

예외객체는 예외 처리에서 매우 중요한 다음의 두 가지 역할을 한다.

첫째, 발생한 예외와 관련된 정보 저장하고 이를 예외 처리할 곳으로 전달 둘째, 발생한 예외의 종류를 나타내며, 예외객체 클래스가 예외 종류를 나타냄

예외객체가 필요한 이유가 예외가 발생한 곳과 예외 처리할 곳이 다르며, 발생한 예외와 관련된 정보를 예외 처리할 곳으로 전달하기 위해서이다.

예외 관련정보를 예외객체에 저장하는 것은 java.lang 패키지의 Exception 클래스 또는 하위 클래스의 객체 생성자를 통하여 이루어진다. Exception 클래스의 객체 생성자는 다음과 같다.[124)]

Exception 클래스의 객체 생성자	
public Exception()	Exception 클래스의 객체 생성하며 예외 관련정보 저장하지 않음
public Exception(String message)	Exception 클래스의 객체 생성하며 message에 주어지는 예외 관련정보를 객체 내에 저장

매개변수가 있는 객체 생성자 Exception(String message)은 Exception 클래스의 예외객체를 생성하며 주어지는 문자열 message를 예외객체 내에 예외 관련정보로 저장한다. 예외객체에 저장된 예외 관련정보는 나중에 예외 처리할 때 getMessage() 메소드를 이용하여 접근할 수 있다.

❑ 예외객체 던지기

예외객체는 throw 절을 이용하여 던져진다. 예외객체가 던져지면 예외가 발생하고, 현재 수행되던 메소드는 중단되고 그 메소드를 호출한 메소드로 복귀된다. 예외 발생에 의한 메소드의 복귀는 예외가 탐지되어 처리될 때까지 메소드 호출의 역순으로 차례로 이루어진다.

예외가 발생했지만 호출한 메소드들에서 예외 탐지 및 처리가 되지 않으면 최종적으로 main() 메소드를 호출한 Java 가상기계까지 메소드가 복귀되어 프로그램이 종료된다.

---

124) 이들 객체 생성자 외 다른 객체 생성자도 있으나, 거의 활용되지 않는다.

❑ 시그니처에 예외 클래스 명시

메소드 시그니처의 throws 키워드 다음에 예외 클래스를 명시하는 것은 예외발생 메소드가 던지는 예외가 어떠한 종류의 예외인가를 알려주며, 예외발생 메소드를 호출하기 위해 프로그래머가 반드시 알아야 될 사항이다.

하나의 메소드에서 다수의 예외객체를 생성하여 던질 수 있으며, 생성하는 예외객체의 클래스가 다수인 경우 throws 키워드 다음에 다수의 예외 클래스를 모두 명시해야 한다.

❑ 예외발생 메소드 setAge()와 withdraw()

나이 필드에 나이 저장할 때의 예외발생 메소드 void setAge(int age)와 출금할 때의 예외발생 메소드 int withdraw(int amount)는 다음과 같이 작성된다.

```
/*
 * Java에서 예외 발생시키기: 예외객체 생성하고 예외 관련정보 저장 후 던짐
 */
// setAge(): 음수 나이 주어지면 age 필드에 저장하지 않고 예외 관련정보를
//           예외객체에 저장하고 예외객체 던지는 예외발생 메소드
void setAge(int age) throws Exception {  // 3) 시그니처에 예외 클래스 명시
    if (age >= 0)
        this.age = age;
    else {
        // 1) 나이가 음수이면 예외 상황이 발생한 내용을 예외객체에 저장
        Exception e = new Exception("잘못된 음수 나이: " + age);

        throw e;  // 2) 예외객체 던짐
    }
}

// withdraw(): 출금액이 음수이거나 잔액보다 크면 출금하지 않고 예외 관련정보를
//             예외객체에 저장하고 예외객체 던지는 예외발생 메소드
int withdraw(int amount) throws Exception {  // 3) 시그니처에 예외 클래스 명시
    if (amount > 0 && this.balance >= amount)
        balance -= amount;  // 출금액이 0보다 크고 잔액 이하이면 출금 처리
    else {
        if (amount <= 0)
            // 출금액이 0 이하이면 1) 예외 관련정보를 예외객체에 저장, 2) 예외객체 던짐
            throw new Exception("0보다 작거나 같은 출금액: " + amount);
        else if (amount > this.balance)
            // 출금액이 잔액보다 크면 1) 예외 관련정보를 예외객체에 저장, 2) 예외객체 던짐
```

```
            throw new Exception("잔액 " + balance + "보다 큰 출금액: " + amount);
        }

        return balance;
    }
```

이들 예외발생 메소드는 예외 조건이 만족되면 예외객체를 생성하며 예외 관련정보를 저장하고 예외객체를 던진다. 또한, 각 메소드의 시그니처에 예외객체의 클래스가 명시되어 있다.

9.2.2 예외 탐지 및 처리

예외발생 메소드에서 예외객체를 던지면 예외가 발생한다. 발생한 예외는 예외발생 메소드를 호출한 메소드 또는 이 메소드를 호출한 메소드 등 main() 메소드에서 시작하는 호출 메소드 체인 상이 있는 한 메소드에서 탐지되어 처리된다.

❑ 예외 탐지 및 처리를 위한 try-catch-finally 블록

예외의 탐지와 처리는 다음의 try-catch-finally 블록에 의해서 이루어진다.

- try 블록
  - 예외 발생시키는 메소드 호출이 포함되는 여러 문장들
  - try 블록 수행되면서 발생한 예외들은 그다음에 명시된 catch 블록에 잡혀져 처리
- catch 블록
  - try 블록에서 예외 발생하면 던져진 예외객체의 클래스별로 적절한 예외 처리 명시
  - 중요 사항: 예외발생 메소드에서 특정 클래스의 예외객체 던지면(throw) catch 블록에서 던져진 특정 클래스의 예외객체 잡음(catch)
  - union catch block: 한 catch 블록에 여러 종류의 예외 탐지하여 동일한 방법으로 예외 처리하도록 여러 예외 클래스 명시 가능
  - multi-catch blocks: 여러 종류의 예외 탐지하고 다른 방법으로 예외 처리하도록 여러 catch 블록 명시 가능
  - 예외 발생하면 조건에 맞는 catch 블록 탐산되고 선택되어 수행
- finally 블록
  - 예외 처리가 끝난 후 수행될 문장들을 포함하는 블록
  - finally 블록은 예외가 발생하거나 하지 않거나 항상 수행
  - 생략되는 경우 많음

❑ try-catch-finally 블록의 형식

try-catch-finally 블록의 형식은 다음과 같다.

```
try {  // try 블록
    예외를 탐지할 대상이 포함되는 문장 또는 문장들 (예외발생 메소드 호출 포함)
}
catch(예외객체_클래스  예외객체_참조변수1) {
    // 잡혀진 예외객체가 예외객체_참조변수1에 저장되어 참조
    탐지된 예외를 처리하는 문장 또는 문장들
}
// union catch block: catch 블록에 | 이용하여 여러 예외객체 클래스 명시 가능
catch(예외객체_클래스1  |  ...  |  예외객체_클래스n  예외객체_참조변수2) {
    // 잡혀진 예외객체가 예외객체_참조변수2에 저장되어 참조
    탐지된 예외를 처리하는 문장 또는 문장들
}
// multi-catch blocks: catch 블록을 여러 개 작성할 수 있음

finally {      // finally 블록
    예외 처리를 끝내기 전 수행해야할 문장들(주로 자원 해제를 위한 문장들 기술)
}
```

try 블록과 finally 블록은 수행할 문장들을 기술하면 되므로 어렵지 않다. 그런데, catch 블록은 다소 어려운 점이 있다. catch 블록은 try 블록을 수행하면서 던져진 여러 종류의 예외객체를 클래스별로 잡아서 적절한 예외 처리를 명시할 수 있게 한다.

catch 블록에 여러 클래스들의 예외객체에 대해 동일한 예외 처리를 할 수 있도록 | 연산자를 사용하여 여러 클래스를 명시할 수 있으며, 이를 union catch 블록이라 한다. 또한, 예외객체의 클래스마다 다른 예외 처리를 할 수 있도록 여러 catch 블록을 명시할 수 있으며, 이를 multi-catch 블록들이라 한다.

❑ catch 블록의 작동방식

예외 처리의 핵심은 예외발생 메소드에서 특정 예외 클래스의 예외객체를 던지면(throw) 예외 처리 메소드의 catch 블록에서 던져진 그 클래스의 예외객체를 잡아catch) 예외를 처리한다는 것이다. 여기에서 다음의 4가지 사항이 중요하다.

- 첫째, try 블록에서 여러 종류의 예외 발생할 수 있으며, catch 블록에서 클래스별로 예외 탐지할 수 있음

- 둘째, catch 블록에 명시된 여러 예외 클래스 중에서 예외객체의 클래스와 첫 번째로 일치하는 클래스의 catch 블록 선택되어 수행
- 셋째, 예외 관련정보 저장한 예외객체 던지면 이 예외객체는 선택된 catch 블록의 예외객체 참조변수에 저장되어 참조
- 넷째, catch 블록의 예외객체 참조변수에 저장된 예외객체에서 예외 관련정보 꺼내어 예외 처리

try 블록에서 여러 종류의 예외를 탐지하고 처리하기 위해 여러 catch 블록이 작성될 수 있고 한 catch 블록에도 여러 예외객체 클래스의 명시가 가능하다. 여러 catch 블록 중 던져진 예외객체의 클래스와 일치하는 첫 번째 catch 블록이 선택되어 수행되며, 이 때 던져진 예외객체가 예외객체 참조변수에 전달되어 저장된다.

catch 블록에서 매우 중요하지만 처음에 이해하기 어려운 것이 잡아야할 예외객체를 표시하기 위해 《 catch(예외객체_클래스 예외객체_참조변수) { ... } 》 에서와 같이 (예외객체_클래스 예외객체_참조변수)를 메소드 매개변수처럼 표현하는 것이다.

이는 던져진 예외객체를 잡은 후 그 예외객체를 catch 블록 내에서 이용하기 위한 것으로, 마치 잡혀진 예외객체가 실매개변수처럼 예외객체 참조변수에 전달되어 저장되는 효과가 발생한다. 이것을 이해하는 것도 쉽지 않으며, 매우 중요하다.

잡혀진 예외객체의 예외 관련정보를 접근하기 위해 Exception 클래스의 getMessage() 메소드를 이용한다. Exception 클래스의 getMessage() 메소드의 시그니처는 다음과 같다.

```
public String getMessage()  // 예외객체에 저장된 예외 관련정보 반환
```

던져진 예외객체를 클래스별로 구분하여 잡을 수 있으며, 잡혀진 예외객체를 예외객체 참조변수에 저장하여 예외 발생 관련정보를 getMessage() 메소드로 접근하여 예외 처리하는 것임을 반드시 이해해야 한다.

catch 블록의 작동방식을 이해하면 예외 처리의 대부분을 이해하는 것이므로 다음의 예제 9-2-1을 통하여 확실하게 이해할 수 있도록 노력해야 한다.

9.2.3 나이 필드값 저장에서 예외 처리 예제

Person 클래스에서 나이를 나타내는 age 필드에 음수 값을 저장하는 예외 상황에서 예외 발생시키기와 예외 탐지 및 처리를 해보자. 이를 위해 예외발생 메소드 setAge()와 예외를 탐지하고 처리하는 try-catch 블록을 작성해야 한다.

예제 9-2-1은 Person 클래스에서 나이 필드를 음수로 저장할 때 예외를 발생시키고 이를 탐지하고 처리하는 프로그램이다.

예제 9-2-1 나이 필드를 음수로 저장할 때 예외 발생과 탐지 및 처리

```
class Person {
   String     name;
   int        age;

   // 객체 생성자: 이름, 나이 주어지면 이를 객체의 필드값으로 저장
   Person(String name, int age) {
      this.name = name;    this.age = age;
   }

   // setAge() - 음수 나이면 예외 내용을 예외객체에 저장하고 예외객체를 던짐:
   //     Java에서 예외를 처리하는 방법으로, 예외를 다른 곳에서 처리하게 함
   void setAge(int age) throws Exception {  // 예외 클래스 명시
      if (age >= 0)
         this.age = age;
      else {
         Exception e = new Exception("잘못된 음수 나이: " + age); //예외객체 생성
         throw e;   // 예외객체 던지기
      }
   }

   // toString(): 객체의 필드명과 필드값을 문자열로 구성하여 반환하는 메소드
   public String toString() {
      return "이름:" + this.name + ", 나이:" + this.age;
   }

   // output(): 객체의 필드명과 필드값 출력하는 메소드
   void output(String msg) {
      System.out.println(msg + this.toString());
   }
}

class Ex9_2_1_ExceptionInSetAge {
   public static void main(String[] args) {
```

```
        Person p = new Person("김철수",  23);       // 23세의 김철수가 있음

        while(true) {
            int age = SkScanner.getInt("\n  o 김철수의 새로운 나이 입력 > ");

            // 예외 탐지 및 처리: try-catch 블록 이용하여 예외객체 잡아 처리
            try {
                p.setAge(age);            // 음수 나이이면 저장하지 않고 Exception 객체 던져짐
                p.output(" * << p.setAge(" + age + "); >> 후의 김철수 - " + p);
            }
            catch(Exception e) {        // 예외 발생하면 Exception 객체가 던져지므로
                                        //    이를 잡아 객체 참조변수 e에 저장하여 예외 처리
                System.out.println(" ??? p.setAge() 메소드 수행 중 예외가 발생");
                System.out.println(" ??? 객체 참조변수 e에 저장된 예외 메시지 = '"
                                                        + e.getMessage() + "'");
                System.out.println(" * << catch(Exception e) >> 후의 김철수 - " + p);
            }
        }
    }
}
```

실행결과

```
o 김철수의 새로운 나이 입력 > 24
* << p.setAge(24); >> 후의 김철수 - 이름:김철수, 나이:24

o 김철수의 새로운 나이 입력 > -24
??? p.setAge() 메소드 수행 중 예외가 발생
??? 객체 참조변수 e에 저장된 예외 메시지 = '잘못된 음수 나이: -24'
* << catch( Exception e) >> 후의 김철수 - 이름:김철수, 나이:24
```

프로그램 설명

- Person 클래스의 예외발생 메소드 setAge()
  - age 필드값 변경하는 메소드이며, 음수 age 값이 주어지면 예외 발생
  - age 값 검사하여 음수이면 예외객체에 예외 관련정보 저장한 후 던짐
- setAge() 메소드에서 예외객체 생성과 예외 관련정보 저장
  - Exception 클래스의 예외객체 생성하고 이를 e가 참조
  - 예외 관련정보인 문자열 《 "잘못된 음수 나이: " + age 》가 객체 생성자의 실매개변수로 주어지고, 이 정보는 예외객체 내에 보관
  - 저장된 예외 관련정보는 나중에 예외 처리 과정에서 이용
- setAge() 메소드에서 예외객체 던지기
  - 예외객체 던지는 작업은 《 throw e; 》를 통하여 이루어짐
  - throw 문 수행되면 메소드 수행 종료되고 호출한 메소드로 복귀
- setAge() 메소드가 예외발생 메소드임 표시
  - setAge()의 시그니처에 throws Exception 명시

- 이 메소드가 예외 발생시키는 메소드임 알림
- 또한, 예외의 종류가 Exception 클래스임 표시

■ main() 메소드에서 예외 탐지 및 처리
- 예외 처리하는 메소드는 예외발생 메소드 setAge() 호출한 main() 메소드
- main()에 try 블록이 있으며 이 블록 내에서 발생하는 예외는 다음의 catch 블록에서 처리
- try 블록에서 p.setAge(age) 호출 시 age가 음수이면 예외가 발생하며 Exception 클래스의 예외객체가 생성되어져 던져짐
- catch 블록에서 Exception 클래스의 예외객체 잡아 처리

■ catch 블록에서 예외객체 탐지 및 처리
- 던져진 예외객체가 catch(Exception e)에 명시된 Exception 클래스 또는 이의 하위 클래스의 객체인가 검사
- setAge()에서 던져진 예외객체는 Exception 클래스의 객체이므로 예외객체가 이 catch 블록에서 잡힘
- 잡혀진 Exception 예외객체를 예외객체 참조변수 e에 저장하여 참조하게 된 상태에서 catch 블록 수행
- 예외와 관련된 정보를 가져오기 위해 e.getMessage() 호출하여 오류 메시지 출력

■ 예외가 항상 발생하는 것은 아님
- 예외발생 메소드 호출된다고 항상 예외 발생하는 것 아님
- 《 p.setAge(24); 》가 호출되면 예외 발생하지 않고 나이 변경
- 《 p.setAge(-24); 》가 호출되면 예외 발생하고 나이가 변경되지 않음

예외발생 메소드를 호출한다고 항상 예외가 발생하는 것이 아님을 꼭 기억해야 한다. 한편, 이 프로그램의 예외 처리에서 finally 블록은 생략되었다. finally 블록은 생략되는 경우가 많으며, 예외 발생과 상관없이 항상 수행되는 문장들을 작성한다.

9.2.4 계좌 출금에서 예외 처리

예제 9-2-2는 Account 클래스에서 0 이하 또는 잔액 초과 금액을 출금할 때 예외를 발생시키고 이를 탐지하여 처리하는 프로그램이다.

예제 9-2-2 나이 필드를 음수로 저장할 때 예외 발생과 탐지 및 처리

```
class Account {
    static int nextAccountNo = 10001;              // 계좌번호를 할당하기 위한 클래스 필드

    int accountNo; String ownername; int balance;  // 계좌 번호, 소유자이름, 잔고
```

```
    ... 예외와 관련되지 않은 부분은 생략 ...

  // withdraw(): 출금액이 0 이하 또는 잔액 초과이면 출금하지 않고 예외 발생
  //     Exception 예외객체에 예외 관련정보 저장하고 예외객체 던짐
  int withdraw(int amount) throws Exception {    // 3) 예외 클래스 명시
    if (amount > 0 && amount <= balance)
      balance -= amount;          // 출금액이 0보다 크고 잔액 이하이면 출금 처리
    else {
      if (amount <= 0)
        // 출금액 0 이하이면 1) 예외객체에 예외정보 저장, 2) 예외객체 던짐
        throw new Exception("0보다 작거나 같은 출금액: " + amount);
      else if (amount > this.balance)
        // 출금액 잔액 초과이면 1) 예외객체에 예외정보 저장, 2) 예외객체 던짐
        throw new Exception("잔액 " + balance + "보다 큰 출금액: " + amount);
    }
    return balance;
  }

    ...
}

class Ex9_2_2_ExceptionInWithdraw {
  public static void main(String[] args) {
    Account acc = new Account("김철수");       // 김철수의 계좌 생성

    // <참고> 여기에서 음수 또는 잔고보다 큰 1000을 입력하여 예외를 발생시킴
    int amount = SkScanner.getInt("\n  o 출금할 금액 > ");

    // Java에서 예외 처리방법: try-catch 블록으로 예외객체 잡아 처리
    try {
      acc.withdraw(amount);       // 예외 발생하면 Exception 객체 던짐
      acc.output("\n  * << acc.withdraw(amount); >> 후의 김철수 계좌 - ");
    } catch(Exception e) {
      System.out.println("\n  * 예외객체의 예외 메시지='" + e.getMessage() + "'");
    }

    acc.output("  * << catch(Exception e) >> 후의 김철수 계좌 - ");
  }
}
```

이 예제의 withdraw()에서 예외를 발생시키고 이 메소드를 호출하는 main()에서 예외 처리하는 방법을 다시 한 번 잘 살펴보고 예외 처리의 핵심을 이해하기 바란다.

9.2.5 예외 발생과 예외 탐지 및 처리의 분리

Java의 예외 처리에서 제기되는 의문이 "왜 예외를 발생시키는 곳과 예외를 처리하는 곳이 서로 떨어져 있을까?"이다. 예제 9-1-1의 setAge3() 메소드에서 예외 발생과 처리가 같은 곳에서 이루어진다.

```
// setAge3() : 음수 나이면 저장하지 않고 발생한 예외 상황에 대한 예외 메시지 출력
//     예외가 발생한 곳에서 예외 처리
void setAge3(int age) {
   if (age >= 0)
      this.age = age;
   else
      System.out.println("  !!! 나이 저장 오류: 잘못된 음수 나이 "  + age);
}
```

그 결과, 예외 처리 코드의 작성과 이해가 훨씬 쉽다. 이러한 방식의 예외 처리는 간단하고 작성하기도 편하며 이해하기도 쉬운 장점이 있다. 그러나 심각한 문제점도 가지고 있다. 그것은 예외 처리방법이 예외발생 메소드 내에서 고정되는 것이다. setAge3() 메소드 내에서 예외를 처리하면 이를 호출하는 메소드에서 원하는 예외 처리를 할 수 없다. 이는 재사용, 확장 및 변경의 용이성을 추구하는 객체 지향 프로그래밍에서 치명적인 문제점이다.

여러 프로그램에서 사용할 목적으로 클래스를 만든 상황에서 예외 처리방법을 미리 결정해버리면 그 클래스의 활용범위는 매우 작아진다. 또한, 예외 처리방법을 변경하려면 그 클래스의 메소드를 직접 변경해야 한다. 만약 그 클래스의 소스 코드가 주어지지 않으면 이는 불가능하다.

이에 반하여, 예제 9-2-1의 예외발생 메소드 setAge()과 같이 예외 발생과 예외 탐지 및 처리를 분리하면 예외발생 메소드를 호출하는 메소드에서 원하는 대로 예외 처리를 할 수 있다. 또한, 예외 처리를 변경할 때에도 예외 처리 메소드만 변경하면 된다. 예를 들어 Person 클래스의 setAge() 메소드는 전혀 변경하지 않고 setAge()를 호출한 ExceptionSetAge 클래스의 main() 메소드를 적절히 변경하면 된다.

이는 프로그램의 재사용과 변경이 용이하다는 것이며 융통성이 보장된다. 제한적인 기능을 가지면서 조그만 변화에 크게 영향을 받는 프로그램보다 일반적인 기능을 가지면서 큰 변화에도 영향을 적게 받는 융통성이 있는 프로그램이 훨씬 좋

은 프로그램이다.

한편, 예외 발생과 예외 탐지 및 처리를 분리하면 여러 종류의 예외를 한꺼번에 모아서 처리하는 예외 처리 메소드를 만들 수 있다. 이로 인하여 예외 처리가 프로그램의 여러 곳으로 분산되지 않고 하나의 메소드에 집중되어 일관성 있는 예외 처리를 가능하게 하는 또 다른 장점도 있다. 이러한 것은 몸소 체험해야 정확히 이해할 수 있다.

이제 대강 예외를 발생시키고 이를 처리하는 방법이 이해될 것이다. 예외에 대해 더 알아야 할 것이 다음의 3가지이다.

> 첫째, 예외가 메소드들을 따라 전파될 수 있음
> 둘째, 예외 처리를 위해 새로운 사용자 정의 예외 클래스를 작성할 수 있음
> 셋째, Java에는 기본적으로 제공되는 수많은 예외 클래스가 있으며, 이들 예외는 미리 설정된 예외 상황에서 자동적으로 발생

9.3 예외의 전파

9.3.1 예외의 직접적인 처리와 예외의 전파

9.2절에서 예외발생 메소드를 호출하는 메소드는 try-catch-finally 블록을 이용하여 예외를 탐지하여 처리하는 방법을 살펴보았다. 그런데 예외를 탐지하여 처리할 수도 있지만 예외를 처리하지 않고서 자신을 호출한 메소드로 예외를 전파시킬 수도 있다.

예외를 탐지하여 처리하는 것은 try-catch-finally 블록을 통하여 가능하며, 특히 catch 블록에서 던져진 예외객체를 잡아 예외객체 참조변수에 저장하여 예외를 처리하므로 다소 복잡한 면이 있다.

이에 반하여 자신을 호출한 메소드로 예외를 전파시키는 것은 아주 간단하다. 메소드의 시그니처에 throws 키워드와 전파할 예외의 종류를 나타내는 예외객체의 클래스만 명시하면 되기 때문이다.

parseInt() 메소드를 이용하여 예외 직접 처리와 예외 전파의 2가지 방식에 대해 알아보자.

java.lang 패키지의 Integer 클래스의 parseInt() 메소드는 매개변수에 주어진 문자열이 정수 문자들로 구성되면 이를 정수로 변환하여 정수값을 반환하는 클래스 메소드로, 시그니처는 다음과 같다.

```
public static int parseInt(String s) throws NumberFormatException
```

parseInt() 메소드는 "1234", "-4321" 등과 같은 정수를 나타내는 문자열이 매개변수로 주어지면 1234, -4321을 반환한다. "1234A", "-FFFF" 등 정수로 변환할 수 없는 문자열이 주어지면 예외를 발생시키고 NumberFormatException 클래스의 예외객체를 던진다. 그러므로 parseInt() 메소드를 호출하면 예외가 발생하기도 하고 하지 않기도 한다.

9.3.1 parseInt() 메소드의 예외를 직접 처리하기

예외 직접 처리는 예외발생 메소드를 호출하면서 예외를 바로 처리하는 방식이다. 예제 9-3-1은 Integer 클래스의 예외발생 메소드 parseInt() 메소드를 호출하면서 예외를 직접 처리하는 프로그램이다.

예제 9-3-1 parseInt() 메소드를 호출하면서 예외를 직접 처리하기

```
class Ex9_3_1_ExceptionParseInt_DirectHandling {
   // 문자열을 입력하여 정수로 변환하여 정수값을 반환하는 메소드
   //     예외발생 메소드 호출하면서 직접 예외 처리
   static int inputStringConvertToInt() {
      String s = SkScanner.getString("\n   o 정수 문자열 입력 > ");

      // 예외발생 메소드 호출하면서 직접 예외 탐지 및 처리
      try {
         int n = Integer.parseInt(s);           // 예외발생 메소드 호출
         return n;
      }
      catch(NumberFormatException e) {   // 예외객체 잡아 처리
         System.out.print("\n   ??? parseInt()에서 예외 발생 - " + e.getMessage());
         return -1;   // 잘못된 입력에 대해 -1 반환
      }
   }

   public static void main(String[] args) {
      while(true) {
         int n = inputStringConvertToInt();
```

```
            System.out.println("  * 입력된 문자열을 변환한 정수 = " + n);

            if (n == -1)
                break;
        }
    }
}
```

실행결과	o 정수 문자열을 입력 〉 1234 * 입력된 문자열을 변환한 정수 = 1234 o 정수 문자열을 입력 〉 1234A ??? parseInt()에서 예외 발생 - For input string: "1234A" * 입력된 문자열을 변환한 정수 = -1

예제 9-3-1에서 예외발생 메소드 java.lang.Integer.parseInt()를 호출하는 inputStringConvertToInt() 메소드는 parseInt()에서 던져지는 예외를 잡아 처리한다. 그러므로 inputStringConvertToInt()는 예외를 직접 처리하는 메소드이며, 예외를 전파하지 않는 메소드이다.

예외를 전파하지 않는 메소드 inputStringConvertToInt()를 호출하는 메소드인 main()은 예외에 대하여 고려할 필요가 없다.

9.3.2 parseInt() 메소드의 예외 전파하기

예외발생 메소드를 호출하면서 예외를 처리하지 않고 이를 호출한 메소드로 전파할 수 있다. 예제 9-3-2의 inputStringConvertToInt() 메소드는 parseInt() 메소드를 호출하면서 예외를 직접 처리하지 않고 자신을 호출한 메소드인 main() 메소드로 전파하는 메소드이다.

예제 9-3-2 parseInt() 메소드 호출하고 예외 전파하기

```
class Ex9_3_2_ExceptionParseInt_Propagating

    // 문자열 입력하여 정수로 변환하여 정수값 반환하는 메소드
    //      예외발생 메소드 호출하지만 예외 처리하지 않고 자신을 호출한 메소드로 전파
    static int inputStringConvertToInt() throws NumberFormatException {
        String s = SkScanner.getString("\n   o 정수 문자열 입력 〉 ");

        // 예외발생 메소드 호출하면서 직접 예외 탐지 및 처리하지 않음
```

```
        int n = Integer.parseInt(s);   // 예외발생 메소드 호출

        return n;
    }

    public static void main(String[] args) {
        while(true) {
            int n = 0;

            // 예외발생 메소드인 inputStringConvertToInt() 호출하면서 예외 처리
            try {
                n = inputStringConvertToInt();
                System.out.println("  * 입력된 문자열을 변환한 정수 = " + n);

            } catch(NumberFormatException e) {   // 예외객체를 e에 잡아 처리
                System.out.println("  ??? inputStringConvertToInt()에서 예외 발생"
                                                        + e.getMessage());
            }

            if (n == -1)
                break;
        }
    }
}
```

프로그램 설명

- inputStringConvertToInt() 메소드의 main()으로 예외 전파
  - 메소드 시그니처에 《 throws NumberFormatException 》 명시
  - 이는 예외발생 메소드인 parseInt() 호출하지만 예외 처리하지 않고 호출하는 메소드로 예외 전파함을 나타냄
  - inputStringConvertToInt() 메소드는 예외발생 메소드가 됨
  - inputStringConvertToInt() 호출한 main()으로 예외 전파
- main()에서 전파된 예외를 try-catch 블록으로 처리

예외 전파는 메소드 시그니처에 《 throws 예외 클래스 》만 명시하면 간단히 이루어진다. 그 대신, 예외를 전파하는 메소드는 예외발생 메소드가 되므로 예외 전파 메소드를 호출할 때 예외 처리를 해야 한다.

9.3.3 parseInt() 메소드의 예외를 JVM으로 전파하기

예제 9-3-2에서 main() 메소드로 전파된 예외를 main()에서 직접 처리하였다. 그런데, main() 메소드로 전파된 예외도 직접 처리하지 않고 다시 전파할 수 있

다. 이때 예외는 main()을 호출한 곳으로 전파되는데, Java 가상기계(Java Virtual Machine: JVM)가 main() 메소드를 호출하므로 예외는 JVM으로 전파된다.

예외가 처리되지 않고 JVM으로 전파되면 JVM은 예외 관련정보와 main() 메소드부터 예외가 발생한 메소드까지 호출된 메소드들을 차례로 출력한 후 프로그램을 종료한다[125].

예제 9-3-3은 inputStringConvertToInt() 메소드에서 parseInt() 메소드의 예외를 직접 처리하지 않고 자신을 호출한 메소드인 main() 메소드로 전파하고, 또다시 main()에서도 예외를 처리하지 않고 자신을 호출한 JVM으로 전파시키는 예를 보여준다.

예제 9-3-3 parseInt() 메소드 호출하고 JVM으로 예외 전파하기

```
class Ex9_3_3_ExceptionParseInt_PropagatingToJVM

   // 문자열 입력하여 정수로 변환하여 정수값 반환하는 메소드
   //    예외발생 메소드 호출하지만 예외 처리하지 않고 자신을 호출한 메소드로 전파
   static int inputStringConvertToInt() throws NumberFormatException {
      String s = SkScanner.getString("\n\n  o 정수 문자열 입력 > ");

      // 예외발생 메소드를 호출하면서 직접 예외 탐지 및 처리하지 않음
      int n = Integer.parseInt(s);    // 예외발생 메소드 호출
      return n;
   }

   // main() 메소드도 예외 전파할 수 있음
   //    예외발생 메소드 호출하지만 예외 처리하지 않고 JVM으로 예외 전파
   public static void main(String[] args) throws NumberFormatException {
      while(true) {
         // 예외발생 메소드 호출하면서 직접 예외 탐지 및 처리하지 않음
         int n = inputStringConvertToInt();    // 예외 발생 메소드 호출
         System.out.printf("  * 입력된 문자열을 변환한 정수 = " + n);

         if (n == -1)
            break;
      }
   }
}
```

실행결과

```
o 정수 문자열 입력 > 1234
```

125) 예외 관련정보 및 메소드 호출 정보는 디버깅을 위한 유용한 정보로 사용된다.

```
  * 입력된 문자열을 변환한 정수 = 1234

  o 정수 문자열 입력 > 1234A
Exception in thread "main" java.lang.NumberFormatException:
                                                   For input string:
"1234A"
  at java.lang.NumberFormatException.forInputString(Unknown Source)
  at java.lang.Integer.parseInt(Unknown Source)
  at java.lang.Integer.parseInt(Unknown Source)
  at ex9_3_java_exception_handling_propagation.Ex9_3_3_ExceptionParseInt_

PropagatingToJVM.inputStringConvertToInt(Ex9_3_3_ExceptionParseInt_
     PropagatingToJVM.java:30)
  at ex9_3_java_exception_handling_propagation.Ex9_3_3_ExceptionParseInt_
     PropagatingToJVM.main(Ex9_3_3_ExceptionParseInt_PropagatingToJVM
     .java:39)
```

예제 9-3-3의 프로그램 실행 중 정수로 변환하지 못하는 문자열 "1234A"가 입력되면 parseInt() 메소드는 예외를 발생시키고 이는 inputStringConvertToInt() 메소드와 main() 메소드를 거쳐 JVM에게 전파된다. JVM은 전달된 예외객체에서 예외 관련정보를 추출하여 다음의 예외 메시지를 출력한다.

```
Exception in thread "main" java.lang.NumberFormatException:
                                          For input string: "1234A"
```

그다음 이러한 예외가 발생한 과정을 보여주는 메소드 호출 체인을 출력한다. 예외는 잘못된 경우에 발생하므로 예외가 발생하면 잘못된 원인을 정확히 파악하여 프로그램에 미치는 영향을 분석해야 한다. 이때 메소드 호출 체인은 도움이 된다.

9.3.4 예외의 직접 처리 또는 전파 중의 택일

예외발생 메소드를 호출한다고 예외가 항상 발생하는 것이 아니다. 예외발생 메소드는 다음과 같이 비정상적인 상황에서만 예외를 발생한다.

- 나이 필드에 주어진 나이 저장하는 setAge() 메소드는 나이가 0 또는 양수이면 예외 발생하지 않고, 나이가 음수로 주어질 경우에만 예외 발생
- 출금 처리 메소드인 withdraw() 메소드는 출금액이 0 이하 또는 잔액보다 큰 경우에만 예외 발생
- 문자열을 정수로 변환하는 parseInt() 메소드는 "1234", "-1234" 등 올바른 정

수를 나타내는 문자열에 대해서는 예외 발생시키지 않고, "1234A", "-FFFF" 등 정수로 변환할 수 없는 문자열에 대해서만 예외 발생

예외발생 메소드는 예외 발생이 가능한 메소드이지만 예외발생 메소드를 호출할 때 다음의 2가지 중에서 반드시 하나를 수행하도록 프로그램이 작성돼야 한다.

- 예외 직접 처리: 예외발생 메소드를 try 블록 내에서 호출하고 catch 블록에서 예외 클래스의 예외객체 잡아서 처리
- 예외 전파: 예외 직접 처리하지 않고 자신을 호출한 상위 메소드로 예외 전파하도록 자신을 예외발생 메소드로 명시

예외발생 메소드를 호출할 때 예외를 직접 처리하지 않으면서 예외를 전파하지도 않으면 컴파일 오류가 발생하므로 프로그램 실행이 되지 않는다. 예외를 직접 처리할지 아니면 예외를 전파할지 결정하는 것도 쉽지 않다.

깔끔하게 예외를 처리하는 프로그램을 작성하는 일은 다소 번잡하지만 중요한 일이다. 잘 작성된 예외 처리 프로그램을 많이 읽어보고 예외 처리 프로그램을 많이 작성해 보면서 스스로 터득해야 하므로 많은 연습이 필요하다. 이러한 것이 바로 프로그래밍 노하우(know-how)이다. 이런 기법이 있고 저런 방법이 있다는 것을 아무리 많이 알아도 노하우가 없으면 좋은 프로그램을 작성하기 어렵다. 노하우를 많이 쌓기 위한 노력도 해야 한다.

9.4 Exception 클래스와 사용자 정의 예외 클래스

9.4.1 Exception 예외 클래스

Java에서 예외 처리를 위해 기본적으로 제공되는 클래스가 java.lang.Exception 클래스이다. 예외를 발생시켜야 할 상황이 되면 Exception 클래스의 예외객체를 생성하고 예외 관련정보를 예외객체에 저장한다.

이미 살펴본 바와 같이 Exception 클래스의 객체 생성자는 다음과 같다.

Exception 클래스의 객체 생성자	
public Exception():	Exception 클래스의 객체 생성
public Exception(String Message)	Exception 클래스의 객체 생성하며 message에 주어지는 예외 관련정보를 객체 내에 저장

다음은 Exception 예외객체에 저장된 예외 관련정보를 반환하는 메소드이다.

Exception 클래스의 메소드	
public String getMessage()	예외객체에 저장된 예외 관련정보 반환

Exception 클래스의 객체를 생성할 때 대부분 매개변수가 있는 객체 생성자 Exception(String message)를 이용하여 예외 관련정보를 저장한다.

예외 관련정보가 저장된 예외객체를 던지면 예외를 처리하는 메소드의 catch 블록에서 던져진 예외객체를 잡아 실제적인 예외 처리를 한다. 이때 예외객체를 생성할 때 저장한 예외 관련정보는 Exception 클래스의 getMessage() 메소드를 이용하여 접근할 수 있다.

9.4.2 사용자 정의 예외 클래스

지금까지 예외 상황에서 예외를 처리하기 위해 Exception 클래스의 예외객체를 생성하여 던졌다. Exception 클래스의 예외객체를 이용할 경우 어떤 종류의 예외가 발생했는가가 명확히 표시되지 않으며, 한 프로그램에서 여러 종류의 예외가 발생하면 예외 처리에서 어려움이 발생한다.

Java는 Exception 클래스의 예외객체를 이용하지 않고 별도의 예외 클래스를 선언하고 그 클래스의 예외객체를 생성하여 던질 수 있도록 지원하며, 이를 사용자 정의 예외 클래스라 한다. 사용자 정의 예외 클래스는 반드시 Exception 클래스의 하위 클래스이어야 한다.

Exception 클래스의 하위 클래스인 사용자 정의 예외 클래스를 사용하면 발생한 예외의 종류를 명확히 구분할 수 있는 장점이 있으며, 다음의 경우에 유용하다.

- Java에서 제공되지 않는 예외 종류가 필요할 때
- 다른 종류의 예외와 구별되는 예외가 프로그램 작성에 도움이 될 때
- 프로그램에서 여러 종류의 예외를 발생시켜 던질 때

사용자 정의 예외 클래스의 일반적인 형식은 다음과 같다.

```
// Exception 클래스의 하위 클래스인 XxxException[126] 클래스
class XxxException extends Exception {
```

```
    XxxException() {     // 매개변수 없는 객체 생성자
        super();              // 상위 클래스인 Exception 클래스의 객체 생성자 호출
    }

    XxxException(String message) {   // 매개변수 있는 객체 생성자
        super(message); // 상위 클래스인 Exception 클래스의 객체 생성자 호출
    }
}
```

사용자 정의 예외 클래스는 발생하는 예외의 종류를 구별하기 위해 선언되므로 다른 필드나 메소드를 필요로 하지 않으며, 대개 객체 생성자 2개만 선언한다. 이들 객체 생성자는 상위 클래스의 객체 생성자를 호출해야 한다. 필요한 경우 필드와 메소드를 추가로 선언하여 예외 처리에 필요한 여러 정보를 저장하고 처리할 수도 있다.

9.4.3 Account 클래스의 예외 처리를 위한 AccountException 예외 클래스

계좌에 대한 입출금 등 계좌 관련 업무를 수행하는 Account 클래스를 작성할 때 계좌와 관련된 예외를 처리하기 위해서 Exception 클래스를 이용하지 않고 별도의 사용자 정의 예외 클래스를 작성할 수 있다.

예제 9-4는 Account 클래스의 예외를 처리하기 위한 새로운 예외 클래스 AccountException을 Exception 클래스의 하위 클래스로 선언하고, 이 예외 클래스를 이용하여 예외를 처리한다.

예제 9-4 Account 클래스 예외 처리 위한 새로운 예외 클래스 선언하기

```
/**
* AccountException 클래스: Account 클래스의 예외 처리를 위한 예외 클래스
*   - Account 클래스에서 예외가 발생하면 예외객체 생성하기 위한 클래스
*   - Exception 클래스의 하위 클래스
*   - 예외 클래스는 클래스 자체가 예외의 종류를 나타내며, 객체 생성자만 선언
*/
class AccountException extends Exception {
    public AccountException() {  // 매개변수 없는 객체 생성자
        super();
    }
```

126) 실제로 사용자 정의 예외 클래스를 작성하면 클래스 이름 XxxException은 AccountException, StringFormatException 등의 구체적인 클래스 이름으로 작명된다.

```
    // 예외 관련정보를 객체에 저장하는 객체 생성자로, 이 정보가 예외 처리에서 사용
    public AccountException(String msg) {
        super(msg); // 상위 클래스 Exception의 객체 생성자를 호출하여 msg를 저장
    }
}

class Account {
    static int nextAccountNo = 10001;              // 계좌번호를 할당하기 위한 클래스 필드

    int accountNo; String ownername; int balance;  // 계좌 번호, 소유자이름, 잔고

      ... 예외와 관련되지 않은 부분은 생략  ...

    // withdraw(): 출금액이 0 이하 또는 잔액 초과이면 출금하지 않고 예외 발생
    //      예외 관련정보를 AccountException 예외객체에 저장하고 예외객체 던짐
    int withdraw(int amount) throws AccountException { // 3) 예외 클래스 명시
        if (amount > 0 && amount <= balance)
            balance -= amount;  // 출금액이 0보다 크고 잔액 이하이면 출금 처리
        else {
            if (amount <= 0)
                // 출금액 0 이하이면 1) 예외 내용을 예외객체에 저장, 2) 예외객체 던짐
                throw new AccountException("0보다 작거나 같은 출금액: " + amount);
            else if (amount > balance)
                // 출금액이 잔액 초과이면 예외 내용을 예외객체에 저장한 후 예외객체 던짐
                throw new AccountException("잔액 " + balance + "보다 큰 출금액: "
                                                    + amount);
        }
        return balance;
    }
}

class Ex9_4_AccountExceptionWithdraw {
    public static void main(String[] args) {
        Account acc = new Account("김철수"); // 김철수의 계좌 생성, 초기 잔고 0원

        // <참고> 여기에서 음수 또는 잔고보다 큰 1000을 입력하여 예외 발생시킴
        int amount = SkScanner.getInt("\n  o 출금할 금액 > ");

        // Java에서 예외 처리방법: try-catch 블록으로 예외객체 잡아 처리
        try {
            acc.withdraw(amount);               // 예외 발생하면 AccountException 객체 던짐
            acc.output("\n  * << acc.withdraw(amount); >> 후의 김철수 계좌 - ");
        }
        catch(AccountException e) {          // 던져진 AccountException 잡아 예외 처리
            System.out.println("\n  ??예외 메시지 = '" + e.getMessage());
```

```
        }

        acc.output("  * 김철수 계좌 - ");
    }
}
```

실행결과	o 출금할 금액 〉 1000 ??? 예외 메시지 = '잔액 0보다 큰 출금액: 1000' * 김철수 계좌 - 계좌번호: 10001, 이름: 김철수, 잔액: 0

프로그램 설명

- 예외 클래스인 AccountException 클래스 선언
  - AccountException 클래스는 Account 클래스의 withdraw() 메소드에서 발생하는 예외 처리를 위한 예외 클래스
  - Exception 클래스의 하위 클래스로 작성
  - 객체 생성자만 선언되고 다른 필드나 메소드는 선언되지 않음

예외 클래스는 발생하는 예외의 종류를 구별하기 위해 선언되는 클래스이므로 다른 필드나 메소드를 필요로 하지 않으며, 객체 생성자만 선언된다. parseInt() 메소드의 예외를 위한 NumberFormatException 클래스도 Exception 클래스의 하위 클래스로 역시 객체 생성자 2개만 선언되어 있다.

9.5 Java에서 제공하는 예외 클래스

Java는 프로그래머가 예외를 발생시키고 처리하는 방법뿐만 아니라 프로그램에서 자주 발생하는 예외적인 상황에 대해 자동적으로 예외를 발생시키고 처리하는 방법을 제공한다. 이 예외들은 시스템에 의해 발생하며 사용자가 발생시키지 못한다.

9.5.1 Java에서 제공하는 예외의 종류

미리 정해진 상황에서 시스템이 자동적으로 발생시키기 위해 Java는 [그림 9-1]과 같이 Throwable, Error, Exception, RunTimeException 클래스와 이들의 여러 하위 예외 클래스를 제공한다.

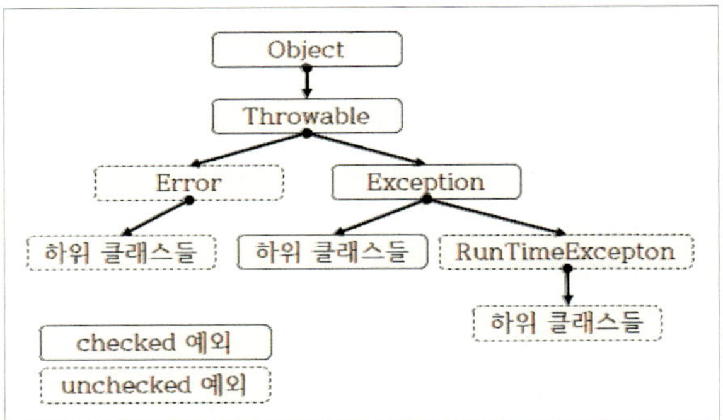

[그림 9-1] Java 예외를 위한 클래스

- Throwable 클래스
  - 예외를 위한 최상위 클래스
  - 던져지는 예외객체는 모두 Throwable 클래스의 하위 클래스의 객체
- Error 클래스 및 하위 클래스
  - 예측할 수 없는 비정상적 상황에서 발생하는 시스템 오류를 위한 클래스
  - 예외 처리 하지 않아도 되는 unchecked 예외 클래스
- Exception 클래스 및 RunTimeException 클래스를 제외한 하위 클래스
  - 일반적인 Java 프로그램에서 잡아 처리해야할 예외를 위한 클래스
  - 반드시 예외 처리해야 하는 checked 예외 클래스
- RunTimeException 클래스 및 RunTimeException 클래스의 하위 클래스
  - Java 가상기계의 정상적인 실행 중 발생할 수 있는 예외를 위한 클래스
  - 예외 처리 하지 않아도 되는 unchecked 예외 클래스

특히, Error 클래스 및 Error 클래스의 하위 클래스와 RunTimeException 클래스 및 RunTimeException 클래스의 하위 클래스는 Java 컴파일러가 예외 처리 여부를 검사하지 않으므로 예외 처리를 하지 않아도 되며, 이들을 unchecked 예외라 한다. 그 외의 예외 클래스들은 Java 컴파일러가 예외 처리 여부를 확인하므로 반드시 예외를 처리해야하는 checked 예외이다.

Java에서 제공하는 예외는 프로그램의 실행 중에 자동적으로 발생하며 프로그래머가 발생시킬 수는 없다[127]. 발생한 예외는 프로그래머의 의해 탐지되고 처리될 수 있으며, unchecked 예외인 경우 프로그래머가 처리하지 않아도 된다.

Java에서 제공하는 예외 클래스의 예는 다음과 같다.

127) 프로그래머가 예외가 발생 상황을 만들면 이들 예외가 발생하며, 이들 예외객체를 생성하여 던질 수 없다.

- ArithmeticException 클래스
  - 0으로 나누기 등의 산술 연산에 대한 예외를 위한 예외 클래스
  - RunTimeException 클래스의 하위 클래스로 unchecked 예외 클래스
- ArrayIndexOutOfBoundsException 클래스
  - 배열 인덱스의 범위를 초과할 때 처리를 위한 예외 클래스
  - RunTimeException 클래스의 하위 클래스로 unchecked 예외 클래스
- ArrayStoreException 클래스
  - 배열 원소에 적합하지 않는 타입 값을 저장할 때 처리를 위한 예외 클래스
  - RunTimeException 클래스의 하위 클래스로 unchecked 예외 클래스

Java에는 이 외에도 많은 예외 클래스들이 제공된다. 이들에 대한 구체적인 내용들은 스스로 살펴보아야 한다.

9.5.2 Java에서 발생시킨 예외를 처리하는 예제

예제 9-5-1은 unchecked 예외 클래스인 ArithmeticException과 ArrayIndex OutOfBoundsException 클래스의 예외를 의도적으로 발생시키고 이를 처리하는 프로그램이다.

예제 9-5-1　　Java에서 발생시킨 예외 처리하기

```
class Ex9_5_1_JavaExceptionHandling {
   public static void main(String[] args) {
      int i = 7, j;

      try {
         // 예외 상황: 0으로 나누면 잘못된 나눗셈으로
         //              ArithmeticException이 자동적으로 발생
         j = i / 0;
      }
      catch (ArithmeticException e) {
         System.out.println("오류: 0으로 나누기");
      }

      int[] arr = new int[10];
      try {
         // 예외 상황: arr[20]은 존재하지 않는 배열원소로
         //              ArrayIndexOutOfBoundsException이 자동적으로 발생
         arr[20] = 4;
      }
```

```
        catch(ArrayIndexOutOfBoundsException e) {
            System.out.println("오류: 범위를 벗어난 배열 인덱스");
        }
    }
}
```

실행결과	오류: 0으로 나누기 오류: 범위를 벗어난 배열 인덱스

예제 9-5-1 프로그램이 실행되면 0으로 나누기 예외가 자동적으로 발생하고 try-catch 블록에서 이를 잡아 처리한다. 그다음 문장이 계속 수행되어 다시 인덱스 범위 초과 예외가 발생하고 역시 try-catch 블록에서 잡아 처리한다.

9.5.3 Java에서 발생시킨 예외를 처리하지 않는 예제

unchecked 예외는 처리할 수도 있고 처리하지 않을 수도 있다. unchecked 예외를 잡아 처리하면 예외가 발생해도 프로그램은 정상적으로 계속 실행되지만 예외를 처리하지 않으면 수행 중인 메소드는 종료되고, 호출된 역순으로 메소드가 차례로 복귀된다. 그 과정에서 예외가 잡혀져 처리되지 않으면 최종적으로 프로그램이 종료된다.

예제 9-5-2는 Java에서 발생시킨 예외를 처리하지 않은 결과를 보여준다.

예제 9-5-2 Java에서 발생시킨 예외 처리하지 않기

```
class Ex9_5_2_JavaExceptionNotHandling {
    // 0으로 나누기 예외를 발생시키는 메소드
    static void evokeArithmeticException() {
        int i = 7, j;
        j = i / 0;
    }

    // 인덱스 범위 초과 예외를 발생시키는 메소드
    static void evokeArrayIndexOutOfBoundsException() {
        int[] arr = new int[10];
        arr[20] = 4;
    }

    // 예외를 발생시키는 메소드 2개를 호출하는 메소드
    static void evoke2Exceptions() {
        evokeArithmeticException();
```

```
        evokeArrayIndexOutOfBoundsException();
    }

    public static void main(String[] args) {
        evoke2Exceptions();
    }
}
```

실행결과

```
Exception in thread "main" java.lang.ArithmeticException: / by zero
    at Ex9_5_2.evokeArithmeticException(Ex9_5_2.java:5)
    at Ex9_5_2.evoke2Exceptions(Ex9_5_2.java:14)
    at Ex9_5_2.main(Ex9_5_2.java:19)
```

발생한 unchecked 예외를 어느 메소드에서도 처리하지 않을 경우 main() 메소드를 호출한 Java 가상기계에 의해 묵시적 예외 처리가 이루어진다. 묵시적 예외 처리는 예제 9-5-2의 실행결과와 같이, 발생한 예외의 종류와 예외가 발생한 장소를 출력한 후 프로그램을 종료한다.

특히 예외 발생 장소의 출력에서 main() 메소드에서부터 시작하여 예외가 발생한 메소드까지 호출된 모든 메소드들이 역순으로 출력된다. 실행결과를 보면 java.lang.ArithmeticException의 0으로 나누기 예외가 발생하였고, 이 예외는 Ex9_5_2.evokeArithmeticException() 메소드 내의 라인 5에서, Ex9_5_2.evoke2Exception() 메소드 내의 라인 14에서, Ex9_5_2.main() 메소드 내의 라인 19에서 발생하였음을 알려준다.

예외 발생에 대한 정보는 예외가 발생한 정확한 위치를 알려주므로 이 발생 위치 정보를 활용하면 예외가 발생한 곳을 찾을 수 있으므로 디버깅에 도움이 된다.

java

❑ 맺으면서

프로그램을 작성할 때 비정상적인 상황의 발생과 처리는 중요하지만 프로그래머에게 아주 귀찮은 일이다. 그렇지만 예외 상황에 대처하는 것은 매우 중요하다.

Java는 체계적이며 융통성 있는 예외 처리를 할 수 있는 기법을 제공한다. 그것은 예외의 발생과 처리를 분리시켜 프로그램마다 다른 예외 처리를 가능하게 하는 것이다.

예외가 발생한 메소드에서 예외객체를 던지고 예외를 처리하는 메소드에서 이를 잡아 처리하는 방식이 약간 생소하게 보일 수도 있다. 그러나 일단 그러한 방식을 이해하면 별것이 아니다. 별것이 아닌 것은 당연한 것이고 당연한 것은 어려울 것이 전혀 없다.

Java의 특징 중 하나가 처음에 생소하게 보이는 여러 방식이 많다. 오버라이딩 메소드를 결정하는 방법도 겉으로는 드러나 있지 않지만, Java 가상기계가 알아서 결정한다. 주어진 원칙대로 결정한다. 예외 처리도 마찬가지이다. 주어진 원칙대로 예외객체를 던지면 다른 메소드에서 이를 잡아 처리한다.

예외 처리에서 기억해야 할 것은 예외를 처리하지 않고 전파할 수 있는 것, 예외 종류를 구별하기 위해 사용자 정의 예외 클래스를 선언하는 것, Java에서 제공하는 예외는 자동적으로 발생하며 이를 잡아 처리할 수 있는 것 등이다.

연습문제

1. 다음 문장의 옳고 그름을 판단하라. 또한, 잘못되었으면 올바르게 고쳐라.

1) Java의 예외 처리는 프로그램의 실행 중 발생하는 비정상적인 상황에 대해 다양하게 대처할 수 있게 한다.
2) Java에서 예외가 발생하면 반드시 발생한 곳에서 예외가 처리되어야 한다.
3) Java에서 예외가 발생하는 곳과 예외가 처리되는 곳은 다르다. 예외가 발생한 곳에서 예외객체를 생성하여 던지면 처리하는 곳에서 이를 잡아 처리한다.
4) 예외객체는 발생한 예외의 종류와 예외 관련정보를 예외를 처리하는 곳으로 보내기 위해서 필요하다.
5) catch 블록에서 던져진 예외객체를 클래스별로 구분하여 잡을 수 있다. 잡힌 예외객체를 참조하는 예외객체 참조변수를 이용하여 예외를 처리한다.
6) finally 블록은 try 블록이 수행된 후 반드시 수행해야 할 작업을 명시하며, 예외가 발생하든 하지 않든 항상 수행된다.
7) 예외가 발생한 곳에서 예외를 처리하는 것이 훨씬 좋은 방법이다.
8) 예외발생 메소드를 호출한 메소드에서 예외를 처리할 수도 있고, 처리하지 않고 자신을 호출한 메소드로 예외를 전파할 수도 있는데, 둘 중 하나는 반드시 해야 한다.
9) 사용자 정의 예외 클래스는 Exception 클래스의 하위 클래스이어야 한다.
10) Java 가상기계가 자동적으로 발생시키는 예외를 프로그래머가 처리할 수 없다.

2. 다음의 예외 처리 프로그램에서 잘못된 것을 지적하고 올바르게 고쳐라.

```
class A {
   int n;
   void f(int n) {
      if (n>100) {
         A exception = new A();
         cast exception;
      }
      else
```

```
        this.n = n;
    }
}

class Amain {
    public static void main(String[] args) {
        A a = new A();
        try {
            a.f(105);
        }
        catch(A e) {
            System.out.println("예외가 발생함.");
        }
    }
}
```

3. **try 블록 내에서 여러 종류의 예외가 발생할 수 있는 경우 특정 종류의 예외를 탐지하여 처리하는 방법에 대해 설명하라.**

4. **Java에서 예외 발생과 예외 처리를 분리시킨 이유는 무엇이며 이로 인한 장점은 무엇인가?**

5. **Java에서 제공하는 예외의 종류를 조사하라.**

6. **다음의 상황에 대하여 예외 상황에 대해 예외를 처리하는 방법을 생각해 보라.**

1) 주어진 이름의 파일을 개방하려 할 때 파일이 존재하지 않는다.
2) 대학생 객체의 학년에 음수 또는 4보다 큰 값을 저장하려 한다.
3) 0부터 100 사이 정수가 입력되어야 하는데 음수 또는 100보다 큰 값이 입력되었다.
4) 월을 입력하는데 1부터 12 사이 값이 아닌 값이 입력되었다.
5) 원격 서버에 연결이 되지 않는다.
6) JDBC를 통하여 데이터베이스를 연결하려고 하나 연결이 되지 않는다.
7) 로그인 아이디와 비밀번호가 저장된 아이디와 비밀번호와 일치하지 않는다.

7. 한 은행에서 계좌를 생성할 때 계좌번호, 소유자 이름, 이체한도가 주어지면 그 정보의 계좌를 생성한다. 계좌에서 다른 계좌로 이체할 때 이체 금액이 0보다 크고 잔고보다 작거나 같아야 한다. 또한, 이체 금액이 이체 한도보다 적어야 한다. 한 계좌 객체에서 다른 계좌 객체로 이체송금을 하려고 다음의 프로그램을 작성했으며, 여기에서 이체에 대한 예외 처리가 되지 않은 상태이다.

```
class Account {
   // 계좌번호, 소유자, 잔고, 이체한도
   int accno; String owner; int balance, transferLimit;

   Account(int accno, String owner, int transferLimit) {
      this.accno = accno;                    this.owner = owner;
      this.transferLimit = transferLimit;    this.balance = 0;
   }

   void deposit(int amount) {  // 입금 메소드
      balance += amount;
   }

   // 이 계좌에서 주어진 accountTo 계좌로 이체하는 메소드
   void transferTo(Account accountTo, int amount) {
      this.balance -= amount;
      accountTo.balance += amount;
   }

   public static void main(String[] args) {
      Account acc1 = new Account(10001, "홍길동", 10000);
      Account acc2 = new Account(10002, "박문수", 10000);
      acc1.deposit(50000);
      acc1.transferTo(acc2, 80000);

      System.out.println("acc1의 잔고 = " + acc1.balance
                                        + ", acc2의 잔고 = "  + acc2.balance);
   }
}
```

1) 프로그램의 실행결과를 보여라.
2) transferTo() 메소드의 문제점을 설명하라.
3) transferTo() 메소드에서 예외 상황이 발생하면 예외 메시지를 이 메소드에서 직접 출력하도록 메소드를 변경하라. (예외 상황이 발생하면 이체를 수행하지 않고 예외 메시지만 출력)

4) transferTo() 메소드에서 예외 상황이 발생하면 예외객체를 생성하여 던지고, 호출한 main() 메소드에서 이를 탐지하고 처리하도록 프로그램을 변경하라. (필요한 부분만 변경하면 됨)

(연습문제 1번 답) 1:O 2:X(예외가 발생한 곳에서 처리되지 않는 것이 원칙) 3:O 4:O 5:O 6:O(finally 블록은 예외의 발생 및 처리 여부와 관계없이 항상 수행) 7:X(예외 처리가 발생한 곳에서 이루어지면 클래스의 재사용과 변경 용이성이 떨어지므로 좋지 않음) 8:X(unchecked 예외의 경우 예외 처리를 하지 않아도 됨) 9:O 10:X(Java에서 제공하는 예외도 탐지하고 잡아 처리할 수 있음)

실습과제

1. 예외발생 메소드 작성 및 예외저리 메소드 호출

다음의 클래스를 작성하면서 요구되는 기능을 수행하는 메소드를 예외발생 메소드로 작성하고 main()에서 이 메소드를 호출하고 예외 처리를 적절히 수행하라. 예외발생 메소드가 객체 메소드이면 객체를 먼저 생성한다.

1) UniversityStudent 클래스
- o UniversityStudent 클래스는 필드로 이름, 학과, 학년을 나타내는 String name, String dept, int grade를 가짐
- o UniversityStudent 클래스의 객체 생성자는 이름, 학과, 학년이 매개변수로 주어지면 필드 name, dept, grade를 초기화
- o int setGrade(int grade) 메소드는 학년 grade가 주어지면 이를 UniversityStudent 클래스의 grade 필드에 저장하고 변경된 학년을 반환
- o setGrade(int grade) 메소드는 grade가 음수 또는 5 초과면 "잘못된 학년" 예외 발생

2) Menu 클래스
- o Menu 클래스의 필드는 없음
- o static int getMenuNo(String[] menus) 메소드는 String 배열 menus가 주어지면 menus 배열의 원소를 순번과 함께 출력한 후 순번을 입력하여 반환하는 메소드
- o getMenuNo(String[] menus) 메소드는 입력받은 순번이 1보다 작거나 원소 개수보다 크면 "잘못된 메뉴 선택" 예외 발생

3) IntArray 클래스
- o IntArray 클래스는 필드로 int[] array, int maxNo, int posToSave를 가짐
- o IntArray 클래스의 객체 생성자는 다음과 같음

```
IntArray(int no) {
    array = new int[no];     // array 배열변수는 최대 no개 정수 저장 가능
    maxNo = no;              // 정수 저장 가능 개수를 n으로 설정
    posToSave = 0;           // 다음에 저장될 위치를 0으로 설정
}
```

- o int add(int n) 메소드는 주어진 n을 필드 배열변수 array의 posToSave 위치에 저장하고 posToSave를 1 증가하고 저장된 위치를 반환하는 메소드
- o int add(int n) 메소드는 필드 posToSave의 값이 필드 maxNo과 같으면 "저장 공간 부족으로 저장 불가" 예외 발생

2. inputScore() 메소드의 예외 처리

Score 클래스는 점수를 저장하는 int score를 필드로 가진다. inputScore() 메소드는 min에서 max 사이 점수를 입력하여 score 필드에 저장하는 메소드이며, 입력된 값이 범위를 벗어나면 자체적으로 오류 처리를 수행한다. main()

메소드에서 주어진 범위의 입력된 점수를 출력한다.

```
class Score {
   int score;  // 점수를 저장하는 필드

   // min에서 max 사이 점수를 입력하여 true 또는 false 반환하는 메소드
   // 범위를 벗어나는 점수가 입력되면 오류 메시지 출력하고 false 반환
   boolean inputScore(int min, int max, String prompt, String errorMsg) {
      int score = SkScanner.getInt(prompt);  // 프롬프트 메시지 출력 후 정수 입력
      if (score >= min && score <= max) {   // 입력 점수가 min과 max 사이이면
         this.score = score;                //    입력 점수를 저장
         return true;
      } else {
         System.out.println(errorMsg);      //    전달된 오류 메시지를 출력
         return false;
      }
   }
}

class ScoreMain {
   public static void main(String[] args) {
      Score sc = new Score();

      while(true)
         if (sc.inputScore(0, 100, "\n  o 0과 100 사이 점수 입력 > ",
                                       "\n  ??? 잘못된 점수 입력됨"))
            break;

      System.out.println("\n  * 입력된 점수: " + sc.score);
   }
}
```

더욱 나은 예외 처리를 위하여 다음의 3가지 방법으로 예외 처리를 수행하도록 프로그램을 추가로 작성하라.

1) Score 클래스에 errorMsg 필드도 선언하라. 입력된 값이 범위를 벗어나면 errorMsg 필드에 오류 메시지를 저장하고, 입력 값의 오류가 없으면 errorMsg 필드에 null을 저장하고 입력된 점수를 score 필드에 저장하는 void inputScore1(int min, int max, String prompt) 메소드를 작성하라.

main() 메소드에서 이 메소드를 호출하여 errorMsg 필드가 null이 아니면 오류를 처리하고, errorMsg 필드가 null이면 입력된 점수를 출력하는 코드를 작성하라.

2) 입력된 값이 범위를 벗어나면 Exception 클래스의 예외객체를 생성하여 오류 메시지 "점수입력 오류: 범위를 벗어난 점수"를 저장한 후 예외객체를 던지고, 입력 값의 오류가 없으면 입력된 점수를 score 필드에 저장하는 void inputScore2(int min, int max, String prompt) 메소드를 예외발생 메소드로 작성하라.

이 메소드를 호출하는 main() 메소드에서 예외객체를 잡아 예외 처리하는 코드를 작성하라.

3) 입력된 값이 범위를 벗어나면 ScoreException 클래스의 예외객체를 생성하여 오류 메시지 "점수입력 오류: 범위를 벗어난 점수"를 저장한 후 예외객체를 던지고, 입력 값의 오류가 없으면 입력된 점수를 score 필드에 저장하는 void inputScore3(int min, int max, String prompt) 메소드를 예외발생 메소드로 작성하라.

이 메소드를 호출하는 main() 메소드에서 예외객체를 잡아 예외 처리하는 코드를 작성하라. 이를 위해 ScoreException 클래스도 작성하라.

3. calculate() 메소드의 예외 처리

Calculator 클래스의 static 메소드인 calculate()는 왼쪽 피연산자, 연산자, 오른쪽 피연산자가 주어지면 연산자에 따른 계산을 수행하여 연산결과를 반환하는 메소드이다. 이 메소드는 연산자가 '+', '−', '*', '/', '%' 중의 하나가 아니거나 연산자가 '/' 또는 '%'일 때 오른쪽 연산자가 0이면 자체적으로 오류 처리를 수행한다.

```
// 왼쪽 피연산자, 연산자('+', '-', '*', '/', '%' ), 오른쪽 피연산자가 매개변수로 주어지면
// 연산 수행하여 연산결과 반환하는 메소드
// 연산자가 '+', '-', '*', '/', '%' 중의 하나가 아니거나 연산자가 '/' 또는 '%'일 때
// 오른쪽 피연산자가 0이면 오류 처리 후 Double.NaN 반환
static double calculate(double oprdLeft, char opr, double oprdRight) {
   switch(opr) {
      case '+': return oprdLeft + oprdRight;     // 더하기 연산결과 반환
      case '-': return oprdLeft - oprdRight;     // 빼기 연산결과 반환
      case '*': return oprdLeft * oprdRight;     // 곱하기 연산결과 반환

      case '/':
         if (oprdRight == 0) {
            System.out.println("??? 나누기 연산 오류: 0으로 나누기 불가");
```

```
            return Double.NaN;
        }
        return oprdLeft / oprdRight;          // 나누기 연산결과 반환

    case '%':
        if (oprdRight == 0) {
            System.out.println("??? 나머지 연산 오류: 0의 나머지 구할 수 없음");
            return Double.NaN;
        }
        return oprdLeft % oprdRight;          // 나머지 연산결과 반환

    default:
        System.out.println("??? 연산자 오류: " + opr + " - 잘못된 연산자");
        return Double.NaN;
    }
}
```

더욱 나은 예외 처리를 위하여 다음의 3가지 방법으로 예외 처리를 수행하라.

1) 오류가 발생하는 경우 Calculator 클래스의 클래스 필드인 static String errorMsg에 오류 메시지를 저장한 후 Double.NaN을 반환하는 Calculator 클래스의 static double calculate1(double oprdLeft, char opr, double oprdRight) 메소드를 작성하라.

   이 메소드를 호출하는 main() 메소드에서 errorMsg 필드가 null이 아니면 오류를 처리하는 코드를 작성하라. 이를 위해 Calculator 클래스에 errorMsg 필드도 선언하고 calculate1() 메소드에서 오류가 없으면 errorMsg 필드에 null을 저장한다.

2) 오류가 발생하는 경우 Exception 클래스의 예외객체를 생성하여 적절한 오류 메시지를 저장한 후 예외객체를 던지는 Calculator 클래스의 static double calculate2(double oprdLeft, char opr, double oprdRight) 메소드를 예외발생 메소드로 작성하라. 이 메소드를 호출하는 main() 메소드에서 예외객체를 잡아 예외 처리하는 코드를 작성하라.

3) 오류가 발생하는 경우 CalculatorException 클래스의 예외객체를 생성하여 적절한 오류 메시지를 저장한 후 예외객체를 던지는 Calculator 클래스의 static double calculate3(double oprdLeft, char opr, double oprdRight) 메

소드를 예외발생 메소드로 작성하라. 이 메소드를 호출하는 main() 메소드에서 예외객체를 잡아 예외 처리하는 코드를 작성하라. 이를 위해 CalculatorException 클래스도 작성하라.

제10장

패키지

제10 패키지

학습 목표

- o 패키지의 필요성과 작성방법을 숙지한다.
- o 패키지의 클래스를 참조하는 방법을 익힌다.
- o java.lang 패키지의 중요 클래스들을 파악하고 이들 클래스를 이용한 프로그램 작성 능력을 배양한다.
- o java.util, java.io 패키지의 중요 클래스를 활용한 프로그램을 작성할 수 있도록 한다.

간단한 Java 프로그램을 개발할 때 몇 개 클래스만 작성하고 이들 클래스에 서로 다른 이름을 부여하는 것은 어려운 일이 아니다. 그런데, 여러 개발자가 큰 Java 프로그램을 개발하면 많은 클래스를 작성해야 하는데, 이때 클래스를 전체적으로 관리하고 클래스 이름을 모두 다르게 부여하는 일은 쉬운 일이 아니다.

관련된 클래스들을 하나의 단위로 묶어 효율적으로 관리하고 클래스 이름을 자유롭게 명명하는 방안으로 도입된 것이 패키지(package)[128] 이다. 패키지는 클래스를 사용분야, 기능, 개발자 등의 기준으로 분류하여 관리하므로 클래스의 탐색과 사용이 용이하다. 특히, 동일한 이름의 클래스를 서로 다른 패키지의 클래스로 작성할 수 있으므로 같은 이름의 여러 클래스를 자유롭게 작성할 수 있다.

또한, Java는 Java 프로그래밍에 필요한 클래스들의 집합체인 클래스 라이브러리들을 용도별로 구분하여 패키지로 제공된다. 가장 중요한 패키지는 java.lang 패키지이며, Object, String, System 클래스와 기본 타입의 값을 객체로 저장하기 위한 여러 Wrapper 클래스들을 포함한다.

그 외에도 java.util, java.io, java.awt, java.text 등 Java 자체에서 제공하는 패키지를 잘 활용하면 Java 프로그래밍을 훨씬 쉬워진다.

128) 패키지는 관련된 여러 클래스를 하나의 단위로 묶는 것이며, 이로 인해 탐색과 사용의 편리, 이름 중복 문제 해결, 접근 제어 등의 다양한 이점을 제공한다.

10.1 패키지의 필요성, 작성방법, 클래스 참조

10.1.1 패키지의 필요성

지금까지 작성된 하나의 프로그램은 최대 5개 정도의 클래스로 작성되었다. 그런데, 프로그램이 복잡해지면 클래스 개수가 10개를 초과하는 것은 보통이며, 때에 따라 50개, 100개 또는 500개 이상의 클래스들이 작성되기도 한다.

하나의 Eclipse 프로젝트에 많은 개수의 클래스를 작성하여 저장하면 이를 전체적으로 관리하기도 어렵고 특정 클래스를 찾기도 어려워진다. Java는 연관된 여러 클래스를 하나의 단위로 묶어 관리하기 위해 패키지(package)를 제공하며, 작성된 클래스들은 여러 패키지로 나누어 저장되고 관리될 수 있다.

이미 패키지의 필요성은 이 책의 6장에서 소개되었다. 6장에서 사람을 나타내는 Person 클래스를 여러 유형으로 작성하였기 때문에 이름이 Person인 클래스가 여러 번 작성되었다. Person1, Person2와 같이 서로 다른 Person 클래스 이름을 사용할 수 있지만, 이는 매우 불편하다.

Eclipse의 ch6 프로젝트의 (default package)에 동일한 이름의 여러 Person 클래스들을 작성할 수는 없다. 그러므로 동일한 이름의 Person 클래스들을 서로 다른 패키지의 클래스로 작성하였다.

하나의 프로젝트에 여러 개발자가 참여하여 Java 프로그램을 개발할 때 각 개발자는 자신이 작성한 클래스들을 다른 개발자가 사용할 수 있도록 허용한다. 이때, 개발자는 자신이 개발한 클래스를 미리 정해진 패키지에 포함하면 여러 개발자 사이에 클래스를 공유할 수 있으며, 클래스 이름을 자유롭게 부여할 수 있다.

패키지의 이점은 다음과 같다.

- 클래스를 기능, 용도, 개발자 등의 기준으로 분류하여 관리할 수 있음
- 동일한 이름의 클래스를 다른 패키지의 클래스로 작성할 수 있으므로 이름 충돌(naming collision) 해결할 수 있음
- 패키지 내의 클래스들은 공유할 수 있으며, 외부에서 접근하지 못하게 제어할 수 있음

10.1.2 패키지 작성방법

❏ 패키지 선언

한 클래스를 패키지의 클래스로 작성하려면 다음과 같이 클래스의 첫 문장에 패키지 선언문을 작성하여 그 아래의 클래스가 그 패키지의 클래스임을 선언한다.

```
package 패키지이름;        // 패키지 선언문: 작성되는 클래스는 이 패키지의 클래스
class 클래스이름 { ... }    // 클래스 선언
```

다음은 예제 6-2의 Person 클래스와 PersonMgmt 클래스를 ex6_2_person_mgmt 패키지의 클래스로 선언하는 예이다.

```
// 이 파일의 클래스들을 ex6_2_person_mgmt 패키지의 클래스로 선언
package ex6_2_person_mgmt;

class Person { ... }          // Person 클래스 선언
class PersonMgmt { ... }      // PersonMgmt 클래스 선언
```

한편, 이 패키지의 Person 클래스와 이름은 같지만 다른 필드와 메소드를 갖는 Person 클래스를 또 작성하려면 Person 클래스를 다른 패키지의 클래스로 선언하면 된다.

다음은 예제 6-3의 Person 클래스, Book 클래스, PersonMgmt 클래스를 ex6_3_1_class_with_only_fields 패키지의 클래스로 선언하는 예이다.

```
// 이 파일의 클래스들을 ex6_3_1_class_with_only_fields 패키지의 클래스로 선언
package ex6_3_1_class_with_only_fields;

class Person { ... }          // Person 클래스 선언
class Book { ... }
class PersonMgmt {... }       // PersonMgmt 클래스 선언
```

❏ 패키지 이름 붙이기

Java 프로그램에서 같은 이름의 여러 클래스가 작성되는 것은 매우 흔하다. 같은 이름의 여러 클래스를 구별하기 위해 서로 다른 패키지의 클래스들로 작성돼야 하며, 각 패키지는 적절한 이름이 부여돼야 한다.

패키지 이름은 그 패키지에 포함되는 클래스들의 용도, 작성자, 작성기관 등을 나타낼 수 있도록 명명된다. 다음은 패키지 이름을 붙이는 원칙이다.

- ■ 패키지 이름은 클래스 이름과 구별되게 명명하는 것이 원칙
  - 모두 소문자와 언더스코어(_) 이용하여 명명
  - ex6_3_1_class_with_only_fields, graphics 등이 그 예
- ■ 패키지 이름은 도트 표현(dot notation) 이용하여 계층적으로 명명할 수 있음
  - java.lang, java.awt.event, org.w3c.dom 등이 그 예
- ■ 인터넷 도메인 이름을 패키지 명으로 사용할 수 있음
  - 도메인 이름의 역순으로 패키지 이름 명명
  - 도메인 이름이 dom.w3c.org면 패키지 이름은 org.w3c.dom
- ■ Java 자체에서 제공하는 패키지
  - java 또는 javax로 시작하는 패키지 이름 가짐
  - java.lang, java.util, javax.swing, javax.swing.table 등

❑ Eclipse에서 패키지 작성 방법

Eclipse는 프로젝트에 패키지를 작성하는 기능을 제공한다. ch10 프로젝트에 person_mgmt 패키지를 생성하고 이 패키지에 Person 클래스와 PersonMgmt 클래스를 작성하는 과정을 다음과 같다.

① ch10 프로젝트 또는 아래 ≪ src ≫ 클릭한 후 마우스 오른쪽 버튼 눌러 ≪ New ≫, ≪ Package ≫ 차례로 선택
② ≪ New Java Package ≫ 창 뜨면 ≪ Name ≫에 패키지 이름인 person_ mgmt 입력 후 ≪ Finish ≫ 버튼 누름
③ ch10 프로젝트 아래 ≪ src ≫ 폴더 아래에 새로운 person_mgmt 패키지 생성 확인
④ ≪ person_mgmt ≫ 클릭한 후 마우스 오른쪽 버튼 눌러 ≪ New ≫, ≪ Class ≫ 차례로 선택
⑤ ≪ New Java Class ≫ 창 뜨면 ≪ Name ≫에 클래스 이름인 Person 입력 후 ≪ Finish ≫ 버튼 누름
⑥ ≪ person_mgmt ≫ 패키지 아래 새로운 Person 클래스 생성 확인
⑦ ≪ Person.java ≫ 클릭하면 ≪ package person_mgmt; ≫ 작성된 Person 클래스 내용 확인
⑧ ④에서 ⑦까지 과정을 반복하여 PersonMgmt 클래스 생성
⑨ ≪ person_mgmt ≫ 패키지의 Person과 PersonMgmt 클래스 작성 완성

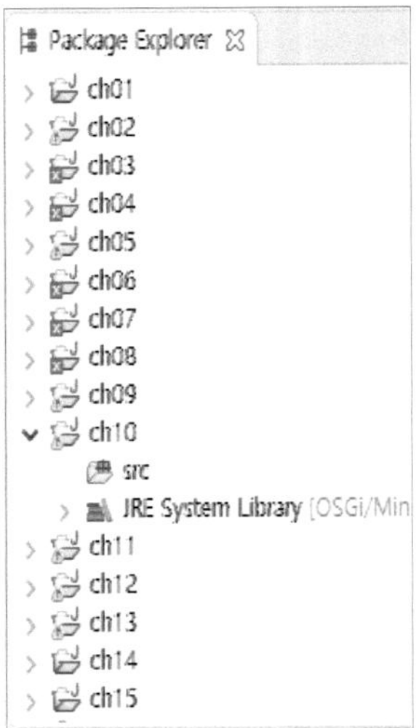		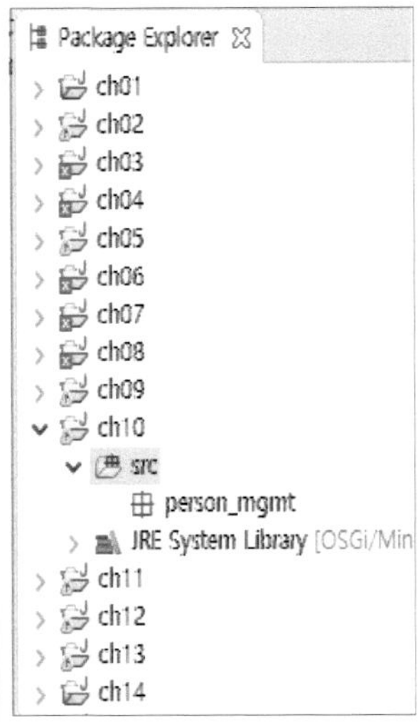
① ch10 프로젝트 클릭	② 패키지 이름 입력	③ 패키지 생성 확인

	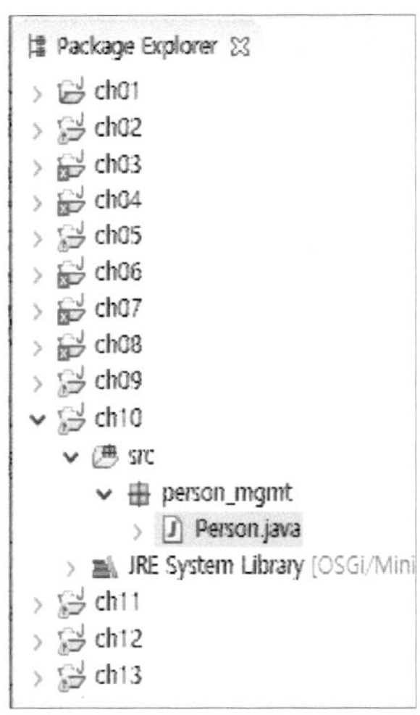	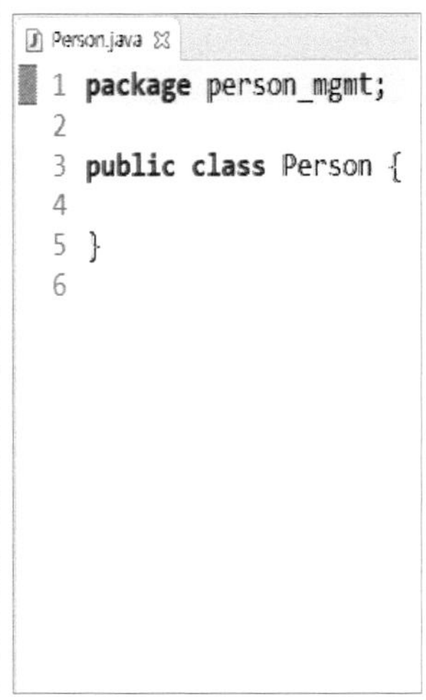
⑤ 패키지의 클래스 생성	⑥ 생성된 클래스 확인	⑦ 클래스 내용 확인

person_mgmt 패키지가 새로이 생성되면 프로젝트가 저장된 ch10 폴더 아래의 src 폴더 아래에 패키지 이름과 동일한 person_mgmt 폴더가 생성되고 Person과 PersonMgmt 클래스는 그 폴더에 저장된다.

10.1.3 패키지에 포함되는 클래스 참조

패키지에 포함되는 클래스를 패키지 멤버(package member)라 한다. 패키지 멤버를 참조하는 방법은 다음의 3가지이다.

- 정규화된 이름(fully qualified name)으로 패키지 멤버 참조
  - 패키지 멤버를 《 패키지이름.클래스이름 》의 패키지 이름과 클래스 이름을 도트로 연결한 정규화된 이름으로 표시하여 참조
- 패키지 멤버 import하고 클래스 이름으로 참조
  - 패키지 멤버를 정규화된 이름으로 import하고 클래스 이름만 표시하여 참조
- 패키지 전체 import하고 클래스 이름으로 참조
  - 패키지 멤버 포함된 패키지 전체를 import하고 클래스 이름만 표시하여 참조

❑ 정규화된 이름으로 패키지 멤버 참조

한 클래스를 패키지 멤버로 작성했을 때 《 패키지이름.클래스이름 》으로 표현되는 정규화된 이름으로 그 클래스를 참조할 수 있다.

예를 들어, java.util 패키지의 Date 클래스는 날짜와 시간을 저장하고 처리하기 위한 클래스이다. Date 클래스를 참조하기 위한 정규화된 이름은 java.util.Date이므로 정규화된 이름으로 Date 클래스를 참조하려면 java.util.Date를 사용한다.

예제 10-1-1은 Date 클래스를 이용하여 컴퓨터에 세팅된 현재 날짜와 시간을 출력하는 프로그램으로, Date 클래스를 참조하기 위해 정규화된 이름 java.util.Date를 사용한다.

예제 10-1-1 정규화된 이름 사용하여 Date 클래스 참조하기

```
class Ex10_1_1_DateUsingFullyQualifiedName {
   public static void main(String[] args) {

      // Date 클래스는 java.util 패키지에 포함되므로 정규화된 이름은 java.util.Date
      java.util.Date now = new java.util.Date();   // Date() 객체 생성하여 now에 저장

      System.out.println("\n   * 현재 날짜와 시간: " + now);  // Date 객체 now 출력
   }
}
```

실행결과	* 현재 날짜와 시간: Sun Jul 31 10:06:30 KST 2018

프로그램 설명

- 이 프로그램은 Date 클래스의 객체 생성하여 now에 저장한 후 now 출력
  - java.util.Date는 Date 클래스가 java.util 패키지의 클래스임을 나타내는 정규화된 이름
  - 《 new java.util.Date(); 》에서 Date 클래스의 객체 생성하고 현재 날짜와 시간을 객체 내부에 저장
  - 《 java.util.Date now = new java.util.Date(); 》에서 생성된 Date 클래스의 객체를 객체 참조변수 now에 저장
- System.out.println() 메소드에서 Date 클래스의 객체 출력하면 객체에 저장된 날짜와 시간 출력
  - 출력 양식은 《 영어 요일, 영어 월 이름, 일, 시, 분, 초, 표준시, 년도 》
  - 출력결과의 예는 《 Sun Jul 31 10:06:30 KST 2018 》

예제 10-1-1에서 java.util 패키지의 멤버인 Date 클래스가 2번만 참조되었기 때문에 정규화된 이름으로 Date 클래스를 참조해도 크게 문제 되지 않는다.

그런데, 프로그램에서 한 패키지 멤버가 여러 번 참조되면 정규화된 이름이 반복적으로 사용되므로 프로그램 작성도 번거롭고 간결하지 못하다.

java.util 패키지의 Calendar 클래스도 날짜와 시간을 다루기 위한 클래스이며, Calendar 클래스를 이용하여 현재 날짜와 시간을 출력하는 프로그램은 예제 10-1-2와 같다.

예제 10-1-2 정규화된 이름 사용하여 Calendar 클래스를 참조하기

```
class Ex10_1_2_CalendarUsingFullyQualifiedName {
   public static void main(String[] args) {

      // Calendar 클래스는 java.util의 멤버
      //     Calendar 클래스의 객체는 getInstance() 메소드 이용하여 생성
      java.util.Calendar now = java.util.Calendar.getInstance();

      System.out.println("\n   * 현재 날짜와 시간: "
                          + now.get(java.util.Calendar.YEAR) + "년 "
                          + (now.get(java.util.Calendar.MONTH) + 1) + "월 "
                          + now.get(java.util.Calendar.DATE) + "일 "
                          + now.get(java.util.Calendar.HOUR_OF_DAY) + "시 "
                          + now.get(java.util.Calendar.MINUTE) + "분 "
                          + now.get(java.util.Calendar.SECOND) + "초 " );
   }
}
```

실행결과	* 현재 날짜와 시간: 2018년 7월 31일 17시 10분 37초

프로그램 설명

- 이 프로그램은 Calendar 객체 생성하여 now에 저장한 후 now의 년도, 월, 일, 시, 분, 초 출력
  - java.util.Calendar는 Calendar 클래스가 java.util 패키지의 클래스임을 나타내는 정규화된 이름
  - 《 java.util.Calendar.getInstance(); 》에서 Calendar 클래스의 객체 생성하고 현재 날짜와 시간을 객체 내부에 저장
  - 《 java.util.Calendar now = java.util.Calendar.getInstance(); 》에서 생성된 Calendar 클래스의 객체를 객체 참조변수 now에 저장
- System.out.println() 메소드에서 Calendar 객체 내에 저장된 년도, 월, 일, 시, 분, 초를 get() 메소드로 구해 출력

예제 10-1-2에서 Calendar 클래스가 모두 8번 참조되어 java.util.Calendar가 반복적으로 표시되었고, 그 결과 프로그램이 간결하지 못하다.

❑ 패키지 멤버 import하고 클래스 이름만으로 참조

패키지 멤버를 참조할 때 정규화된 이름을 대신하여 클래스 이름만으로 간단히 표현하는 방안으로 제시된 것이 import 문장이다.

다음과 같이 import 문장을 미리 작성하여 패키지 멤버를 import하면 패키지 이름은 생략하고 클래스 이름만으로 클래스를 참조할 수 있다.

```
import 패키지이름.클래스이름;              // 클래스이름의 패키지 멤버 import하는 문장
    …
클래스이름 객체참조변수 = new 클래스이름(); // 클래스이름만으로 클래스 참조
    …
```

예제 10-1-3은 java.util 패키지의 Date 클래스와 Calendar 클래스를 import한 후 이를 참조한다.

예제 10-1-3 패키지 멤버 import하고 클래스 이름으로 참조하기

```
import java.util.Date;        // java.util 패키지의 Date 클래스를 import
import java.util.Calendar;    // java.util 패키지의 Calendar 클래스를 import
```

```
class Ex10_1_3_DateCalendarUsingImportPackageMember {
    public static void main(String[] args) {

      // java.util.Date import했으므로 클래스 이름 Date만으로 참조 가능
      Date nowDate = new Date();                // Date() 객체 생성하여 nowDate에 저장

      System.out.println("\n  * 현재 날짜와 시간: " + nowDate);  // nowDate 출력

      // java.util.Calendar import했으므로 클래스 이름 Calendar만으로 참조 가능
      Calendar nowCal = Calendar.getInstance(); // Calendar 객체 생성

      System.out.println("\n  * 현재 날짜와 시간: "
                          + nowCal.get(Calendar.YEAR) + "년 "
                          + (nowCal.get(Calendar.MONTH) + 1) + "월 "
                          + nowCal.get(Calendar.DATE) + "일 "
                          + nowCal.get(Calendar.HOUR_OF_DAY) + "시 "
                          + nowCal.get(Calendar.MINUTE) + "분 "
                          + nowCal.get(Calendar.SECOND) + "초 " );
    }
}
```

실행결과	* 현재 날짜와 시간: Mon Jul 02 13:31:36 KST 2018 * 현재 날짜와 시간: 2018년 7월 2일 13시 31분 36초

이 방법을 이용하면 참조되는 클래스가 간결하게 표시되므로 프로그램이 간결하며 가독성도 훨씬 좋아진다.

그런데, 이 방법은 여러 멤버가 참조될 경우 각 멤버 클래스를 하나하나 개별적으로 import해야 하는 불편함이 있다. 이를 해결하기 위해 패키지 멤버 전체를 import하는 방법이 제공된다.

❑ 패키지 멤버 전체 import하고 클래스 이름으로 참조

패키지 멤버 전체를 import하고 클래스 이름으로 참조하는 것은 다음과 같이 패키지 멤버 전체를 import하는 import 문장을 미리 작성한 후 클래스 이름만으로 클래스를 참조하는 방법이다.

```
import 패키지이름.*                          // 패키지 멤버 전체를 import하는 문장
    ...
클래스이름 객체참조변수 = new 클래스이름();     // 클래스 이름으로 클래스 참조
    ...
```

예제 10-1-4는 java.util 패키지의 멤버 클래스 전체를 import한 후에 Date 클래스와 Calendar 클래스를 참조한다.

예제 10-1-4 패키지 멤버 전체 import하고 클래스 이름으로 참조하기

```
import java.util.*;  // java.util 패키지의 멤버 클래스 전체를 import

class Ex10_1_4_DateCalendarUsingImportAllPackageMembers {
    public static void main(String[] args) {

        // java.util.* import했으므로 클래스 이름 Date만으로 참조 가능
        Date nowDate = new Date();          // Date() 객체 생성하여 now에 저장

        System.out.println("\n  * 현재 날짜와 시간: " + nowDate);  // nowDate 출력

        // java.util.* import했으므로 클래스 이름 Calendar만으로 참조 가능
        Calendar nowCal = Calendar.getInstance();

        System.out.println("\n  * 현재 날짜와 시간: "
                            + nowCal.get(Calendar.YEAR) + "년 "
                            + (nowCal.get(Calendar.MONTH) + 1) + "월 "
                            + nowCal.get(Calendar.DATE) + "일 "
                            + nowCal.get(Calendar.HOUR_OF_DAY) + "시 "
                            + nowCal.get(Calendar.MINUTE) + "분 "
                            + nowCal.get(Calendar.SECOND) + "초 " );
    }
}
```

실행결과

```
* 현재 날짜와 시간: Mon Jul 02 19:55:08 KST 2018
* 현재 날짜와 시간: 2018년 7월 2일 19시 55분 8초
```

여기에서 java.util.*를 이용하여 java.util 패키지의 모든 클래스를 import하면, Date, Calendar 클래스뿐만 아니라 java.util 패키지의 다른 모든 클래스를 클래스 이름만으로 참조할 수 있다.

여러 클래스가 참조될 경우 패키지 멤버 클래스 전체를 import하는 방법이 가장 편리하고 빈번히 사용된다.

한편, 패키지 멤버 전체를 import하는 import 문장이 여러 개 작성되면 클래스 이름만으로 참조되는 클래스가 어느 패키지의 멤버인지 확인하는 것이 어려울 수 있다. 처음에는 클래스 멤버를 import하는 방법을 사용하도록 권장한다.

10.2 Java에서 제공하는 중요 패키지들

본격적으로 Java 프로그래밍을 하려면 기본적 클래스를 작성하는 것뿐 아니라 윈도 프로그래밍, 네트워크 프로그래밍, 데이터베이스 프로그래밍 등 여러 Java 관련 프로그래밍 분야에 대해서 배워야 하며, 그 외에도 데이터베이스, 네트워크, 서블릿(servlet), Java 빈즈(Beans) 등 여러 Java 관련 분야를 익혀야 한다.

Java 프로그래밍을 제대로 배우기 위해 먼저 Java에서 제공되는 중요 패키지들을 익혀야 한다. [그림 10-1]은 Java에서 제공하는 대표적인 패키지들을 보여준다.

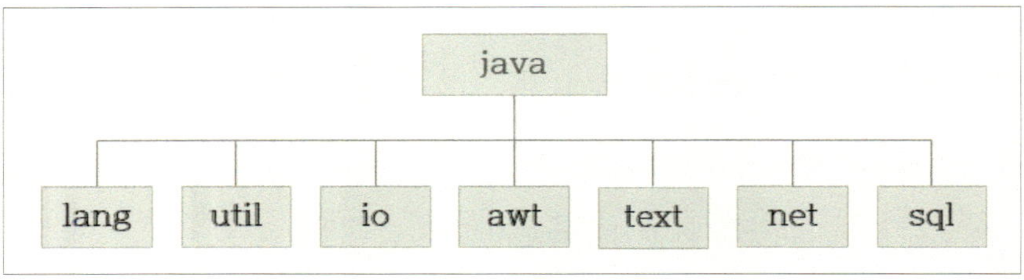

[그림 10-1] Java에서 제공하는 중요한 패키지들

Java의 중요한 패키지로 java.lang, java.util, java.io, java.awt, java.text, java.net, java.sql 등이 있다. 이들 외에도 수많은 패키지가 java에서 제공되며, 각 패키지에 수십 개 또는 수백 개 클래스들이 포함되어 있다. 또한, 각 클래스는 적지 않은 메소드들을 포진하고 있다.

Java의 메소드는 Java 언어의 단어이다. 단어를 모르고는 말을 하거나 글을 쓸 수가 없는 것과 마찬가지로 메소드를 모르고는 프로그램을 읽거나 작성할 수 없다. 중요한 메소드를 많이 알수록 Java 프로그래밍은 쉬워진다.

문제는 알아야 할 메소드가 너무 많다는 것이다. 개수가 많은 것은 어디에서나 골칫거리다. 이를 해결하기 위해 적절한 전략이 필요하다. 패키지의 모든 클래스, 클래스의 모든 메소드를 다 공략하기보다는 프로그램에서 사용빈도가 높은 메소드를 먼저 공략하고 이를 포함하는 클래스와 패키지를 점차 이해하는 것이 쉬울 것이다. 아니면 주제 또는 분야별로 필요한 클래스의 내용과 이용방법을 배우는 것도 한 방법이다.

먼저 공략이 필요한 패키지로는 java.lang, java.util, java.io java.awt, java.text 등이며, 이들 패키지는 더욱 자세히 언급할 필요가 있다.

10.2.1 java.lang 패키지

java.lang 패키지는 모든 클래스의 상위 클래스인 Object 클래스를 포함하여 Java 프로그래밍에 필수적인 클래스들을 포함하고 있다. 이 패키지의 중요성은 import 문을 별도로 작성하지 않아도 자동적으로 import되는 것을 보면 알 수 있다.

이 패키지의 모든 클래스는 다 중요한데, 몇 가지 클래스를 살펴보면 클래스의 출발점인 Object 클래스, 클래스에 대한 정보를 관리하는 Class 클래스, sin, cos, sqrt 등 기본적 수학 함수에 대한 메소드를 포함하는 Math 클래스, 기본 타입의 값을 객체로 만들고 이에 대한 여러 메소드를 제공하는 Wrapper 클래스들, 문자열을 다루는 String와 StringBuffer 클래스, 스레드와 관련된 Thread 클래스와 Runnable 인터페이스 등이 있다.

10.2.2 java.util 패키지

java.util 패키지는 난수를 위한 Random 클래스, 여러 데이터를 편리하게 관리하는 Vector, ArrayList 등의 컬렉션 클래스 등을 포함하며 이 외에도 유용한 표준 유틸리티 클래스들을 제공한다. 많이 사용되는 클래스로는 날짜와 관계된 Date와 Calendar, 여러 객체를 하나하나씩 나열하게 하는 Enumeration, 키를 통한 빠른 탐색을 제공하는 HashTable 등이 있다.

10.2.3 java.io 패키지

java.io 패키지는 파일 및 입출력에 관련된 클래스의 집합이다. 여기에서 말하는 클래스란 인터페이스도 포함된다. java.io 패키지에는 인터페이스와 abstract 클래스도 많이 있다. 우리가 많이 사용했던 print()와 println() 메소드도 이 패키지의 클래스에 선언된 메소드이다. 어느 클래스의 메소드인지 꼭 찾아보기 바란다.

10.2.4 java.awt 패키지와 javax.swing 패키지

java.awt 패키지는 추상 윈도 툴킷(abstract window toolkit)이라는 패키지인데, 그래픽 사용자 인터페이스(graphic user interface: GUI)를 작성하는데 필요한 많은 컴포넌트 클래스를 포함한다. 또한 마우스 클릭, 키보드 입력 등 이벤트 처리를 위한 클래스가 있으며, 이벤트 처리를 위한 방안도 제공한다. 이 패키지의 클래스를 잘 활용하면 이벤트에 반응하는 윈도 프로그램을 작성할 수 있다.

최근에는 java.awt 패키지보다 javax.swing 패키지의 클래스를 많이 이용한다.

10.2.5 java.text 패키지

java.text 패키지는 텍스트, 날짜, 숫자 및 메시지를 사용자의 요구대로 처리하기 위해 지원되는 패키지이다. java.text 패키지는 날짜, 숫자 및 메시지의 형식 지정, 구문 분석, 문자열 검색 및 정렬, 문자, 단어, 문장 및 문단에 대한 반복적 처리 등을 위한 클래스와 인터페이스를 제공한다.

10.3 java.lang 패키지

Object 클래스를 포함하여 Java 프로그래밍에 필수적인 클래스들을 포함하는 패키지가 java.lang 패키지이다.

10.3.1 최상위 클래스 Object

Object 클래스는 상위 클래스를 명시하지 않는 클래스의 상위 클래스이며, 상위 클래스가 없는 유일한 클래스이다. 다음은 Object 클래스의 중요 사항이다.

- Object 클래스
  - Object 클래스는 Java의 최상위 클래스로, 모든 클래스의 상위 클래스
  - Object 클래스는 모든 객체가 필요한 toString(), hashCode(), equals(), getClass() 등의 메소드들을 가짐
- Java의 모든 클래스는 Object의 하위 클래스
  - 상위 클래스를 명시하지 않은 클래스는 묵시적으로 Object 클래스의 하위 클래스
  - 그러므로 Person 클래스는 상위 클래스가 명시되어 있지 않지만, Object 클래스의 하위 클래스
  - 모든 클래스의 객체가 Object 클래스의 메소드 호출 가능

❑ Object 클래스의 객체 생성자와 메소드

다음은 Object 클래스의 객체 생성자와 메소드이다.

객체 생성자	
public **Object()**	Object 객체 생성
메소드	
protected **Object** clone()	객체의 복사본 생성하여 반환
public boolean **equals(Object** obj)	객체가 다른 객체와 같으면 true 또는 아니면 false

	반환
protected void finalize()	객체를 참조하는 객체가 없어 쓰레기 수집이 결정되면 쓰레기 수집기에 의해 호출
public **Class**〈?〉 getClass()	객체의 실행시간 클래스 반환
public int hashCode()	객체의 해시 코드 반환
public void **notify**()	이 객체의 모니터를 기다리는 객체 깨움
public void notifyAll()	객체의 모니터를 기다리는 모든 객체 깨움
public **String toString**()	객체의 문자열 표현 반환
public void **wait**()	다른 스레드가 notify() 또는 notifyAll() 메소드 호출하여 깨울 때까지 기다림
public void **wait**(long timeout)	다른 스레드가 notify() 또는 notifyAll() 메소드 호출하여 깨울 때까지 또는 주어진 시간이 경과할 때까지 기다림
public void **wait**(long timeout, int nanos)	다른 스레드가 notify() 또는 notifyAll() 메소드 호출하여 깨우거나 다른 스레드가 인터럽트 걸거나 주어진 시간이 경과할 때까지 기다림

Java의 모든 클래스는 Object 클래스의 하위 클래스이므로 Object 클래스의 메소드를 상속받는다. 그러므로 모든 클래스는 Object 클래스의 메소드를 호출할 수 있으며, 필요하면 오버라이딩할 수 있다. 특히, clone(), equals(), toString() 메소드는 오버라이딩을 권장한다.

❑ Object 클래스의 객체 생성과 메소드 호출하는 프로그램

예제 10-2-1은 Object 클래스의 객체를 생성하고 여러 메소드를 호출한다.

예제 10-2-1 Object 클래스 객체 생성과 메소드 호출

```
import java.lang.*;  // java.lang 패키지의 멤버 전체를 import, 생략해도 됨

class Ex10_2_1_ObjectMgmt {
   public static void main(String[] args) {

      Object obj = new Object();                    // Object() 객체 생성하여 obj에 저장

      System.out.println("\n  * obj = " + obj );      // obj 출력
      System.out.println("  * obj.toString() = " + obj.toString() );

      System.out.println("  * obj.getClass() = " + obj.getClass() );
      System.out.println("  * obj.hashCode() = " + obj.hashCode() );

      System.out.println("  * obj.equals(obj) = " + obj.equals(obj) );
```

```
        String s ="홍길동";                              // 문자열 "홍길동"을 s에 저장
        System.out.println("  * s.toString() = " + s.toString() );

        System.out.println("  * s.getClass() = " + s.getClass() );
        System.out.println("  * s.hashCode() = " + s.hashCode() );

        System.out.println("  * s.equals(\"홍길동\") = " + s.equals("홍길동") );
    }
}
```

실행결과

```
* obj = java.lang.Object@15db9742
* obj.toString() = java.lang.Object@15db9742
* obj.getClass() = class java.lang.Object
* obj.hashCode() = 366712642
* obj.equals(obj) = true
* s.toString() = 홍길동
* s.getClass() = class java.lang.String
* s.hashCode() = 54150062
* s.equals("홍길동") = true
```

예제 10-2-1에서 String 클래스도 Object 클래스의 메소드를 호출할 수 있음을 보여준다. 실제로 String 클래스는 toString() 메소드와 equals() 메소드를 오버라이딩한다.

10.3.2 Math 클래스

java.lang 패키지의 Math 클래스는 절대값, 올림, 버림, 반올림, 지수 및 로그, 제곱근, 삼각함수, 난수 등에서 요구되는 연산을 수행하기 위한 여러 메소드를 포함하는 클래스이다.

Math 클래스의 모든 필드와 메소드는 클래스 필드와 클래스 메소드이며, Math 클래스의 객체를 생성하지 않고 호출 가능하다. 한편, Math 클래스는 객체를 생성할 수 없도록 되어져 있으므로[129] 메소드 수신자는 반드시 클래스이어야 한다.

❑ Math 클래스의 필드와 메소드

다음은 Math 클래스의 필드와 중요한 메소드를 보여준다.

129) 객체를 생성하지 못하게 하려면 객체 생성자를 private로 선언하면 된다.

필드	
public static final double E	자연로그의 밑수(base)를 나타내는 상수
public static final double PI	원주율(Π)을 나타내는 상수
메소드	
public static int abs(int a)	정수 a의 절대값 반환
public static double abs(double a)	실수 a의 절대값 반환
public static double sqrt(double a)	실수 a의 제곱근 반환
public static double cbrt(double a)	실수 a의 세제곱근 반환
public static double pow(double a, double b)	a^b 반환
public static double exp(double a)	e^b 반환(e는 자연로그의 밑수)
public static double floor(double a)	a보다 크지 않은 최대 정수에 해당하는 실수 반환 (내림한 결과)
public static double ceil(double a)	a보다 작지 않은 최소 정수에 해당하는 실수 반환 (올림한 결과)
public static long round(double a)	a에 가장 가까운 long 정수 반환(반올림한 결과)
public static double rint(double a)	a에 가장 가까운 정수에 해당하는 실수 반환(반올림한 결과[130])
public static int min(int a, int b)	정수 a, b 중 작은 값 반환
public static int max(int a, int b)	정수 a, b 중 큰 값 반환
public static double random()	0과 1 사이에 균등하게 분포되는 난수 반환
public static double sin(double a)	라디안으로 주어진 a에 대한 sine 함수값 반환
public static double cos(double a)	라디안으로 주어진 a에 대한 cosine 함수값 반환
public static double tan(double a)	라디안으로 주어진 a에 대한 tangent 함수값 반환

Math 클래스의 모든 필드와 메소드는 public static으로 선언되므로 수신자가 클래스인 Math이며, Math 클래스의 객체 생성자는 선언되지 않는다.

Math 클래스에는 삼각함수를 위한 sin(), cos(), tan() 등의 메소드도 제공된다. 그런데, 이들 메소드는 일상적인 60분법 각도가 아니라 호도법의 라디안(radian) 각도를 매개변수로 사용한다. 그러므로 이들 삼각함수 메소드를 호출할 때 60분법의 각도를 호도법의 라디안으로 변환하여 호출해야 한다. 60분법 각도를 호도법 라디안으로 변환하는 공식은 다음과 같다.

· 60분법 각도 x에 대한 라디안 각도 y = x * Π / 180
· 라디안 각도 x에 대한 60분법 각도 y = x * 180 / Π

130) rint()는 소수 부분이 0.5인 경우 짝수인 정수에 해당되는 실수를 반환한다. 그러므로 rint (2.5)는 2.0을, rint(3.5)는 4.0을 반환한다.

❑ Math 클래스의 필드와 메소드 사용하기

예제 10-2-2는 Math 클래스의 필드와 메소드를 사용하는 예제이다.

예제 10-2-2 Math 클래스의 클래스 필드와 클래스 메소드 사용

```
import java.lang.Math;      // 이 import 문장은 생략해도 됨

public class Ex10_2_2_Math {
   public static void main(String[] args) {
      // Math 클래스에 선언된 필드는 E와 PI 2개
      double e = Math.E;          // 자연 로그의 밑수를 e에 저장
      double pi = Math.PI;        // 원주율을 pi에 저장
      System.out.println("  * e = " + e);
      System.out.println("  * pi = " + pi);

      // abs(), sqrt(), cbrt(), pow(), exp() 메소드 호출하는 예
      System.out.println("\n  * abs(-123) = " + Math.abs(-123) );    // -123의 절대값
      System.out.println("  * sqrt(50) = " + Math.sqrt(50) );         // 50의 제곱근
      System.out.println("  * cbrt(9) = " + Math.cbrt(9) );           // 9의 세제곱근
      System.out.println("  * pow(2, 8) = " + Math.pow(2, 8) );       // 2의 8제곱(2^8)
      System.out.println("  * exp(2, 8) = " + Math.exp(8) );          // e의 8제곱(e^8)

      // floor(), ceil(), rint(), min(), max() 메소드 호출하는 예
      System.out.println("\n  * floor(1.99) = " + Math.floor(1.99) );  // 1.99의 내림
      System.out.println("  * ceil(1.01) = " + Math.ceil(1.01) );       // 50의 올림
      System.out.println("  * rint(1.49) = " + Math.rint(1.49) );       // 1.49의 반올림
      System.out.println("  * min(1, 2) = " + Math.min(1, 2) );         // 1과 2의 최소값
      System.out.println("  * max(1, 2) = " + Math.max(1, 2) );         // 1과 2의 최대값

      // random() 메소드 이용하여 0과 100 사이 점수 10개 구해 출력
      int[] scores = new int[10];
      for (int i = 0; i < 10; i++) {
         int score = (int) (Math.random() * 101);      // 0과 100 사이 난수 생성하여
         scores[i] = score;                            //    scores 배열 원소에 저장
   }

      System.out.print("\n\n  * 난수로 구한 점수 10개: ");
      for (int score: scores)                          // scores 배열에 저장된 원소들을
         System.out.print(score + " ");                //    하나씩 출력

      // 삼각함수와 관련된 메소드 사용하기
      double angle = SkScanner.getDouble(" \n   o 각도 입력 > ");
      double radian = angle * (Math.PI / 180);         // 각도를 라디안으로 변경하기
      System.out.println("  * sin("+angle+"°) = sin("+radian+") = "+Math.sin(radian) );
```

```
        System.out.println("  * cos("+angle+"°) = cos("+radian+") = "+Math.cos(radian) );
        System.out.println("  * tan("+angle+"°) = tan("+radian+") = "+Math.tan(radian) );
    }
}
```

❑ 삼각함수 메소드 사용하여 원 그리기

5장 메소드에서 간단한 삼각형과 사각형을 그리는 프로그램을 작성하였는데, 그리 어려운 작업은 아니었다. 그런데 원을 그리는 작업은 이에 비하여 훨씬 어렵다. 원을 그리기 위해 배열변수가 필요하며, x 축과 y축을 그리는 위한 부가적 작업이 요구된다.

원은 원의 중심에서 거리가 일정한 점들의 집합이며, 원의 중심이 (x_c, y_c), 반지름이 r일 때 각도 θ인 원의 점 P(x, y)는 다음과 같이 구해진다.

- $x = x_c + r * \sin(\theta)$
- $y = y_c + r * \cos(\theta)$

이러한 점을 고려하여 원의 각도 θ를 0에서부터 일정하게 변화시키면서 각도 θ일 때의 좌표(x, y)를 구하고, 그 위치의 2차원 배열 원소에 문자 '*'를 저장하면 개략적인 원을 그릴 수 있다.

예제 10-2-3은 Math 클래스의 여러 메소드를 이용하여 원을 그리는 프로그램이다.

예제 10-2-3 Math 클래스의 메소드 이용하여 원 그리기

```
class Circle {
  int xC;       // 원의 중심 좌표의 x
  int yC;       // 원의 중심 좌표의 y
  int radius;   // 원의 반지름

  Circle(int xC, int yC, int radius) { // 객체 생성자
    this.xC = xC; this.yC = yC;  this.radius = radius;
  }

  // Circle 객체의 원을 2차원 배열을 이용하여 그리는 메소드
  void draw() {
    setCharMap();                    // 중심과 반지름에 따라 필요한 2차원 배열을 생성
```

```
    setAxis();                   // 원을 그리기 위한 문자 배열에 x 축과 y축을 배치
    setCircumference();          // 원을 그리기 위한 문자 배열에 원주를 나타내는 *를 배치
    drawCharMap();               // 원을 그리기 위한 문자 배열 출력
  }

  char[][] charMap;              // 원을 그리기 위한 2차원 문자 배열변수
  int xLen;                      // x 축 크기(xLen/2 위치가 x 좌표 0 위치)
  int yLen;                      // y 축 크기(yLen/2 위치가 y 좌표 0 위치)

  // 중심과 반지름으로 x 축과 y 축 크기 계산하여 2차원 문자 배열 생성하는 메소드
  void setCharMap() {
    // x 축과 y축의 길이를 결정하여 2차원 문자 배열객체 생성
    //    원점에서 가장 먼 위치의 2배 + 5가 축 크기
    xLen = Math.max(Math.abs(xC + radius), Math.abs(xC - radius)) * 2 + 5;
    yLen = Math.max(Math.abs(yC + radius), Math.abs(yC - radius)) * 2 + 5;

    charMap = new char[yLen][xLen];    // x 축과 y 축 크기만큼의 2차원 배열 생성
  }

  // 원을 그리기 위한 문자 배열에 x 축과 y축을 배치하는 메소드
  void setAxis() {
    for (int y=0; y < yLen; y++)          // 문자 배열의 모든 원소를 ' '로 저장
      for (int x=0; x < xLen; x++)
        charMap[y][x] = ' ';

    for (int x=0; x < xLen; x++)          // x 축에 해당되는 모든 원소를 '-'로 저장
      charMap[yLen/2][x] = '-';

    for (int y=0; y < yLen; y++)          // y 축에 해당되는 모든 원소를 '|'로 저장
      charMap[y][xLen/2] = '|';

    // (0, 0), (5, 0), (0, 5), (-5, 0), (0, -5) 좌표에 숫자 표시
    charMap[yLen/2][xLen/2] = '0';
    charMap[yLen/2][xLen/2 + 4] = '+'; charMap[yLen/2][xLen/2 + 5] = '5';
    charMap[yLen/2+5][xLen/2] = '5';
    charMap[yLen/2][xLen/2 - 6] = '-'; charMap[yLen/2][xLen/2 - 5] = '5';
    charMap[yLen/2 - 5][xLen/2 -1] = '-'; charMap[yLen/2 - 5][xLen/2] = '5';
  }

  // 원을 그리기 위한 문자 배열에 원주를 나타내는 *를 배치하는 메소드
  void setCircumference() {
    charMap[yC + yLen / 2][xC + xLen / 2] = '●';       // 원 중심에 '●' 배치

    // 원주 길이를 이용하여 반복에 사용될 각도 증가분 계산
    int circum = (int) Math.round(2 * Math.PI * radius); // 원주 길이 계산
    if (circum >= 360)
```

```
      circum = 360;                // 원주 길이가 360 이상이면 360으로 변경
    int inc = 360 / circum;        // 360을 원주 길이로 나누어 각도 증가분 inc 구함

    // 각도 0부터 시작하여 증가분만큼 증가하며 원주의 좌표 구함
    for (int angle = 0; angle <= 360; angle += inc) {
      double radian = angle * Math.PI / 180;       // 각도를 라디안으로 변경

      // radian 각도에 대한 원주상의 좌표(x, y)를 구함
      int x = xC + (int) Math.round(radius * Math.sin(radian));
      int y = yC + (int) Math.round(radius * Math.cos(radian));

      // (x, y) 좌표 위치 문자에 '*' 문자 배치
      charMap[y + yLen / 2][x + xLen / 2] = '*';
    }
  }

  // 원을 그리기 위한 문자 배열을 출력하는 메소드
  void drawCharMap() {
    for (int y = yLen - 1; y >=0 ; y--) {   // y 축을 +에서 -로 그리기 위해 감소시킴
      for (int x=0; x < xLen; x++)
         System.out.print(charMap[y][x]);
      System.out.println();
    }
  }
}

public class Ex10_2_3_CircleDrawing {
  public static void main(String[] args) {
    while(true) {
      int xC = SkScanner.getInt("\n   o 원 중심의 x 좌표 > ");    // 중심 x 좌표 입력
      int yC = SkScanner.getInt("   o 원 중심의 y 좌표 > ");     // 중심 x 좌표 입력
      int radius = SkScanner.getInt("   o 원 반지름 > ");        // 반지름 입력

      Circle circle = new Circle(xC, yC, radius);                // Circle 객체 생성
      circle.draw();                                             // 원을 그림
    }
  }
}
```

실행결과

```
o 원 중심의 x 좌표 > 2
o 원 중심의 y 좌표 > 3
o 원 반지름 > 6
           |
           |
           *****
         **|     **
        ** |      **
        *  |       *
       *  +5        *
```

```
     *  +5       *
     *   |       *
     *   | •     *
     *   |       *
     *   |       *
----5-*--0---+5-*---
      ** |     **
       **|    **
         *****
         |
        -5
```

이 프로그램은 삼각함수, 좌표계, 반올림, 2차원 배열 등을 사용하는 높은 수준의 프로그램이며, 전문 프로그래머로 발돋움하기 위해 수학적인 지식이 필요함을 보여준다.

10.3.3 Wrapper 클래스

❑ 기본 타입에 대응되는 Wrapper 클래스

Java에서 문자, 정수, 실수 등 기본적 데이터를 표현하고 이에 대한 연산을 위해 char, byte, int, long, short, double, float, boolean 등 기본 타입을 제공하며, 이들 기본 타입의 변수와 상수는 대부분 프로그램에서 사용된다.

그런데, 기본 타입의 값을 사용하지 못하고 반드시 객체를 사용해야 할 경우가 종종 발생한다. 이를 위해 Java에서 기본 타입의 값을 내부에 저장하는 객체를 제공하며, 이들 객체를 지원하기 위한 클래스가 Wrapper 클래스이다. Wrapper 클래스라 불리는 이유는 이 클래스의 객체는 기본 타입의 값을 둘러싸기(wrapping) 때문이다.

Wrapper 클래스는 각 기본 타입마다 존재한다. int 타입과 char 타입의 Wrapper 클래스의 이름은 Integer와 Character이고, 그 외의 Wrapper 클래스 이름은 기본 타입의 첫 글자를 대문자로 변경한 이름이다. 다음은 기본 타입과 대응되는 Wrapper 클래스를 보여준다.

기본 타입	char	byte	int	long	short	double	float	boolean
Wrapper 클래스	Character	Byte	Integer	Long	Short	Double	Float	Boolean

한편 Char, Byte, Integer, Long, Short, Double, Float 클래스는 Number 클래스의 하위 클래스이다.

기본 타입에 대응되는 Wrapper 클래스의 객체는 기본 타입의 값을 내부에 저장하며, [그림 10-2]는 정수값 23을 저장하는 Integer Wrapper 클래스의 객체를 보여준다.

[그림 10-2] 정수 23 저장하는 Integer Wrapper 클래스의 객체

❑ Wrapper 클래스의 객체 생성자

Wrapper 클래스의 생성자는 기본 타입의 값을 주면 이를 Wrapper 클래스의 객체에 저장하며, 각 Wrapper 클래스의 객체 생성자는 다음과 같다.

Wrapper 클래스	객체 생성자		
Character	Character(char value)		
Byte	Byte(byte value)	Byte(String s)	
Integer	Integer(int value)	Integer(String s)	
Long	Long(long value)	Long(String s)	
Short	Short(short value)	Short(String s)	
Double	Double(double value)	Double(String s)	
Float	Float(double value)	Float(float value)	Float(String s)
Double	Double(double value)	Double(String s)	
Boolean	Boolean(boolean value)	Boolean(String s)	

그런데, JDK 1.9부터 Wrapper 클래스의 객체 생성자는 사용하지 않도록 권장하는 메소드[131]로 지정되었으므로 사용하지 않는 것을 권장한다.

❑ 기본 타입과 Wrapper 클래스 간의 변환 메소드

한편 모든 Wrapper 클래스는 기본 타입의 값을 Wrapper 클래스 객체로 반환하는 클래스 메소드 valueOf() 메소드를 가지며, 이 메소드는 객체 생성자와 기능이 동

131) 사용하지 않도록 권장하는 메소드를 deprecated 메소드라 하며, 가능한 이들 메소드를 사용하지 않는 것이 좋다.

일하다. 또한, Wrapper 객체에 저장된 값을 기본 타입으로 반환하는 객체 메소드를 가지며, 이 메소드는 valueOf() 메소드의 반대 기능을 수행한다.

Wrapper 클래스	기본 타입 값을 Wrapper 클래스 객체로 변환하여 반환하는 클래스 메소드	Wrapper 객체에 저장된 값을 반환하는 객체 메소드
Character	public static Character valueOf(char c)	public char charValue()
Byte	public static Byte valueOf(byte b)	public byte byteValue()
Integer	public static Integer valueOf(int i)	public int intValue()
Long	public static Long valueOf(long l)	public long longValue()
Short	public static Short valueOf(short s)	public short shortValue()
Double	public static Double valueOf(double d)	public double doubleValue()
Float	public static Float valueOf(float f)	public float floatValue()
Boolean	public static Boolean valueOf(boolean b)	public boolean booleanValue()

한편, Wrapper 클래스의 객체를 System.out.println()에서 출력하면 Wrapper 클래스 객체에 저장된 기본 타입의 값이 출력된다. 이는 Wrapper 클래스의 toString() 메소드를 저장된 기본 타입의 값을 문자열로 반환하도록 Object 클래스의 toString() 메소드를 오버라이딩했기 때문이다.

❑ Wrapper 클래스 예제

예제 10-2-4는 기본 타입의 값을 Wrapper 클래스 객체로 변환하고 Wrapper 클래스 객체의 값을 출력한다.

예제 10-2-4 기본 타입의 값과 Wrapper 클래스 객체 간의 변환

```
class Ex10_2_4_ConversionBtwPrimitiveTypeAndWrapperClass {
   public static void main(String[] args) {

      Integer I = new Integer(23);
      int i = I.intValue();
      System.out.println("  * I = " + I + ", i = " + i);

      Double D = new Double(177.7);
      double d = D.doubleValue();
      System.out.println("  * D = " + D + ", d = " + d);

      Character C = Character.valueOf('H');
      char c = C.charValue();
      System.out.println("  * C = " + C + ", c = " + c);
```

```
        Boolean B = Boolean.valueOf(true);
        boolean b = B.booleanValue();
        System.out.println("  * B = " + B + ", b= " + b);

        Object obj = Integer.valueOf(23);       // Integer 객체를 Object 참조변수에 저장
        i = ((Integer) obj).intValue();         // obj를 다운캐스팅하여 구한 정수값 i에 저장
        System.out.println("  * obj = " + obj + ", i = " + i);
    }
}
```

실행결과	* I = 23, i = 23 * D = 177.7, d = 177.7 * C = H, c = H * B = true, b= true * obj = 23, i = 23

❑ 박싱과 언박싱

Java에서 Wrapper 클래스는 기본 타입의 값을 객체로 변환하기 위해 제공되는 클래스이다. 기본 타입의 값을 Wrapper 클래스의 객체로 둘러싸는 객체를 생성하는 작업을 박싱(boxing)이라 하며, 박싱은 valueOf() 메소드를 통해 이루어진다. 다음은 박싱의 예를 보여준다.

```
Integer ageInt = Integer.valueOf(23);  // 박싱: 정수 23 저장하는 Integer 객체 생성
                                       //        하여 Integer 변수 ageInt에 저장
```

한편, Wrapper 객체에 저장된 값을 다시 끄집어내기 위해 값을 끄집어내는 메소드를 호출해야 하며, 이러한 작업을 언박싱(unboxing)이라 하며, 언박싱은 각 Wrapper 클래스의 저장 값 반환 메소드를 통해 이루어진다. 다음은 Integer 객체에 대한 언박싱을 보여준다.

```
int age = ageInt.intValue();    // 언박싱: intValue() 메소드로 Wrapper 객체에
                                //         저장된 정수값 가져와 age에 저장
```

언박싱의 결과로 Integer 객체에 저장된 정수 23은 int 변수 age에 저장된다.

[그림 10-3]은 박싱과 언박싱이 수행되는 과정과 결과를 보여준다.

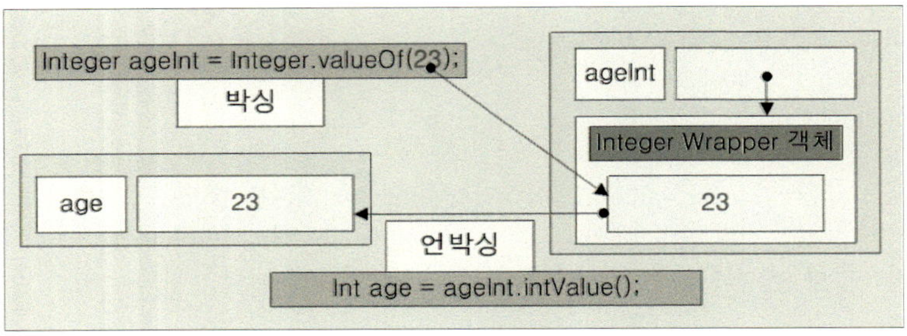

[그림 10-3] 박싱과 언박싱의 과정과 결과

❑ 자동 박싱과 자동 언박싱

박싱 작업과 언박싱 작업은 간단한 작업이지만 프로그래밍 과정에서 다소 번거로운 작업이다. 이러한 번거로움을 제거하기 위해 Java는 박싱을 하지 않고서 기본 타입의 값을 Wrapper 클래스의 참조변수에 바로 저장할 수 있고, Wrapper 클래스의 객체를 언박싱하지 않고서 단순변수에 바로 저장할 수 있도록 허용한다. Java 컴파일러는 박싱과 언박싱을 필요한 경우를 검사하여 자동적으로 박싱과 언박싱을 수행한다.

다음은 박싱을 수행하지 않고서 정수 23을 Integer 클래스의 참조변수 ageInt에 저장한다.

```
Integer ageInt = 23;     // 자동 박싱: 정수 23을 Integer 클래스의 객체 참조변수
                         //            ageInt에 저장
```

원칙적으로 정수 23을 바로 Integer 클래스의 참조변수 ageInt에 저장할 수는 없다. 그러나 Java 컴파일러는 이 문장을 검토하여 박싱이 필요한 작업임을 확인한 후 다음과 같이 박싱이 포함되는 문장으로 변경하여 컴파일한다.

```
Integer ageInt = Integer.valueOf(23);   // 정수 23 저장하는 Integer 클래스 객체
                                        //    생성하여 객체 참조변수 ageInt에 저장
```

박싱이 필요한 경우 자동적으로 박싱을 수행하는 것을 자동 박싱(auto boxing)이라 한다.

또한, 다음은 Integer 클래스의 객체를 기본 타입의 변수에 바로 저장한다.

```
int age = ageInt;          // 자동 언박싱: Wrapper 클래스의 객체 ageInt를 int 변수
                           //              age에 바로 저장
```

원칙적으로 Integer 클래스의 객체 ageInt를 int 변수 age에 바로 저장할 수는 없다. 그러나 Java 컴파일러는 이 문장을 검토하여 언박싱이 필요한 작업임을 확인한 후 다음과 같이 언박싱이 포함되는 문장으로 변경하여 컴파일한다.

```
int age = ageInt.intValue();     // Integer 객체에 저장된 정수값 가져와 age에 저장
```

언박싱이 필요한 경우 자동적으로 언박싱을 수행하는 것을 자동 언박싱(auto unboxing)이라 한다.

[그림 10-4]는 자동 박싱과 자동 언박싱이 수행되는 과정과 결과를 보여준다.

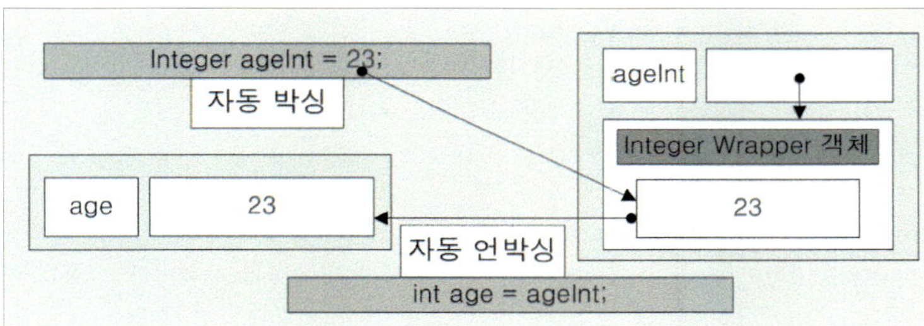

[그림 10-4] 자동 박싱과 자동 언박싱의 과정과 결과

❑ 자동 박싱과 자동 언박싱의 이점

자동 박싱과 자동 언박싱은 Java에서 기본 타입의 값과 Wrapper 객체 간의 차이를 없애므로 프로그램이 아주 간결하게 작성될 수 있는 이점이 있다. 이는 int 타입의 값을 double 타입의 변수에 저장할 때 자동적 타입변환이 발생하는 것과 유사한 맥락이다.

자동 박싱과 자동 언박싱의 이점은 컬렉션(Collection) 클래스를 이용하여 여러 데이터를 다룰 때 명확히 드러난다. 컬렉션 클래스는 여러 데이터를 편리하게 저장하고 관리하기 위한 클래스들로서 java.util 패키지에 Vector, ArrayList, HashTable, Stack 등 여러 클래스가 제공된다. 컬렉션 클래스 중에서 Vector 클래스는 여러 데이터를 저장하고 검색하고 관리하는 기능을 제공하는 유용한 클래스이다.

Vector 객체에 원칙적으로 정수를 저장할 수 없고 Integer 객체만 저장할 수 있다. Vector 객체에 Integer 객체를 저장하고 끄집어내는 메소드인 add() 메소드와 get() 메소드의 시그니처와 기능은 다음과 같다.

메소드	
public boolean add(Integer i)	Integer 객체 i를 Vector에 저장
public Integer get(int index)	Vector에 저장된 Integer 객체 반환

예제 10-2-5는 Vector 클래스[132]의 객체를 생성하고 Vector 객체에 여러 정수를 직접 저장하고 저장된 정수들을 꺼내어 하나씩 출력한다.

예제 10-2-5 자동 박싱과 자동 언박싱의 이점을 보이는 예제

```
import java.util.Vector;  // java.util.Vector 클래스 사용하기 위해 import

class Ex10_2_5_AutoBoxingAutoUnboxing {
   public static void main(String[] args) {
      // 정수 원소들 저장하는 벡터 객체 생성하여 scores에 저장
      Vector<Integer> scores = new Vector<Integer>();

      for (int i = 0; i < 10; i++) {
         int score = (int) (Math.random() * 101);   // 0과 100 사이 정수 난수 생성하여
         scores.add(score);                         // score를 scores에 저장: 자동 박싱
      }

      System.out.print("\n  * 난수로 구한 점수 10개: ");
      for (int i = 0; i < scores.size(); i++) {    // scores 벡터의 Integer 원소들을
         int score = scores.get(i);                 //    꺼내어 score에 저장: 자동 언박싱
         System.out.print(score + " ");             //    score 출력
      }
   }
}
```

실행결과	* 난수로 구한 점수 10개: 29 96 42 81 25 56 53 13 5 33

이 예제에서 add() 메소드의 실매개변수는 Integer 객체이지만 정수값인 score가 실매개변수로 사용되었고, Vector 객체에서 값을 꺼내기 위한 get() 메소드의 반환값인 Integer 객체가 바로 int 변수에 저장되었다. 이는 모두 자동 박싱과 자동 언박싱이 제공되기 때문에 가능하다.

132) Vector 클래스에 대해 컬렉션에서 자세히 설명되므로 지금은 개략적으로 이해하면 된다.

만약 자동 박싱과 언박싱을 이용하지 않고 직접 박싱과 언박싱을 수행할 경우 《 scores.add(score); 》에서 메소드 호출과 《 int score = scores.get(i); 》에서 메소드 호출은 다음과 같이 변경되어야 한다.

```
scores.add(Integer.valueOf(score));        // 정수값 score를 Wrapper 객체로 박싱
int score = scores.get(i).intValue();      // Wrapper 객체 scores.get(i)를 언박싱
```

❑ Wrapper 클래스가 필요한 이유

대부분 기본 타입을 이용하여 코드를 작성할 수 있지만, Wrapper 클래스가 필요한 경우는 다음과 같다.

- 메소드 매개변수 타입과 반환값 타입이 기본 타입 아닌 메소드 호출하게 함
  - 컬렉션을 다루는 프로그램에서 자주 발생
- 기본 타입별로 특정한 상수 정의하고 참조하게 함
  - int 타입의 최소값, 최대값 등을 정의하는 상수 변수를 Integer 클래스의 public static final int MAX_VALUE, MIN_VALUE 변수로 선언
  - 다른 기본 타입에 대해 필요한 상수 변수를 Wrapper 클래스에 선언
- 기본 타입의 값 처리하는 클래스 메소드 정의하고 호출하게 함
  - 정수 23을 16진수 문자열로 변환하는 메소드는 23.toHexString()으로 호출할 수 없음
  - Integer 클래스에 public static String toHexString(int i) 메소드 선언하고 Integer.toHexString(23)으로 호출

10.3.4 String 클래스

String 클래스는 문자열을 표현하는 클래스이며, "Java", "홍길동" 등의 문자열 상수는 String 클래스의 객체이다. 문자열은 변경할 수 없는 상수이며, 변경하기 위한 문자열을 저장하고 관리할 수 있는 StringBuffer 클래스가 제공된다.

❑ String 클래스의 객체 생성자

String 객체는 여러 가지 방법으로 생성될 수 있다. 다음은 String 클래스의 객체를 생성하는 객체 생성자들이다.

객체 생성자	
public String(String s)	String 객체로 String 객체 생성
public String(byte[] b)	byte 배열로 String 객체 생성
public String(char[] c)	char 배열로 String 객체 생성
public String(char[] c, int begin, int end)	char 배열의 부분으로 String 객체 생성

❑ String 클래스의 메소드

String 클래스는 문자열 비교, 문자열에서 문자 검사, 문자열 부분의 탐색, 문자열 일부 추출, 대소문자 변환, 문자열 복사 등을 위한 다양한 메소드를 제공한다. 한편 문자열 접속을 위한 연산자인 + 연산자를 제공한다.

다음은 String 클래스의 중요 메소드들이다.

메소드	
public String toString()	문자열 자체 반환
public boolean equals(Object obj)	문자열이 다른 객체 obj와 같으면 true, 아니면 false 반환
public char charAt(int index)	문자열의 주어진 index의 문자 반환
public int compareTo(String other)	문자열과 other 문자열 비교하여 크면 양수, 같으면 0, 작으면 음수 반환
public String concat(String other)	문자열과 other 문자열 접속한 문자열 반환
public boolean endsWith(String suffix)	문자열이 문자열 suffix로 끝나면 true, 아니면 false 반환
public int indexOf(int ch)	문자열에서 문자 ch가 나타난 첫 번째 위치 인덱스 반환, 없으면 –1 반환
public int length()	문자열 길이 반환
public boolean startsWith(String prefix)	문자열이 문자열 prefix로 시작하면 true, 아니면 false 반환
public String substring(int beginIndex)	문자열에서 beginIndex 이후의 문자열 반환

이들 메소드 중에서 특히 중요한 메소드는 다음과 같다.

- equals(): 두 문자열 같으면 true, 아니면 false 반환
  - "홍길동".equals("홍길동") ⇒ true
  - "홍길동".equals("홍길서") ⇒ false
- compareTo(): 두 문자열 중 앞쪽이 크면 양수, 같으면 0, 작으면 음수 반환
  - 문자열 크기 비교에서 반환값 자체보다 0인지 음수인지 양수인지 중요
  - "홍길동".compareTo("홍길동") ⇒ 0(0이므로 두 문자열이 같음)

- "홍길동".compareTo("홍길서") ⇒ -3395(음수이므로 앞쪽이 작음)
- "홍길동".compareTo("홍길남") ⇒ 817(양수이므로 앞쪽이 큼)

■ length(): 문자열 길이 반환

- "홍길동".length() ⇒ 3(한글 한 음절의 길이는 1)
- "Java".length() ⇒ 4(한 영문자의 길이는 1)

charAt(), startsWith(), indexOf(), substring() 메소드도 String에서 빈번하게 사용되는 메소드이므로 연습을 통해 익혀야 한다.

❑ String 클래스의 객체 생성하고 메소드 호출하는 예제

예제 10-2-6은 String 객체를 생성하고 여러 메소드를 호출한다.

예제 10-2-6 String 클래스 객체 생성과 메소드 호출

```
class Ex10_2_6_StringMethods {
   public static void main(String[] args) {

      String s = "Java";
      String s1 = new String("Java");

      byte[] b = { 'J', 'a', 'v', 'a' };
      String s2 = new String(b);

      char[] c = { 'J', 'a', 'v', 'a' };
      String s3 = new String(c);

      char[] c1 = { 'A', 'J', 'a', 'v', 'a' };
      String s4 = new String(c1, 1, 4);  // c1의 인덱스 1 위치 4문자를 문자열로

      System.out.println(" * s = \"" + s + "\"");
      System.out.println(" * s1 = \"" + s1 + "\"");
      System.out.println(" * s2 = \"" + s2 + "\"");
      System.out.println(" * s3 = \"" + s3 + "\"");
      System.out.println(" * s4 = \"" + s4 + "\"");

      System.out.println(" * s1.toString() = \"" + s1.toString() + "\"");

      System.out.println(" * s1.equals(s1) = " + s1.equals(s1) );
      System.out.println(" * s1.equals(s2) = " + s1.equals(s2) );
      System.out.println(" * s1.equals(\"C\") = " + s1.equals("C") );

      System.out.println(" * \"홍길동\".length() = " + "홍길동".length() );
      System.out.println(" * s1.length() = " + s1.length() );
```

```
        System.out.println(" * s1.charAt(2) = " + s1.charAt(2) );

        System.out.println(" * s1.compareTo(s2) = " + s1.compareTo(s2) );
        System.out.println(" * s1.compareTo(\"Java\") = " + s1.compareTo("Java") );
        System.out.println(" * s1.compareTo(\"C\") = " + s1.compareTo("C") );

        System.out.println(" * s1.concat(\" and C\") = " + s1.concat(" and C") );

        System.out.println(" * s1.indexOf('v') = " + s1.indexOf('v') );
        System.out.println(" * s1.indexOf('b') = " + s1.indexOf('b') );

        System.out.println(" * s1.startsWith(\"Ja\") = " + s1.startsWith("Ja") );
        System.out.println(" * s1.startsWith(\"ja\") = " + s1.startsWith("ja") );

        System.out.println(" * s1.substring(1) = " + s1.substring(1) );
        System.out.println(" * s1.substring(2) = " + s1.substring(2) );
    }
}
```

실행결과		
	* s = "Java" * s1 = "Java" * s2 = "Java" * s3 = "Java" * s4 = "Java" * s1.toString() = "Java" * s1.equals(s1) = true * s1.equals(s2) = true * s1.equals("C") = false * s1.length() = 4 * "홍길동".length() = 3	* s1.charAt(2) = v * s1.compareTo(s2) = 0 * s1.compareTo("Java") = 0 * s1.compareTo("C") = 7 * s1.concat("and C") = Java and C * s1.indexOf('v') = 2 * s1.indexOf('b') = -1 * s1.startsWith("Ja") = true * s1.startsWith("ja") = false * s1.substring(1) = ava * s1.substring(2) = va

특히, 문자열에서 자주 사용되는 equals(), length(), compareTo(), charAt(), startsWith(), indexOf(), substring() 등의 중요 메소드에 대해 잘 이해하여 문자열 응용 프로그램 작성에서 충분히 활용할 수 있어야 한다.

❑ 문자열 활용하는 예제

문자열은 정보를 저장하는 기본적인 수단이며, 실제 프로그램에서 여러 문자열을 배열에 저장하고 문자열 비교, 탐색, 정열 등을 수행한다. 예제 10-2-7은 여러 문자열의 저장, 비교, 탐색을 수행하는 예제이다.

예제 10-2-7 여러 문자열의 저장, 비교, 탐색

```
class Names {
    String[] names = new String[100];    // 최대 100개 이름 저장하는 배열변수 names
    int cntNames = 0;                     // names[] 배열에 저장된 원소 개수

    // 저장된 모든 이름을 출력하는 작업 처리 메소드
    void doList() {
        System.out.print("\n  ** 모든 이름들 **\n  * ");

        if (cntNames == 0)
            System.out.println(" 이름이 하나도 없음 ");
        else
            for (int i = 0; i < cntNames; i++)    // 이름 저장된 모든 원소에 대해
                System.out.print(names[i] + "  ");
    }

    // 이름 입력하여 저장하고 저장된 위치 출력하는 작업 처리 메소드
    void doAdd() {
        System.out.println("\n  ** 이름 추가하기 **");
        String name = SkScanner.getString("  o 추가할 이름 > ");
        int n = add(name);
        System.out.println("  * " + name + ": " + ( n + 1) + "번째 이름으로 추가됨");
    }

    // 주어진 이름을 names[] 배열의 마지막 원소 다음에 저장하고 저장 위치 반환하는 메소드
    int add(String name) {
        names[cntNames] = name;          // 마지막 다음 위치에 name 저장
        cntNames++;                      // names[] 배열에 저장된 원소 개수 1 증가
        return cntNames - 1;             // 저장 위치 반환
    }

    // 이름을 입력하여 입력된 이름과 동일한 이름의 개수 출력하는 작업 처리 메소드
    void doSearchName() {
        System.out.println("\n  ** 이름 찾기 **");
        String name = SkScanner.getString("  o 찾을 이름 > ");
        int cnt = 0;

        for (int i = 0; i < cntNames; i++)
            if (names[i].equals(name))    // names[i]가 name과 같으면
                cnt++;
        if (cnt == 0)
            System.out.println("  * " + name + "인 이름이 없음.");
        else
            System.out.println("  * " + name + "인 이름이 " + cnt +"개 있음");
```

```
    }

    // 성을 입력하여 입력된 성으로 시작하는 이름과 개수 출력하는 작업 처리 메소드
    void doSearchFirstname() {
        System.out.println("\n   ** 성으로 이름 찾기 **");
        String fname = SkScanner.getString("   o 찾을 성 > ");

        int cnt = 0;
        String namesMatch = "";

        for (int i = 0; i < cntNames; i++)
            if (names[i].startsWith(fname)) {   // names[i]가 fname으로 시작하면
                cnt++;
                namesMatch += names[i] + " ";
            }

        if (cnt == 0)
            System.out.println("   * 성이 " + fname + "인 이름이 없음");
        else
            System.out.println("   * 성이 " + fname + "인 이름 " + cnt +"개: "
                                        + namesMatch);
    }

    // 이름을 입력하여 입력된 이름보다 큰 이름과 개수 출력하는 작업 처리 메소드
    void doSearchNameGT() {
        System.out.println("\n   ** 큰 이름 찾기 **");
        String name = SkScanner.getString("   o 찾을 이름 > ");
        int cnt = 0;
        String namesGT = "";

        for (int i = 0; i < cntNames; i++)
            if (names[i].compareTo(name) > 0) {   // names[i]가 name보다 크면
                cnt++;
                namesGT += names[i] + " ";
            }

        if (cnt == 0)
            System.out.println("   * " + name + "보다 큰 이름이 없음");
        else
            System.out.println("   * " + name + "보다 큰 이름 " + cnt +"개: "
                                    + namesGT);
    }
}

class Ex10_2_7_NamesMgmt {
    public static void main(String[] args) {
```

```
        Names names = new Names();  // Names 객체 생성하여 names에 저장

        // 홍길동, 홍길서, 홍길남, 홍길북을 미리 names에 추가
        names.add("홍길동"); names.add("홍길서");
        names.add("홍길남"); names.add("홍길북");

        while(true) {
            System.out.println("\n\n   **** 이름 관리 ****\n");
            System.out.println("  1) 모든 이름 보기     2) 이름 추가     3) 이름 찾기 ");
            System.out.println("  4) 성으로 이름 찾기  5) 큰 이름 찾기 6) 종료");

            int menu = getMenu(1, 6, "\n   o 작업 선택하시오 > ",
                                        "  !!! 올바른 작업을 선택하시오\n");
            switch(menu) {
                case 1: names.doList();               break;
                case 2: names.doAdd();                break;
                case 3: names.doSearchName();         break;
                case 4: names.doSearchFirstname();    break;
                case 5: names.doSearchNameGT();       break;
                case 6: exit();                       return;
            }
        }
    }

    static void exit() {
        System.out.println("\n\n ** 이름 관리 종료합니다 \n\n");
    }

    // 프롬프트 메시지 prompt 출력 후 min과 max 사이 정수 입력하여 반환하는 메소드
    static int getMenu(int min, int max, String prompt, String errMsg) {
        while(true) {
            int menu = SkScanner.getIntWithPrompt(prompt);

            if (menu >= min && menu <= max)
              return menu;

            System.out.print(errMsg);
        }
    }
}
```

실행결과

```
**** 이름 관리 ****

1) 이름 보기         2) 이름 추가       3) 이름 찾기
4) 성으로 이름 찾기  5) 큰 이름 찾기    6) 종료

o 작업 선택하시오 > 1
```

```
** 모든 이름들 **
* 홍길동  홍길서  홍길남  홍길북

o 작업 선택하시오 > 3

** 이름 찾기 **
o 찾을 이름 > 홍길동
* 홍길동인 이름이 1개 있음

o 작업 선택하시오 > 4

** 성으로 이름 찾기 **
o 찾을 성 > 홍
* 성이 홍인 이름 4개: 홍길동 홍길서 홍길남 홍길북

o 작업 선택하시오 > 5

** 큰 이름 찾기 **
o 찾을 이름 > 홍길남
* 홍길남보다 큰 이름 3개: 홍길동 홍길서 홍길북
```

프로그램 설명

- 이 프로그램은 여러 이름에 대한 5가지 관리 작업 수행
  - 각 작업은 여러 문자열을 다루는 좋은 예제이므로 잘 살펴보고 이해할 것
- getMenu(int min, int max, String prompt, String errorMsg) 메소드
  - 《 int menu = SkScanner.getInt(1, 5, "\n o 작업 선택하시오 > ", " !!! 올바른 작업을 선택하시오\n"); 》에서 사용되는 메소드
  - 프롬프트 메시지 prompt 출력 후 주어진 min과 max 사이 정수만 입력하여 반환
  - 범위 밖의 정수가 입력되면 오류 메시지 errorMsg 출력 후 입력 다시 시도

Java 프로그램에서 여러 문자열을 저장하고 다루는 경우는 매우 빈번하다. 문자열의 비교, 탐색, 정렬 등은 매우 중요하므로 많은 연습을 통하여 숙지해야 한다.

10.4 java.util 패키지

Java의 기본 패키지에서 가장 사용빈도가 높은 패키지 중의 하나가 java.util 패키지이다. java.util 패키지에는 난수, 날짜 및 시간, 여러 데이터의 편리한 처리, 여러 객체의 관리 및 나열, 키를 통한 빠른 탐색 등을 위한 많은 클래스가 제공된다.

10.4.1 난수를 위한 Random 클래스

난수(random number)는 무작위로 추출되는 일련의 숫자들로 통계, 게임, 보안 등에서 중요하게 사용된다. Java에서 java.lang.Math 클래스의 random() 메소드를 이용하여 0과 1 사이 실수 난수들을 추출할 수 있다. 보다 다양하게 난수를 추출하기 위해 java.util 패키지에 Random 클래스가 제공된다.

Random 클래스는 48bit 종자값(seed)을 사용하여 의사난수(pseudorandom)를 생성하는 여러 메소드를 제공하고, Random 객체는 여러 종류의 난수를 생성할 수 있는 난수 생성기 역할을 한다.

❏ Random 클래스의 객체 생성자와 메소드

다음은 Random 클래스의 객체 생성자와 메소드이다.

객체 생성자	
public Random()	Random 객체 생성
public Random(long seed)	48bit seed로 Random 객체 생성
메소드	
public void setSeed(long seed)	주어진 48bit seed로 종자값 설정
public int nextInt(int bound)	0에서 bound보다 작은 4바이트 정수 난수 반환
public long nextLong()	8바이트 정수 난수 반환
public double nextDouble()	0과 1 사이 double 실수 난수 반환
public float nextFloat()	0과 1 사이 float 실수 난수 반환
public boolean nextBoolean()	true 또는 false인 난수 반환
public IntStream ints(long size, int origin, int bound)	origin에서 bound보다 작은, size 개수의 정수 난수들을 한꺼번에 구해 IntStream으로 반환
public DoubleStream doubles(long size, double origin, double bound)	origin에서 bound보다 작은, size 개수의 실수 난수들을 한꺼번에 구해 DoubleStream으로 반환

Random 클래스를 이용하여 난수를 생성하려면 반드시 Random 클래스의 객체를 생성해야 한다. 객체 생성자에는 종자값이 없는 생성자와 종자값이 있는 생성자가 있다.

한 프로그램에서 여러 Random 객체들을 생성할 수 있으며, 생성된 Random 객체들의 종자값이 같으면 항상 동일한 난수들이 동일한 순서대로 생성된다.

다음은 Random 객체를 생성하는 예를 보여준다.

```
// Random 객체 생성
Random rd1 = new Random();            // 종자값 없이 Random 객체 생성
Random rd2 = new Random(1234567);     // 종자값 1234567로 Random 객체 생성
Random rd3 = new Random(1234568);     // 종자값 1234568로 Random 객체 생성
```

Random 클래스의 종류별로 난수를 생성하는 메소드는 다음과 같다.

- nextInt(int bound) 메소드: 0부터 bound보다 작은, 즉 0부터 bound – 1 사이 4바이트 정수 난수 반환하며, 음수 값 반환하지 않음
- nextDouble() 메소드: Math 클래스의 random() 메소드와 동일한 결과인 0에서 1보다 작은 실수값 반환
- nextBoolean() 메소드: true 또는 false 값을 무작위로 반환

요구되는 난수는 대개 일정한 범위의 난수이다. 예를 들어, 주사위를 던질 때 필요한 난수는 1부터 6 사이이며, 로또 번호를 난수로 구할 때 1부터 45 사이 난수이어야 한다. 그러므로 특정 범위의 난수를 구하는 것이 필요하며, 주어진 범위 min과 max 사이 난수를 구하는 것은 다음과 같다.

- Random rd = new Random();   // 종자값 없이 Random 객체 생성

• 정수 min부터 max 사이 정수 난수: **min + rd.nextInt(max - min + 1)**
• 실수 min부터 max 사이 실수 난수: **min + rd.nextDouble() * (max - min)**

다음은 0과 100 사이 정수 난수, 1과 45 사이 정수 난수, 150과 190 사이 실수 난수를 구한다.

```
Random rd = new Random();             // 종자값 없이 Random 객체 생성

int score = rd.nextInt(101);          // 0과 100 사이 정수 난수 생성하여 score에 저장
int lotto = 1 + rd.nextInt(45);       // 1과 45 사이 정수 난수 생성하여 lotto에 저장
double height = 150 + rd.nextDouble() * 40;   // 150과 190 사이 실수 난수 생성
```

한편, Random 클래스에는 여러 난수를 한꺼번에 구해 Stream 클래스의 객체로 반환하는 ints(int size, int origin, int bound), doubles(int size, double origin, double bound) 메소드가 있다. Stream 관련 클래스는 Java 1.8부터

java.util.stream 패키지에서 제공되는 클래스로, Stream 클래스와 이의 하위 클래스인 IntStream, DoubleStream 클래스 등이 있다. 이들 클래스는 일련의 원소들에 대해 순차적 또는 병렬적 연산을 적용할 수 있는 기능을 갖는다.[133)]

❑ Random 클래스 이용하여 난수 생성하는 예제

예제 10-3-1은 Random 클래스를 이용하여 여러 종류의 난수를 생성한다.

예제 10-3-1 Random 클래스 메소드 사용하여 여러 종류 난수 생성

```
import java.util.Random;                    // Vector 클래스 사용하기 위해 import
import java.util.stream.IntStream;          // IntStream 클래스 사용하기 위해 import

public class Ex10_3_1_Random {
  public static void main(String[] args) {

     // Random 객체 생성
     Random rd1 = new Random();             // 종자값 없이 Random 객체 생성
     Random rd2 = new Random(1234567);      // 종자값 1234567로 Random 객체 생성

     // 0과 100 사이 임의의 정수 점수 10개 구해 출력
     int[] scores = new int[10];
     for (int i = 0; i < 10; i++) {
        int score = rd1.nextInt(101);       // 0과 100 사이 난수 생성하여 score에 저장
        scores[i] = score;                  // scores 배열 원소에 저장
     }

     System.out.print("\n\n  * 난수로 구한 점수 10개: ");
     for (int score: scores)                // scores 배열에 저장된 원소들을
        System.out.print(score + " ");      // 하나씩 출력

     // 150과 190 사이 임의의 실수 키 8개 구해 출력
     double[] heights = new double[8];
     for (int i = 0; i < 8; i++) {
        double height = 150 + rd2.nextDouble() * 40;      // 150과 190 사이 난수 생성
        heights[i] = (int) (height * 100 + 5) / 100.0 ;   // 소수 2자리 반올림하여 저장
     }

     System.out.print("\n  * 난수로 구한 8개 키: ");
     for (double height: heights)              // heights 배열에 저장된 원소들을
        System.out.print(height + " ");        // 하나씩 출력
```

133) Stream 클래스와 하위 클래스에 대한 상세한 내용은 지금 이해하기 어려운 면이 있으므로 더 설명하지는 않고 예제 하나만을 보여준다.

```
        // Java 1.8부터 IntStream 클래스가 java.util.stream 패키지에 지원
        //     Random 클래스의 ints() 메소드는 여러 난수 구해 IntStream으로 반환
        //     ints() 메소드로 10과 19 사이 임의의 정수 나이 15개 구해 출력
        System.out.print("\n  * 난수로 구한 15개 나이: ");
        IntStream strm = rd1.ints(15, 10, 20);   // 10과 19 사이 정수 난수 15개 생성
        for (int age: strm.toArray())              // strm을 배열로 변환하여 원소 하나하나를
          System.out.print(age + " ");             //     age에 저장하여 출력
    }
}
```

실행결과	* 난수로 구한 점수 10개: 49 4 85 6 92 36 96 81 100 31 * 난수로 구한 8개 키: 160.4 181.3 168.3 178.1 189.5 159.2 169.8 154.4 * 난수로 구한 15개 나이: 10 15 17 17 12 15 15 19 12 13 15 15 13 13 12

10.4.2 날짜와 시간을 다루기 위한 Date 클래스

날짜와 시간은 프로그램에서 자주 사용되므로 이를 위한 클래스와 다양한 메소드들이 Java에서 제공된다. 날짜 및 시간과 관련된 클래스로는 java.util 패키지의 Date, Calendar, GregorianCalendar 클래스 등이 있으며 그 외에도 java.text 패키지의 SimpleDateFormat, java.sql 패키지의 Date 클래스 등이 있다.

❑ java.util 패키지의 Date 클래스

java.util 패키지의 Date 클래스는 Java 초기에 년도, 월, 일, 시, 분, 초 등의 날짜 및 시간 정보를 저장하고 처리하기 위한 클래스로 제공되었다. 그러나 Date 클래스의 메소드들이 국제화[134]에 적합하지 않았기 때문에 Date 클래스는 JDK 1.1 버전부터 Calendar 클래스와 이의 하위 클래스로 대체되었다. 그러므로 Date 클래스의 많은 메소드들은 사용하지 않도록 권장하는 메소드이다.

Date 클래스는 현재 날짜와 시간을 쉽게 구해 출력할 수 있으며, 복잡하지 않아 쉽게 이용할 수 있으므로 예제로 많이 소개된다.

❑ java.util 패키지의 Date 클래스의 객체 생성자와 메소드

다음은 Date 클래스의 객체 생성자와 메소드이다.

134) 날짜와 시간에서의 국제화(internationalization)는 국가별로 표준시, 사용 달력, 표현 양식 등이 다른 것을 말하며, Date 클래스는 이를 충분히 지원하지 못한다.

객체 생성자	
public Date()	현재 날짜와 시간을 갖는 Date 객체 생성
public Date(long milliseconds)	1970년 1월 1일 0시 0분 0초에서 주어진 milliseconds 이후의 날짜와 시간을 갖는 Date 객체 생성
메소드	
public String toString()	요일 월 일 시:분:초 표준시 년 형식으로 날짜와 시간을 문자열로 반환
public int compareTo(Date aDate)	aDate의 날짜와 시간을 비교하여 이전이면 음수, 같으면 0, 이후이면 양수 반환
public long getTime()	저장된 시간을 1970년 1월 1일 0시 0분 0초 후의 milliseconds로 구해 반환
public void setTime(long milliseconds)	1970년 1월 1일 0시 0분 0초에서 주어진 milliseconds 이후의 날짜와 시간 저장

매개변수 없는 객체 생성자 Date()는 현재 날짜와 시간을 저장하는 Date 객체를 생성한다. 한편 매개변수 있는 객체 생성자 Date(long milliseconds)는 주어진 밀리초 milliseconds를 내부적으로 저장하는 Date 객체를 생성한다. 이때의 밀리초는 1970년 1월 1일 0시 0분 0초 후의 밀리초를 나타내며, 밀리초가 음수이면 1970년 1월 1일 0시 0분 이전의 밀리초를 나타낸다.

Date 객체는 1970년 1월 1일 이후에서 저장하려는 날짜 및 시간까지 밀리초를 내부적으로 저장한다. setTime(long milliseconds) 메소드는 밀리초로 표시된 시간을 내부에 저장하고, getTime() 메소드는 내부에 저장된 밀리초를 반환한다.

다음은 현재 날짜와 시간을 저장하는 Date 객체를 생성하고 이 객체의 밀리초를 구해 출력한다.

```
Date now = new Date();    // 현재 날짜와 시간을 갖는 Date 객체 생성

// 1970년 1월 1일 0시 0분 0초부터 저장된 시간까지 밀리초 구함
long msNow = now.getTime();
System.out.println("\n  * 현재 날짜와 시간: " + now);      // 기본적인 양식으로 출력
System.out.println("  * 현재의 밀리초 = " + msNow);        // 밀리초 출력
```

1초는 1000밀리초, 60초는 1분, 60분은 1시간, 24시간은 1일인 것을 이용하여 Date 객체에 저장된 날짜와 시간의 이전 또는 이후 시간을 구할 수 있다. 다음은 현재 시각에서 24시간 후 시간과 100일 전의 시간을 저장하는 Date 객체를 구한다.

```
Date now = new Date();                    // 현재 날짜와 시간을 갖는 Date 객체 생성
long msNow = now.getTime();               // now 객체의 저장된 현재의 밀리초를 구함

long ms24H = 24 * 60 * 60 * 1000;         // 하루 24시간의 밀리초

long msAfter24H = msNow + ms24H;          // 24시간 후의 밀리초 구하기
Date dAfter24H = new Date(msAfter24H);    // 24시간 후 Date 객체 생성

long msBefore100D = msNow - 100 * ms24H;       // 100일 전의 밀리초 구하기
Date dBefore100D = new Date(msBefore100D);     // 100일 전 Date 객체 생성
```

초기에는 Date 클래스의 객체에 년도, 월, 일, 시, 분, 초 등을 저장하고 요소를 구하는 메소드가 사용되었다. 그러나 지금은 이들 메소드는 사용되지 않는다.

❑ Date 객체를 원하는 양식으로 출력하기

Date 객체를 System.out.println()으로 출력하면 《 요일, 월, 일, 시:분:초 표준시 년》의 형식으로 출력되며, 이때의 요일, 월, 표준시는 영어로 출력되므로 한국어 사용자들은 생소하다.

프로그래머가 원하는 양식으로 Date 객체의 날짜와 시간을 출력하기 위해 Date 객체를 원하는 양식으로 포매팅하는 클래스로 java.text 패키지의 **SimpleDateFormat** 클래스가 제공된다.

Date 객체의 날짜와 시간을 포매팅하기 위해 날짜와 시간 패턴 문자열(date and time pattern string)을 이용한다. 패턴 문자열에는 날짜 또는 시간 요소를 지정하기 위한 패턴 문자가 사용되며, 다음은 패턴 문자열에 사용되는 패턴 문자와 이의 의미를 보여준다.

패턴 문자	날짜 또는 시간 요소	패턴 문자	날짜 또는 시간 요소
Y, y	년도	H	0에서 23까지의 시
M	월	h	1에서 12까지의 시
d	일	m	분
E	요일	s	초
a	오전/오후		

Date 객체에 저장된 날짜와 시간이 2016년 8월 5일 20시 0분 0초일 때[135) 패턴

135) 이 시간은 2016년 리우 올림픽 개회식 시간이다.

문자열에 따른 Date 객체의 포매팅 결과는 다음과 같다.

패턴 문자열	포매팅된 결과 문자열
"y-M-d H:m:s"	"2016-8-5 20:0:0"
"y/MM/dd HH:mm:ss"	"2016/08/05 20:00:00"
"y-M-d(E) a h:m:s"	"2016-8-5(수) 오후 8:0:0"
"y년 M월 d일 a h시 m분"	"2016년 8월 5일 오후 8시 0분"

다음은 SimpleDateFormat 클래스의 객체 생성자와 format() 메소드를 보여준다.

객체 생성자	
public SimpleDateFormat(String pattern)	주어진 pattern을 사용하는 객체 생성
메소드	
public final String format(Date date)	설정된 패턴 문자열을 이용하여 date 객체를 포매팅한 문자열 반환

Date 객체를 패턴 문자열의 양식대로 출력하려면 SimpleDateFormat 클래스의 객체 생성자를 호출하여 객체를 생성하며 포맷 패턴 문자열을 매개변수로 전달한다. 그다음 Date 객체를 매개변수로 갖는 format() 메소드를 호출하면 포맷 패턴 문자열에 맞추어 포매팅된 날짜와 시간 문자열이 반환되며, 이를 출력하면 된다.

다음은 현재 날짜와 시간에 대해 SimpleDateFormat 클래스를 이용하여 포매팅된 문자열을 구한다.[136)]

```
Date now = new Date();                    // 현재 날짜와 시간 저장하는 Date 객체 생성

// 포맷 패턴 문자열 저장하는 SimpleDateFormat 객체 생성
SimpleDateFormat sdf = new SimpleDateFormat("Y년 M월 d일 a h시 m분");

String nowString = sdf.format(now);       // now를 포매팅한 문자열 구함

System.out.println("\n  * 현재 날짜와 시간: " + nowString);  // 결과 출력
```

여기에서 "Y년 M월 d일 a h시 m분"이 포맷 패턴 문자열로 사용되었고, 이 패턴 문자열에는 년, 월, 일, 오전/오후 시, 분을 나타내는 패턴 문자 Y, M, d, a, h, m이 사용되었다.

136) SimpleDateFormat 클래스를 이용하여 날짜와 시간을 포매팅하는 자세한 내용은 스스로 학습하기 바란다.

❑ Date 클래스를 사용하여 날짜 계산하는 예제

예제 10-3-2는 Date 클래스를 사용하여 현재 날짜 및 시간, 24시간 이후, 1000일 이후, 100일 이전의 날짜와 시간을 구해 출력한다.

예제 10-3-2 Date 클래스의 메소드 사용하여 날짜 및 시간 처리

```
import java.util.Date;                         // Date 클래스 사용하기 위해 import
import java.text.SimpleDateFormat;

public class Ex10_3_2_DateMgmt {
   public static void main(String[] args) {

      Date now = new Date();              // 현재 날짜와 시간을 갖는 Date 객체 생성
      System.out.println("\n  * 현재 날짜와 시간: " + now);   // 기본 양식으로 출력

      // 저장된 시간에서 1970년 1월 1일 0시 0분 0초 후의 milliseconds로 구함
      long msNow = now.getTime();
      System.out.println("  * 현재의 밀리초 = " + msNow);   // 현재의 밀리초 출력

      long ms24H = 24 * 60 * 60 * 1000;                // 하루 24시간의 밀리초

      long msAfter24H = msNow + ms24H;                // 24시간 후의 밀리초 구하기
      Date dAfter24H = new Date(msAfter24H);          // 24시간 후 Date 객체 생성
      System.out.println("\n  * 24시간 후 날짜와 시간: " + dAfter24H);
      System.out.println("  * 24시간 후 밀리초 = " + msAfter24H);

      long msAfter1000D = msNow + 1000 * ms24H;     // 1000일 후의 밀리초 구하기
      Date dAfter1000D = new Date(msAfter1000D);     // 1000일 후 Date 객체 생성
      System.out.println("\n  * 1000일 후 날짜와 시간: " + dAfter1000D);
      System.out.println("  * 1000일 후 밀리초 = " + msAfter1000D);

      long msBefore100D = msNow - 100 * ms24H;      // 100일 전의 밀리초 구하기
      Date dBefore100D = new Date(msBefore100D);     // 100일 전 Date 객체 생성
      System.out.println("\n  * 100일 전 날짜와 시간: " + dBefore100D);
      System.out.println("  * 100일 전 밀리초 = " + msBefore100D);

      // now와 dBefore100D의 전후 관계 출력
      if (now.compareTo(dBefore100D) < 0)
         System.out.println("\n  * " + now + ": " + dBefore100D + " 이전임");
      else
         System.out.println("\n  * " + now + ": " + dBefore100D + " 이후임");

      // 포맷 패턴 문자열 저장하는 SimpleDateFormat 객체 생성하여
      // 깔끔한 양식으로 now 출력
      SimpleDateFormat sdf = new SimpleDateFormat("Y년 M월 d일 a h시 m분");
```

```
        String nowString = sdf.format(now);              // now를 포매팅한 문자열 반환
        System.out.println("\n  * 현재 날짜와 시간: " + nowString);
    }
}
```

실행결과	* 현재 날짜와 시간: Wed Jul 10 09:01:19 KST 2019 * 현재의 밀리초 = 1562716879111 * 24시간 후 날짜와 시간: Thu Jul 11 09:01:19 KST 2019 * 24시간 후 밀리초 = 1562803279111 * 1000일 후 날짜와 시간: Tue Apr 05 09:01:19 KST 2022 * 1000일 후 밀리초 = 1649116879111 * 100일 전 날짜와 시간: Mon Apr 01 09:01:19 KST 2019 * 100일 전 밀리초 = 1554076879111 * Wed Jul 10 09:01:19 KST 2019: Mon Apr 01 09:01:19 KST 2019 이후임 * 현재 날짜와 시간: 2019년 7월 10일 오전 9시 1분

10.4.3 날짜와 시간을 다루기 위한 Calendar 클래스

❑ java.util 패키지의 Calendar 클래스

java.util 패키지의 Calendar 클래스는 년도, 월, 일, 시, 분, 초 등의 날짜 및 시간 정보를 저장하고 처리하기 위한 클래스이며, 표준시가 다르거나 달력이 다른 경우[137] 등의 국제화에 따른 문제를 해결하는 클래스이다.

그런데, Calendar 클래스는 abstract 클래스이므로 객체를 생성하지 못한다. 그 대신 컴퓨터 시스템에 설정된 표준시와 달력을 참고하여 적절한 하위 클래스의 객체가 생성되어 Calendar 클래스의 객체 참조변수에 저장된다.

❑ Calendar 클래스의 필드

년도, 월, 일, 시, 분, 초, 요일, 오전/오후 등 여러 요소로 구성되는 날짜와 시간의 특정 요소를 나타내기 위해 Calendar 클래스에 상수 필드들이 제공된다. 이들 필드는 다음과 같이 모두 public static final int로 선언되어 있다.

137) 대부분 국가에서 태양력(Gregorian Calendar)을 사용하지만, 태국은 불교 달력(Buddhist Calendar)을 사용한다.

필드	
public static final int **YEAR**	연도를 나타내는 필드 이름
public static final int **MONTH**	0부터 11까지의 월을 나타내는 필드 이름
public static final int **DATE**	월에서 일을 나타내는 필드 이름
public static final int **DAY_OF_WEEK**	요일을 나타내는 필드 이름
public static final int **HOUR**	오전 오후의 시간을 나타내는 필드 이름
public static final int **HOUR_OF_DAY**	하루 24시간 중의 특정 시간을 나타내는 필드 이름
public static final int **MINUTE**	분을 나타내는 필드 이름
public static final int **SECOND**	초를 나타내는 필드 이름

이들 필드는 Calendar 클래스의 get(), set() 메소드에서 특정 요소를 접근하고 저장할 수 있게 한다.

❑ Calendar 클래스의 메소드

Calendar 클래스에는 Calendar 클래스의 하위 클래스의 객체를 생성하고, 날짜와 시간을 처리할 수 있는 메소드가 다음과 같이 제공된다.

메소드	
public static **Calendar getInstance()**	설정된 표준시와 지역에 따른 캘린더 얻음
public **void set(int field, int value)**	주어진 필드 이름 field에 value 저장
public final **void** **set(int year, int month, int date)**	캘린더에 년도, 월, 일 저장
public final void **set(int year,** **int month, int date,** **int hourOfDay, int minute)**	캘린더에 년도, 월, 일, 시 분 저장
public **int get(int field)**	주어진 필드 이름 field의 필드값 반환
public abstract **void add(int field,** **int amount)**	필드 이름의 필드값에 주어진 amount를 더하거나 뺀 날짜와 시간으로 변경
public **int compareTo(Calendar aCalendar)**	aCalendar의 날짜와 시간을 비교하여 전이면 음수, 같으면 0, 후이면 양수 반환
public final **void clear()**	모든 날짜와 시간 요소들을 0으로 초기화
public final Date **getTime()**	저장된 날짜와 시간을 Date 객체로 반환
public final **void setTime(Date d)**	Date 객체 d의 날짜와 시간을 캘린더의 날짜와 시간으로 저장

❑ Calendar 객체 생성 및 저장

Calendar 클래스는 abstract 클래스이므로 객체 생성자를 이용하여 객체를 생성하지 못한다. 그 대신 클래스 메소드인 getInstance() 메소드를 이용하여 Calendar

클래스의 하위 클래스 객체를 생성할 수 있다. 다음은 캘린더 객체를 생성하여 객체 참조변수 now에 저장하는 것을 보여준다.

```
Calendar now = Calendar.getInstance();
```

컴퓨터의 달력이 태양력으로 설정된 경우 getInstance() 메소드는 태양력을 지원하기 위해 GregorianCalendar[138] 객체를 반환하며, 반환되는 객체에 현재 날짜와 현재 시각이 저장된다.

❑ Calendar 객체에 날짜 및 시간 저장하기

Calendar 객체에 날짜와 시간을 저장하기 위해 다음의 3가지 set() 메소드를 이용한다.

- set(int year, int month, int date): 년도, 월, 일을 동시에 저장하며 월은 0부터 11까지 값이어야 함
- set(int year, int month, int date, int hourOfDay, int minute): 년도, 월, 일, 시, 분을 동시에 저장하며, 월은 0부터 11까지의 값, 시는 0부터 23까지의 값이어야 함
- set(int field, int value): 특정 요소 하나를 저장

다음은 set() 메소드를 이용하여 날짜와 시간을 저장하는 것을 보여준다.

```
// 광복절 날짜인 1945년 8월 15일 저장
Calendar independenceDay = Calendar.getInstance();
independenceDay.clear();  // 저장된 날짜와 시간을 모두 초기화
independenceDay.set(1945, 7, 15); // 1945년 8월 15일 저장(8월은 7로 저장)

// 리우 2016 올림픽 개막식 날짜와 시간 저장
Calendar openRio2016 = Calendar.getInstance();
openRio2016.clear();                    // 저장된 날짜와 시간을 모두 초기화
openRio2016.set(2016, 7, 5, 20, 0);     // 리우 올림픽 개막: 2016년 8월 5일 오후 8시

// 오늘 정오 12시로 시간 저장
Calendar todayNoon = Calendar.getInstance();
todayNoon.set(Calendar.HOUR_OF_DAY, 12 );       // 시를 12시로 저장
todayNoon.set(Calendar.MINUTE, 0);              // 분을 0분으로 저장
todayNoon.set(Calendar.SECOND, 0);              // 초를 0초로 저장
```

138) GregorianCalendar 클래스는 Calendar 클래스의 하위 클래스이다.

❑ Calendar 객체에서 날짜 및 시간 요소 가져오기

Calendar 객체에 저장된 요소 중 하나를 가져오는 것은 get() 메소드를 이용한다.

- int get(int field): 날짜와 시간 요소 중 주어진 특정 요소 하나 반환

다음은 현재 날짜가 저장된 Calendar 객체에서 년도, 월, 일을 가져와 출력한다.

```
Calendar now = Calendar.getInstance();

System.out.println("\n  * 현재 날짜: "
                    + now.get(Calendar.YEAR) + "년 "
                    + (now.get(Calendar.MONTH) + 1) + "월 "
                    + now.get(Calendar.DATE) + "일");
```

특히 월은 get() 메소드에서 실제 월보다 1이 작은 값이 반환되므로 실제 월을 출력하려면 1을 더한 값을 출력해야 한다.

❑ Calendar 객체의 요소들을 일정량 더하거나 빼기

날짜와 시간을 다루는 프로그램에서 중요한 요구사항이 특정 날짜나 시간에 대해 일정량을 더하거나 뺀 결과를 구하는 것이다.

예를 들어, 현재부터 1000일 후의 날짜, 현재부터 10000시간 이후의 날짜 등을 구하는 요구가 발생한다. 이미 Date 클래스에서 일정 시간 이후 또는 이전 시간을 구하는 예를 살펴보았으나, 다소 복잡하였다.

Calendar 클래스는 날짜와 시간의 특정 요소에 일정량을 더하거나 빼는 메소드인 add() 메소드를 제공한다.

- void add(int field, int amount): 날짜와 시간 요소 중 주어진 특정 요소를 amount만큼 더한 날짜와 시간 구함

add() 메소드를 사용하면 이전 또는 이후 시간을 쉽게 구할 수 있다, 다음은 현재 날짜와 시간에 대해 24시간 이후, 100일 전을 구한다.

```
Calendar calAfter24 = Calendar.getInstance();     // Calendar 객체 생성
```

```
calAfter24.add(Calendar.HOUR, 24);                    // 24시간 후 날짜, 시간 구함

Calendar calBefore100 = Calendar.getInstance();       // Calendar 객체 생성
calBefore100.add(Calendar.DATE, -100);                // 100일 전 날짜, 시간 구함
```

❑ Calendar 객체와 Date 객체 간의 변환

Calendar 객체와 Date 객체는 상호 변환이 가능하다. 이를 위해 Date 객체의 날짜와 시간을 Calendar 객체에 저장하고 Calendar 객체를 Date 객체로 변환하는 메소드가 다음과 같이 제공된다.

- void setTime(Date d): d의 날짜와 시간을 캘린더의 날짜와 시간으로 저장
- Date getTime(): 캘린더의 날짜와 시간을 가지는 Date 객체 반환

다음은 Date 객체에 저장된 날짜와 시간을 Calendar 객체에 저장하고 다시 이를 Date 객체에 저장하는 예이다.

```
Date nowDate = new Date();                        // Date 객체 생성하여 저장
Calendar nowCal = Calendar.getInstance();         // Calendar 객체 생성하여 저장

nowCal.setTime(nowDate);              // nowDate의 날짜 시간을 NowCal에 저장
Date d = nowCal.getTime();            // nowCal의 날짜와 시간 저장하는 Date 객체 반환
```

❑ Calendar 객체의 출력

Date 객체를 System.out.println() 메소드로 출력하면 기본 양식으로 출력되는데, Calendar 객체를 System.out.println() 메소드로 출력하면 이상한 결과가 출력된다. Calendar 객체를 원하는 양식으로 출력하려면 getTime() 메소드로 Calendar 객체를 Date 객체로 변환한 후 SimpleDateFormat 클래스를 이용하면 된다.

다음은 Calendar 객체를 Date 객체로 변환하고 Date 객체를 SimpleDateFormat 클래스를 이용하여 포맷 패턴 문자열의 양식으로 출력한다.

```
Calendar cal = Calendar.getInstance();// Calendar 객체 생성하여 저장
Date d = cal.getTime();                 // Calendar 객체를 Date 객체로 변환해 d에 저장

// 포맷 패턴 문자열 저장하는 SimpleDateFormat 객체 생성하여 sdf에 저장
```

```
SimpleDateFormat sdf = new SimpleDateFormat("Y년 M월 d일(E) a h시 m분");
System.out.println("\n 현재 날짜와 시간: " + sdf.format(d));   // d를 포맷하여 출력
```

❑ Calendar 클래스의 메소드 사용하여 날짜와 시간 처리하는 예제

예제 10-3-3은 Calendar 클래스를 사용하여 현재 날짜 및 시간, 24시간 이후, 1000일 이후, 100일 전의 날짜와 시간을 구해 출력한다.

예제 10-3-3 Calendar 클래스의 메소드를 사용하여 날짜 및 시간 처리

```
import java.util.Calendar;                        // Calendar 클래스 사용하기 위해 import
import java.util.Date;                            // Date 클래스 사용하기 위해 import
import java.text.SimpleDateFormat;

public class Ex10_3_3_CalendarMgmt {
  public static void main(String[] args) {
     Calendar now = Calendar.getInstance();  // 현재 날짜와 시간 저장하는 캘린더

     // 광복절 날짜인 1945년 8월 15일 저장하는 캘린더
     Calendar independenceDay = Calendar.getInstance();
     independenceDay.clear();                     // 저장된 날짜와 시간을 모두 초기화
     independenceDay.set(1945, 7, 15);            // 1945년 8월 15일 저장(8월은 7로 저장)

     // 리우 2016 올림픽 개막식 날짜와 시간 저장하는 캘린더
     Calendar openRio2016 = Calendar.getInstance();
     openRio2016.clear();                         // 저장된 날짜와 시간을 모두 초기화
     openRio2016.set(2016, 7, 5, 20, 0);          // 리우 올림픽 개막: 2016-8-5 오후 8:0:0

     // 오늘 정오 12시로 시간 저장하는 캘린더
     Calendar todayNoon = Calendar.getInstance();
     todayNoon.set(Calendar.HOUR_OF_DAY, 12 );          // 시를 12시로 저장
     todayNoon.set(Calendar.MINUTE, 0) ;                // 분을 0분으로 저장
     todayNoon.set(Calendar.SECOND, 0);                 // 초를 0초로 저장

     System.out.println("\n  * 현재 날짜: " + now.get(Calendar.YEAR) + "년 "
                              + (now.get(Calendar.MONTH) + 1) + "월 "
                              + now.get(Calendar.DATE) + "일 ");

     Calendar calAfter24 = Calendar.getInstance();      // Calendar 객체 생성
     calAfter24.add(Calendar.HOUR, 24);                 // 24시간 후 날짜, 시간 구함

     Calendar calBefore100 = Calendar.getInstance();    // Calendar 객체 생성
     calBefore100.add(Calendar.DATE, -100);             // 100일 전 날짜, 시간 구함

     Date nowDate = new Date();                         // Date 객체 생성하여 저장
```

```
        Calendar nowCal = Calendar.getInstance();        // Calendar 객체 생성하여 저장
        nowCal.setTime(nowDate);                         // NowCal에 nowDate의 날짜, 시간 저장
        Date date = nowCal.getTime();                    // nowCal의 날짜, 시간 저장하는 date 객체

        outputCalendar("\n  * 광복절: ", independenceDay);
        outputCalendar("  * 리우 올림픽 개막: ", openRio2016);
        outputCalendar("  * 오늘 정오 12시: ", todayNoon);

        outputCalendar("\n  * 현재 날짜와 시간: ", now);
        outputCalendar("  * 24시간 후: ", calAfter24);
        outputCalendar("  * 100일 전: ", calBefore100);

        outputDate("\n  * nowDate: ", nowDate);
        outputCalendar("  * nowDate에서 구한 nowCal: ", nowCal);
        outputDate("  * nowCal에서 구한 date: ", date);
    }

    // 포맷 패턴 문자열 저장하는 SimpleDateFormat 객체 생성하여 sdf에 저장
    static SimpleDateFormat sdf = new SimpleDateFormat("Y년 M월 d일(E) a h시 m분");

    // prompt 메시지와 Calendar 객체 주어지면 이를 패턴 문자열
    //     "Y년 M월 d일(E) a h시 m분"의 양식으로 출력하는 메소드
    public static void outputCalendar(String prompt, Calendar cal) {
        System.out.println(prompt + sdf.format(cal.getTime()));
    }

    // prompt 메시지와 Date 객체 주어지면 이를 패턴 문자열
    //     "Y년 M월 d일(E) a h시 m분"의 양식으로 출력하는 메소드
    public static void outputDate(String prompt, Date date) {
        System.out.println(prompt + sdf.format(date));
    }
}
```

실행결과

```
* 현재 날짜: 2019년 7월 11일

* 광복절: 1945년 8월 15일(수) 오전 12시 0분
* 리우 올림픽 개막: 2016년 8월 5일(금) 오후 8시 0분
* 오늘 정오 12시: 2019년 7월 11일(목) 오후 12시 0분

* 현재 날짜와 시간: 2019년 7월 11일(목) 오전 9시 45분
* 24시간 후: 2019년 7월 12일(금) 오전 9시 45분
* 100일 전: 2019년 4월 2일(화) 오전 9시 45분

* nowDate: 2019년 7월 11일(목) 오전 9시 45분
* nowDate에서 구한 nowCal: 2019년 7월 11일(목) 오전 9시 45분
* nowCal에서 구한 date: 2019년 7월 11일(목) 오전 9시 45분
```

10.4.4 여러 데이터의 편리한 처리를 위한 클래스들

java.util 패키지에는 여러 데이터를 편리하게 다룰 수 있기 위하여 Collection을 비롯하여 여러 클래스가 있다. 이들 클래스는 별도의 컬렉션 장에서 다룰 것이다.

10.5 java.io 패키지

java.io 패키지에는 파일 및 입출력에 관련된 편리한 기능을 제공하는 클래스와 인터페이스가 제공된다. java에서 입출력은 키보드, 디스크 파일 등 입력장치에서 프로그램으로 데이터를 입력하는 작업과 프로그램의 데이터를 프린터, 모니터, 디스크 등의 출력장치로 출력하는 작업으로 나누어진다.

Java에서 입출력 데이터를 스트림(stream)이라는 용어로 표현한다. 스트림은 시내에 시냇물이 흘러가듯이 데이터가 장치에서 프로그램 또는 프로그램에서 장치로 전달되어 흘러가는 모양을 나타낸다. 스트림은 데이터의 종류에 따라 바이트 스트림(byte stream)과 문자 스트림(character stream)으로 구성된다.

바이트 스트림은 8비트 바이트 단위로 입출력이 이루어지며, 영문자 데이터, 이미지 또는 동영상을 포함하는 바이너리 데이터 등을 입출력할 때 사용한다. 문자 스트림은 2바이트 문자 단위로 입출력이 이루어지며, 한글을 포함하는 데이터를 입출력하려면 반드시 문자 스트림을 사용해야 한다.

10.5.1 바이트 스트림으로 입출력하기

바이트 스트림 입출력은 바이트 단위의 데이터를 입출력하는 것으로 이를 위해 FileInputStream 클래스와 FileOutputStream 클래스가 제공된다.

❑ FileInputStream 클래스

FileInputStream 클래스는 파일에서 바이트 단위의 데이터를 입력할 수 있게 하며, 다음은 FileInputStream 클래스의 객체 생성자와 중요 메소드를 보여준다.

객체 생성자	
public FileInputStream(File file)	주어진 File 객체의 파일 읽을 수 있도록 개방하여 입력 스트림 형성
public FileInputStream(String name)	주어진 이름의 파일 읽을 수 있도록 개방하여 입력 스트림 형성

메소드	
public int read() throws IOException	입력 스트림에서 한 바이트 데이터 읽음.[139] 파일 끝이면 -1 반환
public void close() throws IOException	입력 스트림 닫고 자원 회수

FileInputStream 클래스의 객체를 생성할 때 File 클래스의 객체 또는 입력할 파일의 경로와 이름을 나타내는 문자열이 매개변수로 주어진다. File 클래스는 스스로 학습하도록 권장하며 생략한다.

❑ 파일의 경로 표시하기

파일 입력 예제 프로그램에서 파일 입출력을 위해 java.txt 파일을 사용한다. java.txt 파일에는 영문자, 숫자, 특수문자, 한글이 다음과 같이 저장되어 있다.

```
Java is an object-oriented programming language developed by Sun Microsystems' James
Gosling and other researchers.
자바는 1995년에 발표되었다.
```

Java 프로그램에서 입출력 파일이름을 표시하는 방법에는 상대경로와 절대경로 2 방법이 있다.

상대경로는 현재 작업폴더(current working folder)라 불리는 지정된 특정 폴더부터의 폴더와 파일이름으로 경로를 표시하는 방법이다. Eclipse를 사용할 경우, 현재 작업폴더는 Eclipse 프로젝트가 저장된 폴더이다. 그러므로 java.txt 파일을 상대경로로 표시하여 입출력하려면, 프로젝트 ch10이 저장된 폴더인 ch10 폴더 아래에 저장하고 프로그램에서 ch10 폴더 이하의 상대경로의 파일이름을 표시한다.

현재 작업폴더인 ch10에 java.txt 파일이 저장된 경우 상대경로는 java.txt[140]이며, FileInputStream 클래스 객체를 생성하는 예는 다음과 같다.

```
// 상대경로로 표시된 java.txt 파일 읽기 위해 FileInputStream 클래스의 객체 생성
FileInputStream instrm = new FileInputStream("java.txt");
```

java.txt 파일이 현재 작업폴더인 ch10 아래의 files 폴더에 저장되면 상대경로는 "files\java.txt"이며, FileInputStream 클래스 객체를 생성하는 예는 다음과 같다.

139) read() 메소드는 한 바이트를 읽지만 -1 검사 위하 반환 타입은 int임을 기억해야 한다.
140) 상대경로 java.txt는 현재 작업폴더를 나타내는 .을 이용하여 .\java.txt로 표시해도 된다.

```
// 상대경로로 표시된 files\java.txt 파일 읽기 위해 FileInputStream의 객체 생성
FileInputStream instrm = new FileInputStream("files\\java.txt");
```

현재 작업폴더를 확인하려면 System 클래스의 getProperty() 메소드를 이용한다.

```
// 현재 작업폴더 구해 출력하기
String workingFolder = System.getProperty("user.dir");
System.out.println("  현재 작업폴더: " + workingFolder);
```

한편, 절대경로는 파일이 저장된 드라이브, 루트 폴더부터의 폴더들과 파일이름으로 경로를 표시하는 방법으로, 《 드라이브명:\폴더1\폴더2\...\파일이름 》으로 절대경로 파일이름을 표시한다. java.txt 파일이 C 드라이브의 루트 폴더 아래의 files 폴더에 저장된 경우 이를 표시하기 위한 절대경로는 C:\files\java.txt이며, FileInputStream 클래스 객체를 생성하는 예는 다음과 같다.

```
// 절대경로로 표시된 C:\files\java.txt 파일 읽기 위해 FileInputStream 객체 생성
FileInputStream instrm = new FileInputStream("C:\\files\\java.txt");
```

❑ 파일에서 바이트 스트림 읽기

FileInputStream 클래스의 객체가 생성되면 read() 메소드를 이용하여 파일에서 읽을 수 있다. int read() 메소드는 한 바이트의 데이터를 파일에서 읽으며, 더 읽을 바이트가 없으면 -1을 반환한다. close() 메소드는 작업이 끝나 파일을 더 사용하지 않을 때 호출하며, 입력을 위해 할당된 자원들이 모두 회수된다.

FileInputStream 클래스를 이용하여 파일의 전체 데이터를 읽기 위해 while 문과 read() 메소드를 이용한다. while 문에서 read() 메소드의 반환값이 -1이 될 때까지 반복하여 read() 메소드를 반복 호출하면 전체 데이터가 읽혀진다.

예제 10-4-1은 FileInputStream 클래스를 이용하여 "java.txt" 파일의 데이터를 바이트씩 읽어 화면에 출력한다.

예제 10-4-1 FileInputStream 이용하여 "java.txt" 파일의 데이터를 읽기

```
import java.io.*;      // FileInputStream 클래스 사용하기 위해 import

public class Ex10_4_1_FileReadingUsingFileInputStream {
   public static void main(String[] args) {
```

```
        // 객체 생성자와 read() 메소드는 예외 발생하므로 try-catch 블록으로 예외 처리
        try {
            // 상대경로로 표시된 "java.txt" 파일에 대한 FileInputStream 객체 생성
            FileInputStream instrm = new FileInputStream("java.txt");

            int c;   // 읽은 바이트 저장하는 변수는 int로 해야 파일 끝 -1을 검사 가능

            // 입력 스트림 instrm에서 파일의 끝까지 데이터를 읽어 화면에 출력
            while((c = instrm.read()) != -1)
                System.out.print((char) c); // 읽은 바이트를 화면에 문자로 출력을 위해 캐스트

            instrm.close();                     // 입력 스트림 닫음
        }
        catch (IOException e) {
            System.out.print("  ??? 오류: " + e.getMessage());
        }
    }
}
```

실행결과	Java is an object-oriented programming language developed by Sun Microsystems' James Gosling and other researchers. ??¹?´? 1995³?¿¡ ¹ß????¾?´?.

파일에서 바이트 단위의 데이터를 입력하면 영문이나 숫자 데이터는 정상적으로 입력되고 화면에 출력된다. 그런데, 한글 문자는 깨어진 상태로 화면에 출력되므로 한글 데이터는 바이트 단위로 입력하면 안 됨을 알 수 있다. 한글 데이터를 입력하려면 반드시 문자 단위의 스트림을 이용해야 한다.

❑ FileOutputStream 클래스

FileOutputStream 클래스는 프로그램에서 바이트 단위의 데이터를 파일로 출력할 수 있게 하며, 다음은 FileOutputStream 클래스의 객체 생성자와 중요 메소드를 보여준다.

객체 생성자	
public FileOutputStream(File file)	주어진 File 객체의 파일에 쓰도록 개방하여 출력 스트림을 형성
public FileOutputStream(String name)	주어진 이름의 파일에 쓰도록 개방하여 출력 스트림 형성(파일 내용이 있으면 지움)
public FileOutputStream(String name, boolean append)	주어진 이름의 파일에 쓰도록 개방하여 출력 스트림 형성. append가 true이면 파일의 끝에 씀

메소드	
public void write(int b) throws IOException	출력 스트림에 한 바이트 데이터 씀
public void close() throws IOException	출력 스트림 닫고 자원 회수

예제 10-4-2는 java.txt 파일의 데이터를 읽어 이를 암호화하여 javaEncryption.txt 파일에 저장한 후 다시 javaEncryption.txt 파일의 데이터를 읽어 화면에 출력한다. 파일에 읽은 데이터를 저장할 때 FileOutputStream 클래스를 이용한다.

예제 10-4-2 FileOutputStream 이용하여 "javaEncryption.txt" 파일에 쓰기

```
import java.io.*;   // FileInputStream, FileOutputStream 사용하기 위해 import

public class Ex10_4_2_FileWritingUsingFileOutputStream {
   public static void main(String[] args) {
      // 객체 생성자와 입출력 메소드는 예외 발생하므로 try-catch 블록으로 예외 처리
      try {
         // 상대경로로 표시된 "java.txt" 파일에 대한 FileInputStream 객체 생성
         FileInputStream instrm = new FileInputStream("java.txt");

         // 상대경로 "javaEncryption.txt"에 대한 FileOutputStream 객체 생성
         FileOutputStream outstrm = new FileOutputStream("javaEncryption.txt");

         int c;     // 읽은 바이트 저장하는 변수는 int로 해야 파일 끝 -1을 검사 가능

         // 입력 스트림 instrm에서 파일 끝까지 데이터 읽어 암호화하여 outstrm에 씀
         while((c = instrm.read()) != -1)
            outstrm.write(c + 1);       // 읽은 바이트에 1을 더하여 출력 스트림에 씀

         instrm.close();                // 입력 스트림 닫음
         outstrm.close();               // 출력 스트림 닫음

         // "javaEncryption.txt" 파일에 대한 FileInputStream 객체 생성
         instrm = new FileInputStream("javaEncryption.txt");

         // 입력 스트림 instrm에서 파일의 끝까지 데이터 읽어 화면에 출력
         while((c = instrm.read()) != -1)
            System.out.print((char) c); // 읽은 바이트를 화면에 문자로 출력하기 위해 캐스트

         instrm.close();

      } catch (IOException e) {
         System.out.print("  ??? 오류: " + e.getMessage());
      }
```

```
    }
}
```

실행결과	Kbwb!jt!bo!pckfdu.psjfoufe!qsphsbnnjoh!mbohvbhf!efwfmpqfe!cz!Tvo!Njdsptzt ufnt(!Kbnft!Hptmjoh!boe!puifs!sftfbsdifst/??º???!2::6´???!º???¶?¿???/

프로그램 결과를 보면, 입력 데이터의 첫 단어인 Java의 J는 K, a는 b, v는 w, a는 b로 암호화되고, 숫자 부분인 1995는 2::6으로 암호화되어 "javaEncryption.txt" 파일에 저장된 것을 확인할 수 있다.

10.5.2 문자 스트림으로 입출력하기

문자 스트림 입출력은 문자 단위의 데이터를 입출력하는 것으로 이를 위해 FileReader 클래스와 FileWriter 클래스가 제공된다.

❑ FileReader 클래스

FileReader 클래스는 파일에서 문자 단위의 데이터를 입력할 수 있게 하며, 다음은 FileReader 클래스의 객체 생성자와 중요 메소드를 보여준다.

객체 생성자	
public FileReader(File file)	주어진 File 객체의 파일 읽을 수 있도록 개방하여 FileReader 객체 형성
public FileReader(String name)	주어진 이름의 파일 읽을 수 있도록 개방하여 FileReader 객체 형성
메소드	
public int read() throws IOException	FileReader 객체에서 한 문자 데이터 읽음. 파일 끝이면 -1 반환
public void close() throws IOException	FileReader 객체 닫고 자원 회수

int read() 메소드는 한 문자를 객체 생성자에 명시된 파일에서 읽으며, 더 읽을 문자가 없으면 -1을 반환한다. FileReader로 파일의 모든 데이터를 읽기 위해서 while 문을 이용하여 read() 메소드의 반환값이 -1이 될 때까지 반복하여 read() 메소드를 반복 호출한다.

예제 10-4-3은 FileReader 클래스를 이용하여 java.txt 파일의 데이터를 읽어 화면에 출력한다.

예제 10-4-3 FileReader 이용하여 "java.txt" 파일의 데이터를 읽기

```
import java.io.*;  // FileReader 클래스 사용하기 위해 import

public class Ex10_4_3_FileReadingUsingFileReader {
   public static void main(String[] args) {
      readOutputToScreen("java.txt");
   }

   static void readOutputToScreen(String filename) {
      // 객체 생성자와 입출력 메소드는 예외 발생하므로 try-catch 블록으로 예외 처리
      try {
         // filename 파일에 대한 FileReader 객체 생성하여 frdr에 저장
         FileReader frdr = new FileReader(filename);

         int c;     // 읽은 문자 저장하는 변수는 int로 해야 파일 끝 -1을 검사 가능

         // FileReader frdr에서 파일의 끝까지 데이터를 읽어 화면에 출력
         while((c = frdr.read()) != -1)
            System.out.print((char) c); // 읽은 문자를 화면에 문자로 출력하기 위해 캐스트

         frdr.close();
      }
      catch (IOException e) {
          System.out.print("  ??? 오류: " + e.getMessage());
      }
   }
}
```

실행결과	Java is an object-oriented programming language developed by Sun Microsystems' James Gosling and other researchers. 자바는 1995년에 발표되었다.

실행결과에서 보듯 FileReader 클래스를 이용하여 문자 단위로 파일에서 읽으면 한글 데이터가 정상적으로 읽혀 화면에 출력된다.

FileReader 클래스를 이용하여 문자를 읽는 것과 FileInputStream 클래스를 이용하여 바이트를 읽는 것은 큰 차이가 없는 것으로 보인다. 그러나 읽은 데이터가 2바이트 문자인 것과 8비트 바이트인 것의 차이가 있으며, 한글 데이터 지원을 위해 반드시 FileReader 클래스를 이용해야 한다.

❑ FileWriter 클래스

FileWriter 클래스는 프로그램에서 2바이트 문자 단위의 데이터를 파일로 출력할

수 있게 한다. 다음은 FileWriter 클래스의 객체 생성자와 중요 메소드를 보여준다.

객체 생성자	
public FileWriter(File file)	주어진 File 객체의 파일 쓸 수 있도록 개방하여 FileWriter 객체 형성
public FileWriter(String name)	주어진 이름의 파일 쓸 수 있도록 개방하여 FileWriter 객체 형성
public FileWriter(String name, boolean append)	주어진 이름의 파일 쓸 수 있도록 개방하여 FileWriter 객체 형성. append가 true이면 파일의 끝에 씀
메소드	
public void write(int c) throws IOException	FileWriter 객체에 한 문자 데이터 씀
public void close() throws IOException	FileWriter 객체 닫고 자원 회수

예제 10-4-4는 java.txt 파일의 데이터를 문자 단위로 읽어 이를 암호화하여 javaEncryption.txt 파일에 문자 단위로 저장하며, 파일에 저장할 때 FileWriter 클래스를 이용한다.

예제 10-4-4 FileWriter 이용하여 "javaEncryption.txt" 파일에 쓰기

```
import java.io.*;  // FileReader, FileWriter 클래스 사용하기 위해 import

public class Ex10_4_4_FileOutputStream {
   public static void main(String[] args)
      readEncryptWrite("java.txt", "javaEncryption.txt");
      readOutputToScreen("javaEncryption.txt");
   }

   static void readEncryptWrite(String from, String to) {
      // 객체 생성자와 입출력 메소드는 예외 발생하므로 try-catch 블록으로 예외 처리
      try {
         // from 파일에 대한 FileReader 객체 생성
         FileReader instrm = new FileReader(from);

         // to 파일에 대한 FileWriter 객체 생성
         FileWriter outstrm = new FileWriter(to);

         int c;    // 읽은 문자 저장하는 변수는 int로 해야 파일 끝 -1을 검사 가능

         // 입력 스트림 instrm에서 파일 끝까지 데이터 읽어 암호화하여 outstrm에 씀
         while((c = instrm.read()) != -1)
```

```
                outstrm.write(c + 1);     // 읽은 문자에 1을 더하여 출력 스트림에 씀

            instrm.close();               // 입력 스트림 닫음
            outstrm.close();              // 출력 스트림 닫음
        }
        catch (IOException e) {
            System.out.print("  ??? 오류: " + e.getMessage());
        }
    }

    static void readOutputToScreen(String filename) {
        // 예제 10-4-3의 readOutputToScreen(String filename) 메소드와 동일
    }
}
```

실행결과	Kbwb!jt!bo!pckfdu.psjfoufe!qsphsbnnjoh!mbohvbhf!efwfmpqfe!cz!Tvo!Njdsptzt ufnt(!Kbnft!Hptmjoh!boe!puifs!sftfbsdifst/작박늖!2::6넍엑!밝푝됙엉닥/

❑ 기타 입출력을 위한 클래스

java.io 패키지에는 지금까지 설명한 클래스들 외에 입출력할 데이터를 버퍼(buffer)에 저장한 후 버퍼가 채워지면 한꺼번에 입출력을 수행하는 클래스인 BufferedInputStream, BufferedOutputStream, BufferedReader, BufferedWriter가 있다. 또한, 파일 또는 디렉터리를 나타내는 File 클래스는 용이하게 파일을 관리할 수 있게 한다. 이들 클래스에 대한 자세한 내용은 다루지 않는다.

그 외에도 Java에는 입출력을 위해 제공되는 클래스들이 많이 있으며, 특히 한글 데이터를 다루려면 문자 집합을 지정하는 방법도 익혀야 한다. 이들에 대해 다른 교재와 자료를 참조하여 스스로 학습하기 바란다.

10.6 java.awt 패키지와 java.text 패키지

java.awt 패키지와 java.text 패키지도 Java를 학습할 때 익혀야 할 중요한 패키지로서 많은 클래스와 클래스의 메소드들이 제공된다.

java.awt 패키지에 대해서는 12장에서 자세히 설명된다. java.text 패키지에는 지금까지의 교재 내용을 이해하면 이들 클래스도 충분이 스스로 학습할 수 있으니 한번 도전해보기 바란다.

❑ 맺으면서

패키지는 관련된 클래스들을 하나의 단위로 묶어 효율적으로 관리하고 클래스 이름을 자유롭게 명명할 수 있게 한다. 또한, 여러 클래스를 사용분야, 기능, 개발자 등의 기준으로 분류하여 관리하므로 클래스의 탐색과 사용이 용이하다.

Java에서 Java 프로그래밍에 필수적으로 필요한 클래스들의 집합체인 클래스 라이브러리들을 제공하며, 이들 클래스는 용도별로 구분하여 패키지로 제공된다. 가장 중요한 패키지는 java.lang 패키지이며, Object, String, System 등의 클래스와 기본 타입의 값을 객체로 저장하기 위한 Wrapper 클래스들을 포함한다. 그 외에도 java.util, java.io, java.awt, java.text 등의 Java 자체에서 제공하는 패키지들이 있다.

이들 패키지에는 적게는 5개 이상의 클래스에서부터 많게는 수백 개 클래스가 있으며, 클래스마다 객체 생성자와 메소드가 여러 개 있다. 이들 클래스의 중요한 메소드의 기능과 활용법을 익혀 Java 프로그래밍에서 적절히 사용할 수 있어야 한다. 결과적으로 Java 프로그래머의 수준은 클래스와 하위 클래스를 작성할 수 있는 능력과 라이브러리 클래스를 활용할 수 있는 능력에 의해 결정된다.

Java 패키지의 라이브러리 클래스와 이들의 중요 메소드를 아는 것은 비상을 위한 날개를 다는 것이다.

연습문제

1. **다음 문장의 옳고 그름을 판단하라. 또한, 잘못되었으면 올바르게 고쳐라.**

1) Java 패키지는 한 클래스의 하위 클래스들을 모아놓은 집합이다.
2) Java 패키지의 특정 클래스를 사용하려면 반드시 import 문으로 import해야 한다.
3) 클래스의 정규화된 이름은 패키지명과 클래스 이름이 모두 명시된다.
4) Java에서 import하지 않고 사용할 수 있는 패키지는 java.lang 패키지와 java.util 패키지이다.
5) java.lang 패키지는 최상위 클래스인 Object 클래스와 Java 프로그래밍에 필수적인 클래스들을 포함한다.
6) java.lang 패키지의 Math 클래스는 객체 필드와 객체 메소드가 없으며 모두 static 필드와 메소드로만 구성된다.
7) int, double, char 등 기본 타입의 값을 저장하기 위한 클래스를 Wrapper 클래스라 한다.
8) 정수값을 Integer 객체의 값으로 저장하기 위해 반드시 Integer 객체를 명시적으로 생성해야 한다.
9) Java에서 난수 반환하기 위해서 java.lang.Math 클래스의 random() 메소드를 사용하거나 java.util 클래스의 Random 클래스의 메소드를 사용할 수 있다.
10) java.util 패키지의 Calendar 클래스는 abstract 클래스이므로 객체를 생성할 수 없으며, getInstance() 메소드로 하위 클래스의 객체를 생성한다.
11) Java에서 입출력은 크게 바이트 단위의 입출력과 문자 단위의 입출력으로 나누어진다.
12) 파일에서 int read() 메소드로 읽을 때 마지막 문자 다음을 읽게 되면 파일 끝을 나타내는 -1이 반환된다.

2. **다음 프로그램에 대해 답하시오.**

```
class Cmgmt {
  public static void main(String[] args) {
     p1.p2.p3.C c1 = new p1.p2.p3.C1();
     p1.p2.p3.C c2 = new p1.p2.p3.C2();
```

```
        c1.output();
        c2.output();
    }
}
```

1) 패키지 p1.p2.p3의 클래스인 C, C1, C2에 대해 프로그램에서 유추할 수 있는 사항들을 설명하라.
2) 이 프로그램에서 패키지 p1.p2.p3의 클래스를 참조하기 위해 정규화된 이름을 사용한다. 이를 개별 클래스를 import하는 프로그램으로 변경하라.
3) 이 프로그램을 패키지 p1.p2.p3의 모든 클래스를 import하는 프로그램으로 변경하라.

3. **다음의 패키지에 클래스가 선언되어 있다.**

> o java.util 패키지의 Vector 클래스
> o java.awt 패키지의 Button 클래스
> o java.text 패키지의 SimpleDateFormat 클래스

1) 이들 클래스의 정규화된 이름을 구하고 각 클래스의 객체를 생성하여 객체 참조변수에 저장하고 그 객체를 출력하는 코드를 작성하라. (객체 생성은 모두 매개변수 없는 객체 생성자를 이용한다)

2) 각 클래스를 import 하기 위한 문장을 작성하고 각 클래스의 객체를 생성하여 객체 참조변수에 저장하고 그 객체를 출력하는 코드를 작성하라. (객체 생성은 모두 매개변수 없는 객체 생성자를 이용한다)

4. **Object 클래스의 중요 메소드에 대해 설명하라. 그리고 이들 메소드 중에서 하위 클래스에서 오버라이딩을 권장하는 메소드는 무엇인가?**

5. **java.lang 패키지의 Math 클래스에는 객체 필드와 객체 메소드가 하나도 없으므로 객체를 생성할 필요가 없다. 그런데, Math 클래스는 객체를 생성할 수 없게 되어 있다. 이처럼 클래스의 객체를 생성할 수 없게 하는 방법이 무엇인지를 알아보라.**

6. Java의 자동 박싱과 자동 언박싱을 설명하라. 그리고 이로 인한 이점을 설명하라.

7. 다음 코드는 자동 박싱과 자동 언박싱이 적용된 간결한 코드이다. 이를 직접 박싱과 언박싱을 수행하는 코드로 변경하라.

```
Integer N = 23;
Double D = (N + ( N * 0.1));
```

8. java.lang 패키지의 String 클래스는 문자열을 다루기 위한 여러 메소드를 제공한다. Java의 문서화 사이트에서 String 클래스에 대한 자료를 찾아보고 어떤 메소드들이 있는가를 확인하라. (JDK 1.8 버전의 Java의 문서화 사이트는 https://docs.oracle.com/javase/8/docs/api/index.html?overview-summary.html이다)

9. 다음의 결과를 구하라.

```
String s = "Java는 객체 지향 언어이다";

1) s.length()                      2) s.equals("Java는 객체 지향 언어이다.")
3) s.compareTo("Java") > 0         4) s.charAt(4)
5) s.concat(".")                   6) s + "."
7) s.startsWith("Java")            8) s.endsWith("이다")
9) s.indexOf("객")                 10) s.substring(6)
```

10. java.util 패키지의 Calendar 클래스는 날짜 및 시간 정보를 저장하고 처리하기 위한 abstract 클래스이며, 객체를 생성할 수 없다. Calendar 클래스의 객체 참조변수에 저장되는 객체는 어떠한 객체이며, 저장되는 객체의 실제 예를 보여라.

11. Java에서 바이트 스트림과 문자 스트림으로 입출력할 때의 차이점은 무엇인가?

12. 다음에 대해 설명하라.

1) 패키지란 무엇이며 이를 선언하고 사용하는 방법을 설명하라.
2) Java에서 패키지가 지원되지 않는다면 발생하는 문제가 무엇인지 예를 들어 설명하라.
3) java.util.StringTokenizer 클래스는 구분시키는 문자열을 이용하여 문자열을 여러 토큰으로 분리시키는 클래스이다. StringTokenizer 클래스의 생성자와 중요 메소드를 조사하여 이 클래스의 기능을 설명하라.
4) Java의 String 클래스는 저장된 문자열을 변경할 수 없다. 저장된 문자열을 다른 문자열로 변경하기 위해 java.lang.StringBuffer 클래스가 제공된다. StringBuffer 클래스의 생성자와 중요 메소드를 조사하여 이 클래스의 기능을 설명하라.

(연습문제 1번 답) 1:X(패키지는 여러 클래스를 사용분야, 기능, 개발자 등의 기준으로 모은 것) 2:X(java.lang 패키지는 import 하지 않아도 되며, 클래스의 정규화된 이름을 사용할 경우 import 하지 않아도 됨) 3:O 4:X(java.util 패키지는 import 해야 함) 5:O 6:O 7:O 8:X(자동 박싱을 통하여 int 값이 Integer 객체에 저장) 9:O 10:O 11:O 12:O

실습과제

1. Calendar 객체에 광복절 날짜와 시간 저장하고 출력하기

대한민국의 광복절 날짜와 시간인 1945년 8월 15일 오후 12시 0분 0초를 저장하고 이를 출력하려 한다.

- Calendar 클래스는 java.util 패키지의 날짜와 시간을 다루기 위한 클래스

- Calendar 클래스의 객체에 날짜와 시간 저장하기 위한 메소드는 set()
  - 다음의 set() 메소드는 Calendar 객체 now에 월과 일을 8과 16으로 저장

    ```
    now.set(Calendar.MONTH, 8-1);  // 월은 실제 월보다 1이 작은 값 저장
    now.set(Calendar.DATE, 16);    // 일은 실제 일 저장
    ```

  - 월, 일뿐 아니라 년, 월, 시, 분, 초도 set() 메소드를 이용하여 저장 가능

- Calendar 클래스의 객체에서 날짜와 시간을 가져오기 위한 메소드는 get()
  - 다음의 get() 메소드는 Calendar 객체 now에 저장된 월과 일을 가져옴

    ```
    int month = now.get(Calendar.MONTH);  // 실제 월보다 1 작은 값 저장
    int date = now.get(Calendar.DATE);    // 일은 실제 일의 값 저장
    ```

  - 월, 일뿐 아니라 년, 월, 시, 분, 초도 get() 메소드를 이용하여 가져올 수 있음

1) 광복절 날짜와 시간을 저장하기 위한 Calendar 객체를 생성하고 이를 Calendar 객체 참조변수 independenceDate에 저장하라.
2) independenceDate에 광복절 날짜와 시간을 set() 메소드를 이용하여 저장한 후 get() 메소드를 이용하여 출력하는 코드를 작성하라.
3) independenceDate에 저장된 Calendar 객체를 Date 객체로 변환하여 패턴 문자열 "y-M-d H:m:s" 양식으로 출력하는 코드를 작성하라.

2. Random 클래스와 Button 클래스 활용하기

1) java.util 패키지에는 난수(random number)를 생성할 수 있는 Random 클래스가 있다. Random 클래스의 Random()은 객체 생성자이며, 객체 메소드 double nextDouble()은 0과 1 사이 실수 난수를 반환하는 메소드이다.

(1) Random 클래스의 객체를 생성하여 객체참조변수 rd에 저장하는 문장을 작성하라. 이때 Random 클래스를 참조하는 방법을 결정하라.

(2) for 문을 이용하여 rd 객체에서 0과 1 사이 난수 20개를 생성하여 출력하고 평균을 구해 출력하는 코드를 작성하라.

2) java.awt 패키지에는 버튼을 생성할 수 있는 Button 클래스가 있다. Button 클래스의 객체 생성자 Button(String label)은 주어진 문자열을 버튼 객체의 레이블로 저장하며, 객체 메소드 String getLabel()은 객체 생성 시 저장된 레이블을 반환한다

(1) 20개 Button 객체를 저장하는 배열객체를 생성하여 배열변수 buttons에 저장하라. 이때 Button 클래스를 참조하는 방법을 결정하라.
(2) 20개 Button 객체를 생성하며 레이블로 "Button-1", "Button-2" 등을 차례로 저장하고, 배열변수 buttons에 원소로 저장하는 코드를 작성하라.
(3) 배열변수 buttons의 원소들에 대해 getLabel() 메소드를 호출하여 버튼에 저장된 레이블을 차례로 출력하는 코드를 작성하라.

3. java.lang.Math 클래스 활용하여 sin 그래프 그리기

예제 10-2-3에서 Math 클래스와 배열을 활용하여 개략적인 원을 그렸다. 이를 참고하여 sin 그래프를 개략적으로 그리는 프로그램을 작성하라. sin 그래프의 x축은 0도부터 360도의 각도를 나타내며, y축은 -1부터 1까지 sin 값을 나타내도록 한다. y축의 값은 20배로 확대하여 그린다.

4. String 클래스 활용하기

예제 10-2-7은 Names 객체에 여러 이름을 추가하고 탐색한다. 추가로 입력된 이름과 같은 이름을 삭제하는 메뉴를 3번 메뉴로 작성하려 한다.

1) Names 클래스에 void deleteName() 메소드를 작성하라. deleteName() 메소드는 이름을 입력하여 입력된 이름과 같은 이름을 Names 클래스의 객체에서 삭제한다.

2) main()에서 기존의 3번부터의 메뉴를 4번부터의 메뉴로 차례로 변경하고 《 3) 이름 삭제 》 메뉴를 추가하라.
3) main()에서 메뉴 선택하고 선택된 메뉴에 대해 해당 메소드를 호출하는 부분을 변경하라

5. 난수 관련 프로그래밍

1) java.lang.Math 클래스의 random() 메소드를 이용하여 1부터 1000 사이 정수 난수 1000개의 평균과 100만 개의 평균을 구해 출력하라.
2) 로또는 1부터 45까지 서로 다른 6개 정수가 일치하면 1등으로 당첨되는 복권이다. java.util.Random 클래스의 메소드를 이용하여 로또 1등 당첨될 확률을 다음의 과정으로 개략적으로 구하라.

   (1) 1부터 45까지 서로 다른 정수 6개를 입력하여 가상적 1등 번호들로 설정한다. 또한, 비교회수를 0으로 저장한다.
   (2) 1부터 45까지 서로 다른 6개 난수를 추출하여 가상적 1등 번호들과 비교하여 모두 일치하면 (3)을 수행하라. 일치하지 않으면 비교회수를 1 증가시키고 (2)를 반복하라.
   (3) 일치할 때까지 총 비교회수를 n이라 하면 1 / (double) n으로 당첨확률로 출력하라.

6. 파일에서 문자 읽어 종류별 개수 출력하기

java.io.FileReader 클래스의 int read() 메소드를 이용하여 "java.txt" 파일의 데이터를 문자 단위로 읽어 문자의 종류별 개수를 구해 출력하는 프로그램을 작성하라.

문자의 종류는 영어 대문자, 영어 소문자, 한글 문자, 특수문자, 기타문자로 구분하고, 변수 c에 저장된 문자가 한글 문자인가를 검사하는 조건은 (c >= 'ㄱ' && c <= 'ㅎ' || c >= 'ㅏ' && c <= 'ㅣ' || c >= '가' && c <= '힣') 이다.

제11장

컬렉션 클래스와 제네릭 클래스

제11 컬렉션 클래스와 제네릭 클래스

학습 목표

- o 여러 데이터를 표현하고 처리하는 기본적인 방법을 이해한다.
- o 배열에서 원소 개수를 초과하는 경우에 대한 처리방법을 익힌다.
- o Vector 클래스를 이용하여 여러 데이터를 관리하는 방법을 익힌다.
- o Collection 인터페이스의 하위 클래스인 Vector, ArrayList 등 컬렉션 지원 클래스를 이용하여 여러 객체를 편리하게 다루는 방법을 익힌다.
- o 타입 매개변수를 이용한 제네릭 클래스의 필요성을 이해한다.
- o 제네릭 클래스를 작성하는 능력을 배양하고 활용능력을 습득한다.

Java에서 여러 데이터를 다루기 위해 배열이 제공된다. 배열을 사용하기 위해 배열객체를 생성하여 배열변수에 저장한 후 배열 원소에 값을 저장하거나 접근할 수 있다. 그런데, 배열의 경우 여러 데이터를 저장하고 접근하기 위한 최소한의 기능만 제공하므로 여러 데이터를 편리하게 다루는 것이 쉽지 않다.

Java는 여러 데이터를 편리하게 저장하고 접근하기 위해 다양한 컬렉션 지원 클래스를 제공한다. Vector, ArrayList, HashSet, TreeSet, LinkedList 등이 컬렉션 지원 클래스이며, 이들은 모두 Collection 인터페이스의 하위 클래스이다.

또한, Java는 클래스를 선언할 때 타입 매개변수를 이용하는 제네릭 클래스를 지원한다. 제네릭 클래스는 유사한 기능을 갖는 여러 클래스를 하나의 클래스로 통합하며, 독립적으로 작성되어야 할 여러 클래스를 하나의 클래스로 대체할 수 있게 한다.

11.1 컬렉션 지원 클래스의 필요성

11.1.1 배열에서의 인덱스 범위 초과 예외

Java의 배열은 배열객체와 배열변수를 이용하여 여러 데이터를 저장하고 접근하며, 저장 가능한 원소 최대개수를 구하는 방법을 제공한다. 그런데, 저장 가능한 원소 개수보다 더 많은 데이터를 배열에 저장하면 배열 인덱스 범위 초과로 인하여 예외가 발생한다.

예제 11-1-1은 최대 3개 문자열을 저장할 수 있는 배열을 선언하고 문자열 5개를 배열에 저장한다.

예제 11-1-1 배열객체의 최대 원소 개수보다 많은 원소 저장할 때의 문제점

```
package ex11_1_need_for_collection;

class Ex11_1_1_StringsMgmt_OutOfBoundsException {
   public static void main(String[] args) {
      String[] strings = new String[3];          // 최대 3개 문자열 저장하는 배열 strings

      strings[0] = "홍길동";      strings[1] = "박문수";      strings[2] = "이몽룡";
      strings[3] = "성춘향";      strings[4] = "심청";

      for (String s : strings)                  // strings 배열의 모든 원소 s에 대해
         if (s != null)                         //       s null이 아니면
            System.out.println(s + " ");        //          s 출력
   }
}
```

실행결과

```
Exception in thread "main" java.lang.ArrayIndexOutOfBoundsException: 3
  at ex11_1_need_for_collection.Ex11_1_1_StringsMgmt_OutOfBoundsException.
     main(Ex11_1_1_StringsMgmt_OutOfBoundsException.java:8)
```

프로그램 설명

- 배열변수 strings[]가 참조하는 배열객체는 최대 3개 문자열만 저장 가능
  - strings[0], strings[1], strings[2]는 정상적인 배열 접근
  - 그런데, 5개 문자열을 저장하기 위해 strings[3], strings[4]가 접근되면 가용한 인덱스 범위 초과
  - 인덱스 범위 초과하면 ArrayIndexOutOfBoundsException 예외 발생

11.1.2 배열에서의 인덱스 범위 초과 예외 대처방안

원소를 배열에 저장할 때 배열 인덱스 범위 초과 예외를 방지하려면 다음의 2가지 방안이 가능하다.

1) 초보적 방안: 배열 가용공간이 있는가 검사하여 가용공간 있으면 저장하고, 없으면 저장하지 않음
2) 바람직한 방안: 배열 가용공간 있는가를 검사하여 가용공간 있으면 저장하고, 없으면 배열 공간을 추가로 확보하여 기존 배열원소 모두 복사한 후 새로운 원소 저장

❑ 배열 인덱스 범위 초과 예외 방지하기 위한 초보적 방안

원소를 배열에 추가할 때 가용공간이 있는가를 검사하기 위해 저장된 원소 개수를 추적하여 최대 저장 가능한 원소 개수보다 작은가를 검사하면 된다. 이를 위해 최대 저장 가능한 원소 개수와 실제 저장된 원소 개수를 저장하는 변수를 추가로 선언하고 원소를 배열에 저장하는 새로운 메소드를 작성해야 한다[141].

예제 11-1-2는 최대 3개 문자열을 저장할 수 있는 배열을 선언하고 addString() 메소드를 이용하여 문자열들을 배열 원소로 추가한다.

예제 11-1-2 저장된 원소 개수 검사하여 초과 원소 저장하지 않기

```
package ex11_1_need_for_collection;

class Ex11_1_2_StringsMgmt_NotStoreIfOutOfBounds {
   static int MAXSTRINGS = 3;      // 저장 가능한 최대 원소 개수를 나타내는 변수
   static String[] strings = new String[MAXSTRINGS]; // String 저장 배열변수
   static int cntStrings = 0;          // 배열변수에 저장된 원소개수를 나타내는 변수

   // 문자열 s를 String 배열 strings[]에 저장하는 메소드
   static void addString(String s) {
      // 첨가할 원소 공간 있으면 저장하고 없으면 저장하지 않음
      if (cntStrings < MAXSTRINGS)
         strings[cntStrings++] = s; // s를 strings[]에 저장하고 원소개수 1 증가
   }

   public static void main(String[] args) {
      addString("홍길동");    addString("박문수");    addString("이몽룡");
      addString("성춘향");    addString("심청");
```

141) 배열의 최대 저장 가능한 원소 개수는 배열변수의 length 필드를 이용하여 구할 수도 있다.

```
        for (String s : strings)              // strings 배열의 모든 원소 s에 대해
            if (s != null)                    //      s null 아니면
                System.out.println(s + " ");  //          s 출력
    }
}
```

실행결과	홍길동 박문수 이몽룡

프로그램 설명

- 배열객체 저장 가능한 원소보다 많은 원소 저장 요구 시 저장하지 않음
  - addString() 메소드에서 배열 strings[]에 저장된 원소 개수가 최대 원소 개수보다 작으면 저장하고 그렇지 않으면 원소를 저장하지 않음
  - 그러므로 모두 3개 문자열만 배열 strings[]에 저장
  - 인덱스 범위 초과 예외는 발생하지 않음.[142]

배열객체를 생성할 때 미리 충분히 큰 크기의 배열객체를 생성하여 배열변수가 참조하게 하면 가용공간 부족 문제를 해결할 수 있다. 예를 들어, 예제 11-1-1이나 예제 11-1-2에서 strings 배열변수에 저장되는 배열객체의 최대 원소 개수를 100, 1000, 10000 등으로 설정하여 충분히 큰 배열객체를 생성하면 인덱스 범위 초과 예외가 발생하지 않는다. 그러나 이 경우 사용되지 않는 저장공간이 많아지므로 공간의 낭비가 발생한다.

또한, 저장될 원소의 최대개수를 정확히 예측하기 어려운 경우 배열객체의 적절한 최대 크기를 결정하는 것이 어려울 수 있다.

❑ 배열 인덱스 범위 초과 예외 방지하기 위한 바람직한 방안

배열에 저장된 원소 개수가 배열객체의 최대 원소 개수와 같으면 그 배열에 더 이상 원소를 저장할 수 없다. 이 경우, 더 많은 원소를 저장할 수 있는 배열객체를 생성하고, 이전에 저장된 원소들을 새로운 배열객체에 복사한 후 새로운 배열객체를 배열변수에 저장하면 문제가 해결된다.

예제 11-1-3은 배열에 저장될 원소 개수가 최대 저장 원소 개수보다 큰 경우에도 문자열을 저장할 수 있도록 한다.

142) 이 방법은 예외가 발생하지는 않지만, 저장하도록 요구된 문자열이 저장되지 않고 사라지게 되므로 문제가 될 수 있다.

예제 11-1-3 저장된 원소 개수 검사하여 초과하면 가용공간 확보하기

```
package ex11_1_need_for_collection;

class Ex11_1_3_StringsMgmt_ExtendArrayIfOutOfBounds {
    static int MAXSTRINGS = 3;      // 저장 가능한 최대 원소 개수를 나타내는 변수
    static String[] strings = new String[MAXSTRINGS]; // 배열객체 생성
    static int cntStrings = 0;      // 배열변수에 저장된 원소개수를 나타내는 변수

    // 문자열 s를 String 배열 strings[]에 저장하는 메소드
    static void addString(String s) {
        if (cntStrings >= MAXSTRINGS) {              // 원소 저장할 공간 없으면
            int maxNew = MAXSTRINGS * 2;             //    원소 최대개수 2배의
            String[] stringsNew = new String[maxNew]; //    새로운 저장공간 확보

            copyStrings(strings, stringsNew);        // 새로운 공간에 기존 원소들 복사
            strings = stringsNew;                    // strings가 새로운 공간 참조하게 함
            MAXSTRINGS = maxNew;                     // 최대 원소 개수 변경
        }

        // 이제는 원소 저장할 공간이 항상 있게 되므로
        strings[cntStrings++] = s;                   // strings[]에 s 저장, 원소개수 1 증가
    }

    // String 배열 src[]의 모든 원소들을 String 배열 dest[]에 복사하는 메소드
    static void copyStrings(String[] src, String[] dest) {
        for (int i = 0; i < src.length; i++)         // src[] 원소 개수만큼
            dest[i] = src[i];                        //    src[]의 원소를 dest[] 원소로 저장
    }

    public static void main(String[] args) {
        addString("홍길동");    addString("박문수");    addString("이몽룡");
        addString("성춘향");    addString("심청");

        for (String s : strings)                     // strings 배열의 모든 원소 s에 대해
            if (s != null)                           //    s가 null 아니면
                System.out.println(s + " ");         //       s 출력

            System.out.println("\n* MAXSTRINGS = " + MAXSTRINGS
                                    + ", cntStrings = " + cntStrings);
    }
}
```

실행결과	홍길동 박문수 이몽룡 성춘향 심청 * MAXSTRINGS = 6, cntStrings = 5

프로그램 설명

- 배열객체 저장 가능한 원소보다 많은 원소 저장 요구 시 배열객체 확장
  - addString() 메소드는 저장공간 부족하면 저장공간 확장
  - 배열객체 저장공간 모자라면 더 많은 원소 저장할 수 있는 새로운 배열객체 생성
  - 새로운 배열객체에 기존 원소들 복사하여 기존 원소도 보존하며 가용공간도 확보
  - 그 결과, addString() 메소드 이용하면 배열 원소로 5개 문자열 모두 저장 가능
  - 그뿐 아니라 100개 또는 100개 문자열도 저장 가능

이 프로그램은 배열에 원소를 추가하기 위해 현재 저장된 원소 개수와 최대 원소 개수를 항상 추적하며, 배열 복사 메소드인 copyStrings()를 작성해야 하는 부담이 있다.[143].

1.1.3 Vector 클래스 이용한 여러 원소의 관리

Java는 여러 데이터를 배열에 저장하고 관리할 때의 부담을 감소하기 위해 여러 컬렉션 지원 클래스를 제공하며, 그중에서 가장 대표적인 클래스가 java.util 패키지의 Vector 클래스이다.

Vector 클래스는 java.util 패키지에 포함되는 라이브러리 클래스이며, 여러 객체를 저장하고 검색할 수 있는 편리한 기능을 제공한다. Vector 클래스를 이용하면 배열보다 편리하고 쉽게 여러 원소를 관리할 수 있다.

❑ Vector 클래스의 객체 생성자와 중요 메소드

다음은 Vector 클래스의 객체 생성자와 메소드이다.

객체 생성자	
public Vector<E>()	처음에 E 클래스 객체 10개를 저장할 수 있는 빈 Vector 객체 생성
public Vector<E>(int initialCapacity)	처음에 initialCapacity개의 E 클래스 객체 저장할 수 있는 빈 Vector 객체 생성
메소드	
public boolean add(E element)	원소 element를 Vector의 끝에 추가
public void add(int index, E element)	Vector의 위치 index에 원소 element 추가(그 위치부터의 원소들은 하나씩 뒤로 이동)

143) 배열을 복사하기 위해 java.lang.System 클래스의 public static void arraycopy(Object src, int srcPos, Object dest, int destPos, int length) 메소드를 사용할 수도 있다.

public E remove(int index)	index 위치의 원소를 삭제하고 삭제된 원소 반환(다음 위치의 원소들을 하나씩 앞으로 이동)
public E get(int index)	index 위치의 원소 반환
public E set(int index, E element)	index 위치의 원소를 원소 element로 대체하여 저장하고, 대체 전의 원소 반환
public int size()	Vector에 저장된 원소 개수 반환

❑ 문자열을 원소로 저장하는 Vector 클래스의 객체 생성

Vector 클래스는 제네릭 클래스[144)]이므로 Vector 객체를 생성하거나 Vector 참조 변수를 선언할 때 원소로 저장할 객체의 클래스를 〈와 〉 사이에 명시해야 한다. 다음은 문자열들을 저장하기 위한 Vector 객체를 생성하는 것을 보여준다.[145)]

```
// 문자열을 저장하는 Vector 객체를 생성하여 strings가 참조하게 함
Vector<String> strings = new Vector<String>(); // <String>은 원소 클래스 표시
```

Vector를 이용하여 원소를 저장할 때 저장할 원소의 최대 크기를 별도로 설정할 필요가 없다. Vector는 자체적으로 원소를 저장할 공간을 관리하고, 더 많은 원소를 저장할 필요가 있으면 저장공간을 추가로 확보하기 때문이다.

[그림 11-1]은 Vector 객체가 생성된 후 참조변수 strings가 참조하는 모습을 보여준다. Vector 객체는 내부적으로 처음에 10개 원소를 저장할 배열공간을 확보하며, 더 많은 공간이 필요하면 배열공간을 증가시킨다.

Vector에 원소를 추가하는 메소드로 add(E element)와 add(int index, E element)가 있다. add(E element) 메소드는 벡터의 마지막 위치에 원소 element를 저장하는 메소드인데, 특히 저장할 공간이 없으면 자동적으로 공간을 확보하여 원소를 저장한다.

add(int index, E element) 메소드는 Vector의 위치 index에 원소 element를 추가하고 그 위치부터의 원소들은 뒤로 하나씩 이동시킨다.

---

144) 제네릭 클래스는 클래스 이름에 타입 매개변수를 포함하는 클래스를 말하며, Vector의 객체 생성자 public Vector〈E〉()에서 〈E〉는 벡터에 저장될 객체의 클래스를 나타내는 타입 매개변수이며, 이에 대해서는 제네릭 클래스에서 자세히 설명된다.

145) Vector 클래스의 객체 참조변수 선언은 배열변수 선언과 유사한 면이 있다. 예를 들어, 《String[] strings = new String[10];》을 Vector와 같이 《Array〈String〉 Strings = new Array〈String〉(10); 》으로 가상적으로 변경하면 이들은 아주 유사하다.

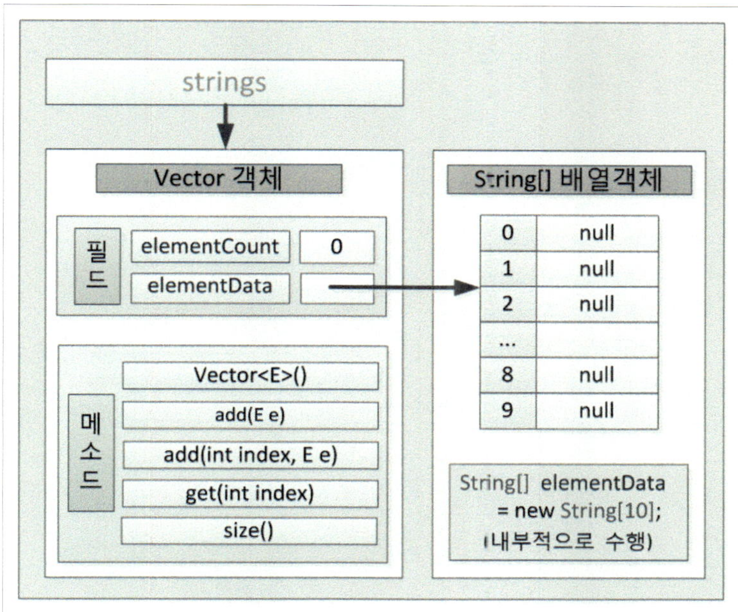

[그림 11-1] strings가 참조하는 Vector 객체가 생성된 모습

❑ 문자열들을 Vector 객체에 저장

다음은 문자열들을 Vector 객체에 저장하는 코드와 저장되는 과정을 보여준다.

```
// 문자열을 저장하는 Vector 객체를 생성하여 strings가 참조하게 함
Vector<String> strings = new Vector<String>(); // <String>은 원소 클래스 표시

strings.add("박문수");        // 문자열 "박문수"를 strings 끝에 추가
strings.add("이몽룡");        // 문자열 "홍길동"을 strings 끝에 추가

strings.add(0, "홍길동");  // 문자열 "이몽룡"을 strings의 0 위치에 추가
```

- strings.add("박문수");
  - add() 메소드로 "박문수"를 추가하면 Vector 객체인 strings의 끝에 저장
  - 현재 비어 있으므로 처음 위치인 인덱스 0인 위치에 저장
- strings.add("이몽룡");
  - "이몽룡"도 strings의 끝에 저장
  - "박문수"가 저장된 다음 위치인 인덱스 1인 위치에 저장
- strings.add(0, "홍길동");
  - "홍길동"은 인덱스 0인 위치에 저장하기 위해 《strings.add(0, "홍길동");》으로 호출
  - 이미 인덱스 0과 1의 위치에 저장된 "박문수"와 "이몽룡"을 인덱스 1과 2의 위치로 이동한 후 "홍길동"이 인덱스 0 위치에 저장

이들 3개 문자열이 저장된 후의 strings가 참조하는 Vector 객체의 내부 모습은 [그림 11-2]와 같다.

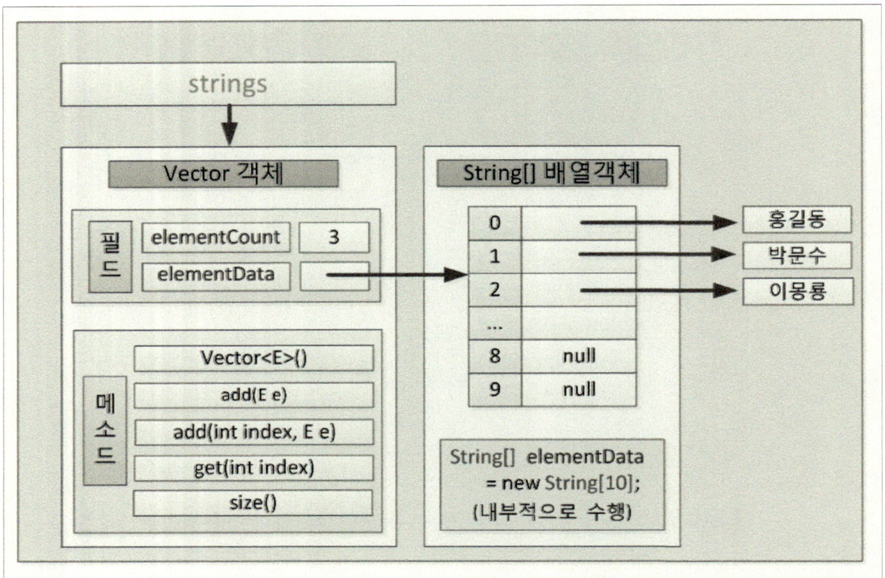

[그림 11-2] 문자열들을 Vector 객체에 저장한 모습

❑ Vector 클래스 이용한 인덱스 범위 초과 예외 방지하기

예제 11-1-4는 Vector 객체를 생성하여 문자열들을 저장하고 저장된 모든 객체를 출력한다.

예제 11-1-4 Vector 객체에 문자열들 저장 및 저장된 객체들 출력

```
package ex11_1_need_for_collection;

class Ex11_1_4_StringsMgmt_AddingGettingStringsToVector {
    public static void main(String[] args) {
        // 문자열을 저장하는 Vector 객체 생성하여 strings가 참조하게 함
        // <String>은 원소 클래스 표시
        Vector<String> strings = new Vector<String>();

        strings.add("홍길동");     strings.add("박문수");
        strings.add("이몽룡");     strings.add("성춘향");
        strings.add("심청");

        for (int i = 0; i < strings.size(); i++) {        // strings에 저장된 원소 개수만큼
```

```
            String s = strings.get(i);                    //    인덱스 i의 원소 구해
            System.out.println(s + " ");                  //        s 출력
        }
    }
}
```

실행결과	홍길동 박문수 이몽룡 성춘향 심청

예제 11-1-4 프로그램은 예제 11-1-3 프로그램과 기능이 동일하다. 이들 프로그램을 비교해보면 예제 11-1-4 프로그램이 훨씬 간단하고 작성의 용이하다.

Vector 클래스를 이용하면 아무리 많은 객체를 저장해도 배열 인덱스 범위 초과 예외는 발생하지 않으며, 저장된 원소 개수에 대한 직접적인 추적을 하지 않아도 되며, 삽입과 삭제도 용이하다.

그러므로 여러 객체를 저장하고 검색할 때 Vector 클래스를 이용하면 프로그래밍이 쉽고 간단하게 되므로 잘 익혀 활용하는 것을 권장한다.

❑ Vector에서 원소 검색, 대체, 제거

Vector에는 원소 검색, 대체, 원소 개수 구하기, 제거 등을 위하여 get(), set(), size(), remove() 메소드가 제공된다.

get(int index) 메소드는 Vector에서 위치 index의 원소를 반환하며, set(int index, E element) 메소드는 Vector의 위치 index의 원소를 element로 대체시킨다. set() 메소드와 add() 메소드는 비슷한 기능처럼 보이지만 큰 차이가 있다. set() 메소드는 원소를 대체시키지만, add() 메소드는 새로운 원소를 추가한다.

Vector에 저장된 원소들을 모두 접근하기 위한 메소드가 size() 메소드이다. 이 메소드는 저장된 원소 개수를 반환한다. size()로 구한 원소 개수만큼 for 문을 반복하여 get(int index) 메소드로 저장된 원소를 모두 구할 수 있다.

Vector 객체에 저장된 원소를 제거하기 위한 메소드인 remove(int index) 메소드는 index 위치의 원소를 삭제하고 삭제된 원소를 반환하며, 그 위치 이후부터 원소들을 앞으로 하나씩 이동시킨다.

11.2 Vector 클래스 이용한 프로그래밍

앞에서 Vector 클래스를 이용하여 여러 데이터를 편리하게 다루는 것을 살펴보았다. 이 절에서 Vector 클래스의 특징을 알아보고 여러 예를 통하여 장점을 자세히 살펴볼 것이다.

11.2.1 배열과 Vector의 비교

배열에 원소를 저장할 때 저장 가능한 최대 원소 개수를 먼저 결정한 후 배열객체를 생성해야 하는 부담이 있으며, 배열에 새로운 원소를 저장할 때마다 최대 원소 개수만큼 이미 저장되었는가를 검사해야 한다. 이에 반하여 Vector 객체는 여러 원소를 저장할 수 있지만, 저장 가능한 최대 원소 개수를 미리 결정할 필요도 없고, 새로운 원소를 항상 저장할 수 있다.

한편 배열에 원소를 저장할 때 실제 저장된 원소 개수를 프로그래머가 추적해야 한다. Vector를 이용할 경우 저장된 원소 개수가 자동적으로 관리되며 size() 메소드를 이용하여 Vector에 저장된 원소 개수를 구할 수 있다.

Vector의 또 다른 장점 중 하나는 Vector의 임의 위치에 원소를 삽입하고 임의 위치의 원소를 삭제할 수 있다는 것이다. 이는 배열에서의 삽입과 삭제와 대조를 이룬다.

배열과 비교했을 때의 Vector 클래스 장점은 크게 다음과 같다.

① Vector 클래스는 저장공간을 자동적으로 관리하며, 필요하면 추가 저장공간 확보한 후 데이터 저장할 수 있게 함
② Vector 클래스는 size() 메소드 이용하여 저장된 원소 개수 구할 수 있음
③ Vector 클래스에 여러 원소가 저장된 상태에서 임의의 위치에 원소 삽입할 수 있으며, 삽입된 위치부터 원소들 뒤로 이동이 자동적으로 이루어짐
④ Vector 클래스에 여러 원소가 저장된 상태에서 임의의 위치 원소 삭제할 수 있으며, 삭제된 위치 뒤의 원소들 앞으로 이동이 자동적으로 이루어짐

[표 11-1]은 여러 원소를 다루는 작업에서 배열과 Vector를 자세히 비교한 것이다.

<table>
<tr><th>작업</th><th>배열</th><th>Vector</th></tr>
<tr><td rowspan="2">원소 타입 및 최대 저장개수 명시</td><td>배열변수 선언 시 저장 가능한 원소 타입과 최대 원소 개수 명시해야 함</td><td>Vector 참조변수 선언 시 저장 가능 최대 원소 개수 명시할 필요 없음</td></tr>
<tr><td>String[] strings = new String[10];</td><td>Vector<String> strings =
        new Vector<String>();</td></tr>
<tr><td rowspan="3">원소 저장 및 원소 개수 관리하기</td><td>원소 저장 메소드와 저장개수 관리 및 초과 원소 저장에 대처하는 메소드 작성해야 함</td><td>원소 저장 메소드 자체적으로 제공, 저장 원소 개수 자동 관리하며, 내부적으로 원소 저장공간 확장</td></tr>
<tr><td>int cntStrings = 0;

void add(String s) {
    if (cntStrings == strings.length)
        takeSomeAction();

    strings[cntStrings++] = s;
}</td><td></td></tr>
<tr><td>add("홍길동");</td><td>strings.add("홍길동");</td></tr>
<tr><td rowspan="3">저장된 원소 개수 구하기</td><td>프로그래머가 저장 원소 개수 관리해야 하고 저장된 개수 구하는 메소드 작성해야 함</td><td>Vector가 저장 원소 개수 관리하며, size() 메소드 이용하여 저장된 원소 개수 구할 수 있음</td></tr>
<tr><td>int size() {
    return cntStrings;
}</td><td></td></tr>
<tr><td>int no = size();</td><td>int no = strings.size();</td></tr>
<tr><td rowspan="3">중간에 원소 삽입</td><td>삽입되는 위치부터의 원소들을 뒤로 이동한 후 저장하고 원소 개수 증가하는 메소드 작성해야 함</td><td>주어진 위치 n에 원소 삽입하는 add(int n, Object o) 메소드 이용하여 처리 가능함</td></tr>
<tr><td>void insertString(int n, String s) {
   for (int i = cntStrings; i > n; i--)
      strings[i] = strings[i-1];

   strings[n] = s;
   cntStrings++;
}</td><td></td></tr>
<tr><td>add(0, "홍길동");</td><td>strings.add(0, "홍길동");</td></tr>
<tr><td rowspan="3">중간의 원소 삭제</td><td>삭제되는 위치 다음부터의 원소들을 앞으로 이동한 후 저장 원소 개수 감소하는 메소드 작성해야 함</td><td>주어진 위치의 원소 삭제하고 뒤의 원소들 이동시키는 remove(int n) 메소드 이용하여 처리 가능</td></tr>
<tr><td>void removeString(int n) {
   for (int i = n; i < cntStrings-1; i++)
      strings[i] = strings[i+1];

   cntStrings--;
}</td><td></td></tr>
<tr><td>remove(2);</td><td>strings.remove(2);</td></tr>
</table>

[표 11-1] 원소를 다루는 작업에서 배열과 Vector의 비교

11.2.2 Vector 클래스의 객체 참조변수 선언과 객체 생성

Vector 클래스는 동일한 클래스의 여러 객체를 원소로 저장하기 위한 클래스이므로 저장할 원소들의 타입을 명시해야 한다. 그러나 Vector 객체에 저장될 원소의 최대개수는 명시할 필요는 없으며, 최대개수는 자동적으로 관리된다.

Vector 클래스의 객체를 생성하여 이를 Vector 클래스 변수에 저장하기 위한 코드는 다음과 같다.

```
Vector<원소타입> 객체참조변수;
객체참조변수 = new Vector<원소타입>();
```

여기에서 《 Vector〈원소타입〉 객체참조변수; 》는 Vector 클래스의 객체 참조변수를 선언하며, 《 new Vector〈원소타입〉(); 》는 Vector 클래스 객체를 생성한다. Vector 클래스는 제네릭 클래스이므로 객체 참조변수 선언과 객체 생성 시 원소 타입을 나타내는 클래스가 〈과 〉 사이에 명시된다.

이들 두 문장은 다음의 한 문장으로 결합할 수 있다.

```
Vector<원소타입> 객체참조변수 = new Vector<원소타입>();
```

String 클래스와 Person 클래스의 객체들을 원소로 저장하는 Vector 클래스의 객체를 생성하여 이를 Vector 클래스 변수에 저장하기 위한 문장은 다음과 같다.

```
// 문자열을 원소로 저장하는 Vector 객체 생성하여 strings가 참조하게 함
Vector<String> strings = new Vector<String>();     // <String>은 원소 타입 표시

// Person 객체를 원소로 저장하는 Vector 객체 생성하여 persons가 참조하게 함
Vector<Person> persons = new Vector<Person>();
```

11.2.3 배열 이용하여 크기순으로 이름 저장하기

크기순으로 여러 이름을 배열에 저장한다고 하자. 이 경우 새로운 이름을 배열에 저장하기 위해 크기 순서에 맞는 저장 위치를 탐색한 후 저장 위치부터의 이름을 하나씩 뒤쪽으로 자리 이동하여 저장공간을 확보한 후 새로운 이름을 저장해야 한다.

예제 11-2-1은 배열을 이용하여 크기순으로 여러 이름을 배열에 저장한다.

예제 11-2-1 배열 이용하여 이름 크기순으로 저장하기

```
package ex11_2_store_strings_sorted;

class Ex11_2_1_StoreStringsSorted_UsingArray {
   static int MAXSTRINGS = 10;        // 저장 가능한 최대 원소 개수 나타내는 변수
   static String[] strings = new String[MAXSTRINGS];
   static int cntStrings = 0;         // 배열변수에 저장된 원소개수 나타내는 변수

   // 문자열 s를 String 배열 strings[]에 크기순으로 저장하는 메소드
   static void addStringSorted(String s) {
      int pos = getPosToAdd(s);       // s의 크기순 저장 위치 탐색하여 저장 위치 pos
      shiftBack(pos);                 // pos 위치부터 한 자리씩 뒤로 위치 이동시킴
      storeStringTo(pos, s) ;         // 공간 확보된 pos 위치에 s 저장
   }

   // strings[] 배열에서 s를 크기순으로 저장할 위치 탐색하여 반환하는 메소드
   //    (strings[]에는 문자열들이 크기 순서대로 저장)
   static int getPosToAdd(String s) {
      int i;
      for (i = 0; i < cntStrings; i++)          // strings[]의 각 원소에 대해
         if (strings[i].compareTo(s) > 0)       //    위치 i의 원소 크기가 처음으로 s보다 크면
            return i;                           //    그 위치 i가 s 저장 위치

      return i; // strings의 원소 없거나 마지막 위치에 저장될 경우 i 반환
   }

   // 위치 n부터의 원소들을 뒤로 하나씩 이동시키는 메소드
   static void shiftBack(int n) {
      for (int i = cntStrings; i > n; i--)   // 마지막 위치부터 위치 n까지
         strings[i] = strings[i-1];          //    한 자리씩 뒤로 이동시킴
   }

   // n 위치에 문자열을 저장하고 cntStrings를 1 증가시키는 메소드
   static void storeStringTo(int n, String s) {
      strings[n] = s;
      cntStrings++;
   }

   public static void main(String[] args) {
      // 5개 이름을 크기순으로 저장하기 위해 addStringSorted() 메소드 호출
      addStringSorted("홍길동");      addStringSorted("박문수");
      addStringSorted("이몽룡");      addStringSorted("성춘향");
      addStringSorted("심청");
```

```
        for (int i = 0; i < cntStrings; i++) {       // strings에 저장된 원소 개수만큼
            String s = strings[i];                   //    인덱스 i의 원소 구해
            System.out.print(s + " ");               //    s를 출력
        }
    }
}
```

실행결과	박문수 성춘향 심청 이몽룡 홍길동

배열을 이용하여 크기 순서로 이름을 저장할 경우 getPosToAdd(), shift Back(), storeStringTo() 등의 메소드가 새로이 작성되어야 하며, 이 프로그램은 최대 10개 이름만 저장 가능하며, 10개를 초과하여 저장하면 예외가 발생한다.

11.2.4 Vector 이용하여 크기순으로 문자열 저장하기

Vector를 이용하여 이름 순서로 여러 문자열을 저장하는 프로그램은 자체적으로 제공되는 add(int n, Object o) 메소드를 이용하여 예제 11-2-2와 같이 예제 11-2-1의 배열보다 간단하게 작성된다.

예제 11-2-2 Vector 이용하여 이름 크기순으로 저장하기

```
package ex11_2_store_strings_sorted;

import java.util.Vector;

class Ex11_2_2_StoreStringsSorted_UsingVector {
    // 문자열을 원소로 저장할 Vector 객체 생성하여 strings가 참조하게 함
    static Vector<String> strings = new Vector<String>();

    // 문자열 s를 Vector 객체 strings에 크기순으로 저장하는 메소드
    static void addStringSorted(String s) {
        int pos = getPosToAdd(s);          // s의 크기순 저장 위치 탐색하여 pos에 저장
        strings.add(pos, s);               // strings의 pos 위치에 s 저장함
    }

    // strings에서 s를 크기순으로 저장할 위치 탐색하여 반환하는 메소드
    //   (strings에는 문자열들이 크기 순서대로 저장)
    static int getPosToAdd(String s) {
        int i;
        for (i = 0; i < strings.size(); i++)          // strings의 각 문자열 원소에 대해
```

```
        if (strings.get(i).compareTo(s) > 0)      // 위치 i의 원소 크기가 s보다 크면
            return i;                             //    그 위치 i가 s 저장 위치

    return i;    // strings의 원소 없거나 마지막에 저장될 경우 i 반환
  }

  public static void main(String[] args) {
    // 5개 이름을 크기순으로 저장하기 위해 addStringSorted() 메소드 호출
    addStringSorted("홍길동");    addStringSorted("박문수");
    addStringSorted("이몽룡");    addStringSorted("성춘향");
    addStringSorted("심청");

    System.out.println("\n** 크기순의 " + strings.size() + "개 이름 **");
    for (int i = 0; i < strings.size(); i++)     // strings.size() 개수의 원소에 대해
      System.out.print(strings.get(i)+ " ");     //    i 위치 원소 출력
  }
}
```

실행결과	** 크기순의 5개 이름 ** 박문수 성춘향 심청 이몽룡 홍길동

Vector를 이용하여 이름을 크기 순서로 저장하면 예제 11-2-1에서 작성해야 했던 shiftBack(), storeStringTo() 메소드를 작성할 필요가 없다. 그 이유는 Vector에서 제공하는 add(int n, E element) 메소드가 예제 11-2-1의 shiftBack(), storeStringTo() 기능을 제공하기 때문이다. 그뿐 아니라 Vector를 이용하면 저장 가능한 원소 개수 제한이 없으므로 많은 객체를 저장해도 예외가 발생하지 않는다.[146]

예제 11-2-1과 예제 11-2-2 프로그램을 비교하면서 배열 대신 Vector를 사용하면 강건하며 오류가 없는 프로그램을 쉽게 작성할 수 있음을 확인하기 바란다.

11.3 Collection 인터페이스와 컬렉션 지원 클래스

Java에서 여러 데이터를 저장하기 위해 배열을 사용할 수 있다. 그런데, 배열은 항상 고정 크기의 배열 원소를 갖는 배열객체를 생성한 후 배열에 그 개수 만큼만의 원소들을 저장할 수 있으며, 원소를 중간에 삽입하거나 삭제하는 것이 불편하다. 배열이 갖는 문제점은 다음과 같다.

146) 그렇지만 Vector에 add(int index, E element) 메소드로 원소 저장할 때 index가 마지막 원소의 위치보다 크면 예외가 발생한다

- 배열객체 생성할 때 미리 최대 저장 가능한 원소 개수 명시해야 함
  - 최대 저장개수의 예측이 어려운 경우 충분히 큰 개수 결정해야 함
  - 실제 저장되는 원소 개수 적으면 대부분의 할당된 공간 낭비됨
- 저장되는 원소 개수를 별도로 관리해야함
- 삽입, 삭제 등을 위한 별도의 메소드 작성해야 함

배열의 문제점을 해결하기 위해 Java는 Vector 클래스와 같은 컬렉션 지원 클래스를 제공하며, Vector 외에도 ArrayList, HashSet, TreeSet, LinkedList 등의 클래스를 제공한다.

컬렉션 지원 클래스들은 모두 Collection 인터페이스의 하위 클래스이다. Collection 인터페이스는 가변 크기의 여러 원소를 저장하고 다루는 데 필요한 기본적인 메소드를 선언하는 인터페이스이다. Vector, ArrayList, HashSet, TreeSet, LinkedList 등의 클래스들은 Collection 인터페이스의 abstract 메소드를 모두 구현하는 하위 클래스이다.

[그림 11-3]은 Collection 인터페이스와 하위 인터페이스, 하위 클래스들을 보여준다.

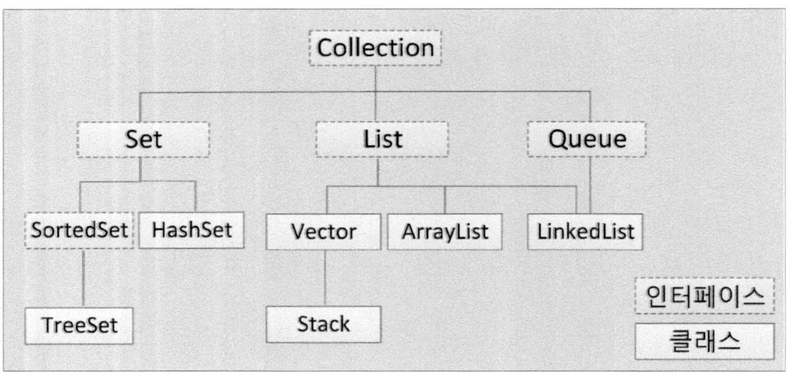

[그림 11-3] Collection 인터페이스와 이의 하위 클래스들

컬렉션 지원 클래스들은 저장 위치가 있으며 중복을 허용하는 리스트(list) 유형과 저장 위치가 없으며 중복 허용 않는 집합(set) 유형으로 나누어진다.

리스트 유형의 클래스로는 Vector, ArrayList, LinkedList 그리고 Vector 클래스의 하위 클래스인 Stack이 있으며, 이들은 Collection 인터페이스와 List 인터페이스 등 상위 인터페이스를 구현하는 클래스[147]이다.

집합 유형의 클래스로는 HashSet, TreeSet 클래스가 있으며, 이들은 Collection 인터페이스와 Set 인터페이스 등 상위 인터페이스를 구현하는 클래스이다.

11.3.1 리스트 유형의 컬렉션 클래스

리스트 유형의 컬렉션 클래스는 원소들을 특정한 위치에 저장할 수 있으며, 동일한 원소를 여러 번 저장할 수 있는 클래스이며, Vector, ArrayList, Stack, LinkedList 등이 해당된다.

❑ Vector 클래스

Vector 클래스는 여러 원소를 특정한 위치에 저장하고 이를 관리하기 위한 다양한 메소드를 제공하며, 특히 저장공간이 부족하면 스스로 저장공간을 확장할 수 있는 가장 대표적인 컬렉션 지원 클래스이다.

이미 Vector 클래스의 객체 생성자 및 메소드에 대해 설명했으므로 자세한 설명은 생략한다.

❑ ArrayList 클래스

Vector 클래스와 유사한 기능을 제공하는 ArrayList 클래스는 가변 개수의 원소들을 저장하고 관리하기 위한 클래스이며, 리스트를 관리하기 위한 size(), isEmpty(), add(), get(), set() 메소드 등을 제공한다.

다음은 ArrayList 클래스의 객체 생성자와 중요 메소드이다.

객체 생성자	
public ArrayList<E>()	처음에 E 클래스 객체 10개 저장할 수 있는 빈 ArrayList 객체 생성
public ArrayList<E>(int initialCapacity)	처음에 initialCapacity개의 E 클래스 객체 저장할 수 있는 빈 ArrayList 객체 생성
메소드	
public boolean add(E element)	원소 element를 ArrayList의 끝에 추가
public void add(int index, E element)	ArrayList의 위치 index에 원소 element 추가(그 위치부터의 원소들은 하나씩 뒤로 이동시킴)
public E remove(int index)	index 위치의 원소를 삭제하고 삭제된 원소 반환(그 위치 다음부터의 원소들을 하나씩 앞으로 이동)

147) 상위 인터페이스를 구현하는 클래스는 상위 인터페이스의 모든 abstract 메소드를 구현하는 클래스이다.

public E get(int index)	index 위치의 원소 반환
public E set(int index, E element)	index 위치의 원소를 원소 element로 대체하여 저장하고, 대체 전의 원소 반환
public int size()	ArrayList에 저장된 원소 개수 반환

ArrayList 클래스의 메소드는 Vector 클래스의 메소드와 거의 동일하다. ArrayList 클래스와 Vector 클래스의 가장 큰 차이점은 Vector 클래스의 메소드는 동기화(synchronization)를 지원하는 반면 ArrayList 클래스는 동기화를 지원하지 않는다는 것이다.

동기화는 여러 Java 프로그램에서 하나의 객체를 동시에 접근할 때 문제가 발생하지 않도록 제어하는 것이다. Java에서 동기화를 지원하기 위한 키워드로 synchronized가 있으며, 메소드 중에서 synchronized가 명시되면 동기화 지원 메소드이다. 여러 스레드가 수행될 때 동기화 지원 메소드는 동시에 수행되지 못하고 하나만 수행된다.

Vector의 메소드는 synchronized가 명시된 메소드로 동기화를 지원하지만, ArrayList는 동기화를 지원하지 않으므로 여러 Java 프로그램에서 ArrayList 자료를 공유할 때 반드시 프로그래머가 동기화를 지원하도록 프로그램을 작성해야 한다. 그러므로 필자는 ArrayList 클래스보다 Vector 클래스를 사용하는 것을 권장한다.

예제 11-3-1은 예제 11-1-4의 Vector 클래스를 이용하여 배열 인덱스 범위 초과 예외를 발생하지 않도록 하는 프로그램을 ArrayList를 이용하도록 변경한 프로그램이다.

예제 11-3-1 ArrayList 이용한 배열 인덱스 범위 초과 예외 방지

```
package ex11_3_collection_classes;
import java.util.*;

class Ex11_3_1_StringsMgmt_NoOutOfBoundsException_UsingArrayList {
   public static void main(String[] args) {
      // 문자열을 저장하는 ArrayList 객체 생성하여 strings가 참조
      ArrayList<String> strings = new ArrayList<String>();  // 이 부분만 Vector와 다름

      strings.add("홍길동");    strings.add("박문수");    strings.add("이몽룡");
      strings.add("성춘향");    strings.add("심청");
```

```
        System.out.print("\n  ** for 문으로 모든 원소 출력하기 **\n  ");
        for (int i = 0; i < strings.size(); i++) {        // strings에 저장된 원소 개수만큼
            String s = strings.get(i);                    //    인덱스 i의 원소 구해
            System.out.print(s + " ");                    //       s 출력
        }

        System.out.print("\n\n  ** for each 문으로 모든 원소 출력하기\n  ");
        for (String s : strings)
            System.out.print(s + " ");                    // s 출력
    }
}
```

실행결과

```
** for 문으로 모든 원소 출력하기 **
홍길동 박문수 이몽룡 성춘향 심청

** for each 문으로 모든 원소 출력하기
홍길동 박문수 이몽룡 성춘향 심청
```

이 프로그램을 살펴보면 Vector 클래스와 ArrayList 클래스가 유사함을 확인할 수 있다.

❑ Stack 클래스

스택(stack)은 후입선출(last-in, first-out: 마지막에 삽입된 원소가 가장 먼저 추출)의 기능을 갖는 리스트이며, 스택에서 원소 삽입을 푸시(push)라 하며, 푸시는 탑(top)이라 불리는 한쪽에서만 차례로 삽입된다. 한편 스택에서 원소 삭제를 팝(pop)이라 하며, 팝도 역시 탑 위치의 원소가 차례대로 추출되어 원소가 제거된다.

Vector 클래스의 하위 클래스인 Stack 클래스는 후입선출을 지원하기 위하여 empty(), peek(), pop(), push(), search() 메소드를 추가로 제공한다. 한편, Stack 클래스는 Vector 클래스의 하위 클래스이므로 Vector 클래스의 모든 메소드를 상속받지만, Vector 클래스의 메소드를 사용하지 않아야 한다. 그 이유는 스택은 푸시와 팝을 통해서만 원소를 저장하고 꺼내야 하기 때문이다.

다음은 Stack 클래스의 객체 생성자와 중요 메소드이다.

객체 생성자	
public Stack<E>()	처음에 E 클래스 객체 10개 저장할 수 있는 빈 Stack 객체 생성

메소드	
public boolean empty()	스택의 원소가 없으면 true, 있으면 false 반환
public E peek()	원소 제거하지 않고서 스택의 탑 위치 원소 반환
public E pop()	원소 제거하고서 스택의 탑 위치 원소 반환
public E push(E element)	element를 탑 위치에 저장하고 저장된 원소 반환
public int search(Object o)	o가 스택에 있으면 1부터 시작하는 탑에서의 거리 반환하고, 없으면 -1 반환

예제 11-3-2는 5개 문자열을 Stack에 푸시하고 팝시킨다.

예제 11-3-2 Stack을 이용한 문자열 푸시와 팝

```
package ex11_3_collection_classes;
import java.util.*;

class Ex11_3_2_StoreStrings_UsingStack {
   public static void main(String[] args) {
      // 문자열을 원소로 저장할 Stack 객체 생성하여 strings가 참조
      Stack<String> nameStack = new Stack<String>();

      // 5개 이름 푸시
      nameStack.push("홍길동"); nameStack.push("박문수"); nameStack.push("이몽룡");
      nameStack.push("성춘향"); nameStack.push("심청");

      int cntNames = nameStack.size();          // 스택에 저장된 원소 개수 구함

      System.out.print("\n   ** 모든 원소 팝시키기(" + cntNameStack +"개) **\n  ");
      for (int i = 0; i < cntNames; i++) {       // nameStack에 저장된 원소 개수만큼
         String s = nameStack.pop();             //     원소 팝시켜
         System.out.print(s + " ");              //     출력
      }
   }
}
```

실행결과

```
** 모든 원소(5개) 팝시키기 **
심청 성춘향 이몽룡 박문수 홍길동
```

예제 11-3-2의 프로그램에서 5개 이름을 홍길동, 박문수, 이몽룡, 성춘향, 심청의 순서대로 스택에 푸시했다. 그런데, 스택에서 팝시키면 심청, 성춘향, 이몽룡, 박문수, 홍길동의 순서대로 팝되는 것을 확인할 수 있다. 나중에 들어온 것이 먼저 나오는 이러한 특성이 후입선출이다.

11.3.2 집합 유형의 컬렉션 클래스

집합 유형의 컬렉션 클래스는 순서를 가지지 않은 원소들을 저장하면서 중복을 허용하지 않는 클래스이며, HashSet과 TreeSet이 이 유형에 해당된다. 집합 유형의 클래스를 이용하여 여러 원소 저장과 검색을 할 수 있지만, 저장 위치를 지정할 수 없고 중복된 원소도 저장할 수 없다.

집합 유형의 클래스는 Set 인터페이스를 상위 인터페이스로 가지며, Collection 인터페이스와 Set 인터페이스의 모든 abstract 메소드를 구현한다.

❑ HashSet 클래스

HashSet 클래스는 중복되지 않는 원소를 집합에 첨가하고 제거하는 기능을 지원하기 위해 add(), remove(), contains(), size() 등의 메소드를 제공한다.

다음은 HashSet 클래스의 객체 생성자와 중요 메소드이다.

객체 생성자	
public HashSet〈E〉()	처음에 E 클래스 객체 16개 저장할 수 있는 빈 HashSet 객체 생성
public HashSet〈E〉(int initialCapacity)	처음에 initialCapacity개의 E 클래스 객체 저장할 수 있는 빈 HashSet 객체 생성
메소드	
public boolean add(E element)	element가 원소에 포함되지 않았으면 원소로 추가하고 true 반환, 그렇지 않으면 false 반환
public boolean remove(Object o)	객체 o가 원소에 포함되면 이를 삭제하고 true 반환, 그렇지 않으면 false 반환
public boolean contains(Object o)	객체 o가 원소에 포함되면 true 반환, 그렇지 않으면 false 반환
public int size()	저장된 원소 개수 반환
public Iterator〈E〉 iterator()	원소들에 대한 Iterator 객체 반환

add() 메소드를 이용하여 객체를 원소를 첨가할 때 그 객체가 이미 원소에 포함되면 그 객체를 원소에 추가하지 않고 false를 반환하므로 HashSet에는 중복된 원소가 저장되지 않는다.

원소들이 추가 순서대로 저장되거나 지정된 위치에 저장되는 Vector나 ArrayList와 달리 HashSet의 원소들은 임의의 위치에 저장되며[148], 저장된 원소들을 모두 출력하면 출력되는 순서는 추가된 순서와 관련이 없다.

Vector나 ArrayList 클래스는 특정 위치에 원소를 저장할 수 있는 add(int index, Element e) 메소드와 특정 위치의 원소를 구하는 get(int index) 메소드를 제공한다. 그러나 HashSet 클래스는 특정 위치에 원소를 저장할 수도 없고 검색할 수도 없으므로 이러한 메소드는 제공되지 않는다. HashSet의 모든 원소를 접근하기 위해 for each 문 또는 iterator() 메소드를 이용할 수 있으며, for each 문이 iterator() 메소드보다 편리하다.

예제 11-3-3은 HashSet 클래스를 이용하여 6개 문자열을 저장하고 원소들을 출력한다.

예제 11-3-3 HashSet 이용한 문자열 저장과 출력

```
package ex11_3_collection_classes;
import java.util.HashSet;

class Ex11_3_3_StoreStrings_UsingHashSet {
   public static void main(String[] args) {
      // 문자열을 원소로 저장할 HashSet 객체 생성하여 strings가 참조
      HashSet<String> strings = new HashSet<String>();

      // 5개 이름 6번 저장
      strings.add("홍길동");     strings.add("박문수");     strings.add("이몽룡");
      strings.add("성춘향");     strings.add("심청");       strings.add("심청");

      System.out.print("\n  ** 모든 원소 출력하기 **\n  ");

      for (String s : strings)           // strings의 각 원소인 문자열 s에 대해
         System.out.print(s + " ");      //    s 출력
   }
}
```

실행결과

```
** 모든 원소 출력하기 **
박문수 성춘향 심청 홍길동 이몽룡
```

예제 11-3-3의 프로그램에서 6개 이름이 홍길동, 박문수, 이몽룡, 성춘향, 심청, 심청의 순서대로 저장되었다. 그런데, 원소들을 출력하면 임의의 순서로 출력된다. 이것은 HashSet에 원소를 저장할 때 임의의 위치에 저장되기 때문이다. 한편 중

148) HashSet에 원소들이 임의의 위치에 원소가 저장되는 이유는 HashTable을 통해 HashSet이 구현되기 때문이며, HashTable은 나중에 스스로 공부하기를 권장한다.

복된 심청은 한번만 출력되므로 한번만 저장됨을 알 수 있다.

이 프로그램에서 HashSet 객체 strings에 저장된 모든 문자열을 출력하기 위해 for each 문을 사용하였으며, for each 문은 모든 컬렉션 지원 클래스에서 사용할 수 있다.

❏ TreeSet 클래스

TreeSet 클래스는 중복되지 않는 원소를 집합에 첨가하고 제거하는 기능을 지원하기 위해 add(), remove(), contains(), size() 등의 메소드를 제공하며, 이는 HashSet과 유사하다.

그런데, TreeSet은 저장되는 원소들을 미리 정해진 순서대로 정렬하여 저장하는 것이 HashSet과 큰 차이점이다. TreeSet은 저장할 객체가 주어지면 그 객체와 저장된 원소들과 크기 비교를 내부적으로 수행한다. 이때 사용되는 메소드가 int compareTo(Object o) 메소드이며, 이 메소드는 java.lang 패키지의 Comparable 인터페이스의 abstract 메소드이다.

그러므로 TreeSet의 원소로 저장하기 위해 반드시 원소의 클래스가 java.lang 패키지의 Comparable 인터페이스를 구현하는 클래스이어야 한다.

다음은 TreeSet 클래스의 객체 생성자와 중요 메소드이다.

객체 생성자	
public TreeSet〈E〉()	처음에 E 클래스 객체 16개 저장할 수 있는 빈 TreeSet 객체 생성
public TreeSet〈E〉(int initialCapacity)	처음에 initialCapacity개의 E 클래스 객체 저장할 수 있는 빈 TreeSet 객체 생성
메소드	
public boolean add(E element)	element가 원소에 포함되지 않았으면 원소로 추가하고 true 반환, 그렇지 않으면 false 반환
public boolean remove(Object o)	객체 o가 원소에 포함되면 이를 삭제하고 true 반환, 그렇지 않으면 false 반환
public boolean contains(Object o)	객체 o가 원소에 포함되면 true 반환, 그렇지 않으면 false 반환
public int size()	저장된 원소 개수 반환

add() 메소드를 이용하여 객체를 원소로 추가할 때 그 객체가 이미 원소에 포함되면 그 객체를 원소에 추가하지 않고 false를 반환하므로 TreeSet에는 중복된 원소가 저장되지 않는다. 추가할 객체가 원소에 포함되지 않으면 추가되는 객체를 기존 원소들과 compareTo() 메소드로 크기 비교를 내부적으로 수행하여 크기 순서에 맞는 위치에 저장한다.

Vector나 ArrayList 클래스의 add(int index, Element e) 메소드는 특정 위치에 원소를 저장하며, get(int index) 메소드는 특정 위치의 원소를 반환한다. 그러나 TreeSet 클래스는 특정 위치에 원소를 저장할 수도 없고 검색할 수도 없으며, 이러한 메소드를 제공하지 않는다.

TreeSet의 모든 원소를 접근하기 위해 iterator() 메소드를 이용하거나 for each 문을 이용할 수 있으며, iterator() 메소드보다 for each 문이 편리하다.

예제 11-3-4는 Person 객체를 TreeSet 클래스를 이용하여 이름순으로 저장하고 출력한다.

예제 11-3-4 TreeSet 이용한 Person 저장과 출력

```
package ex11_3_collection_classes;
import java.util.TreeSet;

// PersonComparable 클래스: TreeSet의 원소로 저장하기 위한 클래스
//     TreeSet의 원소로 저장하기 위해 반드시 Comparable 인터페이스 구현해야 함
class PersonComparable extends Person
                        implements Comparable<PersonComparable> {

   // 이름, 나이를 필드에 저장하는 객체 생성자
   //     상위 클래스인 객체 생성자 Person(String name, int age) 호출
   PersonComparable(String name, int age) {
      super(name, age);
   }

   // java.lang.Comparable 인터페이스의 abstract 메소드 compareTo() 구현하는 메소드
   //     name 필드 크기순으로 크기 순서 결정하기 위해
   //     this와 매개변수 p의 name 크기 비교하여 크면 양수, 같으면 0, 작으면 음수 반환
   public int compareTo(PersonComparable p) {
      return this.name.compareTo(p.name);
   }
}
```

```
class Ex11_3_4_StorePersonsSorted_UsingTreeSet {
   public static void main(String[] args) {
      // PersonComparable 객체를 원소로 저장할 TreeSet 객체 생성하여 persons가 참조
      TreeSet<PersonComparable> persons = new TreeSet<PersonComparable>();

      // 5개 PersonComparable 객체를 persons에 저장
      persons.add( new PersonComparable("홍길동", 18));
      persons.add( new PersonComparable("박문수", 23));
      persons.add( new PersonComparable("이몽룡", 16));
      persons.add( new PersonComparable("성춘향", 14));
      persons.add( new PersonComparable("심청", 20));

      System.out.print("\n  ** TreeSet의 모든 원소 출력하기 **\n  ");

      for (PersonComparable p : persons)        // persons의 각 원소인 p에 대해
         System.out.print("[ " + p + " ] ");     //     p 출력
   }
}
```

실행결과

```
** TreeSet의 모든 원소 출력하기 **
[ 이름:박문수, 나이:23 ] [ 이름:성춘향, 나이:14 ] [ 이름:심청, 나이:20 ]
[ 이름:이몽룡, 나이:16 ] [ 이름:홍길동, 나이:18 ]
```

프로그램 설명

- PersonComparable 클래스는 Comparable 인터페이스 구현하는 클래스
  - class PersonComparable extends Person
    implements Comparable<PersonComparable>
  - PersonComparable 클래스 객체를 TreeSet 원소로 저장 가능
  - PersonComparable 클래스의 compareTo() 메소드의 크기순으로 원소들이 정렬되어 TreeSet에 저장
- PersonComparable 클래스 객체는 name 필드 크기순으로 TreeSet에서 정렬
  - compareTo() 메소드의 《return this.name.compareTo(p.name);》에 의해 정렬 순서가 결정
  - 이는 name 필드의 오름차순으로 객체들 정렬
  - 《return **p.name.compareTo(this.name)**;》으로 수정하면 이름의 내림차순으로 정렬
- TreeSet 객체 persons에 저장된 모든 Person 객체 출력하기 위해 for each 문 사용
  - for each 문은 모든 컬렉션 지원 클래스에서 사용 가능
  - 출력결과를 살펴보면 이름 크기순으로 출력
  - 원소들을 PersonComparable 클래스의 compareTo() 메소드 이용하여 이름 크기순으로 정렬하여 저장했기 때문

11.4 제네릭 클래스

Object, Integer, String 등 대부분 Java 클래스는 그 자체 클래스만으로 참조변수를 선언하거나 객체를 생성할 수 있다. 이에 반하여 Vector, ArrayList, TreeSet, HashSet 등 컬렉션을 지원하는 클래스는 참조변수 선언 또는 객체 생성 시 저장될 원소를 나타내는 클래스가 다음과 같이 '〈'와 '〉' 사이에 명시된다.

```
// 문자열을 저장하는 Vector 객체를 생성하여 strings가 참조하게 함
Vector<String> strings = new Vector<String>(); // <String>은 원소 클래스 표시
```

참조변수 선언 또는 객체 생성 시 다른 클래스가 부가적으로 명시되는 클래스를 제네릭 클래스라 하였고, 이미 살펴본 Vector, ArrayList, TreeSet 등 컬렉션 지원 클래스는 모두 제네릭 클래스이다.

더욱 정확히 말하자면, 제네릭 클래스는 타입 매개변수를 이용하여 선언되는 클래스이며, 제네릭 클래스를 사용할 때 타입 매개변수의 실제 타입인 클래스를 주어야 한다.

Java에서 제네릭 클래스는 JDK 1.5부터 지원되었으며, 제네릭 클래스로 인하여 중복된 클래스와 중복된 메소드 작성의 감소, 타입 오류의 감소, 안정성 증대 등이 가능해졌다.

11.4.1 제네릭 클래스의 필요성

제네릭 클래스가 필요한 이유는 유사한 클래스들을 각각 작성하지 않고 하나의 클래스로 통합하여 작성하면 프로그래머의 생산성이 높아지고, 프로그램의 오류 가능성이 줄기 때문이다. 이는 유사한 기능을 갖는 여러 메소드들을 매개변수를 갖는 하나의 메소드로 통합하여 작성할 때의 이점과 동일하다.

❑ 매개변수로 유사한 메소드들 통합

메소드의 원리를 배울 때 유사한 기능의 여러 메소드들을 매개변수를 갖는 하나의 메소드로 통합하여 범용적인 메소드로 작성한 것을 기억할 것이다.

예제 11-4-1은 유사한 기능의 메소드들을 이용하여 직각 삼각형 그리는 프로그램으로, 한 라인에 특정 개수의 '*'를 출력하는 5개 메소드들을 작성하였다.

예제 11-4-1 유사한 기능의 메소드들을 이용하여 직각 삼각형 그리기

```
class Ex11_4_1_RightTriangle_UsingSimilarMethods {
   static void printStar1InLine() {
      for (int i = 0; i < 1; i++)   System.out.print('*');   // '*'를 1개 출력
         System.out.println();                               // 줄바꿈
   }
   static void printStar2InLine() {
      for (int i = 0; i < 2; i++)   System.out.print('*');   // '*'를 2개 출력
         System.out.println();                               // 줄바꿈
   }
   static void printStar3InLine() {
      for (int i = 0; i < 3; i++)   System.out.print('*');   // '*'를 3개 출력
         System.out.println();                               // 줄바꿈
   }
   static void printStar4InLine() {
       for (int i = 0; i < 4; i++)   System.out.print('*');  // '*'를 4개 출력
       System.out.println();                                 // 줄바꿈
   }
   static void printStar5InLine() {
      for (int i = 0; i < 5; i++)   System.out.print('*');   // '*'를 5개 출력
        System.out.println();                                // 줄바꿈
   }

   public static void main(String[] args) {
      printStar1InLine();
      printStar2InLine();
      printStar3InLine();
      printStar4InLine();
      printStar5InLine();
   }
}
```

실행결과

```
*
**
***
****
*****
```

예제 11-4-1의 5개 메소드들을 살펴보면 '*'를 출력하는 개수만 다르며 기능은 유사하며, 메소드 이름에서도 출력할 '*'의 개수만 다르며 다른 부분은 동일하다.[149] 이들은 유사한 기능을 갖는 메소드이며, 이들 메소드를 통합하여 하나의 메소드로 작성할 수 있다.

149) 예제 프로그램에서 빨간색으로 된 부분이 서로 다른 부분이다.

유사한 메소드들의 통합 방법은 메소드마다 달라지는 '*' 출력 개수를 매개변수로 구성하는 것이다. 예제 11-4-2의 printStarInLine(int cnt) 메소드는 매개변수를 이용하여 유사한 기능의 메소드들을 통합한 메소드이다.

예제 11-4-2 매개변수 갖는 통합 메소드를 이용하여 직각 삼각형 그리기

```
class Ex11_4_2_RightTriangle_UsingIntegratedMethod {
   // 매개변수를 갖는 통합 메소드 printStarInLine(int cnt)
   // 호출할 때 주어지는 매개변수 cnt 개수의 '*'를 한 라인에 출력
   static void printStarInLine(int cnt) {
      for (int i = 0; i < cnt; i++)      // '*'를 cnt 개 출력
         System.out.print('*');

      System.out.println();               // 줄바꿈
   }

   public static void main(String[] args) {
      printStarInLine(1);                 // 실매개변수 1로 호출
      printStarInLine(2);                 // 실매개변수 2로 호출
      printStarInLine(3);                 // 실매개변수 3으로 호출
      printStarInLine(4);                 // 실매개변수 4로 호출
      printStarInLine(5);                 // 실매개변수 5로 호출
   }
}
```

유사한 메소드 통합의 결과로 형식매개변수 cnt가 도입되었고, 호출할 때 실매개변수의 값을 제공하여 메소드를 호출한다. 매개변수를 갖는 통합 메소드는 코딩 부담을 줄일 뿐 아니라 메소드의 활용성을 증대시키는 이점이 있다.

❑ 유사한 클래스들의 코드 중복

제네릭 클래스가 필요한 가장 중요한 이유는 유사한 클래스의 중복 작성 방지이다. 이를 명확히 이해하려면 유사한 여러 클래스를 작성해보면 된다.

예제 11-4-3은 Integer 객체를 최대 2개까지 저장하는 StoreIntegerAtMost2 클래스, 문자열들을 2개까지 저장하는 StoreStringAtMost2 클래스, Person 객체를 2개까지 저장하는 StorePersonAtMost2 클래스 등 클래스 별로 객체들을 2개까지만 저장하는 클래스를 작성한 것이다.

예제 11-4-3 제네릭 클래스의 필요성을 보이는 프로그램

```
// StoreIntegerAtMost2: Integer 객체 2개까지만 저장하고 검색하는 클래스
class StoreIntegerAtMost2 {
   String title;
   Integer first, second;     // Integer 클래스 객체 2개 저장하는 필드

   StoreIntegerAtMost2(String title) { // 주어지는 title을 필드 title에 저장하는 객체 생성자
      this.title = title;
   }

   // 주어지는 Integer 객체 o를 저장하는 메소드: 2개가 이미 저장되었으면 첫 번째 제거
   void add(Integer o) {
      if (first == null)            // 하나도 저장되지 않았으면 o를 first에 저장
         first = o;
      else if (second == null)      // 하나만 저장되었으면 o를 second에 저장
         second = o;
      else {                        // 이미 2개가 모두 저장되었다면 첫 번째 없애고 2개 저장
         first = second;            //     second를 first에 저장
         second = o;                //     o를 second에 저장
      }
   }
}

//StoreStringAtMost2: 문자열 2개까지만 저장하고 검색하는 클래스
class StoreStringAtMost2 {
   String title;
   String first, second;  // String 클래스 객체 2개 저장하는 필드

   StoreStringAtMost2(String title) {  // 주어지는 title을 필드 title에 저장하는 객체 생성자
      this.title = title;
   }

   // 주어지는 String 객체 o를 저장하는 메소드: 2개가 이미 저장되었으면 첫 번째 제거
   void add(String o) {
      if (first == null)            // 하나도 저장되지 않았으면 o를 first에 저장
         first = o;
      else if (second == null)      // 하나만 저장되었으면 o를 second에 저장
         second = o;
      else {                        // 2개가 모두 저장되었다면 첫 번째 없애고 2개 저장
         first = second;            //     두 번째를 first에 저장
         second = o;                //     o를 second에 저장
      }
   }
}
```

```
// StorePersonAtMost2: Person 객체 2개까지만 저장하고 검색하는 클래스
class StorePersonAtMost2 {
   String title;
   Person first, second;  // Person 클래스 객체 2개 저장하는 필드


   StorePersonAtMost2(String title) { // 주어지는 title을 필드 title에 저장하는 객체 생성자
      this.title = title;
   }

   // 주어지는 Person 객체 o를 저장하는 메소드: 2개가 이미 저장되었으면 첫 번째 제거
   void add(Person o) {
      if (first == null)            // 하나도 저장되지 않았으면 o를 first에 저장
         first = o;
      else if (second == null)      // 하나만 저장되었으면 o를 second에 저장
         second = o;
      else {                        // 이미 2개가 모두 저장되었다면 첫 번째 없애고 2개 저장
         first = second;            //    second를 first에 저장
         second = o;                //    o를 second에 저장
      }
   }
}

class Ex11_4_3_StoreAtMost2_UsingManyClasses {
   public static void main(String[] args) {
      // StoreIntegerAtMost2 객체 생성하여 ageAtMost2가 참조하게 함
      StoreIntegerAtMost2 ageAtMost2 = new StoreIntegerAtMost2("나이 저장");
      ageAtMost2.add( 18 );                 // 18을 ageAtMost2에 추가

      // StoreStringAtMost2 객체 생성하여 nameAtMost2가 참조하게 함
      StoreStringAtMost2 nameAtMost2 = new StoreStringAtMost2("이름 저장");
      nameAtMost2.add( "홍길동" );     // 이름 홍길동을 nameAtMost2에 추가
      nameAtMost2.add( "이몽룡" );     // 이름 이몽룡을 nameAtMost2에 추가

      // StorePersonAtMost2 객체 생성하여 personAtMost2가 참조하게 함
      StorePersonAtMost2 personAtMost2 = new StorePersonAtMost2("신상정보 저장");
      personAtMost2.add( new Person("홍길동", 18) );     // 홍길동 객체 추가
      personAtMost2.add( new Person("이몽룡", 16) );     // 이몽룡 객체 추가
      personAtMost2.add( new Person("김철수", 23) );     // 김철수 객체 추가
   }
}
```

예제 11-4-3에서 특정 클래스 객체들을 2개까지 저장하기 위한 3개 클래스를 선언하였고, main() 메소드에서 각 클래스의 객체를 이들 클래스에 추가한다.

그런데, 이들 클래스를 자세히 살펴보면, 클래스 이름에 포함된 2개까지를 저장한다는 클래스 이름 StoreXxxAtMost2, 동일한 필드 이름, 동일한 변수 이름을 가지고 있으며, 전체적인 구성과 기능적인 측면에서 많은 공통점을 가지는 유사한 클래스임을 알 수 있다.

코드 대부분이 동일한 이들 클래스를 각각 작성하는 것은 중복 작성이며 낭비적이다. 또한, 저장할 객체의 클래스가 이들 3개만도 아니다. Employee 객체, Student 객체 등도 2개까지 저장할 필요가 있으면 이를 위한 클래스도 별도로 작성해야 하는데, StoreEmployeeAtMost2[150] 클래스도 기존의 StorePersonAtMost2와 아주 유사하다.

❑ 타입 매개변수 갖는 가상적 제네릭 클래스로의 변환

예제 11-4-3의 StoreIntegerAtMost2, StoreStringAtMost2, StorePersonAtMost2 클래스는 저장할 객체의 클래스 이름을 제외하고 모든 코드가 동일하다. 그러므로 매개변수를 도입하여 여러 유사한 메소드를 하나의 메소드로 통합한 동일한 원리를 적용하면 이들 클래스를 하나의 통합된 클래스로 작성할 수 있고, 그 결과가 타입 매개변수를 갖는 제네릭 클래스이다.

통합의 핵심은 저장할 3개 클래스 이름인 StoreIntegerAtMost2, StoreStringAtMost2, StorePersonAtMost2에 나타난 클래스 이름들을 매개변수로 통합하여 하나의 이름인 StoreAtMost2(type T)[151]로 변경하는 것이다.

그 결과, 클래스 이름에 나타난 Integer, String, Person 등이 매개변수 type T로 통합되고, type T는 저장할 객체의 클래스인 Integer, String, Person 등으로 나중에 대체된다.

예제 11-4-3 프로그램을 타입 매개변수를 이용하여 하나로 통합된 클래스로 구성하면 다음의 가상적인 제네릭 클래스 **StoreAtMost2(type T)**로 작성된다.[152]

---

150) Employee 객체, Student 객체 등을 2개까지 저장하는 클래스를 직접 작성해보기를 권장한다.

151) printStar1InLine(), printStar2InLine(), printStar3InLine()가 printStarInLine(int n)으로 통합되는 것과 동일한 원리로 StoreIntegerAtMost2, StoreStringAtMost2, StorePersonAtMost2는 StoreAtMost2(type T)로 통합된다.

152) 이 프로그램은 유사한 메소드들을 통합하는 과정의 방법을 활용하여 타입 매개변수를 도입한 것으로, 실제로 작동하는 Java 프로그램은 아니다.

```
// StoreAtMost2(type T): 클래스 T의 객체 2개까지만 저장하는 제네릭 클래스
class StoreAtMost2(type T) {
   String titleT first, second;   // T 클래스 객체 2개 저장하는 필드

   StoreAtMost2(type T)(String title) {  // title을 필드 title에 저장하는 객체 생성자
      this.title = title;
   }

   // 주어지는 T 객체 o를 저장하는 메소드: 2개가 이미 저장되었으면 첫 번째 제거
   void add(T o) {
      if (first == null)         // 하나도 저장되지 않았으면 o를 first에 저장
        first = o;
      else if (second == null) // 하나만 저장되었으면 o를 second에 저장
        second = o;
      else {                     // 이미 2개가 모두 저장되었다면 첫 번째 없애고 2개 저장
        first = second;          //    second를 first에 저장
        second = o;              //    o를 second에 저장
      }
   }
}

class StoreAtMost2_UsingVirtualClass {
   public static void main(String[] args) {
      // StoreAtMost2(Integer) 객체를 생성하여 ageAtMost2가 참조하게 함
      StoreAtMost2(Integer) ageAtMost2 = new StoreAtMost2(Integer)("나이 저장");
      ageAtMost2.add( 18 );

      // StoreAtMost2(String) 객체를 생성하여 nameAtMost2가 참조하게 함
      StoreAtMost2(String) nameAtMost2 = new StoreAtMost2(String)("이름 저장");
      nameAtMost2.add( "홍길동" );
      nameAtMost2.add( "이몽룡" );

      // StoreAtMost2(Person) 객체를 생성하여 personAtMost2가 참조하게 함
      StoreAtMost2(Person) personAtMost2
                               = new StoreAtMost2(Person)("신상정보 저장");
      personAtMost2.add( new Person("홍길동", 18) );
      personAtMost2.add( new Person("이몽룡", 16) );
      personAtMost2.add( new Person("김철수", 23) );
   }
}
```

다음은 3개 개별 클래스에서 사용된 클래스 이름, 객체 생성자, 필드, 객체 참조변수 등을 하나의 클래스로 통합한 사항들을 보여준다.

클래스 이름, 객체 생성자, 필드, 객체 참조변수의 통합된 표현		
기능	개별적 표현	통합된 표현
클래스 선언		

클래스 이름	class StoreIntegerAtMost2 {
	class StoreStringAtMost2 {
	class StorePersonAtMost2 {
		class **StoreAtMost2(type T)** {

객체 생성자 선언	StoreIntegerAtMost2(String title) {
	StoreStringAtMost2(String title) {
	StorePersonAtMost2(String title) {
		StoreAtMost2(type T)(String title) {

필드 선언	Integer first, second; String first, second; Person first, second;	**T** first, second;

메소드 선언	void add(Integer o) {
	void add(String o) {
	void add(Person o) {
		void add(**T o**) {

선언된 클래스 사용		
객체 참조 변수 선언	StoreIntegerAtMost2 ageAtMost2 StoreStringAtMost2 stringAtMost2 StorePersonAtMost2 personAtMost2	**StoreAtMost2(Integer)** ageAtMost2 **StoreAtMost2(String)** stringAtMost2 **StoreAtMost2(Person)** personAtMost2
객체 생성자 호출	new StoreIntegerAtMost2("나이 저장") new StoreStringAtMost2("이름 저장") new StorePersonAtMost2("사람 저장")	new **StoreAtMost2(Integer)**("나이 저장") new **StoreAtMost2(String)**("이름 저장") new **StoreAtMost2(Person)**("사람 저장")

이 가상적 클래스에서 중요한 점은 다음과 같다.

① class StoreAtMost2(type T), StoreAtMost2(type T)(String title)
- T는 여러 클래스 중 하나를 나타내는 형식 타입 매개변수
- Integer, String, Person 등의 클래스로 대체될 수 있dma
- 메소드의 형식매개변수와 유사

② StoreAtMost2(Integer) ageAtMost2 = new StoreAtMost2(Integer)("나이 저장");
- 괄호 속 Integer는 StoreAtMost2(type T)의 실 타입 매개변수가 주어진 것
- 메소드의 형식매개변수에 대해 실매개변수가 주어지는 것과 동일

결과적으로 하나의 클래스 StoreAtMost2(type T)로서 여러 클래스들의 역할을 수행할 수 있게 되며, 객체 생성자 호출 또는 객체 참조변수 선언에서 저장할 객체의 클래스를 실 타입 매개변수로 표시한다.

❑ 문법에 맞는 Java의 제네릭 클래스로의 변환

필자가 제시한 가상적 제네릭 클래스는 통합 원칙에 따라 클래스를 나타내는 타입 매개변수를 별도의 괄호 속에 표시하고 형식 타입 매개변수를 나타내기 위해 type 키워드를 사용하였는데, 실제 사용하기에는 다음의 문제점을 갖는다.

> ① 메소드의 매개변수와 클래스를 나타내는 타입 매개변수가 괄호 사이에 동일하게 표현
> ② 《 class StoreAtMost2(type T) 》에서 새로운 키워드 type 사용
> ③ 객체 생성자 선언《 StoreAtMost2(type T)(String title) 》에서 2가지 형식매개변수 모두 표시되어 괄호 2번 나타남
> ④ 객체 생성자 호출 《 new StoreAtMost2(Integer)("나이 저장"); 》에서 2가지 실 매개변수 모두 표시되어 괄호 2번 나타남

이러한 문제를 해결하기 위하여 타입 매개변수의 표현과 관련하여 Java에서 다음의 사항을 결정하였다.

> ① 클래스 나타내는 타입 매개변수는 〈와 〉 사이에, 메소드의 매개변수는 (와) 사이에 표시하기로 결정
> • 이는 클래스 나타내는 매개변수와 메소드의 매개변수를 명확히 구분하기 위함
>
> ② 클래스 나타내는 형식 타입 매개변수에서 키워드 type 생략하기로 함
> • 메소드의 매개변수는 여러 타입 중 하나를 반드시 명시해야 함
> • 타입 매개변수의 종류는 클래스 하나밖에 없으므로 생략해도 됨
> • 새로운 키워드 추가하지 않는 효과도 있음
>
> ③ 객체 생성자 선언에서 형식 타입 매개변수 생략하기로 함
> • 이는 클래스 이름에서의 표현과 중복되기 때문

Java에서 결정한 사항의 핵심은 클래스를 나타내는 타입 매개변수는 〈와 〉 사이에, 메소드의 매개변수는 (와) 사이에 표현하기로 한 것이다. 그 결과, 2가지 종류의 매개변수를 명확히 구별하고, 형식 타입 매개변수에서 매개변수의 종류를 생략하게 된다.

이러한 결정사항에 따라 타입 매개변수가 포함된 부분은 Java에서 다음과 같이 훨씬 간결하면서 파악하기 쉽게 변경된다.

타입 매개변수와 관련된 표현		
기능	가상적 프로그램에서의 표현	Java에서의 표현
클래스 선언	class StoreAtMost2(type T) {	class StoreAtMost2<T> {
객체 생성자 선언	StoreAtMost2(type T)(String title) {	StoreAtMost2(String title) {
객체 참조변수 선언	StoreAtMost2(Integer) ageAtMost2	StoreAtMost2<Integer> ageAtMost2
객체 생성자 호출	new StoreAtMost2(Integer)("나이 저장")	new StoreAtMost2<Integer>("나이 저장")

예제 11-4-4는 예제 11-4-3의 여러 유사한 클래스를 Java에서 실제 수행되는 올바른 제네릭 클래스 StoreAtMost2<T>로 변환한 프로그램이다.

예제 11-4-4 Java의 문법에 맞는 제네릭 클래스로 변경한 프로그램

```
// StoreAtMost2<T>: 클래스 T의 객체 2개까지 저장 및 검색 제공하는 제네릭 클래스
class StoreAtMost2<T> {
   String title;
   T first, second;       // T 클래스 객체 2개를 저장하는 필드

   // 주어지는 title을 필드 title에 저장하는 객체 생성자
   StoreAtMost2(String title) {
      this.title = title;
   }

   // 주어지는 T 객체 o를 저장하는 메소드: 2개가 이미 저장되었으면 첫 번째 제거
   void add(T o) {
      if (first == null)// 하나도 저장되지 않았으면 o를 first에 저장
        first = o;
      else if (second == null)     // 하나만 i를 second에 저장
        second = o;
      else {                  // 이미 2개가 모두 저장되었다면 첫 번째 없애고 2개 저장
        first = second;   //     second를 first에 저장
        second = o;       //     o를 second에 저장
      }
   }
}

class Ex11_4_4_StoreAtMost2_UsingGenericClass {
   public static void main(String[] args) {
      // StoreAtMost2<Integer> 객체 생성하여 ageAtMost2가 참조하게 함
      StoreAtMost2<Integer> ageAtMost2 = new StoreAtMost2<Integer>("나이 저장");
      ageAtMost2.add( 18 );
```

```
        // StoreAtMost2<String> 객체 생성하여 nameAtMost2가 참조하게 함
        StoreAtMost2<String> nameAtMost2 = new StoreAtMost2<String>("이름 저장");
        nameAtMost2.add( "홍길동" );
        nameAtMost2.add( "이몽룡" );

        // StoreAtMost2<Person> 객체 생성하여 personAtMost2가 참조하게 함
        StoreAtMost2<Person> personAtMost2
                                = new StoreAtMost2<Person>("신상정보 저장");
        personAtMost2.add( new Person("홍길동", 18) );
        personAtMost2.add( new Person("이몽룡", 16) );
        personAtMost2.add( new Person("김철수", 23) );
    }
}
```

예제 11-4-4는 11-4-3의 3개 클래스들을 하나의 제네릭 클래스로 작성한 것이다. 제네릭 클래스 StoreAtMost2<T>는 클래스를 나타내는 타입 매개변수 T에 따라 다른 클래스의 객체를 2개까지 저장할 수 있으므로 범용적인 클래스이다.

그러므로 문자열 저장을 위한 《 StoreAtMost2<String> nameAtMost2 = new StoreAtMost2<String>("이름 저장"); 》는 문자열 2개까지 저장할 수 있으며, 《 StoreAtMost2<Person> personAtMost2 = new StoreAtMost2<Person>("신상정보 저장"); 》는 Person 객체 2개까지 저장할 수 있게 한다.

그런데, 여러 클래스를 통합하여 하나의 제네릭 클래스를 작성하는 것은 메소드를 통합하는 것보다는 훨씬 고차원적이며 복잡한 지적 과정이다. 제네릭 클래스를 완벽히 이해하고 작성 및 활용능력을 갖추기 위해 많은 노력과 시간 투자가 필요하다.

11.4.2 제네릭 클래스 선언하기

제네릭 클래스를 선언하기 위해 기존의 클래스를 선언하는 것 외에 형식 타입 매개변수를 추가로 가져야 한다. 다음은 제네릭 클래스를 선언하는 문법이다.

```
class 클래스이름<형식_타입_매개변수> {
    // 형식 타입 매개변수를 이용한 멤버 선언, 객체 생성자 및 메소드 선언
}
```

제네릭 클래스 선언에서 형식 타입 매개변수 이름만 주어지고 타입 매개변수의 실제 값이 주어지지 않으므로 클래스가 완전히 정의되지 않는다. 나중에 제네릭 클래스를 사용할 때 타입 매개변수의 실제 값에 해당하는 클래스가 주어지므로 그때 완전한 클래스가 형성된다.

메소드 매개변수가 형식매개변수와 실매개변수가 있는 것과 마찬가지로 타입 매개변수도 형식 타입 매개변수와 실 타입 매개변수가 있다.

❑ 제네릭 클래스의 형식 타입 매개변수

형식 타입 매개변수(formal type parameter)는 제네릭 클래스 선언 시 주어지는 타입 매개변수이며, 타입 매개변수의 용도에 따라 다음과 같이 하나의 문자로 사용하는 것이 관례이다.

E: 컬렉션 원소 타입
N: 숫자 타입
K: 키와 값 쌍에서 키를 나타내는 타입
V: 키와 값 쌍에서 키에 대응되는 값을 나타내는 타입
T: 일반적 타입
S: 2번째 타입 매개변수

예제 11-4-5는 형식 타입 매개변수 E를 이용하여 E 클래스의 객체를 저장하고 추출하는 제네릭 클래스 Mgmt〈E〉를 선언하는 예이다.

예제 11-4-5 E 클래스 객체 저장하고 추출하는 제네릭 클래스

```
class Mgmt<E> {
   String title;
   Vector<E> objects = new Vector<E>(); // E 클래스 객체들을 저장하는 Vector 필드

   // 주어지는 title을 필드 title에 저장하는 객체 생성자
   Mgmt(String title) {
      this.title = title;
   }

   // 주어지는 E 클래스의 객체를 Vector 필드 objects에 저장하는 메소드
   void add(E element) {
      objects.add(element);
   }

   // Vector 필드 objects에 저장된 i 위치의 객체 반환하는 메소드
```

```
    E get(int i) {
        return objects.get(i);
    }

    // title과 objects에 저장된 객체들을 문자열로 구성하는 메소드
    public String toString() {
        String s = title +": ";
        for (E element: objects)                        // objects의 element에 대해
            s = s + "[ " + element.toString() + " ] ";  //     element를 [와 ] 사이에 추가

        return s;
    }

    // title과 objects에 저장된 객체들을 출력하는 메소드
    void output() {
        System.out.println(this.toString());
    }
}
```

제네릭 클래스 Mgmt⟨E⟩의 경우, 형식 타입 매개변수 E의 객체들을 Vector 필드 objects에 저장하고 저장된 E의 객체를 추출할 수 있는 기능을 갖는다. Mgmt⟨E⟩의 형식 타입 매개변수 E는 특정한 타입이 아니므로 프로그램이 다소 이상하고 미완성인 상태이다. 나중에 제네릭 클래스 Mgmt⟨E⟩가 사용될 때 형식타입 매개변수 E에 대한 구체적인 클래스가 주어져 대체되며, 이 구체적인 클래스가 실 타입 매개변수이다.

❑ 실 타입 매개변수

실 타입 매개변수(real type parameter)는 객체 참조변수 선언 또는 객체 생성자 호출 등 제네릭 클래스를 실제 사용할 때 주어지는 구체적인 클래스를 나타내는 타입 매개변수로 ⟨와 ⟩ 사이에 구체적인 클래스 또는 인터페이스가 주어진다. 제네릭 클래스는 실 타입 매개변수가 주어져야 올바른 클래스로 정의되어 참조변수 선언 또는 객체 생성자 호출 등이 가능하다.

다음은 앞에서 선언된 제네릭 클래스 Mgmt⟨E⟩의 참조변수를 선언하고 객체 생성자를 호출하면서 실 타입 매개변수로 String이 주어진다.

```
Mgmt<String> nameMgmt =
                    new Mgmt<String>("이름 관리");  // <String>은 실 타입 매개변수
```

여기에서 <String>은 제네릭 클래스 Mgmt<E>의 실 타입 매개변수이다. 이 경우 제네릭 클래스 Mgmt<E>의 형식 타입 매개변수 E가 String으로 대체되므로 제네릭 클래스 Mgmt<String>는 다음과 같이 선언되는 효과가 발생한다.

```
class Mgmt<String> { // <String>은 형식 타입 매개변수가 대체된 실 타입 매개변수
   String title;
   Vector<String> objects = new Vector<String>(); // String을 저장하는 Vector 필드

   // 주어지는 title을 필드 title에 저장하는 객체 생성자
   Mgmt(String title) {
      this.title = title;
   }

   // 주어지는 E 클래스의 객체를 Vector 필드 objects에 저장하는 메소드
   void add(String element) {
      objects.add(element);
   }

   // Vector 필드 objects에 저장된 i 위치의 객체 반환하는 메소드
   String get(int i) {
      return objects.get(i);
   }

   // title과 objects에 저장된 객체들을 문자열로 구성하는 메소드
   public String toString() {
      String s = title +": ";              // 타이틀을 문자열에 추가
      for (String element: objects)        // objects의 element에 대해
         s = s + "[ " + element.toString() + " ] ";   // element를 [와 ] 사이에 추가

      return s;
   }

   // title과 objects에 저장된 객체들을 출력하는 메소드
   void output() {
      System.out.println(this.toString());
   }
}
```

한편, 다음과 같이 실 타입 매개변수를 달리하면서 제네릭 클래스 Mgmt<E>의 객체 참조변수를 선언하고 객체를 생성할 수 있다.

```
Mgmt<Integer> ageMgmt = new Mgmt<Integer>("나이 관리");
Mgmt<Person> personMgmt = new Mgmt<Person>("신상정보 관리");
```

제네릭 클래스는 별도로 선언되어야 하는 여러 클래스를 하나의 클래스로 통합한 것[153]임을 어렴풋이 느낄 수 있다면 이미 제네릭 클래스의 원리를 많이 파악한 것이다.

11.4.3 유사한 클래스들을 제네릭 클래스로 작성하기

❑ 유사한 기능의 여러 개별적 클래스로 작성하기

예제 11-4-6은 제네릭 클래스 Mgmt<E>를 개별적 클래스들로 작성한 것이다.

예제 11-4-6 제네릭 클래스를 개별적 클래스로 작성한 프로그램

```
class IntegerMgmt {  // 정수를 관리하는 클래스
   String title;
   Vector<Integer> integers = new Vector<Integer>(); // Integer 객체들 저장 필드
   IntegerMgmt(String title) {
      this.title = title;
   }
   void add(Integer i) {          // Integer 객체 i를 Vector 필드인 integers에 추가
      integers.add(i);
   }
   // 이 클래스를 위한 추가적인 메소드 선언은 생략함
}

class StringMgmt {  // 문자열을 관리하는 클래스
   String title;
   Vector<String> strings = new Vector<String>();  // 문자열들 저장 필드
   StringMgmt(String title) {
      this.title = title;
   }
   void add(String str) {          // 문자열 str를 Vector 필드인 strings에 추가
      strings.add(str);
   }
   // 이 클래스를 위한 추가적인 메소드 선언은 생략
}

class PersonMgmt { // Person 객체를 관리하는 클래스
   String title;
   Vector<Person> persons = new Vector<Person>(); // Person 객체들 저장 필드

   PersonMgmt(String title) {
      this.title = title;
```

153) 이 통합은 매개변수가 없는 여러 메소드를 매개변수를 갖는 하나의 메소드로 통합하는 것과 같은 원리이다.

```
    }
    void add(Person p) {      // Person 객체 p를 Vector 필드인 persons에 추가
        persons.add(p);
    }
    // 이 클래스를 위한 추가적인 메소드 선언은 생략
}

class Ex11_4_6_Mgmt_UsingManyMgmtClasses {
    public static void main(String[] args) {
        IntegerMgmt ageMgmt = new IntegerMgmt("나이 관리");
        ageMgmt.add(23);

        StringMgmt nameMgmt = new StringMgmt("이름 관리");
        nameMgmt.add("김철수");

        PersonMgmt personMgmt = new PersonMgmt("신상정보 관리");
        personMgmt.add(new Person("김철수", 23) );

        // 추가적인 작업을 수행하는 코드는 생략
    }
}
```

예제 11-4-6에서 Integer 객체들을 관리하는 IntegerMgmt 클래스, 문자열들을 관리하는 StringMgmt 클래스, Person 객체를 관리하는 PersonMgmt 클래스 등 클래스 별로 객체들을 관리하는 클래스 3개를 선언하였고, main() 메소드에서 클래스의 객체 3개를 생성하여 저장할 객체를 추가한다.

그런데, 이들 클래스를 자세히 살펴보면, 클래스의 이름(IntegerMgmt, String Mgmt, PersonMgmt), 원소의 클래스(Integer, String, Person), Vector 필드 이름(integers, strings, persons), add() 메소드의 매개변수 이름(i, str, p) 등에서 차이가 있다. 그러나 클래스 이름에 포함된 관리를 의미하는 Mgmt, 동일한 title 필드, 객체들을 저장하는 Vector 필드, 값을 저장하는 add() 등 전체적인 구성과 기능적인 측면에서 많은 공통점을 가지는 유사한 클래스임을 알 수 있다.

만약 Employee 클래스의 객체를 추가로 관리하려면 또 다른 클래스인 EmployeeMgmt 클래스를 작성해야 하는데, 이 클래스도 기존의 PersonMgmt와 아주 유사하다. 그뿐 아니라 또다른 Student 클래스 객체를 추가로 관리한다면 역시 유사한 StudentMgmt 클래스를 작성해야 한다. 이들을 작성해보기를 바란다.

❑ 3개 클래스를 최대한 동일한 코드로 재구성하기

예제 11-4-6의 IntegerMgmt, StringMgmt, PersonMgmt 클래스는 벡터에 저장하는 원소가 다른 클래스인 것을 제외하면 클래스 구성과 기능이 모두 동일하다.

이를 고려하여 예제 11-4-6의 3개 클래스를 동일한 변수 이름을 사용하도록 변경할 수 있다. Vector 참조변수 integers, strings, persons 등은 objects로 변경하고, add() 메소드의 형식매개변수 i, str, p 등은 element로 변경하여 재구성한 프로그램은 예제 11-4-7과 같다.

예제 11-4-7 예제 11-4-6의 클래스를 같은 변수이름을 사용하도록 변경

```
class IntegerMgmt {
   String title;
   Vector<Integer> objects = new Vector<Integer>(); // Integer 객체들 저장 필드
   IntegerMgmt(String title) {
      this.title = title;
   }
   void add(Integer element) { // Integer 객체 element를 Vector 필드 objects에 추가
      objects.add(element);
   }
   // 이 클래스를 위한 추가적인 메소드 선언은 생략함
}

class StringMgmt{
   String title;
   Vector<String> objects = new Vector<String>();  // 문자열들 저장 필드
   StringMgmt(String title) {
      this.title = title;
   }
   void add(String element) {  // 문자열 element를 Vector 필드 objects에 추가
      objects.add(element);
   }
   // 이 클래스를 위한 추가적인 메소드 선언은 생략함
}

class PersonMgmt {
   String title;
   Vector<Person> objects = new Vector<Person>(); // Person 객체들 저장 필드

   PersonMgmt(String title) {
      this.title = title;
   }
```

```
    void add(Person element) { // Person 객체 element를 Vector 필드 objects에 추가
        objects.add(element);
    }
    // 이 클래스를 위한 추가적인 메소드 선언은 생략함
}
```

예제 11-4-7의 변경된 3개 클래스를 잘 살펴보면 원소로 저장할 클래스 이름만 제외하고 모든 부분이 동일함을 알 수 있다.

원소의 클래스 이름만 제외하고 모두 동일한 이들 클래스를 각각 작성하는 것은 중복 작성이므로 낭비적인 요소가 있다. 또한, 관리할 원소의 클래스가 이들 3개인 것만도 아니다. Employee 객체, Student 객체 등도 관리할 필요가 있으면 이를 위한 클래스도 별도로 작성해야 한다.[154)]

❑ 유사한 클래스들 통합하여 하나의 제네릭 클래스로 작성하기

예제 11-4-7의 변경된 3개 클래스를 하나의 클래스로 통합하여 작성한 것이 예제 11-4-5이며, 타입 매개변수 E가 사용된 제네릭 클래스이다. 이 제네릭 클래스는 클래스 이름에 타입 매개변수가 포함되므로 기존 클래스보다 다소 복잡하고 이해하기 어려운 클래스이다.

다시 한번 예제 11-4-6에서 예제 11-4-7로의 변환과정을 살펴보고 예제 11-4-7에서 예제 11-4-5로의 통합과정을 잘 살펴보면서 제네릭 클래스를 심도 있게 이해하기 바란다.

11.4.4 제네릭 클래스로 사용하지 않고서 프로그래밍하기

Java 초기에는 컬렉션 지원 클래스인 Vector, ArrayList 클래스 등에 대해 제네릭 기능이 지원되지 않았다. 그 당시 이들 클래스의 원소로 Object 클래스와 모든 하위 클래스 객체를 저장할 수 있었기 때문에 컬렉션 지원 클래스의 참조변수 선언 또는 객체 생성에서 저장할 원소의 클래스를 명시할 필요가 없었다.

초기 Vector 클래스의 객체 생성과 참조변수 선언은 다음과 같았다.

```
// 모든 클래스의 객체를 저장할 수 있는 Vector 객체 생성하여 strings가 참조하게 함
Vector strings = new Vector(); // 저장되는 원소의 클래스가 표시되지 않음
```

154) Employee 객체, Student 객체를 관리하는 클래스를 직접 작성해보기를 다시 권장한다.

이렇게 선언된 Vector 객체 strings에 모든 클래스의 객체를 저장할 수 있지만, 프로그래머가 문자열만 저장하고, Vector에서 저장한 객체를 추출한 후 이 객체를 문자열로 다운캐스팅하여 문자열로 저장할 수 있었다.

다음은 Vector 객체에 문자열을 저장하고 원소를 추출하는 초기 Java 코드이다.

```
// 모든 클래스의 객체를 저장할 수 있는 Vector 객체 생성하여 strings가 참조하게 함
Vector strings = new Vector();      // 저장되는 원소의 클래스가 표시되지 않음

strings.add( "홍길동" );                // 홍길동을 strings에 추가
strings.add( "이몽룡" );                // 이몽룡을 strings에 추가

String s1 = (String) strings.get(0);   // 0 원소 추출하여 String으로 다운캐스팅
String s2 = (String) strings.get(1);   // 1 원소 추출하여 String으로 다운캐스팅
```

예제 11-4-8은 초기 Java에서 Vector 객체에 문자열을 저장하고 추출한다.

예제 11-4-8 초기 Java에서 Vector 객체에 문자열 저장 및 추출

```
package ex11_4_generic_class;

class Ex11_4_8_StoreString_NotUsingGeneric{
   public static void main(String[] args) {
      // 모든 객체를 저장하는 Vector 객체를 생성하여 strings가 참조하게 함
      Vector strings = new Vector();

      strings.add( "홍길동" );  // 홍길동을 strings에 추가
      strings.add( "이몽룡" );  // 이몽룡을 strings에 추가
      strings.add(0, "김철수"); // 김철수 문자열을 strings의 0 위치에 추가

      for (int i = 0; i < strings.size(); i++) {   // strings에 저장된 원소 개수만큼
         String s = (String) strings.get(i);       //    원소 구해 다운캐스팅하여
         System.out.println(s);                    //    출력
      }

      strings.add(1, 3);                  // strings의 1의 위치에 3도 저장 가능함
      s = (String) strings.get(1);        // 1 위치 원소 구해 String으로 캐스트하면
                                          //    예외 발생함
   }
}
```

실행결과

```
김철수
홍길동
```

	이몽룡 Exception in thread "main" java.lang.ClassCastException: java.base/java.lang.Integer cannot be cast to java.base/java.lang.String

프로그램 설명

- 이 프로그램은 Vector 클래스를 제네릭 클래스로 사용하지 않음
- 《Vector strings = new Vector();》에서 저장할 원소 클래스를 명시하지 않음
  - 컴파일 오류는 없지만 경고 메시지가 있으며, 내용은 다음과 같음

    Vector is a raw type. References to generic type Vector<E> should be parameterized
  - 이 경고 메시지는 Vector 클래스는 제네릭 클래스이므로 타입 매개변수가 주어져야 하지만 주어지지 않았음을 나타냄
  - 제네릭 클래스에 타입 매개변수가 주어지지 않으면 타입 매개변수를 Object로 간주하여 처리함
  - 그러므로 《Vector strings = new Vector();》는 《Vector<Object> strings = new Vector<Object>(); 》와 동일함
- 《strings.add("홍길동");》
  - 문자열을 strings에 추가
  - String은 Object의 하위 클래스이므로 오류 없이 수행
- 《strings.add(1, 3); 》
  - 문자열이 아닌 3을 1의 위치에 strings 추가
  - 3은 Wrapper 클래스 Integer의 객체로 자동 박싱되어 오류 없이 수행
- 《s = (String) strings.get(1);》
  - strings.get(1)의 결과로 Integer의 객체가 반환
  - Integer의 객체를 String 클래스의 객체로 캐스팅하면 오류 발생

vector 클래스를 제네릭 클래스로 사용하지 않으면 Vector 클래스에 모든 클래스 객체를 저장할 수 있으며, 저장한 객체를 추출한 후 객체를 다운캐스팅시켜야 한다. 이 과정에서 잘못된 객체가 저장되면 다운캐스팅에서 오류가 발생할 수 있다.

아직도 제네릭 클래스를 제네릭 클래스로 사용하지 않는 프로그래밍은 가능하지만, 제네릭 클래스로 사용하는 것이 권장사항이다.

11.4.5 제네릭 클래스의 장점

제네릭 클래스는 타입 매개변수를 이용하여 여러 클래스를 하나의 클래스로 통합시킨 클래스이며, 제네릭 클래스를 사용할 때 타입 매개변수의 실제 타입인 클래

스가 주어진다.

타입 매개변수를 이용하는 제네릭 클래스는 미완성된 클래스를 작성해야 하므로 처음에 이해하기는 어렵다. 이러한 어려움은 매개변수를 갖는 Java 메소드를 처음에 이해하기 어려운 것과 같은 맥락이다. 제네릭 클래스를 제공하는 이유를 명확히 파악하고 그 장점을 제대로 이해해야만 제네릭 클래스를 올바르게 활용할 수 있다.

제네릭 클래스는 별도로 작성해야 할 여러 클래스를 하나의 클래스로 작성할 수 있게 하므로 중복된 클래스와 중복된 메소드 작성의 감소, 타입 오류의 감소, 안정성 증대 등의 장점이 있다.

또한, 코드 대부분이 중복되는 유사한 클래스들을 각각 작성하지 않고 하나의 클래스로 통합하여 작성하면 프로그래머의 생산성과 재활성이 높아지고, 프로그램의 오류 가능성도 크게 줄어든다.

그러나 제네릭 클래스에는 고수준의 통합이 적용되는 지적인 사고가 요구되므로 숙달하기 쉽지 않으며 숙련될 때까지 많은 연습이 요구된다.

java

❑ 맺으면서

컬렉션 클래스는 여러 객체를 통일성 있게 저장하고 편리하게 다룰 수 있기 위해 제공되는 클래스들이다. Vector, ArrayList, Stack, HashSet, TreeSet 등의 컬렉션 클래스를 활용하면 배열을 이용할 때보다 훨씬 쉽게 원소들을 관리할 수 있다.

한편 Java는 타입이 다른 데이터들을 통합적으로 다루기 위해 타입 매개변수를 이용하는 제네릭 클래스를 지원한다. 제네릭 클래스는 유사한 기능을 갖는 여러 클래스를 하나의 클래스로 통합하며, 독립적으로 작성되어야 할 여러 클래스를 타입 매개변수를 이용하여 하나의 클래스로 구성할 수 있게 한다.

타입 매개변수를 갖는 제네릭 클래스는 클래스의 작성과 클래스의 객체 생성, 메소드 호출 등에서 복잡한 양상을 띠게 되므로 수준 높은 프로그램 작성을 위한 확장된 사고와 통합적 사고를 위한 연습이 요구된다.

연습문제

1. 다음 문장의 옳고 그름을 판단하라. 또한, 잘못되었으면 올바르게 고쳐라.

1) 배열에 원소를 저장할 때 배열객체 생성 시 주어진 원소 최대 개수보다 많은 원소를 저장하면 ArrayIndexOutOfBoundsException 예외가 발생한다.
2) 배열에 원소를 저장할 때 저장된 원소 개수는 배열에서 자동적으로 관리된다.
3) Vector 클래스의 객체에 원소 저장할 때 원소 저장할 공간이 부족해지면 자동적으로 저장공간이 확대되므로 ArrayIndexOutOfBoundsException 예외가 발생하지 않는다.
4) Vector에 저장된 원소 개수를 구하려면 size() 메소드를 이용한다.
5) Vector에는 중복된 원소를 저장할 수 없으나, HashSet에는 중복된 원소를 저장할 수 있다.
6) Vector 클래스의 참조변수를 선언하거나 객체를 생성할 때 타입 매개변수를 이용하여 저장할 원소 타입을 명시한다.
7) Vector, ArrayList, HashSet, LinkedList 등 컬렉션 지원 클래스들은 Collection 인터페이스를 구현하는 클래스이다.
8) 제네릭 클래스는 타입 매개변수를 사용하여 여러 클래스를 하나의 클래스로 작성하게 한다.
9) 제네릭 클래스는 반드시 컬렉션 지원 클래스를 이용해야 한다.
10) 컬렉션 지원 클래스의 실 타입 매개변수를 특정 클래스로 지정하면 특정 클래스의 원소와 하위 클래스의 원소만을 저장할 수도 있다.

2. 배열을 사용하는 것보다 Vector 또는 ArrayList 등 컬렉션 지원 클래스를 사용하여 여러 데이터를 관리할 때의 이점을 설명하라.

3 Vector 클래스와 ArrayList 클래스는 여러 점에서 비슷하다. 공통점과 차이점을 설명하라.

4. 메소드의 매개변수와 제네릭 클래스의 타입 매개변수의 공통점과 차이점을 설명하라.

(연습문제 1번 답) 1:O 2:X(배열에 저장되는 원소 개수는 프로그래머가 관리해야 함) 3:O 4:O 5:X(Vector에는 중복된 원소 저장할 수 있으나, HashSet에는 중복된 원소를 저장할 수 없음) 6:O 7:O 8:O 9:X(컬렉션 지원 클래스를 이용하지 않는 제네릭 클래스도 작성 가능함) 10:O

실습과제

1. 실수 배열에 초과 원소 저장 시의 처리

실수 10개를 저장하는 double 배열객체를 생성하여 doubles 배열변수가 참조하게 하여 여러 실수를 addDouble(double d) 메소드를 이용하여 doubles[]에 저장하려 한다.

```
static int MAXDOUBLES = 10;        // 저장 가능한 최대 원소 개수 나타내는 필드
static double[] doubles = new double[MAXDOUBLES]; // 값 저장할 배열 필드
static int cntDoubles = 0;         // 배열변수에 저장된 원소 개수를 나타내는 필드
```

1) static void addDouble(double d)는 d를 doubles[]의 끝에 저장하는 메소드로, doubles[]에 저장된 원소 개수가 최대 원소 개수보다 작으면 저장하고, 같으면 더 이상 저장하지 않는 메소드이다. addDouble(double d) 메소드를 작성하고 main()에서 addDouble() 메소드를 150번 호출한 후 doubles 배열 필드값을 출력하라. (예제 11-1-2를 참조할 것)

2) static void addDoubleExtending(double d)는 d를 doubles[]의 끝에 저장하는 메소드로, doubles[]에 저장된 원소 개수가 최대 원소 개수보다 작으면 저장하고, 같으면 기존 배열객체의 2배의 공간을 갖는 배열객체를 확보하여 기존의 원소들을 복사한 후 doubles[]가 참조하게 하고 d를 저장하는 메소드이다.

   addDoubleExtending(double d) 메소드를 작성하고 main()에서 addDoubleExtending() 메소드를 150번 호출한 후 doubles 배열 필드값을 출력하라. (예제 11-1-3을 참조할 것)

2. 배열과 벡터 활용하기

다음은 학생 점수를 addInt() 메소드를 이용하여 ints 필드에 저장하고 출력한다.

```
class Practice11_2_1 {
    static int MAXINTS = 5;            // 저장 가능한 최대 원소 개수 나타내는 변수
    static int[] ints = new int[MAXINTS];   // 정수 저장 배열변수
    static int cntInts = 0;            // 배열변수에 저장된 원소개수를 나타내는 변수
```

```
    // n을 int 배열 ints[]에 저장하는 메소드
    static void addInt(int n) {
        // 첨가할 원소 공간이 있으면 저장하고 없으면 저장하지 않음
        if (cntInts < MAXINTS)
            ints[cntInts++] = n;          // n을 배열에 저장하고 원소개수 1 증가
    }

    public static void main(String[] args) {
        int[] scores = { 90, 91, 88, 87, 83, 78, 99, 76, 45, 67, 88, 12 };

        for (int i = 0; i < scores.length; i++)
            addInt(scores[i]);

        for (int n : ints)                   // ints 배열의 모든 원소 n에 대해
            System.out.print(n + " ");       // n 출력
    }
}
```

1) 이 프로그램을 살펴보고 문제점이 무엇인지 설명하라.

2) ints 배열변수가 참조하는 배열객체에 저장할 수 있는 최대 원소 개수보다 더 많은 원소가 저장될 수 있도록 addInt(int n) 메소드를 변경한 클래스를 Practice11_2_2로 작성하라. 이를 위해 ints 배열변수가 참조하는 배열객체를 더 많은 원소를 저장할 수 있는 배열객체로 변경하고 기존의 배열객체의 원소를 새로운 배열객체의 원소로 복사한다.

3) ints 배열에 원소를 저장하지 않고 Vector 객체에 원소들을 저장하도록 변경한 클래스를 Practice11_2_3으로 작성하라.

3. Vector를 이용하여 정수들을 정렬하여 출력하기

Integer 객체를 저장하는 Vector 객체를 생성하여 Vector 참조변수 ints에 저장한 후 정수들을 크기순으로 저장하는 메소드 static void addIntSorted(int n)을 이용하여 정수들을 크기순으로 Vector 객체에 저장하려 한다. addIntSorted(int n)을 작성하고 main() 메소드에서 addIntSorted(int n)을 10번 호출하고 저장된 결과를 출력하라. (예제 11-2-2를 참조할 것)

4. TreeSet 객체에 저장되는 순서 변경하기

예제 11-3-4에서 TreeSet 객체에 PersonComparable 객체의 이름 오름차순으로 객체들이 정렬되어 저장된다. 다음의 순서대로 PersonComparable 객체들이 TreeSet 객체에 저장되도록 예제 11-3-4 프로그램을 변경하라. (이를 위해 PersonComparable 클래스의 compareTo() 메소드를 변경함)

1) PersonComparable 객체의 이름의 내림차순으로 객체를 정렬
2) PersonComparable 객체의 나이의 오름차순으로 객체를 정렬
3) PersonComparable 객체의 나이의 내림차순으로 객체를 정렬

5. 유사한 기능을 수행하는 클래스 작성하기

예제 11-4-3에서 유사한 기능을 수행하는, 2개까지 객체를 추가, 추출, 출력하는 3개 클래스를 별도로 작성하고 main() 메소드에서 클래스 객체를 생성하고 클래스별 객체를 추가한다. 이와 유사한 다음의 클래스들을 작성하라.

1) Character 객체를 2개까지 추가, 추출, 출력하는 관리 기능을 제공하는 클래스인 StoreCharacterAtMost2를 작성하여 이 클래스의 객체를 생성하여 '홍', '이', '박'을 추가하라.

2) Double 객체를 2개까지 추가, 추출, 출력하는 관리 기능을 제공하는 클래스인 StoreDoubleAtMost2를 작성하고 이 클래스의 객체를 생성하여 177.7, 162.0, 172.2를 추가하라.

6. 배열 이용하는 프로그램을 Vector 이용하는 프로그램으로 변경

다음의 배열을 이용하는 프로그램을 Vector를 이용하는 프로그램으로 변경하라. (배열에서 최대 저장 개수보다 많은 원소를 저장하면 예외가 발생하므로 예외 처리해야 하지만 Vector에서 예외 처리할 필요 없음)

```
class Practice11_6 {
    public static void main(String[] args) {
        String[] names = new String[10];    // 원소 최대 10개를 저장할 배열변수

        int no = SkScanner.getInt("  o 저장할 이름의 개수 입력 > ");

        if ( no > 10)
            System.out.println("  ??? 저장할 수 있는 최대 개수는 10개임 ");
```

```
        else {
            for (int i = 0; i < no; i++) {
                String name = SkScanner.getString("  o "+(i+1)+"번째 이름 > ");
                names[i] = name;
            }

            System.out.println("  * 저장된 " + no + "개 이름: ");

            for ( String name : names)
                System.out.println(name + " ");
        }
    }
}
```

7. 제네릭 클래스 작성하기

다음은 Integer 배열에 저장된 여러 정수를 Vector 객체에 저장하고 출력한다.

```
import java.util.Vector;

class IntsV {
    Vector<Integer> intsV = new Vector<Integer>();

    // 배열 ints[]의 모든 원소를 벡터객체 intsV에 저장하는 메소드
    void addInts(Integer[] ints) {
        addInts(ints, ints.length);
    }

    // 배열 ints[]의 원소 n개를 Vector 객체 intsV에 저장하는 메소드
    void addInts(Integer[] ints, int n) {
        intsV = new Vector<Integer>();

        for (int i = 0; i < n; i++)
            intsV.add(ints[i]);
    }

    // Vector 객체 intsV에 저장된 모든 원소를 출력하는 메소드
    void output() {
        System.out.print("\n  * " + intsV.size() +"개 원소들: ");

        for (int n : intsV)                  // 벡터객체 intsV의 모든 원소 n에 대해
            System.out.print(n + " ");       //     n 출력
    }

}
```

```
class Practice11_7_1 {
    public static void main(String[] args) {
        Integer[] scores = { 90, 91, 88, 87, 83, 78, 99, 76, 45, 67, 88, 12 };

        IntsV v = new IntsV();

        v.addInts(scores);                    // 모든 원소 저장함
        v.output();

        v.addInts(scores, 5);                 // 원소 5개만 저장함
        v.output();
    }
}
```

1) 이 프로그램의 출력을 구하라.

2) 이 프로그램은 Integer 배열의 여러 원소를 intsV 객체 내의 Vector 객체에 저장한다. 정수 배열 대신 Double 배열의 원소들을 doublesV 객체 내의 Vector 객체에 저장하도록 변경하여 DoublesV와 Practice11_7_2 클래스를 작성하라.

3) IntsV 클래스와 새로 작성된 DoublesV 클래스는 매우 유사한 클래스이므로 제네릭 클래스로 작성될 수 있다. 제네릭 클래스로 변경하여 ObjectsV와 Practice11_7_3 클래스로 작성하고 main()에서 제네릭 클래스 ObjectsV의 객체를 생성하고 Integer 배열 원소들과 Double 배열 원소들을 저장하라.

제12장

Java GUI 프로그래밍

제 12 Java GUI 프로그래밍

학습 목표

- GUI 프로그래밍의 원리와 기본적인 작성법을 이해한다.
- java.awt 패키지와 javax.swing 패키지의 여러 클래스를 이용하여 GUI 프로그램을 작성하는 기법을 익힌다.
- 컨테이너 컴포넌트와 비컨테이너 컴포넌트를 명확히 이해하고 컨테이너 컴포넌트에 여러 컴포넌트를 배치하는 방법을 숙달한다.
- 이벤트의 발생과정 및 처리과정을 이해하고 리스너 클래스 작성법을 익힌다.
- GUI 컴포넌트에서 이벤트가 발생하면 이를 처리하는 방법을 숙지한다.

지금까지 작성한 Java 프로그램의 입출력은 Eclipse의 콘솔 뷰((console view)에서 텍스트 기반으로 이루어졌다. 텍스트 기반의 입출력은 프로그래머가 쉽게 프로그램을 작성하고 빠르게 프로그램을 완성할 수 있게 하는 장점이 있다. 그러나 최근의 컴퓨터 사용이 윈도 기반의 GUI(graphical user interface) 중심으로 되는 상황에서 텍스트 기반의 입출력 프로그램 사용은 많은 불편을 초래한다.

Java에서도 GUI 기반의 사용자 입출력을 지원하며, 이를 위해 java.awt 패키지, java.awt.event 패키지, javax.swing 패키지의 여러 클래스가 제공된다. 여기에서 GUI 프로그램을 위해 제공되는 GUI 컴포넌트 클래스들과 이들을 이용하여 입출력을 수행하는 방법을 배운다.

특히 GUI 컴포넌트와 관련된 이벤트(event) 처리방법을 익혀 원하는 방식으로 입출력을 할 수 있도록 한다.

12.1 GUI 프로그래밍 개요

12.1.1 텍스트 기반의 입출력 프로그램

텍스트 기반의 입출력은 화면 구성과 입출력이 모두 텍스트로만 구성되는 방식으로, 입출력 장치가 키보드와 디스플레이로 구성되는 초기의 컴퓨터 시기부터 사용된 방식이다. 텍스트 기반의 입출력 프로그램은 입력된 데이터를 처리하여 결과를 출력하면 되므로 프로그램의 구조와 실행 순서가 일치하며 작성도 용이하다. 이에 반하여 GUI 프로그램은 입력에 의해 이벤트가 발생하고 이벤트 처리해야 하므로 프로그램의 구성과 처리가 다소 복잡하다.

Java에서 텍스트 기반의 입력을 위해 java.util.Scanner 클래스가 제공되며, 출력을 위해 System.out.print(), System.out.println() 메소드 등이 제공된다. 한편 본 서에서 편리한 입력을 위해 SkScanner 클래스를 이용한다.

예제 12-1-1은 화씨온도를 입력하여 섭씨온도로 변환하여 출력하는 텍스트 기반의 프로그램이다.

예제 12-1-1 입력한 화씨온도를 섭씨온도로 변환하여 출력하는 텍스트 기반 프로그램

```
import java.util.Scanner;
class Ex12_1_1_TemperatureConversion_TextBased {
   public static void main(String[] args) {
      double F, C;    // 화씨온도와 섭씨온도 저장할 변수

      Scanner scanner = new Scanner(System.in);

      System.out.println("\n   ** Conversion of Fahrenheit to Centigrade **");

      while(true) {
         System.out.print("\n   o Input Fahrenheit degree > ");
         F = scanner.nextDouble();
         C = (F - 32) * 5 / 9;
         System.out.println("   * " + F + "F = " + C + "C");
      }
   }
}
```

실행결과

```
** Conversion of Fahrenheit to Centigrade **

o Input Fahrenheit degree > 32
```

실행결과	* 32.0F = 0.0C o Input Fahrenheit degree > 50 * 50.0F = 10.0C

이 프로그램은 while 문에서 프롬프트 메시지 출력, 화씨온도 입력, 변환된 섭씨온도 출력 등을 반복하는데, 프로그램의 구조가 복잡하지 않다.

12.1.2 컴포넌트 이용한 GUI 화면 구성

GUI 프로그램은 지금까지 살펴본 텍스트 기반의 프로그램과는 다른 구조를 가지며, 처리방식도 다르다. GUI 프로그램은 입출력을 위한 화면 구성이 중요한 부분을 차지하며, 입력이 발생하면 이를 감지하여 입력 데이터를 추출하고 이를 처리한 후 출력을 위한 화면에 결과를 배치하는 것이 핵심이다.

❑ GUI 화면 구성하는 컴포넌트

GUI 프로그램은 윈도(window)라고 불리는 입출력 화면을 통하여 작업을 수행한다. 화면에는 입출력을 위한 여러 컴포넌트가 화면 구성에 따라 적절히 배치된다. 컴포넌트 중의 일부는 입력을 위한 컴포넌트, 일부는 출력을 위한 컴포넌트, 일부는 입출력을 위한 컴포넌트로 배정된다.

입력 컴포넌트로 JButton, JList, JRadioButton, JCheckBox, JMenuItem, JScrollBar 등이 있고, 출력 컴포넌트로 JLabel이 있으며, 입출력 컴포넌트로 JTextField, JTextArea, JPanel, JTable 등이 있다. 이들 컴포넌트 외에도 많은 컴포넌트가 있으며, 이들 컴포넌트의 중요 사용법을 익히는 것이 GUI 프로그래밍을 배우는 것이다.

[그림 12-1]은 JFrame, JLabel, JTextField, JPasswordField, JButton, JTextArea, JRadioButton, JComboBox, JList, JPanel, JTable 등 여러 GUI 컴포넌트들로 구성되는 화면들을 보여준다.

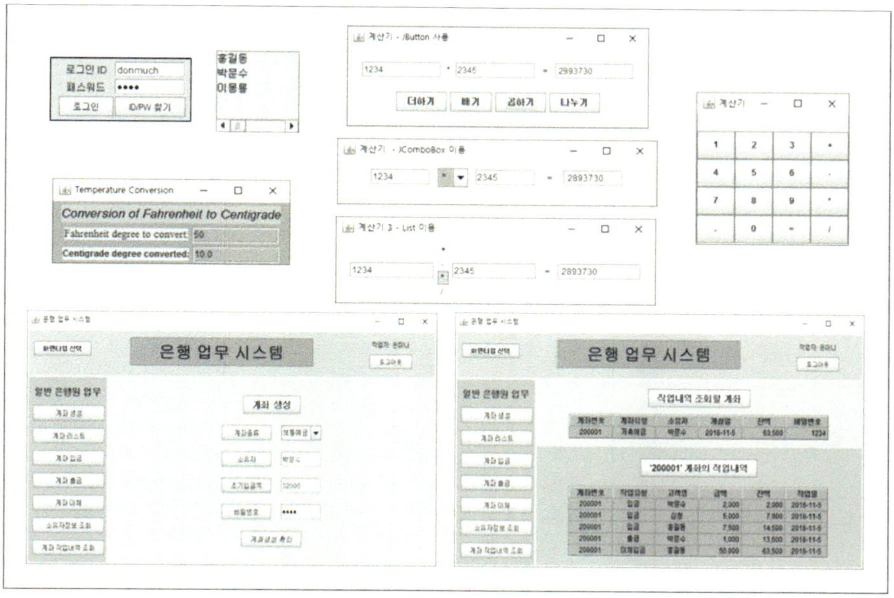

[그림 12-1] 여러 GUI 컴포넌트들로 구성되는 화면들

[그림 12-2]는 JFrame으로 구성되는 윈도를 보여주며, 이 윈도에 컴포넌트로 3개 레이블과 2개 텍스트필드가 배치되어 있다.

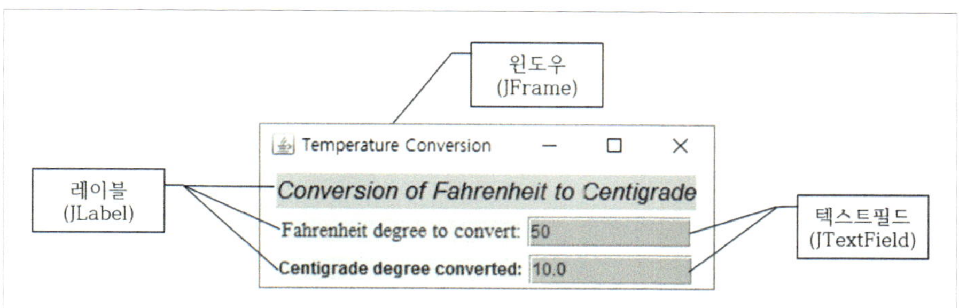

[그림 12-2] JFrame으로 구성되는 윈도

[그림 12-2]의 윈도에서 화씨온도를 입력하는 텍스트필드에 화씨온도 50을 입력하면 섭씨온도를 출력하는 텍스트필드에 섭씨온도 10.0이 출력된다.

❑ 입력 처리 하지 않는 예제 GUI 프로그램

우선 JLabel, JTextField 등 기본적인 컴포넌트를 윈도에 배치하는 GUI 프로그램을 살펴보자. 예제 12-1-2는 텍스트 기반의 예제 12-1-1 프로그램을 GUI 프로그램으로 변경한 것이며, 입력을 처리하지 않는다.

예제 12-1-2 입력한 화씨온도를 섭씨온도로 변환하여 출력하는 GUI 프로그램 (입력 처리하지 않음)

```
import java.awt.*;          // java.awt 패키지의 필요한 클래스 import
import javax.swing.*;       // javax.swing 패키지의 필요한 클래스 import

class Ex12_1_2_TemperatureConversion_GUI {
  // 필요한 컴포넌트 배치할 윈도 생성
  static JFrame frame = new JFrame("Temperature Conversion");

  // 프로그램 타이틀 출력을 위한 레이블 생성
  static JLabel titleLB = new JLabel("Conversion of Fahrenheit to Centigrade");

  // 입력받을 화씨온도를 위한 프롬프트 메시지 레이블 및 텍스트필드 생성
  static JLabel degreeToConvertLB = new JLabel("Fahrenheit degree to convert:");
  static JTextField degreeToConvertTF = new JTextField(10);

  // 변환된 섭씨온도를 위한 레이블 및 텍스트필드 생성
  static  JLabel degreeConvertedLB = new JLabel("Centigrade degree converted:");
  static JTextField degreeConvertedTF = new JTextField(10);

  // 윈도를 위한 frame 설정 메소드
  static void setupFrame() {
     frame.setLayout(new FlowLayout());   // 컴포넌트 배치방식을 FlowLayout으로
     frame.setSize(330, 125);             // 가로 300픽셀, 세로 125픽셀 크기로
     frame.setDefaultCloseOperation(JFrame.EXIT_ON_CLOSE); // 종료 옵션 설정
  }

  // 윈도에 필요한 컴포넌트 추가하여 배치라는 메소드
  static void addComponents() {
     frame.add(titleLB);                  // 타이틀을 위한 레이블 추가

     frame.add(degreeToConvertLB);        // 입력받을 화씨온도를 위한 레이블 추가
     frame.add(degreeToConvertTF);        // 입력받을 화씨온도를 위한 텍스트필드 추가

     frame.add(degreeConvertedLB);        // 변환된 섭씨온도를 위한 레이블 추가
     frame.add(degreeConvertedTF);        // 변환된 섭씨온도를 위한 텍스트필드 추가
  }

  // 화면에 윈도 나타나게 하고 입력 기다리게 하는 메소드
  static void showFrame() {
     frame.setVisible(true);    // frame을 setVisible(true)로 하면 윈도 나타남
  }
  public static void main(String[] args) {
     setupFrame();              // 윈도 설정
     addComponents();           // 컴포넌트들 배치
```

```
        showFrame();          // 윈도 나타나게 하고 입력 기다림
    }
}
```

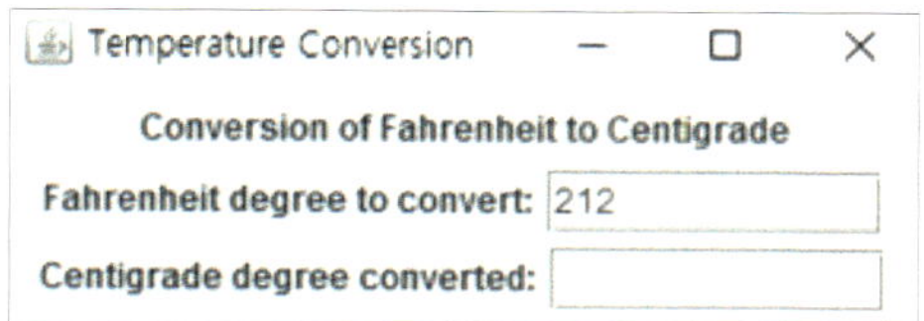

예제 12-1-2 프로그램은 텍스트 기반의 프로그램과 전혀 다른 모습을 보여준다. 아주 간단했던 프로그램이 매우 복잡하게 작성되었고 여러 클래스의 객체가 생성되었다.

예제 12-1-2 프로그램을 실행하면 윈도가 화면에 나타나며, 화씨온도를 입력할 수 있다. 그런데, 화씨온도를 입력해도 변환된 섭씨온도가 출력되지 않는다. 그 이유는 입력을 처리하는 부분이 작성되지 않았기 때문이다.

❑ GUI 화면 구성을 위한 과정

GUI를 이용한 프로그램을 작성하는 초보적 과정은 다음과 같이 구성된다.

1) 윈도를 나타내기 위한 객체 생성: JFrame 클래스의 객체 생성
2) 윈도 설정: 윈도에 대한 크기, 위치, 배경 등 여러 속성 설정
3) 윈도에 배치할 컴포넌트들 생성
4) 윈도에 컴포넌트들 배치
5) 화면에 윈도 나타내기

다음은 예제 12-1-2 프로그램에 나타난 GUI 프로그램의 작성과정을 보여준다.

1) 윈도를 나타내기 위한 객체 생성	
JFrame frame = new JFrame("Temperature Conversion");	독립적인 윈도 그려주는 JFrame 객체 생성 및 참조
2) 윈도 설정	

frame.setLayout(new FlowLayout());
frame.setSize(330, 125);
frame.setDefaultCloseOperation(JFrame.EXIT_ON_CLOSE);
	컴포넌트 배치방식 설정
	가로 및 세로 크기 설정
	윈도 종료 옵션 설정

3) 윈도에 포함되는 컴포넌트들 생성	
JLabel titleLB = new JLabel("Conversion of Fahrenheit to Centigrade");	프로그램 타이틀 출력하는 레이블 객체 생성 및 참조
Label degreeToConvertLB = new JLabel("Fahrenheit degree to convert:"); JTextField degreeToConvertTF = new JTextField(10);	입력 프롬프트 메시지 위한 레이블 생성 및 참조 입력 텍스트필드 생성
JLabel degreeConvertedLB = new JLabel("Centigrade degree converted:"); JTextField degreeConvertedTF = new JTextField(10);	출력 프롬프트 메시지 위한 레이블 생성 및 참조 출력 텍스트필드 생성
4) 컴포넌트들 윈도에 배치	

frame.add(titleLB);
frame.add(degreeToConvertLB);
frame.add(degreeToConvertTF);
frame.add(degreeConvertedLB);
frame.add(degreeConvertedTF);
	add() 메소드 이용하여 frame에 컴포넌트들 배치

5) 윈도를 화면에 나타내기	
frame.setVisible(true);	frame.setVisible(true)는 윈도 나타나게 함

12.1.3 입력에 대한 이벤트 처리

예제 12-1-2 프로그램에서 화씨온도를 입력해도 섭씨온도가 출력되지 않는다. 이는 화씨온도를 입력받는 degreeToConvertTF 텍스트필드에 입력 처리를 위한 코드를 작성하지 않았기 때문이다. Java GUI 프로그램에서 입력 처리를 하려면 별도의 이벤트 처리 부분을 작성해야 한다.

GUI 프로그램의 입력 컴포넌트에서 입력이 발생하면 자동적으로 이벤트 객체가 생성되고 이 이벤트 객체를 프로그램으로 전달하여 입력 정보를 파악한 후 적절한 입력 처리를 한다.

그런데, 이벤트 객체를 프로그램으로 전달하기 위해 반드시 이벤트를 처리하는 부분이 미리 작성되어야 하며, 이벤트 리스너 클래스를 작성한 후 리스너 객체를 생성하여 컴포넌트 객체에 등록해야 한다.

GUI 프로그램은 입출력 컴포넌트의 배치, 컴포넌트에 리스너 객체 등록, 발생한 이벤트의 입력 파악, 입력 처리 등 4가지 요소가 분산되어 작성되므로 처음에 이에 대한 원리와 작성방법을 이해하기 쉽지 않다.

❑ 입력 처리하는 예제 GUI 프로그램

예제 12-1-3은 입력 처리하도록 예제 12-1-2를 변경한 프로그램이다.

예제 12-1-3 입력한 화씨온도를 섭씨온도로 변환하여 출력하는 GUI 프로그램 (입력 처리함)

```
import java.awt.*;         // java.awt 패키지의 필요한 클래스 import
import javax.swing.*;      // javax.swing 패키지의 필요한 클래스 import

class Ex12_1_3_TemperatureConversion_GUI {
   // 필요한 컴포넌트 배치할 윈도 생성
   static JFrame frame = new JFrame("Temperature Conversion");

   // 변환된 섭씨온도를 위한 레이블 및 텍스트필드 생성
   static  JLabel degreeConvertedLB = new JLabel("Centigrade degree converted:");
   static JTextField degreeConvertedTF = new JTextField(10);

   // 변환된 섭씨온도를 위한 레이블 및 텍스트필드 생성
   static  JLabel degreeConvertedLB = new JLabel("Centigrade degree converted:");
   static JTextField degreeConvertedTF = new JTextField(10);

   static void setupFrame() {
      // 예제 12-1-2와 동일
   }
   static void addComponents() {
      // 예제 12-1-2와 동일
   }

   static void showFrame() {
      frame.setVisible(true);   // frame을 setVisible(true)로 하면 윈도 나타남
   }

   // 화씨온도 입력받는 텍스트필드 degreeToConvertTF에서 화씨온도 입력되면
   //     이를 처리하기 위해 리스너 객체 등록시키는 메소드
   //     degreeToConvertTF 객체에서 키보드 입력이 되면 KeyEvent 객체 생성되고
   //     등록된 KeyListener 객체의 이벤트 메소드가 자동적으로 호출되면서 KeyEvent
   //     객체가 매개변수로 전달
   static void enrolEventListener() {
      KeyListener listener = new MyKeyListener();   // 리스너 객체 생성
      degreeToConvertTF.addKeyListener(listener);  // 컴포넌트에 리스너 객체 등록
   }

   // KeyListener 인터페이스 구현하는 리스너 클래스(내부 클래스)
   //     이 클래스는 KeyListener 인터페이스의 3개 abstract 메소드 구현해야 하며,
   //     키 입력이 완료된 후 자동적으로 호출되는 KeyReleased() 이용하여 입력처리
```

```
    static class MyKeyListener implements KeyListener {
        static String prevTF = "";  // 이전에 입력된 화씨온도 문자열 저장하는 필드

        public void keyPressed(KeyEvent e) {}   // 이 메소드는 사용하지 않음
        public void keyTyped(KeyEvent e) {}     // 이 메소드는 사용하지 않음

        // 키보드에서 키 입력이 한 번씩 완료되면 자동적으로 호출되는 메소드
        //     입력된 문자열 검토하여 정상적인 실수 화씨온도이면 섭씨로 변환하여 출력
        public void keyReleased( KeyEvent e ) {
            String tf = degreeToConvertTF.getText(); // 입력된 화씨온도 문자열 얻음

            try {
                // 입력 문자열이 정상적인 실수 화씨온도이면 섭씨온도로 변환하여 출력
                double degreeToConvert = Double.parseDouble(tf);  // 문자열을 실수로 변환
                double degreeConverted = (degreeToConvert - 32) * 5 / 9; // 섭씨로 변환

                degreeConvertedTF.setText(String.valueOf(
                        (long) (degreeConverted * 10000) / 10000.) );  // 변환된 섭씨온도 출력

                prevTF = tf;
            }
            catch(Exception ex) {
                // Double.parseDouble()로 문자열을 실수로 변환 시 예외 발생하면 예외 처리
                if (tf.equals("") || tf.equals("-") || tf.equals(".")) {
                    degreeConvertedTF.setText("");          // 섭씨온도 부분 지움
                    prevTF = tf;
                }
                else {
                    // 실수로 변환할 수 없는 화씨온도 입력된 경우
                    degreeToConvertTF.setText(prevTF);    // 이전 문자열을 화씨온도에 출력

                    if (prevTF.equals("") || prevTF.equals("-") || prevTF.equals(".")) {
                        degreeConvertedTF.setText("");      // 섭씨온도 부분 지움
                    }
                }
            }
        }
    }

    public static void main(String[] args) {
        setupFrame();            // 윈도 설정
        addComponents();         // 컴포넌트들 배치
        enrolEventListener();    // degreeToConvertTF에 리스너 객체 등록
        showFrame();             // 윈도 나타나게 하고 입력 기다림
    }
}
```

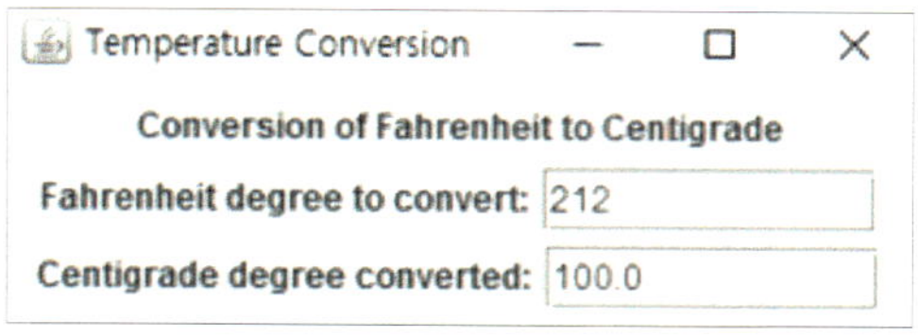

이 프로그램에서 리스너 클래스인 MyKeyListener를 내부 클래스로 작성하고 리스너 객체를 생성하여 degreeToConvertTF 텍스트필드에 등록하는 작업을 enrolEventListener() 메소드를 통하여 수행하였다. 그 결과 윈도에서 화씨온도를 입력하면 즉각적으로 변환된 섭씨온도가 출력된다. 자세한 내용은 뒤에서 설명되므로 전체적인 맥락을 이해하기 바란다.

❑ 입력 처리의 기본적 과정

GUI 프로그램에서 입력을 처리하는 기본적인 과정은 다음과 같다.

1) 컴포넌트에 등록할 리스너 클래스 작성 2) 리스너 클래스의 객체 생성 및 참조 3) 리스너 객체를 입력 컴포넌트에 등록

다음은 예제 12-1-3 프로그램에 나타난 입력 처리과정을 보여준다.

1) 리스너 클래스 작성	

static class **MyKeyListener** implements KeyListener {
  ...
}
	리스너 클래스는 특정 리스너 인터페이스 구현해야 함

2) 리스너 클래스의 객체 생성 및 참조	
KeyListener **listener = new MyKeyListener();**	리스너 객체 생성
3) 리스너 객체를 입력 컴포넌트에 등록	
degreeToConvertTF.addKeyListener(listener);	컴포넌트에 리스너 객체 등록

GUI 프로그램의 입력 처리과정은 지금 단계에서 이해하기 어렵지만, 리스너 객체를 생성하여 입력이 발생되는 컴포넌트에 등록하고, 이를 위해 리스너 클래스를 작성한다는 것은 반드시 기억해야 한다.

12.2 GUI 프로그램에서 사용되는 컴포넌트

Java GUI 프로그램 작성은 1) JFrame 객체 생성과 속성 설정, 2) JFrame 객체에 배치될 JLabel, JTextField 등의 컴포넌트 객체들 생성 후 배치, 3) 요구되는 입력 작업에 필요한 리스너 클래스 작성 후 리스너 객체 생성하여 입력 컴포넌트에 등록, 4) JFrame 객체를 화면에 보이기 등의 작업으로 구성됨을 살펴보았다.

여기에서 사용된 JFrame, JLabel, JTextField 클래스는 컴포넌트라 불리는 GUI 요소이며, 이들은 abstract 클래스인 Component 클래스의 하위 클래스이다.

12.2.1 Component 클래스

java.awt 패키지의 Component 클래스는 모든 GUI 클래스의 상위 클래스이며, GUI 요소가 가져야 할 공통적인 필드와 메소드를 선언하는 abstract 클래스이다.

❑ Component 클래스의 중요 메소드

하나의 컴포넌트는 전체적인 영역의 가로 크기와 세로 크기, 컴포넌트가 배치될 상대적인 위치, 배경 색상, 전경 색상, 폰트, 포커스 가능 여부, 입력에 대한 반응 여부, 디스플레이 여부 등을 설정하기 위해 다음의 메소드를 가진다.

Component 클래스의 중요 속성 설정 메소드	
public void setSize(int width, int height)	가로와 세로 크기 설정
public void setLocation(int x, int y)	화면의 좌표 (x, y) 위치에 배치
public void setBounds(int x, int y, int w, int h)	좌표 (x, y) 위치에 가로 w, 세로 h 크기로 배치
public void setBackground(Color c)	배경색을 주어진 색상으로 설정
public void setForeground(Color c)	전경색을 주어진 색상으로 설정
public void setFont(Font f)	컴포넌트의 폰트 설정
public void setOpaque(boolean b)	불투명 또는 투명으로 설정
public void setFocusable(boolean b)	포커스 받을 수 있거나 없게 함
public void setEnabled(boolean b)	이벤트에 대해 반응할 수 있거나 없게 함
public void setVisible(boolean b)	디스플레이 되게 하거나 사라지게 함

12.2.2 컴포넌트 속성 설정 예제 프로그램

예제 12-2-1은 예제 12-1-3의 프로그램에서 JFrame과 다른 컴포넌트들의 속성을 변경하여 GUI를 새롭게 구성한다.

예제 12-2-1 화씨온도를 섭씨온도로 변환하기 (GUI 컴포넌트 속성 설정)

```
class Ex12_2_1_TemperatureConversion_GUIEvent_SetupComponent {
  ...

  // 윈도를 위한 frame 설정 메소드
  static void setupFrame() {
    frame.setLayout(new FlowLayout());          // 컴포넌트 배치 방식을 FlowLayout으로
    frame.setSize(330, 125);                    // 가로 330픽셀, 세로 125픽셀 크기로
    frame.setDefaultCloseOperation(JFrame.EXIT_ON_CLOSE); // 종료 옵션 설정

    // new Color(230, 130, 230)): RGB 값을 이용하여 frame의 배경색 설정
    frame.getContentPane().setBackground(new Color(230, 130, 230));
    frame.setLocation(500, 300);                // 윈도를 (500, 300) 위치에 배치
  }

  // 컴포넌트들 설정 메소드
  static void setupComponents() {
    // titleLB의 속성 설정 - 배경 pink, 글자 Blue, 폰트: 일반 고딕의 14 크기
    titleLB.setOpaque(true);              // !! JLabel 배경색을 변경하기 위해 불투명으로 설정
    titleLB.setBackground(Color.pink);          // 소문자 색상명으로 배경색 설정
    titleLB.setForeground(Color.BLUE);          // 대문자 색상명으로 전경색 설정
    titleLB.setFont(new Font("신명조", Font.ITALIC, 17)); // 폰트 설정

    // degreeToConvertLB의 속성 설정 - 배경 yellow, 폰트: 일반 고딕의 14 크기
    degreeToConvertLB.setOpaque(true);          // !! JLabel 배경색 변경 위해 필요
    degreeToConvertLB.setBackground(Color.yellow);
    degreeToConvertLB.setFont(new Font("고딕", Font.PLAIN, 14)); // 폰트 설정

    // degreeConvertedLB의 속성 설정 - 배경 yellow, 폰트: 이탤릭 고딕의 14 크기
    degreeConvertedLB.setOpaque(true);          // !! JLabel 배경색 변경 위해 필요
    degreeConvertedLB.setBackground(Color.yellow);
    degreeToConvertLB.setFont(new Font("Times New Roman", Font.PLAIN, 14));

    degreeToConvertTF.setBackground(Color.cyan);
    degreeToConvertTF.setFocusable(true);       // true는 포커스 가질 수 있게 함

    degreeConvertedTF.setBackground(Color.cyan);
    degreeConvertedTF.setFocusable(false);      // false는 포커스 가질 수 없게 함
  }

  // 윈도를 화면에 나타나게 하고 입력을 기다리게 하는 메소드
  //    입력이 발생되면 이벤트 객체가 생성되고 등록된 이벤트 리스너에 의해 처리
  static void showFrame() {
    frame.setVisible(true);  // frame을 setVisible(true)로 하면 윈도가 나타남
}
```

```
    public static void main(String[] args) {
        setupFrame();           // 윈도 설정
        setupComponents();      // 컴포넌트들 속성 설정
        addComponents();        // 컴포넌트들을 배치
        showFrame();            // 윈도를 나타나게 하고 입력을 기다림
    }
}
```

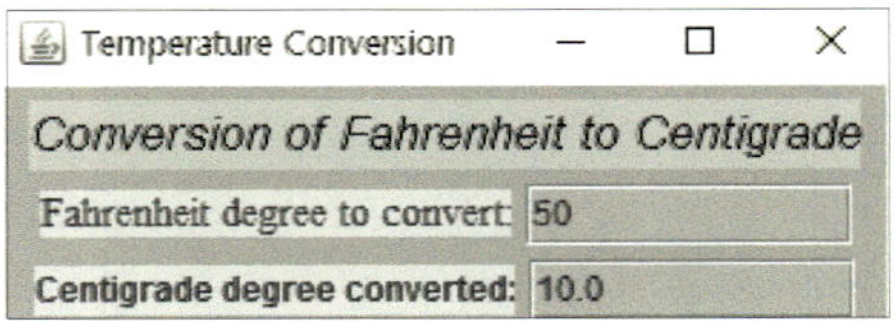

예제 12-2-1에서 컴포넌트의 속성을 설정하는 메소드를 이용하여 컴포넌트들의 배경색, 전경색, 폰트, 포커스 가능 등을 변경하여 화면 구성을 변경하였다.

그런데, JFrame 객체의 배경 설정 및 JLabel 객체의 배경과 전경 설정을 위해 다음과 같은 추가 작업이 필요하다.

JFrame 객체의 배경색 설정을 위한 추가 작업
frame.getContentPane().setBackground(new Color(230, 130, 230));
JLabel 객체의 배경색 설정을 위한 추가 작업

titleLB.setOpaque(true); // !! JLabel 배경색을 변경하기 위해 불투명으로 설정
titleLB.setBackground(Color.pink);   // 소문자 색상명으로 배경색 설정
titleLB.setForeground(Color.BLUE);   // 대문자 색상명으로 전경색 설정

Java의 GUI에는 추가 작업이 필요한 부분이 많이 있으며, 추가 작업이 생략되면 원하는 대로 속성이 설정되지 않으므로 추가 사항에 대해 잘 알아야 한다.

❑ GUI 프로그램 작성 과정

GUI를 이용한 프로그램을 작성하는 기본적인 과정은 다음과 같이 8 단계로 구성된다.

1) 윈도를 나타내기 위한 객체 생성: JFrame 클래스의 객체 생성
2) 윈도 설정: 윈도에 대한 크기, 위치, 배경 등 여러 속성 설정
3) 윈도에 배치할 컴포넌트들 생성
4) 윈도에 배치할 컴포넌트들 속성 설정

5) 컴포넌트에 등록할 리스너 클래스 작성
6) 리스너 클래스 객체 생성 및 컴포넌트에 리스너 객체 등록
7) 컴포넌트들 윈도에 배치
8) 화면에 윈도 나타내기

윈도 객체 생성과 설정, 윈도에 배치될 컴포넌트들의 생성, 속성 설정과 배치 그리고 이벤트 리스너 등록 등은 GUI 프로그램의 출발이며, 이에 대해서도 자세히 설명될 것이다.

12.2.3 Component 클래스의 중요 하위 클래스

[그림 12-3]은 Java에서 중요 GUI 클래스들과 이의 클래스 계층을 보여준다. 이들 컴포넌트 클래스 중에서 클래스 이름 앞에 대문자 J가 붙은 클래스는 javax.swing 패키지의 클래스이며, 그 외 클래스는 java.awt 패키지의 클래스이다.

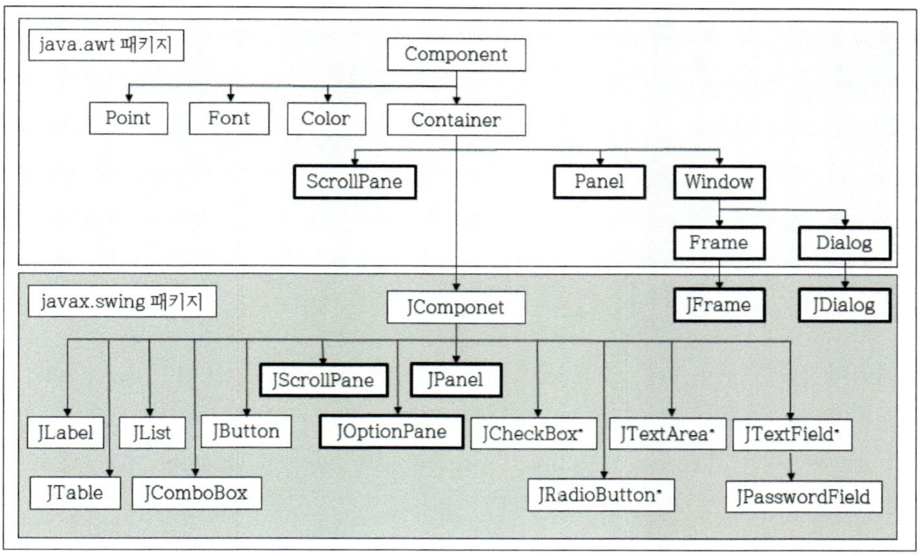

☞ 윤곽선이 두꺼운 클래스는 컨테이너 클래스, 그 외는 비컨테이너 클래스

☞ *가 표시된 클래스는 상위 클래스가 생략된 클래스

[그림 12-3] 중요 GUI 클래스들과 이의 클래스 계층

java.awt 패키지는 Java 초기 버전부터 제공되는 GUI를 위한 패키지이다. 그런데, java.awt 패키지의 클래스는 운영체제에 종속되므로 운영체제에 부담을 주고 운영체제에 따라 그려지는 모양이 달라지는 등의 문제점이 있어 javax.swing 패키지가 새롭게 추가로 제공되었다. 최근의 Java GUI 프로그램은 대부분 javax.swing 패키지의 클래스를 사용한다.

❑ 컨테이너 컴포넌트와 비컨테이너 컴포넌트

Java의 컴포넌트는 다른 컴포넌트의 배치 가능 여부에 따라 컨테이너(container)와 비컨테이너(non-container)로 나누어진다.

컨테이너는 다른 컴포넌트를 배치할 수 있는 컴포넌트이며, 비컨테이너는 다른 컴포넌트를 배치할 수 없는 컴포넌트이다. 앞에서 살펴본 JFrame은 컨테이너이며, JLabel과 JTextField는 비컨테이너이다. [그림 12-4]는 중요 컨테이너와 비컨테이너를 보여준다.

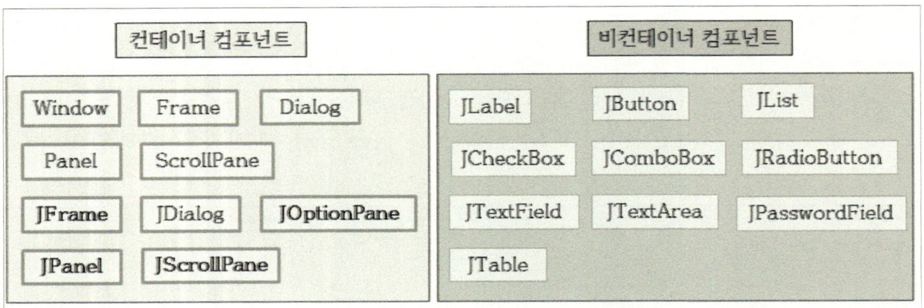

[그림 12-4] 중요 컨테이너 컴포넌트와 비컨테이너 컴포넌트

12.3 컨테이너 컴포넌트

컨테이너 컴포넌트는 다른 GUI 요소를 배치할 수 있는 컴포넌트이며, java.awt 패키지의 Frame, Applet, Dialog, Window, Panel, ScrollPane 클래스와 javax.swing 패키지의 JFrame, JApplet, JDialog, JWindow, JOptionPane, JPanel, JScrollPane 클래스가 컨테이너 클래스이다.

12.3.1 컨테이너 컴포넌트의 종류

컨테이너는 독립적으로 디스플레이될 수 있는 윈도 형태의 최상위 컨테이너(top-level container)와 다른 컨테이너에 반드시 포함되어야 디스플레이될 수 있는 종속 컨테이너로 나누어진다. 최상위 컨테이너는 다른 컨테이너에 배치될 수 없으며, 종속 컨테이너는 최상위 컨테이너 또는 종속 컨테이너에 포함될 수 있다. [그림 12-5]는 컨테이너의 종류를 보여준다.

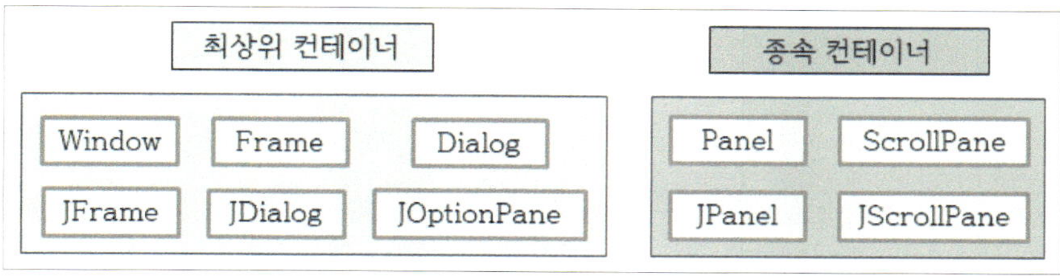

[그림 12-5] 컨테이너의 종류

많이 사용되는 최상위 컨테이너는 javax.swing 패키지의 JFrame, JDialog, JOptionPane 등이며, 많이 사용되는 종속 컨테이너는 javax.swing 패키지의 JPanel, JScrollPane이다.

12.3.2 컨테이너 클래스에 컴포넌트의 배치와 디스플레이

컨테이너 클래스는 Component 클래스의 하위 클래스이므로 Component 클래스의 메소드를 상속받는다. 또한, 컴포넌트들의 배치방식, 컴포넌트의 배치 및 삭제, 배치된 컴포넌트들의 확인 등을 위한 추가적인 메소드가 제공된다. 다음은 컨테이너 클래스의 배치를 위한 메소드이다.

컨테이너 클래스의 배치 관련 메소드	
public void setLayout(LayoutManager mgr)	컴포넌트를 배치하는 방식 설정
public Component add(Component comp)	컴포넌트 comp 추가하여 배치
public void remove(Component comp)	배치된 comp 제거
public Component getComponent(int n)	배치된 n번째의 컴포넌트 반환

❑ 컴포넌트의 배치

컨테이너에 컴포넌트를 배치하기 위해 먼저 setLayout() 메소드로 배치방식을 결정한 후 add() 메소드를 이용하여 컴포넌트들을 컨테이너에 배치한다. 자동 배치방식인 flow layout, border layout, grid layout, card layout을 이용할 경우 배치위치는 자동적으로 결정된다. 수동 배치방식의 경우 배치될 컴포넌트마다 배치위치를 setLocation() 메소드를 이용하여 설정해야 한다.

❑ 컴포넌트를 화면에 디스플레이하기

컴포넌트가 컨테이너에 배치되어도 화면에 나타나지 않는다. 컴포넌트를 포함하는 컨테이너가 화면에 나타나야 배치된 컴포넌트도 화면에 나타난다. 그러므로 최상위 컨테이너가 화면에 나타나면 모든 배치된 컴포넌트가 화면에 나타난다.

Component 클래스에서 컴포넌트의 디스플레이 여부를 결정하기 위한 setVisible() 메소드는 다음과 같다.

Component 클래스의 디스플레이 위한 메소드	
public void setVisible(boolean b)	b가 true이면 표시하고 false이면 사라지게 함

컴포넌트 comp는 comp.setVisible(true)로 화면에 나타나고, 화면에 나타난 컴포넌트 comp는 comp.setVisible(false)로 사라진다.

12.3.3 컴포넌트 배치방식

❑ 컴포넌트 배치방식 설정

컨테이너 객체에 여러 컴포넌트를 배치할 수 있으며, 각 컴포넌트는 컨테이너의 특정 위치에 배치되어 디스플레이된다. [그림 12-6]은 여러 방식으로 컴포넌트들을 배치한 모습을 보여준다.

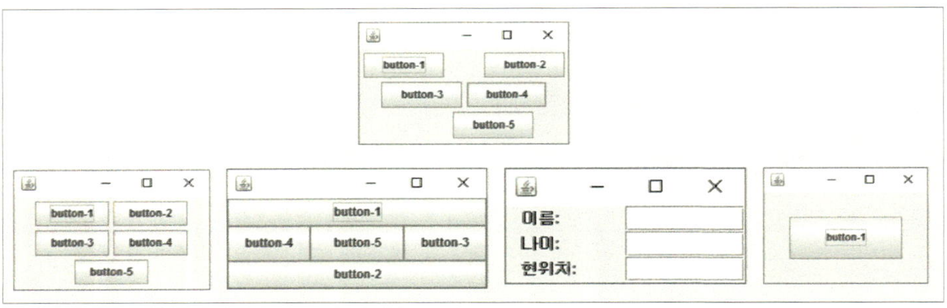

[그림 12-6] 여러 배치방식으로 컴포넌트들을 배치한 모습

다음은 컴포넌트 배치방식의 종류와 배치방식 설정방법을 보여준다.

- 배치방식
  - 수동 배치방식: 배치위치를 컴포넌트마다 설정하는 방식
  - 자동 배치방식: 배치위치를 자동적으로 결정하여 배치하는 방식으로, flow layout, border layout, grid layout, card layout 등 4가지 배치방식 제공
- setLayout() 메소드 이용한 배치방식 설정
  - 수동 배치방식 설정: setLayout(null)로 설정
  - 자동 배치방식 설정: 배치 관리자 클래스의 객체 생성하여 setLayout() 메소드의 매개변수로 전달

다음은 setLayout() 메소드를 이용하여 배치방식을 설정하는 방법을 보여준다.

컨테이너 객체의 배치방식 설정 방법	
setLayout(**null**)	수동 배치방식: 배치할 컴포넌트 위치를 컴포넌트마다 직접 설정
setLayout(**new FlowLayout()**)	자동 배치방식: 컴포넌트를 왼쪽에서 오른쪽, 위에서 아래로 배치
setLayout(**new BorderLayout()**)	자동 배치방식: 컴포넌트를 동, 서, 남, 북, 중앙 등 5개 영역에 배치
setLayout(**new GridLayout()**)	자동 배치방식: 배치 공간을 동일한 크기의 2차원 그리드로 나누어 왼쪽에서 오른쪽, 위에서 아래로 배치
setLayout(**new CardLayout()**)	자동 배치방식: 컴포넌트를 카드를 쌓은 형태로 배치

수동 배치방식은 배치할 컴포넌트가 많을 경우 배치위치의 좌표를 미리 결정해야 하는 불편함이 있으나 원하는 화면 구성이 용이한 장점이 있다. 이에 반하여 자동 배치방식은 컴포넌트를 쉽게 배치할 수 있으나 원하는 화면 구성이 어려운 경우가 있다.

수동 배치방식으로 컴포넌트를 배치하려면 반드시 컴포넌트의 위치와 크기를 미리 설정해야 한다. 이에 반하여 자동 배치방식으로 컴포넌트를 배치할 경우 컴포넌트 크기와 위치를 설정할 필요가 없으며, 설정해도 무시된다.

수동 배치방식으로 배치된 컴포넌트는 윈도 크기가 변화되어도 배치위치와 크기가 변경되지 않는다. 그러나 자동 배치방식으로 배치된 컴포넌트들은 윈도 크기가 변경되면 배치위치와 크기가 자동적으로 변경된다.

❑ 수동 배치방식

수동 배치방식은 컨테이너에 배치할 컴포넌트의 위치와 크기를 직접 설정하여 배치하는 방식이다. 컨테이너를 수동 배치방식으로 설정하면 배치되는 모든 컴포넌트의 배치위치를 setLocation() 메소드로 설정해야 하며, 또한, setSize() 메소드를 이용하여 배치될 컴포넌트 크기도 설정해야 한다.

컨테이너 cont의 배치방식을 수동으로 설정하려면 다음과 같이 null을 setLayout() 메소드의 매개변수로 전달한다.

```
// 컨테이너 객체 cont의 배치방식을 수동 배치방식으로 설정하기
 cont.setLayout(null);  // setLayout() 메소드의 매개변수가 null이면 수동 배치방식
```

예제 12-3-1은 JFrame 객체의 배치방식을 수동 배치방식으로 설정하고 5개 버튼[155]을 배치한다.

예제 12-3-1 윈도를 수동 배치방식으로 설정하여 버튼들 배치하기

```
class Ex12_3_1_JFrameOfNullLayout {
   public static void main(String[] args) {
      JFrame frame = new JFrame();
      frame.setLayout(null);   // 배치방식: 수동 배치방식

      frame.setSize(210, 150);      // 가로 210픽셀, 세로 150픽셀 크기로
      frame.setDefaultCloseOperation(JFrame.EXIT_ON_CLOSE); // 종료 옵션 설정

      // 수동 배치방식으로 버튼들을 배치하기 위한 버튼 생성, 크기와 위치 설정
      JButton bt1 = new JButton("button-1");              // 버튼 객체 생성
      bt1.setSize(90, 30); bt1.setLocation(5, 5);        // 크기와 위치 설정
      JButton bt2 = new JButton("button-2");
      bt2.setSize(90, 30); bt2.setLocation(140, 5);
      JButton bt3 = new JButton("button-3");
      bt3.setSize(90, 30); bt3.setLocation(25, 40);
      JButton bt4 = new JButton("button-4");
      bt4.setSize(90, 30); bt4.setLocation(120, 40);
      JButton bt5 = new JButton("button-5");
      bt5.setSize(90, 30); bt5.setLocation(105, 75);

      // 수동 배치방식으로 버튼들 배치하기 - 크기와 위치를 미리 설정해야 함
      frame.add(bt1); frame.add(bt2);
      frame.add(bt3); frame.add(bt4);
      frame.add(bt5);

      frame.setVisible(true);   // frame을 setVisible(true)로 하면 윈도가 나타남
   }
}
```

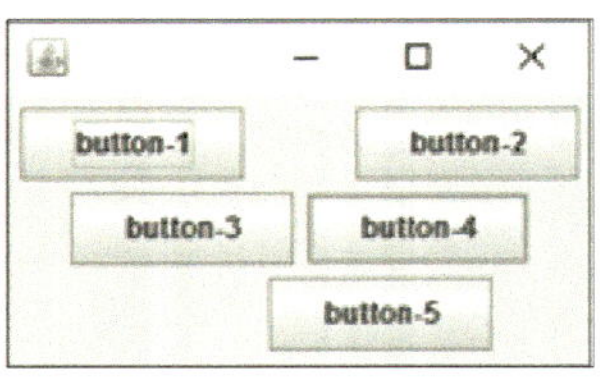	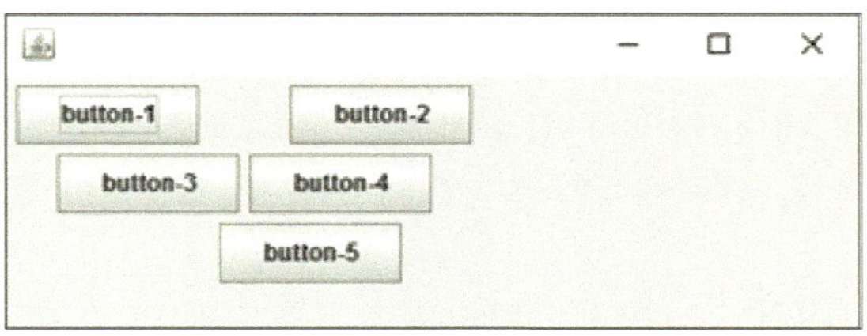
초기 화면	윈도 크기가 변경된 후의 화면

155) JButton은 마우스로 클릭하여 특정 작업을 처리하게 하는 GUI 컴포넌트로, 뒤에서 자세히 설명된다.

수동 배치된 버튼들은 setLocation()에 설정된 위치에 배치되며, 윈도 크기가 변경되어도 배치위치가 변경되지 않는다.

❑ 자동 배치방식 – flow layout

자동 배치방식 중에서 flow layout인 경우 컨테이너에 배치되는 컴포넌트들은 왼쪽에서 오른쪽으로 자동적으로 배치된다. 오른쪽에 배치공간이 부족하면 아래의 왼쪽에서 오른쪽으로 차례로 배치된다.

컨테이너의 배치방식을 flow layout으로 설정하려면 다음과 같이 FlowLayout 클래스의 객체를 생성하고 이 객체를 setLayout() 메소드의 매개변수로 전달한다.

```
// 컨테이너 객체 cont의 배치방식을 flow layout으로 설정하기
cont.setLayout(new FlowLayout()); // 가운데 정렬, 수평 여백 5, 수직 여백 5로 배치
```

FlowLayout 클래스의 객체 생성자는 다음과 같다.

FlowLayout 클래스의 객체 생성자	
FlowLayout()	가운데 정렬, 수평 여백 5, 수직 여백 5로 배치
FlowLayout(int align)	주어진 정렬, 수평 여백 5, 수직 여백 5로 배치
FlowLayout(int align, int hgap, int vgap)	주어진 정렬, 수평 여백, 수직 여백으로 배치

flow layout으로 설정할 때 객체 생성자의 매개변수를 이용하여 컴포넌트들의 정렬방법, 컴포넌트 간의 수평 여백과 수직 여백을 설정할 수 있다.

객체 생성자 FlowLayout(int align, int hgap, int vgap)의 매개변수
■ align: 컴포넌트들을 정렬하는 방법을 나타내며, 미리 선언된 다음의 static final 변수를 사용 • FlowLayout.LEFT: 왼쪽 정렬 • FlowLayout.RIGHT: 오른쪽 정렬 • FlowLayout.CENTER: 가운데 정렬 ■ hgap: 윈도 경계선과 컴포넌트 사이, 컴포넌트와 컴프넌트 사이의 수평 여백(horizontal gap)인 픽셀 수 ■ vgap: 윈도 경계선과 컴포넌트 사이, 컴포넌트와 컴포넌트 사이의 수직 여백(vertical gap)인 픽셀 수

다음은 컨테이너 cont의 정렬방법, 수평 여백, 수직 여백 등을 설정한다.

```
// 왼쪽 정렬, 수평 여백 5, 수직 여백 5로 flow layout 설정하기
cont.setLayout(new FlowLayout(FlowLayout.LEFT)); // 여백 생략하면 5로 설정

// 오른쪽 정렬, 수평 여백 10, 수직 여백 10으로 flow layout 설정하기
cont.setLayout(new FlowLayout(FlowLayout.RIGHT, 10, 10));
```

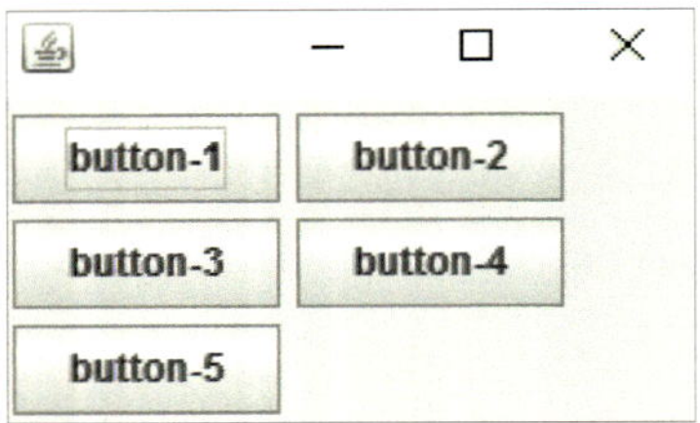

왼쪽 정열, 수평 여백 5, 수직 여백 5인 flow layout

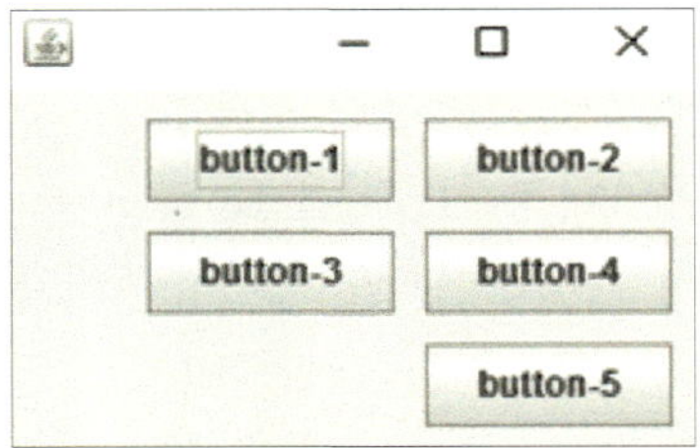

오른쪽 정렬, 수평 여백 10, 수직 여백 10인 flow layout

예제 12-3-2는 JFrame 객체의 배치방식을 flow layout으로 설정하고 5개 버튼을 배치한다.

예제 12-3-2 윈도를 flow layout으로 설정하기

```
class Ex12_3_2_JFrameOfFlowLayout {
   public static void main(String[] args) {
      JFrame frame = new JFrame();
      frame.setLayout(new FlowLayout());        // 가운데 정렬, 여백 5인 flow layout

      frame.setSize(230, 144);                  // 가로 230픽셀, 세로 144 픽셀 크기로
      frame.setDefaultCloseOperation(JFrame.EXIT_ON_CLOSE);   // 종료 옵션 설정

      // flow layout 컨테이너에 버튼들 배치 - 버튼 크기, 위치 설정할 필요 없음
      frame.add(new JButton("button-1"));   frame.add(new JButton(" button-2"));
      frame.add(new JButton("button-3"));   frame.add(new JButton(" button-4"));
      frame.add(new JButton("button-5"));

      frame.setVisible(true);   // frame을 setVisible(true)로 하면 윈도가 나타남
   }
}
```

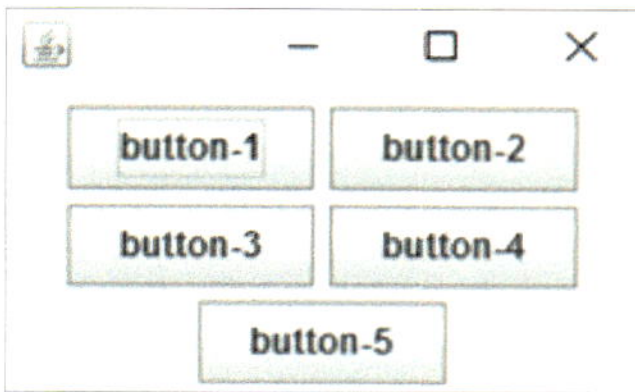	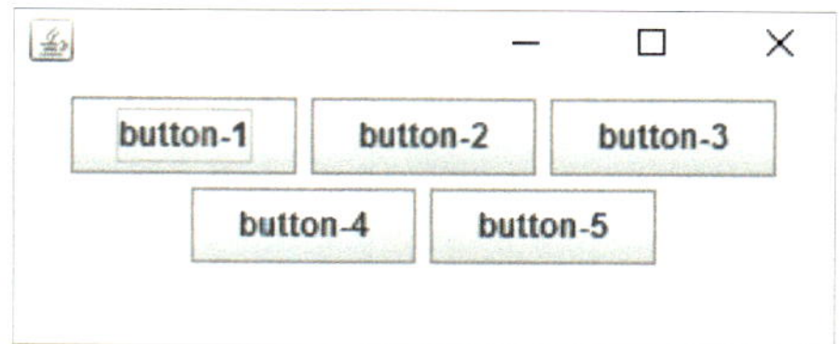
초기 화면	윈도 크기가 변경된 후의 화면

flow layout으로 배치된 버튼들은 자동적으로 왼쪽에서 오른쪽, 위에서 아래로 정렬되어 배치되며, 가운데 정렬된 상태에서 수평 여백과 수직 여백이 5이다. 윈도 크기가 변경되면 자동적으로 버튼 크기와 배치위치도 변경된다.

❑ 자동 배치방식 – border layout

배치방식이 border layout인 경우 컨테이너를 동, 서, 남, 북, 중앙 등 5개 영역으로 나누고 컴포넌트를 이들 영역 중 하나에 배치한다.

컨테이너의 배치방식을 border layout으로 설정하려면 다음과 같이 BorderLayout 클래스의 객체를 생성하고 이 객체를 setLayout() 메소드의 매개변수로 전달한다.

```
// 컨테이너 객체 cont의 배치방식을 border layout으로 설정하기
cont.setLayout(new BorderLayout());   // 컴포넌트 사이에 여백 없이 배치
```

BorderLayout 클래스의 객체 생성자는 다음과 같다.

BorderLayout 클래스의 객체 생성자	
BorderLayout()	컴포넌트 사이에 여백 없이 배치
BorderLayout(int hgap, int vgap)	주어진 수평 여백, 수직 여백으로 배치

배치방식을 border layout으로 설정할 때 객체 생성자의 매개변수를 이용하여 컴포넌트 간의 수평 여백과 수직 여백을 설정할 수 있다.

객체 생성자 BorderLayout(int hgap, int vgap)의 매개변수
▪ hgap: 컴포넌트와 컴포넌트 사이의 수평 여백(horizontal gap)인 픽셀 수 ▪ vgap: 컴포넌트와 컴포넌트 사이의 수직 여백(vertical gap)인 픽셀 수

다음은 컨테이너 cont의 정렬방법, 수평 여백, 수직 여백 등을 설정한다.

```
// 수평 여백 0, 수직 여백 0으로 border layout 설정하기
cont.setLayout(new BorderLayout()); // 수평 여백과 수직 여백 생략하면 0으로 설정

// 수평 여백 10, 수직 여백 10으로 Border layout 설정하기
cont.setLayout(new BorderLayout(10, 10));
```

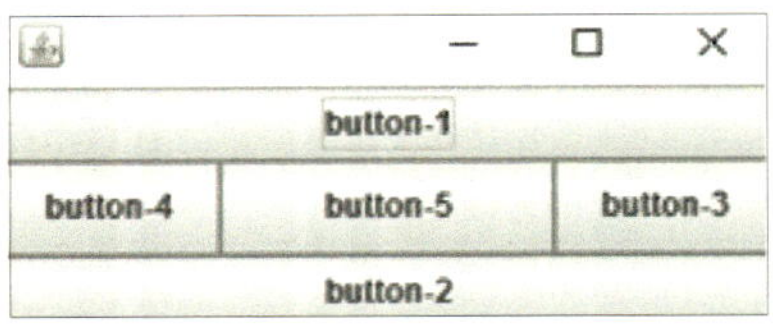

수평 여백 0, 수직 여백 0인 border layout

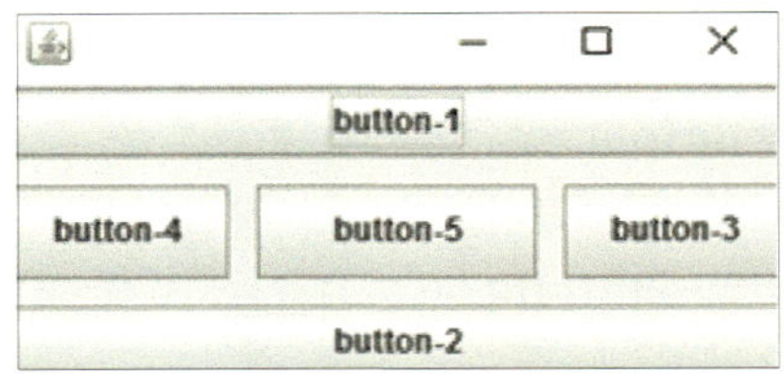

수평 여백 10, 수직 여백 10인 border layout

border layout으로 설정된 컨테이너에 컴포넌트를 배치하기 위해 5개 영역 중에서 배치될 영역 하나를 설정해야 한다. 그러므로 컴포넌트를 배치하기 위한 add() 메소드의 시그니처는 add(Component comp, String area)이며, 배치할 컴포넌트 comp와 배치영역을 나타내는 문자열 area가 매개변수이다.

다음은 컨테이너 cont에 배치될 컴포넌트 comp와 배치될 영역을 나타내는 문자열과 문자열 상수 변수가 매개변수로 명시된 add() 메소드를 보여준다.

배치영역	영역을 문자열로 표시	영역을 static final 문자열 상수 변수로 표시
동	cont.add(comp, "East");	cont.add(comp, BorderLayout.EAST);
서	cont.add(comp, "West");	cont.add(comp, BorderLayout.WEST);
남	cont.add(comp, "South");	cont.add(comp, BorderLayout.SOUTH);
북	cont.add(comp, "North");	cont.add(comp, BorderLayout.NORTH);
중앙	cont.add(comp, "Center");	cont.add(comp, BorderLayout.CENTER);

예제 12-3-3은 JFrame 객체의 배치방식을 border layout으로 설정하고 5개 버튼을 배치한다.

예제 12-3-3 윈도를 border layout으로 설정하기

```
class Ex12_3_3_JFrameOfBorderLayout {
   public static void main(String[] args) {
      JFrame frame = new JFrame();
```

```
        frame.setLayout(new BorderLayout()); // 배치방식: border layout, 여백: 0

        frame.setSize(300, 130);                    // 가로 300픽셀, 세로 130픽셀 크기로
        frame.setDefaultCloseOperation(JFrame.EXIT_ON_CLOSE); // 종료 옵션 설정

        // border layout 컨테이너에 컴포넌트 배치 - 배치할 영역을 매개변수로 표시
        frame.add(new JButton("button-1"), BorderLayout.NORTH);
        frame.add(new JButton("button-2"), BorderLayout.SOUTH);
        frame.add(new JButton("button-3"), BorderLayout.EAST);
        frame.add(new JButton("button-4"), BorderLayout.WEST);
        frame.add(new JButton("button-5"), BorderLayout.CENTER);

        frame.setVisible(true);    // frame을 setVisible(true)로 하면 윈도가 나타남
    }
}
```

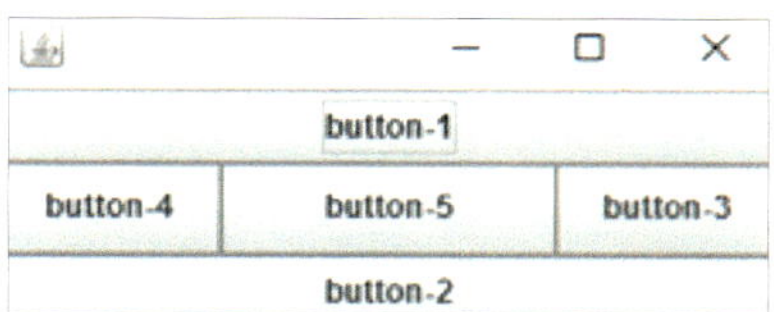	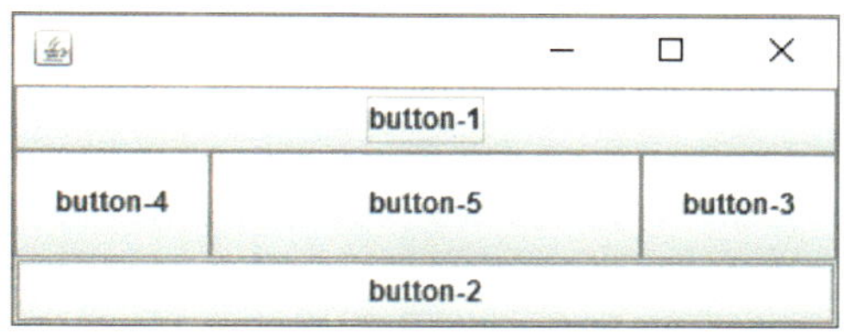
초기 화면	윈도 크기가 변경된 후의 화면

border layout으로 배치된 버튼들은 동, 서, 남, 북, 중앙 영역에 배치되며, 여백이 0이므로 버튼들이 붙어있다. 윈도 크기가 변경되면 자동적으로 배치위치도 변경된다.

❏ 자동 배치방식 – grid layout

배치방식이 grid layout인 경우 컨테이너를 그리드라고 불리는 동일한 크기의 직사각형 영역들로 나누고 컴포넌트를 차례로 그리드에 배치한다.

컨테이너의 배치방식을 grid layout으로 설정하려면 다음과 같이 GridLayout 클래스의 객체를 생성하고 이 객체를 setLayout() 메소드의 매개변수로 전달한다.

```
// 컨테이너 객체 cont의 배치방식을 grid layout으로 설정하기
cont.setLayout(new GridLayout(3, 2)); // 3*2 행렬의 grid layout으로 설정
```

GridLayout 클래스의 객체 생성자는 다음과 같다.

GridLayout 클래스의 객체 생성자	
GridLayout()	하나의 그리드만 갖도록 배치
GridLayout(int rows, int cols)	행 개수 rows, 열 개수 cols, 수평 여백 0, 수직 여백 0인 그리드를 배치
GridLayout(int rows, int cols, int hgap, int vgap)	행 개수 rows, 열 개수 cols인 그리드를 주어진 수평 여백과 수직 여백으로 배치

grid layout으로 설정할 때 객체 생성자의 매개변수를 이용하여 그리드의 행의 개수와 열의 개수를 설정하고 수평 여백과 수직 여백을 설정할 수 있다.

객체 생성자 GridLayout(int rows, int cols, int hgap, int vgap)의 매개변수
■ rows: 그리드의 행의 개수 ■ cols: 그리드의 열의 개수 ■ hgap: 윈도 경계선과 컴포넌트 사이, 컴포넌트와 컴포넌트 사이의 수평 여백(horizontal gap)인 픽셀 수 ■ vgap: 윈도 경계선과 컴포넌트 사이, 컴포넌트와 컴포넌트 사이의 수직 여백(vertical gap)인 픽셀 수

다음은 컨테이너 cont의 그리드의 행 개수, 열 개수, 수평 여백, 수직 여백 등을 설정한다.

```
// 행 개수 3, 열 개수 2, 수평 여백 5, 수직 여백 5로 grid layout 설정하기
cont.setLayout(new GridLayout(3, 2)); // 여백 생략하면 여백은 0으로 설정

// 행 개수 2, 열 개수 4, 수평 여백 10, 수직 여백 10으로 grid layout 설정하기
cont.setLayout(new GridLayout(2, 4, 10, 10));
```

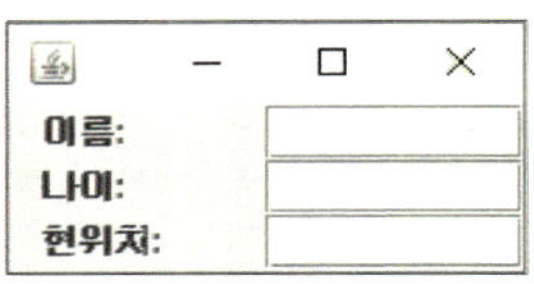

행 개수 3, 열 개수 2, 수평 여백 0, 수직 여백 0인 grid layout

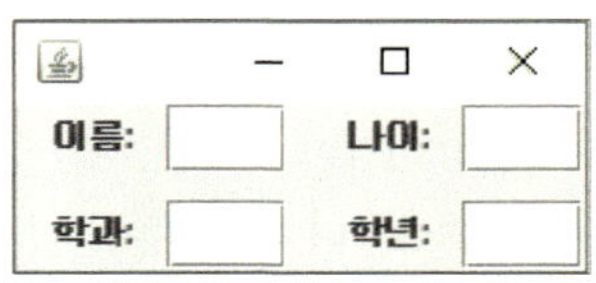

행 개수 2, 열 개수 4, 수평 여백 10, 수직 여백 10인 grid layout

배치방식을 grid layout으로 설정하면 모든 컴포넌트가 동일한 크기로 배치되므로 규격화된 화면을 쉽게 구성할 수 있다.

예제 12-3-4는 JFrame 객체의 배치방식을 grid layout으로 설정하고 레이블과 텍스트필드를 배치한다.

예제 12-3-4 윈도를 grid layout으로 설정하기

```
class Ex12_3_4_JFrameOfGridLayout {
   public static void main(String[] args) {
     JFrame frame = new JFrame();
     frame.setLayout(new GridLayout(3, 2));  // 배치방식: 3*2 행렬의 grid layout

     frame.setSize(200, 100);                       // 가로 200픽셀, 세로 100픽셀 크기로
     frame.setDefaultCloseOperation(JFrame.EXIT_ON_CLOSE); // 종료 옵션 설정

     // grid layout에 컴포넌트 배치 - 왼쪽에서 오른쪽, 위에서 아래로 차례로 배치
     frame.add(new JLabel("     이름:"));    frame.add(new JTextField(10));
     frame.add(new JLabel("     나이:"));    frame.add(new JTextField(10));
     frame.add(new JLabel("     현위치:")); frame.add(new JTextField(10));

     frame.setVisible(true);    // frame을 setVisible(true)로 하면 윈도가 나타남
   }
}
```

	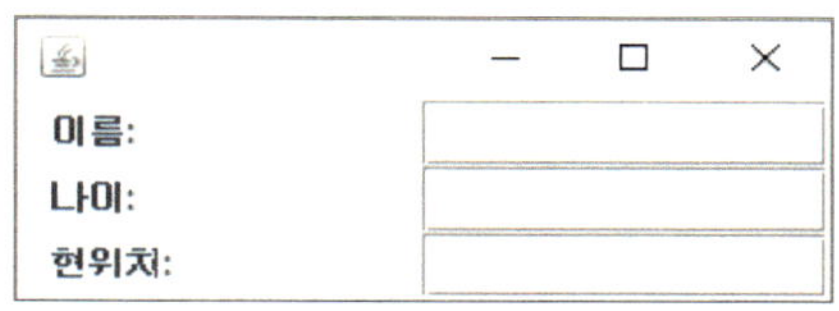
초기 화면	윈도 크기가 변경된 후의 화면

grid layout으로 배치된 컴포넌트들은 왼쪽에서 오른쪽, 위에서 아래로 차례로 3개 행과 2개 열로 배치되며, 윈도 크기가 변경되면 자동 배치위치와 크기도 변경된다.

❑ 자동 배치방식 – card layout

배치방식이 card layout인 경우 여러 카드를 중첩하여 쌓은 모양으로 컴포넌트들을 배치하고, 하나의 컴포넌트만 보이게 하는 배치방식이다. 특히, card layout은 한 영역을 여러 컴포넌트가 공유하면서 필요에 따라 다른 컴포넌트를 나타나게 할 때 유용하다.

컨테이너의 배치방식을 card layout으로 설정하려면 다음과 같이 CardLayout 클래스의 객체를 생성하고 이 객체를 setLayout() 메소드의 매개변수로 전달한다.

```
// 컨테이너 객체 cont의 배치방식을 card layout으로 설정하기
cont.setLayout(new CardLayout(30, 20)); // 여백 30, 20인 card layout으로 설정
```

card layout으로 설정하면 모든 컴포넌트가 동일한 크기로 중첩되어 배치되면서 처음으로 배치된 컴포넌트만 나타나고 다른 컴포넌트는 숨겨진다. 다른 컴포넌트를 나타내려면 setVisible(true) 메소드를 사용한다.

CardLayout 클래스의 객체 생성자는 다음과 같다.

CardLayout 클래스의 객체 생성자	
CardLayout()	여백이 없음
CardLayout(int hgap, int vgap)	주어진 수평 여백과 수직 여백으로 배치

card layout으로 설정할 때 객체 생성자의 매개변수를 이용하여 수평 여백과 수직 여백을 설정할 수 있다.

객체 생성자 CardLayout(int hgap, int vgap)의 매개변수
■ hgap: 윈도 경계선과 컴포넌트 사이, 컴포넌트와 컴포넌트 사이의 수평 여백(horizontal gap)인 픽셀 수 ■ vgap: 윈도 경계선과 컴포넌트 사이, 컴포넌트와 컴포넌트 사이의 수직 여백(vertical gap)인 픽셀 수

예제 12-3-5는 JFrame 객체의 배치방식을 card layout으로 설정하고 버튼들을 배치한다.

예제 12-3-5 윈도를 card layout으로 설정하기

```
class Ex12_3_5_JFrameOfCardLayout {
   public static void main(String[] args) {
     JFrame frame = new JFrame();
     CardLayout cardlo = new CardLayout(30, 30);          // 수평 및 수직 여백이 30

     frame.setLayout(cardlo);              // 배치방식: card layout
     frame.setSize(210, 150);              // 가로 210픽셀, 세로 150픽셀 크기로
     frame.setDefaultCloseOperation(JFrame.EXIT_ON_CLOSE); // 종료 옵션 설정

     // card layout 컨테이너에 버튼들 배치하기 - 버튼 크기, 위치 지정할 필요 없음
     int noButtons = 20;
     JButton[] bts = new JButton[noButtons];        // 버튼 저장할 배열 생성 및 참조

     for (int i = 0; i < noButtons; i++) {
        bts[i] = new JButton("button-" + (i+1));   // 버튼 생성하여 버튼 배열에 저장
        frame.add(bts[i]);                          // 버튼을 frame에 배치
     }
```

```
        frame.setVisible(true);    // frame을 setVisible(true)로 하면 윈도가 나타남
    }
}
```

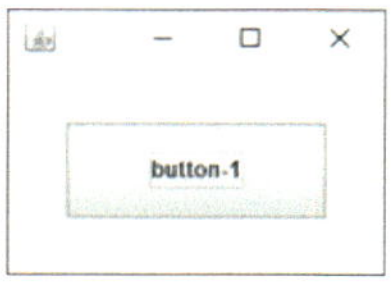	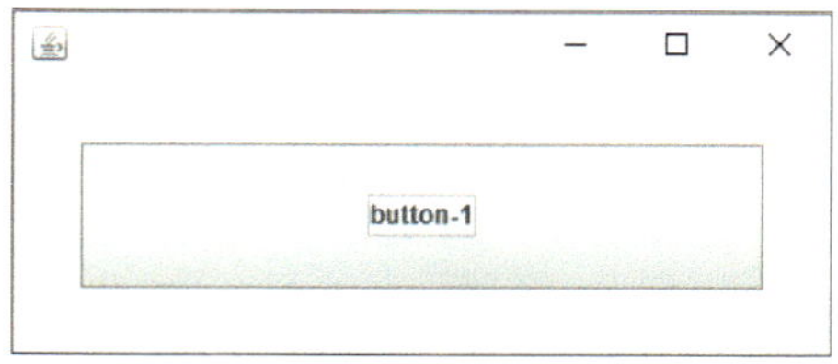
초기 화면	윈도 크기가 변경된 후의 화면

card layout으로 배치된 버튼 중에서 처음 배치된 버튼만 디스플레이되며, 다른 버튼들은 디스플레이되지 않는다. 윈도 크기가 변경되면 자동 배치위치도 변경된다.

12.3.4 JFrame 클래스

Java에서 대표적인 최상위 컨테이너가 JFrame이며, JFrame은 타이틀과 컴포넌트를 배치할 콘텐트 패인(content pane)을 가진다.

❑ JFrame 클래스의 객체 생성과 디스플레이시키기

다음은 JFrame 클래스의 객체 생성자이다.

JFrame 클래스의 객체 생성자	
public JFrame()	타이틀 없는 JFrame 객체 생성. 화면에 보이지 않음
public JFrame(String title)	주어진 타이틀의 JFrame 객체 생성. 화면에 보이지 않음

JFrame 객체는 대개 타이틀을 가지는 객체 생성자를 이용하여 생성하며, 객체를 생성한 후 크기, 배치위치, 배치방식 등을 설정한다.

다음은 JFrame의 속성을 설정하는 메소드이다.

JFrame 클래스의 속성 설정 메소드	
public void setSize(int width, int height)	가로와 세로 크기 설정
public void setLocation(int x, int y)	좌표 (x, y) 위치에 배치
public void setBounds(int x, int y, int w, int h)	좌표 (x, y) 위치에 가로 w, 세로 h 크기로 배치
public void setTitle(String title)	주어진 타이틀을 JFrame의 타이틀로 설정

JFrame 객체의 기본 배치방식은 flow layout으로 설정되며, setLayout() 메소드로 배치방식을 변경할 수 있다. 또한, JFrame은 컨테이너 클래스이므로 컴포넌트들을 add() 메소드를 이용하여 배치한다.

JFrame 객체가 생성되어도 화면에 디스플레이되지 않는다. 화면에 보이게 하려면 setVisible(true) 메소드를 호출한다.

❑ 컴포넌트를 배치하지 않은 JFrame 예제

예제 12-3-6은 3개 JFrame 객체를 생성하여 속성을 설정한 후 화면에 디스플레이시킨다.

예제 12-3-6 컴포넌트가 배치되지 않은 JFrame 생성과 디스플레이

```
class Ex12_3_6_JFramesDisplay{
    public static void main(String[] args) {
        JFrame frame1 = new JFrame();                  // 타이틀 없는 JFrame
        frame1.setSize(260, 150);                      // 크기 설정
        frame1.setLocation(10, 10);                    // 디스플레이할 위치 설정
        frame1.setVisible(true);                       // 화면에 디스플레이시키기

        JFrame frame2 = new JFrame("타이틀 있는 JFrame");  // 타이틀 있는 JFrame
        frame2.setBounds(280, 10, 300, 200);           // 크기와 위치 동시 설정
        frame2.setVisible(true);                       // 화면에 디스플레이시키기

        JFrame frame3 = new JFrame();                  // 타이틀 없는 JFrame 객체 생성
        frame3.setBounds(550, 10, 310, 250);           // 크기와 위치 설정
        frame3.setTitle("타이틀 설정한 JFrame");         // 타이틀 설정
        frame3.setVisible(true);                       // 화면에 디스플레이시키기
    }
}
```

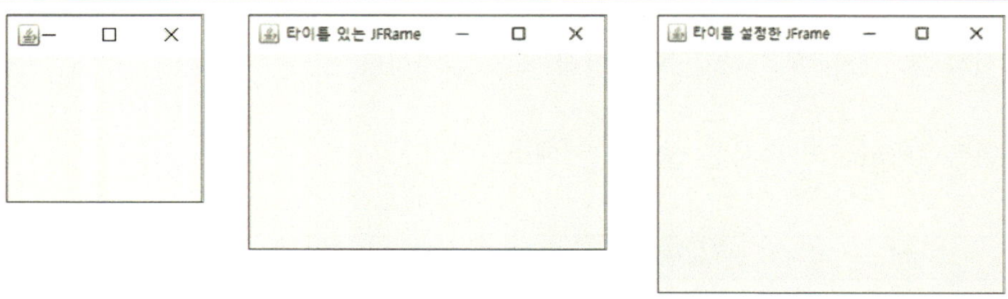

❑ JFrame 클래스의 하위 클래스로 작성하기

예제 12-1-2의 GUI 프로그램에서 화씨온도를 섭씨온도로 변환하기 위하여 JFrame 객체를 생성하고 여러 컴포넌트를 배치하였으며, 모든 필드와 메소드가 static으로 작성되었다.

Java GUI 프로그래밍에서 JFrame 클래스를 확장한 하위 클래스에 배치할 컴포넌트들을 객체 필드로 작성하는 것이 관례이다. 이 경우 배치되는 컴포넌트가 많으면 프로그램이 간결해지며 컴포넌트 관리도 쉽고 더욱 객체 지향적인 프로그램이 된다.

예제 12-3-7은 예제 12-1-2 프로그램을 JFrame 클래스의 하위 클래스로 변경한다.

예제 12-3-7 JFrame 클래스의 하위 클래스로 변경한 온도 변환 프로그램

```
// JFrame을 확장하는 하위 클래스로 JFrame 윈도 작성하기
class TemperatureConversionFrame extends JFrame {

   // 프로그램 타이틀 출력을 위한 레이블 생성
   JLabel titleLB = new JLabel("Conversion of Fahrenheit to Centigrade");

   // 입력받을 화씨온도를 위한 프롬프트 메시지 레이블 및 텍스트필드 생성
   JLabel degreeToConvertLB = new JLabel("Fahrenheit degree to convert:");
   JTextField degreeToConvertTF = new JTextField(10);

   // 변환된 섭씨온도를 위한 레이블 및 텍스트필드 생성
   JLabel degreeConvertedLB = new JLabel("Centigrade degree converted:");
   JTextField degreeConvertedTF = new JTextField(10);

   // 객체 생성자 - 필요한 컴포넌트를 배치할 윈도 생성
   TemperatureConversionFrame(String title) {
      super(title);  // 상위 클래스인 JFrame의 객체 생성자를 반드시 호출해야 함
   }

   // 윈도를 위한 설정 메소드
   void setupFrame() {
      setLayout(new FlowLayout());        // 컴포넌트 배치방식을 FlowLayout으로
      setSize(330, 125);                  // 가로 330픽셀, 세로 125픽셀 크기로 설정
      setDefaultCloseOperation(JFrame.EXIT_ON_CLOSE); // 종료 옵션 설정
   }

   // 윈도에 필요한 컴포넌트를 추가하여 배치하는 메소드
```

```
    void addComponents() {
        add(titleLB);  // 타이틀을 위한 레이블 배치

        add(degreeToConvertLB);         // 입력받을 화씨온도를 위한 레이블 배치
        add(degreeToConvertTF);         // 입력받을 화씨온도를 위한 텍스트필드 배치

        add(degreeConvertedLB);         // 변환된 섭씨온도를 위한 레이블 배치
        add(degreeConvertedTF);         // 변환된 섭씨온도를 위한 텍스트필드 배치
    }
}

class Ex12_3_7_TemperatureConversion_SubClassOfJFrame {
    public static void main(String[] args) {
        TemperatureConversionFrame frame           // 윈도 객체 생성하여 참조
                = new TemperatureConversionFrame("Temperature Conversion");
        frame.setupFrame();              // 윈도 설정
        frame.addComponents()            // 컴포넌트들 배치
        frame.setVisible(true);          // frame을 setVisible(true)로 하면 윈도가 나타남
    }
}
```

예제 12-3-7은 main() 메소드를 제외한 모든 필드와 메소드가 non-static으로 작성되었고 필드 참조나 메소드 호출에서 수신자 this가 생략되므로 프로그램이 훨씬 간결하다.[156)]

JFrame 클래스의 하위 클래스의 객체 생성자는 다음과 같이 타이틀 문자열을 매개변수로 전달받아 상위 클래스인 JFrame의 객체 생성자를 호출한다.

```
// 객체 생성자 - 필요한 컴포넌트를 배치할 윈도 생성
TemperatureConversionFrame(String title) {
    super(title);  // 상위 클래스인 JFrame의 객체 생성자를 반드시 호출해야 함
}
```

12.3.5 JOptionPane 클래스

JOptionPane은 값을 입력하거나 정보를 출력하기 위해 표준 대화상자를 팝업시키는 편리한 방법을 제공하는 클래스이며, 다음의 static 메소드를 이용하여 문자열 값 입력, 확인 입력, 메시지 출력 등을 간편하게 수행할 수 있다.

156) 앞으로 작성되는 GUI 예제 프로그램은 JFrame을 확장한 하위 클래스로 작성될 것이다.

JOptionPane 클래스의 static 메소드	
public static String showInputDialog(Object msg)	msg 출력한 후 사용자 입력을 문자열로 반환
public static int showConfirmDialog(Component parent, Object msg, String title, int optionType)	title과 msg 출력한 후 optionType에 따른 입력을 정수로 반환
public static void showMessageDialog(Component parent, Object msg)	msg 출력
public static void showMessageDialog(Component parent, Object msg, String title, int optionType)	title 출력하고 optionType에 따른 msg 출력

[그림 12-7]은 여러 JOptionPane 대화상자가 화면에 디스플레이된 것을 보여준다.

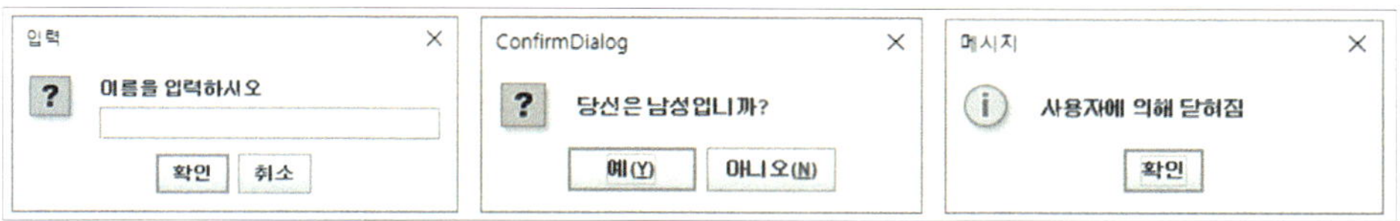

[그림 12-7] 화면에 디스플레이된 JOptionPane 대화상자들

JOptionPane의 메소드가 호출되면 대화상자가 생성되어 화면에 나타나고 JOptionPane 대화상자의 작업이 완료될 때까지 Java 프로그램은 대기한다. 이러한 방식의 대화상자 작동방식을 모달 유형(modal type)이라 한다.

❑ showInputDialog() 메소드 이용하여 문자열 입력하기

showInputDialog() 메소드는 대화상자에서 문자열을 입력하여 프로그램으로 반환하는 메소드이다. 다음은 showInputDialog() 메소드로 대화상자를 생성하고 이름을 입력하여 String 변수 name에 저장한다.

```
String name = JOptionPane.showInputDialog("이름을 입력하시오");
```

❑ showConfirmDialog() 메소드 이용하여 확인 결과 입력하기

showConfirmDialog() 메소드는 대화상자에 타이틀과 메시지를 출력하고 optionType에 따른 입력을 정수로 반환하여 프로그램으로 전달하는 메소드이다. showConfirmDialog() 메소드의 optionType과 optionType에 따른 반환값은 다음과 같다.

public static int showConfirmDialog(Component parent, Object msg, String title, int optionType)	
showConfirmDialog() 메소드의 optionType	
optionType	**반환값**
YES_NO_OPTION	YES_OPTION, NO_OPTION, CLOSED_OPTION
YES_NO_CANCEL_OPTION	YES_OPTION, NO_OPTION, CANCEL_OPTION CLOSED_OPTION
OK_CANCEL_OPTION	OK_CANCEL_OPTION, CANCEL_OPTION, CLOSED_OPTION

다음은 showConfirmDialog() 메소드로 남성 여부를 나타내는 정수를 입력하여 정정 변수 yes_or_no에 저장한다.

```
int yes_or_no = JOptionPane.showConfirmDialog(null, "당신은 남성입니까?",
                        "ConfirmDialog", JOptionPane.YES_NO_OPTION);
```

이 경우 사용자는 대화상자에서 예(Y), 아니오(N), 종료 버튼 중 하나를 선택할 수 있으며, YES_OPTION, NO_OPTION, CLOSED_OPTION 중 하나의 값이 반환되어 yes_or_no 변수에 저장된다.

다음은 showConfirmDialog(Component parent, Object msg) 메소드를 이용하여 학생 여부를 나타내는 정수를 입력하여 정수 변수 yes__no_cancel에 저장한다.

```
int yes_no_cancel = JOptionPane.showConfirmDialog(null, "당신은 학생입니까?",
                        "ConfirmDialog", JOptionPane.YES_NO_CANCEL_OPTION);
```

이 경우 사용자는 대화상자에서 예(Y), 아니오(N), 취소, 종료 버튼 중 하나를 선택할 수 있으며, YES_OPTION, NO_OPTION, CLOSED_OPTION, CANCEL_OPTION 중 하나의 값이 반환되어 yes_or_no 변수에 저장된다.

❑ showMessageDialog() 메소드 이용하여 메시지 출력하기

showMessageDialog() 메소드는 대화상자에 메시지를 출력하는 메소드로 매개변수가 2개인 것과 4개인 것이 있다.

다음은 매개변수가 2개인 showMessageDialog(Component parent, Object msg) 메소드를 이용하여 대화상자에 "사용자에 의해 취소됨" 메시지를 출력한다.

```
int yes_or_no = JOptionPane.showMessageDialog(null, "사용자에 의해 취소됨");
```

한편 매개변수가 4개인 메소드 showMessageDialog(Component parent, Object msg, String title, int optionType)를 사용하면 title과 msg를 optionType에 따라 출력할 수 있다. showMessageDialog() 메소드의 optionType은 다음과 같다.

public static int showMessageDialog(Component parent, Object msg, String title, int optionType)	
showConfirmDialog() 메소드의 optionType	
optionType	**출력형태**
PLAIN_MESSAGE	메시지에 아이콘 출력하지 않음
ERROR_MESSAGE	메시지에 오류 아이콘 출력
WARNING_MESSAGE	메시지에 경고 아이콘 출력
QUESTION_MESSAGE	메시지에 물음표 아이콘 출력
INFORMATION_MESSAGE	메시지에 정보 아이콘 출력

다음은 showMessageDialog()를 이용하여 optionType별로 여러 메시지를 대화상자에 출력한다.

```
JOptionPane.showMessageDialog(null, "사용자에 의해 취소됨",
                        "PLAIN_MESSAGE", JOptionPane.PLAIN_MESSAGE);
JOptionPane.showMessageDialog(null, "정수가 입력되어야 합니다",
                        "ERROR_MESSAGE", JOptionPane.ERROR_MESSAGE);
JOptionPane.showMessageDialog(null, "변수에 값이 저장되지 않았습니다",
                        WARNING_MESSAGE", JOptionPane.WARNING_MESSAGE);
JOptionPane.showMessageDialog(null, "인원수를 확인해보기 바랍니다",
                "QUESTION_MESSAGE", JOptionPane.QUESTION_MESSAGE);
JOptionPane.showMessageDialog(null, "사용자가 로그인 되었습니다",
                "INFORMATION_MESSAGE", JOptionPane.INFORMATION_MESSAGE);
```

❑ JOptionPane 대화상자 예제 프로그램

예제 12-3-8-1은 여러 종류의 JOptionPane 대화상자를 보여준다. 입력 작업, 확인 작업, 메시지 출력 작업 등에 사용되는 메소드와 메소드의 매개변수가 달라지면 대화상자가 달라진다.

예제 12-3-8-1 JOptionPane 대화상자 보여주기

```
class Ex12_3_8_1_JOptionPane {
    public static void main(String[] args) {
        String name = JOptionPane.showInputDialog("이름을 입력하시오");
        System.out.println("이름: " + name);

        int yes_or_no = JOptionPane.showConfirmDialog(null, "당신은 남성입니까?",
                                        "Confirm그Dialog", JOptionPane.YES_NO_OPTION);
        if (yes_or_no == JOptionPane.YES_OPTION)
            System.out.println("당신은 남성입니다");
        else
            System.out.println("당신은 여성입니다");

        int yes_or_no_cancel = JOptionPane.showConfirmDialog(null, "당신은 학생입니까?",
                                   "ConfirmDialog", JOptionPane.YES_NO_CANCEL_OPTION);

        if (yes_or_no_cancel == JOptionPane.CANCEL_OPTION)
            System.out.println("사용자에 의해 닫혀짐");
        else if (yes_or_no_cancel == JOptionPane.CLOSED_OPTION)
            System.out.println("사용자에 의해 취소됨");

        JOptionPane.showMessageDialog(null, "사용자에 의해 취소됨",
                                    "PLAIN_MESSAGE", JOptionPane.PLAIN_MESSAGE);
        JOptionPane.showMessageDialog(null, "정수가 입력되어야 합니다",
                                   "ERROR_MESSAGE", JOptionPane.ERROR_MESSAGE);
        JOptionPane.showMessageDialog(null, "변수에 값이 저장되지 않았습니다",
                            WARNING_MESSAGE", JOptionPane.WARNING_MESSAGE);
        JOptionPane.showMessageDialog(null, "인원수를 확인해보기 바랍니다",
                           "QUESTION_MESSAGE", JOptionPane.QUESTION_MESSAGE);
        JOptionPane.showMessageDialog(null, "사용자가 로그인 되었습니다",
                 "INFORMATION_MESSAGE", JOptionPane.INFORMATION_MESSAGE);
    }
}
```

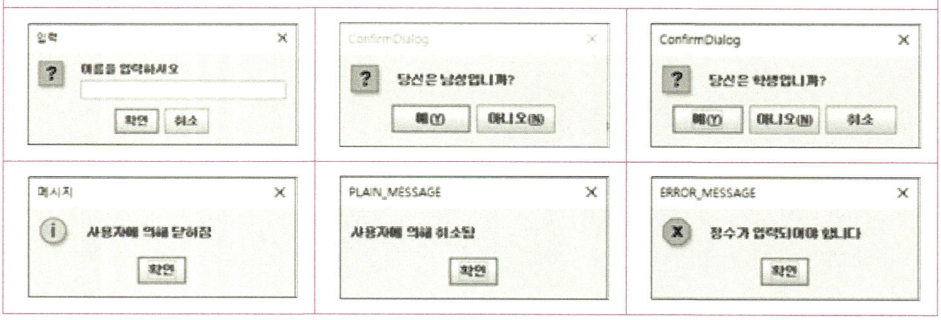

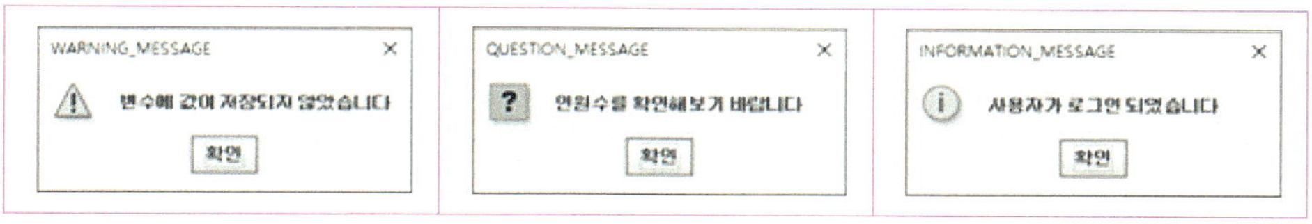

예제 12-3-8-1에서 이름, 남성 여부, 학생 여부를 입력받아 Eclipse의 콘솔 뷰에 출력하며, 여러 종류의 메시지 출력을 보여준다.

실습자료에 추가로 작성된 예제 12-3-8-2에는 배치된 3개 버튼을 클릭하면 JOptionPane을 통하여 작업이 수행되는 프로그램이 작성되어 있으므로 실행하고 살펴보면서 JOptionPane 활용법을 익히도록 한다.

12.3.6 JPanel 클래스

JPanel은 여러 컴포넌트를 배치할 수 있는 대표적인 종속 컨테이너이며, 반드시 JFrame 등 다른 컨테이너에 포함되어야 한다.

❑ JPanel 클래스의 객체 생성과 배치

종속 컨테이너인 JPanel의 객체 생성자는 다음과 같다.

JPanel 클래스의 객체 생성자	
public JPanel()	flow layout을 갖는 JPanel 객체 생성
public JPanel(null)	layout이 주어지지 않는 JPanel 객체 생성
public JPanel(LayoutManager layout)	주어진 layout을 갖는 JPanel 객체 생성

JPanel은 종속 컨테이너이므로 반드시 최상위 컨테이너 또는 다른 종속 컨테이너에 배치되어야 하며, JPanel 객체는 JFrame 객체에 배치되거나 다른 JPanel 객체에 배치된다.

JPanel은 컨테이너 컴포넌트이므로 add() 메소드를 이용하여 여러 컴포넌트를 배치할 수 있다. 복잡한 업무를 처리하는 GUI 프로그램의 경우 윈도에 여러 JPanel 객체를 배치하고 패널마다 필요한 컴포넌트 배치하여 업무 처리하는 화면을 구성한다. [그림 12-8]은 4개 패널을 배치하여 은행업무를 처리하는 화면이다.

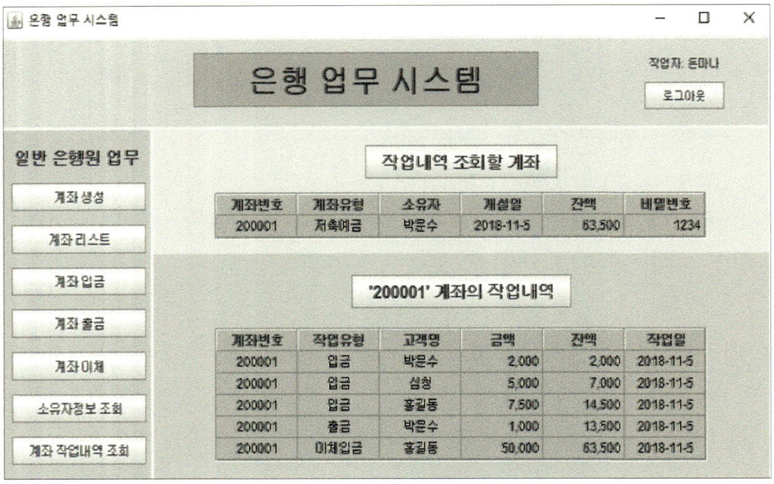

[그림 12-8] 4개 패널 배치하여 은행 업무 처리하는 화면

❑ JPanel을 배치하는 JFrame 예제

예제 12-3-9는 JPanel 객체를 생성하여 JFrame 객체에 배치한다.

예제 12-3-9 JFrame 객체와 JPanel 객체 생성 및 속성 설정

```
import javax.swing.*;

// GUI 프로그램은 JFrame을 확장하는 하위 클래스로 JFrame 객체 생성
class Ex12_3_9_JFrameWithJPanel extends JFrame {
  JLabel labelInFrame = new JLabel("  JFrame에 패널을 배치하기  ");

  JPanel panel  = new JPanel();      // JPanel 객체 생성하여 panel이 참조
  JLabel labelInPanel = new JLabel("  JPanel에 레이블을 배치하기  ");

  // 객체 생성자: 윈도를 위한 설정
  Ex12_3_9_JFrameWithJPanel(String title) {
     super(title);

     this.setLayout(null);             // 컴포넌트 배치방식 수동방식으로 설정
     this.setSize(500, 300);           // 가로 500픽셀, 세로 300픽셀 크기로
     this.setLocation(420, 220);       // 윈도를 (420, 220) 위치에 배치
     this.setDefaultCloseOperation(JFrame.EXIT_ON_CLOSE); // 종료 옵션 설정
  }

  // 컴포넌트들 설정 메소드
  void setupComponents() {
     // labelInFrame의 속성 설정
     labelInFrame.setOpaque(true);   // JLabel 배경색 변경을 위해 필요
```

```
        labelInFrame.setBackground(Color.black);       // 배경색 설정
        labelInFrame.setForeground(Color.orange);      // 전경색 설정
        labelInFrame.setSize(170, 20);                 // 가로 170픽셀, 세로 20픽셀 크기로
        labelInFrame.setLocation(120, 20);             // (120, 20) 위치에 배치

        // panel의 속성 설정
        panel.setLayout(null);        // null이므로 컴포넌트마다 배치위치 설정하는 수동 배치
        panel.setBackground(Color.green);       // 배경색 설정
        panel.setForeground(Color.magenta);     // 전경색 설정
        panel.setSize(300, 100);                // panel을 가로 300픽셀, 세로 100픽셀 크기로
        panel.setLocation(50, 60);              // panel을 (50, 60) 위치에 배치

        // labelInPanel의 속성 설정
        labelInPanel.setOpaque(true);                  // !! JLabel 배경색 변경 위해 필요
        labelInPanel.setBackground(Color.white);       // 배경색 설정
        labelInPanel.setForeground(Color.red);         // 전경색 설정
        labelInPanel.setSize(180, 20);                 // 가로 180픽셀, 세로 20픽셀 크기로
        labelInPanel.setLocation(60, 40);              // (60, 40) 위치에 배치
    }

    // 윈도에 필요한 컴포넌트를 추가하여 배치하는 메소드
    void addComponents() {
        this.add(labelInFrame);       // frame에 레이블 추가
        this.add(panel);              // frame에 panel 추가
        panel.add(labelInPanel);      // panel에 레이블 추가
    }

    public static void main(String[] args) {
        Ex12_3_9_JFrameWithJPanel frame = new
            Ex12_3_9_JFrameWithJPanel("JFrameWithJPanel");  // 윈도 생성 및 설정
        frame.setupComponents();   // frame에 배치될 컴포넌트들의 속성 설정
        frame.addComponents();     // frame에 컴포넌트들을 배치
        frame.setVisible(true);    // frame을 setVisible(true)로 하면 윈도가 나타남
    }
}
```

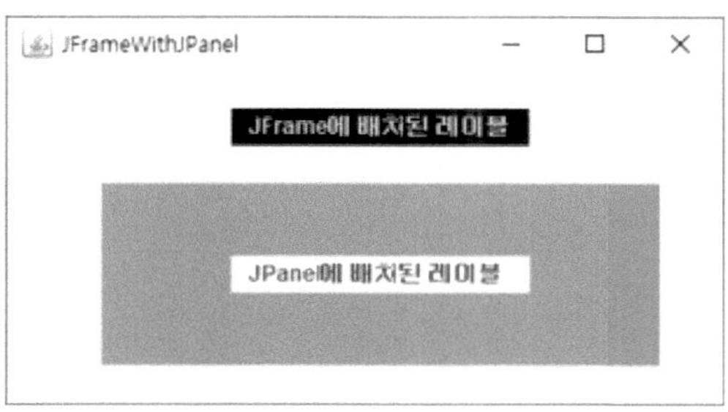

JPanel 객체는 바탕색이 녹색으로, 배치양식은 수동방식으로 설정되었으며, JPanel 객체에 JLabel 객체를 배치하였다.

12.3.7 JScrollPane 클래스

배치된 컴포넌트가 컨테이너 크기보다 크면 컴포넌트가 완전히 표시되지 못한다. 한편 컴포넌트 크기가 커져 컨테이너에서 감당하지 못할 경우도 있다. 이러한 경우 JScrollPane에 컴포넌트를 배치하면 자동 스크롤바가 생성되어 컴포넌트 전체를 표시하면서 스크롤링할 수 있다. JScrollPane 객체에 주로 배치되는 컴포넌트는 JTextArea, JPanel, JTable이다.

[그림 12-9]는 JScrollPane에서 스크롤바가 없는 상태에서 컴포넌트가 커져 스크롤바가 생성된 모습을 보여준다.

[그림 12-9] JScrollPane에 스크롤바가 생성된 모습

❑ JScrollPane 클래스의 객체 생성과 배치

JScrollPane의 객체 생성자는 다음과 같으며, JScrollPane 객체를 생성할 때 배치할 컴포넌트를 매개변수로 전달한다.

JScrollPane 클래스의 객체 생성자	
public JScrollPane(Component comp)	comp를 배치하는 JScrollPane 객체 생성

다른 컨테이너에 여러 컴포넌트를 배치할 수 있지만 ScrollPane에는 하나의 컴포넌트만 배치할 수 있다.

JScrollPane은 종속 컨테이너이므로 반드시 최상위 컨테이너 또는 다른 종속 컨테이너에 배치되어야 하며, JScrollPane 객체는 JFrame 객체 또는 JPanel 객체에 배치될 수 있다.

❑ JScrollPane 배치하는 JFrame 예제

예제 12-3-10은 JFrame 객체와 JScrollPane 객체를 생성하고 JScrollPane 객체를 JFrame 객체에 배치하며, 가변 크기의 JTextArea 객체를 JScrollPane 객체에 배치한다.

예제 12-3-10 JFrame에 JScrollPane 객체 배치

```
import javax.swing.*;

class Ex12_3_10_JFrameWithJScrollPane extends JFrame {
   JTextArea ta = new JTextArea("홍길동\n박문수\n이몽룡\n", 4, 8);
   JScrollPane scrollPane = new JScrollPane(ta);   // ta를 배치하는 JScrollPane 객체

   // 객체 생성자: 윈도를 위한 설정
   Ex12_3_10_JFrameWithJScrollPane(String title) {
      super(title);
      this.setLayout(null);                    // 배치방식을 수동 배치로
      this.setLocation(500, 300);              // 윈도를 (500, 300) 위치에 배치
      this.setSize(320, 200);                  // 가로 320픽셀, 세로 20픽셀 크기로
      this.setDefaultCloseOperation(JFrame.EXIT_ON_CLOSE);    // 종료 옵션 설정
   }

   // 컴포넌트들 설정 메소드
   void setupComponents() {
      // ta의 속성 설정
      ta.setBackground(Color.yellow);          // 색상명으로 배경색 설정
      ta.setForeground(Color.blue);            // 색상명으로 전경색 설정

      // scrollPane의 속성 설정
      scrollPane.setLocation(100, 30);         // (100, 30)의 위치에 배치
      scrollPane.setSize(100, 100);            // 가로 100픽셀, 세로 100픽셀 크기로
   }

   // 윈도에 필요한 컴포넌트를 추가하여 배치하는 메소드
   void addComponents() {
      this.add(scrollPane);                    // JFrame에 scrollPane 배치
   }

   public static void main(String[] args) {
      Ex12_3_10_JFrameWithJScrollPane frame =            // 윈도 생성 및 설정
                     new Ex12_3_10_JFrameWithJScrollPane("JFrameWithScrollPane");
      frame.setupComponents();                 // frame에 배치될 컴포넌트들의 속성 설정
      frame.addComponents();                   // frame에 컴포넌트들 배치
      frame.setVisible(true);                  // frame을 setVisible(true)로 하면 윈도가 나타남
```

```
    }
}
```

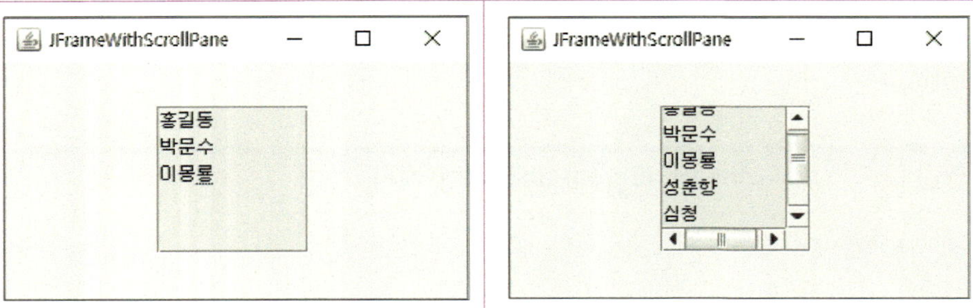

예제 12-3-10의 결과를 보면, 처음에 스크롤바가 없는 상태에서 홍길동, 박문수, 이몽룡 등 초기 텍스트가 출력된다. JTextArea 객체에 이름을 추가로 입력하면 가로와 세로 스크롤바가 생성되어 주어진 공간에서 큰 크기의 객체를 수용할 수 있다.

12.4 비컨테이너 컴포넌트

비컨테이너 컴포넌트는 다른 컴포넌트를 배치할 수 없으며 컨테이너에 배치되어야 디스플레이될 수 있는 컴포넌트이다. Java에는 많은 비컨테이너 컴포넌트가 있으며 중요한 컴포넌트는 다음과 같다.

비컨테이너 컴포넌트	
JLabel	문자열 또는 이미지 출력을 위한 컴포넌트
JButton	특정 작업 수행하게 하는 컴포넌트
JTextField	문자열 입력하는 컴포넌트
JPasswordField	패스워드 입력하는 컴포넌트
JTextArea	여러 라인의 텍스트 입력하는 컴포넌트
JList	여러 리스트 중에서 선택하게 하는 컴포넌트
JRadioButton	여러 요소 중 하나만 선택하게 하는 컴포넌트
JCheckBox	여러 요소 중 하나 또는 다수 선택하게 하는 컴포넌트
JTable	테이블 형식으로 여러 데이터 입출력하는 컴포넌트
JMenu	메뉴 관리를 위한 컴포넌트
JMenuItem	JMenu의 종속 컴포넌트로, 특정 메뉴 하나 처리

12.4.1 JLabel

JLabel은 필요한 정보를 제공하기 위하여 문자열 또는 이미지를 화면에 출력하여 컴포넌트이다. JLabel의 객체 생성자는 다음과 같이 텍스트를 갖는 레이블, 이미지를 갖는 레이블, 이미지와 텍스트 모두를 갖는 레이블을 생성할 수 있다.

JLabel 클래스의 객체 생성자	
public JLabel()	타이틀이나 이미지가 없는 레이블 생성
public JLabel(String text)	주어진 텍스트 갖는 레이블 생성
public JLabel(Icon image)	주어진 이미지 갖는 레이블 생성
public JLabel(String text, Icon image, int horizontalAlignment)	주어진 수평 정렬의 텍스트와 이미지 갖는 레이블 생성(수평정렬은 SwingConstants 클래스의 상수 LEFT, CENTER, RIGHT, LEADING, TRAILING 중 하나 명시)

레이블에 이미지를 출력하려면 이미지가 저장된 파일을 이미지 아이콘 객체로 생성하고 JLabel 객체 생성자의 매개변수로 이미지 아이콘 객체를 전달한다. 다음은 상대경로 "images/cat.jpg"에 저장된 이미지 파일을 이미지 아이콘 객체로 생성하고 이를 출력하는 레이블 객체를 생성한다.

```
ImageIcon catIcon = new ImageIcon("images/cat.jpg");      // 이미지 아이콘 생성
JLabel labelCatImage = new JLabel(catIcon);               // 이미지 갖는 레이블 생성
```

참고로 파일의 상대경로는 현재 작업폴더에서부터 시작하는 파일의 경로를 말하며, Eclipse에서 현재 작업폴더는 프로젝트가 저장된 폴더이다.

예제 12-4-1은 3가지 종류의 레이블을 생성한다.

예제 12-4-1 3가지 종류의 레이블을 생성

```
import java.awt.*;
import javax.swing.*;
class Ex12_4_1_JFrameWithJLabels extends JFrame {
   JLabel labelCatText = new JLabel("고양이");                 // 텍스트 갖는 레이블 생성

   ImageIcon catIcon = new ImageIcon("images/cat.jpg");    // 이미지 아이콘 생성
   JLabel labelCatImage = new JLabel(catIcon);             // 이미지 갖는 레이블 생성

   // 이미지 아이콘 생성하여 텍스트와 이미지 갖는 레이블 생성
   ImageIcon dogIcon = new ImageIcon("images/dog.jpg");
```

```
    JLabel labelDog = new JLabel("강아지 이미지", dogIcon, SwingConstants.CENTER);

    // 객체 생성자: 윈도를 위한 설정
    Ex12_4_1_JFrameWithJLabels(String title) {
        super(title);

        this.setSize(450, 300);                // 가로 450픽셀, 세로 300픽셀 크기로
        this.setLocation(420, 220);            // 윈도를 (420, 220) 위치에 배치
        this.setDefaultCloseOperation(JFrame.EXIT_ON_CLOSE); // 종료 옵션 설정

        this.setLayout(new GridLayout(2, 2));  // 컴포넌트 배치방식을 grid layout으로
    }

    // 윈도에 필요한 컴포넌트 추가하여 배치하는 메소드
    void addComponents() {
        this.add(labelCatText);
        this.add(labelCatImage);
        this.add(labelDog);
    }

    public static void main(String[] args) {
        Ex12_4_1_JFrameWithJLabels frame = new     // 윈도 생성 및 설정
                                  Ex12_4_1_JFrameWithJLabels("JFrameWithJLabels");
        frame.addComponents();    // frame에 컴포넌트들 배치
        frame.setVisible(true);   // 객체를 setVisible(true)로 하면 윈도가 나타남
    }
}
```

12.4.2 JButton

JButton은 마우스로 클릭하면 설정된 이벤트를 발생시켜 원하는 작업을 수행하게 하는 컴포넌트이다. JButton의 객체 생성자는 텍스트를 갖는 버튼, 이미지를 갖는 버튼, 이미지와 텍스트 모두를 갖는 버튼을 생성한다.

JButton 클래스의 객체 생성자	
public JButton()	타이틀이나 이미지가 없는 버튼 생성
public JButton(String text)	주어진 텍스트 갖는 버튼 생성
public JButton(Icon image)	주어진 이미지 갖는 버튼 생성
public JButton(String text, Icon image)	주어진 텍스트와 이미지 갖는 레이블 생성

예제 12-4-2는 텍스트 갖는 버튼을 클릭하면 고양이와 강아지 이미지를 보여준다.

예제 12-4-2 버튼 이용하는 프로그램

```
import java.awt.*;
import javax.swing.*;
class JFrameWithJButtons extends JFrame {
    JButton btShowCat = new JButton("고양이 보기");        // 텍스트 갖는 버튼 생성
    JButton btShowDog = new JButton("강아지 보기");        // 텍스트 갖는 버튼 생성

    ImageIcon catIcon = new ImageIcon("images/cat.jpg");  // 이미지 아이콘 생성
    JLabel labelCat = new JLabel(catIcon);                 // 이미지 갖는 레이블 생성

    // 이미지 아이콘 생성하여 텍스트와 이미지 갖는 레이블 생성
    ImageIcon dogIcon = new ImageIcon("images/dog.jpg");
    JLabel labelDog = new JLabel("강아지 이미지", dogIcon, SwingConstants.CENTER);
    // 객체 생성자: 윈도를 위한 설정
    JFrameWithJButtons(String title) {
        super(title);

        this.setSize(450, 300);                    // 가로 450픽셀, 세로 300픽셀 크기로
        this.setLocation(420, 220);                // 윈도를 (420, 220) 위치에 배치
        this.setDefaultCloseOperation(JFrame.EXIT_ON_CLOSE);    // 종료 옵션 설정

        this.setLayout(new GridLayout(2, 2, 10, 10));          // 배치방식을 grid layout으로
    }

    // 윈도에 필요한 컴포넌트를 추가하여 배치하는 메소드
    void addComponents() {
        this.add(btShowCat);
        this.add(btShowDog);
        this.add(labelCat);
        this.add(labelDog);
    }

    // 윈도를 화면에 나타나게 하고 입력을 기다리게 하는 메소드
    void showFrame() {
```

```
        labelCat.setVisible(false);   // setVisible(false)로 고양이 이미지 나타나지 않게 함
        labelDog.setVisible(false);   // setVisible(false)로 강아지 이미지 나타나지 않게 함

        this.setVisible(true);        // 이 객체를 setVisible(true)로 하면 윈도가 나타남
    }

    // JButton 객체에 버튼 리스너 객체 등록시키는 메소드
    void enrolEventListener() {
        // 익명 클래스 사용하여 리스너 객체 생성
        MouseAdapter listener = new MouseAdapter() {
            // mousePressed() 메소드는 마우스 클릭 완료된 후 자동 호출
            //    클릭된 버튼 확인하여 해당 레이블을 보이도록 설정
            public void mousePressed(MouseEvent e) {
                Object src = e.getSource();      // 이벤트 발생한 소스 구함
                if (src == btShowCat)            // 이벤트 발생 소스가 btShowCat 버튼이면
                    labelCat.setVisible(true);   //    labelCat 레이블 보이게 함
                else if (src == btShowDog)       // 이벤트 발생 소스가 btShowDog 버튼이면
                    labelDog.setVisible(true);   //    labelDog 레이블 보이게 함
            }
        }; // 리스너 객체 생성

        btShowCat.addMouseListener(listener);  // 리스너 객체 등록시킴
        btShowDog.addMouseListener(listener);  // 리스너 객체 등록시킴
    }

    public static void main(String[] args) {
        JFrameWithJButtons frame = new JFrameWithJButtons("JFrameWithJButtons");
        frame.addComponents();          // frame에 컴포넌트 배치
        frame.enrolEventListener();     // 버튼에 리스너 등록시킴
        frame.showFrame();              // frame 나타나게 하고 입력 기다림
    }
}
```

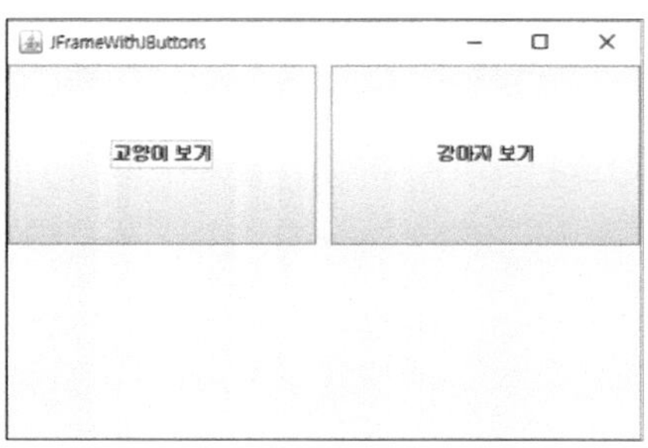

이 프로그램에서 처음에 고양이 이미지 레이블과 강아지 이미지 레이블이 화면에 나타나지 않는다. 그 이유는 setVisible(false)로 이들 레이블을 나타나지 않게 설

정했기 때문이다. 고양이 보기 버튼과 강아지 보기 버튼을 클릭하면 고양이 이미지와 강아지 이미지가 나타난다.

12.4.3 JTextField와 JPasswordField

JTextField와 JPasswordField는 한 라인의 문자열을 입력하는 컴포넌트이다. JTextField와 JPasswordField는 같은 기능을 가지지만 JTextField는 입력되는 문자가 표시되며, JPasswordField는 입력되는 문자가 숨겨진다.

다음은 JTextField와 JPasswordField의 객체 생성자이다.

JTextField와 JPasswordField 클래스의 객체 생성자	
public JTextField(int columns)	주어진 개수의 열 갖는 텍스트필드 생성
public JTextField(String text)	주어진 텍스트 갖는 텍스트필드 생성
public JPasswordField(int columns)	주어진 개수의 열 갖는 패스워드필드 생성
public JPasswordField(String text)	주어진 텍스트 갖는 패스워드필드 생성

다음은 JTextField와 JPasswordField의 입력된 문자열을 반환하는 메소드이다.

JTextField와 JPasswordField 클래스의 입력된 문자열 가져오는 메소드	
public String getText()	JTextField에서 입력된 문자열 가져오는 메소드
public char[] getPassword()	JPasswordField에서 입력된 문자 배열 가져오는 메소드

JPasswordField에서 입력된 문자열을 가져올 때 String을 반환하는 getText() 메소드는 보안상의 이유로 deprecated 메소드로 지정되었으므로 문자 배열을 반환하는 getPassword() 메소드를 사용하도록 권장한다.

한편 JTextField와 JPasswordField에 문자열을 저장하는 메소드 setText()는 다음과 같다.

JTextField와 JPasswordField 클래스의 문자열 저장하는 메소드	
public void setText(String s)	JTextField에 문자열 s를 저장하는 메소드

예제 12-4-3은 로그인 아이디와 비밀번호를 입력하여 미리 설정된 아이디와 비밀번호인 1234와 같은가를 검사한다.

예제 12-4-3 로그인 아이디와 비밀번호 입력하기

```
class Ex12_4_3_JFrameWithJTextField_JPasswordField extends JFrame {
    JLabel labelLoginID = new JLabel ("로그인 아이디:");    // 텍스트 갖는 레이블 생성
    JLabel labelPassword = new JLabel("패스워드      :");    // 텍스트 갖는 레이블 생성

    JTextField tfLoginID = new JTextField(10);              // 10 문자 텍스트필드 생성
    JPasswordField pfPassword = new JPasswordField(10);   // 10 문자 패스워드필드 생성

    JButton btConfirm = new JButton(" 확인 ");              // 텍스트 갖는 버튼 생성

    // 객체 생성자: 윈도를 위한 설정
    Ex12_4_3_JFrameWithJTextField_JPasswordField(String title) {
        super(title);
        this.setSize(250, 150);               // 가로 250픽셀, 세로 150픽셀 크기로
        this.setLocation(420, 220);           // 윈도를 (420, 220) 위치에 배치
        this.setDefaultCloseOperation(JFrame.EXIT_ON_CLOSE);  // 종료 옵션 설정

        this.setLayout(new FlowLayout(FlowLayout.CENTER, 5, 10));
    }

    // 윈도에 필요한 컴포넌트를 추가하여 배치하는 메소드
    void addComponents() {
        this.add(labelLoginID);
        this.add(tfLoginID);
        this.add(labelPassword);
        this.add(pfPassword);
        this.add(btConfirm);
    }

    // JButton 객체에 버튼 리스너 객체 등록시키는 메소드
    void enrolEventListener() {
        // 익명 클래스 사용하여 리스너 객체 생성
        MouseAdapter listener = new MouseAdapter() {
            // mousePressed()는 마우스 클릭 완료된 후 자동 호출되는 메소드
            //     입력된 로그인 아이디와 패스워드에 모두 1234 입력되었는가 확인
            public void mousePressed(MouseEvent e) {
                Object src = e.getSource();              // 이벤트 발생한 소스 구함
                if (src == btConfirm) {                  // 이벤트 발생 소스가 btConfirm이면
                    String loginId = tfLoginID.getText();  //     로그인 아이디 가져옴
                    char[] password = pfPassword.getPassword(); // 문자 배열로 패스워드 가져옴

                    if (loginId.equals("1234") && // 저장된 아이디와 패스워드와 동일하면
                                java.util.Arrays.equals(password, "1234".toCharArray()))
                        JOptionPane.showMessageDialog(null,
                                        "올바른 로그인 아이디와 패스워드가 입력됨");
```

```
                else
                    JOptionPane.showMessageDialog(null,
                                        "잘못된 로그인 아이디 또는 패스워드가 입력됨")
            }
        }
    };    // 리스너 객체 생성의 끝

    btConfirm.addMouseListener(listener);  // 리스너 객체 등록시킴
  }

  public static void main(String[] args) {
    Ex12_4_3_JFrameWithJTextField_JPasswordField frame =
         new Ex12_4_3_JFrameWithJTextField_JPasswordField("JTextField 예제");
    frame.addComponents();       // frame에 컴포넌트들 배치
    frame.enrolEventListener();  // 버튼에 리스너 등록시킴
    frame.setVisible(true);      // frame을 setVisible(true)로 하면 윈도 나타남
  }
}
```

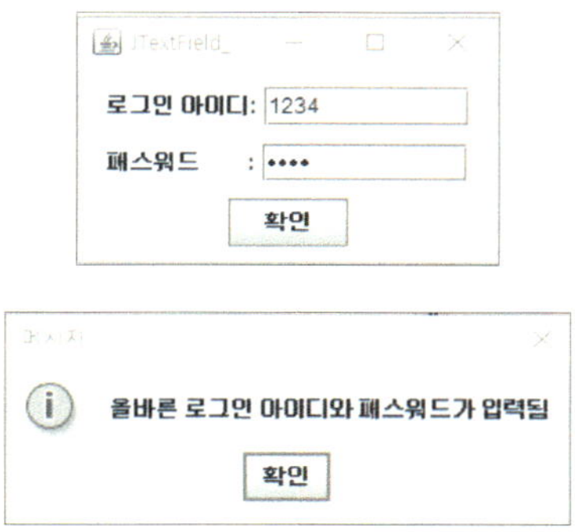

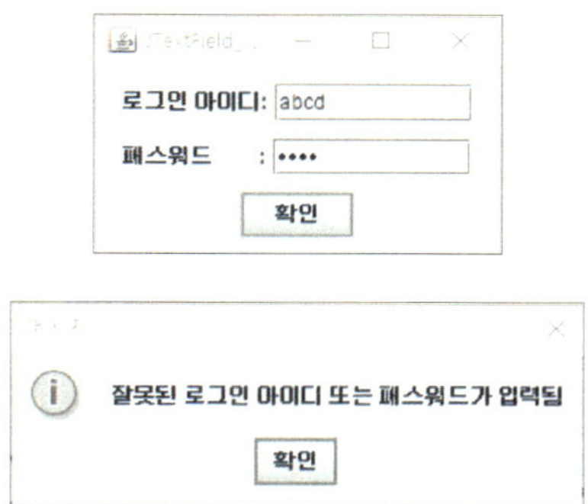

프로그램 설명

- 이 프로그램은 입력된 로그인 아이디와 패스워드가 올바른 것인가 검사
  - JTextField에 로그인 아이디, JPasswordField에 패스워드 입력
  - 입력된 로그인 아이디와 패스워드가 모두 "1234"이면 로그인 성공으로, 아니면 로그인 실패로 간주하여 JOptionPane으로 메시지 출력
- **입력된 패스워드는 보안 강화를 위해 String이 아닌 문자 배열로 처리**
  - 《 char[] password = pfPassword.getPassword(); 》에서 입력된 패스워드를 문자 배열로 가져옴
  - 《 **java.util.Arrays.equals(password, "1234".toCharArray())** 》에서 "1234"를 문자 배열로 변환하여 equals() 메소드로 문자들의 동일 여부를 비교
  - java.util 패키지의 Arrays 클래스의 equals() 메소드는 클래스 메소드로, 매개변수인 문자 배열들의 내용이 같으면 true, 아니면 false를 반환

    public static boolean equals(char[] a, char[] a2)

12.4.4 JTextArea

JTextArea는 여러 라인의 문자열을 입력하는 컴포넌트이다. JTextArea는 데이터가 많아지면 크기가 변하는 컴포넌트이며, JScrollPane에 배치되면 크기가 커져도 문제가 되지 않는다.

다음은 JTextArea의 객체 생성자이다.

JTextArea 클래스의 객체 생성자	
public JTextArea(int rows, int columns)	주어진 개수의 행과 열 갖는 텍스트영역 생성
public JTextArea(String text)	주어진 텍스트 갖는 텍스트영역 생성
public JTextArea(String text, int rows, int columns)	주어진 텍스트, 행에 rows 개, 열에 columns 개 문자 입력할 수 있는 텍스트영역 생성

다음은 JTextArea 클래스의 입력된 문자열을 반환하는 메소드이다.

JTextArea 클래스의 입력된 문자열 가져오는 메소드	
public String getText()	JTextArea에서 입력된 문자열 가져오는 메소드

한편 JTextArea 클래스의 문자열을 저장하는 메소드는 다음과 같다.

JTextArea 클래스의 문자열 저장하는 메소드	
public void setText(String s)	텍스트영역에 문자열 s를 저장하는 메소드
public void append(String s)	텍스트영역 끝에 문자열 s를 추가하여 저장하는 메소드

JTextArea 객체에 문자열을 저장하기 위한 메소드로 전체를 주어진 문자열로 저장하는 setText() 메소드와 이미 저장된 문자열의 끝에 주어진 문자열을 첨가하는 append() 메소드가 있다.

예제 12-4-4는 1부터 100 사이의 소수를 구해 한 라인에 10개씩 JTextArea 객체에 출력한다.

예제 12-4-4 JTextArea에 소수 출력하기

```
class Ex12_4_4_JFrameWithJTextArea extends JFrame {
   JTextArea ta = new JTextArea("");
   JScrollPane scrollPane = new JScrollPane(ta); // ta를 배치하는 JScrollPane 객체
```

```
Ex12_4_4_JFrameWithJTextArea(String title) {   // 객체 생성자: 윈도 설정
    super(title);
    this.setLayout(null);                  // 배치방식을 수동 배치로
    this.setLocation(500, 300);            // 윈도를 (500, 300) 위치에 배치
    this.setSize(500, 350);                // 가로 500픽셀, 세로 350픽셀 크기로
    this.setDefaultCloseOperation(JFrame.EXIT_ON_CLOSE); // 종료 옵션 설정
}

void setupComponents() {                   // 컴포넌트들 설정 메소드
    // ta의 속성 설정
    ta.setBackground(Color.yellow);        // 색상명으로 배경색 설정
    ta.setForeground(Color.blue);          // 색상명으로 전경색 설정

    // scrollPane의 속성 설정
    scrollPane.setLocation(100, 50);       // (100, 30)의 위치에 배치
    scrollPane.setSize(300, 200);          // 가로 300픽셀, 세로 200픽셀 크기로
}

void addComponents() {
    this.add(scrollPane);                  // JFrame에 scrollPane 배치
}

// from에서 to까지 정수 중 소수 구해 텍스트영역에 저장하는 메소드
void addPrimeNo(int from, int to, int cntInLine) {
    ta.setText("     ** " + from +"에서 " + to + "까지 소수들 **\n\n");

    int cnt = 0;
    for (int i = from; i <= to; i++) {
        if (isPrimeNo(i)) {                // 소수이면 텍스트영역 끝에 추가
            ta.append("   " + i);

            if (++cnt % cntInLine == 0)    // cntInLine개씩 한 줄에 출력
                ta.append("\n");
        }
    }
}

static boolean isPrimeNo(int n) {          // 주어진 n이 소수인지 판별하는 메소드
    if (n < 2)
        return false;

    for  (int i = 2; i < n; i++)
        if (n % i == 0)
            return false;

    return true;
```

```
    }

    public static void main(String[] args) {
        Ex12_4_4_JFrameWithJTextArea frame =            // 윈도 생성 및 설정
                new Ex12_4_4_JFrameWithJTextArea("JFrameWithJTextArea");
        frame.setupComponents();           // frame에 배치될 컴포넌트들의 속성 설정
        frame.addComponents();             // frame에 컴포넌트들 배치
        frame.addPrimeNo(1, 1000, 10);     // 1부터 1000까지 소수 텍스트영역에 저장
        frame.setVisible(true);            // frame을 setVisible(true)로 하면 윈도 나타남
    }
}
```

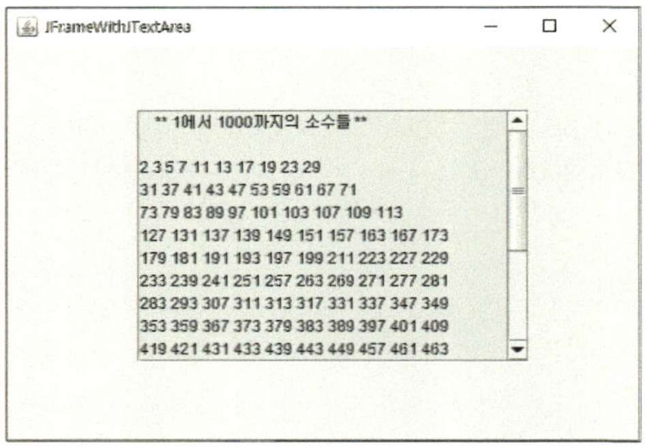

12.4.5 기타 비컨테이너 컴포넌트

지금까지 살펴본 컴포넌트 외에도 JList, JRadioButton, JCheckBox, JTable, JMenu, JMenuItem 등 여러 비컨테이너 컴포넌트들이 있다. 이들에 대해서는 이벤트 처리가 필수적이므로 이벤트 처리에서 살펴본다.

12.5 이벤트 처리하기

Java의 GUI 프로그램에서 버튼, 텍스트필드, 라디오박스, 콤보박스 등 여러 컴포넌트를 컨테이너에 배치하고 이를 보여주는 것은 그리 어려운 작업이 아니다. 그런데, 배치된 이들 컴포넌트에 대해 원하는 작업을 수행하게 하기는 쉽지 않은 작업이다. 예를 들어, 텍스트필드에 값을 입력한 후 처리를 위한 버튼을 클릭하면 입력된 값을 처리하는 별도의 작업이 추가되어야 하며, 이러한 작업을 이벤트 처리라 한다.

다음과 같이 2개 텍스트필드에 1234와 2345를 입력한 후 덧셈을 나타내는 버튼을 클릭한다고 하자.

그러면 텍스트필드의 값 1234와 2345를 더한 결과 3579를 결과 텍스트필드에 출력한다. 이를 위해 덧셈 버튼을 클릭했을 때 발생하는 이벤트를 감지하여 처리하는 코드를 작성해야 한다.

이벤트(event)는 GUI 컴포넌트의 상태가 변화되는 것으로, 사용자의 행동 때문에 컴포넌트의 상태가 변하면 이벤트 발생한다. 이벤트를 발생시키는 사용자의 행동으로는 컴포넌트에서 마우스 클릭과 이동, 키 입력, focus 획득과 잃음, 리스트 아이템 선택 등 다양하다.

이벤트가 발생하면 이벤트 분배 스레드(event dispatch thread)에 의해 자동으로 이벤트 객체가 생성되고, 미리 등록된 이벤트 처리 메소드가 호출되어 이벤트가 처리된다. 이때 생성된 이벤트 객체를 매개변수로 전달하여 이벤트 관련 정보를 이벤트를 처리할 때 활용할 수 있다.

12.5.1 버튼에서 이벤트 발생과 처리

❑ 버튼 객체에서 발생하는 이벤트

버튼에서 이벤트를 발생시키는 사용자의 행동은 다양하다. 마우스로 버튼을 클릭할 때, 마우스가 버튼에 들어가고 나갈 때, 마우스로 버튼을 드래그할 때, 마우스 휠을 회전시킬 때, 탭 키(tab key)를 이용하여 포커스를 이동시켜 버튼 객체가 포커스를 얻거나 잃을 때 버튼 객체에 대한 이벤트가 발생한다.

버튼에서 사용자 행동에 의해 발생하는 대표적인 이벤트는 다음과 같다.

- 마우스로 버튼 클릭: 버튼으로의 마우스 이동, 버튼의 포커스 얻음, 마우스 클릭이 동시에 이루어지므로 Action 이벤트, Mouse 이벤트, Focus 이벤트가 동시에 발생
- 버튼에 마우스 들어가고 나감: Mouse 이벤트 발생
- 탭 키를 이용한 버튼의 포커스 얻음과 잃음: Focus 이벤트 발생

❑ 버튼에서 발생한 이벤트의 처리과정

버튼에서 이벤트가 발생하면 이벤트 분배 스레드는 다음의 과정으로 이벤트를 처리한다.

1) 사용자 행동에 따른 이벤트 객체의 자동적 생성
   - 이때, 이벤트 발생한 컴포넌트와 이벤트 관련 정보(클릭된 좌표, 클릭된 마우스 버튼 번호, 클릭된 회수 등) 저장
   - 이벤트 처리할 때 이벤트 발생한 버튼과 이벤트 관련 정보 활용
   - 여러 이벤트 객체가 동시에 생성될 수 있음

2-1) 버튼에 리스너 객체가 등록되어 있으면 리스너 객체의 이벤트 처리 메소드 자동 호출
   - 이때 1)에서 생성된 이벤트 객체를 이벤트 처리 메소드의 형식매개변수로 전달
   - 여러 이벤트 처리 메소드가 동시에 호출될 수 있음

2-2) 버튼에 등록된 리스너 객체가 없으면 아무런 처리가 이루어지지 않음
   - GUI 프로그램에서 이벤트 처리를 하려면 반드시 리스너 객체를 이벤트 발생하는 컴포넌트에 등록시켜야 함
   - 이를 위해 리스너 클래스가 먼저 작성되어야 함

[그림 12-10]은 버튼 객체에 Action 이벤트와 Mouse 이벤트를 처리하기 위한 준비과정과 실제 처리과정을 보여준다.

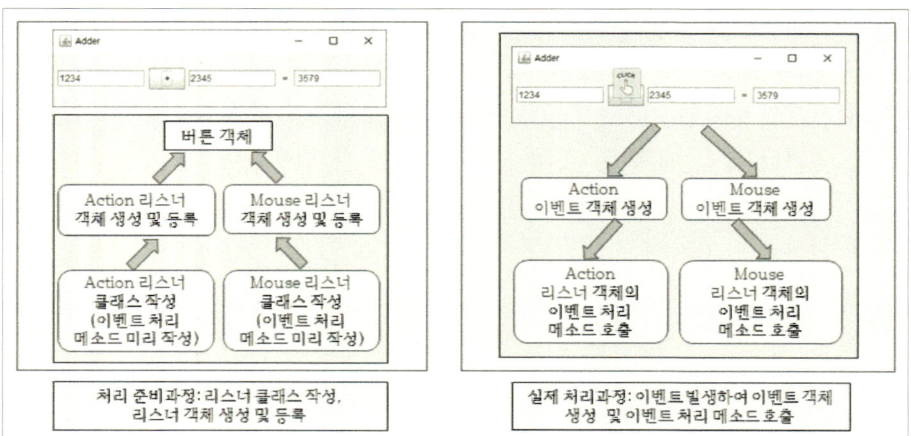

[그림 12-10] 버튼 객체의 이벤트 처리를 위한 준비과정과 실제 처리과정

버튼 객체에서 발생하는 Action 이벤트와 Mouse 이벤트를 처리하기 위해 Action

리스너 클래스와 Mouse 리스너 클래스를 작성하고 이들 리스너 클래스의 객체를 버튼 객체에 등록하면 이벤트 처리 준비가 완료된다. 그 후 버튼을 클릭하면 이벤트가 발생하여 이벤트 객체가 자동 생성되고 등록된 리스너 객체의 이벤트 처리 메소드가 호출되어 실제적 이벤트 처리가 완료된다.

리스너 클래스의 작성과 리스너 객체의 등록은 프로그래머가 해야 하는 작업이며, 이벤트 객체 생성 및 이벤트 처리 메소드 호출은 Java 가상기계의 이벤트 분배 스레드에 의해 자동 수행된다. 이러한 이벤트 처리 시나리오를 이해하면 이벤트 처리가 어렵지 않으나, 이를 이해하지 못하면 이벤트 처리는 매우 어렵다.

❑ 버튼 객체에서 발생한 이벤트들 보여주는 예제

예제 12-5-1은 더하기 버튼에서 발생하는 이벤트를 처리하기 위한 리스너 클래스를 작성하고 리스너 객체를 버튼에 등록하여 덧셈을 수행하면서 이벤트가 발생한 결과를 Eclipse의 콘솔 뷰에 자세히 보여준다.

예제 12-5-1 JButton 객체에서 발생한 이벤트 처리하기

```
public class Ex12_5_1_JButtonEvent extends JFrame {
   JTextField tf1, tf2, tfRes;
   JButton btnPlus;

   Ex12_5_1_JButtonEvent() {
      setTitle("Adder");
      setDefaultCloseOperation(JFrame.EXIT_ON_CLOSE);
      setLayout(new FlowLayout(FlowLayout.CENTER, 5, 20));

      this.add(tf1 = new JTextField("1234", 10));     // 크기 10인 텍스트필드
      this.add(btnPlus = new JButton(" + "));

      this.add(tf2 = new JTextField("2345", 10));     // 크기 10인 텍스트필드
      this.add(new JLabel(" = "));
      this.add(tfRes = new JTextField("", 10));       // 초기값 "", 크기 10인 텍스트필드

      ActionListener aListener = new MyActionListener(); // 리스너 객체 생성
      btnPlus.addActionListener(aListener);              // 리스너 객체 등록

      MouseListener mListener = new MyMouseListener();  // 리스너 객체 생성
      btnPlus.addMouseListener(mListener);              // 리스너 객체 등록

      FocusListener fListener = new MyFocusListener();  // 리스너 객체 생성
      btnPlus.addFocusListener(fListener);              // 리스너 객체 등록
```

```
        setSize(450,110);
        setVisible(true);
    }

    public static void main(String [] args) {
        new Ex12_5_1_JButtonEvent();
    }

    // tf1과 tf2에 입력된 정수값 가져와 덧셈 결과를 tfRes에 출력하는 메소드
    void doAddition(int methodNo) {
        try {
            int op1 = Integer.parseInt(tf1.getText());
            int op2 = Integer.parseInt(tf2.getText());

            tfRes.setText( methodNo + ") " + (op1 + op2) );
        }
        catch(Exception ex) {
            JOptionPane.showMessageDialog(null, " Error - " + ex.getMessage(),
                                "정수 입력에서 오류", JOptionPane.ERROR_MESSAGE);
        }
    }

    //ActionListener 구현하는 Action 리스너 작성
    //    Action 이벤트는 마우스로 컴포넌트 클릭, 아이템 선택 시 발생
    //    Action 리스너의 이벤트 처리 메소드는 actionPerformed() 하나
    class MyActionListener implements ActionListener {

        // 마우스로 버튼을 클릭하면 발생하는 이벤트 처리하는 메소드
        public void actionPerformed(ActionEvent e) {
            System.out.println("1) actionPerformed(ActionEvent e)");

            JButton b = (JButton)e.getSource();  // 선택된 버튼 객체 가져옴
            if (b == btnPlus)
                doAddition(1);
        }
    }

    // MouseListener 구현하는 Mouse 리스너 작성
    //    Mouse 이벤트는 마우스로 컴포넌트와 연관된 작업 수행하면 발생
    //    Mouse 리스너의 이벤트 처리 메소드는 모두 5개
    class MyMouseListener implements MouseListener {

        // 마우스로 버튼 클릭하면 발생하는 이벤트 처리하는 메소드
        public void mouseClicked(MouseEvent e) {
            System.out.println("2) mouseClicked(MouseEvent e)");
```

```
            JButton b = (JButton)e.getSource(); // 선택된 버튼 객체 가져옴
            if (b == btnPlus)
                doAddition(2);
        }

        // 마우스로 버튼 누르면 발생하는 이벤트 처리하는 메소드
        public void mousePressed(MouseEvent e) {
            System.out.println("3) mousePressed(MouseEvent e)");
            doAddition(3);
        }

        // 마우스로 버튼 눌렀다가 떼면 발생하는 이벤트 처리하는 메소드
        public void mouseReleased(MouseEvent e) {
            System.out.println("4) mouseReleased(MouseEvent e)");

            JButton b = (JButton)e.getSource();  // 선택된 버튼 객체 가져옴
            if (b == btnPlus)
                doAddition(4);
        }

        // 마우스가 버튼으로 들어오면 발생하는 이벤트 처리하는 메소드
        public void mouseEntered(MouseEvent e) {
            System.out.println("5) mouseEntered(MouseEvent e)");
        }

        // 마우스가 버튼을 떠나면 발생하는 이벤트 처리하는 메소드
        public void mouseExited(MouseEvent e) {
            System.out.println("6) mouseExited(MouseEvent e)");
        }
    }

    // FocusListener 구현하는 Focus 리스너 작성
    //     Focus 이벤트는 컴포넌트가 포커스 얻거나 잃으면 발생
    //     Focus 리스너의 이벤트 처리 메소드는 모두 2개
    class MyFocusListener implements FocusListener {

        // focus 얻으면 발생하는 이벤트 처리하는 메소드
        public void focusGained(FocusEvent e) {
            System.out.println("7) focusGained(FocusEvent e)");
        }

        // focus 잃으면 발생하는 이벤트 처리하는 메소드
        public void focusLost(FocusEvent e) {
            System.out.println("8) focusLost(FocusEvent e)");
        }
    }
}
```

프로그램 설명

- 버튼에 대해 Action 이벤트, Mouse 이벤트, Focus 이벤트 위한 리스너 객체 등록
  - 마우스 클릭, 마우스로 버튼에 들어가고 나감, 탭 키로 포커스 얻음과 잃음 등의 경우 이벤트가 발생
  - 이벤트 객체가 생성되고, 리스너 객체의 이벤트 처리 메소드들이 자동 호출
  - 이벤트 처리 메소드가 호출될 때 이벤트 객체가 형식매개변수로 전달
  - 호출되는 이벤트 처리 메소드들이 콘솔 뷰에 출력되므로 확인할 것
  - 한 행동에 의해 여러 이벤트 처리 메소드 호출됨도 확인할 것

예제 12-5-1에서 Action 이벤트, Mouse 이벤트, Focus 이벤트의 모든 이벤트 처리 메소드가 작성되었다. 그런데, 실제 상황에서 여러 이벤트 처리 메소드 중에서 필요한 메소드만 작성하면 된다. 예제 12-5-1에서 덧셈을 수행하기 위해서 actionPerformed(), mouseClicked(), mousePressed(), mouseReleased() 메소드 중 하나만 작성해도 덧셈 결과를 계산하여 출력할 수 있다.

12.5.2 이벤트 클래스, 리스너 인터페이스, 리스너 클래스

❑ 이벤트 클래스

컴포넌트에 대한 사용자 행동이 이벤트 발생 조건에 해당되면 이벤트가 발생하고, 이 때 이벤트 클래스의 이벤트 객체가 생성된다. Java에서 다음과 같이 컴포넌트마다 다양한 종류의 이벤트가 발생하도록 미리 설정되어 있다.

컴포넌트	발생 가능한 이벤트
JButton	Action 이벤트, Mouse 이벤트, Focus 이벤트, Key 이벤트, ...
JTextField	Action 이벤트, Mouse 이벤트, Focus 이벤트, Key 이벤트, ...
JList	ListSelection 이벤트, Mouse 이벤트, Focus 이벤트, Mouse 이벤트, ...

이벤트 클래스는 발생한 이벤트의 종류를 나타내고 발생한 이벤트 관련 정보 저장을 위한 클래스이다. 이벤트 클래스는 java.util 패키지의 EventObject 클래스의 하위 클래스이며, java.awt.event 패키지에 모두 16개 이벤트 클래스들이 있으며, 다른 패키지에도 여러 이벤트 클래스가 있다.

다음은 중요 이벤트 클래스의 이벤트 발생 조건을 보여준다.

이벤트 클래스	이벤트 발생 조건
ActionEvent	마우스 클릭, 아이템 선택 등 특정 행동 시 발생
MouseEvent	마우스 클릭, 마우스 안으로 들어감, 마우스 밖으로 나올 때 발생
KeyEvent	키 누르거나 놓을 때 발생
FocusEvent	탭으로 마우스 이동, 마우스 클릭으로 포커스 얻거나 잃을 때 발생
ItemEvent	아이템 선택 또는 해제 시 발생
ListSelectionEvent	리스트 아이템 선택 시 발생
AdjustmentEvent	스크롤바 이동 시 발생

한편, 이벤트가 발생한 컴포넌트를 이벤트 소스(event source)라 한다. 예를 들어, JButton 객체를 클릭하여 Action 이벤트, Mouse 이벤트, Focus 이벤트가 발생하였다면 이들 이벤트의 이벤트 소스는 JButton 객체이다.

이벤트 소스는 다음과 같이 이벤트 클래스에 따라 달라진다.

이벤트 클래스	가능한 이벤트 소스의 예
ActionEvent	JButton JRadioButton JCheckBox JTextField JMenuItem
MouseEvent	모든 컴포넌트
KeyEvent	모든 컴포넌트
FocusEvent	모든 컴포넌트
ItemEvent	JRadioButton JCheckBox JComboBox JMenuItem
ListSelectionEvent	JList

이벤트 클래스에는 이벤트 소스를 반환하는 메소드 getSource() 메소드와 이벤트 관련 정보를 반환하는 메소드가 다음과 같이 선언되어 있다.

메소드 선언된 이벤트 클래스	메소드	기능
모든 이벤트 클래스	Object getSource()	이벤트 발생한 소스 컴포넌트 반환
ActionEvent	String getActionCommand()	이벤트 소스의 명령 스트링 반환
	long getWhen()	이벤트가 발생한 타임스탬프 반환
MouseEvent	int getButton()	마우스 클릭된 버튼 번호 반환
	int getClickCount()	마우스 클릭된 회수 반환
	Point getPoint()	마우스 클릭된 좌표 (x, y)를 반환
	int getX()	마우스 클릭된 좌표의 x 값 반환
	int getY()	마우스 클릭된 좌표의 y 값 반환

KeyEvent	char getKeyChar()	논리적 문자 나타내는 keyChar 값 반환
	int getKeyCode()	이벤트와 연관된 정수 키 코드 반환
	String getKeyText()	키 코드 나타내는 문자열 반환
ItemEvent	Object getItem()	이벤트에 의해 영향받은 아이템 반환
	int getStateChanged()	상태 변경 유형(선택 또는 해제) 반환

이들 메소드는 이벤트 처리 메소드에서 이벤트 관련 정보를 구할 때 활용된다.

❑ 리스너 인터페이스

이벤트 소스에서 이벤트가 발생했을 때 이벤트를 처리하려면 반드시 리스너 인터페이스를 구현한 리스너 클래스를 작성한 후 리스너 클래스의 객체를 생성하여 이벤트 소스에 등록해야 한다. 그러므로 이벤트 클래스마다 이벤트를 처리하기 위해 리스너 인터페이스[157)]가 다음과 같이 제공된다.

이벤트 클래스	리스너 인터페이스	이벤트 클래스	리스너 인터페이스
ActionEvent	ActionListener	ListSelectionEvent	ListSelectionListener
MouseEvent	MouseListener	MouseMotionEvent	MouseMotionListener
KeyEvent	KeyListener	TextEvent	TextListener
FocusEvent	FocusListener	AdjustmentEvent	AdjustmentListener
ItemEvent	ItemListener	WindowEvent	WindowListener

리스너 인터페이스에는 이벤트가 발생할 때 호출될 이벤트 처리 메소드가 abstract 메소드로 선언되어 있다. 다음은 MouseEvent를 처리하기 위한 MouseListener 인터페이스를 보여준다.

```
package java.awt.event;

public interface MouseListener extends EventListener {
        // MouseEvent 발생하면 호출되는 이벤트 처리 메소드들
        //    이 인터페이스를 구현하는 리스너 클래스가 구현해야 함
        public void mouseClicked(MouseEvent e);
        public void mousePressed(MouseEvent e);
        public void mouseReleased(MouseEvent e);
        public void mouseEntered(MouseEvent e);
        public void mouseExited(MouseEvent e);
}
```

157) 이벤트 클래스 이름이 XxxEvent이면 리스너 인터페이스의 이름은 XxxListener이다.

MouseListener 인터페이스에는 5개 이벤트 처리 메소드가 있으며, 리스너 인터페이스를 구현한 리스너 클래스는 이들 abstract 메소드를 모두 구현해야 한다.

[표 12-1]은 이벤트 클래스별로 가능한 이벤트 소스, 리스너 인터페이스, 발생조건, 이벤트 처리 메소드를 보여준다.

이벤트 클래스	이벤트 소스	리스너 인터페이스	발생 조건	리스너 인터페이스의 이벤트 처리 메소드
ActionEvent	JButton JTextField JRadioButton	ActionListener	마우스 클릭 엔터키 입력 버튼 선택	actionPerformed(ActionEvent e)
MouseEvent	모든 컴포넌트	MouseListener	마우스 클릭 마우스 누름 마우스 놓음 마우스 들어감 마우스 나옴	mouseClicked(MouseEvent e) mousePressed(MouseEvent e) mouseReleased(MouseEvent e) mouseEntered(MouseEvent e) mouseExited(MouseEvent e)
KeyEvent	모든 컴포넌트	KeyListener	키 입력 키 누름 키 놓음	keyTyped(KeyEvent e) keyPressed(KeyEvent e) keyReleased(KeyEvent e)
FocusEvent	모든 컴포넌트	FocusListener	포커스 얻음 포커스 잃음	focusGained(FocusEvent e) focusLost(FocusEvent e)
ItemEvent	JRadioButton JCheckBox JComboBox JMenuItem	ItemListener	아이템 선택	itemStateChanged(ItemEvent e)
ListSelectionEvent	JList	ListSelection Listener	아이템 선택	valueChanged(ListSelectionEvent e)
MouseMotionEvent	모든 컴포넌트	MouseMotion Listener	마우스 드래그 마우스 이동	mouseDragged(MouseMotionEvent e) mouseMoved(MouseMotionEvent e)
TextEvent	JTextField JTextArea	TextListener	텍스트 변경	textValueChanged(TextEvent e)
AdjustmentEvent	JScrollBar	Adjustment Listener	스크롤바 이동	adjustmentValueChanged(AdjustmentEvent e)
WindowEvent	Window 및 하위 클래스	Window Listener	윈도 열기 윈도 닫기 시드 윈도 닫기 아이콘화하기 윈도 복귀 윈도 활성화 윈도 비활성화	windowOpened(WindowEvent e) windowClosing(WindowEvent e) windowClosed(WindowEvent e) windowIconfied(WindowEvent e) windowDeiconfied(WindowEvent e) windowActivated(WindowEvent e) windowDeactivated(WindowEvent e)

[표 12-1] 이벤트 클래스별 이벤트 소스, 리스너, 이벤트 발생 조건, 이벤트 처리 메소드

❑ 이벤트 객체

이벤트 객체는 이벤트 소스에서 이벤트가 발생하면 이벤트 분배 스레드에 의해 자동 생성되는 이벤트 클래스의 객체이다. 생성되는 이벤트 객체와 관련된 중요 사항은 다음과 같다.

- 이벤트 객체는 발생하는 이벤트 종류에 따라 특정 이벤트 클래스 객체로 생성
  - Action 이벤트 경우 ActionEvent 클래스 객체, Mouse 이벤트 경우 Mouse Event 클래스 객체 생성
- 사용자 행동에 의해 이벤트 객체 하나 생성 또는 여러 이벤트 객체 생성
  - 버튼 클릭하면 ActionEvent 객체, MouseEvent 객체, FocusEvent 객체 3개가 동시에 생성
- 이벤트 객체에는 이벤트 소스와 이벤트 관련 정보가 저장
  - 이벤트 발생 컴포넌트인 이벤트 소스는 모든 이벤트 객체에 저장되고 그 외 다른 이벤트 관련 정보가 이벤트 객체에 저장되기도 함
  - 버튼 클릭하면 클릭된 좌표, 클릭 회수, 클릭된 마우스 버튼 번호 등이 MouseEvent 객체에 저장
  - 키가 입력된 경우 입력된 키가 KeyEvent 객체에 저장
  - 저장된 이벤트 소스와 이벤트 관련 정보는 이벤트 처리 메소드에서 활용 가능
- 이벤트 소스에 등록된 리스너 객체가 있으면 리스너 객체의 이벤트 처리 메소드가 호출되면서 이벤트 객체가 형식매개변수로 전달
  - 버튼 클릭했을 때 버튼에 ActionListener 객체가 등록되어 있으면 Action Listener 객체의 actionPerformed() 메소드가 호출되고 이벤트 객체가 형식매개변수로 전달
  - 버튼 클릭했을 때 버튼에 MouseListener 객체가 등록되어 있으면 Mouse Listener 객체의 mousePressed(), mouseReleased(), mouseClicked() 메소드가 차례로 호출되고 이벤트 객체가 향식매개변수로 전달

이벤트 분배 스레드에 의해 자동 생성된 이벤트 객체는 등록된 리스너 객체의 이벤트 처리 메소드의 형식매개변수로 전달되고 이벤트 처리 메소드의 이벤트 처리에서 활용된다.

❑ 리스너 클래스 작성

이벤트 소스에서 이벤트 발생 조건이 만족되면 이벤트 분배 스레드에 의해 이벤트 객체가 생성되고 등록된 리스너 객체의 이벤트 처리 메소드가 호출된다. 이때 호출되는 이벤트 처리 메소드의 형식매개변수로 이벤트 객체가 전달된다.

예를 들어, 마우스로 버튼을 클릭할 때 이벤트 발생과 이벤트 처리과정은 다음과 같다.

> 1) 버튼을 클릭하면 Action 이벤트, Mouse 이벤트, Focus 이벤트가 발생하고 ActionEvent 객체, MouseEvent 객체, FocusEvent 객체가 생성
> 2-1) 버튼에 ActionListener 객체가 등록되어 있으면 ActionListener 객체의 이벤트 처리 메소드 actionPerformed() 호출
> 2-2) 버튼에 MouseListener 객체가 등록되어 있으면 MouseListener 객체의 이벤트 처리 메소드에서 mousePressed(), mouseReleased(), mouseClicked() 차례로 호출
> 2-3) 버튼에 FocusListener 객체가 등록되어 있으면 FocusListener 객체의 이벤트 처리 메소드 중에서 focusGained() 호출
> 3) 이벤트 처리 메소드 호출될 때 생성된 이벤트 객체가 형식매개변수로 전달

이벤트를 처리하기 위해 이벤트 소스에 리스너 객체를 등록해야 한다. 이를 위해 작성하는 것이 리스너 클래스이다. 리스너 클래스는 특정 이벤트의 리스너 인터페이스를 구현하는 하위 클래스로 작성돼야 하며, 리스너 인터페이스의 abstract 메소드인 이벤트 처리 메소드를 모두 구현해야 한다.

다음은 버튼의 Action 이벤트 처리를 위해 리스너 클래스를 작성한 예이다.

```
class MyActionListener implements ActionListener {
   // 버튼 클릭하면 발생하는 Action 이벤트 처리하기 위해 호출되는  메소드
   //     이벤트 발생하면 자동 호출되며, 이벤트 객체가 형식매개변수로 전달
   public void actionPerformed(ActionEvent e) {
      // 이벤트 처리 메소드에서 형식매개변수 e에 전달된 이벤트 객체 이용하여
      //     이벤트 처리 코드 작성

      JButton b = (JButton) e.getSource();  // e.getSource()는 이벤트 소스 구함

      if (b == btnPlus)
         doAddition(1);
   }
 }
```

MyActionListener 클래스가 ActionListener 인터페이스를 구현하는 클래스로 작성되었고, MyActionListener 클래스는 ActionListener 인터페이스의 abstract 메소드인 actionPerformed(ActionEvent e) 메소드를 구현하였다.

여기에서 작성된 actionPerformed(ActionEvent e) 메소드는 이벤트 처리 메소드이다. 이벤트 처리 메소드는 이벤트 소스에서 이벤트가 발생하고 리스너 객체가

이벤트 소스에 등록된 경우 이벤트 분배 스레드에 의해 자동 호출되는 메소드이며, 호출될 때 이벤트 객체가 형식매개변수로 전달된다.

❑ 리스너 객체 등록

리스너 클래스 작성이 완료되면 리스너 클래스의 객체를 생성하여 이벤트 소스 컴포넌트에 등록하면 이벤트 처리를 위한 준비가 완료된다. 리스너 클래스의 객체 생성과 리스너 객체를 이벤트 소스에 등록하는 작업은 다음과 같다.

```
XxxListener xListener = new MyXxxListener();      // 리스너 객체 생성
comp.addXxxListener(xListener);                    // 리스너 객체를 comp에 등록
```

다음은 버튼의 Action 이벤트 처리를 위해 MyActionListener 클래스의 리스너 객체를 생성하여 이벤트 소스 btnPlus에 등록하는 예를 보여준다.

```
this.add(tf1 = new JTextField("1234", 10));     // 초기값 "1234", 창 크기 10인 텍스트필드
this.add(btnPlus = new JButton(" + "));

this.add(tf2 = new JTextField("2345", 10));     // 초기값 "2345", 창 크기 10인 텍스트필드
this.add(new JLabel(" = "));
this.add(tfRes = new JTextField("", 10));       // 초기값 "", 창 크기 10인 텍스트필드

ActionListener aListener = new MyActionListener();
btnPlus.addActionListener(aListener);
```

GUI 프로그램은 입출력 컴포넌트의 배치, 컴포넌트에 리스너 객체 등록, 발생한 이벤트의 입력 파악, 입력 처리 등 4가지 요소가 분산되어 작성되므로 처음에 이에 대한 원리와 작성방법을 이해하기가 쉽지 않다.

12.5.3 리스너 클래스 작성 유형

리스너 클래스는 특정 이벤트를 처리하기 위해 작성하는 클래스이며, 반드시 특정 이벤트의 리스너 인터페이스를 구현하는 하위 클래스로 작성해야 한다. 그러므로 리스너 클래스는 상위 리스너 인터페이스의 abstract 메소드인 이벤트 처리 메소드를 모두 구현해야 한다.

리스너 클래스는 독립 클래스, 내부 클래스, 익명 클래스 등 다음의 3가지 유형으로 작성할 수 있다.

- 독립 클래스로 리스너 클래스 작성
  - 리스너 클래스를 JFrame 클래스와 분리된 클래스로 작성
  - 리스너 객체에서 JFrame 객체의 컴포넌트를 사용하려면 JFrame 객체를 리스너 객체로 전달해야 함
  - JFrame 객체 전달받아 저장하는 리스너 클래스의 객체 생성자 작성해야 함
- 내부 클래스로 리스너 클래스 작성
  - 내부 클래스(inner class): 클래스의 내부에 작성되는 클래스
  - 내부 클래스로 작성할 경우 내부 클래스의 객체는 외부 클래스의 모든 필드와 메소드를 접근 가능하므로 편리함
  - 리스너 클래스를 JFrame 클래스 내부에서 내부 클래스로 작성하면 리스너 클래스에서 JFrame 클래스의 컴포넌트를 접근 가능하므로 선호되는 리스너 클래스 작성방법
  - 리스너 클래스의 객체 생성자를 작성할 필요 없음
- 익명 클래스로 리스너 클래스 작성
  - 익명 클래스(anonymous class): 클래스의 이름을 정의하지 않고서 하위 클래스 선언하면서 객체를 바로 생성하는 특수한 클래스
  - 리스너 클래스를 JFrame 클래스 내부에서 익명 클래스로 작성하면 리스너 클래스에서 JFrame 클래스의 컴포넌트 접근 가능
  - 한편, 리스너 클래스의 객체를 하나만 생성 가능한 제한점 가짐
  - 익명 클래스는 프로그램을 간단하게 만들지만 이해하기가 어려우므로 초보자는 사용하지 않는 것이 좋음

❑ 독립 클래스로 리스너 클래스 작성하기

리스너 클래스를 독립 클래스로 작성하면 JFrame 클래스와 분리된 리스너 클래스가 작성된다. 그런데, 이벤트와 관련된 JFrame 객체의 컴포넌트를 리스너 객체에서 사용하려면 JFrame 객체 또는 Frame 객체의 컴포넌트들을 리스너 객체로 전달해야 하며, 이를 위해 리스너 클래스의 객체 생성자를 작성한다.

예제 12-5-2-1은 클릭하면 빼기 연산이 수행되는 버튼에 대해 리스너 클래스를 독립 클래스로 작성한 예를 보여준다.

예제 12-5-2-1 리스너 클래스를 독립 클래스로 작성한 예

```
public class Ex12_5_2_1_Subtracter_UsingIndependentClass {
    public static void main(String [] args) {
        new SubtracterFrame_UsingIndependentListener();
```

```
    }
}

class SubtracterFrame_UsingIndependentListener extends JFrame {
    JTextField tf1, tf2, tfRes;  // 왼쪽과 오른쪽 피연산자, 결과를 저장할 텍스트필드
    JButton btnSub;              // 연산자를 나타내는 버튼

    SubtracterFrame_UsingIndependentListener() {
        setTitle("Subtracter(독립 리스너 클래스 이용)");
        setDefaultCloseOperation(JFrame.EXIT_ON_CLOSE);
        setLayout(new FlowLayout());

        add(tf1 = new JTextField("1234", 10));  // 초기값 "1234", 크기 10 텍스트필드
        add(btnSub = new JButton(" - "));

        add(tf2 = new JTextField("2345", 10));  // 초기값 "2345", 크기 10 텍스트필드
        add(new JLabel(" = "));
        add(tfRes = new JTextField("", 10));    // 초기값 "", 크기 10 텍스트필드

        // 리스너 객체 생성, 이때 JFrame 객체인 this를 매개변수로 전달
        ActionListener listener = new MyActionListener(this);
        btnSub.addActionListener(listener);  // 버튼에 리스너 객체 등록

        setBounds(500, 400, 450,100);
        setVisible(true);
    }
}

// ActionListener 구현하는 Action 리스너 클래스를 독립 클래스로 작성
//    Action 리스너의 이벤트 처리 메소드는 actionPerformed() 하나
class MyActionListener implements ActionListener {
    // 이벤트 처리할 JFrame 객체 저장하는 변수(컴포넌트 접근하기 위해 반드시 필요)
    SubtracterFrame_UsingIndependentListener frame;

    // 이벤트 처리할 JFrame 객체를 전달받아 필드에 저장하는 객체 생성자
    MyActionListener(SubtracterFrame_UsingIndependentListener frame) {
        this.frame = frame;
    }

    // 버튼을 클릭하면 호출되는 이벤트 처리 메소드 구현
    public void actionPerformed(ActionEvent e) {
        try {
            // frame의 tf1, tf2, tfRes 이용하여 결과 출력
            int op1 = Integer.parseInt(frame.tf1.getText());    // frame의 tf1 필드 접근
            int op2 = Integer.parseInt(frame.tf2.getText());    // frame의 tf2 필드 접근
```

```
                frame.tfRes.setText(" " + (op1 - op2));        // frame의 tfRes 필드 접근
            }
            catch(Exception ex) {
                JOptionPane.showMessageDialog(null, " Error - " + ex.getMessage(),
                                              "정수 입력에서 오류", JOptionPane.ERROR_MESSAGE);
            }
        }
}
```

프로그램 설명

- ActionListener 구현하는 리스너 클래스 MyActionListener를 독립 클래스로 작성
  - JFrame 클래스 객체의 이벤트 관련 필드인 tf1, tf2, tfRes를 접근하기 위해 리스너 객체 생성할 때 JFrame 객체를 객체 생성자의 실매개변수 this로 전달
  - MyActionListener 클래스의 객체 생성자에서 전달된 객체를 필드 frame에 저장
- 이벤트 처리 메소드인 actionPerformed(ActionEvent e)에서 JFrame 객체의 필드인 tf1, tf2, tfRes를 frame 필드를 통해 접근

독립 클래스로 리스너 클래스를 작성할 경우 JFrame 객체를 객체 생성자 매개변수로 전달하고 전달된 객체를 저장하는 등의 추가적인 코딩이 필요하므로 리스너 클래스를 독립 클래스로 작성하는 경우는 거의 없다.

❏ 내부 클래스로 리스너 클래스 작성하기

리스너 클래스를 내부 클래스로 작성하면 JFrame 클래스 내부에 리스너 클래스가 작성된다. 내부 클래스의 객체는 외부 클래스인 JFrame 객체의 컴포넌트를 접근할 수 있으므로 독립 클래스로 작성할 때 작성했던 객체 생성자를 작성하지 않아도 된다.

예제 12-5-2-2는 클릭하면 빼기 연산이 수행되는 버튼에 대해 리스너 클래스를 내부 클래스로 작성한 예를 보여준다.

예제 12-5-2-2 리스너 클래스를 내부 클래스로 작성한 예

```
public class Ex12_5_2_2_Subtracter_UsingInnerClass {
   public static void main(String [] args) {
      new SubtracterFrame_UsingInnerListener();
   }
}

class SubtracterFrame_UsingInnerListener extends JFrame {
   JTextField tf1, tf2, tfRes;      // 왼쪽과 오른쪽 피연산자, 결과를 저장할 텍스트 드
   JButton btnSub;                  // 연산자를 나타내는 버튼

   SubtracterFrame_UsingInnerListener() {
      setTitle("Subtracter(내부 리스너 클래스 이용)");
      setDefaultCloseOperation(JFrame.EXIT_ON_CLOSE);
      setLayout(new FlowLayout());

      add(tf1 = new JTextField("1234", 10));   // 초기값 "1234", 크기 10 텍스트필드
      add(btnSub = new JButton(" - "));

      add(tf2 = new JTextField("2345", 10));   // 초기값 "2345", 크기 10 텍스트필드
      add(new JLabel(" = "));
      add(tfRes = new JTextField("", 10));     // 초기값 "", 크기 10 텍스트필드


      ActionListener listener = new MyActionListener();  // 리스너 객체 생성
      btnSub.addActionListener(listener);                // 버튼에 리스너 객체 등록

      setBounds(500, 400, 450,100);
      setVisible(true);
   }



   // ActionListener 구현하는 Action 리스너 클래스를 내부 클래스로 작성
   //    Action 리스너의 이벤트 처리 메소드는 actionPerformed() 하나
   class MyActionListener implements ActionListener {
      // 버튼 클릭하면 호출되는 이벤트 처리 메소드 구현
      public void actionPerformed(ActionEvent e) {
         try {
            // 외부 클래스의 필드 tf1, tf2, tfRes 이용하여 결과 출력
            int op1 = Integer.parseInt(tf1.getText());     // tf1 필드 접근
            int op2 = Integer.parseInt(tf2.getText());     // tf2 필드 접근

            tfRes.setText(" " + (op1 - op2));   //tfRes 필드 접근
         }
         catch(Exception ex) {
```

```
            JOptionPane.showMessageDialog(null, " Error - " + ex.getMessage(),
                                     "정수 입력에서 오류", JOptionPane.ERROR_MESSAGE);
        }
    }
}
```

프로그램 설명

- ActionListener 구현하는 리스너 클래스 MyActionListener를 내부 클래스로 작성
  - 내부 클래스에서 외부 클래스의 필드와 메소드 접근 가능
- 이벤트 처리 메소드인 actionPerformed(ActionEvent e) 메소드에서 외부 클래스 필드인 tf1, tf2, tfRes를 자유롭게 사용

❑ 익명 클래스로 리스너 클래스 작성하기

리스너 클래스를 익명 클래스로 작성하면 JFrame 클래스 내부에 리스너 클래스를 별도로 작성하지 않고 new 연산자 다음에 하위 클래스를 직접 작성한다.

예제 12-5-2-3은 클릭하면 빼기 연산이 수행되는 버튼에 대해 리스너 클래스를 익명 클래스로 작성한 예를 보여준다.

예제 12-5-2-3 리스너 클래스를 익명 클래스로 작성한 예

```
public class Ex12_5_2_3_Subtracter_UsingAnonymousClass {
    public static void main(String [] args) {
        new SubtracterFrame_UsingAnonymousListener();
    }
}

class SubtracterFrame_UsingAnonymousListener extends JFrame {
    JTextField tf1, tf2, tfRes;      // 왼쪽과 오른쪽 피연산자, 결과를 저장할 텍스트필드
    JButton btnSub;                  // 연산자를 나타내는 버튼

    SubtracterFrame_UsingAnonymousListener() {
        setTitle("Subtracter(익명 리스너 클래스 이용)");
        setDefaultCloseOperation(JFrame.EXIT_ON_CLOSE);
        setLayout(new FlowLayout());

        add(tf1 = new JTextField("1234", 10));   // 초기값 "1234", 크기 10 텍스트필드
        add(btnSub = new JButton(" - "));

        add(tf2 = new JTextField("2345", 10));   // 초기값 "2345", 크기 10 텍스트필드
        add(new JLabel(" = "));
```

```
        add(tfRes = new JTextField("", 10)); // 초기값 "", 크기 10 텍스트필드

        // 익명 클래스의 리스너 객체 생성하여 listener 변수에 저장
        ActionListener listener =
           new ActionListener() {          // 익명 클래스 선언하면서 객체 생성
             public void actionPerformed(ActionEvent e) {
               try {
                  // 외부 클래스의 tf1, tf2, tfRes 이용하여 결과 출력
                  int op1 = Integer.parseInt(tf1.getText());     // tf1 필드 접근
                  int op2 = Integer.parseInt(tf2.getText());     // tf2 필드 접근

                  tfRes.setText(" " + (op1 - op2));              // tfRes 필드 접근
               }
               catch(Exception ex) {
                  JOptionPane.showMessageDialog(null, "Error - " + ex.getMessage(),
                                 "정수 입력에서 오류", JOptionPane.ERROR_MESSAGE);
               }
             }
          }; // 익명 클래스 선언 및 객체 생성 끝


        btnSub.addActionListener(listener);  // 버튼에 리스너 객체 등록

        setBounds(500, 400, 450,100);
        setVisible(true);
    }
}
```

프로그램 설명

- ActionListener를 구현하는 리스너 클래스를 익명 클래스로 작성
  - 그 결과 new ActionListener() 다음의 블록에 이벤트 처리 메소드인 actionPerformed (ActionEvent e) 메소드가 구현
  - 이는 ActionListener 인터페이스를 구현하는 하위 클래스를 작성하면서 그 하위 클래스의 객체를 생성하는 것
  - 하위 클래스의 이름은 생략되고 하위 클래스의 객체는 하나만 생성
  - 익명 클래스에서 외부 클래스의 필드와 메소드 접근 가능
- 이벤트 처리 메소드인 actionPerformed(ActionEvent e) 메소드에서 외부 클래스의 필드인 tf1, tf2, tfRes를 자유롭게 사용

리스너 클래스를 익명 클래스로 작성하면 코드는 다소 간결해지지만 코드를 이해하기 어려우므로 초보자들은 익명 클래스로 리스너 클래스를 작성하지 않는 것을 권장한다.

12.5.4 어댑터 클래스 이용하여 리스너 클래스 작성하기

이벤트를 처리하기 위해서 리스너 인터페이스를 구현하는 리스너 클래스를 작성해야 하며, 리스너 인터페이스의 모든 이벤트 처리 메소드를 구현해야 한다. 그런데, 리스너 인터페이스의 이벤트 처리 메소드 개수가 1개이거나 2개이면 이를 모두 구현하는 것이 간단하다. 그런데, MouseListener 인터페이스는 이벤트 처리 메소드가 5개이며, WindowListener 인터페이스는 이벤트 처리 메소드가 7개이므로 이들을 모두 구현하는 것은 다소 번거로운 작업이다.

Java는 이벤트 처리 메소드의 개수가 많은 리스너 인터페이스에 대해 모든 abstract 메소드를 미리 구현해 놓은 어댑터(Adapter) 클래스를 제공한다.

예를 들어, MouseAdapter 클래스는 마우스와 관련된 리스너 인터페이스인 MouseListener, MouseMotionListener, MouseWheelListener 인터페이스의 모든 abstract 메소드를 미리 구현한 어댑터 클래스로, 다음과 같이 작성되어 있다.

```
package java.awt.event;

// MouseAdapter 클래스:
// Mouse 관련 리스너 인터페이스들의 모든 메소드를 미리 구현한 Adapter 클래스
public abstract class MouseAdapter implements
                    MouseListener, MouseMotionListener, MouseWheelListener {

   // MouseListener 인터페이스의 모든 abstract 메소드가 empty 메소드로 구현
   public void mouseClicked(MouseEvent e) { }
   public void mousePressed(MouseEvent e) { }
   public void mouseReleased(MouseEvent e) { }
   public void mouseEntered(MouseEvent e) { }
   public void mouseExited(MouseEvent e) { }

   // MouseMotionListener의 모든 abstract 메소드가 empty 메소드로 구현
   public void mouseDragged(MouseEvent e) {}
   public void mouseMoved(MouseEvent e) {}

   // MouseWheelListener의 abstract 메소드가 empty 메소드로 구현
   public void mouseWheelMoved(MouseWheelEvent e) {}
}
```

다음은 Java에서 제공하는 어댑터 클래스와 어댑터 클래스가 구현하는 리스너 인터페이스를 보여준다.

어댑터 클래스	어댑터 클래스가 구현하는 인터페이스
MouseAdapter	MouseListener MouseMotionListener MouseWheelListener
KeyAdapter	KeyListener
WindowAdapter	WindowListener
ComponentAdapter	ComponentListener
ContainerAdapter	ContainerListener

어댑터 클래스는 이벤트 처리 메소드 중 필요한 것만 오버라이딩하여 작성하고 불필요한 것은 생략할 수 있게 하므로 리스너 클래스의 작성을 간단하게 한다. 여러 어댑터 클래스가 제공되지만 MouseAdapter 클래스가 자주 사용된다.

예제 12-5-3은 예제 12-5-2-2의 리스너 클래스를 MouseAdapter를 확장한 클래스로 작성한 것이며, 예제 12-5-2-2와 동일한 코드는 생략하였다.

예제 12-5-3 MouseAdapter 이용하여 이벤트 처리하기

```
public class Ex12_5_3_Subtracter_UsingMouseAdapter {
   public static void main(String [] args) {
      new SubtracterFrame_UsingInnerListener();
   }
}

class SubtracterFrame_UsingMouseAdapter extends JFrame {
   JTextField tf1, tf2, tfRes;      // 왼쪽과 오른쪽 피연산자, 결과를 저장할 텍스트필드
   JButton btnSub;                  // 연산자를 나타내는 버튼

   SubtracterFrame_UsingMouseAdapter() {
      setTitle("Subtracter(어댑터 클래스 이용)");
      setDefaultCloseOperation(JFrame.EXIT_ON_CLOSE);
      setLayout(new FlowLayout());

      add(tf1 = new JTextField("1234", 10));   // 초기값 "1234", 크기 10 텍스트필드
      add(btnSub = new JButton(" - "));

      add(tf2 = new JTextField("2345", 10));   // 초기값 "2345", 크기 10 텍스트필드
      add(new JLabel(" = "));
      add(tfRes = new JTextField("", 10));     // 초기값 "", 크기 10 텍스트필드

      // MouseAdapter 클래스를 확장한  리스너 객체 생성하여 버튼에 등록
      MouseListener listener = new MyMouseListener();
```

```
        btnSub.addMouseListener(listener);

        setBounds(500, 400, 450,100);
        setVisible(true);
    }

    // Mouse가 버튼 클릭할 때 처리하는 리스너 클래스 작성
    //     MouseAdapter 클래스 확장하는 하위 클래스로 작성
    class MyMouseListener extends MouseAdapter {

        // 버튼을 클릭하면 호출되는 이벤트 처리 메소드 mouseClicked()를 오버라이딩
        public void mouseClicked(MouseEvent e) {
            try {
                // 외부 클래스의 tf1, tf2, tfRes 이용하여 결과 출력
                int op1 = Integer.parseInt(tf1.getText());       // 필드 tf1 접근
                int op2 = Integer.parseInt(tf2.getText());       // 필드 tf2 접근

                tfRes.setText(" " + (op1 - op2));                // 필드 tfRes 접근
            }
            catch(Exception ex) {
                JOptionPane.showMessageDialog(null, " Error - " + ex.getMessage(),
                                      "정수 입력에서 오류", JOptionPane.ERROR_MESSAGE);
            }
        }

        // 다른 이벤트 처리 메소드는 작성하지 않아도 됨
        // 이미 상위 클래스인 MouseAdapter 클래스에서 작성되었기 때문
    }
}
```

12.6 중요 컴포넌트의 이벤트 처리

12.6.1 JButton 이용한 이벤트 처리

JButton은 클릭하여 특정한 작업을 수행하기 위해 사용되는 컴포넌트이다. 마우스로 버튼을 클릭하면 ActionEvent, MouseEvent, FocusEvent가 발생하는데, 대개 Action 리스너 인터페이스를 이용하여 이벤트를 처리한다. 다음은 Action Event, MouseEvent, FocusEvent를 처리하기 위한 리스너 인터페이스의 이벤트 처리 메소드이다.

ActionListener 인터페이스의 이벤트 처리 메소드	
void actionPerformed(ActionEvent e)	버튼을 클릭하면 호출
MouseListener 인터페이스의 이벤트 처리 메소드	
void mouseClicked(MouseEvent e)	버튼을 마우스로 클릭하면 호출
void mousePressed(MouseEvent e)	버튼을 마우스로 누르면 호출
void mouseReleased(MouseEvent e)	버튼을 눌렀던 마우스를 놓으면 호출
void mouseEntered(MouseEvent e)	버튼에 마우스가 들어가면 호출
void mouseExited(MouseEvent e)	버튼에 마우스가 들어갔다가 나가면 호출
FocusListener 인터페이스의 이벤트 처리 메소드	
void focusGained(FocusEvent e)	버튼을 마우스로 클릭하면 호출
void focusLost(FocusEvent e)	버튼을 마우스로 누르면 호출

❑ 버튼 개수 하나일 때의 이벤트 처리 방법

버튼이 하나이면 하나의 리스너 클래스를 작성하고 리스너 클래스의 객체를 버튼에 등록하면 버튼에 대한 이벤트가 처리된다. 예제 12-5-2-2는 빼기 연산을 수행하는 버튼에 Action 리스너 객체가 등록되어 버튼을 클릭하면 빼기 연산이 수행되어 결과가 출력된다.

이 경우 하나의 버튼에 하나의 리스너 클래스가 작성되므로 이벤트 소스를 별도로 탐색하지 않아도 된다.

❑ 버튼 개수 다수일 때의 이벤트 처리 방법

버튼을 이용하여 이벤트 처리할 때 버튼이 여러 개인 경우가 많다. 이때 버튼마다 이벤트를 처리하는 리스너 클래스들을 작성하거나 하나의 리스너 클래스를 작성하여 여러 버튼의 이벤트를 처리하게 할 수 있다.

예를 들어, 다음과 같이 4개 버튼을 배치하여 더하기, 빼기, 곱하기, 나누기를 수행하는 GUI 프로그램을 작성한다고 하자.

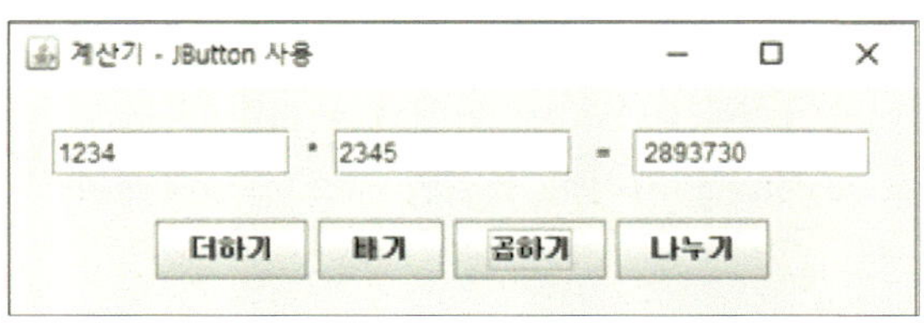

이를 위해 4개 버튼에 대해 리스너 객체를 등록해야 하는데, 이때 각 버튼에 대해

리스너 클래스를 따로 작성할 수도 있고, 하나의 리스너 클래스를 작성할 수도 있다.

예제 12-6-1-1은 4개 버튼에 대해 4개 리스너 클래스를 작성하고 이들 리스너 클래스 객체들을 각 버튼에 등록한다.

예제 12-6-1-1 4개 버튼에 대해 4개 리스너 클래스 작성하고 등록하기

```
public class Ex12_6_1_1_Calculator1_ButtonVars_ManyListenerClasses {
   public static void main(String [] args) {
      new CalculatorFrame_ButtonVars_ManyListenerClasses();
   }
}

class CalculatorFrame_ButtonVars_ManyListenerClasses extends JFrame {
   JTextField tf1, tf2, tfRes;  // 왼쪽, 오른쪽 피연산자, 결과 저장할 텍스트필드
   JButton btnAdd, btnSub, btnMult, btnDiv;    // 4개 버튼 객체를 저장할 변수
   JLabel opr;

   CalculatorFrame_ButtonVars_ManyListenerClasses() {
      setTitle("계산기 - JButton 사용");
      setDefaultCloseOperation(JFrame.EXIT_ON_CLOSE);
      setLayout(new FlowLayout(FlowLayout.CENTER, 5, 20));

      add(tf1 = new JTextField("1234", 10));  // 초기값 "1234", 크기 10 텍스트필드
      add(opr = new JLabel(" + "));

      add(tf2 = new JTextField("2345", 10));  // 초기값 "2345", 크기 10 텍스트필드
      add(new JLabel("  =  "));
      add(tfRes = new JTextField("", 10));    // 초기값 "", 크기 10 텍스트필드

      // 4개 버튼 객체 생성하여 배치
      add(btnAdd = new JButton("더하기"));
      add(btnSub = new JButton("빼기"));
      add(btnMult = new JButton("곱하기"));
      add(btnDiv = new JButton("나누기"));

      // 4개 버튼에 대하여 서로 다른 리스너 클래스 작성하여 리스너 객체 등록
      ActionListener listenerAdd = new ActionListenerAdd();    // 더하기 리스너 객체
      btnAdd.addActionListener(listenerAdd);
      ActionListener listenerSub = new ActionListenerSub();    // 빼기 리스너 객체
      btnSub.addActionListener(listenerSub);
      ActionListener listenerMult = new ActionListenerMult();  // 곱하기 리스너 객체
      btnMult.addActionListener(listenerMult);
```

```
        ActionListener listenerDiv = new ActionListenerDiv();  // 나누기 리스너 객체
        btnDiv.addActionListener(listenerDiv);

        setBounds(500, 400, 450,150);
        setVisible(true);
    }

    // 더하기 버튼을 위한 Action 리스너 클래스
    class ActionListenerAdd implements ActionListener {
        public void actionPerformed(ActionEvent e) {
            try {
                // tf1과 tf2에 입력된 정수값 가져와 더하기 결과 계산하여 tfRes에 출력
                int op1 = Integer.parseInt(tf1.getText());
                int op2 = Integer.parseInt(tf2.getText());
                opr.setText(" + ");
                tfRes.setText(" " + (op1 + op2));
            }
            catch(Exception ex) {
                JOptionPane.showMessageDialog(null, " Error: " + ex.getMessage(),
                                        "계산기에서 오류", JOptionPane.ERROR_MESSAGE);
            }
        }
    }

    // 빼기 버튼을 위한 Action 리스너 클래스
    class ActionListenerSub implements ActionListener {
        public void actionPerformed(ActionEvent e) {
                int op1 = Integer.parseInt(tf1.getText());
                int op2 = Integer.parseInt(tf2.getText());
                opr.setText(" - ");
                tfRes.setText(" " + (op1 - op2));
        }
    }

    // 곱하기 버튼을 위한 Action 리스너 클래스
    class ActionListenerMult implements ActionListener {
        public void actionPerformed(ActionEvent e) {
                int op1 = Integer.parseInt(tf1.getText());
                int op2 = Integer.parseInt(tf2.getText());
                opr.setText(" * ");
                tfRes.setText(" " + (op1 * op2));
        }
    }

    // 나누기 버튼을 위한 Action 리스너 클래스
    class ActionListenerDiv implements ActionListener {
```

```
        public void actionPerformed(ActionEvent e) {
            int op1 = Integer.parseInt(tf1.getText());
            int op2 = Integer.parseInt(tf2.getText());
            opr.setText(" / ");
            tfRes.setText(" " + (op1 / op2));
        }
    }
}
```

이 프로그램에서 4개 버튼에 대해 4개 리스너 클래스가 작성되었고, 각 리스너 클래스 객체가 생성되어 각 버튼에 등록되어 이벤트를 처리한다.

예제 12-6-1-2는 4개 버튼에 대해 하나의 리스너 클래스를 작성하고, 하나의 리스너 클래스 객체를 4개 버튼에 등록한다.

예제 12-6-1-2 4개 버튼에 대해 하나의 리스너 클래스 작성하고 등록하기

```
public class Ex12_6_1_2_Calculator1_ButtonVars_OneListenerClass {
    public static void main(String [] args) {
        new CalculatorFrame_ButtonVars_OneListenerClass();
    }
}

class CalculatorFrame_ButtonVars_OneListenerClass extends JFrame {
    JTextField tf1, tf2, tfRes;  // 왼쪽, 오른쪽 피연산자, 결과 저장할 텍스트필드
    JButton btnAdd, btnSub, btnMult, btnDiv;       // 4개 버튼 객체를 저장할 변수
    JLabel opr;

    CalculatorFrame_ButtonVars_OneListenerClass() {
        setTitle("계산기 - JButton 사용");
        setDefaultCloseOperation(JFrame.EXIT_ON_CLOSE);
        setLayout(new FlowLayout(FlowLayout.CENTER, 5, 20));

        add(tf1 = new JTextField("1234", 10));  // 초기값 "1234", 크기 10 텍스트필드
        add(opr = new JLabel(" + "));

        add(tf2 = new JTextField("2345", 10));  // 초기값 "2345", 크기 10 텍스트필드
        add(new JLabel("  =  "));
        add(tfRes = new JTextField("", 10));      // 초기값 "", 크기 10 텍스트필드

        // 4개 버튼 객체 생성하여 배치
        add(btnAdd = new JButton("더하기"));
        add(btnSub = new JButton("빼기"));
```

```
        add(btnMult = new JButton("곱하기"));
        add(btnDiv = new JButton("나누기"));

        // 4개 버튼에 대하여 하나의 리스너 클래스 작성하여 리스너 객체 등록
        ActionListener listener = new MyActionListener();
        btnAdd.addActionListener(listener);
        btnSub.addActionListener(listener);
        btnMult.addActionListener(listener);
        btnDiv.addActionListener(listener);

        setBounds(500, 400, 450,150);
        setVisible(true);
    }

    // 4개 버튼을 위한 Action 리스너 클래스
    class MyActionListener implements ActionListener {

        // 버튼 클릭하면 호출되는 이벤트 처리 메소드 구현
        public void actionPerformed(ActionEvent e) {
            JButton b = (JButton)e.getSource();  // e.getSource()로 선택된 버튼 구함

            try {
                // tf1과 tf2에 입력된 정수값 가져와 클릭된 버튼에 따라 계산 결과 출력
                int op1 = Integer.parseInt(tf1.getText());
                int op2 = Integer.parseInt(tf2.getText());

                if (b == btnAdd) {          // 클릭된 버튼이 btnAdd이면
                    opr.setText(" + ");
                    tfRes.setText(" " + (op1 + op2));
                }
                else if (b == btnSub) {     // 클릭된 버튼이 btnSub이면
                    opr.setText(" - ");
                    tfRes.setText(" " + (op1 - op2));
                }
                else if (b == btnMult) {    // 클릭된 버튼이 btnMult이면
                    opr.setText(" * ");
                    tfRes.setText(" " + (op1 * op2));
                }
                else if (b == btnDiv) {     // 클릭된 버튼이 btnDiv이면
                    opr.setText(" / ");
                    tfRes.setText(" " + (op1 / op2));
                }
            }
            catch(Exception ex) {
                JOptionPane.showMessageDialog(null, " Error: " + ex.getMessage(),
                                              "계산기에서 오류", JOptionPane.ERROR_MESSAGE);
```

```
            }
        }
    }
}
```

이 프로그램에서 4개 버튼에 대해 하나의 리스너 클래스가 작성되었다. 이벤트 처리 메소드인 actionPerformed(ActionEvent e)에서 e.getSource()로 이벤트 소스를 구해 4개 버튼 중 클릭된 버튼을 확인한 후 해당 버튼의 작업을 수행하도록 코드가 작성되었다.

다음은 여러 버튼에 대해 여러 리스너 클래스를 작성할 때와 하나의 리스너 클래스를 작성할 때의 장단점을 비교한다.

리스너 클래스 작성	장점	단점
버튼마다 다른 리스너 클래스 작성	각각의 이벤트 처리 메소드에서 이벤트 소스에 따른 이벤트 처리	리스너 클래스 개수 많아지고 리스너 등록할 때마다 리스너 객체 생성해야 함
모든 버튼에 대해 하나의 리스너 클래스 작성	하나의 리스너 클래스로 여러 버튼의 이벤트 처리 가능	이벤트 처리 메소드에서 이벤트 소스 확인하여 이벤트 소스별로 이벤트 처리해야 함

❏ 버튼 개수 다수일 때 버튼 배열 활용하기

버튼의 개수가 다수일 때 JButton 변수를 여러 개 선언하기보다 JButton 배열을 사용하면 프로그램이 보다 간결해지며 좋아진다.

예제 12-6-1-3은 4개 버튼을 JButton 배열에 저장하고 이를 다룬다.

예제 12-6-1-3 버튼 배열 이용한 계산기 작성

```
public class Ex12_6_1_3_Calculator1_ButtonArray {
    public static void main(String [] args) {
        new CalculatorFrame_ButtonArray();
    }
}

class CalculatorFrame_ButtonArray extends JFrame {
    JTextField tf1, tf2, tfRes;  // 왼쪽, 오른쪽 피연산자, 결과를 저장할 텍스트필드
    String[] oprNames = { "더하기", "빼기", "곱하기", "나누기" };
    String[] oprSign = { " + ", " - ", " * ", " / " };
```

```
JButton[] btnOprs  = new JButton[4];
JLabel opr;

CalculatorFrame_ButtonArray() {
   setTitle("계산기 - JButton 배열 이용");
   setDefaultCloseOperation(JFrame.EXIT_ON_CLOSE);
   setLayout(new FlowLayout());

   add(tf1 = new JTextField("1234", 10));   // 초기값 "1234", 크기 10 텍스트필드
   add(opr = new JLabel(oprSign[0]));

   add(tf2 = new JTextField("2345", 10));   // 초기값 "2345", 크기 10 텍스트필드
   add(new JLabel(" = "));
   add(tfRes = new JTextField("", 10));     // 초기값 "", 크기 10 텍스트필드

   // Action 리스너 객체 생성하여 등록
   ActionListener listener = new MyActionListener();

   for (int i=0; i<4; i++) {
      btnOprs[i] = new JButton(oprNames[i]); // 버튼 객체 생성하여 원소로 저장
      btnOprs[i].addActionListener(listener);  // 버튼 객체에 리스너 객체 등록
      add(btnOprs[i]);                          // 버튼을 JFrame 객체에 배치
   }

   setBounds(500, 400, 450,150);
   setVisible(true);
}

// 4개 버튼에 대해 모두 Action 이벤트를 처리하는 리스너 클래스
//    Action 리스너의 이벤트 처리 메소드는  actionPerformed() 하나
class MyActionListener implements ActionListener {
   public void actionPerformed(ActionEvent e) {
      JButton b = (JButton) e.getSource();   // e.getSource()로 선택된 버튼 구함

      try {  // tf1과 tf2에 입력된 정수값 가져와 버튼에 따라 결과 계산하여 출력
         int op1 = Integer.parseInt(tf1.getText());
         int op2 = Integer.parseInt(tf2.getText());
         int res = 0;

         // 클릭된 버튼 찾아 해당 연산 수행하여 결과를 결과 텍스트필드에 출력
         for (int i=0; i < btnOprs.length; i++)
            if (b == btnOprs[i]) {
               opr.setText(oprSign[i]);          // 연산자 출력
```

```
                if (i == 0) res = op1 + op2;         // 클릭된 버튼에 따라 결과 계산
                else if (i == 1) res =  op1 - op2;
                else if (i == 2) res =  op1 * op2;
                else if (i == 3) res =  op1 / op2;

                tfRes.setText(" " + res);            // 계산 결과 출력
            }
        }
        catch(Exception ex) {
            JOptionPane.showMessageDialog(null, " Error: " + ex.getMessage(),
                                    "계산기에서 오류", JOptionPane.ERROR_MESSAGE);
        }
      }
   }
}
```

이 프로그램에서 4개 JButton 객체를 JButton 배열에 저장하여 for 문을 통하여 버튼과 관련된 처리를 수행한다. 그 결과 프로그램이 훨씬 간결하며 관리하기가 쉽도록 작성됨을 알 수 있으며, 버튼의 추가 및 삭제도 용이하다.

12.6.2 JRadioButton 이용한 이벤트 처리

JRadioButton은 여러 버튼 중에서 하나만을 선택할 수 있게 하는 컴포넌트이다. 다음은 JRadioButton 클래스의 객체 생성자를 보여준다.

JRadioButton 클래스의 객체 생성자	
public JRadioButton(String text)	주어진 문자열의 라디오 버튼 생성
public JRadioButton(Icon icon)	주어진 이미지 갖는 라디오 버튼 생성
public JRadioButton(String text, boolean selected)	주어진 문자열의 라디오 버튼 생성하며, selected가 true이면 선택되게 함
Public JRadioButton(Icon icon, boolean selected)	주어진 이미지 갖는 라디오 버튼 생성하며, selected가 true이면 선택되게 함

JRadioButton 객체가 디스플레이되기 위해서는 컨테이너에 배치되어야 할 뿐 아니라 여러 JRadioButton 객체들이 ButtonGroup 객체에도 추가되어야 한다. ButtonGroup 객체에 추가된 여러 JRadioButton 객체들 중 한 JRadioButton 객체만 선택할 수 있으며, 다른 JRadioButton 객체를 선택하면 기존에 선택된 JRadioButton 객체는 해제된다.

다음은 4개 JRadioButton 객체를 배치하여 더하기, 빼기, 곱하기, 나누기를 수행하는 GUI이다.

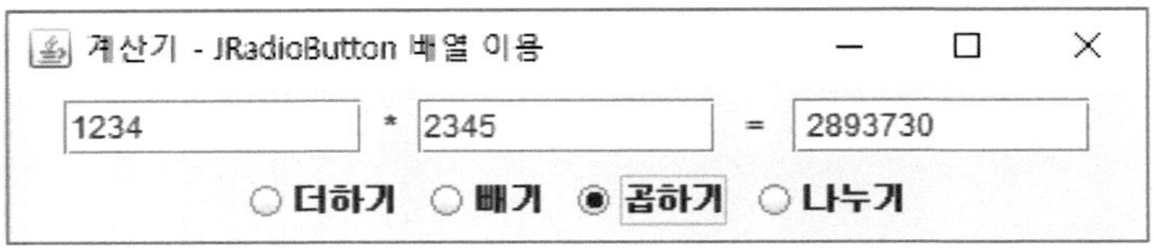

4개 JRadioButton 객체들을 생성하고 이를 ButtonGroup 객체에 추가하는 코드는 다음과 같다.

```
String[] oprNames = { "더하기", "빼기", "곱하기", "나누기" };
String[] oprSign = { " + ", " - ", " * ", " / " };

ButtonGroup btnGroup = new ButtonGroup();          // 라디오 버튼들을 담을 버튼 그룹
JRadioButton[] btnOprs  = new JRadioButton[4];     // 라디오 버튼 배열

MyActionListener listener = new MyActionListener(); // 리스너 객체 생성

for (int i=0; i<4; i++) {
   btnOprs[i] = new JRadioButton(oprNames[i]);       // i번째 라디오 버튼 생성
   btnOprs[i].addActionListener(listener);           // 라디오 버튼에 리스너 객체 등록

   add(btnOprs[i]);                                  // btnOprs[i]를 컨테이너에 배치
   btnGroup.add(btnOprs[i]);                         // btnOprs[i]를 btnGroup에 추가
}
```

JRadioButton은 JButton의 하위 클래스이므로 JButton의 모든 메소드를 상속받으며 선택되었으면 true, 아니면 false를 반환하는 메소드인 public boolean isSelected() 메소드를 추가로 가진다.

여러 JRadioButton 객체 중 하나를 선택하면 발생하는 이벤트로 Action 이벤트 외에 Item 이벤트가 있다. Item 이벤트는 아이템을 선택하면 발생하는 이벤트이며, Item 이벤트를 처리하기 위해 ItemListener 인터페이스를 구현하는 리스너 클래스를 작성한 후 JRadioButton 객체에 등록하면 된다. ItemListener 인터페이스의 이벤트 처리 메소드 void itemStateChanged(ItemEvent e)는 여러 아이템 중 새로운 아이템이 선택되면 호출된다.

ItemListener 인터페이스의 이벤트 처리 메소드	
void itemStateChanged(ItemEvent e)	새로운 아이템이 선택되면 호출

다음 코드는 ItemListener 인터페이스를 구현하는 리스너 클래스의 예를 보여준다.

```
class MyItemListener implements ItemListener {
   public void itemStateChanged(ItemEvent e) { // Item 이벤트의 이벤트 처리 메소드
      int op1 = Integer.parseInt(tf1.getText());
      int op2 = Integer.parseInt(tf2.getText());

      // 클릭된 라디오 버튼 찾아 연산 수행하여 결과 출력
      for (int i=0; i < btnOprs.length; i++)
         if (btnOprs[i].isSelected()) {    // 선택된 라디오 버튼만 isSelected()가 true
            opr.setText(oprSign[i]);                    // 연산자 출력
            tfRes.setText(" " + getResult(op1, i, op2));  // 계산 결과 구해 출력
         }
   }
}
```

예제 12-6-2는 4칙 연산자를 나타내는 4개 JRadioButton을 JRadioButton 배열에 저장하고 버튼을 클릭하면 해당 연산을 수행한다.

예제 12-6-2 JRadioButton 배열 이용한 계산기 작성

```
public class Ex12_6_2_Calculator2_JRadioButton {
   public static void main(String [] args) {
      new CalculatorFrame_JRadioButton();
   }
}

class CalculatorFrame_JRadioButton extends JFrame {

   JTextField tf1, tf2, tfRes;  // 왼쪽, 오른쪽 피연산자, 결과를 저장할 텍스트필드
   String[] oprNames = { "더하기", "빼기", "곱하기", "나누기" };
   String[] oprSign = { "  + ", " - ", " * ", " / " };

   ButtonGroup btnGroup = new ButtonGroup();     // 라디오 버튼들 담을 버튼 그룹
   JRadioButton[] btnOprs  = new JRadioButton[4]; // 라디오 버튼 배열

   JLabel opr;
```

```
CalculatorFrame_JRadioButton() {
   setTitle("계산기 - JRadioButton 배열 이용");
   setDefaultCloseOperation(JFrame.EXIT_ON_CLOSE);

   setLayout(new FlowLayout());

   add(tf1 = new JTextField("1234", 10));  // 초기값 "1234", 크기 10 텍스트필드
   add(opr = new JLabel(oprSign[0]));

   add(tf2 = new JTextField("2345", 10));  // 초기값 "2345", 크기 10 텍스트필드
   add(new JLabel("  =  "));
   add(tfRes = new JTextField("", 10));     // 초기값 "", 창 크기 10인 텍스트필드

   MyItemListener iListener = new MyItemListener();   // Item 리스너 객체 생성

   for (int i=0; i<4; i++) {
      btnOprs[i] = new JRadioButton(oprNames[i]);// i번째 라디오 버튼 생성
      btnOprs[i].addItemListener(iListener);   // 라디오 버튼에 리스너 객체 등록
      add(btnOprs[i]);                         // 컨테이너에 btnOprs[i] 배치
      btnGroup.add(btnOprs[i]);                // btnGroup에 btnOprs[i] 추가
   }

   setBounds(500, 400, 450,100);
   setVisible(true);
}

// 라디오 버튼 클릭되면 해당 라디오 버튼 탐색하여 이벤트 처리하는 리스너 클래스
//    ItemListener를 구현하는 Item 리스너 클래스
//    Item 리스너의 이벤트 처리 메소드는 itemStateChanged() 하나
class MyItemListener implements ItemListener {

   // 라디오 버튼을 선택하면 호출되는 이벤트 처리 메소드 구현
   public void itemStateChanged(ItemEvent e) {
      try {
         // 입력된 정수값 가져와 선택 연산자에 따라 결과 계산하여 tfRes에 출력
         int op1 = Integer.parseInt(tf1.getText());
         int op2 = Integer.parseInt(tf2.getText());

         // 클릭된 라디오 버튼 찾아 해당 연산을 수행하여 결과 출력
         for (int i=0; i < btnOprs.length; i++)
            if (btnOprs[i].isSelected()) {   // isSelected()가 true이면 선택된 버튼
               opr.setText(oprSign[i]);                  // 연산자 출력
               tfRes.setText(" " + getResult(op1, i, op2)); // 계산결과 구해 출력
            }
      }
      catch(Exception ex) {
```

```
                JOptionPane.showMessageDialog(null, " Error: " + ex.getMessage(),
                                                  "계산기에서 오류", JOptionPane.ERROR_MESSAGE);
            }
        }
    }

    // 왼쪽 피연산자, 연산자 번호(0: 더하기, 1: 빼기, 2: 곱하기, 3; 나누기), 오른쪽
    //    피연산자 주어지면 계산하여 결과 반환하는 메소드
    int getResult(int op1, int opr, int op2) {
        int res  = 0;

        if (opr == 0) res = op1 + op2;
        else if (opr == 1) res =  op1 - op2;
        else if (opr == 2) res =  op1 * op2;
        else if (opr == 3) res =  op1 / op2;

        return res;
    }
}
```

MyItemListener 클래스에서 클릭된 라디오 버튼을 찾기 위해 for 문에서 isSelected() 메소드를 이용하였다.

12.6.3 JComboBox 이용한 이벤트 처리

JComboBox는 여러 아이템을 팝업 리스트에 포함하고 한 아이템을 선택할 수 있게 하는 컴포넌트로, 배열 또는 Vector에 저장된 원소들을 팝업 리스트의 아이템으로 포함할 수 있다. 다음은 JComboBox 클래스의 객체 생성자를 보여준다.

JComboBox 클래스의 객체 생성자	
public JComboBox(String[] items)	주어진 문자열들을 아이템으로 갖는 콤보박스 생성
public JComboBox(Vector items)	주어진 벡터의 원소들을 아이템으로 갖는 콤보박스 생성

다음은 JComboBox의 중요 메소드들이다.

JComboBox 클래스의 중요 메소드	
public Object getSelectedItem()	선택된 아이템 반환
public int getSelectedIndex()	선택된 아이템의 인덱스 반환
public void setSelectedIndex(int index)	주어진 인덱스의 아이템을 선택된 아이템으로 설정

다음은 JComboBox 객체를 이용하여 더하기, 빼기, 곱하기, 나누기를 수행하는 GUI이다.

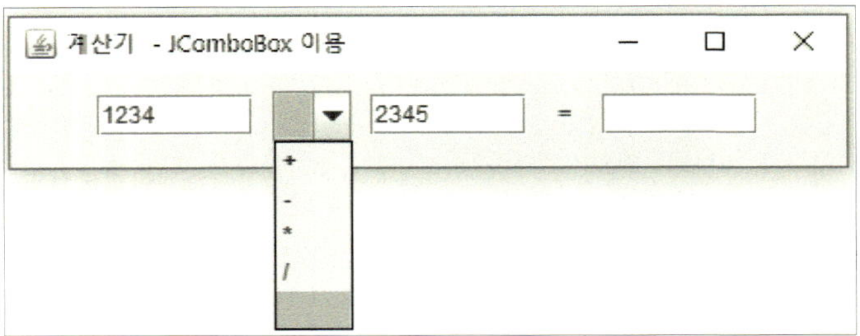

+, =, *, /와 " " 등 5개 아이템을 리스트에 포함하는 JComboBox 객체를 생성하고 이를 배치하는 코드는 다음과 같다.

```
JTextField tf1, tf2, tfRes;

String[] oprSign = { " + ", " - ", " * ", " / ", " " };
JComboBox cbOprs;                          // 콤보박스 객체 참조변수 선언
cbOprs = new JComboBox(oprSigns); // oprSigns 배열의 원소를 리스트로 갖도록 함
cbOprs.setSelectedIndex(4);  // 콤보박스의 선택된 아이템을 인덱스 4인 ""로 설정

add(tf1 = new JTextField("1234", 7));      // 초기값 "1234", 창 크기 7인 텍스트필드
add(cbOprs);
add(tf2 = new JTextField("2345", 7));      // 초기값 "2345", 창 크기 7인 텍스트필드
add(new JLabel(" = "));
add(tfRes = new JTextField("", 7));        // 초기값 "", 창 크기 7인 텍스트필드
```

JComboBox의 아이템을 선택하면 발생하는 이벤트는 JRadioButton의 이벤트와 동일하며, Action 이벤트와 Item 이벤트가 있다. Item 이벤트는 아이템을 선택하면 발생하는 이벤트이며, Item 이벤트를 처리하기 위해 ItemListener 인터페이스를 구현하는 리스너 클래스를 작성한 후 JComboBox 객체에 등록하면 된다.

ItemListener 인터페이스의 이벤트 처리 메소드는 여러 아이템 중 새로운 아이템을 선택하면 호출되는 void itemStateChanged(ItemEvent e) 메소드이다.

ItemListener 인터페이스의 이벤트 처리 메소드	
void itemStateChanged(ItemEvent e)	새로운 아이템 선택하면 호출

다음 코드는 ItemListener 인터페이스를 구현하는 리스너 클래스의 예를 보여준다.

```
class MyItemListener implements ItemListener {
   public void itemStateChanged(ItemEvent e) {    // Item 이벤트의 이벤트 처리 메소드
      ComboBox cb = (JComboBox) e.getSource();     // 선택된 콤보박스 객체 구함
      String opr = (String) cb.getSelectedItem(); // 콤보박스에서 선택된 아이템 구함
      int index = cb.getSelectedIndex();           // 선택된 아이템의 인덱스 구함
      System.out.println("선택된 아이템의 인덱스 = " + index + ", opr= " + opr );

      int op1 = Integer.parseInt(tf1.getText());
      int op2 = Integer.parseInt(tf2.getText());

      if (index <= 3)         // 선택된 아이템이  " + ", " - ", " * ", " / " 하나이면
         tfRes.setText(" " + getResult(op1, index, op2));  // 연산결과 구해 출력
      else
        tfRes.setText("");      // dummy 연산결과 "" 출력
   }
}
```

예제 12-6-3은 JComboBox의 리스트에 +, -, *, / 연산자를 포함하고 연산자를 선택하면 연산결과를 계산하여 출력한다.

예제 12-6-3 JComboBox 이용한 계산기 작성

```
public class Ex12_6_3_Calculator3_ComboBox extends JFrame {
   JTextField tf1, tf2, tfRes;  // 왼쪽, 오른쪽 피연산자, 결과를 저장할 텍스트필드
   String[] oprSigns = { " + ", " - ", " * ", " / ", "" };
   JComboBox cbOprs;

   Ex12_6_3_Calculator3_ComboBox() {
      setTitle("계산기  - JComboBox 이용");
      setDefaultCloseOperation(JFrame.EXIT_ON_CLOSE);
      setLayout(new FlowLayout(FlowLayout.CENTER, 10, 10));

      add(tf1 = new JTextField("1234", 7));          // 초기값 "1234", 크기 7 텍스트필드

      cbOprs = new JComboBox(oprSigns);
      cbOprs.setSelectedIndex(4);                    // 선택된 연산자를 ""로 설정
      add(cbOprs);

      ItemListener ilistener = new MyItemListener(); // Item 리스너 객체 등록
      cbOprs.addItemListener(ilistener);
```

```
        add(tf2 = new JTextField("2345", 7));   // 초기값 "2345", 크기 7인 텍스트필드
        add(new JLabel("  =  "));
        add(tfRes = new JTextField(" ", 7));    // 초기값 "", 크기 7 텍스트필드

        setBounds(500, 400, 450, 90);
        setVisible(true);
    }

    public static void main(String [] args) {
        new Ex12_6_3_Calculator3_ComboBox();
    }

    // ItemListener를 구현하는 Item 리스너 클래스
    class MyItemListener implements ItemListener {

        // 아이템을 선택하면 호출되는 이벤트 처리 메소드 구현
        public void itemStateChanged(ItemEvent e) {
            JComboBox cb = (JComboBox) e.getSource();  // 콤보박스 객체 구함
            String opr = (String) cb.getSelectedItem();        // 선택된 아이템 구함
            int index = cb.getSelectedIndex();                  // 선택된 아이템 인덱스 구함
            System.out.println("선택된 아이템 = " + opr + ", 인덱스 = " + index);

            try {
                int op1 = Integer.parseInt(tf1.getText());
                int op2 = Integer.parseInt(tf2.getText());

                if (index <= 3)  // 선택된 아이템이  " + ", " - ", " * ", " / " 하나이면
                    tfRes.setText(" " + getResult(op1, index, op2));  //연산결과 출력
                else
                    tfRes.setText(""); // dummy 연산결과 "" 출력
            }
            catch(Exception ex) {
                JOptionPane.showMessageDialog(null, " Error: " + ex.getMessage(),
                                    "계산기에서 오류", JOptionPane.ERROR_MESSAGE);
            }
        }
    }

    // 왼쪽 피연산자, 연산자 번호(0: 더하기, 1: 빼기, 2: 곱하기, 3; 나누기),
    //     오른쪽 피연산자 주어지면 계산하여 결과 반환하는 메소드
    int getResult(int op1, int opr, int op2) {
        int res  = 0;

        if (opr == 0) res = op1 + op2;
        else if (opr == 1) res =  op1 - op2;
```

```
        else if (opr == 2) res =  op1 * op2;
        else if (opr == 3) res =  op1 / op2;

        return res;
    }
}
```

12.6.4 JList 이용한 이벤트 처리

JList는 여러 아이템을 항상 디스플레이하는 리스트에 포함하고 한 아이템을 선택할 수 있게 하는 컴포넌트로, 배열 또는 Vector에 저장된 원소들을 리스트 아이템으로 포함할 수 있다. 다음은 List 클래스의 객체 생성자를 보여준다.

JList 클래스의 객체 생성자	
public JList(String[] listData)	주어진 문자열들을 디스플레이하는 리스트 생성
public JList(Vector listData)	주어진 벡터의 원소들을 디스플레이하는 리스트 생성

다음은 JList의 중요 메소드들이다.

JList 클래스의 중요 메소드	
public Object getSelectedItem()	선택된 리스트 아이템 반환
public int getSelectedIndex()	선택된 리스트 아이템의 인덱스 반환
public void setSelectedIndex(int index)	주어진 인덱스의 아이템을 선택된 아이템으로 설정

다음은 JList 객체를 이용하여 더하기, 빼기, 곱하기, 나누기를 수행하는 GUI이다.

+, =, *, / 등 4개 리스트 아이템을 포함하는 JList 객체를 생성하고 이를 배치하는 코드는 다음과 같다.

```
JTextField tf1, tf2, tfRes;

String[] oprSign = { " + ", " - ", " * ", " / "};
JList listOprs;                              // 리스트 객체 참조변수 선언
listOprs = new JList(oprSigns);              // oprSigns 배열의 원소를 리스트로 갖도록 함

add(tf1 = new JTextField("1234", 7));        // 초기값 "1234", 창 크기 7인 텍스트필드
add(listOprs);
add(tf2 = new JTextField("2345", 7));        // 초기값 "2345", 창 크기 7인 텍스트필드
add(new JLabel(" = "));
add(tfRes = new JTextField("", 7));          // 초기값 "", 창 크기 7인 텍스트필드
```

JList 아이템을 선택하면 발생하는 이벤트로 Action 이벤트와 ListSelection 이벤트가 있다. ListSelection 이벤트는 리스트 아이템을 새로 선택하면 발생하는 이벤트이며, ListSelection 이벤트를 처리하기 위해 ListSelectionListener 인터페이스를 구현하는 리스너 클래스를 작성한 후 JList 객체에 등록하면 된다.

ListSelectionListener 인터페이스의 이벤트 처리 메소드는 여러 아이템 중 새로운 아이템을 선택하면 호출되는 void valueChanged(ListSelectionEvent e) 메소드이다.

ListSelectionListener 인터페이스의 이벤트 처리 메소드	
void valueChanged(ListSelectionEvent e)	새로운 아이템 선택하면 호출

다음 코드는 ItemListener 인터페이스를 구현하는 리스너 클래스의 예를 보여준다.

```
class MyItemListener implements ItemListener {
   public void itemStateChanged(ItemEvent e) {     // Item 이벤트 처리 메소드
      ComboBox cb = (JList) e.getSource();          // 선택된 콤보박스 객체 구함
      String opr = (String) cb.getSelectedItem();   // 콤보박스에서 선택된 아이템 구함
      int index = cb.getSelectedIndex();            // 선택된 아이템의 인덱스 구함
      System.out.println("선택된 아이템의 인덱스 = " + index + ", opr= " + opr );

      int op1 = Integer.parseInt(tf1.getText());
      int op2 = Integer.parseInt(tf2.getText());

      if (index <= 3)          // 선택된 아이템이  " + ", " - ", " * ", " / " 하나이면
         tfRes.setText(" " + getResult(op1, index, op2));  //연산결과 구해 출력
```

```
        else
          tfRes.setText(""); // dummy 연산결과 "" 출력
      }
  }
```

예제 12-6-4는 JList의 리스트에 +, -, *, / 연산자를 포함하고 연산자를 선택하면 이를 계산하여 결과 출력한다.

예제 12-6-4 JList 이용한 계산기 작성

```
public class Ex12_6_4_Calculator4_List extends JFrame {
   JTextField tf1, tf2, tfRes;  // 왼쪽, 오른쪽 피연산자, 결과를 저장할 텍스트필드
   String[] oprSigns = { " + ", " - ", " * ", " / ", "" };
   JList listOprs;

   Ex12_6_4_Calculator4_List() {
      setTitle("계산기  - JList 이용");
      setDefaultCloseOperation(JFrame.EXIT_ON_CLOSE);
      setLayout(new FlowLayout(FlowLayout.CENTER, 10, 10));

      add(tf1 = new JTextField("1234", 7));     // 초기값 "1234", 크기 7 텍스트필드

      listOprs = new JList(oprSigns);
      listOprs.setSelectedIndex(4);             // 선택된 연산자를 ""로 설정
      add(listOprs);

      ItemListener ilistener = new MyItemListener();  // Item 리스너 객체 등록
      listOprs.addItemListener(ilistener);

      add(tf2 = new JTextField("2345", 7));     // 초기값 "2345", 크기 7인 텍스트필드
      add(new JLabel("  =  "));
      add(tfRes = new JTextField(" ", 7));      // 초기값 "", 크기 7 텍스트필드

      setBounds(500, 400, 450,90);
      setVisible(true);
   }

   public static void main(String [] args) {
      new Ex12_6_4_Calculator4_List();
   }

   // ItemListener를 구현하는 Item 리스너 클래스
   class MyItemListener implements ItemListener {
```

```
    // 리스트 아이템을 선택하면 호출되는 이벤트 처리 메소드 구현
    public void itemStateChanged(ItemEvent e) {
        JList cb = (JList) e.getSource();                   // 콤보박스 객체 구함
        String opr = (String) cb.getSelectedItem();      // 선택된 아이템 구함
        int index = cb.getSelectedIndex();                  // 선택된 아이템 인덱스 구함
        System.out.println("선택된 아이템의 인덱스 = " + index + ", opr= " + opr );

        try {
            int op1 = Integer.parseInt(tf1.getText());
            int op2 = Integer.parseInt(tf2.getText());

            if (index <= 3)       // 선택된 아이템이  " + ", " - ", " * ", " / " 하나이면
                tfRes.setText(" " + getResult(op1, index, op2));  // 연산결과 출력
            else
                tfRes.setText("");  // dummy 연산결과 "" 출력
        }
        catch(Exception ex) {
            JOptionPane.showMessageDialog(null, " Error: " + ex.getMessage(),
                                    "계산기에서 오류", JOptionPane.ERROR_MESSAGE);
        }
    }
  }

  // 왼쪽 피연산자, 연산자 번호(0: 더하기, 1: 빼기, 2: 곱하기, 3; 나누기),
  //      오른쪽 피연산자 주어지면 계산하여 결과 반환하는 메소드
  int getResult(int op1, int opr, int op2) {
      int res  = 0;

      if (opr == 0) res = op1 + op2;
      else if (opr == 1) res =  op1 - op2;
      else if (opr == 2) res =  op1 * op2;
      else if (opr == 3) res =  op1 / op2;

      return res;
  }
}
```

12.6.5 탁상용 계산기 구현하는 GUI 프로그램

지금까지 작성한 사칙 연산을 수행하는 계산기 GUI 프로그램은 사용하기가 다소 불편한 프로그램이었다. 모두 16개 키로 구성된 보다 실제적인 탁상용 계산기를 구현하는 GUI 프로그램은 예제 12-6-5에 작성되어 있다.

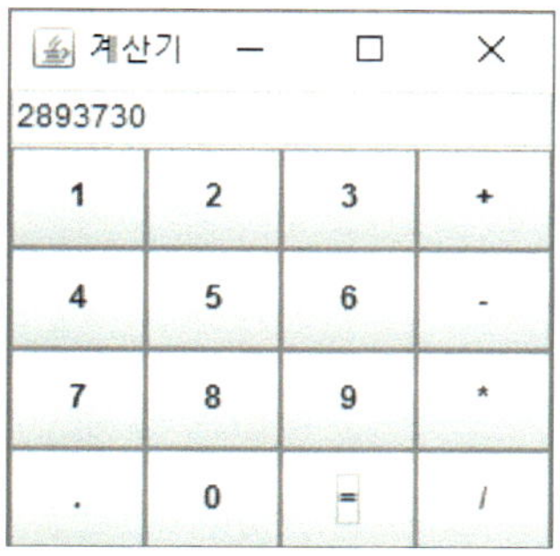

탁상용 계산기를 위해 16개 키에 대해 Action 이벤트를 처리하는 리스너 클래스가 작성되어 있으며, 이벤트 처리가 다소 복잡하므로 소스를 잘 분석하며 살펴보기를 권장한다.

12.6.6 JTable 이용한 이벤트 처리

JTable은 2차원 셀들을 디스플레이하고 편집할 수 있는 컴포넌트로, 배열 또는 Vector에 저장된 원소들을 2차원 셀에 포함할 수 있다. 다음은 JTable 클래스의 객체 생성자이다.

JTable 클래스의 객체 생성자	
public JTable(int rows, int cols)	행 개수 rows, 열 개수 cols 테이블 생성
public JTable(Object[][] rowData, Object[] colNames)	주어진 칼럼 이름들과 이차원 배열 rowData 값들을 셀로 갖는 테이블 생성

다음은 JTable의 중요 메소드들이다.

JTable 클래스의 중요 메소드	
public void setCellSelectionEnabled(boolean enabled)	셀을 선택할 수 있거나 없게 함
public Object getValueAt(int row, int col)	테이블에서 (row, col)의 셀 값 반환
public void setValueAt(Object value, int row, int col)	테이블에서 (row, col)의 셀 값을 value로 저장
public int rowAtPoint(Point p)	좌표 p의 위치에 있는 셀의 row 반환
public int columnAtPoint(Point p)	좌표 p의 위치에 있는 셀의 column 반환

다음은 이름, 나이, 현위치 등 3개 열을 갖는 테이블과 4개 열을 갖는 테이블을 보여주는 GUI이다.

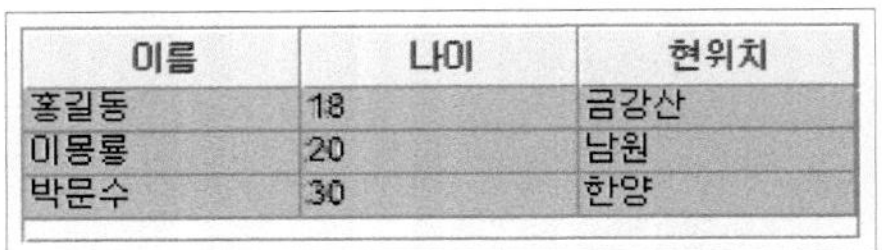

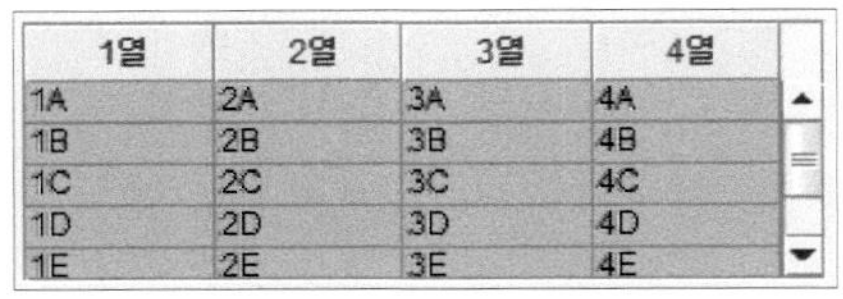

이름, 나이, 현위치 등 3개 열을 갖는 테이블 객체를 생성하고 이를 배치하는 코드는 다음과 같다.

```
String[] columnNames = { "이름", "나이", "현위치" };
Object[][] tuples = { { "홍길동", 18, "금강산" }, { "이몽룡", 20, "남원" },
                      { "박문수", 30, "한양" } };

JTable personsTbl = new JTable(tuples, columnNames);   // JTable 객체 생성
personsTbl.setCellSelectionEnabled(true);               // JTable의 cell 선택할 수 있게 함
personsTbl.addMouseListener(new MouseAdapterForTable());

// personsTbl을 jScrollPane1에 배치
JScrollPane jScrollPane1 = new JScrollPane(personsTbl);
jScrollPane1.setBounds(300, 80, 130, 30);

JFrame jFrame = new JFrame("JTable 객체 갖는 JFrame");
jFrame.add(jScrollPane1);
```

JTable은 행과 열의 개수에 따라 컴포넌트 크기가 달라지므로 JScrollPane 객체에 배치하면 편리하다.

JTable의 셀이 클릭되면 발생하는 이벤트로 Mouse 이벤트가 있다. JTable에서 셀이 클릭되면 클릭된 셀을 구하는 것이 중요한데, 이를 위해 클릭된 셀의 좌표 위치를 구한 후 그 좌표의 셀 행 번호와 열 번호를 구하는 메소드들이 제공된다.

다음의 getPoint() 메소드는 MouseEvent 클래스의 이벤트 객체에 저장된 클릭된 위치를 구하는 메소드로, Point 객체를 반환한다.

java.awt.Point getPoint()	Mouse 이벤트 객체에서 마우스 클릭된 위치의 좌표 (x, y)를 구하는 메소드

마우스가 클릭된 위치를 이용하여 JTable 객체에서 클릭된 셀의 행 번호와 열 번호를 구하기 위해 JTable 클래스의 rowAtPoint(Point p)와 columnAtPoint(Point p)

메소드를 이용한다.

다음 코드는 JTable 객체에서 특정 셀을 클릭하여 Mouse 이벤트가 발생했을 때 클릭된 셀의 행 번호와 열 번호를 구하는 방법을 보여준다.

```
Class MyMouseListener implements MouseListener {
   public void mouseClicked(MouseEvent e) {
      JTable tbl = (JTable) e.getSource();  // 셀이 클릭된 테이블 객체 구함

      Point p = e.getPoint();              // 마우스 클릭된 위치 (x, y) 전달받아 p에 저장
      int row = tbl.rowAtPoint(p);         // 테이블에서 p 위치 행 번호 구해 row에 저장
      int col = tbl.columnAtPoint(p);      // 테이블에서 p 위치 열 번호 구해 col에 저장

      ... // 행 번호 row와 열 번호 col 로 클릭된 셀에 대한 처리 코드 작성
   }
   ...    // 다른 마우스 이벤트 처리 메소드 구현
}
```

JTable 객체에서 특정 셀을 클릭했을 때의 이벤트 처리 과정은 다음과 같다.

1) 테이블에서 특정 셀 클릭하면 Mouse 이벤트 발생하여 Mouse 이벤트 객체 생성되고 Mouse 이벤트 처리 메소드인 mouseClicked(MouseEvent e) 호출
2) 형식매개변수로 전달된 MouseEvent 객체 e에서 마우스 클릭 위치를 e.getPoint()로 구해 Point 변수 p에 저장
3) 구해진 마우스 클릭 위치 p의 셀 행 번호와 열 번호를 구함
   - 이때 rowAtPoint(Point p) 메소드와 columnAtPoint(Point p) 메소드 사용
4) 클릭된 셀의 행과 열이 구해지면 그 셀에 저장된 객체 검색 또는 저장 가능
   - 이때 사용되는 메소드가 getValueAt()와 setValueAt() 메소드

다음 코드는 테이블 객체에서 (0, 0) 셀의 객체가 "예약"이면 오류창을 띄우고 아니면 그 셀에 "예약"을 저장한다.

```
... // tuples와 columnNames 배열변수 선언 및 초기화

JTable tbl = new JTable(new JTable(tuples, columnNames);  // 테이블 객체 생성

Object obj = tbl.getValueAt(0, 0);      // 테이블에서 (0, 0) 셀 객체 구함
if (obj.equals("예약"))                 // (0, 0) 셀 객체가 "예약"이면 오류 창 띄움
   JOptionPane.showMessageDialog(null, "다른 좌석 선택하십시오",
```

```
                    "이미 선택된 좌석", JOptionPane.ERROR_MESSAGE);
else
    tbl.setValueAt("예약", 0, 0);        // 아니면 (0, 0) 셀에 "예약"을 저장
```

예제 12-6-6은 2개 JTable 객체를 생성하고 특정 셀을 클릭하면 클릭된 셀의 정보를 출력하고, 예약 테이블이 클릭된 경우 예약을 처리한다.

예제 12-6-6 JTable의 클릭된 셀 정보 출력하기

```
public class Ex12_6_6_JTable  extends JFrame{
    String[] columnNames = { "이름", "나이", "현위치" };
    Object[][] tuples =
        { { "홍길동", 18, "금강산" }, { "이몽룡", 20, "남원" }, { "박문수", 30, "한양" } };

    String[]  columnNames2 = { "1열", "2열", "3열", "4열" };
    String[][] tuples2 =
          { { "1A", "2A", "3A", "4A" }, { "1B", "2B", "3B", "4B" },
            { "1C", "2C", "3C", "4C" }, { "1D", "2D", "3D", "4D" },
            { "1E", "2E", "3E", "4E" }, { "1F", "2F", "3F", "4F" },
            { "1G", "2G", "3G", 4G" } };

    JTable personsTbl, seatsTbl;
    JLabel seatLabel;

    public Ex12_6_6_JTable(String title) {
        super(title);
        setLayout(null);

        // 신상정보 저장하는 테이블 생성하여 여러 속성 설정
        personsTbl = new JTable(tuples, columnNames);
        personsTbl.setBackground(Color.cyan);
        personsTbl.setForeground(Color.black);
        personsTbl.getTableHeader().setBackground(Color.YELLOW);  // 헤더 배경색 설정
        personsTbl.setCellSelectionEnabled(true);  // JTable의 cell 선택할 수 있게 함

        // personsTbl을 담은 JScrollPane 생성하여 배치
        JScrollPane jScrollPane1 = new JScrollPane(personsTbl);
        jScrollPane1.setSize(300, 80);
        jScrollPane1.setLocation(130, 30);
        add(jScrollPane1);

        // 좌석 예약정보 저장하는 테이블 생성하여 여러 속성 설정
        seatsTbl = new JTable(tuples2, columnNames2);
        seatsTbl.setBackground(Color.cyan);
```

```
        seatsTbl.setForeground(Color.black);
        seatsTbl.getTableHeader().setBackground(Color.YELLOW); // 헤더 배경색 설정
        seatsTbl.setCellSelectionEnabled(true);  // JTable의 cell 선택할 수 있게 함

        // seatsTbl을 담은 JScrollPane 생성하여 배치
        JScrollPane jScrollPane2 = new JScrollPane(seatsTbl);
        jScrollPane2.setSize(300, 100);
        jScrollPane2.setLocation(130, 150);
        add(jScrollPane2);

        // MouseAdapter를 확장한 리스너 객체를 생성하여 테이블 객체에 등록
        MouseListener listener = new MyMouseListener();
        personsTbl.addMouseListener(listener);
        seatsTbl.addMouseListener(listener);

        setDefaultCloseOperation(JFrame.EXIT_ON_CLOSE);
        setBounds(150, 150, 600, 350);
        setVisible(true);

    }

// JTable의 특정 셀 클릭했을 때의 이벤트 처리
//     MouseAdapter를 확장한 리스너 클래스 작성
class MyMouseListener extends MouseAdapter {

    // 마우스 클릭하면 호출되는 이벤트 처리 메소드를 오버라이딩
    public void mouseClicked(java.awt.event.MouseEvent e) {
        JTable tbl = (JTable) e.getSource(); // 선택된 테이블 객체 구함

        Point p = e.getPoint();              // 클릭된 좌표(x, y) 구해 p에 저장

        int row = tbl.rowAtPoint(p);         // 테이블에서 p 위치의 행 번호 구해 저장
        int col = tbl.columnAtPoint(p);      // p 위치의 열 번호 구해 저장

        Object obj = tbl.getValueAt(row, col);  // (row, col)의 셀 객체 구해 저장

        if (tbl == seatsTbl) {
            if (obj.equals("예약")) {            // 이미 예약된 좌석 선택하면 오류창 띄움
                JOptionPane.showMessageDialog(null, "선택되지 않은 좌석을" +
                        "선택하십시오", "이미 선택된 좌석", JOptionPane.ERROR_MESSAGE);
                return;
            }

            tbl.setValueAt("예약", row, col);  // 해당 좌석을 예약된 좌석으로 변경
        }

        String tblName = (tbl == personsTbl ? "신상 테이블": "좌석 예약 테이블");
```

```
                JOptionPane.showMessageDialog(null,
                        tblName + "의 (" + row + ", "+ col + ") 셀 : " + obj,
                        tblName + "에서 선택", JOptionPane.INFORMATION_MESSAGE);
            }
        }

    public static void main(String[] args) {
        new Ex12_6_6_JTable("JTable 예제");
    }
}
```

이 프로그램에서 신상정보와 좌석 예약정보를 저장하는 2개 테이블을 생성하고 특정 셀을 클릭하면 클릭된 셀의 정보를 출력한다. 특히 좌석 예약 테이블의 셀이 처음으로 클릭되면 그 셀을 예약으로 표시하여 두 번 예약되지 못하도록 한다. 이벤트를 처리하기 위해서 MouseAdapter 클래스를 확장한 MyMouseListener 리스너 클래스를 작성하였고, mouseClicked() 메소드만 오버라이딩하였다.

❑ 맺으면서

GUI 프로그래밍은 여러 컴포넌트를 생성하여 배치하고 리스너 클래스를 작성하여 리스너 객체를 컴포넌트에 등록하는 등 여러 분리된 작업으로 이루어지는 복잡한 과정이다.

특히 사용자의 행동에 의해 이벤트가 발생하면 이벤트 객체를 생성하고 등록된 리스너 객체의 이벤트 처리 메소드가 호출되는 이벤트 처리 과정은 보이지 않는 이벤트 분배 스레드에 의해 수행되므로 난해한 면이 있다. 그러므로 이벤트 처리 시나리오도 잘 이해해야 한다.

또한, GUI 컴포넌트의 종류와 기능이 다양하므로 많은 컴포넌트에 대해 학습해야 하며, 특히 사용이 편리하고 화면 전환이 깔끔한 GUI를 구성하는 방법도 충분히 학습해야 한다.

최근 웹의 발전으로 인하여 웹 응용 개발이 많이 되며, 휴대폰에서 앱이 널리 활용되고 있다. 이로 인하여 Java GUI 프로그래밍의 중요성이나 활용성은 다소 떨어진다. 그러나 GUI 프로그래밍의 원리와 방법을 이해하면 다른 분야의 GUI 프로그래밍에 크게 도움이 될 것이다.

연습문제

1. 다음 문장의 옳고 그름을 판단하라. 또한, 잘못되었으면 올바르게 고쳐라.

1) Java의 GUI 프로그램은 java.awt 패키지, javax.swing 패키지, java.awt.event 패키지의 여러 클래스를 이용하여 작성한다.
2) GUI 프로그램은 사용자 행동에 의해 이벤트가 발생하고 이벤트를 처리해야 하므로 프로그램의 구성과 처리가 다소 복잡하다.
3) GUI 프로그램의 가변 크기 또는 고정 크기 윈도에 여러 컴포넌트가 화면 구성에 따라 적절히 배치된다.
4) 이벤트 리스너 클래스를 작성하면 이벤트가 처리된다.
5) Java의 Component 클래스는 모든 컴포넌트의 상위 클래스이다.
6) javax.swing 패키지의 JPanel 클래스는 최상위 컨테이너이다.
7) JFrame 클래스의 클래스 필드로 컴포넌트들을 배치해도 되지만 JFrame 클래스의 하위 클래스를 작성하여 컴포넌트들을 배치하는 것이 관례이다.
8) 컨테이너에 배치될 컴포넌트의 배치방식을 설정하는 메소드는 setLayout()이다.
9) JOptionPane은 값을 입력하거나 정보를 출력하기 위해 표준 대화상자를 팝업시키는 편리한 방법을 제공하는 클래스이다.
10) JTextArea는 컨테이너 컴포넌트이다.
11) JButton에서 발생하는 이벤트는 Action 이벤트뿐이다.
12) 이벤트가 발생한 컴포넌트를 이벤트 소스(event source)라 한다.
13) 이벤트 소스에서 이벤트 발생 조건이 만족되면 이벤트 객체가 생성되고 등록된 리스너 객체의 이벤트 처리 메소드가 호출된다.
14) 이벤트를 처리하기 위해 작성되는 리스너 클래스는 리스너 인터페이스를 구현하는 하위 클래스로 작성되어야 하며, 리스너 인터페이스의 모든 abstract 메소드를 구현해야 한다.

2. Java GUI 프로그램에서 자주 사용되는 최상위 컨테이너와 종속 컨테이너를 나열하라.

3. 이벤트가 발생하면 이를 처리하기 위해 이벤트 발생 컴포넌트에 리스너 객체를 addXxxListener() 메소드로 등록해야 한다. 리스너 객체를 생성하기 위해 리스너 클래스를 작성하는 3가지 방법을 설명하라.

4. KeyEvent를 처리하기 위한 KeyListener 인터페이스는 다음 3개 abstract 메소드를 이벤트 처리 메소드로 갖는다.

```
package java.awt.event;
import java.util.EventListener;

public interface KeyListener extends EventListener {
    public void keyTyped(KeyEvent e);
    public void keyPressed(KeyEvent e);
    public void keyReleased(KeyEvent e);
}
```

KeyListener 인터페이스에 대한 어댑터 클래스인 KeyAdapter 클래스를 작성하라. KeyAdapter 클래스는 KeyListener 인터페이스의 abstract 메소드를 모두 빈 상태로 구현해야 한다.

5. 중요 GUI 컴포넌트로 JButton, JList, JRadioButton, JCheckBox, JMenu, JMenuItem, JScrollBar, JTable 등이 있다. 이들 컴포넌트의 객체 생성자, 중요 메소드, 리스너 인터페이스를 조사하여 정리하라.

6. GUI 개발에서 하나의 JFrame에 여러 JPanel을 배치하여 타이틀 화면, 메뉴 화면, 업무처리 화면 등을 구성하는 경우가 빈번하다. JFrame에 여러 JPanel을 배치한 화면을 구성하고 메뉴에 따라 여러 화면을 나타나게 하는 방법에 대해 조사하라.

7. GUI는 사용이 쉬워야 하며 디자인도 좋아야 한다. 인터넷에서 GUI 화면이 갖추어야 할 요건에 대해 조사하고 본서에서 제시된 GUI 화면을 그 요건을 만족하는지를 평가하라.

(연습문제 1번 답) 1:O 2:O 3:O 4:X(리스너 클래스 작성 후 리스너 클래스의 객체 생성하여 이벤트 소스에 등록해야 함) 5:O 6:X(JPanel 클래스는 다른 컨테이너에 포함되어야 하는 종속 컨테이너) 7:O 8:O 9:O 10:X(JTextArea는 비컨테이너 컴포넌트로 다른 컴포넌트 배치할 수 없음) 11:X(JButton에서 Action 이벤트 외에 Mouse 이벤트, Focus 이벤트 등이 발생할 수 있음) 12:O 13:O 14:O

실습과제

1. 이자 구하기의 미완성된 코드 완성하기

주어진 GUI와 같이 원금(principal)과 연 이자율(rate, 퍼센트 값으로 0부터 100까지 정수)을 입력하여 "이자 계산" 버튼이 클릭되면 원금에 대한 연 이자(interest)를 계산하여 출력하는 Java 프로그램의 미완성 부분을 작성하라.

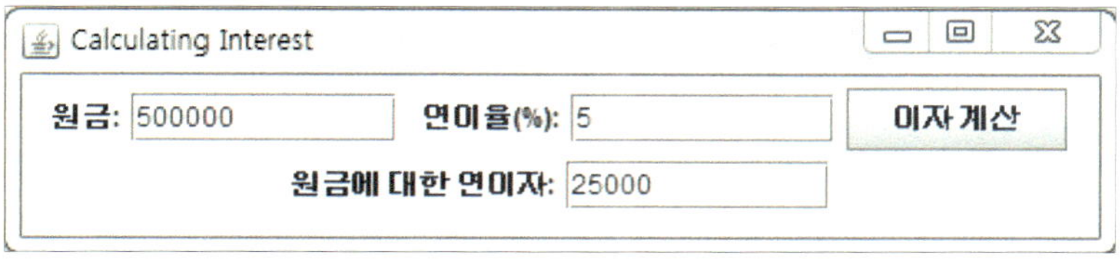


```
import java.awt.*;
import java.awt.event.*;
import javax.swing.*;

public class CalInterest extends JFrame {
   JTextField principalTF, rateTF, interestTF; // 원금, 이자율, 이자 위한 텍스트필드
   JLabel principalLB, rateLB, interestLB;     // 텍스트필드 설명하기 위한 레이블
   JButton OkBt;                               // "이자 계산: 확인 버튼

   CalInterest() {
      setTitle("Calculating Interest");
      setDefaultCloseOperation(JFrame.EXIT_ON_CLOSE);
      this.setLayout(new FlowLayout());

      // (1) JFrame에 컴포넌트 배치하고 리스너 객체 등록하는 코드 작성하라.

      setSize(480,110);
      setVisible(true);
   }

   // ActionListener 구현하는 Action 리스너 작성
   class CalActionListener implements ActionListener {
      public void actionPerformed(ActionEvent e) {
         // (2) principalTF, rateTF에 입력된 정수값 가져와 이자 계산하여
         //       interestTF에 출력하는 코드 작성하라.
      }
   }
```

```
    public static void main(String[] args) {
        new CalInterest();
    }
}
```

2. 약수 및 소수 출력에서 미완성된 코드 완성하기

정수를 입력하여 그 정수의 모든 약수를 출력하고 그 정수보다 큰 소수 10개를 출력하는 GUI 프로그램을 DivisorsNext10Primes 클래스로 작성하였다.

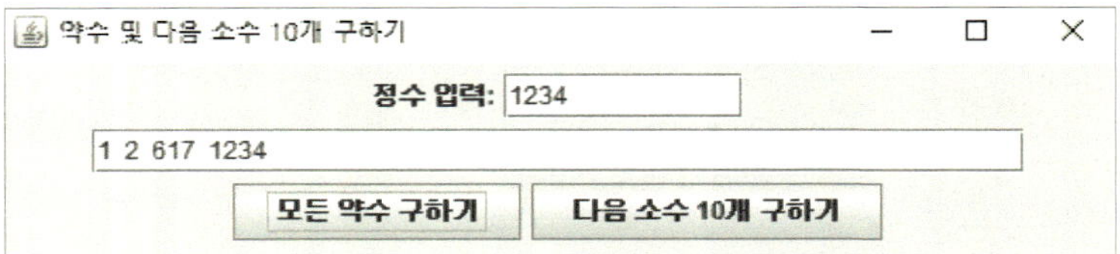

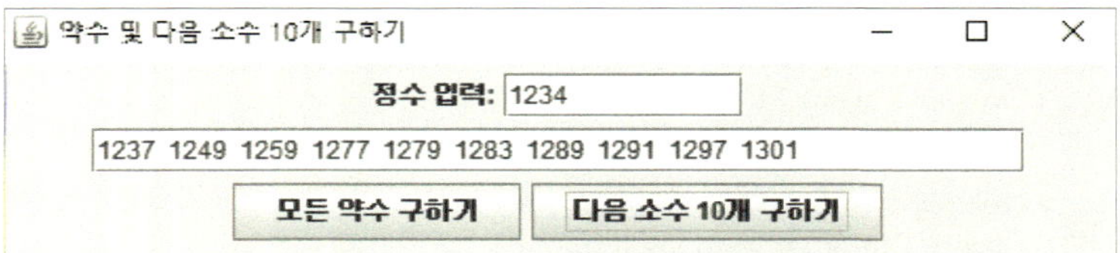

DivisorsNext10Primes 클래스에서 작성되지 않은 enrolComponents() 메소드와 enrolListener() 메소드를 작성하고 이벤트 처리에서 미완성 부분을 완성하라.

```
class DivisorNext10Prime extends JFrame {
    JLabel lbN = new JLabel("정수 입력:");
    JTextField tfN   = new JTextField("1234", 10);   // 숫자 입력받을 필드
    JTextField tfRes   = new JTextField("", 40);     // 결과 저장할 텍스트필드

    JButton btnDiv = new JButton(" 모든 약수 구하기 ");
    JButton btnNextPrime   = new JButton(" 다음 소수 10개 구하기 ");

    DivisorNext10Prime() {
        setTitle("약수 및 다음 소수 10개 구하기");
        setDefaultCloseOperation(JFrame.EXIT_ON_CLOSE);
        setLayout(new FlowLayout());

        addComponents(); // 1) 컴포넌트들을 프레임에 배치하는 메소드 작성하라
        enrolListener();  // 2) btnDiv와 btnNextPrime에 리스너 객체 생성하여
                          //    등록하는 메소드 작성하라
```

```
        setBounds(500, 400, 550,140);
        setVisible(true);
    }

    // ActionListener 구현하는 Action 리스너 클래스를 내부 클래스로 작성
    //     Action 리스너의 이벤트 처리 메소드는 actionPerformed() 하나
    class MyActionListener implements ActionListener {
        public void actionPerformed(ActionEvent e) {
            JButton b = (JButton) e.getSource();  // 선택된 버튼 객체 가져옴

            try {
                // 3) 이벤트 처리하는 부분 작성하라
                //     이때 이미 작성된 isPrime() 메소드 사용하라
            }
            catch(Exception ex) {
                JOptionPane.showMessageDialog(null, " Error - " + ex.getMessage(),
                            "정수 입력에서 오류", JOptionPane.ERROR_MESSAGE);
            }
        }

        // 주어진 n이 소수면 true, 아니면 false를 반환하는 메소드
        boolean isPrime(int n) {
            if (n <= 1)
                return false;
            if (n == 2) return true;
            if (n % 2 ==0) return false;

            for (int i = 3;  i < n; i += 2)
                if (n % i == 0)
                    return false;

            return true;
        }
    }
}
```

3. GUI 화면 구성하기

다음의 GUI 화면을 구현하는 프로그램을 작성하라.

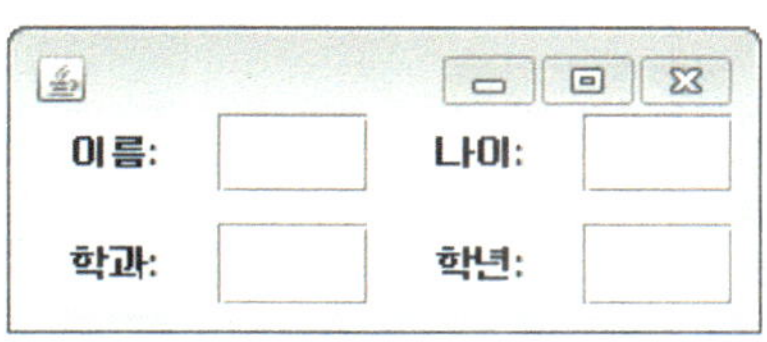

1) Null Layout으로 이름, 나이, 학과, 학년을 입력하는 GUI 프로그램. 이때 레이블과 텍스트필드의 크기와 위치는 적절히 결정한다.
2) Flow Layout으로 이름, 나이, 학과, 학년을 입력하는 GUI 프로그램. 이때, 수평 여백과 수직 여백은 5로 설정한다.
3) Grid Layout으로 이름, 나이, 학과, 학년을 입력하는 GUI 프로그램. 이때, 행 개수 2, 열 개수 4, 수평 여백 10, 수직 여백 10으로 설정한다.

4. JRadioButton 이벤트 처리하기

다음의 GUI를 구현하는 Java 프로그램을 작성하라.

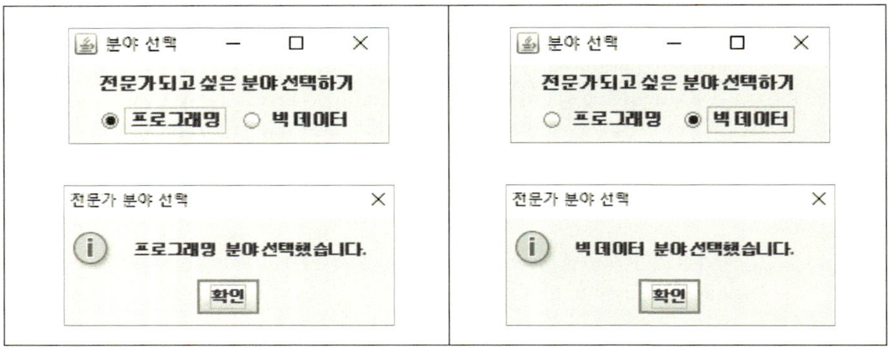

1) 프로그램 결과와 같이 JLabel과 2개 JRadioButton을 JFrame의 하위 클래스에 배치하라.
2) 프로그래밍 JRadioButton을 클릭하면 아래와 같이 JOptionPane을 이용하여 "프로그래밍 분야 선택했습니다."를 디스플레이한다. 한편, 빅 데이터 JRadioButton을 클릭하면 아래와 같이 JOptionPane을 이용하여 "빅 데이터 분야 선택했습니다."를 디스플레이한다.
3) 리스너 클래스는 독립 클래스, 내부 클래스, 익명 클래스 중의 하나로 작성한다.

5. 계산기 GUI 이벤트 처리하기

다음의 GUI 화면은 - 버튼을 클릭하면 텍스트필드에 입력된 값을 뺀 결과를 보여준다.

1) 예제 12-5-2-1 프로그램은 버튼에 대해 ActionListener 객체가 등록되어 있어 Action 이벤트를 처리한다. Mouse 이벤트를 처리하도록 프로그램을 변경하려 한다. 이를 위해 리스너 클래스인 MyMouseListener 클래스를 독립 클래스로 다음과 같이 작성하고 리스너 객체 생성하여 버튼에 등록하라.
   (1) JFrame 객체를 매개변수로 가지는 객체 생성자를 선언하라.
   (2) Mouse 이벤트 처리 메소드 중에서 buttonClicked(ActionEvent e) 메소드로 이벤트 처리하도록 Mouse 리스너의 이벤트 처리 메소드를 작성하라.
   (3) 다른 이벤트 처리 메소드는 메소드 구현을 {}으로 작성하라.

2) 예제 12-5-2-2 프로그램은 버튼에 대해 ActionListener 객체가 등록되어 있어 Action 이벤트를 처리한다. Mouse 이벤트를 처리하도록 프로그램을 변경하려 한다. 이를 위해 Mouse 리스너 클래스인 MyMouseListener 클래스를 내부 클래스로 다음과 같이 작성하고 리스너 객체 생성하여 버튼에 등록하라.
   (1) Mouse 이벤트 처리 메소드 중에서 buttonClicked(ActionEvent e) 메소드로 이벤트 처리하도록 Mouse 리스너의 이벤트 처리 메소드를 작성하라.
   (2) 다른 이벤트 처리 메소드는 메소드 구현을 {}으로 작성하라.

3) 예제 12-5-2-3 프로그램은 버튼에 대해 ActionListener가 등록되어 있어 Action 이벤트를 처리한다. Mouse 이벤트를 처리하도록 프로그램을 변경하려 한다. 이를 위해 리스너 클래스를 익명 클래스로 다음과 같이 작성하고 리스너 객체 생성하여 버튼에 등록하라.
   (1) Mouse 이벤트 처리 메소드 중에서 buttonClicked(ActionEvent e) 메소드로 이벤트 처리하도록 Mouse 리스너의 이벤트 처리 메소드를 작성하라.
   (2) 다른 이벤트 처리 메소드는 메소드 구현을 {}으로 작성하라.

6. 병원 GUI 이벤트 처리하기

외래환자와 입원환자 등록, 환자 진료, 환자 퇴원, 병원비 정산 등 5가지 병원 업무를 위한 GUI는 HospitalFrame 클래스로 작성되었다. HospitalFrame 클래스에서 미완성 부분 중 주어진 부분을 완성하라.

전체 화면은 위쪽에서 타이틀을 출력하는 타이틀 패널, 왼쪽에서 메뉴를 출력하는 메뉴 패널, 오른쪽에서 업무 처리를 위한 화면을 구성하는 업무 패널 등 3개 패널로 구성된다.

왼쪽 메뉴 패널의 첫 번째 업무인 외래환자 등록 버튼을 클릭하면 오른쪽 업무 패널에 환자번호, 환자이름, 환자나이, 진료날짜 등 환자정보를 입력하는 화면이 나타난다. 환자정보를 입력한 후 오른쪽 밑의 외래환자 등록 OK 버튼을 클릭하면 입력된 환자정보로부터 OutPatient 객체를 생성하고 이를 HospitalSystem 클래스의 enrolPatient() 메소드를 이용하여 allPatients[] 배열에 저장한다.

1) TaskActionListener 클래스는 5개 업무 버튼 중 하나가 클릭되면 해당 버튼에 대해 이벤트 처리를 수행하는 리스너 클래스이다. 외래환자 등록 버튼을 클릭하면 showEnrolOutPatient() 메소드를 호출하고, 병원비 정산 버튼을 클릭하면 showPayFor() 메소드가 호출되도록 미완성 부분을 완성하라.
2) void enrolListenerToTaskButtons() 메소드는 5개 업무 버튼에 TaskAction Listener 객체를 등록시키는 메소드이다. 이를 작성하라.
3) void addTaskButtonsToMenuPanel() 메소드는 5개 업무 버튼을 메뉴 패널에 배치한다. 이를 작성하라.
4) 생략되거나 작성되지 않은 부분에 대해 병원 업무를 조사하여 작성하라.

```
public class HospitalGUI {
    public static void main(String[] args) {
        new HospitalFrame();
    }
}

class HospitalFrame extends JFrame {
    // 타이틀, 크기, layout 등을 위한 컴포넌트 선언은 생략

    JPanel titlePanel = new JPanel();        // 타이틀 출력하기 위한 위쪽 패널
    JPanel menuPanel = new JPanel();         // 업무 버튼 배치할 왼쪽 패널
    JPanel taskPanel = new JPanel();         // 업무별 정보 입력받을 오른쪽 패널

    // 병원 업무를 위한 5개 업무 버튼
    JButton enrolOutPatientBt = new JButton("외래환자 등록"),
    enrolInPatientBt = new JButton("입원환자 등록"),
    treatBt = new JButton("환자 진료"),
    leaveBt = new JButton("환자 퇴원"),
```

```
payFeeBt = new JButton("병원비 정산");

// 병원 업무 선택 후 업무 수행을 위한 정보 입력 확인 버튼
JButton enrolOutPatientOkBt = new JButton("외래환자 등록 OK"),
enrolInPatientOkBt = new JButton("입원환자 등록 OK"),
treatOkBt = new JButton("환자 진료 OK"),
leaveOkBt = new JButton("환자 퇴원 OK"),
payFeeOkBt = new JButton("병원비 정산 OK");

HospitalFrame() {
   // 타이틀, 크기, layout, titlePanel, menuPanel과 taskPanel 배치 등은 생략

   enrolListenerToTaskButtons(();           // 업무 버튼에 리스너 등록
   enrolListenerToTaskConfirmButton();      // 업무 확인버튼에 리스너 등록

   showTask(menuPanel);     // 메뉴 패널에 업무 수행을 위한 업무 버튼 배치
   setVisible(true);
}

// 병원 업무 버튼을 위한 ActionListener를 상속받은 Action 리스너 클래스 작성하는
// 코드를 완성하라.
class TaskActionListener implements ActionListener {
    public void actionPerformed(ActionEvent e) {
       JButton b = (JButton)e.getSource(); // 선택된 버튼 객체 알아냄

       // (1) 이벤트가 발생한 버튼이 외래환자 등록 버튼이면
       //      showEnrolOutPatient() 메소드 호출하고,
       //      이벤트가 발생한 버튼이 병원비 정산 버튼이면
       //      showPayFor() 메소드 호출하도록 작성하라.
       //      이벤트가 발생한 버튼이 다른 버튼일 경우 생략
    }
}

// 병원 업무 버튼에 Action 리스너를 등록시킴
void enrolListenerToTaskButtons() {
    // (2) enrolOutPatientBt, enrolInPatientBt, treatBt, leaveOkBt,
    //      payFeeOkBt 등 5개 업무를 위한 버튼에 TaskActionListener
    //      리스너 객체 등록시키는 코드 작성하라.
}

// 업무 처리를 위한 정보 입력 후 OK 버튼이 클릭될 때의 Action 리스너 클래스
class TaskConfirmListener implements ActionListener {
   public void actionPerformed(ActionEvent e) ·
      JButton b = (JButton)e.getSource(); // 선택된 버튼 객체 구함
    // OK 버튼에 따라 해당 업무 수행하는 메소드 호출, 작성은 생략
   }
}
```

```
    // 병원 업무 버튼에 Action 리스너를 등록시킴
    void enrolListenerToTaskConfirmButtons() {
        // 업무 수행을 위한 업무 확인(OK) 버튼에 리스너 등록하는 부분은 생략
    }

    // 메뉴 패널에 업무 수행을 위한 5개 업무 버튼을 배치하는 메소드
    void addTaskButtonsToMenuPanel() {
        //  (3) 5개 업무를 위한 버튼을 menuPanel에 배치하는 코드 작성하라.
    }

    // 이들 변수는 이벤트 처리 시 필요하므로 필드로 선언
    JTextField patientNoField = new JTextField(5),
        patientNameField = new JTextField(5),
        patientAgeField = new JTextField(5),
        dateTreatField = new JTextField(5);

    // 외래환자 등록 버튼 클릭하면 호출되는 메소드: 외래환자 정보 입력 컴포넌트들 배치
    void showEnrolOutPatient() {
        taskPanel.setVisible(false);      // 컴포넌트 제거하기 위해 사라지게 함
        taskPanel.removeAll();            // taskPanel의 모든 컴포넌트 제거

        JLabel titleLb = new JLabel("입원환자 등록");
        JLabel nameLb = new JLabel("입원환자 이름");
        patientNameField.setText("");

        // 4) 나머지 컴포넌트들 생성하고, 이들과 외래환자 등록 OK 버튼을
        //     taskPanel에 배치시키는 코드를 작성하라.

        taskPanel.setVisible(true);       // 중앙 패널을 다시 보이게 함
    }

    // 병원비 정산 버튼 클릭하면 호출되는 메소드: 환자 번호 입력 컴포넌트들 배치
    void showPayFor() {
        taskPanel.removeAll();            // taskPanel의 모든 컴포넌트를 제거

        JLabel titleLb = new JLabel("병원비 정산");
        JLabel pnoLb = new JLabel("입원환자 번호");
        patientNoField.setText("");

        // 필요한 컴포넌트들과 병원비 정산 OK 버튼을 taskPanel에 배치시킴
        taskPanel.add(titleLb);
        taskPanel.add(pnoLb);
        taskPanel.add(patientNoField);
        taskPanel.add(payFeeOkBt);
    }
}
```

찾아보기

저자 프로필

김 성 기

o 서울대학교 컴퓨터공학과 공학사
o 서울대학교 컴퓨터공학과 공학석사
o 서울대학교 컴퓨터공학과 공학박사
o ㈜ 삼성전자 연구원
o 현 한신대학교 컴퓨터공학부 교수

o e-mail: skkim@hs.ac.kr

도서출판 그린

Smart JAVA Programming 스마트 자바 프로그래밍

초 판 인쇄	2020년 03월 27일
초 판 발행	2020년 03월 25일
저 자	김 성 기
발행처	도서출판 **그린**
발행인	윤 덕 우
출판등록	제8-161호(1995. 5. 3.)
주소	서울특별시 서대문구 연희로5길 50(연희동) (우) 03716
전화	02)333-2574, 2575
Fax	02)333-2561
E-mail	greenpress@greenpress.co.kr
Homepage	http://www.greenpress.co.kr

정가 : 33,000원

ISBN 978-89-5727-298-5 (93000)

※ 이 저서는 한신대학교 학술연구비 지원에 의하여 연구되었음.